Arno Bunzel

Begrenzung der Bodenversiegelung

Planungsziele und Instrumente

Difu-Beiträge zur Stadtforschung **8**
Deutsches Institut für Urbanistik

Impressum

Autor:
Dr.-Ing. Arno Bunzel
Textverarbeitung:
Christina Vormelker
Gestaltung:
Johannes Rother, Berlin
Umschlagdruck:
Kupijai & Prochnow, Berlin
Druck und buchbinderische Verarbeitung:
Gerhard Weinert, Berlin
Titellithografie:
FotosatzWerkstatt, Berlin

ISBN 3-88118-172-5

D 83

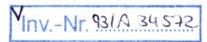

Dieser Band ist auf chlorarm gebleichtem Papier gedruckt.

Die Deutsche Bibliothek – CIP-Einheitsaufnahme

Bunzel, Arno:
Begrenzung der Bodenversiegelung : Planungsziele und Instrumente / Arno Bunzel. – Berlin : Dt. Institut für Urbanistik, 1992
   (Difu-Beiträge zur Stadtforschung ; 8)
   ISBN 3-88118-172-5
NE: Deutsches Institut für Urbanistik <Berlin>: Difu-Beiträge zur Stadtforschung

---

© Deutsches Institut für Urbanistik
Postfach 12 62 24
Straße des 17. Juni 110/112
1000 Berlin 12
Telefon (0 30) 3 90 01-0
Fax (0 30) 39 00 11 00

Verzeichnis der Kapitel

Teil I	**Überblick**	**23**
Kapitel 1	Einführung	25
Kapitel 2	Begriff, Methoden der Erfassung und Ausmaß der Bodenversiegelung	33
Kapitel 3	Auswirkungen der Bodenversiegelung auf den Naturhaushalt	49
Kapitel 4	Auswirkungen auf die Nutzung und die Gestalt des Außenraums	65
Kapitel 5	Überblick über die kommunalen Handlungsfelder	89
Teil II	**Einzelinstrumente**	**113**
Kapitel 6	Überblick über das zur Verfügung stehende Instrumentarium	115
Kapitel 7	Bauleitplanung	121
Kapitel 8	Örtliche Landschaftsplanung	197
Kapitel 9	Bauordnungsrechtliche Gestaltungs- und Baumschutzsatzungen	219
Kapitel 10	Naturschutzrechtliche Baumschutzsatzungen bzw. Baumschutzverordnungen	227
Kapitel 11	Naturschutzrechtlicher Flächen- und Objektschutz	239
Kapitel 12	Wasserschutzverordnungen	247
Kapitel 13	Rechtliche Anforderungen an das Sammeln und Versickern von Niederschlagswasser	253
Kapitel 14	Maßnahmen zur Begrenzung und Verringerung der Bodenversiegelung auf Straßen und öffentlichen Parkplätzen	271
Kapitel 15	Genehmigung und Überwachung	287
Kapitel 16	Versiegelungsbegrenzende Anforderungen nach dem Bauplanungsrecht	295
Kapitel 17	Versiegelungsrelevante Anforderungen nach dem Bauordnungsrecht	309
Kapitel 18	Naturschutzrechtliche Eingriffsregelung	325
Kapitel 19	Befugnisse zur Umsetzung versiegelungsrelevanter Maßnahmen im Einzelfall	347

| Kapitel 20 | Erhebung von Bußgeldern | 369 |

Teil III **Ausblick** 373

| Kapitel 21 | Gesetzgeberische Möglichkeiten zur Verbesserung der Durchsetzungschancen ökologischer Belange | 375 |
| Fazit | | 397 |

Inhalt

Zusammenfassung/Abstract 21

1. Einführung 25

    A. Bodenschutz - eine neue Aufgabe der Kommunen 25
    B. Bodenversiegelung als Problem verschiedener Ressorts und
       Disziplinen 26
    C. Umweltpolitische Rahmenbedingungen 27
    D. Ansatz der Untersuchung 28
    E. Gang der Untersuchung 29

2. Begriff, Methoden der Erfassung und Ausmaß der
   Bodenversiegelung 33

    A. Begriff 33
    B. Erhebungsmethoden 34
    C. Ausmaß der Bodenversiegelung 38
        I. Anteil der versiegelten Flächen an der Gesamtfläche des
           Gemeindegebiets 38
        II. Grundstücksbezogene Daten auf Grund der Baugenehmigungs-
            statistiken 39
        III. Differenzierung nach Siedlungsstrukturtypen 40
        IV. Grad der Versiegelung auf öffentlichen Flächen 46

3. Auswirkungen der Bodenversiegelung auf den
   Naturhaushalt 49

    A. Wasserhaushalt 50
        I. Bodenwasserhaushalt 52
        II. Grundwasserneubildung 52
        III. Probleme der Entwässerung im Einzugsbereich
             hochversiegelter Gebiete 55

  B. Stadtklima 57
    I. Lufttemperatur 59
    II. Luftfeuchtigkeit 60
    III. Schadstoffbindung 61
  C. Flora und Fauna 62

4. Auswirkungen auf die Nutzung und die Gestalt des Außenraums 65

  A. Funktionen von Stadtgrün im einzelnen 67
    I. Soziale und psycho-hygienische Funktionen 67
    II. Immissionsschützende Wirkung von Grün 69
    III. Gestalterische Funktionen 71
  B. Situation der Grünflächenversorgung in den Innenstädten 73
  C. Bodenversiegelung als Restriktion für eine verdichtende Bestandsentwicklung 81

5. Überblick über die kommunalen Handlungsfelder 89

  A. Ansätze in den Kommunen 89
  B. Rahmenbedingungen 90
    I. Rechtliche Restriktionen 91
    II. Finanzielle Restriktionen 91
    III. Nutzungsbedingte Restriktionen 92
    IV. Politische Restriktionen 94
    V. Organisatorische Restriktionen 94
  C. Begrenzung oder Verringerung der Bodenversiegelung mit planerischen Mitteln 95
  D. Entsiegelungsmaßnahmen im Rahmen von städtebaulichen Sanierungsmaßnahmen und Maßnahmen zur Wohnumfeldverbesserung 97
    I. Mögliche Maßnahmen 97
    II. Förderung 98
    III. Restriktionen 100
      1. Stellplatzbedarf auf den Grundstücken 100
      2. Nachbarschaftliche Konflikte 100
      3. Mietwirksamkeit von Entsiegelungsmaßnahmen 101
  E. Maßnahmen zur Begrenzung und Verringerung der Bodenversiegelung auf Industrie- und Gewerbeflächen 101
  F. Maßnahmen zur Begrenzung und Verringerung der Bodenversiegelung auf öffentlichen Flächen 102
    I. Maßnahmen im Straßenraum und auf öffentlichen Parkplatzflächen 103
    II. Maßnahmen auf Schulflächen 104
  G. Ausgleichsmaßnahmen 106
    I. Dachbegrünung und Begrünung vertikaler Flächen 107

	II.	Sammlung und Versickerung von Niederschlagswasser 109

        1. Risiken bei der Versickerung von auf versiegelten Flächen anfallendem Niederschlagswasser 110
        2. Technische Möglichkeiten der Versickerung 111

6. Überblick über das zur Verfügung stehende Instrumentarium 115

    A. Komplexität der Rechtsmaterie 115
    B. System der rechtlichen Instrumente 117

7. Bauleitplanung 121

    A. Funktionen des Flächennutzungsplans und des Bebauungsplans 121
        I. Funktion des Flächennutzungsplans 121
        II. Funktion des Bebauungsplans 124
    B. Darstellungs- und Festsetzungsmöglichkeiten 124
        I. Begrenzung der Bodenversiegelung auf Baugrundstücken 126
            1. Festsetzung der Grundfläche bzw. Grundflächenzahl 127
                a) Grundfläche und Grundflächenzahl 127
                b) Anzurechnende bauliche Anlagen 128
                c) Besonderer Anrechnungsmodus für bestimmte Anlagen 129
                d) Obergrenzen 134
                e) Überschreitung der Obergrenzen nach § 17 Abs. 2 und 3 BauNVO 135
            2. Überbaubare Grundstücksfläche gem. § 9 Abs. 1 Nr. 2 BauGB i.V.m. § 23 BauNVO 137
            3. Mindestmaße für Baugrundstücke 138
            4. Festsetzungen über die Zulässigkeit von Stellplätzen 139
                a) Beschränkung der Zulässigkeit von Stellplätzen 139
                b) Flächen für Stellplätze und Garagen samt ihren Zufahrten 142
                c) Anreize für die Unterbringung von Stellplätzen in Geschossen und Tiefgaragen 142
            5. Festsetzungen über die Zulässigkeit von Nebenanlagen 143
        II. Begrenzung der Bodenversiegelung auf öffentlichem Straßenland und öffentlichen Parkplatzflächen 144
        III. Festsetzung von Maßnahmen und Flächen, die aktiv auf eine ökologisch wirksame Gestaltung des Raums hinzielen 147
            1. Anpflanzung von Bäumen, Sträuchern und anderen Pflanzen 148
                a) Ortsbezug 148
                b) Art der Anpflanzung 149
                c) Städtebauliche Gründe 153
                d) Umsetzung 154
            2. Sicherung und Erhalt von konkreten Vegetationsbeständen 154
            3. Neuausweisung von Grünflächen 155
            4. Rückhaltung und Versickerung von Niederschlagswasser 156

			a)	Wasserrechtliche Restriktionen	157

- a) Wasserrechtliche Restriktionen 157
- b) Flächen für die Abwasserbeseitigung 158
- c) Wasserflächen sowie Flächen für die Wasserwirtschaft und für die Regelung des Wasserabflusses 159
- d) Sammeln und Versickerung von Niederschlagswasser als Maßnahme zum Schutz, zur Pflege und zur Entwicklung von Natur und Landschaft 160
- 5. Maßnahmen zum Schutz, zur Pflege und zur Entwicklung von Natur und Landschaft 160
  - a) Regelungsgegenstand 161
  - b) Städebauliche Gründe 161
  - c) Subsidiaritätsklausel 162
- 6. Sicherung und Erhaltung von naturnahen Grünräumen. 164
  - a) Festsetzung von Flächen für die Landwirtschaft und/oder den Wald 165
  - b) Von Bebauung freizuhaltende Flächen und ihre Nutzung 166
  - c) Flächen für Maßnahmen zum Schutz, zur Pflege und zur Entwicklung von Natur und Landschaft (2. Alt.) 166

C. Planungsgrundsätze 167
 I. Planungziele und -leitlinien des § 1 Abs. 5 BauGB 167
  1. Generelle Planungsziele - § 1 Abs. 5 S. 1 BauGB 167
  2. Konkrete Planungsleitlinien - § 1 Abs. 5 S. 2 BauGB 168
  3. Bodenschutzklausel - § 1 Abs. 5 S. 3 BauGB 170
 II. Erforderlichkeit der Planung 173
 III. Abwägungsgebot 176
  1. Zusammenstellung des Abwägungsmaterials 176
   a) Allgemeine Anforderungen an die Zusammenstellung des Abwägungsmaterials 177
   b) Ermittlung der Betroffenheit von Belangen - Umweltverträglichkeitsprüfung 178
  2. Gewichtung der Belange und ihr Verhältnis untereinander 180
   a) Gewichtungskriterien 181
   b) Bodenschutzklausel - § 1 Abs. 5 S. 3 BauGB 183
   c) Obergrenze für die Bodenversiegelung auf Baugrundstücken - § 19 Abs. 4 BauNVO (90) 185
   d) Naturschutzrechtliche Eingriffsregelung 186
   e) Wasserrechtliche Grundsätze 189
   f) Naturschutz- und wasserrechtliche Verordnungen bzw. Satzungen 191
   g) Formelle und informelle Fachplanungen, Programme, Datenkataster 192
 IV. Kollision mit bestehenden Nutzungsrechten 193

8. Örtliche Landschaftsplanung 197

A. Funktionen der örtlichen Landschaftsplanung 198
B. Räumlicher Gegenstand der örtlichen Landschaftsplanung 201

C. Sachlicher Gegenstand der örtlichen Landschaftsplanung 202
   I. Grundlagenteil 202
      1. Bestandsaufnahme 203
      2. Bewertung 205
   II. Entwicklungsteil 207
D. Allgemeine Planungsgrundsätze 209
   I. Erforderlichkeit des Grünordnungs- und Landschaftsplans 210
   II. Abwägungsgebot 210
E. Landesrechtliche Ausgestaltung im einzelnen 211
   I. Trennung von Bauleitplanung und Landschaftsplanung 212
   II. Mittelbare Integration 214
   III. Unmittelbare Integration 217

9. Bauordnungsrechtliche Gestaltungs- und Baumschutzsatzungen 219

A. Anforderungen an die Gestaltung baulicher Anlagen 219
B. Anforderungen an die Gestaltung unbebauter Flächen bebauter Grundstücke 221
C. Bauordnungsrechtliche Baumschutzregelungen 222
D. Erforderlichkeit und Verhältnismäßigkeit 223
E. Kollision mit bestehenden Baurechten 224

10. Naturschutzrechtliche Baumschutzsatzungen bzw. Baumschutzverordnungen 227

A. Gegenstand der Regelungen 227
   I. Schutzgüter 227
   II. Schutzzweck 228
   III. Verbote 229
   IV. Ausnahme und Befreiung 230
   V. Ersatzpflanzungen und Ausgleichszahlungen 231
B. Erforderlichkeit der Unterschutzstellung 233
C. Sonstige allgemeine Anforderungen 236
   I. Ermessen 236
   II. Kollision mit bestehenden Baurechten 237
D. Zuständigkeit 238

11. Naturschutzrechtlicher Flächen- und Objektschutz 239

A. Regelungsmöglichkeiten 239
B. Kollision mit bestehenden Baurechten 242

12. Wasserschutzverordnungen 247

- A. Regelungszwecke 247
- B. Räumlicher Geltungsbereich 248
- C. Regelungsinhalte 249
- D. Erforderlichkeit und Abwägungsgebot 250
- E. Kollision mit bestehenden Bebauungsrechten 250

13. Rechtliche Anforderungen an das Sammeln und Versickern von Niederschlagswasser 253

- A. Wasserrechtliche Anforderungen 254
  - I. Wasserrechtlicher Erlaubnisvorbehalt 254
    - 1. Stoffe 254
    - 2. Einleiten 254
    - 3. Gemeingebrauch, Eigen- und Anliegergebrauch 255
  - II. Materiell-rechtliche Anforderungen an das Einleiten von Stoffen ... 256
    - 1. Einleiten von Stoffen in das Grundwasser 256
    - 2. Einleiten von Abwasser 256
  - III. Abwasserbegriff 257
  - IV. Grundsatz der öffentlichen Abwasserbeseitigung 260
  - V. Anforderungen an die Errichtung oder Änderung von Versickerungsanlagen 264
- B. Kommunalrechtliche Kanalanschluß- und Gebührensatzungen 265
  - I. Anschlußzwang 265
  - II. Finanzielle Anreize für das Sammeln und Versickern von Niederschlagswasser 266

14. Maßnahmen zur Begrenzung und Verringerung der Bodenversiegelung auf Straßen und öffentlichen Parkplätzen 271

- A. Rechtliche Rahmenbedingungen 271
  - I. Bebauungsplan oder Planfeststellung 272
  - II. Berücksichtigung der Belange des Naturschutzes und der Landschaftspflege 274
  - III. Anerkannte Regeln der Straßenbaukunst 275
    - 1. Querschnitte von Straßen 277
    - 2. Änderung der Oberfläche 279
      - a) Fahrbahn 279
      - b) Parkplatzflächen 281
    - 3. Regelungen über die Pflanzungen an Straßen und Parkplatzflächen 283
- B. Ökologische Effekte 284

15. Genehmigung und Überwachung 287

- A. Genehmigungspflichtige Vorhaben 288

      I. Allgemeine Voraussetzungen 288
      II. Freistellung von der Genehmigungspflicht.. 288
      III. Sondervorschriften für öffentliche Vorhaben.. 291
  B. Bauüberwachung 292

16. Versiegelungsbegrenzende Anforderungen nach dem Bauplanungsrecht 295

  A. Anwendungsbereich der §§ 30 bis 37 BauGB... 295
  B. Vorhaben im Geltungsbereich von qualifizierten Bebauungsplänen 296
      I. Vorhaben im Geltungsbereich von Bebauungsplänen nach Maßgabe älterer Fassungen der BauNVO 296
      II. Umsetzung der festgesetzten Ausgleichmaßnahmen im Rahmen des Genehmigungsverfahrens.. 297
  C. Ausnahmen und Befreiungen gem. § 31 Abs. 1 und 2 BauGB 297
  D. Vorhaben im unbeplanten Innenbereich 301
  E. Vorhaben im Außenbereich 305
  F. Gesicherte Erschließung... 306

17. Versiegelungsrelevante Anforderungen nach dem Bauordnungsrecht 309

  A. Anforderung an die Gestaltung der nicht überbauten Grundstücksflächen.. 309
      I. Räumlicher Gegenstand der Regelungen 310
      II. Pflicht zur Begrünung oder gärtnerischen Gestaltung 311
      III. Anforderungen an die Befestigung von Freiflächen 313
  B. Stellplätze 316
      I. Nachweispflicht für Stellplätze auf Baugrundstücken..................... 317
          1. Notwendigkeit von Stellplätzen 317
          2. Anzahl der herzustellenden Stellplätze................................... 318
          3. Ablösung von der Pflicht zur Errichtung von Stellplätzen 319
      II. Beschränkung und Verzicht auf den Stellplatznachweis 320
      III. Beschränkung der Zulässigkeit von Stellplätzen............................ 320
      IV. Größe und Gestaltung der Stellplätze.. 322
          1. Flächenbedarf von Stellplätzen 322
          2. Befestigung und Begrünung von Stellplätzen 322
  C. Bauordnungsrechtliche Ausnahmen und Befreiungen.................................. 323

18. Naturschutzrechtliche Eingriffsregelung.. 325

  A. Verhältnis bauplanungsrechtlicher und naturschutzrechtlicher Bestimmungen in Hinblick auf die Zulässigkeit von Vorhaben 326
      I. Rechtsgutachten des BVerfG v. 16.6.1954...................................... 329

- II. Bestimmung der Gesetzgebungskompetenz nach dem Normzweck unter den Gesichtspunkten des überwiegenden Sachzusammenhangs und des Schwerpunkts der Regelung 329
- III. Bundeskompetenz kraft Sachzusammenhangs 329
- B. Eingriffstatbestand 329
  - I. Positiv- bzw. Negativlisten der Länder 330
  - II. Voraussetzungen außerhalb des Anwendungsbereichs der landesgesetzlichen Vermutungsregeln 332
- C. Rechtsfolgen der Eingriffe 333
  - I. Vermeidungs- und Ausgleichspflicht 334
  - II. Abwägung 336
  - III. Ersatzmaßnahmen 339
  - IV. Ausgleichsabgaben 341

19. Befugnisse zur Umsetzung versiegelungsrelevanter Maßnahmen im Einzelfall 347

- A. Städtebaurechtliche Eingriffsbefugnisse 347
  - I. Städtebauliche Gebote 347
    1. Pflanzgebot (§ 178 BauGB) 348
    2. Abbruchgebot 351
  - II. Enteignung 353
    1. Allgemeinwohlerfordernis 353
    2. Erforderlichkeitsgebot 354
  - III. Vorkaufsrecht 356
  - IV. Umlegung 357
  - V. Erschließungsbeitrag 357
- B. Bauordnungsrechtliche Eingriffsbefugnisse 358
  - I. Baueinstellung 358
  - II. Beseitigungsanordnung 360
- C. Naturschutzrechtliche Eingriffsbefugnisse 362
  - I. Duldung von Maßnahmen 362
  - II. Pflicht zur Durchführung von Maßnahmen 363
  - III. Pflicht zur Wiederherstellung 366
  - IV. Untersagung 366
  - V. Enteignung nach dem Naturschutzrecht 366
  - VI. Naturschutzrechtliches Vorkaufsrecht 367

20. Erhebung von Bußgeldern 369

- A. Allgemeine Voraussetzungen 369
- B. Bauplanungsrechtliche Ordnungswidrigkeiten 370
- C. Bauordnungsrechtliche Ordnungswidrigkeiten 371
- D. Naturschutzrechtliche Ordnungswidrigkeiten 371

21. Gesetzgeberische Möglichkeiten zur Verbesserung der Durchsetzungschancen ökologischer Belange 375

    A. Landschaftsplanung - de lege ferenda 376
        I. Landschaftsplanung als Fachbeitrag zur Bauleitplanung 377
        II. Zweistufigkeit der Landschaftsplanung auf örtlicher Ebene 379
        III. Probleme der Verbindlichkeit von Grünordnungsplänen 380
    B. Einführung ökologischer Typisierungen und ökologischer Standards 381
        I. Ökologische Gebietstypen 383
        II. Ökologische Standards 385
            1. Anforderungen an ökologische Standards 385
            2. Ansätze in der Praxis 386
                a) Bodenfunktionszahl und Biotopflächenfaktor 387
                b) Grünvolumenzahl und klimatisch-ökologisch-hygienischer Wert 390
            3. Ergebnis 393
    C. Weitere Regelungsmöglichkeiten und Regelungsbedarfe im Überblick 394

Fazit 397

Thematischer Wegweiser durch die Instrumente 411

Literatur 415

Verzeichnis der Tabellen:

1. Belagsklassen nach Jentschke/Lange 37
2. Anteile verkehrlicher und baulicher Nutzungen bezogen auf die gesamte Siedlungsfläche 39
3. Flächenbilanz bei den 1987 genehmigten Wohngebäuden in % 40
4. Flächenanteil bezogen auf das Bruttowohnbauland nach Ranft 41
5. Typisierung mit Beurteilung der Versiegelungstreue nach Berlekamp/Pranzas 42
6. Belagsklassenverteilung nach Jentschke/Lange 45
7. Durchschnittliche Entsiegelungs- und Belagsänderungspotentiale bei öffentlichen Flächen in Berlin nach Jentschke/Lange (Anteil an der Grundstücksfläche in %) 46
8. Abflußbeiwerte nach DIN 1986 51
9. Abflußbeiwerte nach Laukhuf/Becker 51
10. Weitere bestimmende Faktoren der Grundwasseranreicherung 53
11. Gesamtverdunstung verschiedener Böden 54
12. Anteil des versickernden Wassers auf Gehwegbefestigungen (Berliner Wasserwerke) 54
13. Klimawerte in Städten im Vergleich zum Umland 58
14. Typische Krankheitsbilder als Folge des Überwärmungsphänomens 60
15. Verdunstungsleistung von Bäumen 61
16. Staubbindungsfähigkeit (Staubfilterkapazität) von Bäumen 62

17. Grünrelevante Gestaltungsprinzipien (Auswahl) 72
18. Grünflächenbedarfe - Orientierungswerte nach Borchard 74
19. Grünflächenbedarf bezogen auf Wohndichte nach Borchard 74
20. Versorgung mit Grünanlagen im Wohnumfeld 76
21. Grünflächenversorgung auf Wohnungsbaugrundstücken 77
22. Mindestanteil unversiegelter Grundstücksfläche nach BauNVO 78
23. Nutzungen der Grundstücksfreiflächen 78
24. Prämissen für die Inanspruchnahme von Freiraum im Rahmen einer geordneten Flächenhaushaltspolitik nach Lütke-Daldrup 82
25. Maßnahmen zur Wohnumfeldverbesserung nach Grohe 97
26. Beispiele geförderter Maßnahmen im Rahmen von Hofbegrünungsprogrammen 99
27. Verteilung öffentlich genutzter Flächen in % 104
28. Vorteile der Regenwasserversickerung im Überblick 109
29. Schadstoffbelastungen des auf Dächern anfallenden Niederschlagswassers 110
30. Bodenschutzrelevante Rechtsgebiete im Überblick 115
31. Konzentration der Kontrollbefugnisse 116
32. System der legislativen und administrativen Befugnisse 117
33. Rechtsformen verschiedener Regelungsinstrumente im Überblick 118
34. GRZ- Obergrenzen nach § 17 Abs. 1 BauNVO 134
35. Versiegelungsobergrenzen 135
36. Zulässigkeit von Stellplätzen nach § 12 Abs. 1 - 3 BauNVO 139
37. Festsetzungsbeispiele - Nebenanlagen 144
38. Festsetzungsbeispiele - Straßenraum 147
39. Festsetzungsbeispiel - Anpflanzung 149
40. Festsetzungsbeispiel - Anpflanzung 150
41. Festsetzungsbeispiel - Dachbegrünung 151
42. Begründung von Pflanzfestsetzungen 153
43. Generelle Freistellung von der Abwasserbeseitigungspflicht 158
44. Festsetzungsbeispiele - Maßnahmen zum Schutz, zur Pflege und zur Entwicklung von Natur und Landschaft 161
45. Verhältnis von Landschafts- und Bebauungsplanung 163
46. § 3 a BWWG 191
47. Funktionen der Landschaftsplanung 198
48. Ablaufschema für die Landschaftsplanung zum Flächennutzungsplan nach Hahn-Herse et al. 199
49. Saarländische Richtlinie für die Aufstellung von Landschaftsplänen (Auszug) 205
50. Geeignete Maßnahmen zur Festsetzung bzw. Darstellung im Grünordnungsplan ... 209
51. § 118 Abs. 1 HessBO (Auszug) 221
52. Mustersatzung des nordrhein-westfälischen Städtetags (Auszug - Schutzgegenstand) 228
53. Mustersatzung des nordrhein-westfälischen Städtetags (Auszug - Ersatzpflanzung) 232
54. Mustersatzung des nordrhein-westfälischen Städtetags (Auszug - Ausgleichszahlung) 232
55. Mustersatzung des nordrhein-westfälischen Städtetags (Auszug aus § 6 - Ausnahmen) 237
56. Naturschutzrechtliche Satzungskompetenz für Baumschutzregelungen 238
57. Auswahl schutzfähiger Landschaftsbestandteile 241

58. Wichtige Richtlinien für den Straßenbau 276
59. Quantifizierung des Filterpotentials nach Gollwer 280
60. Auswirkungen unterschiedlicher Straßenoberflächen auf die Lärmbelastung 281
61. Lärmgrenzwerte nach der Verkehrslärmschutzverordnung 281
62. Ökologische Wirkungen von Verkehrsberuhigungsmaßnahmen 285
63. Veränderung im Straßenraum bei Verkehrsberuhigungsmaßnahmen 285
64. Genehmigungsfreie Vorhaben (Auswahl) 289
65. § 2 Abs. 2 Nr. 11 u. Abs. 3 u. § 3 Abs. 2 Nr. 5 BlnBauVorlVO 293
66. § 2 Abs. 2 Nr. 10 HessBauVorlVO 293
67. § 19 Abs. 4 BauNVO (1962) 296
68. § 19 Abs. 4 BauNVO (1968 und 1977) 297
69. Überblick über die Verteilung der bauordnungsrechtlichen Regelungsvarianten zur Gestaltung der nicht überbauten Grundstücksflächen in den Ländern 310
70. Empfehlung der ARGEBAU "Stellplatzbedarf für Wohngebäude" 319
71. Eingriffsregelung - Überblick 334
72. Wirkung der naturschutzrechtlichen Eingriffsregelung im Geltungsbereich von Bebauungsplänen und innerhalb von im Zusammenhang bebauten Ortsteilen - Gegenüberstellung 344
73. Übersichtstabelle - Versiegelungsrelevante Anforderungen an die Errichtung baulicher Anlagen 345
74. Übersichtstabelle - Umsetzungsinstrumente außerhalb eines behördlichen Kontrollverfahrens 368
75. Bewertungsfaktoren für die Bodenfunktionszahl 387
76. Bewertungsfaktoren für den Biotopflächenfaktor 388
77. BFF-Obergrenzen für Wohnbaugrundstücke im Bestand 389

Verzeichnis der Abbildungen:

1. Versiegelungsgrade, Entsiegelungs- und Belagsänderungspotentiale verschiedener Siedlungstypen im Diagramm nach Gieseke et al. 44
2. Versiegelungsgrade, Entsiegelungs- und Belagsänderungspotentiale verschiedener Straßentypen im Diagramm nach Gieseke et al. 47
3. Hochwasserganglinie im Verhältnis zum Grad der Überbauung 56
4. Freiflächengewinne bei steigenden Geschoßzahlen 93
5. Bewertungsverfahren für die Ermittlung des KÖH-Wertes im Überblick 391
6. Bewertungsmatrix für die Ermittlung des KÖH-Wertes 392

Abkürzungsverzeichnis 17

Abkürzungsverzeichnis

a.A.	andere Auffassung
a.F.	alte Fassung
abgedr.	abgedruckt
ABl.	Amtsblatt
Abs.	Absatz
AbwAG	Abwasserabgabengesetz
AgrarR	Agrarrecht (Zeitschrift)
AllgVwR	Allgemeines Verwaltungsrecht
Anh.	Anhang
Anm.	Anmerkung
ARL	Akademie für Raumforschung und Landesplanung
Art.	Artikel
ATV	Abwassertechnische Vereinigung
Aufl.	Auflage
BauGB	Baugesetzbuch
BauNVO	Baunutzungsverordnung
BauO	Bauordnung
BauR	Baurecht, Zeitschrift für das gesamte öffentliche und private Baurecht
Bay	Bayern, bayerisch
BayVBl	Bayerische Verwaltungsblätter (Zeitschrift)
BB	Der Betriebsberater (Zeitschrift)
BBauBl	Bundesbaublatt (Zeitschrift)
BBauG	Bundesbaugesetz
Bd.	Band
BDLA	Bund Deutscher Landschaftsarchitekten
Beschl.	Beschluß
BesVwR	Besonderes Verwaltungsrecht
BFF	Biotopflächenfaktor
BfLR	Bundesforschungsanstalt für Landeskunde und Raumordnung
BFZ	Bodenfunktionszahl
BGBl.	Bundesgesetzesblätter
BGH	Bundesgerichtshof
Bln	Berlin, Berliner
BMBau	Bundesminister für Raumordnung, Bauwesen und Städtebau
BMFT	Bundesminister für Forschung und Technologie
BNatSchG	Bundesnaturschutzgesetz

BR-Drs.	Bundesrats-Drucksache
Brem	Bremen, bremisch
BRS	Baurechtssammlung, Rechtsprechung des Bundesverwaltungsgerichts und anderer Gerichte zum Bau- und Bodenrecht
Bsp.	Beispiel(e)
BT-Drs.	Bundestags-Drucksache
BVerfG	Bundesverfassungsgericht
BVerwG	Bundesverwaltungsgericht
BW	Baden-Württemberg, baden-württembergisch
BWGZ	Baden-Württembergische Gemeindezeitung
bzw.	beziehungsweise
d.h.	das heißt
ders.	derselbe
DIFU	Deutsches Institut für Urbanistik
DIN	Deutsche Industrienorm
DÖV	Die öffentliche Verwaltung (Zeitschrift)
DRL	Deutscher Rat für Landschaftspflege
dt.	deutsch
DVBl	Deutsche Verwaltungsblätter (Zeitschrift)
DVGW	Deutscher Verein von Gas- und Wasserfachmännern e.V.
DVWK	Deutscher Verband für Wasserwirtschaft und Kulturbau
DWW	Deutsche Wasserwirtschaft
E	amtliche Entscheidungssammlung
EAE (85)	Empfehlungen für den Bau von Erschließungsstraßen der Forschungsgesellschaft für Straßen- und Verkehrswesen, Ausgabe 1985
Einl.	Einleitung
Entsch.	Entscheidung
et al.	et altera
etc.	et cetera
f., ff.	folgende Seite, fortfolgende Seiten
FGSV	Forschungsgesellschaft für Straßen- und Verkehrswesen
FStrG	Bundesfernstraßengesetz
Fußn.	Fußnote
GarVO	Garagenverordnung
gem.	gemäß
GF	Geschoßfläche
GFZ	Geschoßflächenzahl
GG	Grundgesetz
ggf.	gegebenenfalls
GMBl	Gemeinsames Ministerialblatt
GO	Gemeindeordnung
GR	Grundfläche
GRZ	Grundflächenzahl
GVBl.	Gesetzes- und Verordnungsblätter
GVZ	Grünvolumenzahl
GWF	Das Gas- und Wasserfach. Wasser/Abwasser (Zeitschrift)
h.M.	herrschende Meinung

Hbg.	Hamburg, hamburgisch
HdUR	Handbuch des Umweltrechts
Hess	Hessen, hessisch
Hrsg.	Herausgeber
Hs.	Halbsatz
i.d.F.	in der Fassung
i.S.d.	im Sinne der (des)
i.S.v.	im Sinne von
i.V.m.	in Verbindung mit
IfS	Institut für Städtebau
IzR	Informationen zur Raumentwicklung
KAG	Kommunalabgabengesetz
KÖH-Wert	Klimatisch-ökologisch-hygienischer Wert
Kohl.Kom.	Kohlhammer Kommentar zum BauGB, hrsg. v. Brügelmann, Grauvogel und Dürr
KStZ	Kommunale Steuer-Zeitung
KVR	Kommunalverband Ruhrgebiet
L	Landes-, Land
LG	Landschaftsgesetz
LPflG	Landschaftspflegegesetz, Landespflegegesetz
LT-Drs.	Landtagsdrucksache
LuftVG	Luftverkehrsgesetz
m.E.	meines Erachtens
MBl	Ministerialblatt
MDR	Monatsschrift des Deutschen Rechts (Zeitschrift)
n.F.	neue Fassung
NatSchG	Naturschutzgesetz
Nds.	Niedersachsen
NJW	Neue Juristische Wochenschrift (Zeitschrift)
Nr.	Nummer
NuL	Natur und Landschaft (Zeitschrift)
NuR	Natur und Recht (Zeitschrift)
NVwZ	Neue Zeitschrift für Verwaltungsrecht
NW	Nordrhein-Westfalen, nordrhein-westfälisch
ÖffBauBoR	Öffentliches Bau- und Bodenrecht
OLG	Oberlandesgericht
OVG	Oberverwaltungsgericht
OWiG	Ordnungswidrigkeitengesetz
RAR	Richtlinie für Anlagen des ruhenden Verkehrs der Forschungsgesellschaft für Straßen- und Verkehrswesen, Ausgabe 1985
RAS-Q	Richtlinie für die Anlage von Straßen, Teil Querschnitte der Forschungsgesellschaft für Straßen- und Verkehrswesen, Ausgabe 1982
RG	Reichsgericht
RhPf	Rheinland-Pfalz, rheinland-pfälzisch
Rn.	Randnummer
RNatSchG	Reichsnaturschutzgesetz
ROG	Raumordnungsgesetz des Bundes
Rspr.	Rechtsprechung

RStO 86	Richtlinie für die Standardisierung des Oberbaus von Verkehrsflächen der Forschungsgesellschaft für Straßen- und Verkehrswesen, Ausgabe 1986
s.	siehe
S.	Seite
Saar	Saarland, saarländisch
SaarKSVwG	Saarländisches Kommunalselbstverwaltungsgesetz
SchH	Schleswig-Holstein, schleswig-holsteinisch
sog.	sogenannte
SRU	Der Rat der Sachverständigen für Umweltfragen
StBauFG	Städtebauförderungsgesetz v. 27.2.1071 (BGBl. I S. 1125) i.d.F. der Bek. v. 18.8.1976 (BGBl. I S. 2318, ber. S. 3617), zuletzt geändert durch Gesetz v. 5.11.1984 (BGBl. I S. 1321)
StrG	Straßengesetz
StT	Der Deutsche Städtetag (Zeitschrift)
u.a.	und andere, unter anderem
UBA	Umweltbundesamt
UPR	Umwelt- und Planungsrecht (Zeitschrift)
Urt.	Urteil
usw.	und so weiter
v.	von, vom
VBlBW	Verwaltungsblätter für Baden-Württemberg (Zeitschrift)
VDI	Verein Deutscher Ingenieure
VerwArch	Verwaltungsarchiv (Zeitschrift)
VG	Verwaltungsgericht
VGH	Verwaltungsgerichtshof
vgl.	vergleiche
Vorbem.	Vorbemerkung
VwR	Verwaltungsrecht
VwRdsch	Verwaltungsrundschau (Zeitschrift)
VwV	Verwaltungsvorschrift
VwVfG	Verwaltungsverfahrensgesetz
VwVG	Verwaltungsvollstreckungsgesetz
WG	Wassergesetz
WHG	Wasserhaushaltsgesetz des Bundes
WiVerw	Wirtschaft und Verwaltung (Zeitschrift)
WWt	Wasserwirtschaft Wassertechnik (Zeitschrift)
z.B.	zum Beispiel
z.T.	zum Teil
ZfBR	Zeitschrift für Deutsches und Internationales Baurecht
ZfW	Zeitschrift für Wasserrecht
ZfW-Sh.	Sonderheft der Zeitschrift für Wasserrecht
Ziff.	Ziffer

Zusammenfassung

Die Begrenzung der Bodenversiegelung spielt eine Schlüsselrolle bei der Gestaltung ökologisch verträglicher und gesunder Lebensverhältnisse in den Städten. In den hochverdichteten Kernstädten fehlt es nicht nur an begrünten Freiflächen für die freiraumbezogene Erholung. Die dort anzutreffende hochgradige Versiegelung belastet zugleich das Klima, den Wasserhaushalt und den Lebensraum von Pflanzen und Tieren. "Mit Grund und Boden soll sparsam und schonend umgegangen werden." Mit diesem Programmsatz hat der Gesetzgeber des Baugesetzbuchs die Bedeutung des Bodenschutzes für die geordnete städtebauliche Entwicklung herausgestellt. Sparsamer und schonender Umgang mit Grund und Boden wird also zur wichtigen Zielorientierung für die Bauleitplanung. Betroffen sind aber neben der Bauleitplanung auch alle anderen Verwaltungsbereiche, die Einfluß auf die Nutzung des Bodens haben.

Die vorliegende Arbeit stellt die ganze Bandbreite der kommunalen Handlungsmöglichkeiten zur Begrenzung, zur Verringerung der Bodenversiegelung und zum Ausgleich der Versiegelungsfolgen dar. Die systematische und problemorientierte Studie ist mit zahlreichen Beispielen angereichert.

Der Schwerpunkt liegt bei der Erläuterung des rechtlichen Instrumentariums. Anwendungsvoraussetzungen und -probleme werden im einzelnen für folgende Bereiche dargestellt:

- die Planungsinstrumente,
- die Regelungsmöglichkeiten durch kommunale Satzungen und Verordnungen,
- die sich aus den Gesetzen unmittelbar ergebenden versiegelungsrelevanten Anforderungen an die Errichtung von baulichen Anlagen sowie
- die Eingriffsmöglichkeiten zur Regelung von Einzelfällen.

Besonders eingehend behandelt werden entsprechend ihrer Bedeutung für den Bodenschutz die Funktionen, Darstellungs- und Festsetzungsmöglichkeiten sowie Planungsgrundsätze der Flächennutzungs- und Bebauungsplanung. Aber auch Instrumente des Naturschutz- und Landschaftspflegerechts, des Bauordnungsrechts und des Wasserrechts werden eingehend erläutert.

Problematisiert wird außerdem der Konflikt zwischen Städtebaurecht und Naturschutz-/Landschaftspflegerecht, der angesichts der wieder aufkommenden Baulanddebatte neue Brisanz gewinnt. Dabei wird in der Arbeit verdeutlicht, daß das naturschutzrechtliche Instrumentarium, insbesondere die Eingriffsregelung und die örtliche Landschaftsplanung, eine sinnvolle Ergänzung der Bauleitplanung sein können. Beide Instrumente stellen kein Hindernis, sondern eine Erleichterung des bauplanungsrechtlich zu bewältigenden Abwägungsprogramms dar. Die zunehmend beklagten Verzögerungen sind demnach allenfalls aus der unzureichenden Implementation der naturschutzrechtlichen Instrumente in der kommunalen Verwaltungspraxis zu erklären.

Schließlich ermöglichte die rechtsgebietsübergreifende Untersuchung des Verhältnisses der Einzelinstrumente (vgl. letztes Kapitel), auf Regelungsdefizite und Regelungsbedarfe aufmerksam zu machen. Besonders erläutert werden die Novellierungsmöglichkeiten im Recht der Landschaftsplanung und die Möglichkeit der Einführung ökologischer Standards für Planungen und Einzelentscheidungen. Die Regelungsvorschläge haben im Hinblick auf die derzeit betriebene Novellierung des Bundesnaturschutzgesetzes hohe Aktualität.

Die einzelnen Kapitel sind so abgefaßt, daß sie das schnelle Nachschlagen problembezogener Anregungen und Hinweise erleichtern. Die Arbeit bietet damit dem Praktiker in der kommunalen Verwaltung eine Arbeitshilfe. Sie richtet sich aber auch an den rechtswissenschaftlich Interessierten, der sich mit dem rechtsgebietsübergreifenden Verhältnis bodenschutzrelevanter Regelungen beschäftigt.

Abstract

Limitation of Soil Sealing[*]

Unpaved areas in cities have a great variety of ecological and urban-planning functions, and hence limitation of soil sealing has come to play a key role in projecting ecologically viable and healthy conditions for urban living. This realization faces communities with the task of developing strategies for the planning and implementation of measures designed to prevent further sealing of ground and soil in urban environments.

The present study is concerned with the entire range of potential measures for community action in this regard and with the legal instruments available. The author's systematic and problem-oriented discussion is supplemented by numerous practical examples.

The preconditions and possibilities for the application of the available legal instruments are discussed on a suprajurisdictional basis, and the relationship of the various instruments with one another is elucidated. In addition, regulation deficits and requirements are described and corresponding suggestions for regulation are outlined.

The investigation is accordingly addressed both to practitioners in community administrations who are seeking problem-oriented, systematic aid, and to those interested in the legal aspects of the issue who are concerned with the suprajurisdictional relationships of the regulations relevant to soil protection.

---

[*] Übersetzung von John Gabriel.

Teil I

Überblick

Kapitel 1

Einführung

A. Bodenschutz - eine neue Aufgabe der Kommunen

Der Schutz der natürlichen Lebensgrundlagen macht spätestens seit Inkrafttreten des BNatSchG am 24.12.1976 nicht mehr vor den Grenzen der Städte halt. Die Kommunen haben im Rahmen ihrer Zuständigkeiten zur Verwirklichung der auch auf den besiedelten Bereich ausgedehnten Ziele des Naturschutzes und der Landschaftspflege beizutragen. In zahlreichen anderen Gesetzen, insbesondere im BauGB wurde diese neue Aufgabe wiederholt und konkretisiert. Als Grundsatz für die kommunale Bauleitplanung gilt nun, daß mit Grund und Boden sparsam und schonend umgegangen werden soll. Die Kommunen sind dem erweiterten Aufgabenfeld jedoch bislang nur z.T. in der vom Gesetzgeber geforderten Art und Intensität nachgekommen. Wie in anderen Bereichen des Umweltschutzes wird auch hier ein Defizit beim Vollzug des gesetzlichen Auftrags beklagt.[1]

Ein zentraler Teilbereich der Aufgabe "Schutz und Pflege der natürlichen Lebensgrundlagen" ist der Bodenschutz in qualitativer und insbesondere in quantitativer Hinsicht durch den Verbrauch von Vegetationsflächen für verkehrliche und bauliche Nutzungen. Der Boden erfüllt nicht nur wichtige Funktionen innerhalb des komplexen Systems "Naturhaushalt".[2] Er ist zugleich elementare Grundlage aller städtebaulichen Aktivitäten.[3] Hier zeigen sich in eklatanter Weise die Zielkonflikte mit den traditionellen Aufgabenbereichen der Kommunen. Während auf der einen Seite das Interesse am Erhalt der natürlichen Bodenfunktionen steht, müssen die Kommunen andererseits die für die Siedlungsentwicklung erforderlichen Flächen für Wohnen, Gewerbe und Verkehr zur Verfügung stellen und damit die Vernichtung natürlicher Bodenfunktionen durch Versiegelung dieser Flächen ermöglichen. Die Bodenversiegelung wird damit zu einem entscheidenden Faktor im Spannungsfeld zwischen Naturschutz und Siedlungstätigkeit, wobei nicht unterschlagen werden soll,

---

1 Vgl. z.B. Meyfahrt, IzR 1988, 573 (577); Gieseke/Holtmann/Hucke/Lynar/Müller, Städtebauliche Lösungsansätze zur Verringerung der Bodenversiegelung, S. 19 ff.; Städtebaulicher Bericht "Umwelt und Gewerbe", BT-Drs. 10/5999, S. 51; Krautzberger, in: Bundesforschungsanstalt für Landeskunde und Raumordnung, Heft 21, Bodenschutz, S. 103 ff.
2 Vgl. z.B. Hübler et al., Zur Regionalisierung umweltpolitischer Ziele, S. 62
3 Vgl. Bodenschutzkonzeption der Bundesregierung, BT-Drs. 10/2977, S. 13; UBA/DIFU, Umweltberichte, Abschnitt G - Bodenschutz, S. 5; Book, Bodenschutz in der räumlichen Planung, S. 7 ff.; Erbguth, UPR 1984, 241 ff.; Storm, Agrarrecht 1983, 233 ff.; Lersner, NuR 1982, 201 (202)

daß auch Siedlungsflächen ökologische Qualitäten in erheblichem Umfang aufweisen können. Die ökologischen und städtebaulichen Qualitäten der Siedlungsbereiche hängen dabei aber in erheblicher Weise von dem Grad der Bodenversiegelung ab.[4] Unversiegelte Flächen können als begrünte Freiräume wichtige Funktionen für die Naherholung und Freizeitgestaltung der in den städtischen Agglomerationsräumen arbeitenden und wohnenden Menschen erfüllen und damit zu einer bedeutenden Verbesserung der Wohn- und Arbeitsumfeldbedingungen beitragen. Die Begrenzung und Verringerung der Bodenversiegelung in den bebauten Gebieten ist deshalb ein wichtiges Feld kommunaler Umweltpolitik.

B. Bodenversiegelung als Problem verschiedener Ressorts und Disziplinen

Das Problem der Bodenversiegelung findet die Beachtung verschiedener Ressorts und Fachdisziplinen.

Für die Wasserwirtschaft ist die Größe der versiegelten Fläche ein maßgebender Bestimmungsfaktor für die Planung und Dimensionierung der Entwässerungssysteme. Aber auch für den Bereich Trinkwasserversorgung wird der Bodenversiegelung wegen der verminderten Grundwasserneubildungsrate unter hochgradig versiegelten Gebieten zunehmend Beachtung geschenkt.

Für Naturschutz und Landschaftspflege sowie die damit befaßten Fachdisziplinen Landschaftsplanung und Stadtökologie hat die Erhaltung der natürlichen Bodenfunktionen in qualitativer und quantitativer Hinsicht eine zentrale Funktion im vernetzten System aller Umweltmedien. Unversiegelte Böden sind Lebensraum für Pflanzen und Tiere und zugleich wesentliche Faktoren im Haushalt von Luft und Wasser.

Für den Städtebau hat das Problem der Bodenversiegelung zum einen im Rahmen der sich auch ökologischen Fragestellungen öffnenden Stadterneuerungsdebatte Beachtung gefunden.[5] Der Versiegelungsgrad ist dabei ein wesentlicher Parameter zur Bewertung von Maßnahmen der Innenentwicklung.[6] Zum anderen wird die Bodenversiegelung als die grundlegende negative Folge einer extensiven Siedlungsentwicklung bezeichnet, der es zu begegnen gilt.[7] Sie ist damit Gegenstand der Diskussion um eine geordnete Flächenhaushaltspolitik.[8]

---

4 Albrecht/Bartfelder, Ökologische Bewertung von Maßnahmen der Stadtinnenentwicklung, 112. ff. u. 125 ff.; Lütke-Daldrup, Bestandsorientierter Städtebau, S. 110 ff.

5 Es wird von einer "ökologischen Revitalisierung von Städten und Gemeinden" von der Grünen Wende im Städtebau und vom ökologischen Stadtumbau gesprochen. Vgl. Schlichter/Friedrich, Wirtschaft und Verwaltung, 1988, 199 (201); Rehberge, Grüne Wende im Städtebau, Koalitionsvereinbarung der Fraktionen der Alternativen Liste und der SPD zur Bildung des Senats in Berlin im März 1989; zum Diskussionsstand insgesamt Lütke-Daldrup, Bestandsorientierter Städtebau, S. 55 ff.

6 Losch/Baestlein, in: Rosenkranz, Bodenschutz, Nr. 4785, S. 7; Hinzen/Book/Castro/Grzella/Heikenfeld/Mühlen, Umweltqualität und Wohnstandorte, S. 54 ff.; Albrecht/Bartfelder, Ökologische Bewertung von Maßnahmen der Stadtinnenentwicklung, 112. ff. u. 125 ff.; Lütke-Daldrup, Bestandsorientierter Städtebau, S. 110 ff.

7 Vgl. Bodenschutzkonzeption der Bundesregierung, v. 7.3.1985, BT-Drs. 10/2977, S. 31 ff.; Losch, IzR 1986, 33 ff.; Sening, in: Bückmann, Flächenverbrauch und Bodenschutz, Band 1, S. 109 ff.

8 Vgl. z.B. Borchard, ARL, Flächenhaushaltspolitik, S. 11 ff.

Die eindeutige Zuordnung des Problems "Bodenversiegelung" in ein Ressort ist mithin nicht möglich. Dies löst in der kommunalen Praxis vor allem Koordinierungsschwierigkeiten aus.[9]

Entsprechend weit gefächert ist auch das Spektrum der Fachwissenschaften, das sich mit der Bodenversiegelung und ihren Folgen beschäftigt.[10] Die wissenschaftlichen Darstellungen befassen sich deshalb überwiegend fragmentarisch mit den Auswirkungen der Bodenversiegelung insbesondere aus hydrologischer und klimatischer Sicht.[11] Aus stadtökologischer Sicht wird in einigen neueren Veröffentlichungen auf die tragende Rolle der Bodenversiegelung für das Wirkungsgefüge des urbanen Ökosystems hingewiesen.[12] Eine städtebauliche Perspektive sucht die Untersuchung von Gieseke et.al. "Städtebauliche Lösungsansätze zur Verminderung der Bodenversiegelung als Beitrag zum Bodenschutz".[13] Eine Analyse der Funktionen und Nutzungsmöglichkeiten unversiegelter Flächen aus städtebaulicher Sicht findet nicht statt.

C. Umweltpolitische Rahmenbedingungen

Schon im Umweltprogramm der Bundesregierung von 1971 wird der Boden als erstes Umweltmedium neben Luft und Wasser genannt, das vor nachteiligen Eingriffen durch den Menschen zu schützen ist.[14] Storm spricht in diesem Zusammenhang von einem "neuen terrestrischen Urgesetz".[15] Eine speziell auf den Bodenschutz abgestellte programmatische Grundlage brachte erst die Bodenschutzkonzeption der Bundesregierung vom 7.3.1985.[16] Die Versiegelung des Bodens wird darin allerdings nicht als eigenständiger Problembereich, sondern nur im Zusammenhang mit dem Problem der wachsenden Flächeninanspruchnahme für Siedlungszwecke behandelt.[17] Aufgegriffen wird dies in der Unterrichtung der Bundesregierung "Maßnahmen zum Bodenschutz" vom 12.1.1988.[18]

Gefordert wird danach eine Trendwende im Landschaftsverbrauch. Für den Bereich "Siedlungswesen und Verkehr" wird auf die besondere Bedeutung des Bodenschutzes bei der Abwägung im Rahmen der Bauleitplanung hingewiesen. Die Errichtung und Änderung

---

[9] Vgl. zur Notwendigkeit der Koordinierung Schmidt-Aßmann, NVwZ 1987, 265 (275); Zimmermann, VwRdsch. 1987, 5 (8)

[10] Vgl. z.B. die Auflistung bei Berlekamp/Pranzas, Probleme der Bodenversiegelung in Ballungsräumen, S. 9 ff.

[11] Vgl. z.B. die Auflistung bei Berlekamp/Pranzas, Probleme der Bodenversiegelung in Ballungsräumen, S. 9

[12] Gieseke/Holtmann/Hucke/Lynar/Müller, Städtebauliche Lösungsansätze zur Verringerung der Bodenversiegelung; Berlekamp/Pranzas, Probleme der Bodenversiegelung in Ballungsräumen; Pietsch, in: Forschungen zur Raumentwicklung 14, S. 121 ff.; Laukhuf/Becker, Entsiegelung von Flächen; IzR, Heft 8/9 1988 "Bodenversiegelung im Siedlungsbereich

[13] Die Untersuchung beschränkt sich nach Darstellung der ökologischen Aspekte auf die Entsiegelungsmöglichkeiten in bestimmten Siedlungsstrukturtypen.

[14] Vgl. BT-Drs. 6/2710

[15] Vgl. Storm, in: HdUR, Band I, S. 269. Storm bezieht sich dabei auf die Wurzeln des Bodenrechts. Luft und Wasser sind in der römisch-rechtlichen Tradition keine Sachen. Demgegenüber wird das Recht im Boden begründet. "Nomos", die Bodennahme, wird deshalb auch als Urgesetz der Erde bezeichnet.

[16] BT.Drs. 10/2977

[17] Vgl. BT.Drs. 10/2977, S. 31 ff.

[18] BT-Drs. 11/1625

baulicher Anlagen sollen flächensparend und bodenschonend erfolgen, die Inanspruchnahme von Freiflächen, insbesondere die Flächenversiegelung soll so gering wie möglich gehalten werden.[19] Ob diese programmatischen Vorgaben unter den veränderten Rahmenbedingungen vor allem in den neuen Bundesländern mit der notwendigen Konsequenz verfolgt werden können, erscheint wegen der vielfältigen und überwältigend großen Anzahl von Problemen zumindest zweifelhaft.

Als vordringliche Aufgabe der Länder im Bereich "Siedlungswesen" wird der Erlaß von Rechtsvorschriften zur Verringerung der Bodenversiegelung, insbesondere bei Erschließungsflächen, sowie zur flächensparenden und bodenschonenden Ausführung von Nebenanlagen und Außenanlagen gefordert.[20] Gefordert wird unter anderem die Novellierung der Bauordnungen, der Straßen- und Wegegesetze, der Erlaß von Verwaltungsvorschriften und der Vollzug von Förderrichtlinien zur bodenschonenden Ausführung von Vorhaben.[21]

Die programmatischen Vorgaben sind vom Gesetzgeber in Bund und Ländern aufgegriffen worden, wobei die landesrechtlichen Vorschriften z.T. erhebliche Unterschiede aufweisen. Im Rahmen der Novellierung des Städtebaurechts ist in mehreren Vorschriften dem Gesichtspunkt der Reduzierung von Bodenversiegelung Rechnung getragen worden. In einigen Landesbauordnungen hat dieses Ziel bei den Vorschriften über die Gestaltung der nicht überbauten Grundstücksflächen ebenfalls seinen Niederschlag gefunden, und auch im Wasserrecht gibt es erste Ansätze einer Neugewichtung in Hinblick auf die Funktion unversiegelten Bodens für die Grundwasserneubildung und den Hochwasserabfluß. Die z.T. geforderte Koordinierung der Materie in einem Bodenschutzgesetz hat der Gesetzgeber nicht vorgenommen.[22]

D. Ansatz der Untersuchung

Die Untersuchung geht von der Erkenntnis aus, daß die natürlichen Ressourcen und damit die Lebensgrundlagen des Menschen nur in begrenztem Umfang zur Verfügung stehen. Dies gilt auch und gerade für den natürlich anstehenden Boden als zentrales Medium im komplexen Wirkungssystem des Naturhaushalts und für die freien Landschaftsräume. Der ungebremste Landschaftsverbrauch für Siedlungsbau und Verkehr, die Zerstörung ganzer Landschaftsräume durch Zersiedlung und Zerschneidung von zusammenhängenden Ökosystemen werden letztlich dazu führen, daß der Naturhaushalt insgesamt zusammenbricht und aus heutiger Sicht noch unabsehbare Auswirkungen auf die Lebensumstände des Menschen, z.B auf die klimatischen Verhältnisse, die Versorgung mit Trinkwasser und die Ernährung, eintreten werden. Die Begrenztheit der natürlichen Ressourcen verlangt deshalb eine Umorientierung aller Politikbereiche. Gefordert ist ein sparsamer und schonender Umgang mit den natürlichen Ressourcen, insbesondere auch und gerade mit dem Boden und den noch vorhandenen zusammenhängenden Landschaftsräumen. Die Forderung nach einer Trendwende im Landverbrauch ist pointierter Ausdruck des Problembewußtseins.

Die Raumplanung ist vor diesem Hintergrund gefordert, geeignete Siedlungsentwicklungsstrategien zu entwickeln. Der Nachfrage nach Flächen für verkehrliche und gewerbliche

---

[19] Vgl. BT-Drs. 11/1625, S. 7; Drs. 10/2977, S. 33 f.
[20] Vgl. BT-Drs. 11/1625, S. 21, Pkt. 197
[21] BT-Drs. 11/1625, S. 20 ff.
[22] Schott, IzR 1985, 27 ff.

Zwecke sowie für den Wohnungsbau darf nicht mehr ungeprüft durch die Neuausweisung von Bauland nachgegeben werden. Grundlegend müssen die Flächenbedarfe der einzelnen Nutzungen hinterfragt und nach flächensparenden Alternativen gesucht werden. Ein erster Ansatz ist die vorrangige Inanspruchnahme der im bebauten Bereich vorhandenen Flächenreserven. Die insoweit auf Verdichtung des Bestands gerichtete Strategie wirft sogleich die Frage nach den Grenzen der noch mit den Wohnbedürfnissen der Bevölkerung und den Anforderungen an gesunde Wohn- und Arbeitsverhältnisse verträglichen Dichte auf. Die dem Primat der Baufreiheit in zähem Ringen gerade im Interesse der Schaffung gesunder Wohn- und Arbeitsverhältnisse abgerungene Beschränkung der zulässigen Dichte steht auf dem Prüfstein. Dabei werden die vor diesem Hintergrund traditionell zu beachtenden Gesichtspunkte, wie die ausreichende Belichtung und Belüftung von Wohnräumen, der Immissionsschutz und die ausreichende Versorgung mit Freiflächen, insbesondere mit Grünflächen heute durch die Anforderungen und Erkenntnisse der Stadtökologie ergänzt.

Die Untersuchung geht davon aus, daß der Grad der Bodenversiegelung innerhalb der bebauten Gebiete ein Bestimmungsfaktor für die Funktionsfähigkeit des städtischen Ökosystems und für den Grad der Grünflächenversorgung ist. Dabei kann freilich nicht allein aus der Tatsache, daß eine Fläche unversiegelt ist, auf die Qualität und Nutzbarkeit der Fläche als Grünfläche geschlossen werden. Der Versiegelungsgrad kann aber zumindest die als Grünflächen potentiell nutzbaren Flächen quantifizieren. Die Erfassung und Steuerung der Bodenversiegelung erlangt damit eine wichtige Funktion im Rahmen der raumplanerischen Zielsetzungen.

Die Untersuchung widmet sich den rechtlichen Rahmenbedingungen und dem zur Verfügung stehenden Instrumentarium. Dem liegt die Überzeugung zugrunde, daß der Legislative die Aufgabe zufällt, den veränderten Erkenntnissen entsprechend neue Handlungsfelder und Leitlinien der Raumplanung zu bestimmen, um eine geordnete Entwicklung des Raums sicherzustellen. Durch legislativen Akt können Impulse gesetzt werden und mit unterschiedlicher Verbindlichkeit Direktiven zur Umsetzung bestimmter Leitideen gegeben werden. Die Rolle des Gesetzgebers bei der Durchsetzung raumplanerischer Leitideen darf deshalb nicht unterschätzt werden. Andererseits wäre es verfehlt, die Implementation raumplanerischer Ziele ausschließlich in Abhängigkeit von der Qualität des rechtlichen Instrumentariums zu sehen. Andere Faktoren, wie die finanz- und wirtschaftspolitischen Zielsetzungen und Rahmenbedingungen, kommunalpolitische Konstellationen und unzureichende Organisation der kommunalen Verwaltungen sind für die Anwendung des rechtlichen Instrumentariums und die Umsetzung raumplanerischer Leitideen letztlich bestimmend. Hierauf kann der Gesetzgeber nur in begrenztem Umfang Einfluß nehmen, indem er bestimmte Interessen verdeutlicht und ihre Beachtung durch geeignete Verfahrensregelungen sicherstellt.

E. Gang der Untersuchung

Ziel der Arbeit ist es, den administrativen Handlungsrahmen zur Steuerung der Bodenversiegelung im besiedelten Bereich im Lichte der unterschiedlichen fachgesetzlichen Anforderungen zu analysieren. Die aus verschiedenen Rechtsbereichen abgeleiteten Handlungsbefugnisse sollen in Hinblick auf ihre Anwendungsvoraussetzungen und Anwendungsmöglichkeiten untersucht werden. Dabei soll insbesondere festgestellt werden, wie die einzelnen Instrumente aufeinander abgestimmt sind und wo Regelungsdefizite und Regelungsbedarfe bestehen. Die Arbeit soll damit zugleich einen Beitrag zur Harmonisierung von öffentlichem Baurecht, Naturschutzrecht und Wasserhaushaltsrecht leisten.

Zur Bestimmung des administrativen Handlungsbedarfs ist zunächst auf die ökologischen, wasserwirtschaftlichen und städtebaulich-funktionalen Auswirkungen der Bodenversiegelung einzugehen. Dabei hat die Arbeit nicht den Anspruch, den jeweiligen fachwissenschaftlichen Kenntnisstand umfassend wiederzugeben. Dies würde den Rahmen dieser Arbeit sprengen. Das Bemühen beschränkt sich deshalb darauf, die vielfältigen Funktionszusammenhänge zu umreißen und in ihren Interdependenzen darzustellen. Insbesondere soll nachgewiesen werden, daß die Bodenversiegelung einen entscheidenden Faktor im Spannungsfeld zwischen Naturschutz und Landschaftspflege auf der einen Seite und Städtebau auf der anderen Seite darstellt. Die bislang ungelösten Bewertungsprobleme,[23] insbesondere in Hinblick auf ökologisch und städtebaulich noch vertretbare Versiegelungsgrade und bei der Bewertung der positiven Effekte von Entsiegelungsmaßnahmen, werden angesprochen.

Auf dieser Grundlage sind die in der Praxis diskutierten und z.T. erprobten Maßnahmen zur Begrenzung und Verringerung sowie Ausgleichsmaßnahmen darzustellen. Dabei kann auf eine Untersuchung des Instituts für Stadtforschung und Strukturpolitik in Berlin zurückgegriffen werden, bei der im Auftrag des Bundesministers für Raumordnung, Bauwesen und Städtebau im Februar/März 1986 alle Städte über 50000 Einwohner zu ihren Maßnahmen zur Begrenzung oder Verminderung der Bodenversiegelung befragt wurden.[24] Die Ergebnisse der Befragung werden durch weitere Untersuchungen zur Berücksichtigung der Bodenversiegelung in der Bauleitplanung bestätigt.[25]

Auch wenn der Schwerpunkt der Untersuchung auf den rechtlichen Rahmenbedingungen der Handlungsmöglichkeiten liegt, kann nicht darauf verzichtet werden, die wesentlichen Faktoren administrativer Handlungsmöglichkeiten auf kommunaler Ebene, insbesondere die ökonomischen, kommunalpolitischen und verwaltungsorganisatorischen Rahmenbedingungen zu umreißen. Der Rahmen der Arbeit erlaubt allerdings nur, thesenhaft auf diese Aspekte einzugehen. Damit soll deutlich werden, daß die rechtliche Handlungsbefugnis nur eine von mehreren Voraussetzungen für die Umsetzung der geforderten Maßnahmen ist.

Die Untersuchung der rechtlichen Handlungsbefugnisse gliedert sich dann nach den Handlungsebenen, wobei die Interdependenzen der verschiedenen einschlägigen Rechtsgebiete herausgestellt werden sollen. Inwieweit die verstreuten Regelungen aufeinander abgestimmt sind, ist bislang nur in Teilbereichen untersucht worden, ohne allerdings den Blickwinkel speziell auf das Problem der Bodenversiegelung zu richten.[26]

---

[23] Eine Quantifizierung der Ursache-Folge-Beziehungen im Sinne von Grenzwerten wird jedenfalls zum heutigen Zeitpunkt nicht für möglich gehalten. Vgl. Losch/Nake, IzR 1988, 593 (594); Hucke/Lynar, IzR 1988, 499 (500)

[24] Vgl. Gieseke/Holtmann/Hucke/Lynar/Müller, Städtebauliche Lösungsansätze zur Verringerung der Bodenversiegelung, S. 16; Städtebaulicher Bericht "Umwelt und Gewerbe", BT-Drs. 10/5999, S. 47 ff.

[25] Hoffjann, Der Städtetag, 1988, 137 (140); Dreesbach/Schäfer/Schmidt-Eichstaedt/Walcha, Ergebniss der Untersuchung "Ist die Baunutzungsverordnung novellierungsbedürftig?", in: Göb/Schuster, Reform der Baunutzungsverordnung, S. 49 (126)

[26] Book, Bodenschutz in der räumlichen Planung, Dissertation; Kuchler, Naturschutzrechtliche Eingriffsregelung und Bauleitplanung,; Pfeifer, Landschaftsplanung und Bauleitplanung; Thurn, Schutz natürlicher Wasserfunktionen durch räumliche Planung

Bei der Darstellung der Rechtssetzungsbefugnisse steht die verbindliche Bauleitplanung entsprechend ihrer Bedeutung als räumliche Gesamtplanung auf kommunaler Ebene im Mittelpunkt der Untersuchung. Auch die kommunale Landschaftsplanung ist vor allem in ihrer Funktion für die Bauleitplanung zu berücksichtigen. Daneben stehen weitere Rechtssetzungbefugnisse nach Bauordnungs-, Naturschutz- und Wasserrecht.

Materielle Gesetze bedürfen des Vollzuges, gleich ob sie Gesetze im formellen Sinne, Satzungen oder Rechtsverordnungen sind. Hierzu stehen die klassischen Instrumente des Ordnungsrechts, die Kontroll-, Eingriffs- und Sanktionsbefugnisse zur Verfügung. Die Bedeutung dieser Instrumente wird bislang nicht hinreichend berücksichtigt. Die landesspezifischen Besonderheiten sollen dargestellt und auf die Regelungsdefizite und die vorhandenen Regelungsmöglichkeiten hingewiesen werden.

Die Arbeit beschränkt sich, soweit Landesrecht zu berücksichtigen ist, auf die Untersuchung der einschlägigen Vorschriften der alten Bundesländer. Diese Beschränkung erscheint gerechtfertigt, da die neuen Länder mit ihrer Gesetzgebungstätigkeit erst beginnen und sich im wesentlichen an den Regelungen der Altländer orientieren werden. Die Arbeit kann insoweit auch für die bevorstehende Gesetzgebungstätigkeit in den neuen Ländern Anhaltspunkte und Anregungen liefern.

Kapitel 2

Begriff, Methoden der Erfassung und Ausmaß der Bodenversiegelung

A. Begriff

Als Synonym für den Begriff "Bodenversiegelung" werden im deutschsprachigen Schrifttum die Bezeichnungen "Oberflächenversiegelung", "Flächenversiegelung" oder "Versiegelung" gebraucht.[1] Bodenversiegelung in dem hier relevanten Kontext ist die auf anthropogene Einflüsse zurückzuführende Unterbrechung oder Behinderung der vielfältigen Austauschprozesse zwischen Atmosphäre, Pedosphäre und Hydrosphäre sowohl im abiotischen (z.B. Wasserkreislauf) als auch im biotischen (als Lebensraum von Pflanzen und Tieren) Bereich.[2] Die Austauschprozesse werden dabei i.d.R. durch das Aufbringen undurchlässiger Beläge wie Teer, Beton oder Gebäude unterbunden.[3] Aber auch die sehr starke Verdichtung von Boden kann zu einer erheblichen Beeinträchtigung der Austauschprozesse führen.

Der Versiegelungsgrad drückt den Anteil der in dieser Weise versiegelten Fläche zur Bezugsfläche aus.[4] Z.T. wird der Versiegelungsgrad in Prozenten, im übrigen auch als Verhältniszahl ausgedrückt. Dies wird als Versiegelungsfaktor bezeichnet.[5]

Maßnahmenorientiert wird der Begriff "Entsiegelungspotential" verwendet. Hierunter wird der Flächenanteil an der Bezugsfläche verstanden, der bei Beachtung der nutzungsbedingten Anforderungen entsiegelt werden kann.[6]

---

1   Die anglo-amerikanischen Termini sind "artificial surface covering", "sealing", "surface sealing" oder "impermeable surface". Die letzten beiden Termini werden auch als Bezeichnung für natürliche Verdichtung und Verkrustung verwendet. Vgl. Berlekamp/Pranzas, Problem der Bodenversiegelung in Ballungsräumen, S. 8
2   Berlekamp/Pranzas, NuL 1986, 92; Berlekamp/Pranzas, Problem der Bodenversiegelung in Ballungsräumen, S. 8; Berlekamp, Landschaft + Stadt, 1987, 129; Sperber/Meyer, Das Gartenamt, 1989, 294
3   Böcker, Landschaft + Stadt, 1985, 57 (58); im Anschluß an diesen Gieseke/Holtmann/Hucke/Lynar/Müller, Städtebauliche Lösungsansätze zur Verringerung der Bodenversiegelung, S. 5
4   Vgl. Gieseke/Holtmann/Hucke/Lynar/Müller, Städtebauliche Lösungsansätze zur Verringerung der Bodenversiegelung, S. 12
5   DIFU, Umweltberichte, Teil G - Bodenschutz, S. 58
6   Vgl. Gieseke/Holtmann/Hucke/Lynar/Müller, Städtebauliche Lösungsansätze zur Verringerung der Bodenversiegelung, S. 12

Die oben vorgenommene Definition von Bodenversiegelung läßt unberücksichtigt, daß der Grad der Beeinträchtigung der Austauschprozesse und die weiteren ökologischen Auswirkungen von Bodenversiegelung (z.B. auf das Klima) z.T. erheblich nach der Art des verwendeten Oberflächenmaterials divergieren.[7] Um diese qualitativen Unterschiede zu erfassen, wird zwischen den nach ihren Eigenschaften bestimmten Belagsklassen zugeordneten Versiegelungsarten differenziert. In der Praxis hat sich allerdings weder ein einheitlicher Katalog von Belagsklassen noch einheitliche Bewertungskriterien für die Zuordnung zu den Belagsklassen gefunden.

Die differenzierte Erfassung unterschiedlicher Belagsarten ermöglicht nicht nur eine genauere Analyse der ökologischen Auswirkungen, sondern ist Grundlage für die Feststellung des sogenannten "Belagsänderungspotentials". Hierunter wird der Flächenanteil verstanden, der bei Beachtung der nutzungsbedingten Beanspruchung einen Austausch undurchlässiger Belagsarten durch weniger nachteilige Bodenbeläge zuläßt.[8]

Zur Bestimmung von Entsiegelungs- und Belagsänderungspotentialen ist die Feststellung des "nutzungsbedingten Versiegelungsgrades" eine methodische Hilfsgröße. Hierzu zählen neben den Gebäudeflächen auch die Grundstücksfreiflächen mit nach Art und Dauer intensiver Nutzung und die öffentlichen Verkehrsflächen.[9]

B. Erhebungsmethoden

Gängige Untersuchungsmethode für die flächendeckende Erhebung des Versiegelungsgrads ist die Auswertung von während der Vegetationszeit aufgenommenen Infrarot-Luftbildern.[10] Die Luftbilder können manuell mittels Planimeter oder computergestützt [11] ausgewertet werden. Zur Verifizierung der Luftbildauswertung werden für ausgewählte Gebiete Kartierungen auf der Grundlage von Begehungen vorgenommen.[12] Die sich daraus ergebenden Versiegelungsgrade können mit den Ergebnissen der Luftbildauswertung abgeglichen werden. Dabei kann die Untersuchungsgenauigkeit der Luftbildauswertung bezogen auf die

---

7 Berlekamp/Pranzas, Problem der Bodenversiegelung in Ballungsräumen, S. 8; Berlekamp/Pranzas, NuL 1986, 92
8 Vgl. Gieseke/Holtmann/Hucke/Lynar/Müller, Städtebauliche Lösungsansätze zur Verringerung der Bodenversiegelung, S. 12
9 Vgl. Gieseke/Holtmann/Hucke/Lynar/Müller, Städtebauliche Lösungsansätze zur Verringerung der Bodenversiegelung, S. 188
10 Vgl. z.B. Böcker, Landschaft + Stadt 1985, 57 (58); Umweltatlas Berlin, Teil 1, S. 01.02; Mürb, IzR 1981, 499 für Karlsruhe; Gieseke/Holtmann/Hucke/Lynar/Müller, Städtebauliche Lösungsansätze zur Verringerung der Bodenversiegelung, S. 166; DIFU, Umweltberichte, Teil G - Bodenschutz, S. 58
11 Vgl. z.B. Böcker, Landschaft + Stadt 1985, 57 (58); Umweltatlas Berlin, Teil 1, S. 01.02; Mürb, IzR 1981, 499 für Karlsruhe; Gieseke/Holtmann/Hucke/Lynar/Müller, Städtebauliche Lösungsansätze zur Verringerung der Bodenversiegelung, S. 166; DIFU, Umweltberichte, Teil G - Bodenschutz, S. 58
12 Vgl. z.B. Böcker, Landschaft + Stadt 1985, 57 (58); Umweltatlas Berlin, Teil 1, S. 01.02; Mürb, IzR 1981, 499 für Karlsruhe; Gieseke/Holtmann/Hucke/Lynar/Müller, Städtebauliche Lösungsansätze zur Verringerung der Bodenversiegelung, S. 166; DIFU, Umweltberichte, Teil G - Bodenschutz, S. 58

jeweilige Bezugsfläche festgestellt werden.[13] Neben der Luftbildauswertung wurde für Berlin neuerdings auch eine computergestützte Satellitenbildauswertung erprobt, wobei erhebliche Zeit- und Kostenersparnisse gegenüber manuell ausgewerteten Infrarot-Luftbildern erzielt werden konnten.[14]

Der Maßstab der jeweiligen Bezugsfläche ergibt sich aus dem Untersuchungszweck.[15] Als Grundlage für konkrete Maßnahmen bedarf es möglichst kleinteiliger Untersuchungen. Hier bieten sich die Einheit "Block" oder "Grundstück" an.[16] Auch kann es sinnvoll sein, zwischen zusammenhängenden Nutzungsstrukturen abzugrenzen, die einen spezifischen Versiegelungsgrad haben und für die auf Grund ihrer einheitlichen Nutzungsstruktur ein einheitliches Maßnahmenbündel vorgesehen werden kann.

Die durch Luftbild- und Satellitenbildauswertung mögliche flächendeckende Erfassung der Versiegelungsgrade dient vor allem als Grundlage vorbereitender Planungen und Programme. Insbesondere können sie Grundlage für die Identifizierung räumlicher Schwerpunktgebiete zur Begrenzung und Verringerung des Versiegelungsgrades auf gesamtgemeindlicher Ebene sein.[17] Sie können auf dieser Ebene in die Landschaftsplanung (in den Stadtstaaten Landschaftsprogramme)[18] oder in spezielle Bodenschutz- und Entsiegelungsprogramme einfließen und dabei wichtige Kriterien für die Bauleitplanung liefern. Flächendeckende Daten über den Versiegelungsgrad können aber auch in einer Reihe von Fachplanungen Verwendung finden, so z.B. im Bereich der Abwasserbeseitigung oder des Naturschutzes.[19]

Flächendeckende Anhaltspunkte über die Verteilung der Bodenversiegelung im Stadtgebiet können auch auf Grund anderer Parameter (z.B. Bevölkerungsdichte, stadtklimatische Untersuchungen, Abflußbeiwert[20] eines Bezugsraums) gewonnen werden.[21] Die Bevölkerungsdichte ist allerdings nur ein unzureichender Indikator des Bodenversiegelungsgrads, da sich eine stringente Korrelation nicht nachweisen läßt.[22] Gleiches gilt für die GFZ.[23] Demgegenüber bieten wasserwirtschaftliche Informationen wichtige Anhaltspunkte zur Erfassung des Versiegelungsgrades.[24] Eine enge Korrelation konnte auch zwischen Oberflä-

---

13 Vgl. Gieseke/Holtmann/Hucke/Lynar/Müller, Städtebauliche Lösungsansätze zur Verringerung der Bodenversiegelung, S. 166
14 Vgl. Jentschke/Lange, Fortschreibung und Übernahme der Versiegelungskarte des Umweltatlas in das räumliche Bezugssystem des "Ökologischen Planungsinstruments Berlin", S. 14 ff.
15 Vgl. Berlekamp/Pranzas, NuL 1986, 92 (95); Gieseke/Holtmann/Hucke/Lynar/Müller, Städtebauliche Lösungsansätze zur Verringerung der Bodenversiegelung, S. 163 ff.
16 Vgl. Berlekamp/Pranzas, NuL 1986, 92 (93); Böcker, Lamdschaft + Stadt 1985, 57 (58)
17 Gieseke/Holtmann/Hucke/Lynar/Müller, Städtebauliche Lösungsansätze zur Verringerung der Bodenversiegelung, S. 163 u. 170
18 Vgl. unten Kap. 3, Teil B III 2
19 Vgl. Gieseke/Holtmann/Hucke/Lynar/Müller, Städtebauliche Lösungsansätze zur Verringerung der Bodenversiegelung, S. 171
20 Der Abflußbeiwert ist das Verhältnis zwischen Gesamtniederschlagsmenge und Abflußmenge in einem Bezugsraum. Vgl. auch unten Kap. 2, Teil A IV 1 a
21 Vgl. Gieseke/Holtmann/Hucke/Lynar/Müller, Städtebauliche Lösungsansätze zur Verringerung der Bodenversiegelung, S. 168 f.; Berlekamp/Pranzas, Problem der Bodenversiegelung in Ballungsräumen, S. 50 f.
22 Berlekamp/Pranzas, Problem der Bodenversiegelung in Ballungsräumen, S. 50 f.
23 Mahler/Stock, Stadtbauwelt, 1977, 1218; im Anschluß an diese Gieseke/Holtmann/Hucke/Lynar/ Müller, Städtebauliche Lösungsansätze zur Verringerung der Bodenversiegelung, S. 130 ff.
24 Gieseke/Holtmann/Hucke/Lynar/Müller, Städtebauliche Lösungsansätze zur Verringerung der Bodenversiegelung, S. 169

chentemperatur und Bodenversiegelungsgrad nachgewiesen werden.[25] In Köln wurde das Entsiegelungsprogramm auf der Grundlage einer Analyse der Oberflächentemperatur erstellt und Vorrangzonen für Entsiegelungsmaßnahmen bestimmt.[26] Auf eine aufwendige Luftbildauswertung konnte so verzichtet werden.

Diese flächendeckenden Untersuchungen ermöglichen jedoch kein ausreichend differenziertes Erkennen der vorhandenen Potentiale zur Belagsänderung oder Entsiegelung. Die Identifizierung der Belagsarten kann nur durch eine Kartierung nach Begehung erfaßt werden. Bestimmte Bereiche im Schatten von Gebäuden oder Häusern können aus den Luftbildern ebenfalls nicht erfaßt werden.[27] Die Möglichkeit von Entsiegelung und Belagsänderung hängt zudem von weiteren Faktoren ab, insbesondere von der vorhandenen Nutzungsstruktur und den sich daraus ableitenden Anforderungen an die Bodenbefestigung der Freiflächen sowie von der Bebauungsstruktur und der daraus folgenden notwendigen Versiegelung (Zuwegungen, Unterkellerungen, Stellplatzanforderungen). Erforderlich sind deshalb zusätzliche kleinmaßstäbliche Informationen, möglichst bezogen auf Grundstückseinheiten.[28] Für die Beurteilung der Möglichkeiten zur Belagsänderung oder Entsiegelung im Straßenraum sind ebenfalls weitere Informationen, insbesondere bezüglich der verkehrlichen Anforderungen und verkehrsplanerischen Absichten erforderlich.

In den letzten Jahren wurde versucht, einen spezifischen Versiegelungsgrad für in unterschiedlicher Weise differenzierte Flächentypen auf Grundlage von Luftbild- bzw. Satellitenbildauswertung und durch detaillierte Kartierung von Testflächen nachzuweisen.[29] Diese Untersuchungsansätze gehen übereinstimmend davon aus, daß gleichen Nutzungstypen auf Grund ähnlicher funktionaler Ansprüche an die Freiflächen und ähnlicher Bebauungsstruktur in etwa auch statistisch gleiche Bodenversiegelungsgrade aufweisen.[30] Für bestimmte in ihrer Bebauungs- und Nutzungsstruktur sehr homogene Flächentypen konnten dabei relativ konstante Werte erzielt werden, die eine Übertragbarkeit auf andere Gebiete

---

25 Budde/Stock, in: Adam/Grohe, Ökologie und Stadtplanung, S. 121 (122); Mahler/Stock, Stadtbauwelt, 1977, 1218; im Anschluß an diese Gieseke/Holtmann/Hucke/Lynar/Müller, Städtebauliche Lösungsansätze zur Verringerung der Bodenversiegelung, S. 130. Vgl. auch unten Kap. 2, Teil A IV 1 b
26 Stadt Köln, Entsiegelungsprogramm - Beschlußvorlage, S. 15
27 Gieseke/Holtmann/Hucke/Lynar/Müller, Städtebauliche Lösungsansätze zur Verringerung der Bodenversiegelung, S. 166
28 Vgl. Gieseke/Holtmann/Hucke/Lynar/Müller, Städtebauliche Lösungsansätze zur Verringerung der Bodenversiegelung, S. 166 f.
29 Berlekamp/Pranzas, Problem der Bodenversiegelung in Ballungsräumen, S. 51 f.; Berlekamp/Pranzas, NuL 1986, 92 (93); Berlekamp/Pranzas/Reuter, Gutachten über hydrologische und ökologische Auswirkungen der Bodenversiegelung sowie die Möglichkeit der Niederschlagsversickerung und Flächenentsiegelung in Bremen, S. 3 ff.; Jentschke/Lange, Fortschreibung und Übernahme der Versiegelungskarte des Umweltatlas in das räumliche Bezugssystem des ökologischen Planungsinstruments Berlin, S. 95; Gieseke/Holtmann/Hucke/Lynar/Müller, Städtebauliche Lösungsansätze zur Verringerung der Bodenversiegelung, S. 173 ff.; Arbeitsgruppe Umweltbewertung Essen (AUBE), Ökologische Planung Ruhrgebiet, Stand und Ziel, Essen 1984, unveröffentlichter Forschungsbericht und Arbeitspapiere, zit. nach Pietsch, Forschungen zur Raumentwicklung, Band 14, S. 121 (122); Ranft/Knipprath (casa, Contor für Architektur und Stadtplanung Aachen) im Rahmen des Forschungsvorhabens 0339142 A des BMfT "Untersuchung über die Bodenbeanspruchung, bodenrelevante Aspekte und Veränderungspotentiale unterschiedlicher Siedlungsformen" Stand Sept. 1990
30 Berlekamp/Pranzas/Reuter, Gutachten über hydrologische und ökologische Auswirkungen der Bodenversiegelung sowie die Möglichkeit der Niederschlagsversickerung und Flächenentsiegelung in Bremen, S. 3 ff.; Berlekamp/Pranzas, NuL 1986, 92 (93)

zulassen.[31] Die Übertragbarkeit hängt allerdings entscheidend von dem Maß der Abweichungen innerhalb eines Flächentyps ab. Bei größeren Abweichungen können die ermittelten "spezifischen Versiegelungsgrade" lediglich einen Anhalt dafür bieten, wo wahrscheinlich mit einer hohen Versiegelung zu rechnen ist.

Die Typisierungsansätze wurden auch auf die für die Flächentypen spezifischen Belagsänderungs- und Entsiegelungspotentiale ausgedehnt.[32] Ausgangspunkt dafür ist ein detailliertes Erfassen der Belagsartenanteile. Jentschke/Lange haben zur Systematisierung vier Belagsklassen nach den nachteiligen ökologischen Auswirkungen gestuft (vgl. Tab. 1),[33] Gieseke u.a. im Anschluß an Schulze/Pohl/Großmann[34] in sechs Gruppen von Belagsarten unterschieden.[35]

	Belagsklassen nach Jentschke/Lange*	
Belagsklasse	Einschätzung der negativen ökol. Auswirk.	Belagsarten
1	extrem	Asphalt, Beton, Pflaster mit Fugenverguß oder Betonunterbau (wasserundurchlässig), Kunststoffbeläge
2	hoch	Kunststein- u. Plattenbeläge (Kantenlänge > 8 cm) Betonverbundpflaster, Klinker, Mittel- und Großpflaster
3	mittel	Klein- und Mosaikpflaster (Kantenlänge < 8 cm)
4	gering	Rasengittersteine, wassergebundene Decke (Schlacke, Kies-, Grand-, Tennefläche), Schotterrasen, verdichteter und vegetationsloser Boden

(Tab. 1)

*Quelle: Jentschke/Lange, Fortschreibung und Übernahme der Versiegelungskarte des Umweltatlas in das räumliche Bezugssystem des "Ökologischen Planungsinstruments Berlin", S. 30

Grundlage der Differenzierung waren im wesentlichen die für die ökologische Leistungsfähigkeit der Böden maßgebenden Parameter "Fugenanteil", "Porenanteil" und "Substrateigenschaften". Als Maßstab wurde der Grad der Ähnlichkeit zu einem vergleich-

---

31 Vgl. unten Kap. 2, Teil A III 3
32 Vgl. Jentschke/Lange, Entsiegelungsprogramm für öffentliche Flächen, S. 62; Gieseke/Holtmann/Hucke/Lynar/Müller, Städtebauliche Lösungsansätze zur Verringerung der Bodenversiegelung, S. 166 f.
33 Vgl. Jentschke/Lange, Entsiegelungsprogramm für öffentliche Flächen, S. 62; Jentschke/Lange, Fortschreibung und Übernahme der Versiegelungskarte des Umweltatlas in das räumliche Bezugssystem des "Ökologischen Planungsinstruments Berlin", S. 25 ff.
34 Großmann/Pohl/Schulze, Werte für die Landschafts- und Bauleitplanung, Gutachten im Auftrag der Freien und Hansestadt Hamburg, S. 24. Vgl. auch unten Kap. 2, Teil A III 3
35 Gieseke/Holtmann/Hucke/Lynar/Müller, Städtebauliche Lösungsansätze zur Verringerung der Bodenversiegelung, S. 185

baren unversiegelten und bewachsenen Standort gewählt.[36] Das daraus entwickelte Belagsänderungspotential betrifft allein die Belagsklasse 1. Bei anderen Belägen wird der zu erzielende ökologische Nutzen im Verhältnis zu dem erforderlichen Aufwand als zu gering eingeschätzt.[37]

Auf der Grundlage der differenzierten Erfassung der Belagsartenverteilung und der Nutzungs- und Gebäudestruktur wurden flächentypische Entsiegelungs- und Belagsänderungspotentiale ermittelt. Dabei wurden die nutzungsbedingten (Vermeidung von Bodenverunreinigung durch Einsickern von Stoffen, Traglast) und bauordnungsrechtlichen Restriktionen (z.B. Stellplatzanforderungen etc.)[38] berücksichtigt.[39]

Für die Übertragbarkeit der daraus abgeleiteten spezifischen Belagsänderungs- und Versiegelungspotentiale gilt, je geringer die Abweichungen innerhalb eines Flächentyps, desto eher können die Werte auf andere Gebiete übertragen werden. Zur Überprüfung der Übertragbarkeit wird die Ermittlung von Versiegelungsgrad, Entsiegelungs- und Belagsänderungspotential an Testblöcken empfohlen.[40]

C. Ausmaß der Bodenversiegelung

Das Ausmaß der Versiegelung kann im Verhältnis zu verschiedenen räumlichen Bezügen ausgedrückt werden. Die Wahl der Bezugsgröße wird bestimmt von dem jeweils verfolgten Zweck.[41]

I. Anteil der versiegelten Flächen an der Gesamtfläche des Gemeindegebiets

Flächendeckende Darstellungen des Versiegelungsgrads gibt es bislang nur in wenigen Städten.[42] Der daraus ableitbare Gesamtversiegelungsgrad einer Gemeinde bzw. Stadt wird z.B. für Hamburg mit ca. 30 % (+/- 5 %)[43] und für Berlin mit 34,3 %[44] angegeben. Soweit spezielle Untersuchungen des Versiegelungsgrads fehlen, bietet das statistische Material über die Flächenanteile verschiedener Nutzungsarten in Gemeindegebieten nur eine unzureichende Grundlage. Danach lassen sich lediglich Angaben über den Siedlungsflächenan-

---

36 Jentschke/Lange, Fortschreibung und Übernahme der Versiegelungskarte des Umweltatlas in das räumliche Bezugssystem des "Ökologischen Planungsinstruments Berlin", S. 25 ff.
37 Vgl. Jentschke/Lange, Entsiegelungsprogramm für öffentliche Flächen, S. 5
38 Vgl. unten Kap. 3 C I 4 b
39 Gieseke/Holtmann/Hucke/Lynar/Müller, Städtebauliche Lösungsansätze zur Verringerung der Bodenversiegelung, S. 188 ff.
40 Vgl. Gieseke/Holtmann/Hucke/Lynar/Müller, Städtebauliche Lösungsansätze zur Verringerung der Bodenversiegelung, S. 174
41 Berlekamp/Pranzas nennen folgende mögliche Bezugsflächen: Grundstücke, Wohnblöcke, Flächennutzungen, funktionelle oder durch Verwaltungsgrenzen definierte Bezugsflächen, flächendeckende Raster. Vgl. Berlekamp/Pranzas, NuL 1986, 92 (95)
42 Vgl. Gieseke/Holtmann/Hucke/Lynar/Müller, Städtebauliche Lösungsansätze zur Verringerung der Bodenversiegelung, S. 164 unter Hinweis auf die Erhebungen in Berlin, Würzburg und Darmstadt sowie im Ruhrgebiet
43 Berlekamp/Pranzas, Problem der Bodenversiegelung in Ballungsräumen, S. 54
44 Jentschke/Lange, Fortschreibung und Übernahme der Versiegelungskarte des Umweltatlas in das räumliche Bezugssystem des "Ökologischen Planungsinstruments Berlin", S. 97

teil verschiedener Nutzungen ableiten, die typischerweise mit Bodenversiegelung einhergehen.[45]

Anteile verkehrlicher und baulicher Nutzungen bezogen auf die gesamte Siedlungsfläche*		
Gemeindegröße	Gebäude- u. Freiflächen	Straßen, Plätze Wege
> 1 Mio.	38,8 %	10,7 %
500 - 1 Mio.	30,4 %	10,7 %
200 - 500 tsd.	25,2 %	9,1 %
100 - 200 tsd.	21,9 %	8,2 %
> 100 tsd.	27,2 %	9,3 %
50 - 100 tsd.	15,6 %	6,3 %
20 - 50 tsd.	9,9 %	5,3 %
insgesamt	15,0 %	6,4 %

(Tab. 2)

*Quelle: Vgl. Statistisches Jahrbuch deutscher Gemeinden 1986, S. 88 f.

Die Statistik differenziert jedoch nicht zwischen überbauten Grundstücksflächen und den versiegelten und unversiegelten Freiflächen auf Grundstücken. Auch Grünstreifen und Bepflanzungen auf Straßenverkehrsflächen bleiben unberücksichtigt. Die Nutzungsverteilung läßt damit keine Rückschlüsse auf den Gesamtversiegelungsgrad in den Gemeinden zu. Darüber hinaus drückt sich der Belastungsgrad hoher Versiegelung in bebauten Bereichen auch deshalb unzureichend aus, weil die Angaben auf das gesamte Gemeindegebiet, also unter Einschluß nicht zur eigentlichen Siedlungsfläche zählender Außenbereichsflächen bezogen sind.

II. Grundstücksbezogene Daten auf Grund der Baugenehmigungsstatistiken

Für Neubauten kann auf die statistischen Daten über Baugenehmigungen zurückgegriffen werden.[46] Unter der Annahme, daß 10 % der Wohnfläche für Nebenanlagen und 10 % der Grundstücksfläche für die durch Wege, Terrassen, Kellereingänge und Flächen für Müllbehälter sowie 25 m^2 je Stellplatz beansprucht werden etc., ermittelte Losch folgende Flächenbilanz:[47]

Unberücksichtigt bleibt die bereits vorhandene Versiegelung, soweit es sich um weitere Verdichtung auf bereits bebauten Grundstücken handelt.[48]

---

45 Vgl. Statistisches Jahrbuch deutscher Gemeinden 1986, S. 86 ff.
46 Statistisches Bundesamt, Bautätigkeit und Wohnungen, Fachserie 5, Reihe 2, Städtebauliche Festsetzungen und Bautätigkeit 1981-1987
47 Losch, IzR 1988, 485 (487)
48 Vgl. Losch, IzR 1988, 485 (486)

Flächenbilanz bei den 1987 genehmigten Wohngebäuden in %*			
	> 2 Whg.	2 Whg.	1 Whg.
überbaute Fläche	25 %	20 %	19 %
Stellplätze einschl. Zufahrten	20 %	10 %	9 %
Nebenanlagen	6 %	3 %	2 %
Fußwege, Terassen, Kellereingänge etc.	10 %	10 %	10 %
Versiegelung	61 %	43 %	40 %
biologisch aktive Freiräume	39 %	57 %	60 %

(Tab. 3)

*Quelle: Losch, IzR 1988, 485 (487)

III. Differenzierung nach Siedlungsstrukturtypen

Relativ übereinstimmende Ergebnisse haben eine Reihe von Untersuchungen hinsichtlich des Versiegelungsgrades bestimmter Siedlungsstrukturtypen ergeben. Gemeinsamer Ausgangspunkt war die Unterscheidung verschiedener Siedlungstypen nach Gebäudeart und -alter sowie Nutzung. Die Typisierung erfolgte dabei immer auf der Grundlage einer möglichst differenzierten Bestandsanalyse anhand von Testflächen.[49]

Die Wahl der untersuchten Siedlungstypen und ihre Differenziertheit sind allerdings nicht einheitlich. Der Schwerpunkt der Untersuchungen lag auf Wohngebietstypen. Gemeinsame Angaben gibt es zu den hochverdichteten Wohngebieten der Kernstädte. Obwohl auch die Abgrenzung der Bezugsflächen uneinheitlich ist, können hier übereinstimmende Ergebnisse festgestellt werden.[50] Schwierigkeiten ergab darüber hinaus auch die Abgrenzung der Bezugsflächen bei unterschiedlichen Nutzungen auf Teilflächen eines Blocks.

Im Rahmen des vom Bundesministerium für Forschung und Technologie ausgeschriebenen Forschungsvorhabens "Untersuchung über die Bodenbeanspruchung, bodenrelevante Aspekte und Veränderungspotentiale unterschiedlicher Siedlungsformen" wurde auf Grundlage von 80 - 90 Untersuchungsgebieten in 8 Städten spezifische Versiegelungsgrade für die jeweiligen Siedlungstypen ermittelt. Die der Tabelle 4 zu entnehmenden Ergebnisse weisen darauf hin, daß besonders hohe durchschnittliche Versiegelungsgrade über 85 % lediglich in den Siedlungstypen "Blockbebauung" (mit Bebauung des Blockinnern) und in kleinstädtischen Ortskernen festzustellen sind. Hohe durchschnittliche Versiegelungsgrade zwischen 70 und 85 % wurden zudem für die Siedlungstypen Atrium- und Teppichbebauung sowie Blockrandbebauung (ohne Bebauung des Blockinnern) nach 1945 festgestellt.[51]

---

49 Vgl. oben Kap. 2, Teil A II
50 Den Blockbereichen wurden entweder die Hälfte der angrenzenden Verkehrsflächen zugerechnet, oder die Straßenbegrenzungslinien oder die Grundstücksgrenzen wurden zur Abgrenzung der Bezugsflächen verwendet. Vgl. Gieseke/Holtmann/Hucke/Lynar/Müller, Städtebauliche Lösungsansätze zur Verringerung der Bodenversiegelung, S. 184; Berlekamp/Pranzas für Hamburg, NuL 1986, 92 (93); Böcker, Landschaft und Stadt, 1985, 57 (58)
51 Vgl. auch Lynar/Schneider/Brahms, Bodenschutz in Stadt- und Industrielandschaft, S. 38

Flächenanteil bezogen auf das Bruttowohnbauland nach Ranft*			
	bebaute Fläche	unbebaut vers. Fläche	Summe vers. Flächen
Freistehendes Einfamilienhaus	0,20	0,26	0,45
Freistehendes Einzelhaus (Stadtvilla, 2-6 Familienhaus)	0,24	0,35	0,60
Kettenhaus, Doppelhaus	0,23	0,31	0,55
Reihenhaus	0,25	0,32	0,57
Artrium-, Teppichbebauung	0,43	0,30	0,73
Zeilenbebauung vor 1945	0,24	0,32	0,55
Zeilenbebauung nach 1945	0,21	0,31	0,52
Blockrandbebauung (ohne Bebauung im Blockinnern) 1900 - 1920	0,33	0,30	0,63
Blockrandbebauung (ohne Bebauung im Blockinnern) 1920 - 1945	0,29	0,38	0,67
Blockrandbebauung (ohne Bebauung im Blockinnern) nach 1945	0,41	0,37	0,78
Blockbebauung (mit Bebauung im Blockinnern) 1900 - 1920	0,43	0,43	0,86
Blockbebauung (mit Bebauung im Blockinnern) nach 1920	0,50	0,40	0,90
Hochhausbebauung	0,23	0,33	0,56
Kleinstädtische Ortskerne	0,48	0,44	0,92
Dörfliche Ortskerne	0,27	0,42	0,68
Dörfliche und kleinstädtische Randzonen	0,19	0,26	0,45

(Tab. 4)

*Quelle: So die Ergebnisse des BMFT-Forschungsprojekts Nr. 64, Bearbeiter: Ranft (Casa, Contor für architektur und Stadtplanung); vgl. auch die Angaben zu dem Forschungsprojekt in: BMFT, Statusseminar Bodenbelastung und Wasserhaushalt, Nr. 64

Diese Ergebnisse decken sich im wesentlichen mit denen anderer Untersuchungen.[52] Extrem hohe Versiegelungsgrade finden sich demnach vor allem in den durch gründerzeitliche hochverdichtete Bebauung geprägten innerstädtischen Wohngebieten. Besonders deutlich wird dies in Berlin innerhalb des S-Bahnrings, der eine in dieser Weise geprägte Siedlungsstruktur aufweist. Dort sind mehr als die Hälfte aller Baublöcke fast vollständig (über 85 %), die übrigen Blöcke sehr stark versiegelt (über 70 %).[53]

---

52 Gieseke/Holtmann/Hucke/Lynar/Müller, ermittelten für den Siedlungstyp Blockbebauung eine durchschnittliche Versiegelung in Höhe von 88 %. Vgl. Städtebauliche Lösungsansätze zur Verringerung der Bodenversiegelung, S. 195; ähnliche Ergebnisse von Jentschke/Lange, Fortschreibung und Übernahme der Versiegelungskarte des Umweltatlas in das räumliche Bezugssystem des "Ökologischen Planungsinstruments Berlin", S. 44 ff. für die Typen "Geschlossener Hinterhof" und "Hinterhof". Vgl. auch Arbeitsgruppe Umweltbewertung Essen (AUBE), Ökologische Planung Ruhrgebiet, Stand und Ziel, Essen 1984, unveröffentlichter Forschungsbericht und Arbeitspapiere, zit. nach Pietsch, Forschungen zur Raumentwicklung, Band 14, S. 121 (122); DIFU, Umweltberichte, Teil G - Bodenschutz, S. 63; Paluska, Forschungen zur Raumentwicklung, Band 14, 1985, S. 105 (122)
53 Vgl. Umweltatlas Berlin, Teil 1, S. 01.02

Für Hamburger Wohngebiete wurde nicht nur der durchschnittliche Versiegelungsgrad bezogen auf den einzelnen Siedlungstyp erfaßt, sondern auch die als "Versiegelungstreue" bezeichnete Abweichungsspanne.[54]

Typisierung mit Beurteilung der Versiegelungstreue nach Berlekamp/Pranzas*		
	Versiegelungs klassen	Klassenanzahl
Gruppe I - versiegelungstreu		
Randbebauung der 20er u.30er Jahre	6	1
Neue Randbebauung	6	1
Reihenhausbebauung	6	1
Bungalows	7	1
Altstadt- und Stadtrandbebauung	8	1
Gruppe II - bedingt versiegelungstreu		
Einzelhausbebauung	3-5	3
Stadthäuser	5-6	2
Zeilenbebauung der 20er Jahre	5-6	2
Neue Zeilenbebauung	5-7	3
Randbebauung der Gründerzeit	6-8	3
Blockbebauung mit vielen Neubauten	7-9	3
Blockbebauung der Gründerzeit	8-10	3
Gruppe III - keine Versiegelungstreue		
Neubauten mit Hochhäusern	6-9	4

Klasse 1 = 0-10 %, Klasse 2 = 10-20 %, ..., Klasse 10 = 90-100 % (Tab. 5)

*Quelle: Vgl. Berlekamp/Pranzas, NuL 1986, 92 (93) unter Hinweis auf die Nutzungstypenkartierung von Wellmann, 1:5000, Umweltbehörde Hamburg (unveröffentlicht)

Die damit transparent gemachten Abweichungen innerhalb der jeweiligen Siedlungstypen ermöglichen eine bessere Einschätzung der Genauigkeit der festgestellten Versiegelungsgrade. Für Siedlungstypen mit hoher Versiegelungstreue können relativ sichere Schätzungen über den vorhandenen Versiegelungsgrad getroffen werden.

Extrem hohe Versiegelungsgrade wurden auch für Gewerbe- und Industriegebiete ermittelt.[55] Für innerstädtische Gewerbeflächen wird sogar ein Wert von 97 % Versiegelung an-

---

54 Vgl. Gieseke/Holtmann/Hucke/Lynar/Müller, Städtebauliche Lösungsansätze zur Verringerung der Bodenversiegelung, S. 167; Berlekamp/Pranzas, NuL 1986, 92 (93) unter Hinweis auf die Nutzungstypenkartierung von Wellmann, 1:5000, Umweltbehörde Hamburg (unveröffentlicht)

55 Vgl. unten Tabellen von Gieseke/Holtmann/Hucke/Lynar/Müller, Städtebauliche Lösungsansätze zur Verringerung der Bodenversiegelung, S. 14; Jentschke/Lange, Fortschreibung und Übernahme der Versiegelungskarte des Umweltatlas in das räumliche Bezugssystem des "Ökologischen Planungsinstruments Berlin", S. 95; Arbeitsgruppe Umweltbewertung Essen (AUBE), Ökologische Planung Ruhrgebiet, Stand und Ziel, Essen 1984, unveröffentlichter Forschungsbericht und Arbeitspapiere, zit. nach Pietsch, Forschungen zur Raumentwicklung, Band 14, S. 121 (122); DIFU, Umwelt-

gegeben. Zugleich wird aber auf die relativ große Schwankbreite der festgestellten Versiegelungsgrade sowie auf die Unmöglichkeit hingewiesen, Angaben über mögliche Entsiegelung oder Belagsänderungen zu machen. Die Vielschichtigkeit der nutzungsbedingten Restriktionen läßt hier keine generellen Aussagen zu.[56]

In einer neueren vom Bundesminister für Raumordnung, Bauwesen und Städtebau veranlaßten Untersuchung wurde über den bloßen Versiegelungsgrad hinaus für die untersuchten Siedlungstypen ein spezifisches Entsiegelungs- und Belagsänderungspotential ermittelt. Untersucht wurden Testflächen in Berlin, Freiburg und München. Die Potentiale ergaben sich aus der Differenz zwischen dem für die jeweiligen Siedlungstypen nach unterschiedlichen Kriterien ermittelten nutzungsbedingten Versiegelungsgrad und dem tatsächlichen Versiegelungsgrad.[57] Unterschieden wurde zwischen folgenden Siedlungstypen, die keine vollständige Erfassung aller in Frage kommenden Siedlungstypen darstellen, sondern hinsichtlich des Untersuchungszwecks zur Kontrastbildung ausgewählt wurden.[58] Aus den sich ergebenden Einzeldaten für die einzelnen untersuchten Blöcke wurden in den Siedlungstypen Durchschnittswerte gebildet, die Grundlage des folgenden Diagramms sind.[59]

Hohe Entsiegelungspotentiale konnten für die Siedlungstypen "aufgelockerte Blockbebauung", "Einfamilienhausgebiet", "Mehrfamilienhaus/Villen" sowie "gründerzeitliche Bürgerhäuser" ermittelt werden. Die größten Belagsänderungspotentiale wurden für die aufgelockerte Blockbebauung, die Blockrandbebauung der 70er Jahre sowie die Gewerbe- und Industriegebiete ermittelt. Sowohl hinsichtlich des Versiegelungsgrads als auch hinsichtlich der Entsiegelungs- und Belagsänderungspotentiale wurden allerdings innerhalb einzelner Siedlungstypen auf Grund heterogener Nutzungen und Bebauungsstrukturen erhebliche Schwankungen festgestellt. Dies trifft im besonderen Maße für die Blockbebauung, die Blockrandbebauung der 70er Jahre sowie für Industrie- und Gewerbegebiete zu.[60] Die Ungenauigkeiten entsprechen im wesentlichen den für Hamburg ermittelten Werten für die Versiegelungstreue. Die festgestellten Schwankungen sind zumeist auf eine heterogene Gebäude- oder Nutzungsstruktur zurückzuführen. Die Untersuchungen scheinen insofern von zuwenig differenzierten Siedlungsstrukturtypen auszugehen. Eine sehr weitreichende Differenzierung haben Jentschke/Lange im Rahmen einer Untersuchung des Berliner Stadtgebietes vorgenommen (vgl. Tab. 6).

---

berichte, Teil G - Bodenschutz, S. 63; Paluska, Forschungen zur Raumentwicklung, Band 14, 1985, S. 105 (122); Umweltatlas Berlin, Teil 1, S. 01.02

56 Vgl. Gieseke/Holtmann/Hucke/Lynar/Müller, Städtebauliche Lösungsansätze zur Verringerung der Bodenversiegelung, S. 217 f.
57 Vgl. Gieseke/Holtmann/Hucke/Lynar/Müller, Städtebauliche Lösungsansätze zur Verringerung der Bodenversiegelung, S. 188 ff.
58 Vgl. Gieseke/Holtmann/Hucke/Lynar/Müller, Städtebauliche Lösungsansätze zur Verringerung der Bodenversiegelung, S. 175 ff.
59 Vgl. Gieseke/Holtmann/Hucke/Lynar/Müller, Städtebauliche Lösungsansätze zur Verringerung der Bodenversiegelung, S. 14
60 Vgl. Gieseke/Holtmann/Hucke/Lynar/Müller, Städtebauliche Lösungsansätze zur Verringerung der Bodenversiegelung, S. 197, 210 f., 217 ff.

Abbildung 1: Versiegelungsgrade, Entsiegelungs- und Belagsänderungspotentiale verschiedener Siedlungstypen nach Gieseke et al.

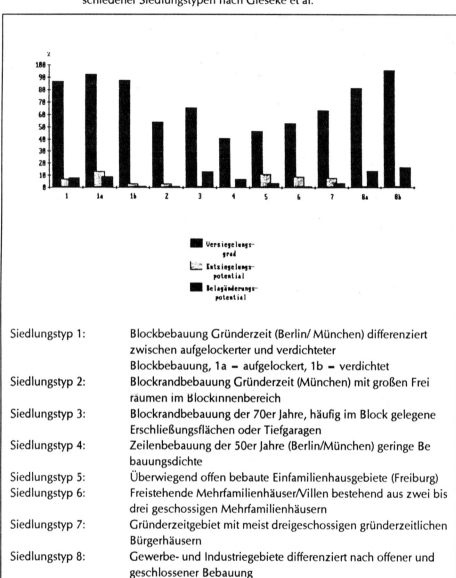

Siedlungstyp 1:	Blockbebauung Gründerzeit (Berlin/ München) differenziert zwischen aufgelockerter und verdichteter Blockbebauung, 1a – aufgelockert, 1b – verdichtet
Siedlungstyp 2:	Blockrandbebauung Gründerzeit (München) mit großen Frei räumen im Blockinnenbereich
Siedlungstyp 3:	Blockrandbebauung der 70er Jahre, häufig im Block gelegene Erschließungsflächen oder Tiefgaragen
Siedlungstyp 4:	Zeilenbebauung der 50er Jahre (Berlin/München) geringe Be bauungsdichte
Siedlungstyp 5:	Überwiegend offen bebaute Einfamilienhausgebiete (Freiburg)
Siedlungstyp 6:	Freistehende Mehrfamilienhäuser/Villen bestehend aus zwei bis drei geschossigen Mehrfamilienhäusern
Siedlungstyp 7:	Gründerzeitgebiet mit meist dreigeschossigen gründerzeitlichen Bürgerhäusern
Siedlungstyp 8:	Gewerbe- und Industriegebiete differenziert nach offener und geschlossener Bebauung

Flächentyp	BEZUGSFLÄCHEN			BELAGSKLASSENVERTEILUNG			
	beb. Fl.	unbeb, versieg. Fläche	gesamt versieg. Fläche	Prozentualer Anteil der Belagsklassen 1 bis 4 an der unbeb. versieg. Fläche			
	in %	in %	in %	1	2	3	4
Geschlossener Hinterhof	60	26	86	64	17	4	15
Hinterhof	49	33	82	56	22	3	19
Schmuck-und Gartenhof	39	27	66	62	27	10	1
Sanierung, Hinterhofentkernung	39	30	69	12	67	10	11
Behutsame Sanierung	48	33	81	62	17	8	13
Schuppenhof	26	32	58	46	29	13	12
Nachkriegsblockrand	39	30	69	41	27	4	28
Ungeordneter Wiederaufbau	38	34	72	45	28	13	14
Großsiedlung	19	23	42	15	67	7	11
Großhof	29	17	46	20	37	32	11
Zeile	20	21	41	49	46	3	2
Reihengarten	15	13	28	25	65	3	7
Gartentyp	13	14	27	18	74	2	6
Parkartiger Gartentyp	16	13	29	15	60	12	13
Gärten, halbpr. Umgrünung	17	14	31	20	64	4	12
Dorftyp	17	18	35	21	39	22	18
Kerngebiet	47	35	82	50	34	9	7
MI1, Industr. u. Gewerbe	24	48	72	48	38	1	13
MI2, Industr. u. Gewerbe	57	27	84	74	20	1	5
Ver-und Entsorgung	20	50	70	31	56	1	12
Post, Sicherh. u. Ordnung	14	40	54	54	25	3	18
Kultur, Verwaltung	29	28	57	41	42	15	2
Hochschule und Forschung	24	27	51	15	70	12	3
Krankenhaus	17	25	42	42	38	8	12
Altbauschulen	24	34	59	57	32	4	7
Neubauschulen	21	32	53	38	44	2	16
Sportanlagen	4	41	45	18	28	1	53
Kirche	17	26	43	65	7	16	12
Kindertagesstätte	20	23	43	7	42	5	46
JFH, Seniorenwohnheim	12	21	33	4	62	18	16
Spielplatz	2	39	41	14	29	1	56
Kleingarten (A)	11	13	14	3	41	11	45
Kleingarten (B)	12	13	25	6	27	2	65
Friedhof	1	17	18	14	27	5	54
Baumschule	8	26	34	35	45	9	11
Parkplatz	5	41	46	30	54	7	9
Stadtstraßen	/	93	93	42	32	19	7

Angaben nach Jentschke/Lange, Fortschreibung und Übernahme der Versiegelungskarte des Umweltatlas in das räumliche Bezugssystem des ökologischen Planungsinstruments Berlin, S. 95 (Tab. 6)

Jentschke/Lange unterteilen in 16 unterschiedlich geprägte Wohngebiete, vier Typen der Kategorie "Handel/Dienstleistung/Gewerbe", zwölf Gemeinbedarfsflächentypen sowie vier Grün- und Freiflächentypen.[61] Die wesentliche Besonderheit dieser Untersuchung ist darüber hinaus die gesonderte Erfassung unterschiedlicher, im wesentlichen nach ökologischen Kriterien gegliederter Belagsklassen (1 = extreme, 2 = hohe, 3 = mittlere, 4 = geringe negative ökologische Auswirkungen; vgl. Tab. 1).[62] Diese ermöglicht vor allem eine bessere Beurteilung der Belagsänderungspotentiale.

IV. Grad der Versiegelung auf öffentlichen Flächen

Neben Wohnsiedlungstypen wurden von Jentschke/Lange vor allem auch verschiedene öffentlichen Zwecken dienende Flächen und Straßenflächen untersucht. In einer daran anschließenden Untersuchung stellten sie insbesondere für Schulhofflächen relativ hohe Potentiale für Belagsänderung und Entsiegelung fest. Schwierigkeiten bereitete die Einschätzung des Belagsänderungspotentials für die Kategorien "Krankenhaus", "Verwaltung und kulturelle Einrichtungen" sowie "Sicherheit und Ordnung", "Ver- und Entsorgung" und "Post". Die nutzungsbedingten Restriktionen erlaubten keine direkte Ableitung des Belagsänderungspotentials aus dem Anteil der Belagsklasse 1 (Beton/Asphalt) (vgl. Tab. 7). Die in Klammern gesetzten Angaben machen darauf aufmerksam, daß die genannten Werte auf Grund nutzungsbedingter Gefährdungspotentiale für den Boden nicht immer erreicht werden können.[63]

Durchschnittliche Entsiegelungs- und Belagsänderungspotentiale bei öffentlichen Flächen in Berlin nach Jentschke/Lange (Anteil an der Grundstücksfläche in %)*		
Kategorie	Belagsänderungspotential	Entsiegelungspotential
Krankenhaus	(13,6 %)	1,8 %
Verwaltung, kulturelle Einrichtungen	(12,2 %)	3,0 %
Sicherheit u. Ordnung, Ver- u. Entsorgung, Post	(22,7 %)	4,5 %
Kindertagesstätten	2,7 %	3,1 %
Jugendfreizeit-, Seniorenheim,	3,0 %	2,5 %
Hochschule, Forschung	4,9 %	0,8 %
Schule	12,6 %	9,8 %
Sportflächen	5,0 %	-

(Tab. 7)

*Quelle: Vgl. Jentschke/Lange, Entsiegelungsprogramm für öffentliche Flächen, S. 32 ff.

Ermittelt wurden auch der Versiegelungsgrad und die Entsiegelungs- sowie Belagsänderungspotentiale im Straßenland. Jentschke/Lange stellten für Berlin einen Versie-

---

61 Jentschke/Lange, Fortschreibung und Übernahme der Versiegelungskarte des Umweltatlas in das räumliche Bezugssystem des "Ökologischen Planungsinstruments Berlin", S. 95
62 Vgl. Jentschke/Lange, Fortschreibung und Übernahme der Versiegelungskarte des Umweltatlas in das räumliche Bezugssystem des "Ökologischen Planungsinstruments Berlin", S. 30
63 Vgl. Jentschke/Lange, Entsiegelungsprogramm für öffentliche Flächen, S. 32 ff.

gelungsgrad der Stadtstraßen von durchschnittlich 93 % fest.[64] Die Differenzierung nach Belagsklassen ergab, daß 19 % der Belagsklasse 3 und 7 % der Belagsklasse 4 zuzurechnen sind, also aus ökologischer Sicht noch relativ günstig zu beurteilen sind.

Ähnlich hohe Versiegelungsgrade ermittelten auch Gieseke u.a., die allerdings zwischen den Straßenklassen Hauptverkehrs-, Verkehrs-, Erschließungs- (verkehrsberuhigt), Stichstraße und Fußweg in Abhängigkeit von den Straßenquerschnitten und den unterschiedlichen Nutzungsintensitäten unterscheiden. Festgestellt wurde ein durchschnittlicher Versiegelungsgrad von 95 %, der je nach Straßenklasse leicht divergiert. Der Versiegelungsgrad auf Hauptverkehrsstraßen ist wegen des dort häufig vorhandenen begrünten Mittelstreifens etwas geringer als in Verkehrs- und Erschließungsstraßen.[65]

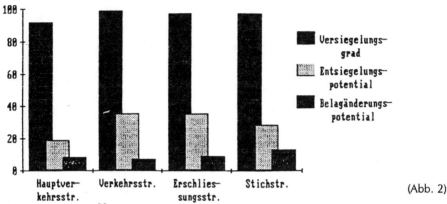

(Abb. 2)

*Quelle: Gieseke et al.[66]

Straßenflächen scheinen nach den bisherigen Untersuchungen einen relativ einheitlichen extrem hohen Anteil versiegelter Flächen aufzuweisen.[67] Die Belagsartenverteilung hängt allerdings von der Aufteilung der Straße, insb. von der Breite der Geh- und Radwege ab.

Die aus den bisherigen Untersuchungen der Versiegelungsgrade und Belagsänderungs- sowie Entsiegelungspotentiale ableitbaren Ergebnisse ermöglichen nur hinsichtlich der versiegelungstreuen Flächentypen generelle Aussagen, die auch auf Gebiete in anderen Städten und Gemeinden übertragbar sind. Im übrigen können sie allenfalls Anhaltspunkte dafür bieten, in welchen Gebieten voraussichtlich mit einem hohen Versiegelungsgrad zu rechnen ist. Sichere Erkenntnisse können hier aber erst aus einem Vergleich mit den Verhältnissen vor Ort gewonnen werden. Auch bei großer Versiegelungstreue erfordern konkrete Maßnahmen jedoch weitere detaillierte Untersuchungen.[68]

---

64 Jentschke/Lange, Fortschreibung und Übernahme der Versiegelungskarte des Umweltatlas in das räumliche Bezugssystem des "Ökologischen Planungsinstruments Berlin", S. 95 und Tab.
65 Vgl. Gieseke/Holtmann/Hucke/Lynar/Müller, Städtebauliche Lösungsansätze zur Verringerung der Bodenversiegelung, S. 230 ff.
66 Vgl. Gieseke/Holtmann/Hucke/Lynar/Müller, Städtebauliche Lösungsansätze zur Verringerung der Bodenversiegelung, S. 16
67 Wassmann/Lüdtke, NuL 1988, 431 (432); Heisig, Ökologische Effekte flächenhafter Verkehrsberuhigung, S. 92
68 Vgl. Gieseke/Holtmann/Hucke/Lynar/Müller, Städtebauliche Lösungsansätze zur Verringerung der Bodenversiegelung, S. 174

Kapitel 3

Auswirkungen der Bodenversiegelung auf den Naturhaushalt

Der Boden ist wesentlicher Bestandteil der natürlichen und der anthropogen überformten Umwelt. Der hieraus ableitbare Zielkonflikt macht eine Differenzierung zwischen natürlichen und solchen Bodenfunktionen, die durch anthropogene Einflußnahme bestimmt werden, erforderlich.[1]

Die natürlichen Bodenfunktionen werden bestimmt durch ihre Eigenschaft als Bindeglied zwischen Gesteins-, Wasser- und Lufthülle der Erde. Sie sind Lebensraum für die darin lebenden Kleinorganismen und wurzelnden Pflanzen und ermöglichen in Abhängigkeit von den konkreten Bodeneigenschaften die Umwandlung mineralischer und organischer Substanzen. Auf Grund der zentralen Stellung im Stoff- und Energiekreislauf des Naturhaushalts steht der Boden in einem System vernetzter Wirkungszusammenhänge mit den anderen Umweltmedien Wasser, Luft, Flora und Fauna, die zugleich Bestandteile des "Teilhaushalts" Boden sind.[2] Der Boden ist aber nicht nur zentrales Element des Naturhaushalts, sondern zugleich prägendes Element der Natur und Landschaft.[3] Böden erfahren darüber hinausgehende Funktionen durch die verschiedenen anthropogenen Nutzungsansprüche an Flächen, insbesondere für Siedlungsbau und Verkehr.[4] Diese Nutzungsansprüche sind in der Regel mit einer vollständigen oder teilweisen Versiegelung der natürlichen Böden verbunden.

Durch Versiegelung werden die wesentlichen Austauschfunktionen zwischen Boden und Atmosphäre verhindert. Die natürlichen Bodenfunktionen werden beeinträchtigt oder ganz unterbunden.[5] Dies betrifft den Austausch von Wasser durch Versickerung und Verdun-

---

1 Vgl. Book, Bodenschutz in der räumlichen Planung, S. 7 ff.; Difu, Umweltberichte, Teil G - Bodenschutz, S. 5
2 Vgl. Berlekamp/Pranzas, Das Problem der Bodenversiegelung in Ballungsräumen, S. 4; Brümmer, in: Forschung zur Raumentwicklung, Nr. 14, 1985, S. 1 (2); Hübler et al., Zur Regionalisierung umweltpolitischer Ziele, S. 62,
3 Vgl. Book, Bodenschutz in der räumlichen Planung, S. 7 ff.; Difu, Umweltberichte, Teil G - Bodenschutz, S. 5
4 Vgl. zu den weiteren anthropogenen Nutzungsansprüchen an den Boden die Bodenschutzkonzeption der Bundesregierung, BT-Drs. 10/2977, S. 13
5 Vgl. Laukhuf/Becker, Entsiegelung von Flächen, S. 15

stung, die Luftaustauschprozesse [6] und die biotischen Funktionen als Lebensraum von Pflanzen und Tieren.[7] Hieraus resultieren die einschneidenden Auswirkungen auf die Leistungsfähigkeit des Naturhaushalts. Unterschieden werden im wesentlichen drei Auswirkungsbereiche:

- Wasserhaushalt,
- Stadtklima,
- Flora und Fauna.[8]

Aus der Komplexität der Vorgänge und den vernetzten Strukturen des Naturhaushalts folgt, daß auch die Beeinträchtigungen durch Bodenversiegelung nicht monokausalen Wirkungsgefügen folgen, sondern sich selbst in komplexen Wirkungszusammenhängen vollziehen. Z.B. bedingt die Beeinträchtigung des Wasserhaushalts zwangsläufig eine Veränderung der klimabildenden Faktoren und der Lebensbedingungen für Flora und Fauna.[9] Die Vegetation wiederum hat großen Einfluß auf den natürlichen Wasserkreislauf und auf die klimatischen Verhältnisse (Temperatur, Luftfeuchte, Aerosolbelastung). Diese vielfältigen Wirkungszusammenhänge sind bei der Bewertung der Auswirkungen von Bodenversiegelung mit zu berücksichtigen. Dies ist zugleich die Ursache dafür, daß ein naturwissenschaftlicher Nachweis der Versiegelungsfolgen bisher nur für Teilbereiche und in Ansätzen gelungen ist.

A. Wasserhaushalt

Die Bodenversiegelung verhindert oder behindert den Austausch von Wasser zwischen Atmosphäre und Pedosphäre, der durch die Versickerung und Verdunstung gekennzeichnet ist.[10] Der natürliche Wasserkreislauf wird unterbrochen bzw. zumindest beeinträchtigt.[11] Das auf der Erdoberfläche anfallende Niederschlagswasser kann auf voll versiegelten Flächen nicht oder nur in geringem Umfang in den Boden einsickern.[12] Die Beeinträchtigungen des Wasserhaushalts bestehen im wesentlichen in

- der Veränderung des Bodenwasserhaushalts,
- der Verringerung der Grundwasserneubildung mit der Gefahr einer Grundwasserabsenkung und
- der Erhöhung der Menge und Geschwindigkeit des Oberflächenabflusses und damit der Hochwassergefahr.

Die Intensität der Beeinträchtigung des Wasserhaushalts kann beschrieben werden durch den Anteil des infolge von Bodenversiegelung abgeleiteten und dem natürlichen Wasserkreislauf entzogenen Niederschlagswassers. Dieser Anteil ist je nach dem verwendeten Ma-

---

6 Vgl. zum Pänomen der Bodenatmung Bückmann/Kerner/Haas/Klencke/Müller, Informationsgrundlagen für den Bodenschutz, S. 106
7 Vgl. Böcker, Landschaft + Stadt, 1985, 57 (58); Gieseke/Holtmann/Hucke/Lynar/Müller, Städtebauliche Lösungsansätze zur Verringerung der Bodenversiegelung, S. 5
8 Vgl. Gieseke/Holtmann/Hucke/Lynar/Müller, Städtebauliche Lösungsansätze zur Verringerung der Bodenversiegelung, S. 89; Berlekamp/Pranzas, Das Problem der Bodenversiegelung in Ballungsräumen, S. 8; Lynar/Schneider/Brahms, Bodenschutz in Stadt- und Industrielandschaft, S. 33
9 Vgl. Baestlein/Losch, in: Rosenkranz, Bodenschutz, Nr. 4785, Anm. 2.1, S. 4
10 Vgl. Baestlein/Losch, in: Rosenkranz, Bodenschutz, Nr. 4785, Anm. 2.1, S. 4
11 Vgl. zum Prinzip des natürlichen Wasserkreislaufs Berlekamp/Pranzas, Problem der Bodenversiegelung in Ballungsräumen, S. 19 f.
12 Vgl. Baestlein/Losch, in: Rosenkranz, Bodenschutz, Nr. 4785, Anm. 2.1, S. 4

terial unterschiedlich groß, da die Materialien in unterschiedlichem Maße die Fähigkeit besitzen, Oberflächenwasser ein- bzw. versickern zu lassen. Der abfließende Anteil des Niederschlagswassers wird durch eine Verhältniszahl als sogenannter Abflußbeiwert ausgedrückt.[13] Dementsprechend ordnet die DIN 1986 bestimmten Bodenbelägen spezifische Abflußbeiwerten zu (Vgl. Tab. 8).[14]

Abflußbeiwerte nach DIN 1986*	
Art der angeschlossenen Fläche	Abflußbeiwert
Dachfläche	1,00
Pflaster mit Verguß, Schwarzdecken oder Beton	0,90
Pflaster ohne Verguß und Holzpflaster	0,85
Fußwege mit Platten und Schlacke	0,60
ungepflasterte Straßen, Höfe und Promenaden	0,50
Spiel- und Sportplätze	0,25
Vorgärten	0,15
größere Vorstadtgärten und Hintergärten	0,10
Parks, Schreber- und Siedlungsgärten	0,05
Parks und Anlageflächen am Wasser	0,00

(Tab. 8)

*Quelle: Ablaufmenge − Fläche (in ha   * Abflußspende (in l/s*ha   * Abflußbeiwert

Laukhuf/Becker nennen hiervon abweichende Abflußbeiwerte (vgl. Tab. 9).

Abflußbeiwerte nach Laukhuf/Becker*	
Oberflächencharakteristik	Abflußbeiwert
Einfache Grasnarbe	0,0-0,2
Schotterrasen	0,2-0,3
Wassergebundene Decke	0,4-0,5
Rasengittersteine	0,4-0,5
Mosaik und Kleinpflaster mit großen Fugen	0,5-0,6
Mittel- und Großpflaster mit offenen Fugen	0,7
Verbundpflaster, Plattenbeläge, Klinker	0,8
Beton- und Asphaltdecken	0,9

(Tab. 9)

*Quelle: Laukhuf/Becker, Entsiegelung von Flächen, S. 21 ff.

Die Menge des dem natürlichen Wasserkreislauf entzogenen Wassers hängt mithin nicht allein von der Quantität, sondern entscheidend auch von der Qualität der Bodenversiegelung ab. Für die Phasen des Wasserkreislaufs, insbesondere für den Bodenwasserhaushalt, für das Grundwasser und für das Hochwasser wirkt sich dies jedoch in unterschiedlicher Weise aus.

---

13 Der Gesamtabflußbeiwert ist definiert als das Verhältnis zwischen Gesamtabflußmenge und der gesamten Regenwassermenge eines Regenereignisses. Vgl. Bischof, Stadtentwässerung, S. 15; Laukhuf/Becker, Entsiegelung von Flächen, S. 24
14 Deutscher Normenausschuß, Abwassernormen, S. 77; im Anschluß daran Adam, Stadtökologie, S. 92; Wassmann, Entsiegelung im Rahmen der Verkehrsberuhigung, S. 19; ähnlich Gieseke/Holtmann/Hucke/Lynar/
Müller, Städtebauliche Lösungsansätze zur Verringerung der Bodenversiegelung, S. 92

I. Bodenwasserhaushalt

Der Bodenwasserhaushalt wird charakterisiert durch die von der Bodenbeschaffenheit abhängige "Feldkapazität", d.h. durch den Anteil des versickernden Wassers, der in den oberen Bodenschichten als Haftwasser gehalten wird und nicht als Sickerwasser den tiefer gelegenen Bodenschichten und dem Grundwasser zugeführt wird.[15] Das Wasserspeichervermögen des Bodens wird bestimmt durch die Bodenart und den geologischen Aufbau der oberflächennahen Bodenschichten.[16] Je nach Beschaffenheit des Bodens wird ein bestimmter Teil des versickernden Niederschlagswassers im Boden gehalten. Erst die über den durch die Feldkapazität bezeichneten Sättigungsgrad hinausgehenden Wassermengen versickern weiter und stehen zur Grundwasserneubildung zur Verfügung.[17]

Das in den oberen Bodenschichten gehaltene Haftwasser verdunstet über die Pflanzen (Transpiration) oder unmittelbar aus dem Boden (Evaporation) und wirkt damit klimabildend durch Erhöhung der Luftfeuchte und Minderung der Temperatur. Die Beeinflussung des Bodenwasserhaushalts durch Versiegelung kann sich darüber hinaus in stärker versiegelten Bereichen auf den Wasserhaushalt der Vegetation insbesondere im Straßenraum auswirken.[18]

II. Grundwasserneubildung

Mit zunehmender Sorge wird auf die nachteilige Beeinflussung der Grundwasserstände auf Grund anthropogener Einwirkungen hingewiesen. Sie gefährden nicht nur die Wasserversorgung zukünftiger Generationen, sondern können bei Grundwasserabsenkungen die Lebensbedingungen der Vegetation, insbesondere von tiefwurzelnden Bäumen nachhaltig verändern und den Bestand von Feuchtgebieten gefährden.[19] Nicht selten sind auch statische Probleme an Baukörpern infolge von Grundwassersenkungen aufgetreten.[20]

Die Ursache hierfür ist neben den spektakulären Fällen baulicher Eingriffe, z.B. durch den Braunkohletagebau oder verschiedene Tiefbaumaßnahmen,[21] der Umstand, daß dort, wo die Trinkwasserversorgung durch Entnahme von Grundwasser sichergestellt wird (z.B. Berlin/Hamburg/Kassel/Köln),[22] häufig die entnommene Menge nicht im erforderlichen Maße

---

15 Vgl. Gieseke/Holtmann/Hucke/Lynar/Müller, Städtebauliche Lösungsansätze zur Verringerung der Bodenver-siegelung, S. 89 f.
16 Vgl. Bückmann/Kerner/Haas/Klencke/Müller, Informationsgrundlagen für den Bodenschutz, S. 148
17 Vgl. Paluska, Forschung zur Raumentwicklung, Nr. 14, 1985, 105 (106 ff.); Scheffer/Schachtschabel, Lehrbuch der Bodenkunde
18 Vgl. Gieseke/Holtmann/Hucke/Lynar/Müller, Städtebauliche Lösungsansätze zur Verringerung der Bodenver-siegelung, S. 93 f.
19 Bei Grundwasserabsenkungen infolge von Baumaßnahmen sind die Bäume nicht in der Lage, ausreichend schnell in tiefere Bereiche reichende Wurzeln zu bilden. Vgl. Bernatzky, Garten und Landschaft 1974, 543 (544)
20 Vgl. Adam, Stadtökologie, S. 92
21 Die gravierendsten Grundwasserabsenkungen können auf Tiefbaumaßnahmen (z.B. U-Bahnbau, Tunnelbau, Tiefgaragen) und auf Braunkohletagebau zurückgeführt werden. Ein Beispiel bildet die Grundwasserabsenkung von ca. 2 m in Köln, Düsseldorf und Mönchengladbach als Folge des Braunkohlebergbaus. Vgl. Adam, Stadtökologie, S. 93; Berlekamp/Pranzas, Problem der Bodenversiegelung in Ballungsräumen, S. 26
22 Vgl. Adam, Stadtökologie, S. 92 mit Hinweis auf Berlin, Köln und Kassel und Berlekamp/Pranzas, Problem der Bodenversiegelung in Ballungsräumen, S. 25; Heyn, Wasser - ein Problem unserer Zeit, S. 80 für Hamburg

durch Grundwasserneubildung und gezielte Grundwasseranreicherung ausgeglichen wird. Insbesondere in größeren Verdichtungsräumen wird im Grad der Bodenversiegelung eine Ursache für die negative Bilanz zwischen Grundwasserentnahme und Grundwasseranreicherung gesehen.[23]

Battermann hat für die Stadt Hannover eine Verminderung des Grundwasserhaushalts um 10 Mio. m3/a nachgewiesen.[24] Für Hamburg berechnete Paluska eine jährliche Grundwasserabsenkung von 10 cm, die allerdings nur als Rechengröße angenommen wird, da sie durch Ausgleichsströme wieder stabilisiert wird.[25] Wegen der vielfältigen Einflußgrößen auf den Grundwasserhaushalt können diese Ergebnisse jedoch nur als Anhaltspunkte herangezogen werden. Eine Übertragung auf andere Städte ist nicht möglich.

Die Grundwasserneubildung vollzieht sich über natürliche Infiltration von Niederschlagswasser, Uferfiltration aus Gewässern und künstliche Infiltration zur Grundwasseranreicherung.[26] Die Versickerung von Niederschlägen ist deshalb nur eine Quelle. Andere Quellen bleiben durch die Bodenversiegelung unberührt. Zudem hängt der Anteil der natürlichen Grundwasseranreicherung von weiteren Aspekten ab, die nicht von dem Grad der Bodenversiegelung abhängen (vgl. Tab. 10):

Weitere bestimmende Faktoren der Grundwasseranreicherung*
- Klima (Zahl und Intensität der Niederschläge, Temperatur, Verdunstung),
- Geologischer Aufbau der oberflächennahen Bodenschichten,
- **Bodenart**,
- Flurabstand zum anstehenden Grundwasser,
- Kinetische Eigenschaften des Grundwassers.

(Tab. 10)

*Quelle: Vgl. Paluska, Forschung zur Raumentwicklung, Nr. 14, 1985, 105; Gieseke/Holtmann/Hucke/Lynar/Müller, Städtebauliche Lösungsansätze zur Verringerung der Bodenversiegelung, S. 94; ähnlich Laukhuf/Becker, Entsiegelung von Flächen, S. 8

Deutlich wird dies bei wasserundurchlässigen Bodenschichten. Auf mehr oder weniger wasserundurchlässigen Tonböden spielt die Versiegelung schon auf Grund der Bodenbeschaffenheit keine Rolle bei der Grundwasserneubildung.[27]

Von Bedeutung ist zudem der Verdunstungsanteil, der nicht in das Grundwasser absinkt. Je intensiver der Bewuchs auf einer Fläche, desto größer ist die Verdunstung, und je größer der Anteil des verdunsteten Wassers, desto geringer ist der Anteil, der ins Grundwasser gelangen kann.[28] Dies belegt z.B. die Untersuchung von Brechtel/Hoyning über die mittlere jährliche Gesamtverdunstung und Absickerung zum Grundwasser in der Rhein-Main-Ebene

---

23 Vgl. Paluska, in: Forschung zur Raumentwicklung, Nr. 14, 1985, 105 (114); Pranzas, Bodenversiegelung, S. 2; Berlekamp/Pranzas, Das Problem der Bodenversiegelung in Ballungsräumen, S. 24 ff.
24 Battermann, Z.dt.geol.Ges., 126, 1975, S. 253 (257). Die ermittelte Menge entsprach ungefähr der jährlichen künstlichen Entnahme.
25 Paluska, in: Forschung zur Raumentwicklung, Nr. 14, 1985, 105 (114); vgl. auch Pranzas, Bodenversiegelung, S. 2
26 Berlekamp/Pranzas, Das Problem der Bodenversiegelung in Ballungsräumen, S. 30
27 Vgl. Berlekamp/Pranzas, Problem der Bodenversiegelung in Ballungsräumen, S. 26; Battermann, Z.dt.geol.Ges., 126, 1975, S. 253 (257); Beckröge, Neue Landschaft 1989, 30 (32)
28 Vgl. zur Abhängigkeit der Verdunstung vom Kronenvolumen, Heisig, in: IzR 1986, 85 (90 f.); Entsiegelungskonzept, Köln, S. 4 und die Bsp. von einer Sonnenblumen, einer Birke und einer Linde oder Buche unten Kap. 2, Teil A IV 1 b bb

bei tiefgründigen und grundwasserfernen Böden aus Sand bis anlehmigem Sand (vgl. Tab. 11).

Landoberfläche, Vegetationsdecke	Gesamtverdunstung		Absickern zum Grundwasser	
	l/m^2	% v.N	l/m^2	% v.N
Nackter Boden	265	40	398	60
Spärliche Vegetation	345	52	318	48
Ackerland	431	65	232	35
Grasland	497	75	166	25
Strauchvegetation	564	85	99	15
Wald	(595)	(90)		
	600	91	68	10
Wasser- und Moorflächen	713	108	0	0

N = 663 l/m^2 Normale Niederschlagssumme der Flugwetterwarte Frankfurt (Durchschnitt 1931 - 1960)

(Tab. 11)

Die besten Erdoberflächenbedingungen in Hinblick auf die Grundwasserneubildung herrschen deshalb auf Flächen, die zwar das Einsickern von Wasser zulassen, jedoch keine Vegetation aufweisen. Unter bestimmten wasserdurchlässigen Belagsarten besteht deshalb ein im Verhältnis zu Vegetationsflächen günstigerer Versickerungsgrad.[29] Hier wirkt sich nicht nur der Wegfall von Verdunstungsanteilen infolge der fehlenden Vegetation aus, vielmehr kommt noch die relativ günstige Wasserleitfähigkeit der üblicherweise grobkörnigen Tragschichten (meist Kies oder Sandunterbau) der Oberflächenbefestigungen hinzu, die kaum Speicherkapazität aufweisen und das einsickernde Wasser schnell in tiefere Bodenschichten ableiten. Von den Berliner Wasserwerken wurden z.B. für folgende Gehwegbefestigungen spezifische Versickerungsgrade festgestellt.

Anteil des versickernden Wassers auf Gehwegbefestigungen (Berliner Wasserwerke)*	
Mosaikpflaster	25 bis 48 %
Betonverbundsteine	40 bis 70 %
Kunststeinplatten	16 %
Rasenflächen	42 %
unbefestigte Flächen	40 bis 60 %

(Tab. 12)

*Quelle: Senator für Stadtenwicklung, Das Grundwasser in Berlin, S. 105

Je größer das Porenvolumen des Materials und der Fugenanteil des Pflasters sind, desto versickerungsfreundlicher ist der Belag.[30]

Diese im Vergleich mit Vegetationsflächen positive Eigenschaft begründet jedoch keine Priorität solcher Bodenbefestigungen gegenüber Vegetationsflächen. Die vielfältigen positiven Wirkungen von Vegetation auf den Naturhaushalt und das Wohn- und Arbeitsumfeld der in den Siedlungsbereichen lebenden Menschen stehen hier den relativ bescheidenen Effekten für die Grundwasserneubildung entgegen.[31] Der Aspekt der Grundwasserneubil-

---

29 Vgl. Sperber/Meyer, Das Gartenamt, 1989, 294 (296 f.)
30 Senator für Stadtenwicklung, Das Grundwasser in Berlin, S. 121 f.; Wassmann, Entsiegelung im Rahmen der Verkehrsberuhigung, S. 20
31 Vgl. zur Gesamtbewertung das Modell von Sperber/Meyer, Das Gartenamt, 1989, 294 (295)

dungsrate kann deshalb nur bei der Wahl zwischen verschiedenen unterschiedlich wasserdurchlässigen Belagsarten, z.B. auf Flächen für den ruhenden Verkehr, von Relevanz sein.[32]

III. Probleme der Entwässerung im Einzugsbereich hochversiegelter Gebiete

Auf versiegelten Flächen anfallendes Niederschlagswasser wird, soweit es sich nicht um Bodenbeläge mit hohem Fugen- oder Porenanteil handelt, nahezu vollständig bei nur geringen Verlusten durch Verdunstung und in Mulden in die Kanalisation oder andere technische Entwässerungssysteme (z.B. Versickerungsanlagen)[33] entsorgt.[34] Dies führt zu einer erheblichen Erhöhung der Gesamtabflußmenge auf versiegelten Flächen, die einhergeht mit einer Erhöhung der Abflußgeschwindigkeit, da die relativ glatten Oberflächen versiegelter Flächen dem Regenwasser keinen nennenswerten Fließwiderstand bieten.[35] Das Wasser gelangt auf diese Weise direkt und schnell und ohne große Verluste in den Vorfluter.[36]

Die Abflußmenge korreliert mit der Dimensionierung der Kanalisation, da das Niederschlagswasser an der Gesamtabflußmenge im Verhältnis zum Schmutzwasser überproportional partizipiert.[37] Die Vermeidung der Abflußmenge durch natürliche Versickerung auf unversiegelten Flächen oder durch Versickerung in Versickerungsanlagen kann deshalb zu Kostenersparnissen bei entsprechend geringerer Dimensionierung beitragen.[38]

Aus wasserwirtschaftlicher und aus ökologischer Sicht ergeben sich insbesondere folgende Probleme:[39]

- Verschärfung der Hochwasserspitzen mit der Folge erhöhter Überschwemmungsgefahr,
- unzureichende Kapazität der Entwässerungssysteme mit der Folge eines beträchtlichen Investitionsbedarfs,
- Schadstoffeintrag durch Überlauf von Klärwerken bei Mischentwässerungssystemen infolge zu geringer Kapazität.

Die größere Abflußmenge und höhere Abflußgeschwindigkeit auf versiegelten Flächen haben zur Folge, daß auch Niederschläge von nur mittlerer Intensität beachtliche Hochwasserabflüsse nach sich ziehen können. Starkregenereignisse führen leicht zu extremen Hochwasserspitzen.[40] Die Steigerung des Abflußvolumens einer Hochwasserwelle verläuft

---

32 Vgl. unten Kap. 2, Teil B VI 1 c
33 Die Versickerung von Niederschlagswasser ist aus wasserwirtschaftlicher Sicht eine die Kanalisation in großem Umfang entlastendes Entwässerungssystem. Vgl. unten S. Kap. 2, Teil B VII 2 c
34 Auch in Einfamilienhausgebieten beträgt die Abflußmenge noch 40 %. Vgl. Laukhuf/Becker, Entsiegelung von Flächen, S. 12
35 Vgl. Laukhuf/Becker, Entsiegelung von Flächen, S. 9; Beckröge, Neue Landschaft 1989, 30 (31)
36 Verworn, in: Deutscher Verband für Wasserwirtschaft und Kulturbau, Schriftenreihe Heft 53, S. 45 (52)
37 Laukhuf/Becker, Entsiegelung von Flächen, S. 12
38 Sieker, IzR 1988, 543 (544)
39 Vgl. Sieker, IzR 1988, 543; Laukhuf/Becker, Entsiegelung von Flächen, S. 10 ff.; Gieseke/Holtmann/Hucke/Lynar/Müller, Städtebauliche Lösungsansätze zur Verringerung der Bodenversiegelung, S. 107 ff.; v.Langsdorff, BBauBl 1989, 453
40 Laukhuf/Becker, Entsiegelung von Flächen, S. 10; Gieseke/Holtmann/Hucke/Lynar/Müller, Städtebauliche Lösungsansätze zur Verringerung der Bodenversiegelung, S. 108 f.

im Verhältnis zum Versiegelungsgrad überproportional.[41] Hochwasser treten deshalb häufiger und stärker auf.

Im Diagramm läßt sich folgender Verlauf der Hochwasserganglinien eines Einzugsgebiets im Verhältnis zum Grad der Überbauung darstellen:[42]

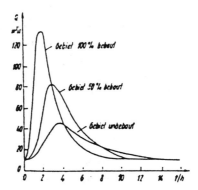

(Abb. 3)

Der Faktor, um den das Abflußvolumen im Verhältnis zum Anteil der versiegelten Fläche zunimmt, wird im Schrifttum allerdings nicht einheitlich angegeben. Für ein versiegeltes Gebiet im Essener Norden hat Pietsch eine um das dreifache gegenüber unversiegelten Gebieten erhöhte Hochwasserspitze festgestellt.[43] Nach Sieker steigt das Abflußvolumen um das fünf- bis siebenfache des Versiegelungsanteils, also bei zehnprozentiger Versiegelung um 50 - 70 %.[44] Die divergierenden Angaben werden aus den regional-spezifischen klimatischen und geologischen Verhältnissen erklärbar sein.

Der veränderte Abflußverlauf infolge hoher Versiegelung stellt modifizierte Anforderungen an das Entwässerungssystem. Der Unterschied zu unversiegelten Flächen drückt sich zunächst schon in dem kostenwirksamen Erfordernis einer Entwässerungsanlage an sich aus.[45] Für die schnell abfließenden großen Wassermengen müssen zudem größere Kapazitäten geschaffen werden. Da die Erweiterung des Kanalsystems mit hohem technischen Aufwand und erheblichen Kosten verbunden ist, werden in der Praxis zur Vermeidung von häufigen und extremen Überschwemmungen und den damit einhergehenden Schäden

---

41 Laukhuf/Becker, Entsiegelung von Flächen, S. 10; Hardacker, in: Grohe/Ranft, Okologie und Stadterneuerung, S. 119 (122)
42 Dyck, WWt 1979, 376 ff.; Gieseke/Holtmann/Hucke/Lynar/Müller, Städtebauliche Lösungsansätze zur Verringerung der Bodenversiegelung, S. 109; ähnliche Diagramme zu Hochwasserlinien bei hocherversiegeltem und unversiegeltem Einzugsbereich bei Pietsch, in: BfLR, Boden - das dritte Umweltmedium, S. 121 (123); Laukhuf/Becker, Entsiegelung von Flächen, S. 10
43 Pietsch, in: BfLR, Boden - das dritte Umweltmedium, S. 121 (123); im Anschluß auch Gieseke/Holtmann/Hucke/ Lynar/Müller, Städtebauliche Lösungsansätze zur Verringerung der Bodenversiegelung, S. 108
44 Sieker, Wasser und Boden, 1974, 222; im Anschluß auch Laukhuf/Becker, Entsiegelung von Flächen, S. 10. An anderer Stelle nennt Sieker eine Steigerung des Abflußvolumens von 50-100 % und der Abflußspitzen von 100-200 % bei üblichem Versiegelungsgrad. Vgl. Sieker, IzR 1988, 543
45 v.Langsdorff gibt als hierfür Kosten in Höhe von ca. 9 DM/m2 bei einem großen Parkplatz an. Vgl. v.Langsdorff, BBauBl 1989, 453

technische Vorkehrungen zur Rückhaltung und Regulierung des Regenwasserabflusses vorgenommen.[46] Der dabei entstehende finanzielle Aufwand ist zwar auch beträchtlich, aber im Verhältnis zu den Kosten für den Ausbau der Kanalisation relativ gering.[47] Durch den Bau von Regenrückhaltebecken können Hochwasserspitzen gebrochen, die Frequenz der Abflußereignisse verringert und der Abfluß auf Niedrigwasserzeiten verlagert werden.[48] Zwar führt der Bau von Regenwasserrückhaltebecken stets auch zur Zerstörung von Biotopen. Die ökologische Bilanz muß jedoch nicht zwangsläufig negativ ausfallen, da an den Rückhaltebecken neue Lebensräume für Pflanzen und Tiere entstehen können.[49]

Die Gefahr der Gewässerverschmutzung durch den vermehrten Oberflächenabfluß besteht bei Mischentwässerungssystemen. Im Gegensatz zu Trennsystemen wird dabei das Regenwasser durch das gleiche Kanalnetz entwässert wie das Schmutzwasser. Bei extremen Abflußmengen sind die Klärwerkskapazitäten häufig nicht ausreichend, um die Gesamtabwassermenge zu bewältigen. Ein Teil des mit Schmutzwasser vermischten Regenwassers wird dann durch Überlaufvorrichtungen direkt und ungeklärt in den Vorfluter geleitet und führt dort zu Schadstoffbelastungen der Gewässer.[50] Die Überläufe von Mischsystemen sind "eine der derzeit wichtigsten Quellen der Gewässerbelastung".[51]

B. Stadtklima

Bodenversiegelung hat einen erheblichen Einfluß auf das gegenüber der freien Landschaft veränderte und von den Bewohnern als nachteilig und belastend empfundene städtische Klima.[52] Das spezifische Stadtklima wird geprägt durch Windschwäche, hohe Luftverunreinigung, geringe Sonneneinstrahlung, starke Überwärmung sowie Luft- und Bodentrockenheit (vgl. Tab. 13).[53] Die in Tabelle 13 aufgeführten Daten werden in hochgradig versiegelten Innenstadtbereichen erheblich überschritten.[54] Bei entsprechender Wetterlage kann es zu extremen bioklimatischen Belastungssituationen kommen.[55]

---

46 Arnold, in: DVWK, Wasser - unser Nutzen, unsere Sorge, S. 247 (249); Gieseke/Holtmann/Hucke/Lynar/Müller, Städtebauliche Lösungsansätze zur Verringerung der Bodenversiegelung, S. 110 f.
47 Vgl. Buck, in: DVWK, Wasser - unser Nutzen, unsere Sorge, S. 261 (270 ff.)
48 Vgl. Buck, in: DVWK, Wasser - unser Nutzen, unsere Sorge, S. 253 (255)
49 Das Augenmerk hat sich insoweit vermehrt auf die ökologischen Auswirkungen gerichtet. Generelle Aussagen lassen sich jedoch nicht machen. Entscheidend ist eine bilanzierung von Ist- und Sollzustand. Vgl. Arnold, in: DVWK, Wasser - unser Nutzen, unsere Sorge, S. 247 (251); Buck, in: DVWK, Wasser - unser Nutzen, unsere Sorge, S. 253 ff.
50 Laukhuf/Becker, Entsiegelung von Flächen, S. 10; Gieseke/Holtmann/Hucke/Lynar/Müller, Städtebauliche Lösungsansätze zur Verringerung der Bodenversiegelung, S. 111; Sieker, IzR 1988, 543 (544)
51 Sieker, IzR 1988, 543 (544)
52 Klima wird beschrieben durch den mittleren Zustand der atmosphärischen Elemente wie Temperatur, Wind, Luftfeuchte, Strahlung und Aerosol (= gasförmig, flüssige und feste Luftverunreinigungen). Vgl. Franke, in: Franke, Stadtklima, S. 5 (6)
53 Baestlein/Losch, in: Rosenkranz, Bodenschutz, Nr. 4785, Anm. 2.2; Gieseke/Holtmann/Hucke/Lynar/Müller, Städtebauliche Lösungsansätze zur Verringerung der Bodenversiegelung, S. 121; Bernatzky, Grünplanung in Baugebieten, S. 12; Vgl. auch die tabellarasche Übersicht über die Abweichungen zwischen Stadt und Umland bei Adam, Stadtökologie, S. 32 f.; Eriksen, Die Stadt als urbanes Ökosystem, S. 7
54 Vgl. z.B. Hardacker, in: Grohe/Ranft, Okologie und Stadterneuerung, S. 119 (119 f.)
55 Eriksen, Die Stadt als urbanes Ökosystem, S. 8

Klimawerte in Städten im Vergleich zum Umland*		
Strahlung:	Globalstrahlung	15-20 % weniger
	UV-Strahlung (Winter)	30 % weniger
	UV-Strahlung (Sommer)	5 % weniger
	Sonnenscheindauer	5-15 % weniger
Temperatur:	Jahresmittel	0,5-1,5 K höher
	an Strahlungstagen	2-6 K höher
	Minima im Winter	1-2 K höher
Relative Luftfeuchtigkeit:	Winter	2 % weniger
	Sommer	8-10 % weniger
Nebel:	Winter	100 % mehr
	Sommer	30 % mehr
Wolken:	Bedeckung	5-10 % mehr
Niederschlag:	Jahresmittel	5-10 % mehr
	Schneefall	5 % weniger
Wind:	Mittlere Windgeschwindigkeit	20-30 % weniger
	Windstille	5-20 % mehr
Luftverschmutzung:	Gasförmige Verunreinigungen	5-25 mal mehr
	Kondensationskerne	10 mal mehr

(Tab. 13)

*Quelle: Eriksen, Die Stadt als urbanes Ökosystem, S. 7,; vgl. auch ähnliche Angaben bei Adam, Stadtökologie, S. 32 f.; Horbert/Kirchgeorg, Stadtbauwelt 1980, 270; Berlekamp/Pranzas, Probleme der Bodenversiegelung in Ballungsräumen, , S. 15; Horbert/Kirchgeorg, Stadtbauwelt, 270 ff.

Die Bodenversiegelung ist jedoch nicht alleinige Ursache der Veränderung des städtischen Klimas, sondern ein Element eines komplexen Ursachenkonglomerats.[56] Von großer Bedeutung ist auch eine unzureichende Durchlüftung infolge einer verringerten Windgeschwindigkeit sowie anthropogene Energiezufuhr (Abwärme).[57] Dennoch sind signifikante Zusammenhänge zwischen dem Grad der Bodenversiegelung und den stadtklimatischen Spezifika nachgewiesen worden.[58] Untersuchungen nach dem Versiegelungsgrad differenzierter Baugebiete belegen insbesondere eine enge Korrelation zwischen Bodentemperatur und Versiegelungsgrad.[59] Trotz kleinräumiger Differenzierungen auf Grund von Austauschprozessen zwischen kühleren und wärmeren Flächen läßt sich ein Zusammenhang auch zur Lufttemperatur belegen.[60]

---

56 Baestlein/Losch, in: Rosenkranz, Bodenschutz, Nr. 4785, Anm. 2.2; Adam, in: Adam/Grohe, Ökologie und Stadtplanung, S. 29 (35 ff.)

57 Vgl. Gieseke/Holtmann/Hucke/Lynar/Müller, Städtebauliche Lösungsansätze zur Verringerung der Bodenversiegelung, S. 123; Eriksen, Die Stadt als urbanes Ökosystem, S. 10

58 Miess, IzR 1988, 529 (530 f.); Budde/Stock, in: Adam/Grohe, Ökologie und Stadtplanung, S. 121 (122 f.) Gieseke/Holtmann/Hucke/Lynar/Müller, Städtebauliche Lösungsansätze zur Verringerung der Bodenversiegelung, S. 130 ff.; Mahler/Stock, Stadtbauwelt 1977, 212 (214)

59 Vgl. Gieseke/Holtmann/Hucke/Lynar/Müller, Städtebauliche Lösungsansätze zur Verringerung der Bodenver-siegelung, S. 130 ff. unter Hinweis auf die von Mahler/Stock, Stadtbauwelt 1977, 212 (214) durchgeführte Infrarot-Luftbildanalyse; Eriksen, Die Stadt als urbanes Ökosystem, S. 10

60 Vgl. nach Gieseke/Holtmann/Hucke/Lynar/Müller, Städtebauliche Lösungsansätze zur Verringerung der Bodenversiegelung, S. 132 unter Hinweis auf Stock/Beckröge (1985)

I. **Lufttemperatur**

Im einschlägigen Schrifttum wird auf die erheblichen Temperaturunterschiede zwischen innerstädtisch bebauten und unbebauten Gebieten hingewiesen.[61] Die Angaben lassen trotz leichter Abweichungen eine eindeutige Tendenz erkennen.[62] Die maximale Überwärmung im Verhältnis zum Umland an Tagen mit hoher Sonneneinstrahlung beträgt nach den auch insoweit infolge regionaler Unterschiede leicht abweichenden Angaben 7 - 14 Grad Celsius.[63] An einem Berliner Beispiel wurde auch ein deutlicher Temperaturunterschied von 3,5 Grad Celsius zwischen einer innerörtlichen Grünfläche und einem angrenzenden hochverdichteten Wohngebiet nachgewiesen.[64]

Die Überwärmung durch Versiegelung hängt von zwei nach der Art des versiegelnden Materials unterschiedlich ausgeprägten Eigenschaften der Bodenoberflächen ab:

- dem Reflexionsvermögen und
- der Wärmeleitfähigkeit.

Die auf die Erdoberfläche treffenden Sonnenstrahlen werden abhängig von der Oberflächenbeschaffenheit in unterschiedlichem Maß absorbiert oder reflektiert. Da insbesondere bei Beton-, Asphalt- und Natursteinbelägen das Reflexionsvermögen (- Albedo)[65] relativ gering ist, bewirken die auftreffenden Strahlen eine Aufwärmung der Oberfläche.[66]

Soweit die an der Oberfläche auftretende Wärme nicht in die Tiefe abgeleitet wird, wird die Wärme an die bodennahen Luftschichten weitergegeben und führt zu deren Aufheizung. Dies ist der Fall bei Materialien mit einer relativ geringen Wärmeleitfähigkeit. Hierzu zählen insbesondere Bitumen, Dachpappe, Asphalt und Vollziegel. Eine mittlere Wärmeleitfähigkeit hat Beton.[67] Extrem hohe Oberflächentemperaturen wurden dementsprechend für As-

---

61 Horbert/Kirchgeorg unterscheiden zwischen 7 Flächentypen mit spezifischem Temperaturverlauf, der mit dem Versiegelungsgrad korreliert. Vgl. Horbert/Kirchgeorg, Stadtbauwelt 1980, 270 (273)
62 0,5 - 1 nach v.Langsdorff, BBauBl 1989, 453 (455) und Niedersächsisches Sozialministerium, Entsiegelung von Flächen, S. 14, 0,5 - 1,5 nach Bernatzky, Grünplanung in Baugebieten, S. 13; Gieseke/Holtmann/Hucke/Lynar/
Müller, Städtebauliche Lösungsansätze zur Verringerung der Bodenversiegelung, S. 122 unter Hinweis auf Horbert, Ergebnisse stadtklimatischer Untersuchungen und 1,5 - 2 Grad Celsius nach Franke, in: Franke, Stadtklima, S. 5 (10)
63 v.Langsdorff, BBauBl 1989, 453 (455) und Niedersächsisches Sozialministerium, Entsiegelung von Flächen, S. 14; Gieseke/Holtmann/Hucke/Lynar/Müller, Städtebauliche Lösungsansätze zur Verringerung der Bodenversiegelung, S. 122 unter Hinweis auf Horbert, Ergebnisse stadtklimatischer Untersuchungen; Franke, in: Franke, Stadtklima, S. 5 (10); Lötsch, in: Wildenmann, Stadt-Natur-Kultur, S. 252 (254) Entsiegelungskonzept der Stadt Köln, S. 4; Potthoff, Ökologisch-kleinklimatische Messungen in Bonn unter besonderer Berücksichtigung der Wirkung von Vegetation, S. 328
64 Vgl. Adam, Stadtökologie, S. 49 f. unter Hinweis auf Messungen der Lufttemperatur in 2 m Höhe am 28.8.1980 gegen 22.10 Uhr
65 Die Albedo drückt das Verhältnis zwischen einfallender und reflektierter Energie aus. Vgl. Weischert, Einführung in die Allgemeine Klimatologie, S. 70
66 Vgl. Gieseke/Holtmann/Hucke/Lynar/Müller, Städtebauliche Lösungsansätze zur Verringerung der Bodenver-siegelung, S. 124 f. unter Hinweis auf die tabellarische Aufstellung von Eimern/Häckel (1979); Schmidt (1980); Gertis (1976)
67 Vgl. Gieseke/Holtmann/Hucke/Lynar/Müller, Städtebauliche Lösungsansätze zur Verringerung der Bodenversiegelung, S. 127 unter Hinweis auf die tabellarische Übersicht bei Wendehorst (170)

phalt und Beton gemessen. Bei einer Lufttemperatur in 2 m Höhe von max. 29,6 betrug die Bodentemperatur in 1 cm Tiefe für Aspalt 48,8 Grad Celsius, für Beton 39,1 Grad Celsius.[68]

Das beschriebene Phänomen tritt nicht nur auf der Bodenoberfläche, sondern auch auf der Oberfläche der Baukörper auf. Die auf den Oberflächen der Baukörper gespeicherte Energie trägt damit ebenfalls zur Aufwärmung der bodennahen Luftschichten bei.[69] An windstillen Tagen staut sich die Wärme zwischen den Baukörpern. Mit steigender Wärme geht eine Steigerung der Wasserdampfaufnahmekapazität einher,[70] die die Ursache für das Empfinden von Luftschwüle ist.[71] Die dadurch entstehenden Belastungen wirken sich insbesondere für Menschen mit bestimmten Krankheitsbildern nachteilig aus (vgl. Tab. 14).[72]

Typische Krankheitsbilder als Folge des Überwärmungsphänomens*
- häufiges Auftreten von Herz- und Kreislauferkrankungen mit erhöhter Sterblichkeitsrate gegenüber dem Stadtumland,
- allgemeine Schwächung der Abwehrkräfte des menschlichen Organismus,
- leichtere Ausbreitung von Seuchen bzw. Erkrankungen (z.B. "Sommergipfel" bei Kinderlähmung),
- vermehrtes Auftreten von Kopfschmerzen und Migräne,
- Schlafstörungen, Beklemmungen, Angstzustände,
- allgemein erhöhte Leistungs- und Konzentrationsschwäche,
- vermehrte Verkehrsunfälle.

(Tab. 14)

*Quelle: Vgl. Schulz, IzR 1982, 847; Schulte, IzR 1988, 505 (511)

Vegetationsflächen wirken demgegenüber entlastend auf die bioklimatischen Belastungen. Die Temperaturen werden über vegetationsbedeckten Flächen gemindert, da die Vegetation einen großen Anteil der mit der Sonneneinstrahlung auftreffenden Energie für die Wasserverdunstung und Photosynthese verbraucht.[73] Die Wärmeabstrahlung über begrünten Flächen ist deshalb erheblich geringer als über versiegelten Flächen.[74]

II. Luftfeuchtigkeit

Versiegelte Flächen wirken sich auch nachteilig auf die Luftfeuchtigkeit aus, da das infolge der Versiegelung abgeführte Niederschlagswasser nicht zur Verdunstung zur Verfügung steht.[75] Die relative Luftfeuchtigkeit in bebauten Gebieten ist deshalb im Mittel um 2- 8 %

---

68 Vgl. Untersuchung von Hobert (1983); Gieseke/Holtmann/Hucke/Lynar/Müller, Städtebauliche Lösungsansätze zur Verringerung der Bodenversiegelung, S. 129
69 Bernatzky, Grünflächen in Baugebieten, S. 13; Miess, IzR 1988, 529
70 Der Sättigungsdampfdruck erhöht sich im Verhältnis zur Temperatur nicht nur linear sondern exponentiell. Vgl. Weischert, Einführung in die Allgemeine Klimatologie, S. 138 f.
71 Eriksen, Die Stadt als urbanes Ökosystem, S. 10
72 Eriksen, Die Stadt als urbanes Ökosystem, S. 12; Eichler, Heid.Geogr.Arb. 1977, 182; Adam, Stadtökologie, S. 63
73 Vgl. Bernatzky, Grünplanung in Baugebieten, S. 72 ff.; Adam, Stadtökologie, S. 40; Kuttler, Geograph.Rdsch. 1985, 226 (231); Miess, IzR 1988, 529 f.
74 Miess, IzR 1988, 529 f. (531)
75 Vgl. Wüst, IzR 1988, 453 (456); Horbert/Kirchgeorg, Stadtbauwelt 1980, 270 (273)

geringer als im Umland.[76] Dadurch werden Erkrankungen des Nasen- und Rachenraums begünstigt.[77]

Auf die enge Korrelation zwischen Vegetation und Verdunstung wurde bereits hingewiesen. Je größer das Vegetationsvolumen, desto größer ist der Anteil des Niederschlagswassers, der durch Transpiration in die Atmosphäre gelangt und eine größere Luftfeuchte bewirkt. Im Schrifttum finden sich einige Beispiele: An einem klaren Sonnentag verdunstet z.B. eine Sonnenblume ca. 1 l, eine Birke mit 200000 Blättern 60-70 l,[78] eine gesunde Buche oder Linde ca. 500 l Wasser.[79] Die Verdunstungsleistung hängt dabei entscheidend vom Kronenvolumen ab (vgl. Tab. 15).[80]

Verdunstungsleistung von Bäumen	
Kronenvolumen	Verdunstung
> 700 m^3	ca. 400 l/d
> 500 m^3	ca. 300 l/d
> 200 m^3	ca. 200 l/d
> 100 m^3	ca. 100 l/d
> 50 m^3	ca. 50 l/d
> 25 m^3	ca. 10 l/d
> 1 m^3	ca. 5 l/d

(Tab. 15)

Die positive Wirkung unversiegelter und begrünter Flächen erschöpft sich nicht in der Regulierung des Wärme- und Luftfeuchtigkeitshaushalts.

III. Schadstoffbindung

Abhängig von der Gesamtblattfläche binden Grünflächen in unterschiedlichem Maße Stäube und führen somit zu einer spürbaren Verbesserung der Aerosol-Belastung.[81]

Durch die Photosynthese und die CO_2 - Assimilation bewirken Grünflächen zudem eine Verringerung zu hoher CO_2 - Werte und die Anreicherung der Luft mit Sauerstoff.[82] Allerdings ist darauf hinzuweisen, daß nicht die Größe der unversiegelten Fläche, sondern die Gesamtfläche des Blattwerks den entscheidenden Faktor für die lufthygienischen Eigenschaften von Grünflächen darstellt. Positive Wirkungen für das örtliche Kleinklima können deshalb schon von einem einzigen Baum ausgehen.[83]

Die kleinklimatischen Verhältnisse, z.B. in engen Höfen, können auch durch Fassadenbegrünung verbessert werden. Im Sommer mindert die Fassadenbegrünung die Aufheizung

---

76 Gieseke/Holtmann/Hucke/Lynar/Müller, Städtebauliche Lösungsansätze zur Verringerung der Bodenversiegelung, S. 123 f.; Franke, in: Franke, Stadtklima, S. 5 (13)
77 Bernatzky, Grünplanung in Baugebieten, S. 13
78 Vgl. Wüst, IzR 1988, 453 (456)
79 Wobei die Luftfeuchtigkeit von 100.000 m3 Luft von 30 auf 60 % angehoben und der Umgebung 300.000 Kcal entzogen werden können. Vgl. Adam, Stadtökologie, S. 78; Lötsch, in: Andritzky/Spitzer, Grün in der Stadt, S. 134 (138)
80 Vgl. Heisig, IzR 1986, 85 (90); Entsiegelungskonzept Köln, S. 4; Lütke/Daldrup, Bestandsorientierter Städtebau, S. 151
81 Vgl. Adam, Stadtökologie, S. 77
82 Bernatzky, Grünplanung in Baugebieten, S. 73
83 Vgl. Adam, Stadtökologie, S. 78

und Reflexion an den Hauswänden, im Winter hat sie darüber hinaus durch das "Luft-Blatt-Polster" wärmedämmende Eigenschaften.[84]

Staubbindungsfähigkeit (Staubfilterkapazität) von Bäumen	
Kronenvolumen	Staubbindung
1000 m³	25 Zentner
750 m³	19 Zentner
500 m³	13 Zentner
250 m³	6,5 Zentner
5 m³	0,8 Zentner

(Tab. 16)

*Quelle: Lütke/Daldrup, Bestandsorientierter Städtebau, S. 152; vgl. auch Bernatzky, Grünplanung in Baugebieten, S. 16

Kleinere Grünflächen haben allerdings über die positiven Auswirkungen auf das örtliche Kleinklima keine entlastende Wirkung für die angrenzenden belasteten Wohngebiete. Erst ab einer Größe von mehr als 1 ha läßt sich eine temperaturmindernde Ausgleichsfunktion für die angrenzende dicht bebaute Umgebung feststellen.[85]

C. Flora und Fauna

Als Folge hoher Versiegelung wirken sich die dargestellten Veränderungen des städtischen Klimas und des Wasserhaushalts auch auf Flora und Fauna aus.[86] Es haben sich veränderte stadtspezifische und von der Bebauungsdichte abhängige Artengemeinschaften gebildet, die durch die spezifischen klimatischen Bedingungen (Wärme/relative Lufttrockenheit) begünstigt werden.[87] Andere Arten werden zurückgedrängt.[88]

Die Gründe sind aber auch hier nicht in monokausalen Ursachenketten zu suchen, sondern sind Folge komplexer Wirkungszusammenhänge.[89] Neben den ökologischen Rahmenbedingungen sind vor allem die anthropogenen Pflegemaßnahmen, Gestaltungsvorstellungen und Nutzungen der Biotope, insbesondere von Grün- und Wasserflächen von entscheidender Bedeutung.[90] Stadttypische Biozönosen[91] sind neben Resten naturnaher Vegetation (Wald- und Feuchtgebiete) Parkanlagen, Friedhöfe und Kleingärten, innerstädtische Brach-

---

84 Vgl. Adam, Stadtökologie, S. 78
85 Vgl. Gieseke/Holtmann/Hucke/Lynar/Müller, Städtebauliche Lösungsansätze zur Verringerung der Bodenversiegelung, S. 137; Bernatzky, Grünplanung in Baugebieten, S. 16
86 Vgl. Schulte, IzR 1988, 505 (507 ff.)
87 Vgl. Baestlein/Losch, in: Rosenkranz, Bodenschutz, Nr. 4785, Anm. 2.3, S. 6; Gieseke/Holtmann/Hucke/Lynar/
   Müller, Städtebauliche Lösungsansätze zur Verringerung der Bodenversiegelung, S. 146; Beckröge, Neue Landschaft 1989, 30 (32)
88 Je nach Bebauungstyp und -dichte können Zuordnungen von spezifischen Artengemeinschaften getroffen werden. Vgl. die Untersuchung von Kunick zu spontan auftretenden Farn- und Blütenpflanzen in Berlin (West), Kunick, , Zonierung des Stadtgebiets von Berlin (West), 1982 oder von Ant, in: Deutscher Rat für Landschaftspflege, 1978, Heft 30
89 Vgl. Söntgen, IzR 1988, 517 (518); Gieseke/Holtmann/Hucke/Lynar/Müller, Städtebauliche Lösungsansätze zur Verringerung der Bodenversiegelung, S. 141
90 Vgl. Söntgen, IzR 1988, 517 (518)
91 Biozönosen bezeichnen die Lebensgemeinschaft, Vergesellschaftung von Pflanzen und Tieren, die durch wechselseitige Beziehungen miteinander vernetzt sind. Vgl. Adam, Stadtökologie, S. 177

(Frei-)flächen, Flächen an Verkehrsanlagen, Gehölze an den Straßen und in den straßennahen Vorgärten sowie Grünflächen an Fassaden und auf Dächern.[92] Die vorhandene Population von Pflanzen ist hier stark von anthropogenen Gestaltungsvorstellungen bestimmt und von Pflegemaßnahmen abhängig. Dennoch sind die Auswirkungen der Bodenversiegelung auf Pflanzen- und Tierwelt unübersehbar.

Durch Versiegelung von Flächen gehen diese weitgehend als Standort für Vegetation und als Lebensraum für Tiere verloren.[93] Dies führt zu einer zahlen- und flächenmäßigen Reduzierung von Biotopen im besiedelten Bereich.[94] Zusammenhängende Lebensräume von Pflanzen und Tieren werden auf diese Weise zunehmend zerschnitten und immer kleiner.[95] Die Größe und die Vernetzung bestimmen den wesentlichen Wert und die Entwicklungsmöglichkeiten eines Biotops.[96] Die Inselbildung führt deshalb zu einer weitgehenden Isolierung der Arten eines Biotops. Wanderungen werden behindert und damit tendenziell die Vielfalt der Arten verringert.

Neben dem Verlust an Lebensraum für Flora und Fauna wirken sich das trockene Stadtklima, die Veränderung des Bodenwasserhaushalts und gegebenenfalls die Absenkung des Grundwassers belastend auch auf die Pflanzen- und Tierwelt aus.[97] Auf Grund der geringeren relativen Luftfeuchte sowie der verminderten nächtlichen Abkühlung kann z.T. nachts keine Taubildung mehr erfolgen.[98] Bei Straßenbäumen wirkt sich die unmittelbar angrenzende Versiegelung und Verdichtung des Bodens besonders nachteilig aus. Häufig findet keine für die Wasserversorgung ausreichende Versickerung von Niederschlägen statt, da die Baumscheiben, d.h. die um den Baumstamm offen gelassenen Flächen, zu klein oder durch Überfahren oder Betreten stark verdichtet sind.[99] Der Wassermangel geht dann einher mit zu geringer Sauerstoffversorgung der für die Nährstoffversorgung des Baumes unersetzlichen Bodenbakterien.[100]

Um den Bäumen an versiegelten Flächen einigermaßen ausreichende Lebensmöglichkeiten zu sichern, müssen die Baumscheiben mindestens 2 m, besser 3 m Durchmesser haben und gegen Verdichtung durch Überfahren und Betreten gesichert sein.[101]

---

92 Vgl. Adam, Stadtökologie, S. 70 ff.
93 Vgl. v.Langsdorff, BBauBl 1989, 453 (454); Adam, Stadtökologie, S. 73; Gieseke/Holtmann/Hucke/Lynar/Müller, Städtebauliche Lösungsansätze zur Verringerung der Bodenversiegelung, S. 140
94 Gieseke/Holtmann/Hucke/Lynar/Müller, Städtebauliche Lösungsansätze zur Verringerung der Bodenversiegelung, S. 140
95 Vgl. Gieseke/Holtmann/Hucke/Lynar/Müller, Städtebauliche Lösungsansätze zur Verringerung der Bodenversiegelung, S. 140; Laukhuf/Becker, Entsiegelung von Flächen, S. 17
96 Vgl. Gieseke/Holtmann/Hucke/Lynar/Müller, Städtebauliche Lösungsansätze zur Verringerung der Bodenversiegelung, S. 141
97 Vgl. Schulte, IzR 1988, 505 (507 ff.)
98 Laukhuf/Becker, Entsiegelung von Flächen, S. 17
99 Vgl. Bernatzky, Garten und Landschaft, 1974, 543 (544); Laukhuf/Becker, Entsiegelung von Flächen, S. 16
100 Vgl. Bernatzky, Garten und Landschaft, 1974, 543 (545); Laukhuf/Becker, Entsiegelung von Flächen, S. 16
101 Entsprechende Orientierungswerte sehen auch die RAR S. 37, Kap. 5.5; EAE 85, S. 30, Kap. 4.2.6; vgl. unten Kap. 2, Teil B VI 1 c

Kapitel 4

Auswirkungen auf die Nutzung und die Gestalt des Außenraums

Der Grad der Bodenversiegelung ist auch aus städtebaulicher Sicht von erheblicher Bedeutung.[1] Unversiegelte Flächen sind potentiell begrünte Freiflächen, deren Umfang und Qualität nach einhelliger Auffassung von großer Wichtigkeit für die Bewohnbarkeit der Siedlungsgebiete, insbesondere der hochverdichteten Kernstädte sind.[2] Ihre Bedeutung kann insoweit allgemein durch folgende Funktionen beschrieben werden:[3]

- Stadtgestalterische Funktion: Gliederung der Freiräume, Bildung von Maßstäben, Schaffung von Formen- und Farbenvielfalt, Setzen von gestalterischen Akzenten
- Soziale Funktion: Ort für die alltägliche Erholung im wohnungsnahen Bereich, Ort der Kommunikation, Ort für Kinderspiel und für sportliche Betätigung
- Psychohygienische Funktion: Erlebnisraum für Kinder und damit wesentliche Stimulation für die Entwicklung des Selbstbewußtseins, der Kreativität und Phantasie sowie der Kontakt- und der Konfliktfähigkeit
- Immissionsschützende Funktion: Abstandsfläche zwischen sich störenden Nutzungen, Absorption von Schall, Schaffung psychischer Distanz durch grüne Sichtbarrieren

Zwar ist nicht jede unbebaute Fläche eine Grünfläche, da sie von Nutzungen überlagert sein kann, die eine Nutzung als Grünfläche ausschließen. Gemeint sind z.B. Flächen für Stellplätze oder Lagerplätze, Zufahrten und Zuwegungen. In der Regel sind die in dieser Art genutzten Freiflächen mit einem versiegelnden Material befestigt oder nutzungsbedingt in

---

1 Vgl. z.B. Flächennutzungsplan Berlin (84), Erläuterungsbericht, S. 204; Stadt Köln, Entsiegelungsprogramm - Beschlußvorlage, S. 6; Losch/Nake, IzR 1988, 593 (595); Berlekamp/Pranzas, Problem der Bodenversiegelung in Ballungsräumen, S. 8
2 Läsker-Bauer/Meyfahrt/v.Reuß/Schnetter/Wimmel, Analyse von Planungs- und Entscheidungsprozessen der Freiraumplanung in Innenstädten, S. 93; Gröning, Stadt und Landschaft, 1972, Heft 1; so schon Arminius, Die Großstädte in ihrer Wohnungsnot und die Grundlagen einer durchgreifenden Abhilfe, S. 8; Wagner, Städtische Freiflächenpolitik; Lötsch, IzR 1981, 415 (421 ff.)
3 Vgl. zu den Funktionen z.B. auch Grohe, IzR 1982, 791 (806 f.); Adam, Stadtökologie, S. 79 f.; Siebert, in: ARL, Städtisches Grün in Geschichte und Gegenwart, S. 49 (52). Im Anschluß an "Wagner, Das sanitäre Grün" wird z.T. zwischen daseinswert- und nutzwertbestimmenden Funktionen unterschieden. Vgl. Läsker-Bauer/Meyfahrt/v.Reuß/Schnetter/Wimmel, Analyse von Planungs- und Entscheidungsprozessen der Freiraumplanung in Innenstädten, S. 94 f.

starkem Maße verdichtet und müssen deshalb als versiegelte Flächen gerechnet werden. Unversiegelte Flächen und begrünte Flächen sind im wesentlichen identisch.

Der Versiegelungsgrad ist deshalb ein Indikator für die Versorgung mit Grünflächen im weitesten Sinne.[4] Erfaßt werden damit nicht nur die im Bebauungsplan als Grünfläche ausgewiesenen Flächen, sondern alle potentiellen Vegetationsflächen, also auch Restflächen von für andere Nutzungen vorgesehenen Flächen, insbesondere auf Baugrundstücken und an Verkehrsflächen.[5] Die Nutzungsmöglichkeiten und die Gestaltqualität der Vegetationsflächen hängen von Art und Umfang der Fläche und nicht zuletzt von ihrer konkreten Gestaltung ab.

Zur Systematisierung der verschiedenen Grünflächentypen wird überwiegend eine Differenzierung zwischen öffentlichen, halböffentlichen und privaten Grünflächen vorgenommen.[6] Die Differenzierung folgt dabei nach dem Besitzstand, dem Grad der Widmung für den Allgemeingebrauch, der Zweckbestimmung und nach dem Charakter der Grünfläche als mehr zur privaten oder mehr zur öffentlichen Lebenssphäre gehörig.[7] Öffentliche Grünflächen sind danach insbesondere Parks und Grünanlagen, Bäume und Pflanzbereiche an Straßen und Plätzen, Stadtwälder sowie Uferwege an Gewässern, die für die öffentliche Nutzung bestimmt sind.[8] Von Mietern genutzte Hofflächen, Gärten und Vorgärten sowie die einem beschränkten Benutzerkreis geöffneten Grünflächen an öffentlichen Gebäuden, z.B. in Krankenhäusern oder Schulen werden als halböffentliche Grünflächen bezeichnet.[9] Private Grünflächen sind demgegenüber gekennzeichnet durch die eindeutige Besitzzuweisung und die damit zum Ausdruck kommende ausschließliche Sachherrschaft des Besitzers.[10] Zu den privaten Grünflächen sind mithin insbesondere private Gärten an Einfamilien-, Wochenend- und Ferienhäusern zu rechnen. Auch räumlich von der Wohnung getrennte Kleingärten sind private Grünflächen,[11] während die Kleingartenanlagen insgesamt als öffentliche Grünfläche angesehen werden müssen, da sie mit öffentlichen Durchgangswegen, z.B. für den Abendspaziergang ausgestattet sind.[12]

---

4 Auf den Zusammenhang zwischen Versiegelung und dem Verlust innerstädtischer Grünflächen weist auch der Bericht der Budnesregierung "Umwelt und Gewerbe" hin. Vgl. BT-Drs. 10/5999, S. 47

5 Insoweit wird auch von "sekundären Freiräumen" gesprochen, die einer starken Nutzungskonkurrenz zu Flächenbedarfen für Stellplätze auf den Grundstücken sowie für verkehrliche Zwecke ausgesetzt sind. Vgl. Läsker-Bauer/Meyfahrt/v.Reuß/Schnetter/Wimmel, Analyse von Planungs- und Entscheidungsprozessen der Freiraumplanung in Innenstädten, S. 103 f.

6 Gälzer, in: ARL, Grundriss der Stadtplanung, Kap. 3.4.2, S. 210 f.; Adam, Stadtökologie, S. 80; ähnlich Siebert, in: ARL, Städtisches Grün in Geschichte und Gegenwart, S. 49 (53 f.); Inbegriffen ist auch die im Schrifttum z.T. vorgenommene weitere Differenzierung "halbprivate" Grünflächen. Vgl. in Hinblick auf die Erholungsfunktion Schaumann, Das Gartenamt 1986, 466 (475)

7 Vgl. Lendholt, in: ARL, Handwörterbuch der Raumforschung und Raumordnung, Spalte 1127.

8 Vgl. Gälzer, in: ARL, Grundriss der Stadtplanung, Kap. 3.4.2, S. 211; Siebert, in: ARL, Städtisches Grün in Geschichte und Gegenwart, S. 49 (53); Lendholt unterscheidet bei den öffentlichen Grünflächen solche mit allgemeiner (Parkanlagen, Grünverbindungen, Stadtwälder etc.) von solchen mit spezieller Zweckbestimmung (z.B. Spiel- und Sportanlagen, Freibäder, Friedhöfe, Kleingartenanlagen). Vgl. Lendholt, in: ARL, Handwörterbuch der Raumforschung und Raumordnung, Spalte 1128

9 Vgl. Gälzer, in: ARL, Grundriss der Stadtplanung, Kap. 3.4.2, S. 211

10 Vgl. Gälzer, in: ARL, Grundriss der Stadtplanung, Kap. 3.4.2, S. 210 f.

11 Vgl. Gälzer, in: ARL, Grundriss der Stadtplanung, Kap. 3.4.2, S. 211; Siebert, in: ARL, Städtisches Grün in Geschichte und Gegenwart, S. 49 (58 f.)

12 Lendholt, in: ARL, Handwörterbuch der Raumforschung und Raumordnung, Spalte 1128

A. Funktionen von Stadtgrün im einzelnen

I. Soziale und psycho-hygienische Funktionen

Die große Bedeutung öffentlicher Grünflächen für die "Erbauung und Erholung" der städtischen Bevölkerung wird in der städtebaulichen Praxis spätestens durch die Anlage der großen Volksparks seit den 20er Jahren des letzten Jahrhunderts dokumentiert.[13] Ihnen wurde eine gesundheitsfördernde und "die Sinne und das Gemüt erfreuende" Funktion zugedacht, die grundsätzlich allen Schichten gleichermaßen offen stand. Den unteren Schichten sollte die Möglichkeit gegeben werden, in ihrer Freizeit der Enge ihrer Wohnquartiere zu entkommen und angeregt durch die Begegnung mit bürgerlichen Schichten bürgerlichen Verhaltensweisen nachzueifern.[14] Diese Konzeption öffentlicher Grünanlagen wurde seit der Jahrhundertwende erheblich erweitert. Sie sollten nicht mehr nur die Möglichkeit für das Genießen von Natur und Landschaft, sondern auch den Raum für Betätigungen im Freien, wie Sport und Spiel, Lagern, Planschen, Reiten, Tanzen etc. bieten.[15] Die Bewohner der freiraumarmen Wohnquartiere sollten die Möglichkeit erhalten, sich ungezwungen an der "frischen Luft" aufzuhalten. Infolge der großen Bebauungsdichte und der extremen Beengtheit der Wohnverhältnisse in den gründerzeitlichen Wohnquartieren fehlten private oder halbprivate Grün- und Freiflächen im unmittelbaren Wohnumfeld. Dieses Defizit sollte ausgeglichen werden.[16]

Heute ist die große Bedeutung von Grünflächen für die Erholung der anwohnenden Bevölkerung unbestritten.[17] Die dargestellten historischen Funktionen öffentlicher Grünflächen haben bis heute Bestand.[18] Neuere Untersuchungen über das Freizeitverhalten der städtischen Bevölkerung haben ergeben, daß der Spaziergang in einem in der näheren Umgebung gelegenen Park die häufigste und beliebteste Freizeitbetätigung ist.[19] Im Rahmen dieser Untersuchung konnte ein Zusammenhang zwischen dem Vorhandensein von Grün im unmittelbaren Wohnumfeld (Garten, Hof) und der Nutzung öffentlicher Grünflächen allerdings nicht belegt werden.[20] Das Fehlen von privatem Grün im unmittelbaren Wohnumfeld scheint danach kein eigenständiger Grund für die Nutzung öffentlicher Grünanlagen zu

---

13 Z.B. in Magdeburg: Volksgarten (1824-26) und Stadtpark (1860), Wien (1821), Dresden: Bürgerwiese (1858-63), Köln: Stadtgarten (1865), Bremen: Bürgerpark (ab 1866), Karlsruhe: Stadtgarten (ab 1866), Zwickau: Stadtpark (1853-75), Berlin: Friedrichshain (1840-48), Humboldthain (1869 und Treptower Park (ab 1876), Aachen: Stadtgarten (bis 1870). Vgl. Maas, in: Andritzky/Spitzer, Grün in der Stadt, S. 18 (20 ff.)
14 Vgl. Maas, in: Andritzky/Spitzer, Grün in der Stadt, S. 18 (21 f.); Hennebo, in: ARL, Städtisches Grün in Geschichte und Gegenwart, S. 41 (42)
15 Vgl. Maas, in: Andritzky/Spitzer, Grün in der Stadt, S. 18 (28 f.)
16 Wolf benennt entsprechende Beispiele in Frankfurt. Vgl. Wolf, in: ARL, Städtisches Grün in Geschichte und Gegenwart, S. 147 (149)
17 Vgl. Gleichmann, Grünflächen in der Stadtregion, S. 9 (16); Läsker-Bauer/Meyfahrt/v.Reuß/Schnetter/Wimmel, Analyse von Planungs- und Entscheidungsprozessen der Freiraumplanung in Innenstädten, S. 93; Siebert, ARL, Städtisches Grün in Geschichte und Gegenwart, S. 49 (52)
18 Vgl. z.B. Adam, in: Adam/Grohe, Ökologie und Stadtplanung, S. 29 (49); Landschaftsprogramm Berlin (84), S. 137
19 Grabrecht/Matthes, Entscheidungshilfen für die Freiraumplanung, S. 57
20 Vgl. Grabrecht/Matthes, Öffentliche Grün- und Freiflächen in der Stadt, S. 17; Untersuchungen Anfang der 60er Jahre ergaben allerdings noch ein anderes Bild. Danach gingen Gartenbesitzer insgesamt seltener in den Park als nich Gartenbesitzer. Vgl. Gleichmann, in: Deutsche Akademie für Städtebau und Landplanung. Landesgruppe Niedersachsen/Bremen, Grünflächen in der Stadtregion, S. 9 (12 f.)

sein.[21] Dieser Feststellung stehen allerdings Erfahrungen über die intensive Nutzung öffentlicher Grünanlagen in Berlin entgegen. Hier werden nicht selten Gartenmöbel mitgebracht. Während langer, mitunter ganztägiger Aufenthalte am Wochenende wird gespielt, geredet, Mitgebrachtes gegessen und vieles mehr. Unübersehbar sind dies Betätigungen, die solchen in privaten Gärten entsprechen. Dieses Beispiel zeigt, daß öffentliche Grünanlagen sehr wohl geeignet sein können, Defizite privater oder halbprivater Grünflächen im unmittelbaren Wohnumfeld in einem bestimmten Umfang zu substituieren.

Grün im unmittelbaren Wohnumfeld kann jedoch nicht in jeder Hinsicht durch öffentliche Parkanlagen ersetzt werden. Der Anteil der Bevölkerung ohne privat nutzbaren Garten mit ausdrücklichem Wunsch nach einem privaten Garten ist ungebrochen[22] und äußert sich nach wie vor in einer intensiven Nachfrage nach Kleingartenparzellen.[23] Weder öffentliche noch halböffentliche Grünflächen können die gewünschte Privatheit und Abgeschiedenheit sowie die autonome Verfügungsbefugnis, wie sie für private Gärten bezeichnend ist, aufweisen.[24]

Den Grünflächen im unmittelbaren Wohnumfeld - dies können Grünanlagen auf den Grundstücken, im Straßenraum, aber auch solche an öffentlichen Gebäuden sein - kommt zudem eine zentrale Funktion für die Identifikation und das subjektive Wohnwohlbehagen der Bewohner in ihrem Wohngebiet zu.[25] Hinter der eigentlichen Wohnung ist das unmittelbare Wohnumfeld der häufigste Grund für die Unzufriedenheit mit den eigenen Wohnverhältnissen.[26] Wacker konstatiert als Ergebnis seiner Befragung in München, daß der Wunsch vieler Befragter nach einer Umgestaltung der trostlosen und verbauten Vorgärten und Hinterhöfe spürbar gewesen sei.[27] Dieses Ergebnis verwundert nicht, wenn man bedenkt, daß je nach Berechnungsart 70 bis annähernd 90 % der Freizeit zu Hause verbracht wird.[28] Ein wichtiger Qualitätsfaktor ist dabei das Fehlen oder das Vorhandensein von Grün im unmittelbaren Wohnumfeld. Bäume und Sträucher gestalten die Freiräume an den Wohnhäusern und geben ihnen ein charakteristisches Gepräge, mit dem sich die Bewohner identifizieren können.[29] Der Blick aus dem Fenster als wesentliche Erlebniskomponente wird durch Bäume und Sträucher im Blickfeld erheblich aufgewertet.[30]

---

21 A.A. Jäger, in: ARL, Städtisches Grün in Geschichte und Gegenwart, S. 1 (2). Jäger ist der Ansicht, daß die Nutzung öffentlicher Grünflächen durch Gartenbesitzer gegenüber Nichtgartenbesitzern vergleichsweise gering ist.
22 Mürb, IzR 1981, 499 f.; Lötsch, in: Politische Ökologie, 2/89, S. 12 (16)
23 Milchert, Das Gartenamt, 1986 61 (64)
24 Lendholt, in: ARL, Handwörterbuch der Raumforschung und Raumordnung, Spalte 1129; Drum, IzR 1981, 485 (486 f.); Vgl. auch unten zur Versorgung mit privaten Grünflächen im Geschoßwohnungsbau S.
25 Lendholt, in: ARL, Städtisches Grün in Geschichte und Gegenwart, S. 81 (86); Wacker, in: Grub, Erholungsraum Stadt, S. 35; Grabrecht/Matthes, Entscheidungshilfen für die Freiraumplanung, S. 57; Prinz, Städtebau, Band 1, S. 175
26 Vgl. die Ergebnisse einer psychologischen Befragung von Bewohnern verschiedener Wohnquartiere in München bei Wacker, in: Grub, Erholungsraum Stadt, S. 35; Grabrecht/Matthes, Entscheidungshilfen für die Freiraumplanung, S. 58
27 Wacker, in: Grub, Erholungsraum Stadt, S. 34
28 Vgl. Grabrecht/Matthes, Entscheidungshilfen für die Freiraumplanung, S. 57 u. 239
29 Lendholt, in: ARL, Städtisches Grün in Geschichte und Gegenwart, S. 81 (86)
30 Vgl. Grabrecht/Matthes, Entscheidungshilfen für die Freiraumplanung, S. 57

Eine weitere nicht ersetzbare Funktion hat das wohnungsnahe Grün als Bewegungs- und Spielraum für Kinder.[31] Die Entwicklungspsychologie weist seit langem darauf hin, daß die dingliche Umwelt ein überaus wichtiger Lern- und Erfahrungsraum für das kleinere Kind ist.[32] Die Wohnumwelt ist dabei nicht nur Bewegungsraum für das Erlernen von Motorik, sie ist vor allem auch der eigentliche Gegenstand der Beschäftigung der Kinder und damit entscheidendes Element für eine gesunde Entwicklung.[33] Es liegt auf der Hand, daß es nicht allein auf die Quantität der Freiräume ankommt, sondern auf deren Vielfältigkeit als Erfahrungsraum. Grünflächen haben deshalb einen hohen Grad an Attraktivität als Gegenstand des kindlichen Forschungs- und Experimentierdrangs.[34] Sie bieten die Möglichkeit elementarer Naturerfahrungen.[35] Die Veränderungen von Pflanzen im Vegetationsprozeß und das Wachsen von Vögeln und Kleintieren "sind in ihrer Begreifbarkeit wesentliche Stimulation für die Entwicklung von Selbstbewußtsein, Kreativität und Phantasie und von sozialer Kontakt- und Konfliktfähigkeit."[36]

II. Immissionsschützende Wirkung von Grün

Auf die staubfilternde Wirkung von Vegetation, insbesondere von Bäumen wurde bereits hingewiesen.[37] Begrünten Flächen wird darüber hinaus eine lärmmindernde Wirkung nachgesagt.[38] Durch die Rauhheit der Blattoberfläche wird die Schallausbreitung gemindert.[39] Dies wirkt sich z.B. auch bei bewachsenen Fassaden aus.[40] In der Grünflächenplanung wird sie zudem für die Abschirmung lärmerzeugender (z.B. Sportplatz) von lärmempfindlichen (z.B. Kurpark, Friedhof) Freiraumnutzungen vorgeschlagen.[41]

Die schalldämmende Wirkung von Grünflächen ist jedoch nur gering.[42] Sie wirkt sich erst bei einer größeren Breite aus. Sie beträgt bei einer 100 m breiten Fläche bei

---

31 Schaumann, Das Gartenamt 1986, 466 (471); Lötsch, in: IFLA, Stadt - Natur - Zukunft, S. 93 (99); Zinn, IzR 1981, 435 ff.
32 Vgl. Zinn, IzR 1981, 435 (438)
33 Vgl. Zinn, IzR 1981, 435 (439); auch das sehr bildhafte Bsp. des eine Distel köpfenden Landjungens und dem bei Stadtkindern mitunter zu beobachtenden Vandalismus gegenüber öffentlichen Einrichtungen (z.B. Telefonzellen bei Lötsch, in: IFLA, Stadt - Natur - Zukunft, S. 93 (99) = IzR 1981, 115 (121)
34 Vgl. Zinn, IzR 1981, 435 (442); Lötsch, in: IFLA, Stadt - Natur - Zukunft, S. 93 (104 ff.) = IzR 1981, 115 (126 ff.)
35 Zinn weist darauf hin, daß Untersuchungen über die Bedeutung der natürlichen Umwelt auf den Entwicklungsprozeß von Kindern bislang noch unzureichend erforscht ist, vieles allerdings dafür spricht, daß Naturentfremdung Entwicklungsstörungen und Sozialisationsdefizite begünstigen. Vgl. Zinn, IzR 1981, 435 (442); Vgl. auch Adam, in: Adam/Grohe, Ökologie und Stadtplanung, S. 29 (49)
36 Grohe, IzR 1982, 791 (806 f.), Adam, Stadtökologie, S. 80; Lötsch, in: Kennedy, Ökostadt, Band 1, S. 23 (48 f.); Adam, in: Adam/Grohe, Ökologie und Stadtplanung, S. 29 (61)
37 Vgl. oben Kap. 2, Teil A IV 1 b
38 Siebert, in: ARL, Städtisches Grün in Geschichte und Gegenwart, S. 49 (67); Albrecht/Bartfelder, Ökologische Bewertung von Maßnahmen der Stadtinnenentwicklung, S. 216, 221 und 228; Prinz, Städtebau, Band 1, S. 165
39 Siebert, in: ARL, Städtisches Grün in Geschichte und Gegenwart, S. 49 (67)
40 Albrecht/Bartfelder, Ökologische Bewertung von Maßnahmen der Stadtinnenentwicklung, S. 216, 221 und 228
41 Machtemes, Schallschutz im Städtebau, Beispielsammlung, S. 47
42 Ähnlich Ehrenstein/Müller-Limmroth, in: Handbuch des Umweltschutzes, Kap. 5.4, S. 13

- Bäumen und Büschen 2 - 5 dB(A)[43],
- Wald 5 dB(A),
- gezielten Lärmschutzpflanzungen 10 dB(A).[44]

Schutzpflanzungen kommen als Lärmschutzmaßnahmen deshalb nur an anbaufreien Straßen, dann auch kombiniert mit anderen technischen Schallschutzmaßnahmen, z.B. als begrünter Schallschutzwall oder als begrünte Schallschutzwand, in Betracht.

Demgegenüber vermindern Bäume in Stadtstraßen kaum die objektive Lärmbelastung. Ihre positive Wirkung liegt im subjektiven Bereich.[45] Der Grad der Lärmbelastung ergibt sich nämlich nicht allein aus der in dB(A) angegebenen Intensität der Schallausbreitung, sondern hängt in großem Maße auch von der subjektiven Lärmempfindlichkeit des Betroffenen ab. Lärm ist kein physikalischer, sondern ein sozialpsychologischer Begriff.[46] Er bezeichnet die Schallausbreitung, die als störend oder belästigend empfunden wird.[47] Schutzpflanzungen gegenüber Lärmemittenten kommt deshalb vor allem eine psychologische Funktion zu.[48] Als Sichtbarrieren verhindern sie das visuelle Erkennen der Störquelle. Sie schaffen damit eine psychische Distanz, die sich mindernd auf die Lärmempfindlichkeit der Betroffenen auswirkt.[49]

Bäume und andere Pflanzungen im Straßenraum schaffen zwar in der Regel keine Sichtbarriere zur Lärmquelle Auto, sie bewirken jedoch zumindest eine Verbesserung des Raumempfindens und damit tendenziell auch eine Verminderung der Empfindlichkeit gegenüber Lärm. Hierfür sprechen jedenfalls die Erfahrungen im Zuge von Verkehrsberuhigungsmaßnahmen, wobei die Belästigungen durch Verkehrslärm in stärkerem Maße abnahmen, als dies auf Grund der objektiven Geräuschminderung zu erwarten war.[50]

---

43 Vgl. Borchard, Orientierungswerte für die städtebauliche Planung, S. 218 Fußn. 9 allerdings ohne weitere Quellenangabe
44 Vgl. so oder ähnliche Werte bei Topp, Vortrag im Rahmen der wissenschaftlichen Fachtagung "Die Bedeutung des Verkehrslärmschutzes für die Bauleitplanung und das Baugenehmigungsverfahren", Tagungsmaterial, S. 25 (32); Schreiber, Lärmschutz im Städtebau, S. 43; Machtemes, Schallschutz im Städtebau, Beispielsammlung, S. 47; Borchard, Orientierungswerte für die städtebauliche Planung, S. 218 Fußn. 9; Bohny/Borgmann/Kellner/Kühne/Müller/Vierling/Weigl, Lärmschutz in der Praxis, S. 52; Prinz nennt leicht günstigere Schalldämmwerte (Wiesen 8 dB(A), Sehr dichte Bepflanzung 16 dB(A) und mäßige Bepflanzung 11 dB(A) jeweils bei 100 m Breite). Vgl. Prinz, Städtebau, Band 1, S. 165
45 Topp, Vortrag im Rahmen der wissenschaftlichen Fachtagung "Die Bedeutung des Verkehrslärmschutzes für die Bauleitplanung und das Baugenehmigungsverfahren", Tagungsmaterial, S. 25 (31); DIFU, Kommunale Umweltschutzberichte, Teil A "Lärmschutz und Lärmminderung", S. 92
46 Bundesminister für Umwelt, Naturschutz und Reaktorsicherheit, Was sie schon immer über Lärmschutz wissen wollten, S. 128
47 Ullrich, DVBl 1985, 1159; Prümm, Verwaltungsrundschau 1989, 155; Eine unmittelbare Gesundheitsbeeinträchtigung ist erst bei extremen Schallpegel ab 130 dB(A zu erwarten. Störungen der Kommunikation, der Aufmerksamkeit- und Leistungsfähigkeit, Verhaltensstörungen, Schlafstörungen und Streßreaktionen sind jedoch Symptome einer chronischen Lärmbelastung die zu einem vermehrten Auftreten von Herz-Kreislauferkrankungen führen. Vgl. Ehrenstein/Müller-Limmroth, in: Handbuch des Umweltschutzes, Kap. 5.3, S. 1 ff.; Immissionsschutzbericht der Bundesregierung, BT-Drs. 11/2714, S. 95, Nr. 570 f.
48 Machtemes, Schallschutz im Städtebau, Beispielsammlung, S. 132; Heinz, Entwerfen im Städtebau, S. 73; Bohny/Borgmann/Kellner/Kühne/Müller/Vierling/Weigl, Lärmschutz in der Praxis, S. 52
49 Bohny/Borgmann/Kellner/Kühne/Müller/Vierling/Weigl, Lärmschutz in der Praxis, S. 52
50 Vgl. Immissionsschutzbericht der Bundesregierung, BT-Drs. 11/2714, S. 95, Nr. 572

III. Gestalterische Funktionen

Die Wahrnehmungsqualität städtischer Außenräume wird maßgeblich durch Grünflächen und Grünelemente bestimmt.[51] Ihre gestalterische Funktion wird dabei durch die Gesichtspunkte "ästhetisches Naturempfinden" und "Raumgliederung" sowie "Raumbildung" gekennzeichnet.

Die ästhetische Bedeutung von Grünflächen wird durch die Ergebnisse mehrerer Untersuchungen über die Motive für den Besuch von Grünanlagen belegt.[52] Nach Nohl wurde das ästhetische Motiv "Freude am Naturschönen" in Berlin mit 21,8 % noch häufiger genannt als das Bedürfnis nach Erholung, während es in Hannover zwar nicht das häufigste genannte Motiv, aber zumindest unter den meist genannten Motiven war.[53] Für Hamburg wurde das ästhetische Motiv "die Natur genießen" ebenfalls als das am häufigsten genannte Motiv für den Besuch des Hamburger Stadtparks ermittelt.[54] Die Untersuchung von Wacker konnte ebenfalls ein großes ästhetisches Bedürfnis nach Grünelementen im Wohnumfeld ermitteln.[55]

Die ästethische Wirkung der Umwelt, in der die Menschen leben, ist von entscheidendem Einfluß auf ihre psychische Verfassung und das Wohnwohlbehagen.[56] Die Befriedigung der ästhetischen Bedürfnisse der Stadtbevölkerung wird damit zu einer wesentlichen Zielgröße städtebaulicher Planung.[57] Sie hat ihren gesetzlichen Niederschlag in den Leitlinien zur Bauleitplanung in § 1 Abs. 5 S. 2 Nr. 4 BauGB und in der allgemeinen Zielbestimmung des Naturschutzgesetzes in § 1 Abs. 1 Nr. 4 BNatSchG gefunden.

---

51 Vgl. z.B. Gälzer, in: Festschrift für Moser, S. 75
52 Vgl. Nohl, Städtischer Freiraum und Reproduktion der Arbeitskraft, S. 104 f.; ders., Motive zum Besuch städtischer Freiräume, S. 14; Sample Institut, Der Stadtplatz - Repräsentativbefragung, in: Schriftenreihe Freizeit - Freiflächen - Planung der Freien und Hansestadt Hamburg 1974, Heft 5; Gälzer, in: Festschrift für Moser, S. 75
53 Nohl, Städtischer Freiraum und Reproduktion der Arbeitskraft, S. 104 f.; ders., Motive zum Besuch städtischer Freiräume, S. 14; ähnliche Ergebnisse allerdings mit anderen Motiv-Kategorien ermittelte Grossmann für Berlin schon in den 50er Jahren. Vgl. Großmann, Beitrag zur Erforschung des Bedarfs einer Großstadt an öffentlichen Garten- und Parkanlagen, nach Untersuchungen im Berliner Gebiet, S. 128
54 Sample Institut, Der Stadtplatz - Repräsentativbefragung, in: Schriftenreihe Freizeit - Freiflächen - Planung der Freien und Hansestadt Hamburg 1974, Heft 5
55 Vgl. Wacker, in: Grub, Erholungsraum Stadt, S. 34 und oben Kap. 2, Teil A VI 2 b
56 Vgl. Trieb, Stadtgestaltung, S. 126; Bückmann/Kerner/Haas/Klencke/Müller, Informationsgrundlagen für den Bodenschutz, S. 47
57 Vgl. Trieb, Stadtgestaltung, S. 128

Grünrelevante Gestaltungsprinzipien (Auswahl)
- Durch einen Einzelbaum oder eine Baumgruppe kann ein bestimmter Ort räumlich hervorgehoben werden,[58] z.B. als Mittelpunkt eines Platzes oder einer Parkanlage oder als Orientierungspunkt.[59]
- Eine Baumgruppe kann zur Beruhigung eines Teilraums, z.B. durch die harmonische Einpassung in das Landschaftsbild, beitragen.[60]
- Baumgruppen, Einzelbäume, aber auch Hecken können einen Gesamtraum gliedern durch Begrenzung eines Platzes oder die Trennung aus funktionalen oder gestalterischen Gründen.[61]
- Durch Pflanzungen können intime Kleinräume zum ungestörten Verweilen geschaffen werden, die unerwünschte Einblicke nicht zulassen.[62] Bäume bieten hier auch als Schattenspender Schutz vor Sonne und Regen.[63]
- Bäume gliedern den Straßenraum, z.B. durch Pflanzungen im Kreuzungsbereich,[64] schaffen eine Staffelung und optische Begrenzung der Höhenwirkung der angrenzenden Bebauung[65] und dienen der Blickführung, z.B. bei Alleen.[66]
- Dichte Hecken und Baumreihen dienen auch als Witterungsschutz von Siedlungen und Einzelhäusern.[67]
- Bäume auf Parkplatzflächen bieten eine Sichtbarriere und ein schattenspendendes Dach für die parkenden Autos.[68] Sie können zugleich auch zur inneren Organisation des Parkraumes beitragen.[69]
- Flächen des ruhenden Verkehrs können durch Bäume, Hecken und Pflanzstreifen vom Fußgängerbereich getrennt werden und in sich sinnvoll gegliedert werden.[70]

(Tab. 17)

Was schön ist, unterliegt allerdings keinem verbindlichen Maßstab, sondern der höchst individuellen sinnlichen Wahrnehmung eines jeden Betrachters, die wiederum von vielfältigen Faktoren bestimmt sein kann.[71] Bäume und andere Bepflanzungen haben den Vorteil, daß sie ein harmonisches und den menschlichen Dimensionen vertrautes Bild abgeben. Ihr

---

58 Vgl. Heinz, Entwerfen im Städtebau, S. 90; Kühn, Die Straßenbäume, S. 28
59 Bsp. bei Prinz, Städtebau, Band 2, S. 72
60 Heinz, Entwerfen im Städtebau, S. 90; Prinz, Städtebau, Band 2, S. 73
61 Vgl. Heinz, Entwerfen im Städtebau, S. 73 u. 90; Prinz, Städtebau, Band 2, S. 74
62 Heinz, Entwerfen im Städtebau, S. 73; Prinz, Städtebau, Band 2, S. 69
63 Prinz, Städtebau, Band 2, S. 69
64 Vielfältige Gestaltungsbeispiele nennt Prinz für verkehrsberuhigte Wohnwege und Wohnstraßen, Pinz Städtebau, Band 1, S. 105, 109, 147 ff., 157 ff. und Band 2, S. 47
65 Prinz, Städtebau, Band 2, S. 56
66 Heinz, Entwerfen im Städtebau, S. 90; Kühn, Die Straßenbäume, S. 27 f.
67 Prinz, Städtebau, Band 2, S. 73
68 Heinz, Entwerfen im Städtebau, S. 90; Prinz, Städtebau, Band 2, S. 78, Kühn, Die Straßenbäume, S. 28; RAR, S. 35
69 Vgl. RAR, S. 35
70 Vgl. Bsp. bei Prinz, Städtebau, Band 1, S. 128
71 Gälzer, in: Festschrift für Moser, S. 77; vgl. auch Bückmann/Kerner/Haas/Klencke/Müller, Informationsgrundlagen für den Bodenschutz, S. 50, die sich kritisch zu der Möglichkeit einer mehrheitlichen Bestimmung dessen was schön ist äußern.

Reiz besteht in der Vielfalt an Formen und Farben.[72] Dieser prägt das Erscheinungsbild des Wohnumfeldes in charakteristischer Weise.[73] Bäume und andere Pflanzen kommen deshalb dem Bedürfnis nach Anregung und Identifikation der Wohnbevölkerung entgegen.[74]

Pflanzen und Bäume sind wichtige Gestaltungselemente im Städtebau.[75] Das dabei zugrundeliegende Gestaltungsprinzip heißt: Bäume und andere Pflanzungen sind Elemente zur Gliederung und Gestaltung des Raumes.[76] Hieraus ergeben sich weitere Gestaltungsprinzipien (vgl. Tab. 17).

B. Situation der Grünflächenversorgung in den Innenstädten

Die Versorgung mit öffentlichen Grünflächen in den dichtbesiedelten Innenstadtgebieten wird im Schrifttum durchweg als schlecht und unzureichend bezeichnet.[77] Ein einheitlicher Maßstab wird dabei allerdings nicht transparent. In einer neueren Untersuchung für die Städte Augsburg, Essen, Hamburg-Harburg, Mannheim und Wiesbaden wurde ein an den jeweiligen Richtwerten der Städte gemessener defizitärer Zustand festgestellt.[78] Die dabei zugrunde gelegten Richtwerte sind jedoch keineswegs einheitlich.[79] Dies entspricht der auch im Schrifttum zu findenden erheblichen Bandbreite unterschiedlicher Orientierungswerte.[80] Borchard hat die mit Stand 1974 vorhandenen Orientierungswerte für die städtebauliche Planung zusammengetragen.[81]

---

72 Vgl. Adam, in: Adam/Grohe, Ökologie und Stadtplanung, S. 29 (61) und zur ästhetischen Wirkung von Straßenbäumen, Kühn, Die Straßenbäume, S. 16 ff.
73 Prinz, Städtebau, Band 2, S. 73
74 Vgl. zur Funktion von Identität eines Ortes Trieb, Stadtgestaltung, S. 137
75 Vgl. Trieb, Stadtgestaltung, S. 184 f.; Heinz, Entwerfen im Städtebau, S. 89 ff.; Prinz, Städtebau, Band 2, S. 72 ff.
76 Vgl. Heinz, Entwerfen im Städtebau, S. 90
77 Läsker-Bauer/Meyfahrt/v.Reuß/Schnetter/Wimmel, Analyse von Planungs- und Entscheidungsprozessen der Freiraumplanung in Innenstädten, S. 101; Mürb, IzR 1981, 499; Umweltatlas Berlin, Teilband 2, S. 06.05; Grabrecht/Mathes, Entscheidungshilfen für die Freiraumplanung, S. 58. Spitthöver weist darauf hin, daß sich Freiflächen grundsätzlich in der Defensive gegenüber ökonomischen Verwertungsinteressen an städtischem Grund und Boden befinden, und von daher in aller Regel ein Freiflächendefizit festzustellen sein wird. Vgl. Spitthöver, Das Gartenamt 1984, 27 (31 f.)
78 Vgl. Läsker-Bauer/Meyfahrt/v.Reuß/Schnetter/Wimmel, Analyse von Planungs- und Entscheidungsprozessen der Freiraumplanung in Innenstädten, S. 100 f.
79 Vgl. Läsker-Bauer/Meyfahrt/v.Reuß/Schnetter/Wimmel, Analyse von Planungs- und Entscheidungsprozessen der Freiraumplanung in Innenstädten, S. 100 zu den Städten Augsburg, Essen, Hamburg-Harburg, Mannheim und Wiesbaden
80 Vgl. Ganser, in: Stadt/Natur/Zukunft, S. 131; Siebert, in: ARL, Städtisches Grün in Geschichte und Gegenwart, S. 49 (69)
81 Borchard, Orientierungswerte für die städtebauliche Planung, S. 217; ders. in: ARL, Handwörterbuch der Raumforschung und Raumordnung, Spalte 3181 ff.

Grünflächenbedarfe - Orientierungswerte nach Borchard*			
in m²/EW	Maximal- wert	gebräuch- licher Mittelwert	Minimal- wert
Anlagen, Parks, Grünzüge	30-55	28-35	6-15
Erholungs-, Spiel- und Sportflächen	19-24	5-8	2,5-4,5
Kleingärten	20-30	10-17	1-4
Spielplätze f. Kinder v. 7-12 Jahren	5	0,75	0,5-0,6
Spiel- und Bolzplätze f. Jugendliche v. 13-17 Jahren[1]	4-5	1,5	0,75

(Tab. 18)

*Quelle: Borchard, Orientierungswerte für die städtebauliche Planung, S. 185, 187, 215, 217 u. 222

1 ebenda, S. 187; der Mittelwert entspricht der Empfehlung der Deutschen Olympischen Gesellschaft.

In Abhängigkeit vom Geschoßwohnungsanteil, von der GFZ und der Wohndichte (E/ha) gibt Borchard Empfehlungen für Flächen für Anlagen, Parks und Grünzüge (vgl. Tab. 19).[82]

Grünflächenbedarf bezogen auf Wohndichte nach Borchard			
Geschoß- wohnungs- anteil	GFZ	Wohn- dichte E/ha	m²/E
20 %	0,2	90	8
40 %	0,3	135	9
65 %	0,45	200	10
75 %	0,5	225	11
90 %	0,7	315	13
100 %	1,0	450	15

(Tab. 19)

Die Empfehlungen der ständigen Konferenz der Gartenbauamtsleiter beim Deutschen Städtetag bewegen sich in der Nähe der Minimalwerte.[83] Andere Orientierungswerte finden sich bei Gälzer, der für wohnungsnahe öffentliche Grünflächen 4,5 - 9 m2/E, davon 3 - 4,5 m2/E für Spielflächen, 4,5 m2/E für Sportflächen, 1,5 m2/E für Freibäder, 3,5 - 5 m2/E für Friedhöfe und 1 Kleingarten für 8 - 10[84] gartenlose Wohnungen vorschlägt.[85] Siebert empfiehlt für Wald, Parks, Grünverbindungen, Sportanlagen und Kleingärten 50 m2/E, davon mindestens 25 m2/E für Parks, Grünplätze und - verbindungen, Spiel-, Sportanlagen und Kleingärten, für Sportplätze mindestens 5 m2/E sowie für Kleingärten mindestens 20

---

82 Borchard, Orientierungswerte für die städtebauliche Planung, S. 217; ders. in: ARL, Handwörterbuch der Raumforschung und Raumordnung, Spalte 3198
83 Vgl. Landschaftsprogramm Berlin (88), S. 139
84 Vgl. auch Siegmann, Das Kleingartenwesen - Erscheinungsbild, Bedarf und Funktion und Brandt, Planungsfiebel, technische und gesetzliche Grundlagen für den Städtebau, S. 92. Siegmann empfiehlt auf 7 Brandt auf 12 - 15 gartenlose Wohnungen einen Kleingarten.
85 Es handelt sich um Bruttowerte, d.h. um Werte unter Einschluß der Flächen für Nebenanlagen, Wege, Stellplätze und notwendige Bauten. Vgl. Gälzer, in: ARL, Grundriss der Stadtplanung, Kap. 3.4.3, S. 214

m2/E.[86] Nach Heinz gelten 8 - 15 m2/E für Parks und Grünzüge und 10 - 17 m2/E für Kleingärten als Orientierungswerte.[87]

Im Schrifttum wird jedoch durchweg auf die Problematik dieser Richtwerte hingewiesen.[88] Der Grünflächenbedarf hängt nach einhelliger Auffassung von einer Vielzahl unterschiedlicher Faktoren ab, insbesondere von Gemeindegröße, Einwohnerdichte, Bevölkerungsstruktur, Bebauungsdichte und Bauweise, Anzahl der Geschoßwohnungen ohne privaten Garten etc. und variiert demzufolge nach Maßgabe der jeweiligen Umstände im Einzelfall.[89] Während bei speziellen Nutzungen (z.B. Freibäder, Sportplätze, Kinderspielplätze) der Bedarf relativ konstant im Verhältnis zur Bevölkerungszahl und Wohndichte ist, wird eine generelle, alle öffentlichen Grünflächen umfassende Bedarfszahl für unpraktikabel gehalten.[90] Deutlich wird dies bei einem Vergleich zweier unterschiedlicher Siedlungstypen. Eine in reizvoller Landschaft gelegene ländliche Gemeinde hat auf Grund ihrer natürlichen Lage und der relativ kurzen Wege in die außergemeindlichen Erholungsräume einen geringen Grünflächenbedarf, während in einer dicht verbauten Großstadt ein erheblicher Bedarf an innerstädtischen Erholungsflächen besteht,[91] da die räumliche Ausdehnung der Städte immer größer wird und die Wege in die freie Landschaft immer weiter werden.[92] Vor einer generellen und unkritischen Anwendung der Orientierungswerte wird deshalb gewarnt.[93]

Neben der Quantität spielen vor allem die gestalterische Qualität[94] und die gute und schnelle Erreichbarkeit[95] der Grünflächen die entscheidende Rolle. Die Auswertung der hierzu durchgeführten 1 % - Wohnungsstichprobe 1978 ergab, daß die städtischen Mietwohnungsquartiere deutlich schlechter mit öffentlichen Grünflächen versorgt sind als Einfamilienhausgebiete (vgl. Tab 20).[96] Dieses Verhältnis drückt sich auch in den unterschiedlichen Qualitäten innerstädtischer Grünanlagen und der in den Stadtrandlagen nutzbaren Grünflächen aus. Die in den Innenstädten gelegenen Grünanlagen sind in der Regel kleiner, werden aber von deutlich mehr Menschen aufgesucht als Wälder und Wiesen in Stadtrandlagen.[97]

---

86 Siebert, in: ARL, Städtisches Grün in Geschichte und Gegenwart, S. 49 (69)
87 Heinz, Entwerfen im Städtebau, S. 78 f.
88 Grundlegend wird bereits auf die unzureichende Reflexion der gesellschaftspolitischen Bezüge im Rahmen der Bedarfswertdiskussion hingewiesen. Vgl. Spitthöver, Das Gartenamt 1984, 27 (29 f.)
89 Gälzer, in: ARL, Grundriss der Stadtplanung, Kap. 3.4.3, S. 214; Landschaftsprogramm Berlin (88), S. 138
90 Siebert, in: ARL, Städtisches Grün in Geschichte und Gegenwart, S. 49 (69)
91 Vgl. Gälzer, in: ARL, Grundriss der Stadtplanung, Kap. 3.4.3, S. 212; Siebert, in: ARL, Städtisches Grün in Geschichte und Gegenwart, S. 49 (69)
92 Ganser, in: IFLA, Stadt + Natur + Zukunft, S. 131
93 Gälzer, in: ARL, Grundriss der Stadtplanung, Kap. 3.4.3, S. 214
94 Vgl. Gälzer, in: ARL, Grundriss der Stadtplanung, Kap. 3.4.3, S. 214
95 Vgl. Heinz, Entwerfen im Städtebau, S. 75; Großmann, Beitrag zur Erforschung des Bedarfs einer Großstadt an öffentlichen Garten- und Parkanlagen, nach Untersuchungen im Berliner Gebiet, S. 135 ff.
96 Baestlein/Boelting, in: Hucke/Ueberhorst, Kommunale Umweltpolitik, S. 219 (221); Läsker-Bauer/Meyfahrt/v.Reuß/Schnetter/Wimmel, Analyse von Planungs- und Entscheidungsprozessen der Freiraumplanung in Innenstädten, S. 102; zu etwas günstigeren Ergebnissen (die Haushalte ohne Angaben blieben unberücksichtigt   kommt die Auswertung der 1 % Wohnungsstichprobe durch den BMBau, in: IFLA, Stadt + Natur + Zukunft, S. 14 (21)
97 Baestlein/Boelting, in: Hucke/Ueberhorst, Kommunale Umweltpolitik, S. 219 (222)

Versorgung mit Grünanlagen im Wohnumfeld (Anteil der Haushalte in %)(1)			
	Entfernung in Gehminuten zur nächsten Grünanlage		
	bis 10	11 - 20	über 20
Haushalte insgesamt	69,0	13,0	8,9
darunter: Eigentümerhaushalte	74,3	10,4	7,3
Haushalte in Mietwohnungen, Gebäude nach 1948 errichtet	67,6	13,8	9,3
Haushalte in Mietwohnungen, Gebäude bis 1948 errichtet	62,8	16,0	10,8
Haushalte in Mietwohnungen, Gebäude bis 1948 errichtet in Kernstädten (2)	58,5	18,7	12,7

(Tab. 20)

(1) Differenz zu 100 % = "unbekannt" bzw. ohne Angaben
(2) Großzentren (über 500000 Einwohner) und Oberzentren

Ein ähnliches Bild findet sich auch hinsichtlich der Grünflächenanteile auf den Grundstücken der Wohnhäuser selbst. Sowohl in quantitativer als auch in qualitativer Hinsicht besteht eine deutliche Unterversorgung der innerstädtischen Wohnquartiere gegenüber denen am Stadtrand (vgl. Tab. 21).[98] Der Anteil der Grundstücke mit Grünflächen nimmt proportional zur Zunahme der Anzahl der Wohneinheiten und dem Alter ab. Mehrgeschossige Gebäude sind durchschnittlich deutlich schlechter mit "hauseigenem" Grün ausgestattet. Bei den vor 1918 errichteten Wohngebäuden mit mehr als 7 Wohneinheiten fehlt eine hauseigene Grünanlage in mehr als 50 % der Fälle, wobei in den meisten Fällen eine Benutzung durch die Bewohner noch nicht einmal zugelassen ist.[99]

---

98 Vgl. Lötsch, in: IFLA, Stadt + Natur + Zukunft, S. 93 (98); Läsker-Bauer/Meyfahrt/v.Reuß/Schnetter/Wimmel, Analyse von Planungs- und Entscheidungsprozessen der Freiraumplanung in Innenstädten, S. 102 ff.
99 Vgl. BMBau, in: IFLA, Stadt + Natur + Zukunft, S. 14 (20 f.)

Grünflächenversorgung auf Wohnungsbaugrundstücken*			
Nicht land- wirtschafliche Wohngebäude	Gebäude insg.	mit Grün- anlagen	Nutzung durch Bewohner nicht zugelassen
	in 1000	in %	in %
1-2 WE	7851	87	4
3-6 WE darunter errichtet	1367	82	17
bis 1918	366	65	12
1918-1948	242	84	14
> 6 WE darunter errichtet	566	75	40
vor 1918	103	45	31
1918-1948	60	75	26

(Tab. 21)

*Quelle: 1 % - Wohnungsstichprobe 1978

Orientierungswerte für den Anteil der Grünflächen auf einem Baugrundstück sind nicht ersichtlich. Borchard nennt lediglich Werte für die Grundstücksfreifläche insgesamt, ohne zwischen Grünflächen und anderen Freiflächen zu differenzieren. Danach ist der Maximalwert 45 - 52,5 m2, der gebräuchliche Mittelwert 10 - 15 m2 und der Minimalwert 7 - 10 m^2.[100]

Verbindliche Grenzwerte für den minimalen Freiflächenanteil an der Grundstücksfläche ergeben sich im Umkehrschluß aus den GRZ-Obergrenzen gem. § 17 Abs. 1 BauNVO (vgl. die ausführliche Darstellung im Kapitel "Festsetzungsmöglichkeiten in der Bebauungsplanung"). Ein minimaler Grünflächenanteil kann jedoch erst nach der neuesten Fassung der BauNVO vom 23. Januar 1990 hergeleitet werden (vgl. Tab. 22). Nach den älteren Fassungen wurden versiegelte Freiflächen nicht auf die GRZ angerechnet. Für die Aufstellung, Änderung oder Ergänzung von Bebauungsplänen ergeben sich (von der Möglichkeit abweichender Festsetzungen abgesehen) nunmehr folgende Mindestanteile von Grünflächen an der Grundstücksfläche.[101]

Die sich aus der neuen BauNVO ergebenden Versiegelungsobergrenzen wirken sich nur im Rahmen der verbindlichen Bauleitplanung aus. Für den Bestand sind sie insofern von Interesse, als sie die vom Verordnungsgeber als Mindestanforderung für den Regelfall erachteten Grünflächenanteile auf Baugrundstücken dokumentieren und im Falle einer Neuplanung des Bestandes zu beachtende Restriktionen darstellen. Freilich läßt die BauNVO einen weiten Spielraum für abweichende Regelungen im Einzelfall (vgl. hierzu die Darstellung im Kapitel "Festsetzungsmöglichkeiten in der Bebauungsplanung").

---

100 Vgl. Borchard, Orientierungswerte für die städtebauliche Planung, S. 68; ders. in: ARL, Handwörterbuch der Raumforschung und Raumordnung, Spalte 3189
101 Vgl. zum Berechnungsmodus unten Kap. 3, Teil B II 2 a aa

Mindestanteil unversiegelter Grundstücksfläche nach BauNVO	
- Kleinsiedlungsgebiete Wochendhausgebiete	70 %
- Reine und Allgemeine Wohngebiete, Ferienhausgebiete	40 %
- Besondere Wohngebiete, Dorfgebiete, Mischgebiete	20 %
- Kerngebiete	0 %
- Industriegebiete Gewerbegebiete sonstige Sondergebiete	20 %

(Tab. 22)

Festzustellen ist eine erhebliche Diskrepanz zu der im Bestand vorzufindenden Grünflächensituation. Die als Grünflächen genutzten Freiflächen stellen nur einen Bruchteil der Gesamtfreifläche auf dem Grundstück dar. Untersuchungen in der Münchener Innenstadt ergaben folgende Nutzungsverteilung auf den Grundstücksfreiflächen:[102]

Nutzungen der Grundstücksfreiflächen*	
PKW Stellplätze	32,5 %
keine erkennbare Nutzung[(1)]	28,9 %
gewerbliche Nutzung	7,2 %
geordnete Lagerflächen	1,7 %
Schuppen, Verschläge	1,9 %
Grünflächen einschl. Spielplätze	26,0 %

(Tab. 23)

(1) Vorwiegend unterentwickelte Mehrfachnutzungen ohne bestimmte Schwerpunkte.

*Quelle: Vgl. Grub, Erholungsraum Stadt, S. 48

Der Anteil der Grünflächen (einschl. Kinderspielplätze) ist danach geringer als der von PKW-Stellplätzen und Flächen mit diffusen Nutzungen. Zusammen belegen diese Kategorien mehr als 60 % der Grundstücksfreifläche. Insbesondere der weiterhin zunehmende Raumbedarf des ruhenden Verkehrs bewirkt einen nachhaltigen Druck auf die Grundstücksfreiflächen.[103] Nach wie vor läßt sich in den bauordnungsrechtlichen Vorschriften über den Stellplatznachweis,[104] aber auch in der BauNVO (§§ 12 und 21 a BauNVO)[105] das verkehrspolitische Ziel ablesen, den Straßenraum weitgehend dem fließenden Verkehr vorzubehalten und den ruhenden Verkehr auf die Grundstücke zu verlegen.

---

102 Vgl. Grub, Erholungsraum Stadt, S. 48; und unter Hinweis darauf: Baestlein/Boelting, in: Hucke/Ueberhorst, Kommunale Umweltpolitik, S. 219 (222 f.); Läsker-Bauer/Meyfahrt/v.Reuß/ Schnetter/Wimmel, Analyse von Planungs- und Entscheidungsprozesse der Freiraumplanung in Innenstädten, S. 103 f.
103 Vgl. Läsker-Bauer/Meyfahrt/v.Reuß/Schnetter/Wimmel, Analyse von Planungs- und Entscheidungsprozessen der Freiraumplanung in Innenstädten, S. 104
104 Vgl. hierzu unten Kap. 3, Teil C I 4 b
105 Vgl. hierzu unten Kap. 3, Teil B II 2 a dd u. ff

Bezogen auf die gesamte Grundstücksfläche, also unter Hinzurechnung der überbauten Grundstücksteile, wird der Anteil der Grünflächen noch erheblich geringer. Die Erhebungen über den Versiegelungsgrad verschiedener Siedlungsstrukturen haben gezeigt, daß der unversiegelte Flächenanteil innerhalb der hochverdichteten Blockbebauung durchweg unter 30 % ist.[106]

Während sich in den innerstädtischen Altbauquartieren die unzureichende Versorgung mit wohnungsnahen Grünflächen am Haus bereits aus der Knappheit der Fläche ergibt, besteht im durch Wohnscheiben und Wohntürme geprägten Nachkriegsstädtebau zumindest in quantitativer Hinsicht eine ausreichende Versorgung. Hier wirkt sich die unzureichende Qualität der Grünflächen aus. Zwischen den Baukörpern finden sich häufig nur sterile Abstandsflächen, die von den Bewohnern kaum angenommen werden und mithin dem tatsächlichen Bedarf nicht entsprechen.[107]

Bei Berücksichtigung qualitativer Gesichtspunkte zeigt sich, daß das Grünflächendefizit für Geschoßwohnungen besonders extrem hinsichtlich privater Grünflächen ist.[108] Die durch Geschoßwohnungsbau geprägten innerstädtischen Wohnquartiere weisen üblicherweise keine privaten Gärten auf. Private Gärten finden sich fast ausschließlich bei Ein- und Zweifamilienhäusern. Ersatzformen bei Mehrfamilienhäusern, wie z.B. Mietergärten[109] oder den Erdgeschoßwohnungen zugeordnete Gärten,[110] sind die Ausnahme. Die Grünanlagen im Geschoßwohnungsbau können die fehlenden privaten Grünflächen nicht substituieren.[111] Sie stellen halböffentliche Bereiche dar, mit einem relativ unbestimmten in Abhängigkeit von der Anzahl der Bewohner des Hauses stehenden Kreis von Benutzern. Die in privaten Gärten mögliche Privatheit und Selbstbestimmtheit der Nutzung sind hier nicht möglich.[112] Aufenthalt und Betätigung unterliegen der Beobachtung.[113] Die Vielzahl potentieller Benutzer (= Bewohner) erzeugt zwangsläufig eine "Nutzer-Konkurrenz". Was dem einen Bewohner gefällt, kann den anderen über alle Maßen stören (Freizeitlärm). Folge sind die ungezwungene Nutzung erheblich einschränkende Verhaltensanweisungen. Die Anlage und in der Regel auch die Pflege der Grünanlage erfolgt nicht durch die Bewohner. Häufig sind sie lediglich das Ergebnis der bauordnungsrechtlichen Abstandsanforderungen.[114] Die Ausstattung ist deshalb oft nicht auf eine gute Nutzbarkeit, sondern an einem geringen Pflegeaufwand orientiert. Eine Verantwortung und Identifikation mit der hauseigenen Grünanlage kann so nur selten entstehen.[115]

---

106 Vgl. oben Kap. 2, Teil A III 3
107 Vgl. Lötsch, in: IFLA, Stadt + Natur + Zukunft, S. 93 (98)
108 Vgl. Lötsch, Politische Ökologie, 2/89, S. 12 (16)
109 Bsp. für die Schaffung von Mietergärten im Rahmen von Wohnumfeldverbesserungen in: BMBau, Wohnumfeld am Haus, S. 77 ff.
110 Vgl. Gälzer, in: ARL, Grundriss der Stadtplanung, Kap. 3.4.2, S. 211; Prinz, Städtebau, Band 1, S. 193
111 Baestlein/Boelting, in: Hucke/Ueberhorst, Kommunale Umweltpolitik, S. 219 (221 f.); Lendholt, in: ARL, Handwörterbuch der Raumforschung und Raumordnung, Spalte 1129; Lötsch, Politische Ökologie, 2/89, S. 12 (16)
112 Lendholt, in: ARL, Handwörterbuch der Raumforschung und Raumordnung, Spalte 1129
113 Vgl. Gälzer, in: ARL, Grundriss der Stadtplanung, Kap. 3.4.2, S. 211
114 Baestlein/Boelting, in: Hucke/Ueberhorst, Kommunale Umweltpolitik, S. 219 (222); Lötsch, in: IFLA, Stadt + Natur + Zukunft, S. 93 (98)
115 Vgl. BMBau, in: IFLA, Stadt + Natur + Zukunft, S. 14 (20 und zur Beziehung zwischen Baumasse und Raumgestalt, Prinz, Städtebau, Band 1, S. 194

Dem nahezu vollständigen Fehlen privater Grünflächen im Geschoßwohnungsbau steht ein stark ausgeprägtes Bedürfnis nach privaten Gärten gegenüber.[116] Belegt wird dies durch die unvermindert starke Nachfrage nach Kleingartenparzellen von den Bewohnern gartenloser Geschoßwohnungen.[117] Den Kleingärten kommt damit eine wichtige Ersatzfunktion für die nicht erfüllbaren Wünsche nach einem privaten Garten zu.[118] Aber auch der Bedarf an Kleingärten wird nicht gedeckt.[119]

Wiederentdeckt wird auch die Straße als begrünter Freiraum. Neben Verkehrs- und Erschließungsfunktionen hat die Straße in einem abgestuften System wohnungsnaher Freiräume traditionell wichtige Funktionen.[120] Dies gilt um so mehr, als die hauseigenen Freiräume zunehmend durch Nutzungen dominiert werden, die ihre Nutzbarkeit für die Bewohner des Hauses in quantitativer wie in qualitativer Hinsicht erheblich einschränken. Im Schrifttum wird insbesondere die Bedeutung der Straße für die kindliche Sozialisation hervorgehoben. Die Wohnstraße ist ein wesentlicher Erlebnisraum des Kindes, in dem grundlegende Erfahrungen gemacht und ein eigenes Wertesystem ausgebildet wird.[121] Die Straße wird deshalb auch als nach draußen verlegtes Zuhause empfunden.[122] Wichtiges Element dieses Erfahrungsraumes ist auch die im Straßenraum vorhandene Vegetation, insbesondere Bäume, Vorgärten und Hecken.

Infolge der Dominanz der Verkehrsplanung bei der Gestaltung des Straßenraums wurden diese Funktionen lange Zeit vergessen.[123] Auch die im Straßenraum vorhandene Vegetation war durch die Interessen des fließenden Verkehrs tendenziell gefährdet.[124] Eine Trendwende setzte erst mit der in den 70er Jahren einsetzenden Umorientierung der Stadtplanung auf den Bestand ein. Durch großflächige Verkehrsberuhigung sollte der Straßenraum als Freiraum für die Bewohner der Straße wiedergewonnen werden.[125] Die Ausführung im einzelnen, insbesondere die Zerstörung der traditionellen Straßengestalt ist im Schrifttum jedoch nicht nur auf Zustimmung gestoßen.[126]

---

116 Mürb, IzR 1981, 499 f.
117 Milchert, Das Gartenamt, 1986 61 (64)
118 Milchert, Das Gartenamt, 1986 61 (64); Gälzer, in: ARL, Grundriss der Stadtplanung, Kap. 3.4.2, S. 211
119 Vgl. Läsker-Bauer/Meyfahrt/v.Reuß/Schnetter/Wimmel, Analyse von Planungs- und Entscheidungsprozessen der Freiraumplanung in Innenstädten, S. 100 f.; Lendholt, in: ARL, Handwörterbuch der Raumforschung und Raumordnung, Spalte 1130
120 Läsker-Bauer/Meyfahrt/v.Reuß/Schnetter/Wimmel, Analyse von Planungs- und Entscheidungsprozessen der Freiraumplanung in Innenstädten, S. 106; Böse/Schürmeyer, Das Gartenamt 1984, 537 (540); Muchow/Muchow, Der Lebensraum des Großstadtkindes, S. 71 u. 94. Zur Hierarchie von abgestuften Raumöffentlichkeiten vgl. Böse, in: IFLA, Stadt + Natur + Zukunft, S. 149 (151); Prinz, Städtebau, Band 1, S. 175
121 Böse/Schürmeyer, Das Gartenamt 1984, 537 (540); Muchow/Muchow, Der Lebensraum des Großstadtkindes, S. 94
122 Böse/Schürmeyer, Das Gartenamt 1984, 537 (540); Muchow/Muchow, Der Lebensraum des Großstadtkindes, S. 71
123 Vgl. Läsker-Bauer/Meyfahrt/v.Reuß/Schnetter/Wimmel, Analyse von Planungs- und Entscheidungsprozessen der Freiraumplanung in Innenstädten, S. 106; Ganser, in: Stadt + Natur + Zukunft, S. 131
124 Vgl. Kühn, Die Straßenbäume, S. 28 ff.
125 Daneben spielen allerdings weitere Aspekte wie z.B. die Reduzierung der Lärmbelastung und die Verbesserung der Verkehrssicherheit eine entscheidende Rolle. Vgl. Böse/Schürmeyer, Das Gartenamt 1984, 537; Heisig, Das Gartenamt 1984, 15 ff.; ders. IzR 1986, 85; Prinz, Städtebau, Band 1, S. 142 ff.; Gälzer, in: ARL, Grundriss der Stadtplanung, Kap. 3.4.2, S. 217
126 Vgl. z.B. Böse/Schürmeyer, Das Gartenamt 1984, 537 ff.

C. Bodenversiegelung als Restriktion für eine verdichtende Bestandsentwicklung

Konstatiert wird eine stetige Zunahme der Siedlungs- und Verkehrsflächen an der Gesamtfläche der Bundesrepublik Deutschland von 7,7 % im Jahre 1950 auf 12,5 % im Jahre 1985, die ganz überwiegend zu Lasten landwirtschaftlich genutzter Flächen ging.[127] Der tägliche Zuwachs der Siedlungsfläche betrug 1985 120 ha.,[128] hat sich jedoch den jüngsten Angaben der Bundesregierung zu Folge seitdem etwas verlangsamt.[129] Ein Ende dieser Entwicklung ist dennoch auch angesichts gegenläufiger demographischer Tendenzen sowohl für den Wohnflächenbedarf als auch für den Bedarf an Gewerbe- und Industrieflächen nicht in Sicht.[130]

Diesem unverändert wachsenden Flächenverbrauch durch Siedlungserweiterungen wird programmatisch die Umorientierung der Siedlungsentwicklung auf den Bestand, die sogenannte "Innenentwicklung" entgegengesetzt.[131] Das Augenmerk hat sich auf die Verdichtungspotentiale im Bestand gerichtet, die einen grundlegenden Bestandteil einer geordneten Flächenhaushaltspolitik[132] darstellen.[133] Angeknüpft wird an die Stadterneuerungsbemühungen zur Verbesserung des Wohnungsbestands und des Wohnumfelds in den 70er Jahren sowie an die Bemühungen zur Aktivierung von Baulücken und Brachen im Rahmen der Baulanddiskussion Anfang der 80er Jahre.[134] Entscheidender Grund dürften allerdings die Fortschritte in der Bodenschutzdebatte sein, die 1985 in die Bodenschutzkonzeption der Bundesregierung mündeten. Zentrale Forderungen der Bodenschutzkonzeption in Hinblick auf die Siedlungsflächenentwicklung sind die "Trendwende im Landverbrauch" und die Beendigung der extensiven Siedlungsflächenentwicklung.[135] Diese Programmatik hat mit der Bodenschutzklausel Eingang in das zum 1. Juli 1987 in Kraft getretene BauGB gefunden. Der Grundsatz, mit Grund und Boden sparsam und schonend umzugehen, wurde als sogenanntes "Optimierungsgebot" ausgestaltet.[136]

---

127 Vgl. Raumordnungsbericht 1986, BT-Drs. 10/6027, S. 28; Bericht der Bundesregierung "Umwelt und Gewerbe in der Stadtpolitik", BT-Drs. 10, 5999, S. 33
128 Die Angaben beziehen sich auf das Gebiet der Bundesrepublik Deutschland vor dem 3.101990. Über die Entwicklung auf dem Gebiet der ehemaligen DDR sind keine Daten bekannt.
129 Vgl. BT-Drs. 11/8401
130 Vgl. Gaßner/Siederer, Die Umweltrelevanz der Baunutzungsverordnung, S. 129 f.; Losch, in: BfLR/IfS, Heft 21, "Bodenschutz", S. 33 ff.; vgl. auch Lütke-Daldrup, Bestandorientierter Städtebau, S. 23; Borchard, in: ARL, Flächenhaushaltspolitik, S. 11 (13)
131 Vgl. z.B. Beschluß der Bundesregierung v. 30.1.1985, Bodenschutzkonzeption, BT-Drs. 10/2977, S. 33 f.; Raumordnungsbericht 1986, BT-Drs. 10.6027, S. 104; BMBau, Baulandbericht 1983, S. 51 und 1986; Unterrichtung der Bundesregierung "Maßnahmen zum Bodenschutz", BT-Drs. 11/1625, S. 7; Entschließung der MKRO zur Berücksichtigung des Umweltschutzes in der Raumordnung, Raumordnung und Schutz des Bodens, 1988
132 So die als Thesen formulierten Erkenntnisse und Empfehlungen des Arbeitskreises "Künftige Flächenbedarfe, Flächenpotentiale, Flächennutzungskonflikte" der ARL; in: Flächenhaushaltspolitik, S. 5 ff.
133 Vgl. Lütke-Daldrup, Bestandsorientierter Städtebau, S. 60
134 Vgl. Lütke-Daldrup, Bestandsorientierter Städtebau, S. 55
135 Vgl. BT-Drs. 10/2977, S. 31 ff.
136 Vgl. hierzu unten Kap. 3, Teil B II 3 c bb (2)

Auf Grundlage der Analyse vorhandener Programme, Konzeptionen, Berichte und Entschließungen faßt Lütke-Daldrup Voraussetzungen zusammen, bei deren Vorliegen die Inanspruchnahme von Freiräumen in Frage kommt.[137]

Prämissen für die Inanspruchnahme von Freiraum im Rahmen einer geordneten Flächenhaushaltspolitik nach Lütke-Daldrup

- sparsam,
- im Rahmen unabweisbar zu belegender Bedarfe,
- unter Erhaltung der Leistungsfähigkeit des Naturhaushalts,
- nach Ausschöpfung der im Innenbereich vorhandenen Reserven und der Möglichkeiten innerörtlicher Entwicklungen,
- nach Prüfung und Bewertung der ökologischen Folgen.

(Tab. 24)

Kernidee dieser Voraussetzungen ist der in der Bodenschutzklausel zum Ausdruck gebrachte Grundsatz, daß mit Grund und Boden sparsam und schonend umgegangen werden soll. Das vorrangig ins Auge gefaßte Mittel ist die Ausschöpfung der im Innenbereich vorhandenen Reserven.[138] Dabei verlangt ein schonender Umgang mit Grund und Boden auch die Prüfung und Beachtung der ökologischen Folgen.[139] Als mögliche Potentiale für die Innenentwicklung nennt Lütke-Daldrup:[140]

- Umnutzung von Gebäuden (z.B. bei landwirtschaftlicher oder gewerblicher Nutzung),
- Umnutzung von Gebäudeteilen (insbesondere durch Ausbau des Dachgeschosses),
- Erweiterung von Gebäuden (z.B. durch Anbau oder Aufstockung),
- Ersatzbauten (nach Abriß von nicht erhaltenswerter Bausubstanz),
- Neubauten in Baulücken,
- Neubauten in Innenflächen,
- Neubauten in zweiter Reihe (auf langgestreckten Grundstücken),
- Bebauung von Arrondierungsflächen,
- Umstrukturierung von Flächen.

Bei der Analyse der potentiellen Verdichtungsmaßnahmen im Innenbereich stellt sich heraus, daß die Maßnahmen durchweg mit einem direkten oder zumindest indirekten Verlust von Freiflächen und einer Zunahme der versiegelten Flächen verbunden sind.[141] Dies gilt grundsätzlich auch für die Baumaßnahmen, die nicht unmittelbar mit der Inanspruchnahme zusätzlicher Fläche verbunden sind, also insbesondere auch für Aufstockung, Umnutzung und Dachgeschoßausbau.[142] Wie alle Verdichtungsmaßnahmen, die auf die Schaffung zusätzlicher Wohneinheiten gerichtet sind, lösen auch diese Maßnahmen zusätzlichen Bedarf

---

137 Lütke-Daldrup, Bestandsorientierter Städtebau, S. 58
138 Vgl. zur Bodenschutzklausel Söfker, UPR 1987, 201 (202); ders., in: Bielenberg/Krautzberger/Söfker, Leitfaden BauGB, S. 388 ff.; Mainczyk, BauGB, § 1 Rn. 9; Kloepfer, Umweltrecht, § 14 Rn. 47; Löhr, NVwZ 1987, 361 (362)
139 Die Zweistufigkeit der Bodenschutzklausel ermöglich eine sachgerechte Systematisierung der sich auftuenden Zielkonflikte zwischen Schonung des Außenbereichs und einer sozial- und umweltverträglichen städtischen Umwelt. Vgl. unten Kap. 3, Teil B II 3 c bb (2)
140 Lütke-Daldrup, Bestandsorientierter Städtebau, S. 210 ff.
141 Vgl. Lütke-Daldrup, Bestandsorientierter Städtebau, S. 210 ff.; Albrecht/Bartfelder, Ökologische Bewertung von Maßnahmen der Stadtinnenentwicklung, S. 20 ff.
142 Bei Nutzungsänderung kann jedoch auch die Entsiegelung bisher nutzungsbedingt versiegelter Flächen (z.B. Lagerflächen) möglich sein. Vgl. Lütke-Daldrup, Bestandsorientierter Städtebau, S. 212

an Stellplatzflächen und an Infrastruktureinrichtungen aus. Dieser Flächenbedarf wird in der Regel auf Kosten der noch vorhandenen begrünten Freiflächen gedeckt werden.[143] Zudem wird bei bestehendem Freiflächendefizit, also vor allem in den hochverdichteten Kernstädten, das vorhandene Defizit noch verschärft.[144]

Die Schonung von Natur und Landschaft im Außenbereich durch eine weitere Verdichtung der bereits bebauten Bereiche muß deshalb zwangsläufig zu Konflikten mit einer stadtökologischen Zielen verpflichteten Siedlungsentwicklung führen.[145] Auf den ersten Blick erscheint dabei eine weitere Belastung der ohnehin schon belasteten Innenbereiche eher vertretbar als die Inanspruchnahme bisher unbesiedelter freier Landschaft.[146] Überspitzt könnte man feststellen, daß die Städte ohnehin als Naturraum verloren sind, und die Forderung anschließen, daß aus ökologischer Sicht eher die noch vorhandenen Naturräume als die bereits weitgehend verlorenen Naturpotentiale in den Städten geschützt werden sollten.

Die Belastbarkeit der Städte hat aber ihre Grenzen.[147] Dies belegen die dargestellten städtebaulich funktionalen und ökologischen Auswirkungen hoher Versiegelungsgrade. Die Stadt muß als attraktiver Lebensraum erhalten bleiben. Sie muß ein Wohn- und Arbeitsumfeld bieten, in dem sich die Menschen wohl fühlen.[148] Andernfalls wird die Bau- und Nutzungsverdichtung durch Wochenendausflüge, aber auch durch eine verstärkte Nachfrage nach Baugrundstücken "im Grünen" letztlich ebenso zu einer Erhöhung des Nutzungsdrucks auf den Außenbereich führen wie die Ausweisung neuer Bauflächen.

Wegen des Mangels an Frei- und Erholungsflächen innerhalb der Siedlungsbereiche wird nicht nur der Besucherstrom in die Erholungsgebiete des Umlandes erheblich zunehmen,[149] sondern auch die Nachfrage nach Zweitwohnungen, Wochenendhäusern sowie Stellplätzen für Campingplätze, die wiederum zur Zersiedelung der Landschaft führen wird.[150] Die Folge ist eine erhebliche Belastung der naturnahen Räume.[151] Weitere Auswirkungen bestehen insbesondere in der Zunahme des Verkehrsaufkommens und damit der Erhöhung der Immissionsbelastungen durch Lärm und Luftverunreinigung sowie in beträchtlichem Zeitverbrauch.[152]

---

143 Vgl. zum zusätzlichen Stellplatzbedarf insbesondere bei Aufstockungen Lütke-Daldrup, Bestandsorientierter Städtebau, S. 220
144 Vgl. Lütke-Daldrup, Bestandsorientierter Städtebau, S. 216
145 Vgl. z.B. Borchard, in: ARL, Flächenhaushaltspolitik, S. 11 (24 u. 26); in: ARL, Flächenhaushaltspolitik, S. 203 ff.; Lütke-Daldrup, Bestandsorientierter Städtebau, S. 57; Finke, in: ARL, Flächenhaushaltspolitik, S. 203 ff.
146 Vgl. mit weiteren Argumenten Meyfahrt, IzR 1988, 573 (574)
147 Borchard, in: ARL, Flächenhaushaltspolitik, S. 11 (24)
148 Vgl. Städtebaulicher Bericht Umwelt und Gewerbe, BT-Drs. 10/5999, S. 27. Zu den entsprechenden rechtlichen Anforderungen des Bau- und Naturschutzrechtes vgl. unten Kapitel IV
149 Lötsch spricht insoweit von einer "Flucht ins Grüne". Vgl. Lötsch, in: Kennedy, Ökostadt, Band 1, S. 23 (35)
150 Der Zusammenhang zwischen Verödung der Städte und Zersiedlung wirkt in beide Richtung. Dies löste die Debatte um Stadtflucht und Unwirtlichkeit der Städte aus und führte in den 70er Jahren zu vielfältigen Maßnahmen zur Verbesserung des Wohnungsbestandes und Wohnungsumfeldes. Vgl. Grebe, IzR 1981, 511; Grabrecht/Matthes, Entscheidungshilfen für die Freiraumplanung, S. 57; Lütke-Daldrup, Bestandsorientierter Städtebau, S. 19 f.
151 Jäger, in: ARL, Städtisches Grün in Geschichte und Gegenwart, S. 1 (11)
152 Jäger weist darauf hin, daß die Wege ins Umland zur Wochend- und Freizeitbetätigung ganz überwiegend mit dem Auto bewältigt werden. Vgl. Jäger, in: ARL, Städtisches Grün in Geschichte und Gegenwart, S. 1 (10 f.); Lötsch, in: Kennedy, Ökostadt, Band 1, S. 23 (35)

Zum andern wird die Nachfrage nach Wohnungen und Bauland am Stadtrand mit Verschlechterung der Umweltbedingungen in den Städten erheblich zunehmen. Es soll an dieser Stelle nicht der Versuch einer Erklärung von Stadtrandwanderungstendenzen gemacht werden, die zwischen verschiedenen Bevölkerungsgruppen und in Abhängigkeit von ökonomischen Rahmenbedingungen insbesondere auf dem Wohnungsmarkt divergieren und komplexe Erklärungsmodelle verlangen.[153] Es kann jedoch hier darauf hingewiesen werden, daß im Rahmen von Befragungen zu den Motiven und Tendenzen von Randwanderungen festgestellt wurde, daß die Unzufriedenheit mit den Wohnumfeldbedingungen, insbesondere "fehlendes Grün" ein häufig genanntes Motiv darstellt.[154]

Eine effektive Entlastung des Außenraums verlangt deshalb auch eine ausreichende Berücksichtigung der Erfordernisse einer an den Bedürfnissen der Bewohner orientierten Gestaltung der städtischen Umweltbedingungen. Verfehlt wäre deshalb ein genereller Vorrang von Maßnahmen zur Verdichtung des Innenbereichs.[155] Nicht jede Innenbereichsverdichtung ist ökologisch sinnvoll und bodenschonend.[156] Erforderlich ist eine differenzierte Betrachtung und Bewertung der Potentiale im Innenbereich. Dabei ist die Möglichkeit von Ausgleichsmaßnahmen in die Gesamtbilanz einzustellen.[157] Solange eine Neuversiegelung durch Entsiegelung an anderer Stelle ausgleichbar ist oder die Versiegelungsfolgen durch Fassaden- und Dachbegrünung und Versickerung von Niederschlagswasser kompensiert werden können, wird auch das Ergebnis der Bewertung der ökologischen Auswirkungen positiv ausfallen können.[158] Die Beurteilung kann hierbei nach Maßgabe der naturschutzrechtlichen Eingriffsregelung erfolgen, die mit Vermeidung, Ausgleich, Untersagung, Ersatz und Ausgleichsabgabe ein differenziertes und gestuftes System von Rechtsfolgen vorsieht.[159]

Als idealtypisches Modell einer an ökologischen, sozialen, ökonomischen u.a. Kriterien ausgerichteten Flächenhaushaltspolitik benennt Lütke-Daldrup folgende Schritte:

---

153 Vgl. hierzu Lütke-Daldrup, Bestandsorientierter Städtebau, S. 25 ff.; Schramm, in: ARL, Flächenhaushaltspolitik, S. 31 ff.; Dieterich/Hoffmann/Junius, Baulandpotentiale und städtischer Lückenwohnungsbau, S. 32 f.; BMBau, Baulandbericht 1983, S. 46 ff.

154 Ein mangelhaftes Wohnumfeld ist das wichtigste Motiv nach der Vergrößerung der Wohnung und der Verbesserung der Ausstattung der Wohnung. Vgl. Prognos AG, Kernstadt-Randwanderung: Motive und Tendenzen. Unterlage für das Fachseminar Wohnungsmarktentwicklung und Stadtentwicklung beim BMBau am 29. /30. September 1977, zitiert nach DIFU, Räumliche Entwicklungsplanung, Teil 2: Auswertung, Heft 3: Wanderungen und Wohnungsmarkt, S. 21; ähnlich die Ergebniss der Befragung von 500 Einfamilienhausbewohnern bzw. Interessenten bei Herlyn/Wolff, Analyse des indiviuellen Nutzwerts und der Wohngewohnheiten bei unterschiedlichen Bauformen, S. 149; Laage, Das Stadthaus, mehr als eine Bauform, S. 54; Lütke-Daldrup, Bestandsorientierter Städtebau, S. 141

155 Finke weist darauf hin, daß eine ökologischen Zielen verpflichtete Innenentwicklung auch die Schaffung von innerstädtischen Freiräumen mit ökologischen Funktionen umfassen muß. Finke, in: ARL, Flächenhaus-haltspolitik, S. 203 (226 f.)

156 Borchard, in: ARL, Flächenhaushaltspolitik, S. 11 (26)

157 Vgl. die umfassende Darstellung möglicher Ausgleichsmaßnahmen in den verschiedenen Umweltbereichen bei Albrecht/Bartfelder, Ökologische Bewertung von Maßnahmen der Stadtinnenentwicklung, S. 208 ff. sowie bei Gieseke/Holtmann/Hucke/Lynar/Müller, Städtebauliche Lösungsansätze zur Verringerung der Bodenversiegelung, insbesondere S. 38 ff.

158 Vgl. Lütke-Daldrup, Bestandsorientierter Städtebau, S. 221 f.

159 Vgl. z.B. Lynar/Schneider/Brahms, Bodenschutz in Stadt- und Industrielandschaft, S. 36 sowie ausführlich unten Kap. 3, Teil C I 6

- Ermittlung der Flächenpotentiale im Außenbereich, insbesondere auf der Basis eines an ökologischen Funktionen orientierten Ansatzes und Bestimmung der quantitativen und qualitativen Auswirkungen der Flächennutzung hinsichtlich eines breiten Wirkungsspektrums;
- Ermittlung der Flächenpotentiale im Innenbereich anhand eines breit angelegten Eignungs- und Restriktionsansatzes und Bestimmung der quantitativen und qualitativen Auswirkungen der Flächennutzung hinsichtlich eines breiten Wirkungsspektrums;
- Abwägung zwischen einzelnen Stufen bzw. Alternativen der Innenentwicklungspotentialnutzung und der Außenentwicklungspotentialnutzung, insbesondere hinsichtlich der mit der jeweiligen Potentialnutzung verbundenen Auswirkungen.

Die danach erforderliche vergleichende Bewertung der Flächenpotentiale im Innenbereich und im Außenbereich bereitet erhebliche Schwierigkeiten. Die Schwierigkeiten liegen dabei weniger auf der verfahrensrechtlichen Seite als bei der materiellen Erfassung und Bewertung der Auswirkungen.

In verfahrensrechtlicher Hinsicht ist die ökologische Bewertung der Flächenpotentiale sowohl in das Verfahren der Bauleitplanung als auch in das Baugenehmigungsverfahren integriert.[160] Die Umsetzung der Instrumente steckt allerdings zumindest in einem Teil der Bundesländer noch in den Anfängen.

Die Probleme liegen vor allem darin begründet, daß es für die meisten Umweltbereiche keine normativ begründeten oder wissenschaftlich belegbaren Umweltstandards gibt. Eine weitere wesentliche Schwierigkeit besteht darin, daß auf Grund normativer Funktionszuweisungen an den bereits besiedelten Bereich andere Anforderungen zu stellen sind als an die freie Landschaft. Der besiedelte Bereich ist der Raum für bauliche Nutzung, während der Außenbereich nur in sehr begrenztem Umfang eine bauliche Nutzung zuläßt. Diese aus den §§ 34 u. 35 BauGB ableitbare Aufteilung ist hier zu berücksichtigen. Auf der anderen Seite hat der Bundesgesetzgeber in § 1 Abs. 1 BNatSchG zum Ausdruck gebracht, daß die Ziele und Grundsätze des Naturschutzes und der Landschaftspflege auch und gerade im besiedelten Bereich Geltung beanspruchen. An dieser Stelle können das Verfahren und die Kriterien einer vergleichenden Bewertung unterschiedlicher Wege der Siedlungsentwicklung jedoch nicht gelöst werden. Der Bundesminister für Raumordnung, Bauwesen und Städtebau hat im September 1989 zu diesem Thema ein Forschungsvorhaben ausgeschrieben, auf das hier verwiesen wird.[161]

Im Untersuchungszusammenhang geht es lediglich um den Teilaspekt, inwieweit ein hoher Versiegelungsgrad einer verdichtenden Bestandsentwicklung entgegensteht. Anhaltspunkte geben die Untersuchungen von Albrecht/Bartfelder und Lütke-Daldrup, die sich mit der ökologischen Bewertung von Maßnahmen der Innenentwicklung beschäftigen.[162]

---

[160] Vgl. die Ausführung zur UVP in der Bauleitplanung, zum Fachbeitrag der Landschaftsplanung zur Bauleitplanung sowie zur Funktion der naturschutzrechtlichen Eingriffsregelung unten Kap. 3, Teil B II 3 u. Teil C I 6

[161] Forschungsprojekt Nr. 89.20, Ökologische Bewertung unterschiedlicher Entwicklungspfade der Siedlungsentwicklung

[162] Albrecht/Bartfelder, Ökologische Bewertung von Maßnahmen der Stadtinnenentwicklung, S. 97 ff.; Lütke-Daldrup, Bestandsorientierter Städtebau, S. 110 ff.

Albrecht/Bartfelder verfolgen dabei einen medialen Ansatz,[163] in dem sie für die Umweltbereiche

- Klima/Lufthygiene,
- Boden/Grundwasser,
- Vegetation/Tierwelt,
- Lärm und
- Luftverunreinigung

gesonderte Zustandsbeschreibungen und Bewertungen vornehmen und auf mögliche Ausgleichsmaßnahmen hinweisen.[164] Für die Bewertung der Bereiche "Klima/Lufthygiene" und "Boden/Grundwasser" wird unmittelbar der Grad der Bodenversiegelung herangezogen.[165] In den anderen untersuchten Umweltbereichen wurde dem Bodenversiegelungsgrad zumindest mittelbar Bedeutung zugemessen. Im Bereich "Vegetation und Tierwelt" wird auf die Bedeutung unversiegelter Flächen als Lebensraum für Pflanzen und Tiere hingewiesen.[166] Im Bereich "Lärm" wird die schallbrechende Wirkung von Vegetation berücksichtigt.[167] Schließlich wird auf die luftreinigende Wirkung bewachsener Flächen durch Gas- und Staubfilterung hingewiesen.[168]

Die Untersuchung von Lütke-Daldrup ist nicht auf die ökologische Bewertung von Innenentwicklungspotentialen beschränkt.[169] Ein Ableitungszusammenhang zum Grad der Bodenversiegelung wird dabei nicht allein hinsichtlich der umweltbezogenen Restriktionen hergestellt.[170] Wesentliche Aussagen werden auch hinsichtlich der Qualität der Freiflächen aus dem Versiegelungsgrad abgeleitet.[171] Dies wiederum läßt Rückschlüsse auf die infrastrukturelle Eignung bezüglich der Versorgung mit Frei- und Grünflächen zu.

Im Rahmen der Bewertung von Maßnahmen der Innenentwicklung kommt dem Grad der Bodenversiegelung mithin eine zentrale, in andere Bereiche hineinwirkende Bedeutung zu.[172] Wegen der vielfältigen ökologischen und städtebaulichen Funktionen unversiegelter Flächen kann deshalb von einer Schlüsselrolle des Bodenversiegelungsgrads gesprochen

---

[163] Daneben werden auch interessenanalytische Ansätze, Potentialansätze und Simulationsansätze diskutiert. Vgl. Lütke-Daldrup, Bestandsorientierter Städtebau, S. 46 f. und zum Potentialansatz insb. Lynar/Schneider/
Brahms, Bodenschutz ind Stadt- und Industrielandschaft, S. 20 ff.

[164] Albrecht/Bartfelder, Ökologische Bewertung von Maßnahmen der Stadtinnenentwicklung, S. 97. Die Bewertung stellt eine Nutzwertanalyse dar, d.h. der Zustand der Umweltbereiche wird an Zielwerten gemessen.

[165] Albrecht/Bartfelder, Ökologische Bewertung von Maßnahmen der Stadtinnenentwicklung, S. 112 ff. u. 125 ff.

[166] Albrecht/Bartfelder, Ökologische Bewertung von Maßnahmen der Stadtinnenentwicklung, S. 126 f.

[167] Albrecht/Bartfelder, Ökologische Bewertung von Maßnahmen der Stadtinnenentwicklung, S. 216, 221 u. 228

[168] Albrecht/Bartfelder, Ökologische Bewertung von Maßnahmen der Stadtinnenentwicklung, S. 116

[169] Lütke-Daldrup unterscheidet zwischen baulich-räumlicher Eignung, planungsrechtliche und sozioökonomische Eignung, infrastrukturelle Eignung und umwelbezogenen Restriktionen. Vgl. Lütke-Daldrup, Bestandsorientierter Städtebau, S. 110 ff.

[170] Lütke-Daldrup, Bestandsorientierter Städtebau, S. 119

[171] Lütke-Daldrup, Bestandsorientierter Städtebau, S. 110 u. 112

[172] Zu ähnlichen Ergebnissen kommen Lynar/Schneider/Brahms, Bodenschutz in Stadt- und Industrielandschaft auf der Grundlage des Potentialansatzes. Vgl. dort S. 33

werden.[173] In bereits hochverdichteten Quartieren mit einem hohen Grad an Bodenversiegelung auf den Baugrundstücken und einem akuten Freiflächendefizit werden z.B. die sich hieraus ableitenden ökologischen und städtebaulichen Restriktionen in der Regel einer Nachverdichtung im Wege stehen. Dies gilt selbst für eine Nachverdichtung durch Baulückenschließung, die trotz einiger Vorteile (z.B. Wiederherstellung der Blockrandbebauung, Lärmschutz des Blockinnenbereichs) in diesen Fällen auch als Freiraum (z.B. Kinderspielplatz) notwendig sein kann.[174]

Dieses Beispiel kann lediglich die Richtung weisen. Die kommunale Planungspraxis wird jedoch in der Regel vor der Frage stehen, wo die Grenze eines noch vertretbaren Versiegelungsgrads liegt. Dabei helfen Extrembeispiele nicht weiter. Schwierigkeiten bereiten die Grenzfälle. Gesellschaftlich anerkannte Umweltqualitätsziele sind hier unverzichtbar.[175] Der Rat der Sachverständigen für Umweltfragen weist zu Recht darauf hin, daß gerade bei der Ausübung gemeindlicher Planungshoheit eine Normkonkretisierung durch Umweltstandards unerläßlich ist und einen effektiven Gesetzesvollzug erst ermöglicht.[176] Auf die diesbezügliche Bedeutung von § 19 Abs. 4 BauNVO und die Ansätze zur Einführung ökologischer Standards wird im Kapitel 7 bzw. im Kapitel 21 eingegangen.[177]

---

173 Bückmann//Kerner/Haas/Klencke/Müller, Informationsgrundlagen für den Bodenschutz, S. 191; Schulz, IzR 1982, 847 (855 ff.)
174 Vgl. zu den Vor- und Nachteilen Lütke-Daldrup, Bestandsorientierter Städtebau, S. 227 f.
175 Vgl. Rat der Sachverständigen für Umweltfragen, Umweltgutachten 1987, S. 63 Anm. 125; Jakoby, Kommunale Umweltverträglichkeitsprüfung, S. 30; Losch/Nake, IzR 1988, 593 (594)
176 Vgl. Rat der Sachverständigen für Umweltfragen, Umweltgutachten 1987, S. 57 Anm. 93
177 Vgl. unten Kap. 4 Teil C

Kapitel 5

Überblick über die kommunalen Handlungsfelder

A. Ansätze in den Kommunen

Das Institut für Stadtforschung und Strukturpolitik in Berlin befragte im Auftrag des Bundesministers für Raumordnung, Bauwesen und Städtebau im Februar/März 1986 alle Städte über 50.000 Einwohnern zu ihren Maßnahmen zur Begrenzung oder Verminderung der Bodenversiegelung. Konstatiert wurden sehr unterschiedlich intensive Bemühungen bei insgesamt zunehmender Tendenz.[1]

Flächendeckende Konzepte gab es zum Zeitpunkt der Untersuchung erst in wenigen großen Städten (z.B. Berlin, München, Köln u.a.).[2] Diese finden ihren Niederschlag zumeist in Bodenschutzprogrammen oder speziellen Entsiegelungsprogrammen. In Berlin wurde die Steuerung der Bodenversiegelung zudem in das Landschaftsprogramm (1988) aufgenommen. Dargestellt sind dort Schwerpunktgebiete für Entsiegelung und Vorranggebiete für Klimaschutz, in denen Bodenversiegelung vermieden werden soll.[3]

In den meisten befragten Städten wurde die Begrenzung oder Verringerung der Bodenversiegelung lediglich als eine Nebenfolge anderer Maßnahmen, z.B. Maßnahmen zur Verbesserung des Wohnumfeldes, städtebauliche Sanierungsmaßnahmen, Maßnahmen zur Umgestaltung des Straßenraums, genannt, während gezielte Maßnahmen eher selten waren. Insgesamt konnten aber sämtliche Großstädte und 3/4 aller Städte über 50.000 Einwohner ein oder mehrere Maßnahmen benennen, die direkt oder als Nebenfolge der Begrenzung oder Verringerung der Bodenversiegelung dienten.[4] Genannt wurden insbesondere folgende Maßnahmen:

- Entsiegelung im Rahmen von städtebaulicher Sanierung und Wohnumfeldverbesserung zumeist durch Abriß von Wohn-, Nebengebäuden und Kellern,

---

1 Vgl. Gieseke/Holtmann/Hucke/Lynar/Müller, Städtebauliche Lösungsansätze zur Verringerung der Bodenversiegelung, S. 16; Städtebaulicher Bericht "Umwelt und Gewerbe", BT-Drs. 10/5999, S. 47 ff.

2 Vgl. Gieseke/Holtmann/Hucke/Lynar/Müller, Städtebauliche Lösungsansätze zur Verringerung der Bodenversiegelung, S. 23 f.

3 Vgl. Teilplan "Naturhaushalt/Umweltschutz" und Erläuterungsbericht S. 31 f.

4 Vgl. Gieseke/Holtmann/Hucke/Lynar/Müller, Städtebauliche Lösungsansätze zur Verringerung der Bodenversiegelung, S. 19; Städtebaulicher Bericht "Umwelt und Gewerbe", BT-Drs. 10/5999, S. 50

- Hofbegrünungsprogramme, die zumeist in städtebauliche Sanierungsmaßnahmen und Wohnumfeldverbesserungen eingebettet sind,[5]
- Förderung der Versickerung von Regenwasser,[6]
- Informationsbroschüren und Wettbewerbe zur Begrünung von Gewerbegrundstücken,[7]
- Maßnahmen zur Entsiegelung und Belagsänderung im Straßenraum, insbesondere im Rahmen von Maßnahmen zur Verkehrsberuhigung, z.B. durch den Rückbau von Fahrbahnflächen im Kreuzungsbereich, die Anlage von Mittelstreifen, Baumpflanzungen bzw. die Vergrößerung der Baumscheiben im Gehweg- und Stellplatzbereich sowie Belagsänderungen auf Geh-, Radwegen und Stellplätzen,[8]
- Sicherung von Freiflächen im Rahmen der Bauleitplanung,
- Festsetzung von Begrenzungen der Versiegelung sowie von Maßnahmen zur Verringerung der Bodenversiegelung, z.B. Anpflanzen von Bäumen, Sträuchern und sonstigen Bepflanzungen, Bindungen für Bepflanzungen sowie sonstige Maßnahmen zum Schutz, zur Pflege und zur Entwicklung von Natur und Landschaft,
- Ausgleich von Versiegelungsfolgen, z.B. durch Vorrichtungen zum Sammeln und zur Versickerung von Niederschlagswasser sowie Dach- und Fassadenbegrünung.[9]

Auf der Grundlage dieser Befragung wird festgestellt, daß von den Möglichkeiten zur Begrenzung der Bodenversiegelung bei der Neuaufstellung von Bebauungsplänen zu wenig Gebrauch gemacht wird und daß Maßnahmen zur Verringerung der Bodenversiegelung im Bestand überwiegend mit Landesmitteln im Rahmen städtebaulicher Sanierung und Wohnumfeldverbesserung vorgenommen werden, hierbei aber auch kommunale Förderungsprogramme zunehmende Bedeutung gewinnen.[10]

B. Rahmenbedingungen

Die in Frage kommenden Maßnahmen zur Begrenzung und/oder Verringerung der Bodenversiegelung unterliegen in verschiedener Hinsicht Restriktionen. Zur Systematisierung kann zwischen

- rechtlichen,
- finanziellen,
- nutzungsbedingten,
- politischen und

---

5 Genannt werden Beispiele aus Berlin, München und Stuttgart, z.T. als Mieterselbsthilfeprogramm und mit unterschiedlichen Finanzierungsmodalitäten ausgestaltet. Vgl. Gieseke/Holtmann/Hucke/Lynar/Müller, Städtebauliche Lösungsansätze zur Verringerung der Bodenversiegelung, S. 26 ff.

6 Z.B. nach den "Richtlinien für die Gewährung von Zuschüssen für Maßnahmen zur Förderung und Wiederherstellung der Versickerungsmöglichkeiten von Regenwasser" der Umweltbehörde Hamburg, 1986

7 Vgl. die Bsp. aus München und Stuttgart bei Gieseke/Holtmann/Hucke/Lynar/Müller, Städtebauliche Lösungsansätze zur Verringerung der Bodenversiegelung, S. 29

8 Vgl. Gieseke/Holtmann/Hucke/Lynar/Müller, Städtebauliche Lösungsansätze zur Verringerung der Bodenversiegelung, S. 30 ff.

9 Vgl. Gieseke/Holtmann/Hucke/Lynar/Müller, Städtebauliche Lösungsansätze zur Verringerung der Bodenversiegelung, S. 38 f.

10 Vgl. Gieseke/Holtmann/Hucke/Lynar/Müller, Städtebauliche Lösungsansätze zur Verringerung der Bodenversiegelung, S. 19 ff.; Städtebaulicher Bericht "Umwelt und Gewerbe", BT-Drs. 10/5999, S. 51

- organisatorischen

Restriktionen unterschieden werden.

I. Rechtliche Restriktionen

Die verfassungsmäßige Ordnung schützt mit Art. 14 GG das private Eigentum an Grund und Boden. Eine Beschränkung des Eigentums im Rahmen der Sozialpflichtigkeit ist nur im Rahmen gesetzlicher Regelungen zulässig. Enteignet werden darf nur aus Gründen des Wohls der Allgemeinheit durch oder auf Grund eines Gesetzes, das zugleich die Entschädigungsansprüche der betroffenen Eigentümer regeln muß.

Entsiegelungsmaßnahmen auf privaten Grundstücken unterliegen aus diesem Grunde umfangreichen rechtlichen Restriktionen. Sie sind nur im Rahmen der gesetzlichen Ermächtigungsvorschriften zulässig.

Entsiegelungen auf Flächen, die im öffentlichen Eigentum stehen, unterliegen diesen Restriktionen nicht. Die Kommunen haben unmittelbaren Zugriff auf die in ihrem Eigentum befindlichen Flächen. Maßnahmen zur Entsiegelung dieser Flächen bewegen sich dennoch nicht im rechtsfreien Raum, sondern unterliegen einer Vielzahl von Vorschriften mit unterschiedlicher Verbindlichkeit und Zweckbestimmung, insbesondere zur Gefahrenabwehr.

II. Finanzielle Restriktionen

Hinsichtlich der finanziellen Restriktionen ist zwischen Maßnahmen zur Begrenzung und solchen zur Verringerung von Bodenversiegelung zu unterscheiden. Die Begrenzung der Bodenversiegelung stellt lediglich eine rechtliche Regelung dar, mit der ein Überschreiten der festgelegten Versiegelungsgrenze untersagt wird. Aufwendungen für bauliche Maßnahmen (z.B. Abbruch, Beseitigung oder Belagsänderung) entstehen nicht. Entschädigungsansprüche können hier allenfalls unter den Voraussetzungen der §§ 39 ff. BauGB entstehen.[11]

Entsiegelungsmaßnahmen verursachen demgegenüber zwangsläufig Kosten. Der kommunale Haushaltsplan und die Begründung der dort eingestellten Mittel für Entsiegelungsmaßnahmen werden deshalb als eine entscheidende Vollzugsvoraussetzung angesehen.[12] Die Kommunen werden in Anbetracht angespannter Haushalte bemüht sein, die Kosten möglichst gering zu halten. Ein kostenminimierender Ansatz ist, Entsiegelungsmaßnahmen im Rahmen turnusmäßiger und üblicher Instandhaltungs- und Pflegemaßnahmen durchzuführen.

---

11 Vgl. hierzu unten Kap. 7, Teil C IV
12 Vgl. Losch/Nake, IzR 1988, 593 (601) unter Hinweis auf das Ergebnis der Expertenanhörung im Juni 1988 in Bonn; einen Überblick über den Anteil an den kommunalen Haushalten geben Baestlein/Böltig, in: Hucke/Ueberhorst, Kommunale Umweltpolitik, S. 219 (227 f.)

III. Nutzungsbedingte Restriktionen

Notwendigkeit und Umfang von Bodenversiegelung ergeben sich aus der Art und Intensität der Nutzung und den sich daraus ergebenden technischen Anforderungen an die Bodenbefestigung. Maßnahmen zur Begrenzung und Verringerung der Bodenversiegelung haben sich deshalb an den Anforderungen der vorhandenen oder angestrebten Nutzung zu orientieren. Entsiegelung ist nur in dem Umfang möglich, in dem die vorgesehene oder ausgeübte Nutzung nicht beeinträchtigt wird. Umgekehrt kann die Bodenversiegelung auf das notwendige Mindestmaß begrenzt werden.

Vor diesem Hintergrund stellt sich auch die Frage nach dem geeigneten Bebauungstyp. Unter Versiegelungsgesichtspunkten wäre eine möglichst hohe Bebauung zu fordern, die auf einem Minimum an Grundfläche ein Maximum an Geschoßfläche unterbringt. Zwischen den Hochhäusern kann dann ein Maximum an unversiegelter Freifläche erhalten bleiben.[13] Öffnet man den Blick auf das ganze Spektrum der zu beachtenden Belange, so überwiegen freilich die negativen Aspekte der durch Wohnscheiben und Wohntürme geprägten Bebauung. Die soziale und auch die kriminologische Dimension der mit dieser Siedlungsform auftretenden Probleme sind hinlänglich beschrieben.[14] Aber auch bezogen auf die gewonnenen Freiflächen ergibt sich kein positives Ergebnis. Sie sind in der Regel nichts weiter als sterile Abstandsflächen, die weder in ökologischer noch in städtebaulicher Hinsicht den beschriebenen Anforderungen an innerstädtische Freiflächen genügen.[15] Die Bebauungsform darf sich deshalb nicht dem Ziel einer Minimierung der Bodenversiegelung unterordnen. Angestrebt werden muß ein ausgewogenes Verhältnis zwischen Bebauungsdichte und unversiegelter Freifläche, wobei das Ziel nicht auf das Erreichen bestimmter Flächenanteile beschränkt sein darf, sondern ökologische und soziale Qualitäten mit umfassen muß.[16]

Der Freiflächengewinn sinkt mit steigender Geschoßzahl und wird - wie sich aus der folgenden Abbildung ergibt - bereits beim vierten bis fünften Stockwerk vernachlässigbar klein.

---

13 Vgl. Boeddinghaus, UPR 1990, 204 (205)
14 Vgl. z.B. Lötsch, in: Kennedy, Ökostadt, Band 1, S. 23 (33)
15 Vgl. Lötsch, in: IFLA, Stadt + Natur + Zukunft, S. 93 (98) = IzR 1981, 415 (420)
16 Vgl. z.B. Lötsch, in: IFLA, Stadt + Natur + Zukunft, S. 93 (95) = IzR 1981, 415 (417)

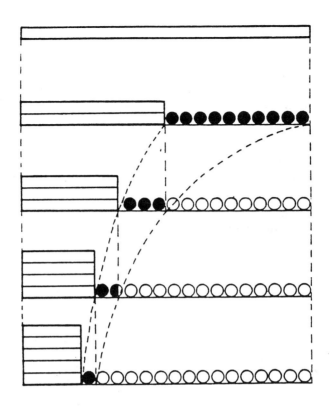

(Abb. 4)

nach Reiner[17]

An dieser Stelle können die Möglichkeiten flächensparender Bauweisen allenfalls thematisiert werden. Lötsch weist in zahlreichen Veröffentlichungen auf verschiedene Beispiele verdichteter und zugleich ökologisch und sozial ertragreicher Bebauungsformen hin, z.b. auf die englischen und holländischen Reihenhäuser auf Kleinstparzellen.[18]

Nutzungsbedingte Restriktionen bestehen darüber hinaus insbesondere auf Verkehrsflächen, Stellplatzflächen, Betriebsflächen und Lagerflächen von Betrieben. Getragen sind diese Restriktionen vom Gesichtspunkt der Gefahrenabwehr.[19] Zum einen soll durch eine ausreichende Befestigung des Bodens die Sicherheit des darauf abzuwickelnden Verkehrs gewährleistet werden. Zum anderen soll verhindert werden, daß bodengefährdende Stoffe in den Boden einsickern können und den Boden, ggf. auch das Grundwasser, verunreinigen.

---

17 Der Baulandbericht 1986 weist darauf hin, daß ab einer Geschoßflächenzahl von 0,7 Wohnbauland nur noch in geringem Umfang Fläche eingespart werden kann. Vgl. Baulandbericht 1986, S. 113; und weiter Löhr, in: Battis/Krautzberger/Löhr, BauGB, § 9 Rn. 21; Nach Berechnungen von Barby/Fischer bleibt der Bruttowohnbaulandbedarf pro Einwohner ab einer Geschoßflächenzahl von 0,8 nahezu gleich und steigt der Anteil der Verkehrsflächen sogar an. Nachweis bei Lötsch, in: Wildenmann, Stadt, Kultur, Natur, S. 252 (270)Reiner, Roland; Lebensgerechte Außenräume, Zürich 1972, zitiert nach Lötsch, in: IFLA, Stadt + Natur + Zukunft, S. 93 (97) = IzR 1981, 415 (419); Lötsch, in: Kennedy, Ökostadt, Band 1, S. 23 (32);

18 Vgl. Lötsch, in: IFLA, Stadt + Natur + Zukunft, S. 93 (97) = IzR 1981, 415 (419); Lötsch, in: Kennedy, Ökostadt, Band 1, S. 23 (32); Lötsch, Politische Ökologie, 2/89, S. 12 (16)

19 Vgl. Laukhuf/Becker, Entsiegelung von Flächen, S. 19

IV. Politische Restriktionen

Nicht unterschlagen werden darf der Hinweis auf politische Restriktionen. Die beste Regelung ist darauf angewiesen, daß der politische Wille zu ihrer Umsetzung vorhanden ist.[20] Positive Ansätze der Fachverwaltungen zur Begrenzung oder Verminderung der Bodenversiegelung stoßen deshalb nicht selten auf erhebliche politische Widerstände. Mögliche Ursachen können hier nur thesenhaft angedeutet werden.

Im Schrifttum wird vor allem auf die Bedeutung der kommunalen Wirtschaftspolitik hingewiesen.[21] Die politischen Entscheidungsträger sind von den Interessen der ortsansässigen Wirtschaft bzw. den Interessen potentieller Investoren abhängig. Die kommunale Wirtschaftspolitik zielt deshab darauf, die Rahmenbedingungen für die Wirtschaft möglichst optimal zu gestalten. Die Belange des Umwelt- und Naturschutzes müssen deshalb tendenziell zurückstehen. Finke u.a. sprechen insoweit von einer "unheiligen Allianz" zwischen Industrie und Verwaltung.[22]

Ein weiterer Aspekt besteht darin, daß die Vorteile geringer Bodenversiegelung sich nicht in monetären Größenordnungen benennen lassen. Sie entziehen sich deshalb den traditionellen Bewertungsmustern der Kommunalpolitik.[23] Die Notwendigkeit der Beschaffung von Flächen für Wohnungsbau drängt ökologische Aspekte in die Defensive, während die Chancen einer ökologischen Stadtentwicklungspolitik bei stagnierender Siedlungsentwicklung eher größer zu sein scheinen. Umweltpolitische Restriktionen werden zudem häufig als grundsätzlich wirtschaftsfeindlich begriffen, eine Einschätzung, der aus wirtschaftswissenschaftlicher Sicht mittlerweile beachtliche Einwendungen entgegengehalten werden.[24]

V. Organisatorische Restriktionen

Eine Analyse der Organisationsmängel in der öffentlichen Verwaltung hinsichtlich der Umsetzung stadtökologischer Ziele kann hier nicht geleistet werden. Der Hinweis an dieser Stelle soll aber zumindest die Dimension des Problems umreißen.

Die große Komplexität der stadtökologischen Anliegen, die damit verbundene Informationsdichte und -fülle kann durch die historisch begründeten, sehr stark untergliederten Ressortzuständigkeiten im Verwaltungsaufbau kaum bewältigt werden. Umweltschutz wirkt in alle Bereiche kommunaler Verwaltungstätigkeit hinein.[25] Notwendig ist eine ressortübergreifende Zusammenarbeit, um eine bessere Koordination der verschiedenen Bereiche der

---

20 Vgl. Bongartz, Umweltvorsorge im Siedlungsbereich - Grünordnungsplanung in Theorie und Praxis, S. 137; Pfeifer, Landschaftsplanung und Bauleitplanung, S. 55; Hofherr, UPR 1987, 88 (93)
21 Vgl. Bongartz, Umweltvorsorge im Siedlungsbereich - Grünordnungsplanung in Theorie und Praxis, S. 137; Finke/Passlick/Peters/Spindler, Umweltgüteplanung, S. 123
22 Vgl. Finke/Passlick/Peters/Spindler, Umweltgüteplanung, S. 123 unter Hinweis auf Flickinger/Summerer, Voraussetzungen erfolgreicher Umweltplanung in Recht und Verwaltung, S. 155
23 Sie stehen damit insbesondere dem Interesse einer möglichst profitablen Bodennutzung im Wege. Vgl. Breitling, in: Akademie für Raumforschung und Landesplanung, Städtisches Grün in Geschichte und Gegenwart, S. 25 (35 f.)
24 Vgl. Möller, VwRdsch. 1989, 194 (194 f.)
25 Vgl. den Katalog kommunaler Aufgaben mit Umweltbezug im KGSt-Bericht 5/1985, S. 20-62 und Finke/Passlick/Peters/Spindler, Umweltgüteplanung, S. 126

Verwaltung sicherzustellen.[26] Die Städte haben auf diese neuen erweiterten Anforderungen reagiert. Nur 3 der insgesamt 68 Städte über 100000 Einwohner in der Bundesrepublik Deutschland hatten 1985 noch keinerlei organisatorische Regelung zur Bewältigung von Umweltschutzaufgaben getroffen.[27] Die Organisationsform ist dabei genauso heterogen wie die den geschaffenen Verwaltungseinheiten zugewiesenen Aufgabenbereiche. Umweltämter sowie Umweltschutzabteilungen und -sachgebiete in Ordnungsämtern sind stark vollzugsorientiert.[28] Wesentliche Koordinations- und Innovationsfunktionen haben demgegenüber Stabsstellen beim Hauptverwaltungsbeamten, Umweltschutzdezernenten sowie Umweltschutzbeauftragten/-koordinatoren.[29]

Trotz dieser Ansätze können die organisatorischen Probleme keineswegs als überwunden gelten. Traditionelle Ressortegoismen stehen nach wie vor Bemühungen um mehr Koordination, frühzeitige Information und Abstimmung sowie möglichst effektive Aufgabenteilung im Wege. Die personelle Ausstattung der neu geschaffenen Verwaltungseinheiten ist zudem in aller Regel völlig unzureichend.[30] Insbesondere fehlt es an qualifizierten Mitarbeitern, die in der Lage sind, die häufig neuen Koordinationsaufgaben zu erfüllen und dem ständigen Innovationsdruck nachzukommen.[31] Zudem ist das inneradministrative Informationssystem häufig unterentwickelt. Auch hier wirken sich traditionelle Ressortgepflogenheiten und Konkurrenzen innerhalb der Verwaltung nachteilig aus.[32]

C. Begrenzung oder Verringerung der Bodenversiegelung mit planerischen Mitteln

Zentrales Instrument zur Steuerung einer geordneten städtebaulichen Entwicklung, insbesondere zur Schaffung von Bauland, aber auch zur Überplanung bereits bebauter Gebiete ist die Bauleitplanung. Auf der Ebene der Flächennutzungsplanung können bezogen auf das gesamte Gemeindegebiet Schwerpunkte für Maßnahmen zur Entsiegelung bzw. Begrenzung von Bodenversiegelung dargestellt werden. Zudem kann durch Ausweisung von Brachflächen als Grünflächen die Grünflächenversorgung im Siedlungsbereich verbessert werden. Im Bebauungsplan kann durch geeignete Festsetzungen die zulässige Bodenversiegelung unmittelbar und verbindlich begrenzt werden. Soweit auch Maßnahmen zur Ver-

---

26 Vgl. Schmidt-Aßmann, NVwZ 1987, 265 (275); Zimmermann, VwRdsch. 1987, 5 (8); Grohe, in: IFLA, Stadt-Natur-Zukunft, S. 51 (68); Bongartz, Umweltvorsorge im Siedlungsbereich - Grünordnungsplanung in Theorie und Praxis, S. 136
27 Vgl. Ergebnisse der Befragung des Instituts für Landesplanung und Raumforschung der Universität Hannover in Abstimmung mit dem Deutschen Städtetag und der KGSt, in: Fiebig/Krause/Martinsen, Umweltverbesserung in den Städten. Heft 4: Organisation des Kommunalen Umweltschutzes, S. 55 ff.
28 Vgl. Fiebig/Krause/Martinsen, Umweltverbesserung in den Städten. Heft 4: Organisation des Kommunalen Umweltschutzes, S. 17. ff.
29 Vgl. Fiebig/Krause/Martinsen, Umweltverbesserung in den Städten. Heft 4: Organisation des Kommunalen Umweltschutzes, S. 19. ff.; Finke/Passlick/Peters/Spindler, Umweltgüteplanung, S. 125 ff.
30 Vgl. z.B. zur Berliner Organisationsstruktur Lynar/Schneider/Brahms, Bodenschutz in Stadt- und Industrielandschaft, S. 52 f.
31 Vgl. hierzu auch Nacke unter Hinweis auf die Aussprache anläßlich der X Jahrestagung der Gesellschaft für Umweltrecht zum Themenbereich "Staat und Selbstverwaltung", DVBl. 1988, 21 (22)
32 Vgl. zu diesem Komplex insbeondere Fiebig/Krause/Martinsen, Umweltverbesserung in den Städten. Heft 4: Organisation des Kommunalen Umweltschutzes, S. 30 ff.; Bückmann/Gerner/Haas/Klencke/Müller, Informationsgrundlagen für den Bodenschutz, S. 69

ringerung der Bodenversiegelung festgesetzt werden können, ist die Bebauungsplanung gleichzeitig Grundlage für weitere Anordnungen der Verwaltung (z.B. Pflanzgebote) bzw. für Eigenvornahmen der Verwaltung (vgl. hierzu das Kapitel "Festsetzungsmöglichkeiten in der Bebauungsplanung").

Nach den Ergebnissen der Umfrage anläßlich der Novellierung der Baunutzungsverordnung werden in der Mehrzahl der Gemeinden die vorhandenen Möglichkeiten der Bebauungsplanung für ergänzungsbedürftig gehalten. 53,7 % der Städte und Gemeinden wünschen sich die Ausweitung der BauNVO zu einer "Nutzungsverordnung", in der insbesondere das Verbot bzw. die Beschränkung der Versiegelung von Flächen (52,4 % der Städte und Gemeinden) und spezifische Anforderungen an die Bepflanzung und Begrünung von Freiflächen und baulichen Anlagen (49,4 % der Städte und Gemeinden) ermöglicht werden soll.[33]

Dieses Ergebnis läßt eine erschreckend weit verbreitete Unkenntnis der Regelungsmöglichkeiten der Bauleitplanung vermuten. Denn tatsächlich bestehen die gewünschten Regelungsbefugnisse schon nach geltendem Recht. Es gibt aber auch zahlreiche Beispiele, bei denen von den vorhandenen Regelungsbefugnissen Gebrauch gemacht wurde. Relativ häufig sind sogar Festsetzungen nach § 9 Abs. 1 Nr. 25 a und b BauGB, nämlich das Anpflanzen von Bäumen, Sträuchern und sonstigen Bepflanzungen und Bindungen für Bepflanzungen und für die Erhaltung von Bäumen, Sträuchern und sonstigen Bepflanzungen.[34] Eine konsequente Beachtung von Versiegelungsaspekten findet jedoch in der Regel nicht statt.[35]

Eine Ursache für die unzureichende Anwendung des bauplanungsrechtlichen Instrumentariums könnte auch der allenthalben beklagte unzureichende Vollzug des mit dem BNatSchG von 1976 eingeführten Instruments der örtlichen Landschaftsplanung sein.[36] Während in Nordrhein-Westfalen eine kommunale Landschaftsplanung gar nicht vorgesehen ist, gab es im Jahre 1984 erst in Hessen, Rheinland-Pfalz und Bayern - hier allerdings als integrierter Bestandteil der Bauleitpläne - rechtskräftig festgesetzte Landschaftspläne.[37] Eine Ursache für diese schleppende Umsetzung wird in der äußerst weit gefaßten rahmenrechtlichen Regelung des BNatSchG gesehen, die bezüglich der möglichen Inhalte, des Verfahrens und der Anbindung an die Bauleitplanung auf bundesrechtliche Vorgaben verzichtet. Auch die Landesnaturschutzgesetze bringen kaum eine weitere Konkretisierung. Soweit Ausführungsvorschriften vorhanden sind, lassen sie durchweg die zentrale Frage der Bewertung des Zustands von Natur und Landschaft ungeklärt. So ist es kein Wunder, daß sich bislang keine einheitlichen Bewertungsparameter durchsetzen konnten.

---

33 Dreesbach/Schäfer/Schmidt-Eichstaedt/Walcha, in: Göb/Schuster, Reform der Baunutzungsverordnung, S. 126 ff.
34 Vgl. Gieseke/Holtmann/Hucke/Lynar/Müller, Städtebauliche Lösungsansätze zur Verringerung der Bodenversiegelung, S. 37
35 In wenigen Städten gibt es Anweisungen (z.B. Kaiserslautern) oder programmatische Aussagen (z.B. Goslar), die die regelmäßige Beachtung der Bodenversiegelung im Rahmen der Bebauungsplanung verlangen. Vgl. Gieseke/Holtmann/Hucke/Lynar/Müller, Städtebauliche Lösungsansätze zur Verringerung der Bodenversiegelung, S. 37
36 Hübler, UPR 1989, 121 (126); SRU, Gutachten 1987, S. 131 ff. u. 139 ff.; Gassner, UPR 1988, 321; Stich, ZfBR 1989, 9 (11); Salzwedel, in: Jahrbuch f. Naturschutz und Landschaftspflege, Band 39, S. 10 ff.; Pfeifer, Landschaftsplanung und Bauleitplanung, S. 2 ff.
37 Vgl. Bundesforschungsanstalt für Naturschutz und Landschaftsökologie, Landschaftsplanverzeichnis der Bundesrepublik Deutschland, Bonn 1984; Fiebig/Hinzen/Krause/Strauch, Umweltverbesserung in den Städten, Heft 3: Naturschutz, Landschaftspflege und Bodenschutz, S. 32

Der desolate Zustand der Landschaftsplanung dürfte darüber hinaus aber auch in den bereits angedeuteten verwaltungsorganisatorischen Unzulänglichkeiten seine Ursachen haben. Die Aufstellung und Integration von Landschaftsplänen in die Bauleitplanung stoßen dabei nicht selten auf Vorbehalte der Planungsämter, die in einer weiteren flächendeckenden Planung neben der Bauleitplanung eine unnötige Konkurrenz sehen.[38] Hier stellt sich die Frage nach der organisatorischen Einbindung der Landschaftsplanung in den kommunalen Verwaltungsapparat. Ein weiteres Problem ist die inhaltliche Abstimmung der Landschaftsplanung auf die Erfordernisse der Bauleitplanung.[39] Der an sich mögliche und gewollte Beitrag der Landschaftsplanung zur Bauleitplanung ist deshalb bislang nur in unbefriedigendem Umfang zum Tragen gekommen.

D. Entsiegelungsmaßnahmen im Rahmen von städtebaulichen Sanierungsmaßnahmen und Maßnahmen zur Wohnumfeldverbesserung

Entsiegelungsmaßnahmen haben nach den Ergebnissen der Untersuchung des Instituts für Stadtforschung und Strukturpolitik vorwiegend im Rahmen von Sanierungsmaßnahmen und Wohnumfeldverbesserungen stattgefunden.[40]

Maßnahmen zur Wohnumfeldverbesserung nach Grohe
- Erhaltung und Verbesserung des Grünbestandes auf Wohn-, Gewerbe- und öffentlichen Grundstücken (Dach-, Fassaden- und Hofbegrünung, Entsiegelung, Anlage von Mieter- und Schulgärten),
- Erhaltung und Verbesserung des Grünanteils im Straßenraum (Pflanzung und Sanierung von Straßenbäumen, Rückbau von Straßen, Entsiegelung).*

(Tab. 25)

*Quelle: Grohe, in: Adam/Grohe, Ökologie und Stadterneuerung, S. 1 (22); Drum, IzR 1981, 485 (486)

Entsiegelung von versiegelten Freiflächen ist danach ein wesentlicher Bestandteil von Maßnahmen zur Wohnumfeldverbesserung. In Frage kommen aber nicht nur die Entsiegelung von versiegelten Freiflächen, sondern auch der Abriß von Gebäuden im Blockinnenbereich, insbesondere von Remisen, Kellern und Nebengebäuden.[41]

I. Mögliche Maßnahmen

Extrem hohe Versiegelungsgrade finden sich vor allem in den Wohnblocks mit intensiver Bebauung der Blockinnenbereiche. Die sich anbietende Möglichkeit der Entkernung wirft erhebliche Probleme auf, da sie das Wohnraumangebot reduziert und auf diese Weise die

---

38 Hoppe, in: Pfeifer, Landschaftsplanung und Bauleitplanung, Vorwort
39 Vgl. Fiebig/Hinzen/Krause/Strauch, Umweltverbesserung in den Städten, Heft 3: Naturschutz, Landschaftspflege und Bodenschutz, S. 21; Pfeifer, Landschaftsplanung und Bauleitplanung, S. 4
40 Vgl. Gieseke/Holtmann/Hucke/Lynar/Müller, Städtebauliche Lösungsansätze zur Verringerung der Bodenversiegelung, S. 20 f.
41 Vgl. Gieseke/Holtmann/Hucke/Lynar/Müller, Städtebauliche Lösungsansätze zur Verringerung der Bodenversiegelung, S. 24

Umsiedlung von Teilen der ansässigen Wohnbevölkerung erfordert. Ein behutsamer Umgang mit dem Wohnungsbestand wird deshalb häufig einer Entkernung im Wege stehen.[42] Nur in enger Abstimmung mit den betroffenen Bewohnern und Eigentümern lassen sich einschneidende Maßnahmen sozialverträglich umsetzen.[43] Hier bietet sich die Einrichtung von Beratungsstellen vor Ort an.[44] Großflächige Entsiegelungsgewinne durch Abriß und Entkernung werden deshalb nur selten zu erzielen sein. Auszugehen ist von differenzierten kleinräumigen Umgestaltungen und Begrünungen von verbleibenden Hofflächen.[45] Zum Ablauf und zu den bautechnischen Erfordernissen und Möglichkeiten zur Begrünung von Höfen gibt es mittlerweile zahlreiche Veröffentlichungen.[46]

Die Gestaltung der Wohnhöfe umfaßt auch die Schaffung von Sitzecken, Terrassen und Wegen, die als Flächen für Entsiegelung ausfallen. Um die Versiegelungsfolgen hier so gering wie möglich zu halten, sollte möglichst großfugig gepflastert oder ein anderer wasser- und luftdurchlässiger Bodenbelag verwendet werden.[47] Der Baustoffhandel hat sich hier mit einem entsprechenden Angebot bereits auf eine neue Nachfrage eingestellt.[48] Entsprechende Beispiele für gestalterisch gelungene Lösungen finden sich im einschlägigen Schrifttum.[49] An nicht isolierten Hauswänden muß allerdings auf eine Versickerung des anfallenden Niederschlagswassers in unmittelbarer Nähe der Hauswand verzichtet werden.[50]

II. Förderung

Maßnahmen zur Begrünung und Entsiegelung von Höfen können prinzipiell auch im Rahmen von Bund-Länder- Städtebauförderungsprogrammen gefördert werden. Wegen der Bindung an das Sanierungsverfahren[51] nach dem BauGB sind die Förderungsmittel für breit gestreute, punktuelle und spontane Maßnahmen wenig geeignet, da die formellen Voraussetzungen gem. dem besonderen Städtebaurecht der erforderlichen Flexibilität im Wege stehen.[52] Dies gilt auch für die meisten Landesprogramme. In den Ländern Baden-Würt-

---

42 Vgl. z.B. Drum, IzR 1981, 485
43 Vgl. Gieseke/Holtmann/Hucke/Lynar/Müller, Städtebauliche Lösungsansätze zur Verringerung der Bodenversiegelung, S. 24; Drum, IzR 1981, 485(487 ff.); Bundesminister für Raumordnung, Bauwesen und Städtebau, Wohnumfeld am Haus, S. 12 f.
44 So z.B. im Rahmen der IBA in Berlin-Kreuzberg. Vgl. Barges, in: Kennedy, Öko-Stadt Band 2, S. 39 (41 f.); Künzelen/Ökotop Autorenkollektiv, Ökologische Stadterneuerung, S. 13
45 Vgl. den Maßnahmekatalog zur Einbeziehung ökologischer Maßnahmen in die Stadterneuerung, Barges, in: Kennedy, Öko-Stadt Band 2, S. 39 (47 ff.); siehe auch Gieseke/Holtmann/Hucke/Lynar/ Müller, Städtebauliche Lösungsansätze zur Verringerung der Bodenversiegelung, S. 24
46 Z.B. Bundesminister für Raumordnung, Bauwesen und Städtebau, Wohnumfeld am Haus, in der Schriftenreihe Bau- und Wohnforschung, Heft 04.108; Künzelen/Ökotop, Ökologische Stadterneuerung; Ludwig, Wohnhöfe - Hofräume, Drum/Ludwig, Stadtoase; Drum, IZR 1981, 485 ff.; jeweils mit zahlreichen Beispielen aus der Praxis.
47 Vgl. Drum/Ludwig, Stadtoase, S. 69; Ludwig, Wohnhöfe - Hofräume, S. 40 f.
48 Vgl. db Heft 6, 1989, S. 129 ff., insbesondere S. 134 mit einem Überblick über im Handel befindliche Pflastersteine.
49 Vgl. Drum/Ludwig, Stadtoase, S. 70 f.; Ludwig, Wohnhöfe - Hofräume, S. 42 f.
50 Vgl. Drum/Ludwig, Stadtoase, S. 69
51 Vgl. Koopmann/Krautzberger, in: Bielenberg/Koopmann/Krautzberger, Städtebauförderungsrecht, Band 2, Teil A, Einf. Rdn. 18
52 Vgl. Drum/Ludwig, Stadtoase, S. 37

temberg, Bayern, Berlin, Hessen und Nordrhein-Westfalen gibt es aber auch Förderungsprogramme, die nicht an das Sanierungsrecht des BauGB gebunden sind.[53]

Hier gibt es z.T. ausdrückliche Förderungen für Hofbegrünungsmaßnahmen.[54] Hervorzuheben ist z.B. das bayerische Städtebauförderungsprogramm. Danach übernimmt das Land auf Antrag 50 % der kommunalen Förderungsprogramme zur Hofbegrünung.[55]

In einer Reihe von Städten sind außerdem spezielle Anreizprogramme zur Förderung der Wohnumfeldverbesserung geschaffen worden, insbesondere Hofbegrünungsprogramme, in Hamburg sogar ausdrücklich "zur Förderung und Wiederherstellung der Versickerungsmöglichkeiten von Regenwasser".[56] Gieseke u.a. geben einen beispielhaften Überblick über die geförderten Maßnahmen (vgl. Tab. 25).

Beispiele geförderter Maßnahmen im Rahmen von Hofbegrünungsprogrammen*

- Aufnehmen von Asphalt- und Betonflächen,
- Ersatz dieser Beläge durch sickerungsfähige Belagsarten (Klinker, Naturstein, Tennebeläge, Mulch),
- Erhalt und Ergänzung des Vegetationsbestandes auf der Freifläche,
- Dach- und Fassadenbegrünung,
- Anlage von Spiel- und Sitzplätzen,
- Beseitigung von Zäunen, Mauern oder Nebengebäuden sowie
- z.T. Maßnahmen zur Wiederherstellung des alten Zustandes von Fassaden.

(Tab. 26)

*Quelle: Vgl. Gieseke/Holtmann/Hucke/Lynar/Müller, Städtebauliche Lösungsansätze zur Verringerung der Bodenversiegelung, S. 26

Die Finanzierungsmodalitäten können dabei durchaus unterschiedlich sein. Besonders bietet sich an, Eigenleistungen der Mieter und/oder Eigentümer zu honorieren. Entsprechende Ansätze gibt es z.B. in Berlin und Stuttgart. In Stuttgart wird die Eigenleistung sogar mit 10 DM pro Stunde auf die Förderung angerechnet.[57]

Eine Beschränkung auf die Förderung von Eigenleistungen ist jedoch nicht zu empfehlen, da nur leichtere Arbeiten, insbesondere Anpflanzungen im Wege der Eigenleistungen vorgenommen werden können. Die Beseitigung von Asphaltdecken oder der Abriß von ungenutzten Nebengebäuden oder Unterkellerungen erfordert demgegenüber fachkundige Ausführung und die Verwendung spezieller Maschinen.[58]

---

53 Vgl. Koopmann/Krautzberger, in: Bielenberg/Koopmann/Krautzberger, Städtebauförderungsrecht, Band 2, Teil A, Einf. Rdn. 16
54 Vgl. Drum/Ludwig, Stadtoase, S. 37
55 Bayerische Städtebauförderungsrichtlinien, IMBek. v. 29.11.1981, MABl. S. 763 berichtigt, 1982, S. 75; vgl. auch Bayerisches Modernisierungsprogramm, IMBek. v. 29.4.1983, MABl. S. 401, geändert durch IMBek. v. 29.8.1983, MABl. S. 781
56 Vgl. Gieseke/Holtmann/Hucke/Lynar/Müller, Städtebauliche Lösungsansätze zur Verringerung der Bodenversiegelung, S. 25 ff.; Drum/Ludwig, Stadtoase, S. 36; Städtebaulicher Bericht "Umwelt und Gewerbe", BT-Drs. 10/5999, S. 51; Bundesminister für Raumordnung, Bauwesen und Städtebau, Wohnumfeld am Haus, S. 63
57 Vgl. Gieseke/Holtmann/Hucke/Lynar/Müller, Städtebauliche Lösungsansätze zur Verringerung der Bodenversiegelung, S. 26 f.
58 Vgl. Gieseke/Holtmann/Hucke/Lynar/Müller, Städtebauliche Lösungsansätze zur Verringerung der Bodenversiegelung, S. 27

III. Restriktionen

1. Stellplatzbedarf auf den Grundstücken

Ein großer Teil der Freiflächen auf den Grundstücken wird für die Unterbringung des ruhenden Verkehrs genutzt.[59] Dies geht zu Lasten der begrünten, unversiegelten Freiflächen. Besonders schlimm wirkt sich diese Situation in den hoch verdichteten Altbaugebieten aus, in denen ohnehin ein großes Freiflächendefizit festzustellen ist.[60] Es stellt sich deshalb die Frage, wie die Grundstücksfreiflächen vor der Inanspruchnahme durch den ruhenden Verkehr geschützt werden können.

Eine Verlagerung der Stellplätze in den Straßenraum, die durch eine Neuorganisation des Straßenraums im Rahmen von Verkehrsberuhigungsmaßnahmen vorgenommen werden kann, stößt auf die strengen Vorgaben der Landesbauordnung. Wünschenswert wäre hier eine flexiblere Fassung der landesrechtlichen Stellplatzregelungen, die die Erfordernisse der hochverdichteten Innenstadtquartiere stärker berücksichtigt und die Trendwende in der Verkehrspolitik - weg von der absoluten Priorität des fließenden Kfz-Verkehrs - vollzieht.[61]

Eine andere Möglichkeit zur Bewältigung des Stellplatzbedarfs ist der Bau von Tiefgaragen.[62] Zwar sind die Flächen über Tiefgaragen in ihren biotischen Potentialen stark eingeschränkt, immerhin können diese Flächen aber für Vegetation und als Erholungsraum für die Bewohner gewonnen werden. Dennoch werden starke Vorbehalte gegen den Bau von Tiefgaragen erhoben. Es wird darauf hingewiesen, daß es sich nur um eine Problemverlagerung handelt.[63] Wichtigstes Argument gegen Tiefgaragen dürfte jedoch der enorme finanzielle Aufwand sein, der letztlich auf die Mieter abgewälzt werden wird.[64] Verdrängung der ansässigen Bewohner und Veränderung der Sozialstruktur sind dann notwendigerweise die unerwünschten Folgen. Aus diesem Grund wird der Bau von Tiefgaragen zur Lösung des Stellplatzbedarfs im Bestand häufig ausscheiden.

2. Nachbarschaftliche Konflikte

Hofbegrünungsmaßnahmen können zudem erhebliche Interessengegensätze zwischen benachbarten Hauseigentümern, zwischen Hauseigentümern und Mietern sowie unter den Mietern entgegenstehen.[65] Zur Abstimmung der Interessen unter den Mietern hat sich insbesondere der Zusammenschluß der Mieter (z.B. in einem Mieterbeirat) bewährt.[66] Wich-

---

59 Nach den Ermittlungen von Grub in Münchener Altstadtquartieren durchschnittlich 32,5 % der Grundstücksfreifläche, vgl. im Anschluß an Grub, Erholungsraum Stadt, S. 48
60 Vgl. Läsker-Bauer/Meyfahrt/v.Reuß/Schnetter/Wimmel, Analyse von Planungs- und Entscheidungsprozessen der Freiraumplanung in Innenstädten, S. 104
61 Vgl. Meyfahrt, IzR 1988, 573 (575 ff.)
62 Vgl. Drum/Ludwig, Stadtoase, S. 51; Bundesminister für Raumordnung, Bauwesen und Städtebau, Wohnumfeld am Haus, S. 62
63 Vgl. Gieseke/Holtmann/Hucke/Lynar/Müller, Städtebauliche Lösungsansätze zur Verringerung der Bodenversiegelung, S. 28
64 Bundesminister für Raumordnung, Bauwesen und Städtebau, Wohnumfeld am Haus, S. 62; Drum, IzR 1981, 485 (494)
65 Drum/Ludwig, Stadtoase, S. 49 ff.; Drum, IzR 1981, 485 ff.; Bundesminister für Raumordnung, Bauwesen und Städtebau, Wohnumfeld am Haus, S. 10 f.
66 Bundesminister für Raumordnung, Bauwesen und Städtebau, Wohnumfeld am Haus, S. 10

tige Vermittlungs- und Beratungsfunktionen können darüber hinaus Vor-Ort-Beratungsbüros haben.[67] Bei heterogener Eigentümerstruktur lassen sich allerdings nur sukzessive kleine Erfolge erzielen. Umfangreiche blockbezogene Wohnumfeldverbesserungen lassen sich wohl lediglich im Rahmen förmlicher Sanierungsverfahren erzielen.

3. Mietwirksamkeit von Entsiegelungsmaßnahmen

Mit der Begrünung von Höfen ist zumeist auch ein mietsteigernder Effekt verbunden.[68] Dies kann zu unerwünschten Verdrängungsprozessen der bisher ortsansässigen Bevölkerung führen, die sich die neue Miete nicht mehr leisten kann.[69] Insoweit erstaunt es nicht, daß bei den im Rahmen der IBA in Berlin durchgeführten Hofbegrünungsmaßnahmen die Bereitschaft der Mieter sank, wenn diese und andere Maßnahmen der Wohnumfeldverbesserung mietwirksam wurden.[70]

E. Maßnahmen zur Begrenzung und Verringerung der Bodenversiegelung auf Industrie- und Gewerbeflächen

Der Versiegelungsgrad auf Gewerbe- oder Industriegrundstücken ist typischerweise extrem hoch. Maßnahmen zur Begrenzung oder Verringerung der Bodenversiegelung sind hier dennoch eher selten. Gieseke u.a. führen lediglich zwei Beispiele (Stuttgart und München) für kommunale Aktivitäten mit diesem Ziel an. Hierbei handelt es sich um Informationsbroschüren zu den Möglichkeiten von Fassaden- und Dachbegrünung, in München ergänzt durch einen Wettbewerb.[71] Angestrebt werden damit lediglich Maßnahmen, die geeignet sind, Versiegelungsfolgen zu mindern.

Der Entsiegelung stehen in der Regel die durch eine intensive Nutzung des Grundstücks erforderliche Befestigung (hohe Traglast bei LKW-Verkehr) entgegen. Entsiegelbare Flächen liegen hier allenfalls im Randbereich der Grundstücke.[72] Immerhin ermittelten Gieseke u.a. auf den von ihnen exemplarisch untersuchten Grundstücken das höchste Belagsänderungspotential aller untersuchten Siedlungstypen.[73] Die Potentiale bestehen insbesondere auf Erschließungswegen sowie Parkplatzflächen für die Belegschaft der Betriebe.[74] Ergänzt wer-

---

67 Vgl. Barges, in: Kennedy, Öko-Stadt Band 2, S. 39 (41 f.); Künzelen/Ökotop Autorenkolletiv, Ökologische Stadterneuerung, S. 13; Drum, IzR 1981, 485 ff.
68 Vgl. Drum, IzR 1981, 485
69 Nach dem Münchener Mietpreisspiegel ist z.B. eine Innenhofbegrünung ein mietsteigernder Faktor. Vgl. Kuchtner, Stadt und Landschaft 1981, Heft 2; Gieseke/Holtmann/Hucke/Lynar/Müller, Städtebauliche Lösungsansätze zur Verringerung der Bodenversiegelung, S. 28
70 Barges, in: Kennedy, Öko-Stadt Band 2, S. 39 (41)
71 Vgl. Gieseke/Holtmann/Hucke/Lynar/Müller, Städtebauliche Lösungsansätze zur Verringerung der Bodenversiegelung, S. 29
72 Vgl. Gieseke/Holtmann/Hucke/Lynar/Müller, Städtebauliche Lösungsansätze zur Verringerung der Bodenversiegelung, S. 219 f.; Reiß-Schmidt schlägt für das Gewerbegebiet Dortmund-Bornstraße einen 7,5 m breiten Pflanzstreifen an der Straße sowie 2 m breiten Streifen an den übrigen Grundstücksgrenzen vor. Vgl. Reiß-Schmidt, IzR 1988, 557 (564)
73 Vgl. Gieseke/Holtmann/Hucke/Lynar/Müller, Städtebauliche Lösungsansätze zur Verringerung der Bodenversiegelung, S. 217 ff.
74 Vgl. auch den Vorschlag für ein Gewerbegebiet in Dortmund-Bornstraße bei Reiß-Schmidt, IzR 1988, 557 (564)

den könnte die Belagsänderung durch das Anpflanzen von z.b. einem Baum pro vier Stellplätze.[75] Auch hier könnten durch eine Änderung der landesrechtlichen Anforderungen an den Stellplatznachweis bei gleichzeitiger günstiger Anbindung an das öffentliche Verkehrsnetz Flächenersparnisse möglich werden.

Absoluten Vorrang hat aber der Schutz vor Verunreinigung von Boden und Grundwasser. Deshalb besteht keine Möglichkeit einer Belagsänderung auf Flächen, auf denen regelmäßig bodengefährdende Stoffe gelagert, verladen oder transportiert werden. Besondere Anforderungen können sich auch in Trinkwasserschutzgebieten ergeben.

F. Maßnahmen zur Begrenzung und Verringerung der Bodenversiegelung auf öffentlichen Flächen

Auf öffentlichen Flächen bestehen grundsätzlich keine eigentumsrechtlichen Restriktionen, so daß hier nach allgemeiner Auffassung Maßnahmen zur Begrenzung oder Verringerung der Versiegelung leichter vorzunehmen sind als auf Flächen in privatem Eigentum. Dies gilt für alle Flächen, die im Eigentum einer juristischen Person des öffentlichen Rechts stehen oder an denen diese ein Nutzungsrecht hat, ohne daß es darauf ankommt, ob die jeweilige Fläche öffentlich zugänglich und für die Öffentlichkeit nutzbar ist oder im Verwaltungsgebrauch steht.[76]

Die Zugriffsmöglichkeit der kommunalen Entscheidungsträger ist allerdings auch bei den öffentlichen Flächen in Abhängigkeit von den jeweiligen Rechtsträgern sehr unterschiedlich. Gaßner/Siederer haben für Berlin die Zugriffsmöglichkeit auf alle in Frage kommenden öffentlichen Flächen analysiert.[77] Unmittelbare Zugriffsmöglichkeit haben die Gemeinden bei Straßen, soweit sie Träger der Straßenbaulast sind, mithin für alle Straßen mit Ausnahme von Bundesfernstraßen. Bei Ortsdurchfahrten von Bundesfernstraßen sind große Kommunen ebenfalls Träger der Straßenbaulast (vgl. Kapitel 14).

Unmittelbare Zugriffsmöglichkeit besteht zudem auf die Grundstücke im Verwaltungs- und Finanzvermögen der Gemeinden. Soweit die Kommunalverwaltung die Schulaufsicht ausübt, besteht auch auf Schulgrundstücken eine gute Zugriffsmöglichkeit.[78] Eingeschränkte Zugriffsmöglichkeiten stellten Gaßner/Siederer bei Krankenhaus- und Eigenbetrieben fest.[79] Keine Zugriffsmöglichkeit besteht auf Flächen, die weder im Eigentum noch in der Nutzung der Gemeinde stehen, auf die deshalb durch fachliche Einzelweisungen oder Verwaltungsvorschriften kein Einfluß genommen werden kann.[80]

---

75 Vgl. Reiß-Schmidt, IzR 1988, 557 (563)
76 Vgl. Gaßner/Siederer, in: Jentschke/Lange, Entsiegelungsprogramm für öffentliche Flächen, Rechtswissenschaftliches Teilgutachten, S. 67
77 Vgl. Gaßner/Siederer, in: Jentschke/Lange, Entsiegelungsprogramm für öffentliche Flächen, Rechtswissenschaftliches Teilgutachten, S. 67
78 Vgl. Gaßner/Siederer, in: Jentschke/Lange, Entsiegelungsprogramm für öffentliche Flächen, Rechtswissenschaftliches Teilgutachten, S. 108 ff.
79 Vgl. Gaßner/Siederer, in: Jentschke/Lange, Entsiegelungsprogramm für öffentliche Flächen, Rechtswissenschaftliches Teilgutachten, S. 97 ff.
80 Gaßner/Siederer, Durchsetzungsmöglichkeit von Entsiegelungsmaßnahmen auf öffentlichen Flächen, S. 143

Trotz der erleichterten Zugriffsmöglichkeiten gelten jedoch die Anforderungen an die Gestaltung und Nutzung von Grundstücken im wesentlichen für öffentliche und private Grundstücke gleichermaßen.

I. Maßnahmen im Straßenraum und auf öffentlichen Parkplatzflächen

Der Anteil der Verkehrsflächen an der Fläche der besiedelten Gebiete der Gemeinden beträgt ca. 25 - 30 %.[81] Dabei ist der Anteil versiegelter Fläche im Straßenraum mit ca. 95 % besonders hoch.[82] Ebenfalls hoch sind die in den einschlägigen Untersuchungen von Gieseke et al. und Jentschke/Lange festgestellten Belagsänderungs- und Entsiegelungspotentiale. Da die Kommunen als Träger der Straßenbaulast innerhalb der Gemeindegrenzen unmittelbaren Zugriff auf die Gestaltung des Straßenraums haben, liegt es nahe, die sich im Straßenraum bietenden Möglichkeiten zur Begrenzung und Verringerung der Bodenversiegelung vorrangig zu nutzen.[83]

Zur Verringerung oder Begrenzung der Bodenversiegelung auf Straßenverkehrsflächen werden insbesondere folgende Maßnahmen vorgeschlagen:

- Möglichst geringe Dimensionierung der Straßenquerschnitte beim Bau neuer Straßen,
- Reduzierung der Straßenquerschnitte auf das erforderliche Maß bzw. Umwandlung in Fuß- und Fahrradwege,
- Schaffung von Vorgärten mit mindestens 2 m Breite, Entsiegelung von Vorgärten,
- Aufgabe der Verkehrsfunktion und Renaturierung bei Übererschließung bzw. bei überflüssiger Erschließung,
- Schaffung unversiegelter Gehwegunter- und oberstreifen in Abhängigkeit von der Nutzungsintensität (z.B. Trittrasen),
- Pflanzung von Bäumen mit ausreichend großen Baumscheiben, mindestens 4 m2, besser 9 m2 und Schaffung von Pflanzstreifen.[84]

Eine Änderung der Oberflächenbefestigung wird vorgeschlagen für

- Stellplatzflächen: z.B. großfugig verlegtes Pflaster, Schotterrasen oder Rasengittersteine,
- Geh- und Radwege: Plattenbeläge bei hoher, Mosaikpflaster bei niedriger Frequentierung; Großpflaster für Einfahrten auf dem Gehwegbereich.[85]

Die Zulässigkeit der aufgeführten Maßnahmen im Rahmen des Baus oder der Änderung von Straßen bestimmt sich nach den einschlägigen Bestimmungen der Straßengesetze sowie

---

81 Vgl. Wassmann/Lüdtke, Natur und Landschaft, 1988, 431; Der Anteil varriert allerdings in Abhängigkeit von der jeweiligen Siedlungsgröße. Vgl. Statistisches Jahrbuch deutscher Gemeinden 1986, S. 88 f.; Ganser, in: IFLA, Stadt - Natur - Zukunft, S. 131 (132)

82 Vgl. Gieseke/Holtmann/Hucke/Lynar/Müller, Städtebauliche Lösungsansätze zur Verringerung der Bodenversiegelung, S. 220 f.

83 Vgl. Gieseke/Holtmann/Hucke/Lynar/Müller, Städtebauliche Lösungsansätze zur Verringerung der Bodenversiegelung, S. 30; Wassmann/Lüdtke, Natur und Landschaft, 1988, 431; Ganser, in: IFLA, Stadt - Natur - Zukunft, S. 131 (132)

84 Vgl. Gieseke/Holtmann/Hucke/Lynar/Müller, Städtebauliche Lösungsansätze zur Verringerung der Bodenversiegelung, S. 48; Wassmann/Lüdtke, Natur und Landschaft, 1988, 431 (434); Heisig, Das Gartenamt 1984, 15 (17 f.); ders. IzR 1986, 85 (86 f.)

85 Vgl. Gieseke/Holtmann/Hucke/Lynar/Müller, Städtebauliche Lösungsansätze zur Verringerung der Bodenversiegelung, S. 48; Wassmann/Lüdtke, Natur und Landschaft, 1988, 431 (433 f.); Kirchner, Garten + Landschaft 1986, 46 (49)

den diese konkretisierenden technischen Regelwerken (vgl. die ausführliche Darstellung im Kapitel 14).

II. Maßnahmen auf Schulflächen

Neben den Straßenverkehrsflächen und den Flächen für den ruhenden Verkehr kommen weitere öffentliche Flächen für Maßnahmen zur Begrenzung und/oder Verringerung der Bodenversiegelung in Betracht. Dies betrifft insbesondere die im öffentlichen Eigentum stehenden oder öffentlich genutzten Grundstücke. Neben den ökologischen und städtebaulichen Effekten können Maßnahmen auf diesen Grundstücken als Vorbild und Vorreiter für Maßnahmen auf privaten Grundstücken wichtige Wirkungen haben.[86]

Jentschke/Lange haben für Berlin ein besonders hohes Entsiegelungs- und Belagsänderungspotential auf Schulfreiflächen ermittelt. Dieses Potential ist um so gewichtiger, als der Anteil der Flächen für Schulen an allen öffentlichen Flächen besonders hoch ist. Bezogen auf die öffentlichen Grundstücke (35 % des untersuchten Siedlungsbereichs) ergab sich folgendes Bild.[87]

Verteilung öffentlich genutzter Flächen in %*	
Schule	23,6
Sport	12,9
Hochschule	7,7
Wohnheime	3,1
Jugendfreizeitheime	1,3
Kindertagesstätten	6,6
Post	2,3
Ver- und Entsorgung	11,0
Sicherheit u. Ordnung	5,5
Kultur	8,1
Verwaltung	13,5
Krankenhaus	4,4

(Tab. 27)

*Quelle: Jentschke/Lange, Entsiegelungsmaßnahmen für öffentliche Flächen - Grundlage zur Ergreifung von Maßnahmen für den Innerstädtischen Bereich von Berlin (West), S. 20 f.

Die versiegelten Freiflächen auf den meisten öffentlichen Grundstücken sind in der Regel vorrangig auf den hohen Anteil der Stellplatzflächen zurückzuführen.[88] Hier ergeben sich Möglichkeiten zur Entsiegelung vor allem aus einer Verringerung des Stellplatzangebots und der Belagsänderung durch entsprechende Wahl einer wasserdurchlässigen Belagsart.

Die Maßnahmen auf Schulgrundstücken betreffen auch andere Nutzungen. Hier spielen die Stellplatzflächen in der Regel nur eine untergeordnete Rolle. Von zentraler Bedeutung sind

---

86 Vgl. Losch/Nake, IzR 1988, 593 (598); Meyfahrt, IzR 1988, 573
87 Der Anteil wurde durch Auswertung der Stadtplanungsdatei ermittelt. Vgl. Gaßner/Siederer, in: Jentschke/Lange, Voruntersuchung für ein Entsiegelungsprogramm auf öffentlichen Flächen, S. 47
88 Vgl. Jentschke/Lange, Entsiegelungsmaßnahmen für öffentliche Flächen - Grundlage zur Ergreifung von Maßnahmen für den Innerstädtischen Bereich von Berlin (West), S. 31 ff.

hier vielmehr die Größe der Pausenflächen und der Flächen für den Schulsport sowie die verwendete Belagsart.[89]

Dementsprechend liegt das Hauptgewicht der Entsiegelungsmaßnahmen auf der Reduzierung überdimensionierter Pausenflächen.[90] Pausenflächen, Sport- und Erschließungsflächen erfordern eine adäquate, den Belastungen genügende Bodenbefestigung. Möglich und ausreichend ist hier aber das Aufbringen wasserdurchlässiger Beläge.[91] In der DIN 18034 "Spielplätze und Freiflächen zum Spielen", die auch auf Schulhöfe Anwendung findet (Ziffer 1), wird hervorgehoben, daß wassergebundene Decken (Tenneflächen) wasserdurchlässig gestaltet sein sollen (Ziffer 4.3.2). Die DIN 58125 (Schulbau; bautechnische Anforderungen an die Verhütung von Unfällen) wird derzeit überarbeitet, wobei auf große Pflasterflächen verzichtet und vorzugsweise wasserdurchlässige Beläge vorgesehen werden sollen. In der ebenfalls in Novellierung befindlichen DIN 18035, Teil 1-8 zu Sportplätzen soll das Verwenden wasserdurchlässiger Beläge vorgesehen werden. Auf Pausenflächen ist zudem die Pflanzung von Bäumen mit ausreichend großen Baumscheiben (mindestens 4, besser 9 m2) auch als Schattenspender sinnvoll.

Flächenersparnisse können insbesondere durch eine Doppelnutzung von Flächen als Pausenfläche und zu Sportzwecken erzielt werden. Dort, wo ein Nachholbedarf an Sportflächen besteht, sollte durch entsprechende Kompromisse ein übergroßer Flächenanteil für Sportzwecke zu Lasten der Grünflächen verhindert werden.[92]

Echte Gewinne unversiegelter Flächen können durch die Anlage von Schulgärten erzielt werden. Aber auch die Begrünung von Fassaden und Dächern zum Ausgleich von Versiegelung kann sich anbieten.[93] Dabei können diese Maßnahme auch einen wesentlichen Beitrag für die praktische Umwelterziehung haben, indem Anlage und Pflege dieser Flächen in den Unterricht einbezogen werden.[94]

Förderungsprogramme für die Anlage von Schulgärten sind z.B. in Hessen und Nordrhein-Westfalen vorhanden.[95] Auch Aktionen wie "Der kindgerechte Pausenhof" und "Grün

---

89 Vgl. Jentschke/Lange, Entsiegelungsmaßnahmen für öffentliche Flächen - Grundlage zur Ergreifung von Maßnahmen für den Innerstädtischen Bereich von Berlin (West), S. 38
90 Vgl. Jentschke/Lange, Entsiegelungsmaßnahmen für öffentliche Flächen - Grundlage zur Ergreifung von Maßnahmen für den Innerstädtischen Bereich von Berlin (West), S. 38
91 Vgl. Stiftung Naturschutz Berlin, Aktion "Grün macht Schule", Bulletin 1987, S. 4 und 1989, S. 14
92 Vgl. Gaßner/Siederer, in: Jentschke/Lange, Voruntersuchung für ein Entsiegelungsprogramm auf öffentlichen Flächen, S. 58 unter Hinweis auf ein entsprechendes Positionspapier von Meyer-Buck, Freiflächen von Schulen, Papier für die Zentralstelle für Normungsfagen und Wirtschaftlichkeit im Bildungswesen (VII der KMK)
93 Vgl. Stiftung Naturschutz Berlin, Aktion "Grün macht Schule", Bulletin 1987, S. 4, 1988, S. 6 und 1989, S. 14
94 Hierauf weist z.B. der Senator für Schulwesen, Berufsausbildung und Sport in einem Positionspapier v. 08.10.1986 zur Bedeutung von Schulfreiflächen für die praktische Umwelterziehung hin. Zitiert bei Gaßner/Siederer, in: Jentschke/Lange, Voruntersuchung für ein Entsiegelungsprogramm auf öffentlichen Flächen, S. 56 f.; Vgl. auch Stiftung Naturschutz Berlin, Aktion "Grün macht Schule", Bulletin 1987, S. 5; Stiftung Naturschutz Berlin, Publikation Nr. 3, Hundert grüne Lernorte, S. 12 und 16 f.
95 Vgl. Hinweis bei Gaßner/Siederer, in: Jentschke/Lange, Voruntersuchung für ein Entsiegelungsprogramm auf öffentlichen Flächen, S. 56

macht Schule" in Berlin haben zur Neugestaltung von Schulfreiflächen geführt und damit Beispiele für künftige Vorhaben geliefert.[96]

Soweit keine speziellen Förderungsmittel zur Verfügung stehen, bieten sich Maßnahmen an bestehenden Schulen insbesondere im Rahmen der turnusmäßigen Grundrenovierung einer Schule an.

G. Ausgleichsmaßnahmen

Als Maßnahmen für den Ausgleich und die Reduzierung von Versiegelungsfolgen nennen Gieseke et.al. folgende Maßnahmen:[97]

- Begrünung von Haus- und Garagendecken,
- Dachgärten von "Mageraufbau" bis hin zu Nutzgärten und kleinen Gehölzen und Dachgewächshäusern,
- Sammlung des Regenwassers in Auffangbecken (Regentonnen) zur privaten Gartenbewässerung,
- Sammlung von Regenwasser im Dachbereich in Speichertanks, Filterung und Verteilung an die Haushalte, Versickerung des Regenwassers der Dachflächen auf dem Grundstück, Versickerung des Regenwassers der Fuß- und Radwege auf dem Grundstück (über Sickschächte in die Vegetationsflächen, über Gräben in Teiche im Siedlungsbereich),
- Entwicklung eines städtischen Gewässernetzes durch offene Führung des Überschußregenwassers zur Biotopneuschaffung (Teiche, Tümpel, Sümpfe, Moore, Bäche etc.) und zur langsamen örtlichen Versickerung des Regenwassers und ggf. geklärten Abwassers,
- Kombination von Regen- und Grauwasseranlagen in Grünanlagen, Höfen etc..

Die genannten Maßnahmen haben entweder die Begrünung oder die Sammlung und/oder Versickerung von Niederschlagswasser zum Gegenstand. In der Praxis der Bauleitplanung gibt es bereits zahlreiche Beispiele, in denen Dach- und/oder Fassadenbegrünung, aber auch die Sammlung und Versickerung von Regenwasser vorgesehen wurden. Auch in der Genehmigungspraxis bietet insbesondere der Befreiungstatbestand nach Bauordnungs- und Bauplanungsrecht, aber z.T. auch die naturschutzrechtliche Eingriffsregelung Ansatzpunkte, um die Baugenehmigung mit einer entsprechenden Ausgleichsmaßnahme als Auflage zu verbinden. Die Bedeutung der Eingriffsregelung im Baugenehmigungsverfahren ist allerdings in der Verwaltungspraxis z.T überhaupt nicht oder nur in Umrissen bekannt.[98] Eine flächendeckende Untersuchung hierzu fehlt bislang.

Die Versickerung von auf Dachflächen anfallendem Niederschlagswasser wird in einigen Städten (z.B. Bamberg und Celle) durch kommunale Satzung vorgeschrieben.[99] In anderen

---

96 Vgl. die zahlreichen Beispiele in: Stiftung Naturschutz Berlin, Aktion "Grün macht Schule", Bulletin 1987, 1988, und 1989; Stiftung Naturschutz Berlin, Publikation Nr. 3, Hundert grüne Lernorte, S. 41 ff.
97 Gieseke/Holtmann/Hucke/Lynar/Müller, Städtebauliche Lösungsansätze zur Verringerung der Bodenversiegelung, S. 43
98 So daß Ergebnis der empirischen Untersuchung in den Bauaufsichtsämtern in vier Städten und zwei Landkreisen von Scharmer/Hinzen, Umweltschutz im Baugenehmigungsverfahren, S.117
99 Die seit den 50er Jahren geltende Regelung in Celle ist mittlerweile bei ca. 80 % aller Grundstücke umgesetzt. Vgl. Gieseke/Holtmann/Hucke/Lynar/Müller, Städtebauliche Lösungsansätze zur Verringerung der Bodenversiegelung, S. 39

Städten werden in den Beitragssatzungen für die Entwässerung Anreize geschaffen, die Versickerung zu fördern (z.B. München, Hamburg, Essen).[100] In den meisten Gemeinden besteht in Umsetzung der wasserrechtlichen Abwasserbeseitigungspflicht der Gemeinden ein Anschlußzwang an das Entwässerungsnetz auch hinsichtlich des auf Dachflächen anfallenden Niederschlagswassers.[101]

I. Dachbegrünung und Begrünung vertikaler Flächen

Die Begrünung vertikaler Flächen kann zwar nicht den Verlust unversiegelter begrünter Flächen in allen ihren Funktionen ausgleichen. Immerhin bietet sie aber die Möglichkeit, den Bestand an Vegetation bei minimaler Inanspruchnahme von Grundstücksfläche in großem Umfang zu verbessern. Als Flächen bieten sich insbesondere Brandwände und Mauern an, mit deren Begrünung die Qualität des Umfelds erheblich aufgewertet werden kann.[102]

"Extensive Dachbegrünung" (= Begrünungen, die in Herstellung, Pflege und Wartung einen minimalen Aufwand erfordern)[103] ist auf Dächern bis zu 45 Grad Neigung möglich, die günstigsten Bedingungen bestehen auf Dächern zwischen 5 und 15 Grad Neigung, da hier nicht einmal eine besondere Dränschicht erforderlich ist. Das überschüssige Regenwasser staut nicht an, sondern sickert langsam in die Dachentwässerung ab.[104] Intensive Dachbegrünung (= Begrünungen aus anspruchsvollen Gräsern, Stauden, Sträuchern und Bäumen, die einen differenzierten Dachaufbau und eine dickere Substratschicht mit hohem Nährstoffgehalt verlangen)[105] sind bis zu einer Dachneigung von 15 Grad möglich.[106]

In technisch-konstruktiver Hinsicht sind insbesondere zwei Gesichtspunkte zu beachten:

- die zusätzliche statische Belastung der Dachkonstruktion und
- die mögliche Zerstörung der Dachhaut durch die Wurzeln.

An dieser Stelle muß der Hinweis auf die vielfältigen Lösungsansätze zur Bewältigung der konstruktiven Probleme in den einschlägigen fachwissenschaftlichen Veröffentlichungen genügen.[107]

Die ökologischen Effekte extensiver Dachbegrünung gehen über die der Begrünung vertikaler Flächen noch hinaus. Die Vorteile bestehen nicht nur in der Schaffung zusätzlicher Vegetation mit der positiven Wirkung auf Staubbelastung, Temperatur und Luftfeuchte sowie in gestalterischer Hinsicht, sondern auch in folgenden Wirkungen:

---

100 Vgl. Gieseke/Holtmann/Hucke/Lynar/Müller, Städtebauliche Lösungsansätze zur Verringerung der Bodenversiegelung, S. 39
101 Vgl. Nieß-Mache, Städte- und Gemeinderat 1986, 421 (422)
102 Vgl. verschiedene Beispiele im Rahmen von Wohnumfeldverbesserungen in Berlin-Kreuzberg bei Barges, in: Kennedy, Öko-Stadt, Band 2, S. 39 ff.
103 Vgl. Ohlwein, Dachbegrünung, S. 40; Paul, Das Gartenamt 1986, 85 (89)
104 Vgl. Ohlwein, Dachbegrünung, S. 41 f.
105 Vgl. Ohlwein, Dachbegrünung, S. 40
106 Vgl. Ohlwein, Dachbegrünung, S. 45
107 Vgl. Ohlwein, Dachbegrünung, S. 40 ff.; Ernst/Koch/Lohsträter, BBauBl 1986, 97 ff.; Ernst, BBauBl 1984, 777 ff.; Künzelen/Oekotop Autorengruppe, Ökologische Stadterneuerung, S. 104 ff.; Liesecke, Das Dachdecker-Handwerk 1984, 80 ff.

- Schutz der Dachhaut vor UV-Strahlung. Die meisten Dichtungsstoffe werden durch UV-Strahlungseinwirkung spröde und auf Dauer brüchig und rissig.[108]
- geringere Wasserabflußmenge durch Wasserspeicherung im Dachgartenaufbau. Der Abflußbeiwert wird bei begrünten Dachflächen mit 7 cm Substrathöhe trotz Entwässerungsvorkehrung mit maximal 0,1 angegeben.[109]
- Schutz der Dachhaut vor großen Temperaturschwankungen. Die Temperaturschwankung auf der Dachoberfläche kann von über 100 auf 20-25 Grad Celsius gesenkt werden.[110]
- höherer sommerlicher Wärmeschutz. Die Wärmepufferung wirkt auch auf die Räume unterhalb der Dachhaut.[111]
- in geringem Umfang bessere Wärmedämmung im Winter,[112]
- höherer Schallschutz durch größere Masse.[113]

Die großen Temperaturschwankungen zwischen Tag und Nacht auf nicht begrünten Dächern haben allerdings unter bestimmten Voraussetzungen auch positive Wirkungen, da sie einen vertikalen Luftaustausch begünstigen. In stark schadstoffbelasteten Gebieten und bei austauscharmer Wetterlage können sie daher zu einer Verringerung der Schadstoffbelastung in den bodennahen Luftschichten beitragen.[114] Hier kann eine Dachbegrünung ggf. auch nachteilig sein. In welchem Umfang der hierdurch begünstigte Luftaustausch die Schadstoffbelastung der Luft beeinflußt, ist bislang allerdings nicht nachgewiesen. Gieseke et al. raten deshalb in Hinblick auf die vielfältigen positiven Effekte von begrünten Dächern davon ab, generell in diesen belasteten Gebieten auf Dachbegrünung zu verzichten.[115]

Neben den genannten ökologischen Effekten können begrünte Dachflächen in Abhängigkeit von den statischen Voraussetzungen und der Zugänglichkeit auch als Erholungsraum für die Bewohner der Gebäude genutzt werden.[116] Bei entsprechenden Maßnahmen im Bestand sind wiederum die Mietwirksamkeit und die Betroffenenbeteiligung als richtungsgebende Faktoren zu beachten.[117]

Die Vorteile der Dachbegrünung können auch bei ökonomischer Betrachtung aufrecht erhalten bleiben. Die Anzahl der Dachabläufe sowie die Dimensionierungen der Rohrleitung können entsprechend der verringerten Abflußmenge reduziert werden, was geringere Erstel-

---

108 Vgl. Ohlwein, Dachbegrünung, S. 30
109 hierzu insbesondere Ernst/Weigerding, Das Gartenamt, 1986, 348 (349); Ernst/Weigerding, BBauBl 1985, 722 (724); Liesecke, Das Gartenamt 1985, 326 ff.; Paul, Das Gartenamt, 1986, 85 (89)
110 Vgl. Ohlwein, Dachbegrünung, S. 31; auch Künzelen/Oekotop Autorengruppe, Ökologische Stadterneuerung, S. 104
111 Vgl. Ohlwein, Dachbegrünung, S. 31, siehe auch Mauer, in: Kennedy, Öko-Stadt, Band 1, S. 103 (124 u. 127)
112 Vgl. Ohlwein, Dachbegrünung, S. 32
113 Vgl. Ohlwein, Dachbegrünung, S. 32; auch Künzelen/Oekotop Autorengruppe, Ökologische Stadterneuerung, S. 104
114 Stock/Beckröge schlagen deshalb vor in diesen Gebieten von einer Dachbegrünung abzusehen. Vgl. Stock/Beckröge, Klimaanalyse Stadt Essen, zitiert nach Gieseke/Holtmann/Hucke/Lynar/Müller, Städtebauliche Lösungsansätze zur Verringerung der Bodenversiegelung, S. 136 f.
115 Gieseke/Holtmann/Hucke/Lynar/Müller, Städtebauliche Lösungsansätze zur Verringerung der Bodenversiegelung, S. 136 f.
116 Vgl. Künzelen/Oekotop Autorengruppe, Ökologische Stadterneuerung, S. 104
117 Künzelen, in: Kennedy, Öko-Stadt, Band 2, S. 61 (75); Barges, in: Kennedy, Öko-Stadt, Band 2, S. 39 ff.

lungskosten erfordert. Gleiches gilt für die Gesamtabflußleitungen.[118] Die Kostenrechnung fällt noch günstiger aus, wenn die Abwassergebührensatzung der Gemeinde das Vorhandensein von begrünten Dachflächen durch Gebührensenkungen honoriert, wie dies z.B. die Entwässerungsabgabensatzung der Stadt München vorsieht.[119] Auf der Grundlage der Münchener Satzung weisen Ernst/Weigerding anhand zweier Beispiele nach, daß Dachbegrünung auch zu einer erheblichen Reduzierung der Entwässerungsgebühren beiträgt. Für ein Industriegrundstück mit 66 % und ein Wohngrundstück mit 55 % Gesamtversiegelung können die jährlichen Entwässerungsgebühren um 43 bzw. 41 % reduziert werden.[120]

II. Sammlung und Versickerung von Niederschlagswasser

Die Auswirkungen der Bodenversiegelung auf den Wasserhaushalt hinsichtlich Grundwasserneubildung, Bodenwasserhaushalt und Hochwasserabfluß können durch die Versickerung des auf versiegelten Flächen anfallenden unverschmutzen Niederschlagswassers ganz oder z.T. ausgeglichen werden. Schon mit sehr einfachen Mitteln kann das Regenwasser von Dachflächen z.B. in einer Regentonne aufgefangen und zur Gartenbewässerung weiter verwendet werden. Dabei werden nicht nur die Kanalisation und die Klärwerke entlastet, sondern zugleich der Verbrauch von sauberem Trinkwassers bei der Gartenbewässerung vermieden bzw. eingeschränkt. Daneben bestehen verschiedene Möglichkeiten, das Niederschlagswasser zu sammeln (z.B. in Zisternen oder Teichen) oder über technische Versickerungsanlagen dem Boden und Grundwasser zuzuführen (vgl. Tab. 28).

Vorrang vor dem Ziel der Grundwasseranreicherung und der Verminderung des Hochwasserabflusses muß aber der Schutz des Grundwassers und anderer Gewässer vor Verschmutzung sein. Aus diesem Grund scheidet die Versickerung von verschmutztem Wasser von vornherein aus.

Die angesprochenen Maßnahmen unterliegen vielfältigen formell- und materiell-rechtlichen Anforderungen des Wasserrechts (vgl. hierzu das Kapitel 13"Sammlung und Versickerung von Niederschlagswasser").

Vorteile der Regenwasserversickerung im Überblick*

- Verringerung der hydraulischen Belastung vorhandener Kanalnetze und Abwasserreinigungsanlagen durch Verminderung des Spitzenabflusses und Erhöhung der Retension,
- Verminderung der Belastung des Vorfluters,
- Erhaltung der lokalen Grundwasserneubildung,
- Kosteneinsparung im Bereich der Stadtentwässerung im kommunalen und privaten Bereich,
- Verbesserung des Kleinklimas im Innenstadtbereich durch Schaffung von Verdunstungsflächen, dadurch bedingt Verminderung der Schadstoffbelastung der Luft, wie z.B. Staubbelastung,"
- Einsparen von Trinkwasser für die Bewässerung von Grünanlagen.[1]

(Tab. 28)

*Quelle: Vgl. Hardacker, in: Grohe/Ranft, Ökologie und Stadterneuerung, 119 (125)

1 Vgl. Paul, Das Gartenamt, 1986, 85 (86)

---

[118] Vgl. Ernst/Weigerding, BBauBl 1985, 722 (726); Ernst/Weigerding, Das Gartenamt, 1986, 348 (351)
[119] Vgl. Entwässerungsabgabensatzung der Stadt München vom 17.11.1981, Ergänzung v. 29.11.1982; Vgl. auch Losch/Nake, IzR 1988, 593 (600)
[120] Vgl. Ernst/Weigerding, BBauBl 1985, 722 ff.

1. Risiken bei der Versickerung von auf versiegelten Flächen anfallendem Niederschlagswasser

Aus ökologischer Sicht unproblematisch erscheint die Versickerung von unverschmutztem Niederschlagswasser. Wie schon zur Möglichkeit der Belagsänderung auf Straßenverkehrsflächen erörtert, ist das von Straßenflächen abfließende Wasser in erheblichem Maße verunreinigt.[121] Aus diesem Grund wird von der Versickerung von Straßenabflüssen ganz überwiegend abgeraten.[122] Immerhin finden sich aber auch Stimmen, die bei günstigen Bodeneigenschaften die Versickerung von Straßenabflüssen für möglich halten.[123] Z.T. wird auch die Versickerung von Dachabflüssen in unmittelbarer Nähe von Industriestandorten als problematisch bezeichnet.[124] Die Liste der sich mit dem Niederschlagswasser vermischenden Stoffe, insbesondere im Bereich von Immissionsschwerpunkten ist beträchtlich. Hieraus darf allerdings nicht geschlossen werden, daß das insoweit bereits als Folge der normalen Luftverunreinigung belastete Niederschlagswasser nicht versickert werden darf. Andernfalls müßte sämtlicher Niederschlag aufgefangen und abgeleitet werden, denn der Regen wird in erheblichem Umfang bereits in der Luft verschmutzt, so daß er erst gar nicht sauber auf dem Boden auftrifft.[125] Kibele weist darüber hinaus unter Zugrundelegung der Beschaffenheit von Straßenoberflächenwasser aber auch nach, daß die Belastung des anfallenden Niederschlagswassers in der Regel so gering ist und daher sogar eine direkte Einleitung in ein Gewässer zulässig wäre (vgl. Tab. 29).[126]

Berücksichtigt werden muß aber auch, daß eine ausreichende Verdünnung des Schmutzwassers zur Sicherstellung der Funktionsfähigkeit von Mischwasser-Entwässerungssystemen erforderlich ist.[127] Zu große Konzentrationen von Schmutzwasser bergen die Gefahr von Verstopfungen sowie der Überlastung von Klärwerken, soweit diese auf die Reinigung von Mischwasser ausgelegt sind.

Schadstoffbelastungen des auf Dächern anfallenden Niederschlagswassers
- Hinsichtlich der meisten Parameter, u.a. Cadmium, Chrom, Kupfer, Blei und Zink bestehen keine Bedenken. Sogar eine direkte Einleitung in ein Gewässer wäre zulässig.
- Andere Parameter sind bei Dachflächen entweder nicht relevant, wie z.B. der auf die Streusalzverwendung zurückzuführende Chloridgehalt, und/oder nicht mit einer nennenswerten Gefährdung verbunden (z.B. Eisen).

(Tab. 29)

*Quelle: Vgl. Kibele, VBlBW 1988, 321 (326)

---

121 Vgl. oben Kap. 3, Teil A
122 Vgl. Hardacker, in: Grohe/Ranft, Ökologie und Stadterneuerung, 119 (128); Berliner Wasserwerke, Entwicklung von Methoden zur natürlichen Versickerung von Wasser, S. 84
123 Gollwer/Schneider, gwf 1982, 329; Leimböck, Forschungsgesellschaft für Straßen- und Verkehrswesen, Entwässerung von Verkehrsflächen aus der Sicht des Gewässerschutzes, Heft 4, 1983, S. 9 ff.; zitiert nach Gieseke/Holtmann/Hucke/Lynar/Müller, Städtebauliche Lösungsansätze zur Verringerung der Bodenversiegelung, S. 118 f.
124 Vgl. Hardacker, in: Grohe/Ranft, Ökologie und Stadterneuerung, 119 (128)
125 Vgl. Scheier; ZfW 1981, 142 (147); Köhler, ZfW 1976, 323 (330)
126 Vgl. Kibele, VBlBW 1988, 321 (326)
127 Vgl. Stich/Porger/Steinebach/Jakob, Berücksichtigung stadtökologischer Forderungen in der Bebauungsplanung nach dem BauGB, S. 169

2. Technische Möglichkeiten der Versickerung

Für die Versickerung von in innerstädtischen Bereichen anfallendem Niederschlagswasser werden mehrere Möglichkeiten genannt:

- Versickerungsflächen,
- Versickerungsmulden und -gräben,
- Rohr- und Rigolenversickerung,
- Versickerungsschächte.[128]

Auf Versickerungsflächen wird das anfallende Niederschlagswasser ohne wesentlichen Anstau gleichmäßig und flächenhaft versickert. Hierzu zählen sowohl durchlässige befestigte Flächen, wie z.B. großfugige Pflasterungen oder Rasengittersteine, als auch Flächen, auf denen andernorts anfallendes Wasser (z.B. von Dachflächen abgeleitetes oder vom Gehweg auf den unbefestigten Gehwegrandstreifen[129]) versickert wird.[130]

Bei Mulden- und Grabenversickerung erfolgt die Versickerung unter zeitweiligem Anstauen der anfallenden Niederschlagsmenge in den Mulden oder Gräben. Mulden sind meist mit Gras bepflanzte Vertiefungen. Der Flächenbedarf kann durch Veränderung der Muldentiefe variiert werden.[131]

Bei der Rigolenversickerung wird das Wasser in einen kiesgefüllten Graben, bei der Rohrversickerung unterirdisch durch einen in Kies verlegten perforierten Rohrstrang geleitet und verzögert an den Untergrund abgegeben. Bei geringfügig höheren Investitionskosten ist bei diesen Versickerungsanlagen zu beachten, daß auf einen Teil der Filterfunktion des Bodens verzichtet wird.[132]

Versickerungsschächte sind verbreitet bei sandigem oder kiesigem Untergrund von ausreichender Mächtigkeit und bei einem Grundwasserspiegel von mindestens 3-4 m unter der Geländeoberfläche. Das Niederschlagswasser wird in einem in Mantelflächen und Boden durchlässigen Schacht angestaut.[133] Auch hier wird auf die natürliche Filterung des Bodens z.T. verzichtet. Bei allen Versickerungsanlagen muß zur Sicherheit ein Überlauf mit Anschluß an die Kanalisation geschaffen werden.

---

128 Pranzas, Bodenversiegelung. Das Hamburger Straßennetz unter ökologischen Aspekten, S. 79; Hardacker, in: Grohe/Ranft, Ökologie und Stadterneuerung, 119 (128)

129 Vgl. Pranzas, Bodenversiegelung. Das Hamburger Straßennetz unter ökologischen Aspekten, S. 79 f.

130 Vgl. die technischen Einzelheiten bei Pranzas, Bodenversiegelung. Das Hamburger Straßennetz unter ökologischen Aspekten, S. 79; Hardacker, in: Grohe/Ranft, Ökologie und Stadterneuerung, 119 (128)

131 Vgl. die technischen Einzelheiten bei Pranzas, Bodenversiegelung. Das Hamburger Straßennetz unter ökologischen Aspekten, S. 79; Hardacker, in: Grohe/Ranft, Ökologie und Stadterneuerung, 119 (128 f.); Ernst/Weigerding, BBauBL, 1985, 722 (724); Ernst/Weigerding, Das Gartenamt 1986, 348 (350)

132 Vgl. die technischen Einzelheiten bei Pranzas, Bodenversiegelung. Das Hamburger Straßennetz unter ökologischen Aspekten, S. 79; Hardacker, in: Grohe/Ranft, Ökologie und Stadterneuerung, 119 (129)

133 Vgl. die technischen Einzelheiten bei Pranzas, Bodenversiegelung. Das Hamburger Straßennetz unter ökologischen Aspekten, S. 79; Hardacker, in: Grohe/Ranft, Ökologie und Stadterneuerung, 119 (130); Paul, Das Gartenamt, 1986, 85 (88)

Teil II

Einzelinstrumente

Kapitel 6

Überblick über das zur Verfügung stehende Instrumentarium

A. Komplexität der Rechtsmaterie

Der rechtliche Rahmen für die administrativen Handlungsmöglichkeiten zur Begrenzung, Verminderung von Bodenversiegelung und zum Ausgleich ihrer nachteiligen Auswirkungen wird bestimmt durch die Regelungsbereiche verschiedener Rechtsgebiete. Dies sind insbesondere

- das Bauplanungsrecht,
- das Straßenplanungsrecht,
- das Bauordnungsrecht,
- das Naturschutzrecht und
- das Wasserrecht.

Den genannten Rechtsgebieten ist gemein, daß sie den Boden unmittelbar oder mittelbar zum Gegenstand ihrer Regelungen haben.

Bauplanungsrecht	bauliche oder sonstige Nutzung des Bodens
Straßenplanungsrecht	Nutzung von Boden für verkehrliche Zwecke
Bauordnungsrecht	Gestaltung der Grundstücksfreiflächen
Naturschutz- und Landschaftspflegerecht	Schutz, Pflege und Entwicklung der natürlichen Bodenfunktionen
Wasserrecht	Ermöglichung einer möglichst umfassenden Versickerung von unverschmutztem Niederschlagswasser in unversiegeltem Boden oder über technische Versickerungsvorkehrungen

(Tab. 30)

Das Bauplanungsrecht enthält Regelungen über die bauliche und sonstige Nutzung des Bodens. Das Bauordnungsrecht liefert ergänzend zum Planungsrecht mit dem Genehmigungsvorbehalt für bauliche Vorhaben das Kontrollinstrument, mit dem die Einhaltung der planungsrechtlichen Vorgaben sichergestellt werden soll. Es enthält darüber hinaus aber auch materielle Anforderungen an die Gestaltung der Grundstücksfreiflächen, die für den Grad der Bodenversiegelung von Bedeutung sein können. Das Naturschutz- und Landschaftspflegerecht hat den Boden in seiner Funktion im Naturhaushalt zum Gegenstand. Es enthält mit der Eingriffsregelung und der allgemeinen Zweckbestimmung Vorschriften, die querschnittsorientiert in alle Rechts- und Verwaltungsbereiche hineinwirken. Mit der Landschaftsplanung wird ein Planungsinstrument geschaffen, das unmittelbar auf eine Unterstützung der räumlichen Gesamtplanung angelegt und insofern von großer Bedeutung für das Bauplanungsrecht ist. Für das Wasserrecht ist der Boden von Relevanz, soweit seine Funktionsfähigkeit Einfluß auf den natürlichen Wasserhaushalt hat. Im Untersuchungszusammenhang sind deshalb die Vorschriften zu beachten, die sich mit dem Versickern von Niederschlagswasser im Interesse einer Grundwasseranreicherung und einer Verminderung der Hochwasserspitzen beschäftigen.

Der gemeinsame Regelungsgegenstand "Boden" führt dazu, daß die Rechtsgebiete nicht losgelöst voneinander anzuwenden sind, sondern daß vielfältige Querverbindungen zu beachten sind. Obwohl letztlich dem Bauplanungsrecht die zentrale Funktion bei der Ordnung baulicher und nicht baulicher Nutzung in den Gemeinden zukommt, bestehen gegenseitige Verpflichtungen zur Beachtung der Anforderungen des jeweils anderen Rechtsgebiets. Die Anforderungen der anderen Rechtsgebiete wirken z.T. verbindlich, zumindest aber abwägungserheblich.

Die Verflechtung der betroffenen Rechtsbereiche bestätigt sich auch aus der handlungsorientierten Perspektive. Von besonderer Bedeutung ist dabei die formelle Konzentration von Entscheidungen über die Anforderungen verschiedener Rechtsgebiete, insbesondere im Baugenehmigungsverfahren.

Konzentration der Kontrollbefugnisse		
Bauplanungsrecht	> > > > > > >	
Bauordnungsrecht	> > > > > > >	Konzentrierte Kontrolle
Naturschutzrecht	> > > > > > >	im Baugenehmigungs
Wasserrecht (z.T.)	> > > > > > >	verfahren
sonstiges Recht	> > > > > > >	

(Tab. 31)

Auch auf der Ebene der Rechtssetzungsbefugnisse besteht in Ansätzen die Tendenz zur Konzentration. Entsprechend der Zweckbestimmung der Bauleitplanung als räumliche Gesamtplanung sollen im Flächennutzungsplan und Bebauungsplan alle in Frage kommenden Anforderungen an den Raum zusammengetragen und koordiniert werden. Die Bauleitplanung zielt damit auf eine materielle Konzentration. Neben dem Bebauungsplan bestehen nach den einschlägigen Fachgesetzen aber auch eigene Rechtssetzungskompetenzen (z.B. naturschutzrechtliche und wasserrechtliche Verordnungen, bauordnungsrechtliche Gestaltungssatzungen, soweit verbindlich Landschafts- und Grünordnungspläne etc.). Diese können mit den Regelungen der Bebauungsplanung kollidieren.

Z.T. sind die Regelungen der anderen Rechtsgebiete nicht nur materiell, sondern auch funktional an die Bebauungsplanung angebunden. In vielen Ländern können z.B. die Anforderungen der örtlichen Landschaftsplanung nur durch Aufnahme in den Bebauungsplan verbindlich gemacht werden. Durchweg besteht darüber hinaus die Möglichkeit, die bauordnungsrechtlichen Satzungen auch als Bestandteil des Bebauungsplans zu erlassen.

Die administrativen Handlungsmöglichkeiten werden damit nicht isoliert durch die Vorschriften eines Rechtsgebiets bestimmt, sondern ergeben sich aus dem Zusammenwirken aller angesprochenen Rechtsgebiete. Eine formal nach Rechtsgebieten strukturierte Darstellung würde der Verzahnung der Rechtsgebiete nicht gerecht werden.[1] Die folgende Analyse des rechtlichen Instrumentariums knüpft deshalb an den einzelnen Instrumenten an. Auf diese Weise können die für die jeweiligen Maßnahmen relevanten rechtlichen Anforderungen rechtsgebietsübergreifend erfaßt und damit der tatsächliche Handlungsrahmen umfassend analysiert werden.

B. System der rechtlichen Instrumente

Unterschieden werden kann zwischen Befugnissen, die generelle Regelungen eines Sachverhalts für eine Vielzahl von Einzelfällen ermöglichen (Rechtssetzungsbefugnisse) und solchen Befugnissen, die jeweils nur die Regelung eines konkreten Einzelfalls im Auge haben (Kontroll-, Eingriffs- und Sanktionsbefugnisse).

Die Rechtssetzungsbefugnisse sind den auf den jeweiligen Einzelfall bezogenen Befugnissen systematisch vorgeschaltet. Auf der Grundlage der Rechtssetzungsbefugnisse können in ihrer Verbindlichkeit örtlich abgegrenzte Rechtsvorschriften geschaffen werden, die dann im Wege der Kontroll-, Eingriffs- und Sanktionsbefugnisse umgesetzt werden müssen. Durch die lokal wirksamen Rechtsvorschriften können deshalb die landes- und bundesgesetzlichen Anforderungen für einen bestimmten Raum ergänzt und spezifiziert werden.

Bundesgesetz	> > > > > > > > > > > > > > > > >	
	> > > > > > > > RVO > > > > >	Kontrolle
Landesgesetz	> > > > > > > > > > > > > > > > >	Eingriffe
	> > > > > > > > RVO > > > > >	Sanktionen
Ortsgesetz	> > > > > > > > > > > > > > > > >	

(Tab. 32)

Administratives Handeln kann sich nicht auf die Umsetzung kausal vorprogrammierender Vorschriften beschränken. Die Erfüllung hoheitlicher Aufgaben erfordert gestalterische Initiative. Diese findet ihren Ausdruck in der Ausübung von Ermessen im Rahmen von Einzelentscheidung und vorgelagert in der Entwicklung von Konzeptionen im Rahmen von Planungen. Planungen werden im folgenden als mehrstufige Prozesse begriffen, die in der Erfassung der gegenwärtigen Lage, der Prognose der künftigen Entwicklung und der Gestaltung von Ziel- und Interessenkonflikten bestehen.[2] Konzeption und Gestaltung sind wesentliche Elemente eines auf Vorsorge i.S.d. umweltrechtlichen Vorsorgeprinzips [3] gerichteten Verwaltungshandelns.

Die Planungen können mit unterschiedlichen Funktionen und Rechtswirkungen ausgestattet sein. Allen gemeinsam ist, daß sie Wissen zusammentragen und koordinieren und hieraus eine konkrete Konzeption ableiten. Planungen können deshalb mindestens als Informati-

---

1 Vgl. zu den möglichen Differenzierungen des umweltrechtlichen Instrumentariums Hoppe/Beckmann, Umweltrecht, § 6 Rn. 3 ff.; Kloepfer/Meßerschmidt, Innere Harmonisierung des Umweltrechts, S. 102; Rehbinder, in: Salzwedel, Grundzüge des Umweltrechts, S. 106;
2 Hoppe/Beckmann, Umweltrecht, § 7 Rn. 2
3 Das Vorsorgeprinzip gehört neben dem Verursacherprinzip und dem Kooperationsprinzip zu den grundlegenden Prinzipien des Umweltrechts. Vgl. Hoppe/Beckmann, Umweltrecht, § 5 Rn. 10 - 29; Schmidt-Aßmann, DÖV 1990, 169

onsgrundlage dienen. Durch einen bestätigenden Beschluß der zuständigen Verwaltungsstellen können sie innerbehördlich Bindungswirkung entwickeln. Sie können somit den Charakter eines Verwaltungsprogramms annehmen. Rechtswirkung gegenüber Dritten können Planungen aber nur entwickeln, wenn sie auf der Grundlage einer gesetzlichen Ermächtigung durch die zuständige öffentliche Körperschaft oder das zuständige Verwaltungsorgan förmlich beschlossen wurden.

Unterhalb des förmlichen Parlamentsgesetzes bestehen Rechtssetzungsbefugnisse als Befugnisse zum Erlaß von Satzungen und Rechtsverordnungen. Diese sind entweder den Gemeinden oder einem Organ der staatlichen Verwaltung zugeordnet. In den Ländern mit entsprechender Verwaltungsorganisation kann die Befugnis den Gemeinden auch in der Funktion als Organ staatlicher Verwaltung zugeordnet sein.[4] Ihnen ist gemeinsam, daß sie in der Regel Gesetze im materiellen Sinne sind, d.h. daß sie unmittelbar Rechte und Pflichten gegenüber Dritten begründen. Sie sind gleichermaßen gesetzlich abgeleitete Regelungsbefugnisse (vgl. zu den zur Begrenzung der Bodenversiegelung relevanten Rechtssetzungsbefugnissen Tab. 33).[5]

	Satzung	RVO/Gesetz
Bebauungsplan	Flächenstaaten Bremen	Bln./Hbg.
Bauordnungsrechtl. Gestaltungsvorschriften	Flächenstaaten Bremen	Bln./Hbg.
Landschafts- Grünordnungsplan	NW/Bremen	Bln./Hbg.
Naturschutzrechtl. Unterschutzstellungen	z.T. bei Baumschutz- regelungen generell in NW	überall (Ausnahme NW) mit Einschränkung bei Baumschutzregelungen
Wasserschutzgebiete		überall

(Tab. 33)

In Berlin und Hamburg wird die Rechtsform der Satzung in der Regel durch die der Rechtsverordnung bzw. des Gesetzes ersetzt, da hier staatliche Verwaltung und kommunale Selbstverwaltung zusammenfallen.

Die theoretische Unterscheidung von Verordnungs- und Satzungsbefugnis ist im Untersuchungszusammenhang insoweit von Bedeutung, als die Rechtssetzungsbefugnisse für Satzungen und Rechtsverordnungen in der Regel in die Hände unterschiedlicher Rechtsträger gelegt sind.

Die Satzungsbefugnis ist originäres Instrument der kommunalen Selbstverwaltung und deren Mittel zur Erfüllung von freiwilligen und Pflichtaufgaben.[6] Nach der Begriffsbestimmung des BVerfG sind Satzungen Rechtsvorschriften, die von den Gemeinden im Rahmen der ihr gesetzlich verliehenen Autonomie (Rechtssetzungsgewalt, Satzungsbefugnis) mit Wirksam-

---

4 Vgl. Schmidt-Aßmann, Die kommunale Rechtsetzung im Gefüge administrativer Handlungsformen und Rechtsquellen, S. 25; Maurer, AllgVwR, S. 52
5 Vgl. Ossenbühl, in: Erichsen/Martens, AllgVwR, S. 106
6 Vgl. Erichsen, Kommunalrecht NW, S. 125; Schmidt-Aßmann, in: v.Münch, BesVwR, S. 156

keit für die ihr angehörigen und unterworfenen Personen erlassen werden.[7] Sie sind typische Instrumente eigenverantwortlicher Aufgabenerfüllung und dezentraler Verwaltungsorganisation.[8] Die Gemeinden können auf diese Weise Ortsrecht schaffen.[9]

Von den Rechtsverordnungen unterscheiden sich Satzungen nicht zwingend durch die Zuordnung der Rechtssetzungskompetenz an die Gemeinde oder an ein der staatlichen Verwaltung unselbständig eingegliedertes Verwaltungsorgan.[10] Auch die Gemeinden können Rechtsverordnungen erlassen, soweit sie als Organe staatlicher Verwaltung tätig werden (z.B. im Polizei- und Ordnungsrecht).[11] Bei der Satzung handelt die Gemeinde nicht anstelle des Parlaments, sondern eigenständig im Rahmen der Gesetze.[12] Demgegenüber wird die Rechtssetzungskompetenz bei der Rechtsverordnung an einen untergeordneten Träger öffentlicher Verwaltung delegiert.[13] Ossenbühl bezeichnet deshalb die Satzung als dezentrale und die Rechtsverordnung als dekonzentrierte Rechtssetzungsbefugnis.[14]

Nach der Rechtsprechung des BVerfG wird der der gemeindlichen Selbstverwaltung obliegende Aufgabenkatalog nicht durch feststehende Merkmale bestimmt.[15] Die Gemeinden können sich ohne weiteren Ermächtigungstitel aller Angelegenheiten der örtlichen Gemeinschaft annehmen, soweit sie nicht durch Gesetz bereits einem anderen Träger der öffentlichen Verwaltung zugewiesen sind.[16] Der Gesetzgeber ist in der Entscheidung, welche Angelegenheiten der örtlichen Gemeinschaft der kommunalen Selbstverwaltung entzogen werden, jedoch nicht frei. Er hat das in Art. 28 Abs. 2 S. 1 GG enthaltene Aufgabenverteilungsprinzip zu beachten. Angelegenheiten mit relevant örtlichem Charakter dürfen danach einem anderen Träger der öffentlichen Verwaltung nur aus überwiegenden Gründen des Gemeininteresses zugewiesen werden. Dies ist nach der Entscheidung des BVerfG vor allem dann der Fall, wenn anders die ordnungsgemäße Aufgabenerfüllung nicht sicherzustellen wäre.[17] Gründe der Verwaltungseffizienz allein reichen allerdings nicht aus, denn der Verfassungsgeber hat sich ganz bewußt für eine starke Kompetenz der Gemeinden aus politisch-demokratischen Gründen und unter Zurückstellung ökonomischer Erwägungen entschieden.[18]

Der davon erfaßte eigenverantwortliche Regelungsbereich der Gemeinden betrifft nur Angelegenheiten der örtlichen Gemeinschaft. Welche Aufgaben Angelegenheiten der örtlichen Gemeinschaft sind, bestimmt sich nach ihren örtlichen Bezügen. Der Gesetzgeber kann da-

---

7 Vgl. BVerfG, E 10, 20 (49 f.); E 33, 125 (156); Schmidt-Jortzig, Kommunalrecht, S. 205, Rn. 611
8 Vgl. Erichsen, Kommunalrecht NW, S. 125; Schmidt-Aßmann, in: v.Münch, BesVwR, S. 156
9 Vgl. Erichsen, Kommunalrecht NW, S. 125
10 Vgl. Schmidt-Aßmann, Die kommunale Rechtsetzung im Gefüge administrativer Handlungsformen und Rechtsquellen, S. 25
11 Vgl. Schmidt-Aßmann, Die kommunale Rechtsetzung im Gefüge administrativer Handlungsformen und Rechtsquellen, S. 25; Maurer, AllgVwR, S. 52
12 Vgl. Schmidt-Aßmann, Die kommunale Rechtsetzung im Gefüge administrativer Handlungsformen und Rechtsquellen, S. 8
13 Vgl. Schmidt-Jortzig, Kommunalrecht, S. 206, Rn. 615; Ossenbühl, in: Erichsen/Martens, AllgVwR, S. 107
14 Vgl. Ossenbühl, in: Erichsen/Martens, AllgVwR, S. 107
15 BVerfG, Urt. v. 23.11.1988 - 2 BvR 1619/83, 2 BvR 1628/83 -, DVBl 1989, 300 (301) = E 79, 127 ff.
16 BVerfG, Urt. v. 23.11.1988 - 2 BvR 1619/83, 2 BvR 1628/83 -, DVBl 1989, 300 (301) = E 79, 127 ff.
17 BVerfG, Urt. v. 23.11.1988 - 2 BvR 1619/83, 2 BvR 1628/83 -, DVBl 1989, 300 (303 f.) = E 79, 127 ff.
18 BVerfG, Urt. v. 23.11.1988 - 2 BvR 1619/83, 2 BvR 1628/83 -, DVBl 1989, 300 (303 f.)m = E 79, 127 ff.

bei unter Berücksichtigung der Größe von Gemeinden typisierend eine Einschätzung treffen, wobei ihm das BVerfG ausdrücklich einen Einschätzungsspielraum zubilligt.[19] Im Untersuchungszusammenhang zeigt sich der Einschätzungsspielraum bei der Zuordnung von Aufgabenbereichen z.B. hinsichtlich der Regelungskompetenz für naturschutzrechtliche Baumschutzregelungen, die nur in einigen Ländern durch die Gemeinden getroffen werden dürfen.

---

19 BVerfG, Urt. v. 23.11.1988 - 2 BvR 1619/83, 2 BvR 1628/83 -, DVBl 1989, 300 (304) = E 79, 127 ff.

Kapitel 7

Bauleitplanung

A. Funktionen des Flächennutzungsplans und des Bebauungsplans

Bauleitpläne, d.h. Flächennutzungsplan und Bebauungsplan, sind raumbezogene Gesamtplanungen auf der örtlichen Ebene.[1] Aufgabe der Bauleitpläne ist somit die Gestaltung der räumlich-strukturellen Gesamtverhältnisse ihres jeweiligen Geltungsbereichs.[2] Die Aufgabenbestimmung des § 1 Abs. 1 BauGB bezeichnet dies als Vorbereitung und Leitung der baulichen und sonstigen Nutzung der Grundstücke in der Gemeinde. Die Vorbereitungs- und Leitungsfunktion beschränkt sich deshalb nicht auf die Flächen, die einer baulichen Nutzung zugeführt werden sollen, sondern umfaßt die Gesamtfläche des Geltungsbereichs des jeweiligen Bebauungsplans bzw. Flächennutzungsplans, also auch die sonstigen, nicht baulich genutzten Flächen.[3]

Flächennutzungsplan und Bebauungsplan haben allerdings im Rahmen der Zweckbestimmung des § 1 Abs. 1 BauGB voneinander abweichende Funktionen. Diese machen sich auch hinsichtlich ihrer Bedeutung zur Verringerung oder Begrenzung der Bodenversiegelung bemerkbar.

I. Funktion des Flächennutzungsplans

Der Flächennutzungsplan erfüllt folgende Funktionen:

- Koordinierung,

---

1 Es ist nicht unbestritten, daß es sich um eine Gesamtplanung handelt; vgl. unten die Ausführungen zu § 8 Abs. 4 BNatSchG. Wie hier: Kraft, Immissionsschutz in der Bauleitplanung, S. 62; Schmidt-Aßmann, Grundfragen des Städtebaurechts, S. 63; Breuer, Die hoheitliche raumgestaltende Planung, S. 42; Hoppe/Beckmann, Umweltrecht, § 7 Rn. 18; Book, Bodenschutzrecht, S. 68; a.A. Bielenberg, in: Ernst/Zinkahn/Bielenberg, BBauG, Einl., Anh., Rn. 55. Bielenberg ordnet die Bauleitplanung den Fachplanungen zu.
2 Book, Bodenschutz in der räumlichen Planung, S. 30
3 Ebersbach, Rechtliche Aspekte des Landschaftsverbrauchs am ökologisch falschem Platz, S. 211; Hoppe, in: Ernst/Hoppe, Öffentliches Baurecht, Rn. 240

- Determinierung,
- Programmierung und
- Informierung.

Der Flächennutzungsplan dient als Naht- und Koordinationsstelle für die überörtlichen Raumplanungen und raumbedeutsamen Fachplanungen.[4] Er ordnet alle im Gemeindegebiet bestehenden Nutzungsansprüche an den Raum und entscheidet grundlegend über die Verteilung der Gesamtfläche. Gem. § 5 Abs. 1 BauGB stellt er die sich aus der beabsichtigten städtebaulichen Entwicklung ergebende Art der Bodennutzung nach den voraussichtlichen Bedürfnissen der Gemeinde für das gesamte Gemeindegebiet dar. Mit dieser grundlegenden Entscheidung über die städtebauliche Entwicklung setzt er Eckpfeiler auch für die künftige soziale, wirtschaftliche und kulturelle Entwicklung.[5] Insoweit wird er als Programm und Entscheidungsprämisse für das weitere Verwaltungshandeln bezeichnet.[6]

Der Bebauungsplan ist aus dem Flächennutzungsplan zu entwickeln. Der Flächennutzungsplan ist damit für die nachfolgende Bebauungsplanung verbindlich. Abweichungen sind nur in geringem Umfang nach Maßgabe des Entwicklungsgebots (§ 8 Abs. 2 BauGB) zulässig. Insoweit hat er gegenüber der Bebauungsplanung determinierende Wirkung.[7]

Nach § 5 Abs. 4 BauGB sollen Planungen und sonstige Nutzungsregelungen, die nach anderen Vorschriften festgesetzt sind, sowie nach Landesrecht denkmalgeschützte Mehrheiten von baulichen Anlagen nachrichtlich übernommen werden. Wenn solche Regelungen beabsichtigt sind, soll ein entsprechender Vermerk aufgenommen werden.[8] Insoweit dient der Flächennutzungsplan auch als Informationsquelle.[9] Darüber hinaus bestehen nach § 5 Abs. 3 BauGB Kennzeichnungspflichten, mit denen bestimmte besonders gravierende Konflikte hervorgehoben werden sollen. Für das Problem der Bodenversiegelung können insbesondere zwei der kenntlich zu machenden Konflikte von Bedeutung sein: Dies sind Flächen mit Bodenverunreinigungen und Flächen, auf denen bauliche Vorkehrungen zum Schutz vor Naturgewalten erforderlich sind.

Im Hinblick auf die als Naturgewalt geltende Hochwassergefahr [10] können bestimmte hierauf abgestimmte Entwässerungskonzepte ggf. mit Regelungen über eine Begrenzung der Bodenversiegelung und eine dezentrale Versickerung von Niederschlagswasser auf den Grundstücken abgeleitet werden. Auf Altlastenflächen kann sich zum Schutz des Grundwassers und zur Vermeidung des Austritts von Schadstoffen in die Atmosphäre die Notwendigkeit einer Abdeckung bzw. Einkapselung durch Vollversiegelung der Gefahrenstelle ergeben. Auch insoweit kann der Flächennutzungsplan eine wichtige Informationsgrundlage bieten. Entsprechende Kennzeichnungspflichten bestehen gem. § 9 Abs. 5 BauGB auch im Bebauungsplan.

---

4 Rothe, Bauplanungsrecht, Rn. 315; Grauvogel, in: Kohl.Kom., BauGB, § 5 Rn. 8; Bunse, DVBl 1984, 440 (441); Löhr; in Battis/-Krautzberger/Löhr, BauGB, § 5 Rn. 4
5 Der Flächennutzungsplan bleibt aber eine auf den Raum bezogene Planung. Er enthält deshalb keine Investitionsplanung. Vgl. Löhr; in: Battis/Krautzberger/Löhr, BauGB, § 5 Rn. 4; ders., Die kommunale Flächennutzungsplanung, S. 57
6 Grauvogel, in: Kohl.Kom., BauGB, § 5 Rn. 7; Schimanke, DVBl 1979, 616 (617)
7 Grauvogel, in: Kohl.Kom., BauGB, § 5 Rn. 5
8 Vgl. Löhr; in Battis/Krautzberger/Löhr, BauGB, § 5 Rn. 44
9 Rothe, Bauplanungsrecht, Rn. 315; Löhr; in Battis/Krautzberger/-Löhr, BauGB, § 5 Rn. 6
10 Vgl. Battis/Krautzberger/Löhr, BauGB, § 5 Rn. 38

In Niedersachsen tritt der Flächennutzungsplan in kreisfreien Städten an die Stelle der regionalen Raumordnungsprogramme.[11] Gem. § 5 Abs. 1 S. 5 BROG ersetzt der Flächennutzungsplan auch in den Stadtstaaten die Regionalplanung. Dem Flächennutzungsplan kommt dort eine entsprechend der Zweckbestimmung der überörtlichen Gesamtplanung erheblich ausgeweitete Funktion zu. Er ist hier ein fachübergreifendes Programm für die gesamträumliche Entwicklung. Die Träger öffentlicher Verwaltung müssen sich bei allen Planungen und sonstigen Maßnahmen an den Vorgaben des Flächennutzungsplans orientieren.[12]

Im Verhältnis zu anderen öffentlichen Planungen begründet der Flächennutzungsplan gem. § 7 BauGB eine Anpassungspflicht, wenn die zuständigen öffentlichen Planungsträger dem Flächennutzungsplan nicht widersprochen haben. Die Anpassungspflicht kann nachträglich nur bei veränderter Sachlage suspendiert werden, soweit

- dies im Einvernehmen mit der Gemeinde geschieht oder
- die durch einen nachträglichen Widerspruch für eine abweichende Planung vor-gebrachten Belange die sich aus dem Flächennutzungsplan ergebenden städtebaulichen Belange nicht nur unwesentlich überwiegen.

Der Flächennutzungsplan entwickelt bei fehlendem Widerspruch anderer öffentlicher Planungsträger gegenüber diesen eine dem Verhältnis zur Bebauungsplanung entsprechende Bindungswirkung.[13] Dies gilt auch gegenüber nach § 38 BauGB privilegierten Fachplanungen.[14]

Der Flächennutzungsplan kann danach vor allem vorbereitend auf der Grundlage einer gesamtgemeindlichen Betrachtung Aussagen über die Bodenversiegelung und die erforderlichen Maßnahmen zu ihrer Begrenzung machen. Diese wirken programmatisch für andere Planungen und Maßnahmen öffentlicher Träger, insbesondere für die Bebauungsplanung. Sein Vorteil liegt in seinem gesamtgemeindlichen Bezug. Aus den dargestellten Funktionen des Flächennutzungsplans ergibt sich, daß er auf verschiedene Weise zur Steuerung der Bodenversiegelung beitragen kann, insbesondere durch

- die vorbereitende Darstellung von verbindlichen Regelungen in der Bebauungsplanung,
- die Lokalisierung von Schwerpunkten für solche Regelungen bezogen auf das ganze Gemeindegebiet,
- Schaffung eines Freiflächen-Verbundsystems,
- Vernetzung von Biotopen,
- das Erfassen des Bodenversiegelungsgrads für das gesamte Gemeindegebiet und seine Aufnahme in den Erläuterungsbericht.[15]

---

11 § 8 Abs. 1 NdsROG
12 Gem. § 5 Abs. 4 BROG i.V.m. § 4 Abs. 5 BROG sind die Vorgaben des Flächennutzungsplans hier von Bundes- und Landesbehörden, von den Gemeinden und Gemeindeverbänden sowie von den bundesunmittelbaren und den der Landesaufsicht unterstellten Körperschaften, Anstalten und Stiftungen des öffentlichen Rechts bei Planungen und allen sonstigen Maßnahmen, durch die Grund und Boden in Anspruch genommen wird, zu beachten.
13 Bielenberg, in: Bielenberg/Krautzberger/Söfker, S. 445, Rn. 75
14 Löhr, in: Battis/Krautzberger/Löhr, BauGB, § 38 Rn. 2; vgl. auch BT-Drs. 10/6166, S. 147
15 Zum notwendigen Inhalt des Erläuterungsberichts gehört die Darlegung der Auswirkungen auf die Umwelt, die in Hinblick auf die nach dem Willen des Gesetzgebers integrierte Umweltverträglichkeitsprüfung (vgl. BT-Drs. 10/6166, S. 139) und die neu eingeführte Bodenschutzklausel, insbeson-

II. Funktion des Bebauungsplans

Anders als der Flächennutzungsplan enthält der Bebauungsplan rechtsverbindliche Festsetzungen über die städtebauliche Ordnung. Er ist damit Grundlage für eine Vielzahl weiterer Vorschriften.[16] Hierzu gehören auch die für die Steuerung der Bodenversiegelung wichtigen Vorschriften über die Zulässigkeit von Vorhaben (§§ 29 ff. BauGB) und über die städtebaulichen Gebote (§ 175 ff. BauGB).

Als rechtsverbindliche Regelung bestimmt der Bebauungsplan Inhalt und Schranken des Eigentums an den Grundstücken in seinem Geltungsbereich. Er kann Nutzungsrechte ggf. unter Auslösung von Entschädigungspflichten beschränken. Soweit nach den §§ 30 ff. BauGB noch keine bauliche Nutzung zulässig war, kann er die Bebaubarkeit ermöglichen und damit die Nutzungsmöglichkeit der Grundstücke in seinem Geltungsbereich erweitern.[17] Der Bebauungsplan wirkt dabei aber immer nur als Angebotsplanung. Er begründet keine unmittelbaren Handlungspflichten. Seine Realisierung ist den Grundstückseigentümern oder Nutzungsberechtigten überlassen. Die Einhaltung der Festsetzungen des Bebauungsplans wird dann im bauaufsichtsrechtlichen Kontrollverfahren sichergestellt. Unter bestimmten Voraussetzungen können die Festsetzungen durch die städtebaulichen Gebote gegenüber dem Grundstückseigentümer auch mit den Mitteln des Verwaltungszwangs durchgesetzt werden.[18]

B. Darstellungs- und Festsetzungsmöglichkeiten

Der Inhalt der Bauleitplanung ergibt sich für den Flächennutzungsplan aus seinen Darstellungen und für den Bebauungsplan aus seinen Festsetzungen. Inwieweit versiegelungsbeschränkende Inhalte in einen Bauleitplan aufgenommen werden können, hängt deshalb davon ab, ob entsprechende Darstellungen bzw. Festsetzungen zulässig sind.

Die Gemeinden können im Bebauungsplan nicht frei entscheiden, welche Maßnahmen sie zur Begrenzung der Bodenversiegelung festsetzen. Sie sind an die in § 9 Abs. 1 BauGB aufgeführten und in der BauNVO zum Teil konkretisierten Festsetzungsmöglichkeiten gebunden. Die dort aufgeführten Möglichkeiten sind abschließend.[19] Nach § 9 Abs. 4 BauGB können allerdings darüber hinaus auf Landesrecht beruhende Regelungen in den Bebauungsplan aufgenommen werden.

Demgegenüber sind die in § 5 Abs. 2 Nr. 1 - 10 BauGB aufgeführten Darstellungsmöglichkeiten nicht abschließend.[20] Aufgeführt sind nur solche Darstellungsmöglichkeiten, die häufig und üblicherweise in Betracht kommen. Es handelt sich mithin nur um einen Katalog von Regelbeispielen. Von den aufgeführten Beispielen kommen zur Vermeidung, Begrenzung oder Verminderung der Bodenversiegelung insbesondere folgende in Betracht:

---

dere auch den Verbrauch von Boden durch Bodenversiegelung betrifft. Vgl. Löhr; in Battis/Krautzberger/Löhr, BauGB, § 5 Rn. 9
16 Vgl. Rothe, Bauplanungsrecht, Rn. 415
17 Vgl. Gaentzsch, NuR 1990, 1 (2)
18 Vgl. Rothe, Bauplanungsrecht, Rn. 415
19 BVerwG, Urt. v. 24.4.1979 - 4 C 53/67 -, BauR 1970, 87; Gaentzsch, in: Berliner Kommentar, BauGB, § 9 Rn. 3
20 Dies ergibt sich aus dem Wortlaut "können insbesondere dargestellt werden". Vgl. Grauvogel, in: Kohl.Kom., BauGB, § 5 Rn. 29; Rothe, Bauleitplanung, Rn. 324

- Allgemeines Maß der baulichen Nutzung (Nr. 1)
- Grünflächen (Nr. 5)
- Flächen, die im Interesse des Hochwasserschutzes und der Regelung des Wasserabflusses freizuhalten sind (Nr. 7),
- Flächen für die Landwirtschaft und den Wald (Nr. 9),
- Flächen für Maßnahmen zum Schutz, zur Pflege und zur Entwicklung von Natur und Landschaft (Nr. 10).

Soweit erforderlich (§ 1 Abs. 3 BauGB) können auch darüber hinaus gehende Darstellungen vorgenommen werden. Anhaltspunkt und Grenze dafür ergeben sich aus den in § 9 Abs. 1 BauGB aufgeführten Festsetzungsmöglichkeiten. Der Flächennutzungsplan darf nach überwiegender Ansicht nur darstellen, was im Bebauungsplan auch festgesetzt werden kann.[21] Darstellungen, die nicht im Bebauungsplan umgesetzt werden können, sind danach unzulässig.

Demgegenüber ist Grauvogel der Ansicht, daß der Flächennutzungsplan nicht an die möglichen Inhalte des Bebauungsplans gebunden ist, da er für die gesamtgemeindliche Entwicklung und nicht nur für die Bodennutzung Programmfunktion hat.[22] Dem kann nicht gefolgt werden. Die möglichen Inhalte der Bauleitplanung werden abschließend bestimmt durch ihre Zielbestimmung, wie sie in § 1 Abs. 1 BauGB bestimmt ist.[23] Aufgaben des Flächennutzungsplans sind danach die Vorbereitung und die Ordnung der baulichen und sonstigen Nutzung der Grundstücke im gesamten Gemeindegebiet. Die Programmfunktion der Flächennutzungsplanung für nicht die Bodennutzung betreffende administrative Handlungsfelder ist deshalb lediglich eine faktische.[24] Sie ist nicht durch das BauGB sanktioniert. Da der Gesetzgeber in § 9 Abs. 1 und 4 BauGB abschließend aufgelistet hat, wie die Bodennutzung entsprechend der Zweckbestimmung des § 1 Abs. 1 BauGB verbindlich geregelt wird, würde eine davon abweichende Darstellung in der vorbereitenden Bauleitplanung nicht in verbindliche Regelungen umsetzbar sein und deshalb gegen das Entwicklungsgebot nach § 8 Abs. 2 BauGB verstoßen.

Der mögliche Inhalt eines Flächennutzungsplans wird mithin durch die in § 9 Abs. 1 BauGB abschließend aufgeführten Festsetzungsmöglichkeiten begrenzt. Die Ausführungen zu den Festsetzungsmöglichkeiten gelten insoweit entsprechend für die Darstellungsmöglichkeiten. Aus der Funktion des Flächennutzungsplans im Verhältnis zum Bebauungsplan ergeben sich allerdings Einschränkungen im Hinblick auf die Konkretheit möglicher Darstellungen.[25] Als vorbereitende Planung muß der Flächennutzungsplan der verbindlichen Bauleitplanung noch genügend Gestaltungsfreiraum lassen. Der Flächennutzungsplan darf deshalb nicht in gleicher Weise detaillierte Regelungen enthalten wie der Bebauungsplan.[26]

Die aufgeführten Darstellungs- und Festsetzungsmöglichkeiten können, müssen aber nicht ausgeschöpft werden. Die Regelungsdichte ergibt sich gem. § 1 Abs. 3 BauGB aus der Er-

---

21 Gaentzsch, in: Berliner Kommentar, BauGB, § 5 Rn. 18; Löhr, in: Battis/Krautzberger/Löhr, § 5 Rn. 11
22 Grauvogel, in: Kohl.Kom., BauGB, § 5 Rn. 29
23 Vgl. unten
24 Hiervon geht auch Grauvogel aus. Grauvogel, in: Kohl.Kom., BauGB, § 5 Rn. 7; vgl. auch Löhr; in Battis/Krautzberger/Löhr, BauGB, § 5 Rn. 4; ders., Die Kommunale Flächennutzungsplanung, S. 57; Schimanke, DVBl 1979, 616 (617)
25 Löhr, in: Battis/Krautzberger/Löhr, § 5 Rn. 12
26 Gaentzsch, in: Berliner Kommentar, BauGB, § 5 Rn. 18

forderlichkeit einer Darstellung bzw. Festsetzung.[27] Die Gemeinde kann auch als Ausdruck planerischer Zurückhaltung auf detaillierte Regelungen verzichten, um für die Planverwirklichung einen größeren Spielraum zu erhalten.[28] Eine abstrakte Beschreibung der erforderlichen Regelungsdichte ist deshalb nicht möglich. Der planaufstellenden Gemeinde bietet sich eine breite Palette von Regelungsmöglichkeiten, die sie je nach den Umständen des Einzelfalls und ihrer städtebaulichen Konzeption anwenden kann.

Zur Systematisierung der Festsetzungsmöglichkeiten soll zwischen den folgenden Regelungsgegenständen unterschieden werden:

- Begrenzung der Bodenversiegelung auf den Baugrundstücken (I),
- Begrenzung der Bodenversiegelung auf öffentlichem Straßenland und öffentlichen Parkplatzflächen (II),
- Festsetzung von Maßnahmen und Flächen, die aktiv auf eine ökologisch wirksame Gestaltung des Raums hinzielen (III).

I. Begrenzung der Bodenversiegelung auf Baugrundstücken

Der Grad der Bodenversiegelung innerhalb einer Siedlung wird maßgeblich dadurch bestimmt, mit welcher Dichte bauliche Nutzungen, die üblicherweise mit Bodenversiegelung verbunden sind, zugelassen werden. Zu diesen baulichen Nutzungen gehören:

- Gebäude,
- sonstige bauliche Anlagen,
- insbesondere Nebenanlagen i.S.v. § 14 BauNVO,
- Stellplätze und Garagen sowie
- Verkehrsflächen.

Die für diese Nutzungen vorgesehenen Flächen werden entsprechend den Festsetzungen versiegelt. Zur Begrenzung der Bodenversiegelung kommen deshalb insbesondere folgende Festsetzungen in Betracht:

- Festsetzung der Grundfläche bzw. Grundflächenzahl (1),
- Festsetzung der überbaubaren und nicht überbaubaren Grundstücksfläche (2),
- Mindestmaß für Baugrundstücke (3),
- Festsetzungen über die Zulässigkeit von Stellplätzen (4),
- Festsetzungen über die Zulässigkeit von Nebenanlagen (5).

---

27 Löhr, in: Battis/Krautzberger/Löhr, § 5 Rn. 12 u. § 9 Rn. 4; Gaentzsch, in: Berliner Kommentar, BauGB, § 5 Rn. 18 u. § 9 Rn. 10
28 BVerwG, Urt. v. 11.3.1988 - 4 C 56/84 -, UPR 1988, 268; Beschl. v. 6.3.1989 - 4 NB 8/89 -, UPR 1989, 307; Beschl. v. 13.7.1989 - 4 B 140/88 -, UPR 1989, 438

1. Festsetzung der Grundfläche bzw. Grundflächenzahl

Die Bebauungsdichte wird durch das Maß der baulichen Nutzung und die Bauweise bestimmt.[29] Die sich daraus ergebende Bebauungsform läßt Rückschlüsse auf die Anzahl der Bewohner bzw. Benutzer der Gebäude zu und ist damit zugleich Bestimmungsfaktor für den Flächenbedarf von Folgeeinrichtungen, insbesondere für den fließenden und ruhenden Verkehr und die soziale Infrastruktur. Mit der Novellierung der Vorschriften über die zulässige Grundfläche (GR) und Grundflächenzahl (GRZ) in der BauNVO 1990 wurde der Maßfestsetzung eine wichtige Funktion auch zur Begrenzung der Bodenversiegelung auf Baugrundstücken zugewiesen.[30]

Die Novellierung zielt nicht darauf, den Flächenverbrauch für Siedlungszwecke insgesamt zu reduzieren. Vielmehr soll mit der Neufassung sichergestellt werden, daß ein bestimmter Flächenanteil auf den Baugrundstücken von jeglicher Form der Bebauung freigehalten wird, um hierdurch ein Mindestmaß an biotischen Potentialen innerhalb der Siedlungen zu erhalten. Die Neuregelung stellt deshalb Grenzen einer möglichen Verdichtung dar, die insoweit durchaus zusätzlichen Flächenbedarf im Außenbereich verursachen können.[31]

Besonderes Gewicht hat die Festsetzung der GRZ bzw. GR auch dadurch erhalten, daß sie nach § 16 Abs. 3 BauNVO unverzichtbarer Bestandteil der Maßfestsetzung ist.[32] Die Begrenzung der Bodenversiegelung durch die GR bzw. GRZ wird damit zum regelmäßigen Bestandteil aller Bebauungspläne, die eine Maßfestsetzung enthalten.

a) Grundfläche und Grundflächenzahl

Der Flächenanteil, der von baulichen Anlagen überdeckt werden darf, wird gem. § 19 Abs. 2 u. Abs. 1 BauNVO durch die Festsetzung der GR (= Grundfläche) oder der GRZ (= Grundflächenzahl) bestimmt. Die GRZ bestimmt den Anteil der baulich nutzbaren Grundstücksfläche als Verhältniszahl, während die GR den Anteil der baulich nutzbaren Fläche in absoluten Zahlen ausdrückt.[33] Je geringer die festgesetzte GR bzw. GRZ ist, desto geringer ist der Flächenanteil, der für bauliche Nutzungen zur Verfügung steht.

Bezugsmaßstab ist nicht zwingend das gesamte Grundstück. Angerechnet wird nur die Fläche des Grundstücks, die im Bauland und hinter der festgesetzten Straßenbegrenzungslinie liegt. Die Baulandqualität ergibt sich aus den Festsetzungen des Bebauungsplans, ggf. auch aus §§ 33 und 34 BauGB.[34] Soweit keine Straßenbegrenzungslinien festgesetzt sind, kann der Bebauungsplan die zu berücksichtigende Grundstücksfläche ausdrücklich definieren. Andernfalls ist die tatsächliche Straßengrenze maßgeblich.

---

29 Boeddinghaus, UPR 1990 204 (205)
30 Vgl. Fickert/Fieseler, § 16 Rn. 41; Söfker, in: Bielenberg/Krautzberger/Söfker, S. 917 f. Rn. 87; Regierungsentwurf, BR-Drs. 354/89, S. 35 f.; Heintz, BauR 1990, 166 (177); Boeddinghaus, UPR 1990, 204; Schlez, BauNVO, § 19 Rn. 12; Rist, BauNVO, § 19 Rn. 2; Söfker, in: Bielenberg/Krautzberger/Söfker, S. 917 f. Rn 87
31 Vgl. insoweit Boeddinghaus mit drei Fallbeispielen, der die Neuregelung wegen ihrer insoweit nachteiligen Auswirkungen auf den absoluten Flächenverbrauch kritisiert. UPR 1990 204 (205 ff.)
32 Vgl. Fickert/Fieseler, § 16 Rn. 41; Söfker, in: Bielenberg/Krautzberger/Söfker, S. 910 Rn. 76; Heintz, BauR 1990, 166 (172)
33 Vgl. zum Berechnungsmodus Boeddinghaus/Dieckmann, § 19 Rn. 4 ff.
34 Vgl. Fickert/Fieseler, § 19 Rn. 6; Boeddinghaus/Dieckmann, BauNVO, § 19 Rn. 9 ff.

b) Anzurechnende bauliche Anlagen

Auf die zulässige Grundfläche bzw. auf die Grundflächenzahl anzurechnen ist die Fläche, die von baulichen Anlagen überdeckt wird. Maßgeblich ist hierfür die vertikale Grundrißprojektion der oberirdischen und gem. § 19 Abs. 4 Ziffer 3 BauNVO auch der baulichen Anlagen unterhalb der Geländeoberfläche.[35] Der Begriff "überdeckt" ist im Hinblick auf die anzurechnenden unterirdischen Anlagen weit auszulegen.[36]

Grundsätzlich anzurechnen sind alle baulichen Anlagen. Hierin liegt der entscheidende Unterschied zu der vor dem 27.1.1990 geltenden Rechtslage. Nach § 19 Abs. 4 BauNVO (1977) waren noch Nebenanlagen, Balkone, Loggien und Terrassen sowie nach Landesrecht im Bauwich zulässige oder zulassungsfähige Anlagen (z.B. Stellplätze und Garagen) nicht anzurechnen. Auf die Grundfläche sind nach der jetzigen Fassung der BauNVO demgegenüber nicht nur Gebäude, sondern alle anderen baulichen Anlagen anzurechnen. Der Berechnungsmodus ist allerdings für die in § 19 Abs. 4 BauNVO aufgeführten Anlagen modifiziert.

Der Begriff "bauliche Anlage" ist entsprechend den landesrechtlichen Legaldefinitionen im umfassenden Sinne zu verstehen, unabhängig davon, ob ein Genehmigungsvorbehalt besteht oder das Vorhaben von der bauaufsichtlichen Genehmigung freigestellt ist.[37] Maßgebend ist, daß die Anlage künstlich aus Baustoffen hergestellt und dauerhaft mit dem Boden verbunden ist.[38] Jede den Boden versiegelnde aus Baustoffen hergestellte Befestigung ist deshalb eine anzurechnende bauliche Anlage. Hierzu gehören insbesondere auch

- befestigte Freisitze,
- Terrassen, Loggien und Balkone,
- befestigte Wege,
- sonstige befestigte Plätze (z.B. Lagerplätze).[39]

Für Stellplätze gilt zudem nach den LBO die gesetzliche Fiktion, daß sie als bauliche Anlagen gelten.[40] Unabhängig hiervon sind sie einschließlich der Zufahrten ausdrücklich nach Maßgabe des § 19 Abs. 4 BauNVO anzurechnen. Die besondere Erwähnung der Stellplätze einschließlich ihrer Zufahrten knüpft nicht an den Begriff "bauliche Anlage" an. Hieraus muß geschlossen werden, daß Stellplätze und Zufahrten auch dann auf die GR oder GRZ anzurechnen sind, wenn sie nicht künstlich aus Baustoffen hergestellt sind. Die anzurechnende Fläche der Stellplätze und der Zufahrten wird allein durch ihre Nutzung qualifiziert. Dies erscheint konsequent, da bereits durch die Nutzung und nicht erst durch die bauliche Veränderung der Bodenoberfläche die natürlichen Bodenfunktionen beeinträchtigt werden.

Die BauNVO verzichtet darauf, zwischen verschiedenen Bodenbelägen zu differenzieren. Sie wirkt insoweit vereinfachend, als sie nicht berücksichtigt, daß bestimmte natürliche Bodenfunktionen bei geeigneten Bodenbefestigungen erhalten bleiben.[41] Dies erscheint gerechtfertigt, da die ökologischen Gewinne relativ gering sind und ein spürbarer qualitativer

---

35 Vgl. Fickert/Fieseler, § 19 Rn. 4.1
36 Vgl. Fickert/Fieseler, § 19 Rn. 4.1
37 Vgl. Fickert/Fieseler, § 19 Rn. 4
38 Bork/Köster, NWBO, § 2 Rn. 3 und ausführlich unten Kap. 15
39 Vgl. auch Fickert/Fieseler, § 19 Rn. 5
40 Vgl. unten Kap. 15
41 Vgl. oben Kap. 3, Teil A

Sprung erst durch die mit der Versiegelungsbegrenzung verbundene Nutzungsbeschränkung bewirkt wird.

c) Besonderer Anrechnungsmodus für bestimmte Anlagen

Grundsätzlich ist die Fläche baulicher Anlagen zu 100 % auf die GR bzw. GRZ anzurechnen. Dies gilt, wie sich aus der Sonderregelung für die in § 19 Abs. 4 BauNVO aufgeführten Anlagen ergibt, jedoch ausschließlich für die Hauptanlagen und die ihnen zuzuordnenden Anlagenteile.[42] Für

1. Garagen, Stellplätze und ihre Zufahrten,
2. Nebenanlagen i.S.d. § 14 BauNVO,
3. bauliche Anlagen unterhalb der Geländeoberfläche, durch die das Baugrundstück lediglich unterbaut wird,

gilt gem. § 19 Abs. 4 BauNVO ein besonderer Anrechnungsmodus.

Anrechnungsmodus nach § 19 Abs. 4 BauNVO

Die im Bebauungsplan festgesetzte GRZ bzw. GR darf durch die Fläche dieser Anlagen um 50 % überschritten werden. Gleichzeitig ist aber eine absolute Überschreitungsgrenze bei 0,8 GRZ vorgesehen, um sicherzustellen, daß die Baugrundstücke in allen Baugebieten mindestens 20 % unversiegelte Freifläche und ein Mindestmaß an Durchgrünung aufweisen. Auf die Baugrundstücke in Kerngebieten wirkt sich diese Überschreitungsobergrenze allerdings nur aus, wenn der durch die Obergrenzenregelung des § 17 Abs. 1 BauNVO gegebene Festsetzungsspielraum nicht voll ausgeschöpft wird. In Kerngebieten kann schon nach § 17 Abs. 1 BauNVO eine GRZ von 1,0 festgesetzt werden.

Nach § 19 Abs. 4 S. 2 BauNVO können weitere Überschreitungen in geringem Umfang zugelassen werden. Als unbestimmter Rechtsbegriff ist der Begriff "geringer Umfang" auslegungsbedürftig. Der Maßstab ist dabei aus den konkreten Umständen des Einzelfalls zu entwickeln.[43] Der Verordnungsgeber wollte offensichtlich die starre Grenze der 50 % Regel im Hinblick auf besondere Fallkonstellationen flexibler gestalten.[44] Die Flexibilisierung muß sich aber an dem den Grad der Abweichung bestimmenden Attribut "gering" im Verhältnis zu 50 % orientieren. Ob die geringfügige Überschreitung zugelassen wird, liegt im Ermessen der Bauaufsichtsbehörde.[45] Ein Anspruch hierauf besteht - abgesehen von den Fällen der Ermessensreduzierung auf null - nicht.

§ 19 Abs. 4 S. 4 BauNVO enthält darüber hinaus einen Ausnahmetatbestand. Danach kann im Einzelfall, soweit im Bebauungsplan nichts anderes festgesetzt ist, die Überschreitung der sich ergebenden Obergrenze zugelassen werden

1. bei Überschreitungen mit geringfügigen Auswirkungen auf die natürlichen Funktionen des Bodens oder

---

42 Vgl. Heintz, BauR 1990, 166 (178)
43 Vgl. Fickert/Fieseler, § 19 Rn. 20
44 Vgl. Stock, ZfBR 1990, 123 (129); Rist, BauNVO, § 19 Rn. 2
45 Vgl. Fickert/Fieseler, § 19 Rn. 20

2. wenn die Einhaltung der Grenzen zu einer wesentlichen Erschwerung der zweckentsprechenden Grundstücksnutzung führen würde.

Mit dieser Regelung soll die Berücksichtigung von besonderen Fallkonstellationen, auf die § 19 Abs. 4 BauNVO nicht paßt, ermöglicht werden.[46] Geringfügige Auswirkungen auf die natürlichen Bodenfunktionen i.S.v. Ziffer 1 haben Überschreitungen durch solche baulichen Anlagen, die keine Versiegelung des Bodens nach sich ziehen, z.B. Gerüste.[47]

Im übrigen hängt die Frage, wann die Auswirkungen auf die natürlichen Bodenfunktionen nur geringfügig sind, von den Umständen des Einzelfalls ab. Zu berücksichtigen sein wird dabei vor allem die Qualität der ökologischen Potentiale des Bodens.[48] Handelt es sich um einen Boden mit nur geringen ökologischen Potentialen, kann dies eine Überschreitung rechtfertigen. So kann z.B. die Überschreitung durch eine Geländeunterbauung mit einer gut bepflanzbaren Bodendecke nur geringe Auswirkungen auf die vorgefundenen natürlichen Bodenfunktionen haben, wenn dies wegen der vorherigen Bodenqualität keine Auswirkungen auf den Grundwasserhaushalt hat.[49] Fickert/Fieseler erwägen zudem, ob die Befestigung von "Fahr- und Gehflächen mit Rasenlochsteinen, Pflastersteinen im Sandbett, Holzbohlen mit Fugen, Plattenwegen im Sandbett und dergl." eine ausreichende Reduzierung der nachteiligen Auswirkungen auf die natürlichen Bodenfunktionen bewirken kann.[50]

Zu beachten ist dabei aber, daß der Verordnungsgeber auf eine besondere Berücksichtigung der unterschiedlichen Auswirkungen verschiedener Bodenbeläge verzichtet hat. Dies gilt insbesondere für Stellplätze. Diese sind unabhängig davon anzurechnen, ob sie als bauliche Anlagen zu qualifizieren sind. Die nachteiligen Auswirkungen, denen mit § 19 Abs. 4 BauNVO begegnet werden soll, werden bereits durch die Nutzung zu Zwecken des ruhenden Verkehrs verursacht. Aus diesem Grund bestehen Zweifel, ob die Wahl besonderer Bodenbeläge allein die nachteiligen Auswirkungen auf das nach § 19 Abs. 4 S. 4 BauNVO erforderliche Maß reduzieren kann.

Die Versuche, bestimmte Kriterien zu benennen, wonach der Grad der Beeinträchtigung der natürlichen Bodenfunktionen zu bewerten ist, sind mangels einheitlicher in der Praxis eingeführter und anerkannter Bewertungsverfahren und Bewertungsparameter [51] potentielle Fehlerquellen und deshalb für die bauaufsichtliche Praxis kaum verwertbar. Die z.T. für erforderlich gehaltene Beteiligung der fachlich für den Bodenschutz zuständigen Behörde[52] verlagert die Bewertungsprobleme nur und führt lediglich zu einer weiteren Verzögerung im Genehmigungsverfahren.

Der zweite mögliche Ausnahmegrund wirft demgegenüber weniger Probleme auf. Er betrifft die durch bestimmte Nutzungen ausgelösten besonderen Anforderungen an die Gestaltung der Grundstücksoberfläche. Gemeint sind Nutzungen, die eine weitgehend vollständige Versiegelung erfordern, wie z.B. Reparaturbetriebe, Tankstellen, Betriebe, die mit wasserge-

---

46 Vgl. Fickert/Fieseler, § 19 Rn. 26
47 Vgl. Fickert/Fieseler, § 19 Rn. 26
48 Vgl. Fickert/Fieseler, § 19 Rn. 26
49 Vgl. Fickert/Fieseler, § 19 Rn. 26
50 Vgl. Fickert/Fieseler, § 19 Rn. 26; so auch Rist, BauNVO, § 19 Rn. 2; Söfker, in: Bielenberg/Krautzberger/Söfker, S. 922 Rn. 91
51 Vgl. insoweit die entsprechenden Probleme im Rahmen der Landschaftsplanung unten Kap. 8, Teil C
52 Vgl. Heintz, BauR 1990, 166 (179); Leder, BauNVO, § 19 Rn. 6

fährdenden Stoffen arbeiten usw..[53] Nach Stock können die Voraussetzungen der Ziffer 2 auch gegeben sein, wenn die nach Landesrecht auf dem Grundstück nachzuweisenden Stellplätze infolge der GRZ-Begrenzung nicht nachgewiesen werden können.[54] Dem ist entgegenzuhalten, daß der Verordnungsgeber die Überschreitung der GRZ durch die Anlage von Stellplätzen auch in Anbetracht der landesrechtlichen Stellplatznachweispflicht limitiert.

Festsetzung eines abweichenden Anrechnungsmodi

Gem. § 19 Abs. 4 S. 3 BauNVO können im Bebauungsplan Abweichungen von der Anrechnungsregel des S. 1 festgesetzt werden. Damit soll den Planungsträgern die Möglichkeit gegeben werden, die örtlichen und spezifischen Gegebenheiten sowie die besonderen planerischen Absichten zu berücksichtigen.[55] So kann z.B. die volle Anrechnung der genannten Anlagen festgesetzt werden. Nicht zulässig ist allerdings eine Festsetzung, wonach andere als die in § 19 Abs. 4 S. 1 BauNVO genannten Anlagen ebenfalls nach dem veränderten Anrechnungsmodus anzurechnen sind. Die Ermächtigung für abweichende Festsetzungen ist auf den Anrechnungsmodus und auf die Kappungsgrenze beschränkt.[56] Dies hindert aber nicht, zwischen den in S. 1 aufgeführten Anlagen den Anrechnungsmodus zu variieren. Eine Differenzierung kann z.B. zwischen Tiefgaragen und oberirdischen Stellplätzen und Garagen sinnvoll sein.[57] Die Kappungsgrenze könnte für Tiefgaragen bei 0,8 und für oberirdische Stellplätze und Garagen bei 0,6 festgelegt werden. Auf diese Weise könnte dem Umstand Rechnung getragen werden, daß Tiefgaragen gegenüber oberirdischen Stellplätzen in ökologischer wie in städtebaulich-funktionaler Hinsicht erhebliche Vorteile haben.

Umgekehrt kann eine abweichende Festsetzung den Anrechnungsmodus auch zu Lasten des Bodenschutzes verändern. Die Begründung zur Änderungsverordnung weist insoweit auf die für die Überschreitung der Maßobergrenzen in § 17 Abs. 2 und 3 BauNVO vorgesehenen Voraussetzungen hin.[58]

Anrechnungsmodus für überdachte Stellplätze und Garagen nach § 21 a Abs. 3

Die Anrechnung von Flächen für überdachte Stellplätze und Garagen ist gem. § 21 a Abs. 3 BauNVO nochmals modifiziert. Danach darf die zulässige GRZ durch Flächen für überdachte Stellplätze und Garagen nur um bis zu 0,1 der Grundstücksfläche überschritten werden.

Überdacht sind nach dem Wortsinn auch Stellplätze in Tiefgaragen unterhalb der Geländeoberfläche. Diese Auslegung ist aber nach dem Sinn und Zweck der Vorschrift korrektur-

---

53 Vgl. Fickert/Fieseler, § 19 Rn. 27
54 Vgl. Stock, ZfBR 1990, 123 (129)
55 Vgl. Fickert/Fieseler, § 19 Rn. 22
56 Vgl. Rist, BauNVO, § 19 Rn. 2
57 Vgl. Fickert/Fieseler, § 19 Rn. 23
58 Vgl. BR-Drs. 354/89, S. 72; Fickert/Fieseler, § 19 Rn. 24

bedürftig.[59] § 21 a BauNVO verfolgt anders als § 19 Abs. 4 BauNVO nicht primär einen bodenschützenden Zweck.[60] Es geht vielmehr vorrangig um die Freihaltung der Grundstücksfreiflächen und die Sicherung als Freiraum sowie um eine Reduzierung der durch die Stellplätze verursachten verkehrsbedingten Emissionen.[61] § 21 Abs. 3 BauNVO knüpft deshalb an die Wahrnehmbarkeit an und erfaßt aus diesem Grunde nur oberirdische Stellplätze, nicht dagegen Tiefgaragen.[62] Diese sind ausschließlich nach § 19 Abs. 4 BauNVO zu beurteilen.

Die sich aus § 21 a Abs. 3 BauNVO ergebende Beschränkung der Überschreitung engt den Rahmen des § 19 Abs. 4 BauNVO in der Regel zusätzlich ein. Nur bei einer GRZ von weniger als 0,2 oder von mehr als 0,7 ergibt sich aus § 19 Abs. 4 BauNVO ein engerer Rahmen, der dann maßgeblich ist.[63] In diesen Fällen darf entweder wegen der 50 % Regelung oder wegen der Kappungsgrenze von 0,8 die GRZ durch überdachte Stellplätze schon nach § 19 Abs. 4 BauNVO nur um weniger als 0,1 überschritten werden.

Hieraus folgt für Stellplätze und Garagen eine dreigestufte Prüffolge:

- Einhaltung der 50 % Regelung nach § 19 Abs. 4 BauNVO,
- Einhaltung der Kappungsgrenze von GRZ 0,8,
- Einhaltung der 0,1 Grenze nach § 21 a Abs. 3 BauNVO.[64]

In Kern-, Gewerbe- und Industriegebieten kann eine weitergehende Überschreitung im bauaufsichtlichen Verfahren zugelassen werden. In den übrigen Baugebieten kann eine Überschreitung der 0,1 Zugabe im Hinblick auf das Ruhebedürfnis der Bewohner und die Freiraumsicherung nur zugelassen werden, wenn der Bebauungsplan ausdrücklich Flächen für überdachte Stellplätze gem. § 9 Abs. 1 Nr. 4 BauGB ausweist.[65] Es handelt sich um einen Ausnahmetatbestand. Der Bauaufsichtsbehörde wird diesbezüglich ein Ermessen zugebilligt.[66] Auch ohne daß dies ausdrücklich im Verordnungstext hervorgehoben ist, sind bei der Ausnahmeentscheidung die in § 1 Abs. 5 BauNVO aufgeführten Belange, insbesondere die Anforderungen an gesunde Wohn- und Arbeitsverhältnisse und die Belange des Bodenschutzes zu berücksichtigen.[67]

Betroffene Anlagen

Nach dem durch § 19 Abs. 4 BauNVO geänderten Anrechnungsmodus sind Garagen und Stellplätze mit ihren Zufahrten anzurechnen. Bei der Begriffsbestimmung kann auf die Legaldefinitionen der LBO zurückgegriffen werden.[68] Stellplätze sind danach Flächen, die dem Abstellen von Kraftfahrzeugen außerhalb öffentlicher Verkehrsflächen dienen. Garagen

---

59 Vgl. Fickert/Fieseler, § 21 a Rn. 12; a.A. offensichtlich Rist, BauNVO, § 21 a Rn. 3, ohne sich allerdings mit der Möglichkeit einer anderweitigen Auslegung zu befassen.
60 Vgl. Fickert/Fieseler, § 21 a Rn. 12
61 Vgl. Fickert/Fieseler, § 21 a Rn. 12
62 Vgl. Fickert/Fieseler, § 21 a Rn. 17
63 Vgl. Heintz, BauR 1990, 166 (182)
64 Vgl. Fickert/Fieseler, § 21 a Rn. 15; Heintz, BauR 1990, 166 (182)
65 Vgl. Fickert/Fieseler, § 21 a Rn. 12 und 20
66 Vgl. Fickert/Fieseler, § 21 a Rn. 18
67 Vgl. Fickert/Fieseler, § 21 a Rn. 19 und 21
68 Vgl. BVerwG, Beschl. v. 31.8.1989 - 4 B 161/88 -, ZfBR 1990, 40 (41); Fickert/Fieseler, § 19 Rn. 14

sind ganz oder teilweise umschlossene Räume, die dem gleichen Zweck dienen.[69] Anzurechnen sind nicht nur die nach Landesrecht notwendigen Stellplätze und Garagen, sondern auch alle anderen. Die Zufahrten erfassen sämtliche dem Zweck der Erschließung von Garagen und Stellplätzen dienende Flächen.[70]

Nebenanlagen sind bauliche Anlagen, die nicht Bestandteil der Hauptanlage sind. Sie müssen sich funktional und räumlich dem primären Nutzungszweck des Grundstücks unterordnen.[71] In Betracht kommen danach alle baulichen Anlagen, die kein Bestandteil der Hauptanlage sind. Aus diesem Grunde werden Terrassen, Loggien und Balkone der Hauptanlage zugerechnet und sind zu 100 % auf die GRZ bzw. GR anzurechnen.[72] Was Nebenanlage und was Teil der Hauptanlage ist, bestimmt sich im konkreten Einzelfall. Hier werden für die Normanwender erhebliche Schwierigkeiten entstehen, denn die Anrechnung von Hauptanlagen auf die GRZ bzw. GR erfolgt anders als die von Nebenanlagen vollständig. Für die Überprüfung der Einhaltung der GRZ bzw. GR im bauaufsichtlichen Kontrollverfahren muß deshalb eindeutig geklärt werden, was Haupt- und was Nebenanlage ist.

Fickert/Fieseler machen im übrigen darauf aufmerksam, daß das Prinzip der vertikalen Projektion der Fläche baulicher Anlagen bei Nebenanlagen Schwierigkeiten bereitet. Dies gilt für Anlagen, die nur eine minimale Fläche als Fundament benötigen und gleichzeitig den Luftraum in beträchtlichem Umfang durchspannen (z.B. Windräder).[73] Hier sollte die Bemessungsmethode entsprechend der bodenschützenden Zweckrichtung der Vorschrift modifiziert werden und nur der tatsächlich versiegelte Boden angerechnet werden.[74]

Anzurechnen sind auch bauliche Anlagen, die vollständig unterhalb der Geländeoberfläche sind. Bauliche Anlagen, die teilweise aus der Geländeoberfläche herausragen, sind schon nach dem allgemeinen Anrechnungsmodus zu 100 % anzurechnen.[75] Beispiele sind insbesondere Hof- und Gartenunterkellerungen sowie Tiefgaragen.

Mit der Anrechnung wird der Tatsache Rechnung getragen, daß beim Bau solcher Anlagen der vorhandene natürlich anstehende Boden beseitigt wird. Wie bei der Überbauung einer Fläche werden wichtige natürliche Bodenfunktionen dauerhaft unterbrochen. Die nachteiligen Auswirkungen sind aber weniger umfassend als bei einer Überbauung, da die Geländeoberfläche im Falle der Unterbauung als Vegetationsfläche wiederhergestellt werden kann. Die unterbauten Flächen können aus diesem Grund als ökologisch wirksame Flächen zur Klimabildung, als Lebensraum für Pflanzen und Tieren und als notwendige Erholungsbereiche genutzt werden.

Die Neuregelung läßt außer Betracht, daß insbesondere Tiefgaragen zu einer erheblichen Entschärfung der Nutzungskonkurrenzen auf den Freiflächen privater Grundstücke beitragen können.[76] Andererseits sollten aber die nachteiligen Auswirkungen von Tiefgaragen

---

69 So z.B. § 2 Abs. 6 BlnBO
70 Vgl. Fickert/Fieseler, § 19 Rn. 14
71 BVerwG, Urt. v. 17.12.1976 - 4 C 6/75 -, BRS Band 30, Nr. 117 = BauR 1977, 109 = DÖV 1977, 376; Förster, in: Kohl.Kom., BauNVO, § 14, Anm. 2 a.; Bielenberg, in: Ernst/Zinkahn/Bielenberg, BauNVO, § 14 Rn. 16
72 Vgl. VGH BW, Urt. v. 26.6.1975 - III 995/74 -, BRS Band 29, Nr. 91; Bielenberg, in: Ernst/Zinkahn/Bielenberg, § 14 Rn. 16 a
73 Vgl. Fickert/Fieseler, § 19 Rn. 15
74 Vgl. Fickert/Fieseler, § 19 Rn. 15
75 Vgl. Fickert/Fieseler, § 19 Rn. 16
76 Boeddinghaus, UPR 1990, 204 (204 f.)

nicht außer acht gelassen werden. Der natürlich anstehende Boden wird vollständig zerstört. Eine Versickerung ins Grundwasser ist nicht mehr möglich. Neue Stellplätze verursachen tendenziell zusätzlichen Verkehr und die damit verbundenen Emissionen. Zudem können die beträchtlichen Kosten bei Tiefgaragen zu nicht gewollten Verdrängungsprozessen führen.

Die Entlastung der Grundstücksfreiflächen und damit ihre ökologische Reaktivierung hängen maßgeblich von der Lösung des Flächenbedarfs für den ruhenden Verkehr ab.[77] Die erforderlichen Flächen unter der Geländeoberfläche nachzuweisen, ist zwar nur ein Kompromiß, der aber auch aus ökologischer Sicht akzeptabel erscheint, solange der Flächenbedarf nicht insgesamt reduziert wird.

Aus diesem Grunde wurden mit der BauNVO Novelle 1968 in § 21 a Abs. 5 BauNVO Anreize ermöglicht, durch den Bau von Tiefgaragen den ruhenden Verkehr von den Grundstücksfreiflächen fernzuhalten. Dieses Bestreben wird durch die Neuregelung des § 19 Abs. 4 BauNVO konterkariert.[78] Die Regelung des § 19 Abs. 4 BauNVO ist dennoch vertretbar. Die vorhandenen Überschreitungsmöglichkeiten bieten genügend Raum, um Garagen unterhalb der Geländeoberfläche einzurichten. Soll darüber hinaus verstärkt die Unterbringung des ruhenden Verkehrs in Tiefgaragen angestrebt werden, bietet § 19 Abs. 4 S. 3 BauNVO die Möglichkeit, durch Festsetzung eines geänderten Anrechnungsmodi den Bau von Tiefgaragen zu begünstigen.[79]

d) Obergrenzen

§ 17 Abs. 1 BauNVO enthält einen Katalog von Maßobergrenzen bezogen auf die verschiedenen Baugebiete (vgl. Tab. 34).

GRZ- Obergrenzen nach § 17 Abs. 1 BauNVO	
- in Kleinsiedlungsgebieten, Wochenendhausgebieten	0,2
- in reinen und allgemeinen Wohngebieten, Ferienhausgebieten	0,4
- in besonderen Wohngebieten, Dorfgebieten, Mischgebieten	0,6
- in Kerngebieten	1,0
- in Industriegebieten, Gewerbegebieten, sonstigen Sondergebieten	0,8

(Tab. 34)

Diese Obergrenzen sind bei der Planaufstellung zwingend einzuhalten. Ausnahmen bestehen nur nach Maßgabe von § 17 Abs. 2 und 3 BauNVO. Die Obergrenzen dürfen nicht überschritten werden. Eine Unterschreitung ist nach Maßgabe der städtebaulichen Erforderlichkeit geboten. Dies ist im konkreten Planungsfall im Rahmen des Abwägungsgebots zu prüfen.

Unter Berücksichtigung des Anrechnungsmodi für die in § 19 Abs. 4 BauNVO aufgeführten Anlagen kann die GRZ-Obergrenze in eine Obergrenze für Versiegelung umgerechnet werden (vgl. Tab. 35).

---

77 Vgl. hierzu auch Boeddinghaus/Dieckmann, BauNVO, § 19 Rn. 13 - 16
78 Boeddinghaus, UPR 1990, 204 (204 f.); Fickert/Fieseler, § 19 Rn. 12
79 Vgl. Stock, ZfBR 1990 123 (129); Boeddinghaus/Dieckmann, BauNVO, § 19 Rn. 31

Versiegelungsobergrenzen	
- in Kleinsiedlungsgebieten, Wochendhausgebieten	0,3
- in reinen und allgemeinen Wohngebieten, Ferienhausgebieten	0,6
- in besonderen Wohngebieten, Dorfgebieten, Mischgebieten	0,8
- in Kerngebieten	1,0
- in Industriegebieten, Gewerbegebieten, sonstigen Sondergebieten	0,8

(Tab. 35)

Den Obergrenzen kommt insoweit eine wichtige Funktion zu, als sie für den Regelfall eine sachverständige Konkretisierung der allgemeinen Planungsgrundsätze enthalten.[80] Sie dokumentieren das, was der Verordnungsgeber für den Regelfall aus der Sicht des Bodenschutzes für mindestens erforderlich hält.[81] Dabei ist zu berücksichtigen, daß die BauNVO die Obergrenzen so vorsichtig setzen muß, daß sie für eine Vielzahl möglicher Planungssituationen keine überzogenen Anforderungen stellt.

Die sich danach ergebenden Obergrenzen mußten deshalb so hoch gesetzt werden, daß sie in der Praxis nur selten erreicht werden.[82] Aus diesem Grund ist für das Anliegen, die Bodenversiegelung wirksam zu begrenzen, von großer Bedeutung, daß gem. § 19 Abs. 4 S. 3 BauNVO von dem Anrechnungsmodus nach Abs. 2 abweichende Festsetzungen getroffen werden können.

e) Überschreitung der Obergrenzen nach § 17 Abs. 2 und 3 BauNVO

Eine höhere GRZ als die in § 17 Abs. 1 BauNVO kann gem. § 17 Abs. 2 BauNVO nur festgesetzt werden, "wenn

1. besondere städtebauliche Gründe dies erfordern,
2. die Überschreitungen durch Umstände ausgeglichen sind oder durch Maßnahmen ausgeglichen werden, durch die sichergestellt ist, daß die allgemeinen Anforderungen an gesunde Wohn- und Arbeitsverhältnisse nicht beeinträchtigt, nachteilige Auswirkungen auf die Umwelt vermieden und die Bedürfnisse des Verkehrs befriedigt werden und
3. sonstige öffentliche Belange nicht entgegen stehen."

Die Vorschrift stellt unter anderem darauf ab, daß eine Überschreitung der Maßobergrenzen regelmäßig mit den Belangen des Umweltschutzes kollidiert. Der durch die Obergrenzen gewährleistete Mindeststandard muß deshalb ausgeglichen werden. Der Ausgleich kann sich bereits aus den vorhandenen Umständen ergeben. Andernfalls ist er durch geeignete Maßnahmen zu bewirken. Die Vorschrift konditioniert somit die planerische Abwägung in diesem Fall zugunsten der Umweltbelange. Die Ausgleichspflicht nach § 17 Abs. 2 BauNVO ist nicht abwägungsüberwindbar.[83]

---

80 Vgl. oben Kap. 7, Teil C, III 2 c unter Hinweis auf BVerwG, Urt. v. 16.3.1984 - 4 C 50/80 -, BauR 1984, 612; Urt. v. 23.4.1969 - 4 C 12/67 -, E 32, 31 (35 f.   = DVBl 1970, 69
81 Vgl. Stich, NuR 1988, 221 (223)
82 Vgl. Daten aus dem Forschungsvorhaben 0339142A des BMFT zur Bodenbeanspruchung, bearb. von Ranft/Knipprath, abgedr. bei Scharmer/Schmidt-Eichstaedt, Praxistest zur BauNVO, in difu-Materialien 1/90, S. 48 u. oben Kap. 5, Teil C
83 Vgl. Fickert/Fieseler, § 17 Rn. 36

Sollen die in § 17 Abs. 1 BauNVO vorgesehenen Maßobergrenzen überschritten werden, sind deshalb zunächst die voraussichtlichen Auswirkungen der Überschreitung auf die Umwelt zu ermitteln. Erforderlich ist damit eine speziell auf die Überschreitung bezogene Umweltverträglichkeitsprüfung.[84] Hier können andere Fachplanungen, insbesondere die Landschaftsplanung wichtige Grundlagen bieten (vgl. Kap. 8).

Die Überschreitung der GRZ berührt zwangsläufig die Belange des Bodenschutzes. Sie ermöglicht eine zusätzliche Überbauung und Versiegelung von Boden und bewirkt damit den Verlust der natürlichen Bodenfunktionen. Der Planungsträger muß deshalb jede in Betracht kommende Beeinträchtigung der natürlichen Bodenfunktionen und ihre in Kapitel 3 dargestellten Auswirkungen ermitteln.[85] Die Verordnung sieht keine Kappungsgrenze für eine Überschreitung vor. Die Grenzen sind deshalb vom konkreten Einzelfall abhängig. Für die GRZ besteht allerdings die Möglichkeit, die in § 19 Abs. 4 S. 2 BauNVO vorgesehene Kappungsgrenze zu berücksichtigen. Der Verordnungsgeber hat damit zum Ausdruck gebracht, daß eine 80 % übersteigende Überbauung der Grundstücksfläche im Regelfall jedenfalls großflächig nicht vertretbar ist.[86]

Der sich daraus ableitende erforderliche Ausgleich muß nicht unbedingt im Geltungsbereich des Bebauungsplans nachgewiesen werden.[87] Er muß jedoch auf diesen zurückwirken. Als ausgleichende Umstände für eine GRZ-Überschreitung kommen insbesondere im Baugebiet selbst oder unmittelbar daran angrenzend liegende "der Erholung und der Freizeitgestaltung dienende Frei- und Grünflächen, die öffentlich-rechtlich gesichert und für die Bewohner des Gebiets auch zugänglich sind, wie z.B. Parkanlagen, Spiel- und Sportplätze, Wasserflächen, Flußauen, Landschaftsschutzgebiete usw.", in Betracht.[88]

Fehlen ausgleichende Umstände, sind die Nachteile der Überschreitung durch geeignete Maßnahmen auszugleichen. In Frage kommen hierzu vor allem Festsetzungen nach § 9 Abs. 1 Nr. 20 und 25 b BauGB. Welche Ausgleichsmaßnahme in Betracht kommt, kann bereits in einem zugrundeliegenden Landschafts- bzw. Grünordnungsplan vorgeklärt werden. Ausgleichende Maßnahmen können aber auch in Planfeststellungsverfahren oder durch Eintragung einer Baulast verbindlich sichergestellt werden.[89] Soweit die Landschaftsplanung verbindliche Regelungen treffen kann, ist dies auch in ihrem Rahmen möglich.[90] Wird der Ausgleich nicht durch Festsetzung im Bebauungsplan gesichert, muß sich aus der Begründung des Bebauungsplans ergeben, wo und auf welche Weise der Ausgleich vorgenommen wird.[91]

In Gebieten, die vor dem 1. August 1962 bereits überwiegend bebaut waren, sind die Anforderungen an einen erforderlichen Ausgleich nur entsprechend anzuwenden (§ 17 Abs. 3 S. 2 BauNVO). Das Wort "entsprechend" bedeutet bei systematischer Auslegung eine Einschränkung. Ein Ausgleich ist nur erforderlich, wenn er nach den Umständen des Einzelfalls

---

84 Vgl. Fickert/Fieseler, § 17 Rn. 37
85 Vgl. den Katalog möglicher im Rahmen einer UVP festzustellender Auswirkungen bei Fickert/Fieseler, § 17 Rn. 40
86 Vgl. Rist, BauNVO, § 17 Rn. 4
87 Vgl. Fickert/Fieseler, § 17 Rn. 44
88 Vgl. Fickert/Fieseler, § 17 Rn. 45
89 Vgl. Fickert/Fieseler, § 17 Rn. 48
90 Vgl. unten Kap. 8, Teil E
91 Vgl. Fickert/Fieseler, § 17 Rn. 48

möglich ist.[92] Andernfalls hätte der Verordnungsgeber in Hinblick auf die ansonsten mit § 17 Abs. 2 BauNVO identischen Anforderungen auf eine Sonderregelung für die Altbestandsgebiete verzichten können.

Die Überschreitung der Obergrenzen darf nicht zum Regelfall werden, da die BauNVO-Obergrenzen für den Regelfall städtebaulich vertretbare Lösungen sicherstellen sollen.[93] Eine über den Einzelfall hinausgehende Überschreitung würde dieser Wertung widersprechen.

2. Überbaubare Grundstücksfläche gem. § 9 Abs. 1 Nr. 2 BauGB i.V.m. § 23 BauNVO

Mit der Festsetzung der überbaubaren Grundstücksfläche wird der Bereich eines Grundstücks festgelegt, in dessen Grenzen oder auf dessen Grenzen gebaut werden muß oder kann. Festgesetzt werden können Baugrenzen, Baulinien und die Bebauungstiefe. Auf Baulinien muß gebaut werden, die Baugrenzen und die Bebauungstiefe dürfen nicht durch die Bebauung überschritten werden (§ 23 Abs. 2 - 4 BauNVO).

Die überbaubare Grundstücksfläche schränkt somit die Überbauung des Grundstücks räumlich ein. Während die GRZ oder GR lediglich den Flächenanteil beschränkt, können so auch bestimmte räumliche Bereiche von Bebauung freigehalten werden.[94] Die Festsetzung wirkt sich deshalb ebenfalls auf den Grad der Bodenversiegelung eines Grundstücks aus.

Nebenanlagen i.S.d. § 14 BauNVO sowie bauliche Anlagen, soweit sie nach Landesrecht im Bauwich zulässig sind oder zugelassen werden können, können allerdings gem. § 23 Abs. 5 auf den nicht überbaubaren Grundstücksflächen zugelassen werden. Dies betrifft insbesondere auch Stellplätze, Garagen und ihre Zufahrten.[95] Die Entscheidung über die Zulassung im Einzelfall ist in das pflichtgemäße Ermessen der Bauaufsichtsbehörde gestellt.[96]

Die Gemeinden werden allerdings durch die Vorschrift ausdrücklich ermächtigt, abweichend von § 23 Abs. 5 BauNVO die Unzulässigkeit dieser Anlagen außerhalb der überbaubaren Grundstücksfläche festzusetzen. Die Festsetzung kann sich dabei auf bestimmte Anlagen, z.B. Stellplätze und Garagen und auch auf bestimmte Teilbereiche der nicht überbaubaren Grundstücksfläche beschränken.[97] Das Vorliegen besonderer Gründe wird nicht verlangt. Da die Festsetzung jedoch eine Abweichung von der für den Regelfall geltenden Regelung beinhaltet, ergeben sich Anforderungen aus dem Gleichbehandlungsgebot. Die Gemeinde sollte deshalb die Gründe der Sonderregelung in der Begründung des Bebauungsplans erkennbar machen.[98]

---

92 Vgl. Rist, BauNVO, § 17 Rn. 4; Söfker, in: Bielenberg/Krautzberger/Söfker, S. 916 Rn. 84; a.A. Fickert/Fieseler, § 17 Rn. 62 f.
93 Vgl. Stich, NuR 1988, 221 (223)
94 Vgl. Fickert/Fieseler, § 23 Rn. 1.1; Boeddinghaus/Dieckmann, BauNVO, § 23 Rn. 12 und § 17 Rn. 35
95 Vgl. Fickert/Fieseler, § 23 Rn. 21; Boeddinghaus/Dieckmann, BauNVO, § 23 Rn. 30 und § 22 Rn. 17 ff.
96 Vgl. Fickert/Fieseler, § 23 Rn. 19
97 Vgl. Fickert/Fieseler, § 23 Rn. 22
98 Vgl. Fickert/Fieseler, § 23 Rn. 22

3. Mindestmaße für Baugrundstücke

Für die Größe, Tiefe und Breite eines Baugrundstücks kann gem. § 9 Abs. 1 Nr. 3 BauGB ein Mindestmaß festgesetzt werden. Damit kann bei gleichzeitiger Festsetzung der überbaubaren Grundstücksfläche sichergestellt werden, daß die betroffenen Grundstücke nur zu einem bestimmten Anteil überbaut werden. Einer zu großen Verdichtung soll entgegengewirkt werden.[99] Die Festsetzung ist deshalb potentiell versiegelungsmindernd.

Die Festsetzung von Mindestgrundstücksgrößen sind insbesondere in Baugebieten ohne zentrale Abwasserbeseitigung üblich und sachlich geboten.[100] Dort muß die Versickerung des Niederschlagswassers auf den Grundstücken auf eine den Anforderungen des § 34 Abs. 1 WHG entsprechende Weise planungsrechtlich sichergestellt werden.[101] Andernfalls wäre die Erschließung des Baugebiets unzureichend und der Bebauungsplan fehlerhaft.[102] Da die Abwassermenge jedoch maßgeblich von der Bewohnerzahl auf dem Grundstück abhängt, ist die gleichzeitige Festsetzung der GFZ, ggf. auch der Anzahl der zulässigen Wohnungen, erforderlich.[103] Originäres Ziel der Festsetzung ist in Hinblick auf das Abwasserbeseitigungsproblem die Verhinderung der Versiegelung des Bodens auf einem Teil des Grundstücks. Die Festsetzung kann aber auch dazu dienen, eine aufgelockerte durchgrünte Siedlungsform zu erreichen.[104] Auch insoweit wirkt sie versiegelungsmindernd.

Fehlt die abwassertechnische Notwendigkeit, wird die Festsetzung besonders großer Grundstücke allerdings in der Regel nur unter besonderen Umständen städtebaulich zu rechtfertigen sein. Zu beachten ist nämlich, daß der Erwerb und die Bebauung besonders großer Grundstücke nur entsprechend kapitalkräftigen Bevölkerungsgruppen möglich ist.[105] Die damit ausgelöste Gefahr der Entwicklung einseitiger Bevölkerungsstrukturen ist vom Gesetzgeber des BauGB nicht gewünscht. Ausdrücklich wird im Katalog der zu beachtenden öffentlichen Belange auch die Vermeidung einseitiger Bevölkerungsstrukturen angeführt (§ 1 Abs. 5 S. 2 Nr. 2 BauGB). Das OVG NW verlangt aus diesem Grund besondere städtebauliche Gründe, um die Festsetzung einer Mindestgrundstücksgröße von 1000 m2 zu rechtfertigen. Allein das private Interesse der Anlieger an einer möglichst großzügigen Anschlußbebauung könne die Festsetzung nicht rechtfertigen.[106]

Für Wohngrundstücke können aus Gründen des sparsamen und schonenden Umgangs mit Grund und Boden auch Höchstmaße festgesetzt werden. Die Festsetzung von Höchstmaßen für andere Grundstücke, insbesondere für Gewerbe- und Industriegrundstücke ist nicht vorgesehen.[107]

---

99 Löhr, in: Battis/Krautzberger/Löhr, BauGB, § 9 Rn. 20; Grooterhorst, DVBl 1987, 654 (659)
100 Jäde, BayVBl 1986, 246; Bielenberg, in: Ernst/Zinkahn/Bielenberg, BBauG, § 9 Rn. 24 u. Vorb. zur BauNVO Rn. 5; Löhr, in: Battis/Krautzberger/Löhr, BauGB, § 9 Rn. 20
101 Vgl. hiezu die Ausführung zu den bauordnungsrechtlichen und wasserrechtlichen Anforderungen an die Niederschlagswasserbeseitigung unten Kap. 13 und 17
102 Jäde, BayVBl 1986, 246; vgl. auch BGH, Urt. v. 14.5.1987 - III ZR 159/86 -, NuR 1989, 405 (406 = NuL 1987, 486. Der BGH lehnte allerdings ein Verschulden der Gemeinde ab.
103 Vgl. Jäde, BayVBl 1986, 246 f.; BayVGH, Urt. v. 30.10.1984 - 1 N 81 A.2353 -, BayVBl 1986, 245 (246). Der BayVGH hält allerdings die gleichzeitige Festsetzung der Zahl der zulässigen Wohnungen für rechtswidrig.
104 Vgl. Gaentzsch, in: Berliner Kommentar, BauGB, § 9 Rn. 20
105 Vgl. OVG NW, Urt. v. 31.10.1990 - 10a NE 60/88 -, UPR 1991, 227 f.
106 Vgl. OVG NW, Urt. v. 31.10.1990 - 10a NE 60/88 -, UPR 1991, 227 f.; Gelzer, Bauplanungsrecht, Rn. 97
107 Söfker, in: Bielenberg/Krautzberger/Söfker, Leitfaden, S. 401, Rn. 31

Mit der Festsetzung von Höchstmaßen für Wohngrundstücke soll eine verdichtete Bebauung durch flächensparende Bauweise angestrebt werden.[108] Sie wirkt deshalb tendenziell versiegelungserhöhend. Zu hohe Verdichtung ist nicht bodenschonend, weil sie einen hohen Versiegelungsgrad mit den daran geknüpften negativen Auswirkungen bewirkt.[109] Dabei gibt es jedenfalls keine generellen Prioritäten.[110] Die Festsetzung von Höchstmaßen bedarf vor diesem Hintergrund einer sehr sorgfältigen Abwägung.[111]

4. Festsetzungen über die Zulässigkeit von Stellplätzen

Die Nutzung der nicht überbauten Grundstücksflächen für die freiraumbezogene Erholung und in sonst ökologischen Zwecken eher dienlicher Weise ist - wie in Kapitel 4 dargestellt - durch den erheblichen Flächenbedarf des ruhenden Verkehrs nur in dem sich hieraus ergebenden verminderten Umfang möglich (vgl. dort Tab. 23). Aus diesem Grund kommt den Vorschriften, die eine Einschränkung der Zulässigkeit von Stellplätzen im Bebauungsplan ermöglichen, eine große Bedeutung zu.

a) Beschränkung der Zulässigkeit von Stellplätzen

Die Landesbauordnungen sehen für die Errichtung oder Änderung baulicher Anlagen oder für die wesentliche Änderung ihrer Nutzung eine Nachweispflicht für die für den Besucher- und Benutzerverkehr erforderlichen Stellplätze auf dem Grundstück oder einem anderen Grundstück in der Nähe vor (vgl. hierzu eingehend Kapitel 17, Teil B). Der ruhende Verkehr soll zur Entlastung der öffentlichen Verkehrsflächen auf die Baugrundstücke verlagert werden. Aus dem gleichen Grunde und zur Ermöglichung der bauordnungsrechtlichen Stellplatznachweispflicht sind Stellplätze und Garagen in den Baugebieten mit nur kleinen Ausnahmen gem. § 12 Abs. 1 - 3 BauNVO allgemein zulässig (vgl. Tab. 36).

Zulässigkeit von Stellplätzen nach § 12 Abs. 1 - 3 BauNVO
- im Kleinsiedlungsgebiet, reinen und allgemeinen Wohngebiet und in Sondergebieten, die der Erholung dienen, nur für den durch die zulässige Nutzung verursachten Bedarf (§ 12 Abs. 2 BauNVO),
- im reinen Wohngebiet nicht für Lastkraftwagen und Kraftomnibusse sowie für deren Anhänger (§ 12 Abs. 3 Nr. 1 BauNVO),
- im Kleinsiedlungs- und allgemeinen Wohngebiet nicht für Kraftfahrzeuge mit einem Eigengewicht über 3,5 Tonnen und deren Anhänger (§ 12 Abs. 3 Nr. 2 BauNVO).

(Tab. 36)

Eine Beschränkung der allgemeinen Zulässigkeit kann sich aus der festgesetzten GRZ bzw. GR ableiten, da die Flächen für Stellplätze und Garagen nach Maßgabe der §§ 19 Abs. 4 und 21 a Abs. 3 BauNVO auf diese anzurechnen sind. Auch die Festsetzung nach § 23 Abs. 5 BauNVO, daß Stellplätze und Garagen auf der nicht überbaubaren

---

[108] Vgl. Regierungsentwurf, BT-Drs. 10/4630, S. 76; Gaentzsch, in: Berliner Kommentar, BauGB, § 9 Rn. 20; Söfker, in: Bielenberg/Krautzberger/Söfker, Leitfaden, S. 401, Rn. 31
[109] Vgl. Löhr, in: Battis/Krautzberger/Löhr, BauGB, § 9 Rn. 21
[110] Vgl. unten Kap. 7, Teil C III 2 b
[111] Löhr, in: Battis/Krautzberger/Löhr, BauGB, § 9 Rn. 21; Grooterhorst, DVBl 1987, 654 (659)

Grundstücksfläche unzulässig sind, enthält eine Beschränkung.[112] Darüber hinaus kann die Zulässigkeit der Stellplätze und Garagen auch unmittelbar nach Maßgabe der Abs. 4 - 6 des § 12 BauNVO beschränkt oder ganz ausgeschlossen werden.

Nach Abs. 4 und 5 kann festgesetzt werden, daß Stellplätze und Garagen nur in bestimmten Geschossen oder Teilen von Geschossen zulässig sind, wenn besondere städtebauliche Gründe dies rechtfertigen. Ausdrücklich einbezogen sind auch Geschosse unterhalb der Geländeoberfläche. Fehlen anderweitige Festsetzungen, sind Stellplätze und Garagen außerhalb der dafür vorgesehenen Geschosse unzulässig.[113]

Garagengeschosse innerhalb von Gebäuden wirken versiegelungsmindernd, da sie keine zusätzliche Fläche in Anspruch nehmen. Demgegenüber führen Tiefgaragen, d.h. Garagen unterhalb der Geländeoberfläche zur Versiegelung von Flächen. Der Vorteil liegt allerdings darin, daß die Flächen bei angemessener Begrünung auch als private oder halb-öffentliche Grünflächen zu nutzen sind.[114] Die Festsetzung einer Tiefgarage sollte deshalb durch eine Bepflanzungsfestsetzung nach § 9 Abs. 1 Nr. 25 a BauGB ergänzt werden (vgl. das Festsetzungsbeispiel in Tab. 41).

Gem. Abs. 6 kann die Zulässigkeit von Stellplätzen und Garagen auch ganz oder teilweise ausgeschlossen werden, soweit landesrechtliche Vorschriften nicht entgegenstehen. Besondere städtebauliche Gründe sind hier anders als bei der vertikalen Differenzierung nicht erforderlich. Wie jede Festsetzung muß die Zulässigkeitsbeschränkung für Stellplätze aber städtebaulich erforderlich sein. Die Gründe sollten deshalb in der Begründung des Bebauungsplans dargelegt werden.[115]

Die Berliner Bauordnung läßt ausdrücklich den Ausschluß von Stellplätzen auf den Baugrundstücken im Bebauungsplan der Stellplatznachweispflicht vorgehen.[116] Insoweit bestehen keine landesrechtlichen Hindernisse für die Festsetzung nach Abs. 6. Im übrigen sehen jedoch alle Landesbauordnungen eine Nachweispflicht von Stellplätzen auf dem Grundstück vor. Stellplätze können nach den landesrechtlichen Vorschriften aber auch auf anderen Grundstücken in der Nähe nachgewiesen werden.[117] In Niedersachsen ist der Stellplatznachweis auch auf entfernten Grundstücken zulässig, wenn er durch Festsetzungen im Bebauungsplan auf dem Grundstück selbst und in der näheren Umgebung unmöglich ist und der entfernte Stellplatz mit öffentlichen Verkehrsmitteln leicht erreichbar ist.[118] Die landesrechtlichen Vorschriften stehen deshalb nicht grundsätzlich dem Ausschluß von Stellpätzen entgegen.[119] Soll die Zulässigkeit von Stellplätzen ausgeschlossen werden, ist

---

112 Vgl. hierzu oben Kap. 7, Teil B II 2
113 Vgl. Fickert/Fieseler, BauNVO, § 12 Rn. 13.1
114 Vgl. Fickert/Fieseler, BauNVO, § 12 Rn. 13.1
115 Vgl. Fickert/Fieseler, BauNVO, § 12 Rn. 17
116 § 48 Abs. 3 S. 1 BlnBO bei entsprechender Festsetzung im Bebauungsplan; durch Satzung bzw. Verordnung bei vorliegenden bestimmter näher bezeichneter Umstände gem. § 48 Abs. 5 S. 3 SchH BO; § 68 Abs. 7 Brem. BO; § 47 Abs. 4 Nr. 2 u. 3 NW BO; § 47 Abs. 8 Nds. BO. In Hamburg kann die Herstellung von Stellplätzen aus verkehrlichen Gründen untersagt werden, vgl. § 48 Abs. 6 HbgBO
117 Im Schrifttum wird für dem Wohnen dienende Gebäude eine Entfernung von 300 m für andere eine Entfernung von bis zu 1000 m für zumutbar gehalten. Vgl. Simon, BayBO, Kommentar, Art. 55 Rn. 38; Dageförde, in: Förster/Grundei/Steinhoff/Dageförde/Wilke, BlnBO, § 48 Rn. 8; Sauter, BWBO, Kommentar, § 39 Rn. 51
118 § 47 Abs. 3 S. 2 Nds. BO
119 Fickert/Fieseler, BauNVO, § 12 Rn. 18.1

jedoch sicherzustellen, daß der Stellplatznachweispflicht auf andere Weise nachgekommen werden kann.[120]

Es bietet sich zu diesem Zweck die Festsetzung einer Fläche für Stellplätze gem. § 9 Abs. 1 Nr. 22 BauGB als Gemeinschaftsanlage für den Stellplatznachweis mehrerer Grundstücke an.[121] Zwar werden auch hierdurch Flächen versiegelt, doch kann durch die Bündelung zumindest eine Verringerung der für die Zuwegung erforderlichen Fläche bewirkt werden.[122] Erheblich ist der Vorteil für die Freiflächen auf den Baugrundstücken, die für Aufenthalt und Kommunikation der Bewohner genutzt werden können und als unversiegelte Fläche positive Auswirkungen auf das unmittelbare Wohnumfeld haben.[123]

Ein ausreichender Nachweis - wenn auch von den LBO nur subsidiär vorgesehen - ist auch die Ablösemöglichkeit.[124] Durch die Unmöglichkeit eines anderweitigen Nachweises, z.B. auf Grund entsprechender Festsetzungen im Bebauungsplan, steht der subsidiären Ausgleichszahlung nichts mehr im Wege.[125]

Erfordern die städtebaulichen Gründe nur einen teilweisen Ausschluß von Stellplätzen, so gebietet das Verhältnismäßigkeitsgebot den Ausschluß dementsprechend auf einen Teil der Grundstücksfläche zu beschränken.[126] Maßgeblich sind insoweit die konkreten städtebaulichen Absichten der Gemeinde.[127]

Die Festsetzungen nach den Abs. 4 - 6 müssen in Hinblick auf die für den Regelfall nach den Abs. 1 - 3 geltende weitreichende allgemeine Zulässigkeit von Stellplätzen und Garagen sorgfältig begründet werden.[128] Als städtebauliche Gründe kommen insbesondere in Betracht:

- die Schaffung von für den Aufenthalt der Anwohner nutzbaren Hofflächen, insbesondere wenn es im näheren Umfeld keine öffentlichen Grünflächen gibt,[129]
- die Verminderung der Bodenversiegelung in hochversiegelten Gebieten, für die Anliegergrundstücke von Fußgängerzonen,
- im Zusammenhang mit Verkehrsberuhigungsmaßnahmen in Wohngebieten,[130]
- zur Sicherstellung gesunder Wohn- und Arbeitsverhältnisse bei hochbelasteten Gebieten.[131]

§ 12 Abs. 7 BauNVO weist ausdrücklich darauf hin, daß die landesrechtlichen Vorschriften über den Stellplatznachweis und die Ablösungsmöglichkeit durch die Festsetzungen nach

---

120 Vgl. Fickert/Fieseler, BauNVO, § 12 Rn. 18.1
121 Vgl. BayVGH, Beschl. v. 16.5.1984 - 14 B 1294/79 -, BRS Bd. 40, Nr. 129, S. 295; Mainczyk, BauGB, § 9 Rn. 35; Fickert/Fieseler, BauNVO, § 12 Tn. 19
122 Vgl. die Rechenbeispiele bei Boeddinghaus, UPR 1990, 204 (205 ff.)
123 Vgl. Fickert/Fieseler, BauNVO, § 12 Rn. 18
124 Vgl. Simon, Bay BO, Kommentar, Art. 55 Rn. 43
125 So ausdrücklich § 48 Abs. 3 S. 1 BlnBO
126 Fickert/Fieseler, BauNVO, § 12 Rn. 17
127 Vgl. die Ausführungen zur Erforderlichkeit oben Kap. 7, Teil C II
128 Löhr, in: Battis/Krautzberger/Löhr, BauGB, § 9 Rn. 79
129 Fickert/Fieseler, BauNVO, § 12 Rn. 12; Boeddinghaus/Franzen/Rhode, BauNVO, § 12 Rn. 32
130 Fickert/Fieseler, BauNVO, § 12 Rn. 18; Begründung der Bundesregierung v. 31.5.1977, BR-Drs. 261/77; Boeddinghaus/Dieckmann, BauNVO, § 12 Rn. 33
131 Boeddinghaus/Dieckmann, BauNVO, § 12 Rn. 31; a.A. Fickert/Fieseler, BauNVO, § 12 Rn. 18

den Abs. 4 - 6 nicht berührt werden. Festsetzungen, die diese Vorschriften nicht beachten, sind nicht vollziehbar und deshalb fehlerhaft.[132]

b) Flächen für Stellplätze und Garagen samt ihren Zufahrten

Nach § 9 Abs. 1 Nr. 4 BauGB können Flächen für die nach Landesrecht erforderlichen Stellplätze festgesetzt werden. Mit der Festsetzungsmöglichkeit soll sichergestellt werden können, daß auf den Grundstücken der nach den Landesbauordnungen erforderliche Stellplatznachweis möglich ist.[133] Abzugrenzen ist § 9 Abs. 1 Nr. 4 BauGB von den als Gemeinschaftsanlagen festgesetzten Stellplätzen und Garagen, die nach § 9 Abs. 1 Nr. 22 BauGB, und von öffentlichen Parkflächen, die nach § 9 Abs. 1 Nr. 11 BauGB festgesetzt werden.[134]

Die Festsetzung ist beschränkt auf die für die Nutzung des Grundstücks erforderlichen Stellplätze. Für die so qualifizierten Stellplätze und Garagen bewirkt sie eine räumliche Verortung.[135] Für die nicht betroffenen Grundstücksteile wirkt sie deshalb in der Tendenz versiegelungsmindernd.[136]

Nach § 9 Abs. 1 Nr. 4 BauGB kann aber nicht ausgeschlossen werden, daß auf den nicht entsprechend ausgewiesenen Grundstücksflächen ebenfalls Stellplätze, und zwar die nicht erforderlichen errichtet werden. Eine damit verbundene Einschränkung der Zulässigkeit nach § 12 Abs. 1 - 3 BauNVO würde dem dargestellten Zweck des § 9 Abs. 1 Nr. 4 BauGB nicht entsprechen. Ein Ausschluß für bestimmte Grundstücksteile oder insgesamt kann nur durch entsprechende Festsetzung nach § 23 Abs. 5 BauNVO oder nach § 12 Abs. 4, 5 oder 6 BauNVO erfolgen.[137]

c) Anreize für die Unterbringung von Stellplätzen in Geschossen und Tiefgaragen

§ 21 a BauNVO ermöglicht verschiedene Festsetzungen, die als Anreiz zur Unterbringung des ruhenden Verkehrs außerhalb des Straßenraums, insbesondere in Geschossen auch unterhalb der Geländeoberfläche gedacht sind.[138]

Gem. Abs. 2 kann festgesetzt werden, daß Flächenanteile von außerhalb des Baugrundstücks festgesetzten Gemeinschaftsanlagen i.S.d. § 9 Abs. 1 Nr. 22 BauGB der Grundstücksfläche grundsätzlich oder ausnahmsweise zuzurechnen sind. Bei einer festgesetzten GRZ vergrößert sich dabei die für bauliche Nutzung zur Verfügung stehende Fläche. In der Tendenz wirkt die Festsetzung deshalb versiegelungserhöhend. Etwaige versiegelungsmindernde Wirkungen von Gemeinschaftsstellplätzen werden somit wieder hinfällig.

---

132 Gierke, in: Kohl.Kom., BauGB, § 9 Rn. 159
133 Mainczyk, BauGB, § 9 Rn. 11
134 Löhr, in: Battis/Krautzberger/Löhr, BauGB, § 9 Rn. 24
135 Brandt/Sander, Berücksichtigung von Umweltschutzbelangen im geplanten Baugesetzbuch, S. 112; Löhr, in: Battis/Krautzberger/Löhr, BauGB, § 9 Rn. 24
136 Vgl. Gierke, in: Kohl.Kom., BauGB, § 9 Rn. 155
137 Vgl. Löhr, in: Battis/Krautzberger/Löhr, BauGB, § 9 Rn. 25; Fickert/Fieseler, BauNVO, § 12 Rn. 19
138 Vgl. Fickert/Fieseler, BauNVO, § 21 a Rn. 1

Nach Abs. 1 u. 4 kann festgesetzt werden, daß Garagengeschosse allgemein oder nur ausnahmsweise nicht auf die zulässige Zahl der Vollgeschosse, auf die zulässige Baumasse und/oder auf die zulässige Geschoßfläche angerechnet werden. Die Nutzbarkeit des Grundstücks wird in diesem Fall durch die Unterbringung von Stellplätzen in Vollgeschossen nicht eingeschränkt. Ein Bauwilliger wird so eher geneigt sein, die nach Landesrecht erforderlichen Stellplätze innerhalb des Gebäudes unterzubringen. Die Festsetzung wirkt insoweit versiegelungsmindernd.

Nach Abs. 5 kann darüber hinaus festgesetzt werden, daß die zulässige Geschoßfläche oder die zulässige Baumasse um die Fläche oder Baumasse notwendiger Garagen/Stellplätze, die unterhalb der Geländeoberfläche hergestellt werden, grundsätzlich oder ausnahmsweise erhöht wird. Die tatsächliche bauliche Nutzbarkeit des Grundstücks bleibt dabei also nicht nur unberührt, sondern wird erhöht. Hiermit kann ein besonderer Anreiz für den Bau von Tiefgaragen geschaffen werden. Die Gemeinde hat jedoch darauf zu achten, daß das sich daraus ableitende Nutzungsmaß noch städtebaulich vertretbar ist.

Die Förderung von Tiefgaragen wird sich insbesondere dann anbieten, wenn die Grundstücksfreiflächen durch den Flächenbedarf des ruhenden Verkehrs völlig aufgebraucht werden und keine Flächen für Grün und freiraumbezogene Erholung verbleiben.[139] Hier kann die Schaffung von Stellplatzflächen unterhalb der Geländeoberfläche eine erhebliche Entlastung bewirken. Auf die damit verbundenen nachteiligen Auswirkungen in Hinblick auf die Mietwirksamkeit der dadurch erforderlichen zusätzlichen Aufwendungen wurde hingewiesen.[140]

5. Festsetzungen über die Zulässigkiet von Nebenanlagen

In allen Baugebieten sind neben den im Katalog der Baugebietsvorschriften aufgeführten Nutzungen auch Nebenanlagen i.S.v. § 14 BauNVO allgemein zulässig. Außerhalb der überbaubaren Grundstücksfläche ist die Zulässigkeit von Nebenanlagen allerdings gem. § 23 Abs. 5 nur als Ausnahme vorgesehen. Nebenanlagen sind bauliche und sonstige Anlagen, die sich sowohl funktional als auch optisch der zulässigen Hauptnutzung auf den Baugrundstücken unterordnen. Sie erfüllen gegenüber der Hauptnutzung eine dienende Funktion.[141] Der Bestimmungszweck der Hauptnutzung muß den der Nebenanlagen umfassen.

Als Nebenanlagen kommen z.B. Freisitze, Geräteschuppen, Schwimmbecken und andere mit der Nutzung des Außenraums an Wohnungen verbundene Anlagen in Betracht. Letztlich sind alle baulichen Anlagen unter den Begriff der Nebenanlage zu subsumieren, die nicht Bestandteil der Hauptanlage sind, sich dieser aber funktional und optisch unterordnen. Hierzu gehören auch alle künstlichen Bodenbefestigungen. Für die Begrenzung der Bodenversiegelung kann deshalb die Beschränkung der Zulässigkeit von Nebenanlagen auf den Baugrundstücken im Bebauungsplan von großer Bedeutung sein. Die Rechtsgrundlage für eine entsprechende einschränkende Festsetzung findet sich in § 14 Abs. 1 S. 3 BauNVO oder in § 23 Abs. 5 BauNVO. Die Zulässigkeit kann dabei in sachlicher als auch in räumlicher Hinsicht eingeschränkt oder ausgeschlossen werden (Vgl. Tab. 37).[142]

---

139 Vgl. Fickert/Fieseler, BauNVO, § 21 a Rn. 25
140 Vgl. oben Kap. 5, Teil D III 3
141 Vgl. BVerwG, Urt. v. 17.12.1976 - IV C 6/74 -, BRS 30, Nr. 117
142 Vgl. Fickert/Fieseler, BauNVO, § 14 Rn. 8

Festsetzungsbeispiele - Nebenanlagen
- Nebenanlagen sind außerhalb der überbaubaren Grundstücksfläche generell ausgeschlossen. - Als Nebenanlagen sind zulässig (bzw. können zugelassen werden) Freisitze bis zu 15 m² sowie Geräteschuppen bis zu 15 m³ umbauten Raums. Im übrigen sind Nebenanlagen unzulässig. - Nebenanlagen sind nur ausnahmsweise innerhalb der überbaubaren Grundstücksfläche zulässig und im übrigen unzulässig.

(Tab. 37)

Die in der tabellarischen Übersicht aufgeführten Beispiele können beliebig variiert werden. Es kommt insoweit immer darauf an, was im konkreten Einzelfall städtebaulich geboten ist. Die Gründe der jeweiligen Varianten müssen deshalb hinreichend spezifiziert in der Begründung des Bebauungsplans dargelegt werden. Die Differenzierung darf nicht willkürlich erscheinen.

Auf der anderen Seite hat die planaufstellende Gemeinde darauf zu achten, daß die einschränkende Festsetzung nicht weiter geht, als dies aus städtebaulichen Gründen erforderlich ist. Aus diesem Grunde wird in der Regel ein genereller Ausschluß aller Nebenanlagen auf den Baugrundstücken nicht zu rechtfertigen sein.[143] Differenzierungen nach Art und Größe der Nebenanlagen sind somit regelmäßig vorzunehmen. Leichter begründbar ist demgegenüber die generelle Beschränkung der Zulässigkeit von Nebenanlagen auf die überbaubare Grundstücksfläche nach Maßgabe des § 23 Abs. 5 BauNVO. Außerhalb der überbaubaren Grundstücksfläche unterliegt die Zulassung von Nebenanlagen schon nach § 23 Abs. 5 BauNVO der Ermessensentscheidung der Genehmigungsbehörde. Aus diesem Grund wird auch der planenden Gemeinde bereits ein weitgehend freies Planungsermessen in Hinblick auf die Festsetzung nach § 23 Abs. 5 BauNVO eingeräumt werden müssen.[144]

II. Begrenzung der Bodenversiegelung auf öffentlichem Straßenland und öffentlichen Parkplatzflächen

Der Versiegelungsgrad auf Verkehrsflächen ist extrem hoch. Ein maßvoller Zuschnitt der Flächen für den fließenden und ruhenden Verkehr kann deshalb ein wesentlicher Beitrag zur Begrenzung der Gesamtversiegelung in den Siedlungen sein. Der Bebauungsplan eröffnet dabei nicht nur die erwähnten Festsetzungsmöglichkeiten für die Baugrundstücke. Nach § 9 Abs. 1 Nr. 11 BauGB können auch öffentliche Verkehrsflächen festgesetzt werden. Nr. 11 enthält dabei drei zu unterscheidende Festsetzungsmöglichkeiten, nämlich Verkehrsflächen mit allgemeiner Zweckbestimmung, Verkehrsflächen mit besonderer Zweckbestimmung und den Anschluß anderer Flächen an die Verkehrsflächen.[145]

Festgesetzt werden können insbesondere öffentliche und private Straßen und Wege und nach der zweiten Alternative auch Flächen für das Parken von Fahrzeugen (ausdrücklich als Beispiel für eine Verkehrsfläche mit besonderer Zweckbestimmung aufgeführt).[146] Die Fest-

---

[143] Vgl. Fickert/Fieseler, BauNVO, § 14 Rn. 8.1; Boeddinghaus/Franzen/Rhode, BauNVO, § 14 Rn. 16; Förster, BauNVO, § 14 Anm. 2 d
[144] Vgl. Fickert/Fieseler, BauNVO, § 23 Rn. 22
[145] Gierke, in: Kohl.Kom., BauGB, § 9 Rn. 215; Löhr, in: Battis/Krautzberger/Löhr, BauGB, § 9 Rn. 41
[146] Vgl. Kodal/Krämer, Straßenrecht, S. 1080; Gierke, in: Kohl.Kom., BauGB, § 9 Rn. 217

setzung von Flächen für private Wege und Straßen [147] ist von der Festsetzung von Geh- und Wegerechten zu unterscheiden.

Nach § 125 Abs. 1 BauGB dürfen, sofern nicht Ausnahmen oder Abweichungen nach § 125 Abs. 2 oder Abs. 3 BauGB möglich sind, Straßen, Wege und Plätze nur hergestellt werden, wenn sie in einem Bebauungsplan festgesetzt sind. Erschließungsstraßen werden deshalb in aller Regel im Rahmen des Bebauungsplans geplant.

Die Festsetzungsmöglichkeit für Straßen besteht aber nicht nur für örtliche Erschließungsstraßen. Festgesetzt werden können auch Flächen für Bundesfernstraßen, da gem. § 17 Abs. 3 S. 1 FStrG anstelle eines Planfeststellungsverfahrens ausdrücklich als Alternative die Planung im Rahmen der Bauleitplanung zugelassen ist.[148] Zulässig ist deshalb nach der Rechtsprechung des BVerwG [149] auch ein auf die Straßenplanung beschränkter Bebauungsplan (= isolierter Bebauungsplan).[150]

Auch bei Land- und Kreisstraßen [151] kann die Bauleitplanung die Planfeststellung nach den Landesstraßengesetzen ersetzen.[152] Dies ergibt sich überwiegend - mit Ausnahme von Berlin und Hamburg - aus den einschlägigen Landesgesetzen durch entsprechende Kompetenzzuweisung zu Gunsten der Bauleitplanung.[153] In Berlin und Hamburg wurde auf das Rechtsinstrument der Planfeststellung außerhalb des Anwendungsbereichs des FStrG ganz verzichtet, da im Bereich der Stadtstaaten die Straßenplanung allein mit dem bauplanungsrechtlichen Instrumentarium bewältigt werden kann.[154] Auch hier stehen somit die Landesstraßengesetze der Straßenplanung im Rahmen der Bebauungsplanung nicht im Wege.[155]

---

147 Vgl. zu den in Frage kommenden Fallkonstellationen Gierke, in: Kohl.Kom., BauGB, § 9 Rn. 217
148 Brandt/Sander, Berücksichtigung von Umweltschutzbelangen im geplanten Baugesetzbuch, S. 113; Löhr, in: Battis/Krautzberger/Löhr, BauGB, § 9 Rn. 41; Gaentzsch, in: Berliner Kommentar, § 9 Rn. 36; Gierke, in: Kohl.Kom., BauGB, § 9 Rn. 220
149 BVerwG, Urt. v. 3.6.1971 - 4 C 64/70 -, E 38, 152 (155 ff.)   = DVBl 1972, 119 = DÖV 1971, 636; Urt v. 18.10.1985 - 4 C 21/80 -, E 72, 172 = DVBl 1986, 411 = NJW 1986, 1826 = ZfBR 1986, 41
150 So auch Gaentzsch, Berliner Kommentar, BauGB, § 9 Rn. 31; Löhr, in: Battis/Krautzberger/Löhr, BauGB, § 9 Rn. 41; zur Kritik im Schrifttum Kodal/Krämer, Straßenrecht, S. 1086 f.
151 Zur Aufteilung in die verschiedenen Straßenklassen vgl. Kodal/Krämer, Straßenrecht, S. 214 f.
152 Löhr, in: Battis/Krautzberger/Löhr, BauGB, § 9 Rn. 41; Gaentzsch, in: Berliner Kommentar, § 9 Rn. 36; Gierke, in: Kohl.Kom., BauGB, § 9 Rn. 218 ff.
153 § 38 Abs. 3 BW StrG; Art 36 Abs. 3 b BayStrG; § 33 Abs. 4 BremLStrG (in Bremen allerdings nur für Landstraßen); § 33 Abs. 2 u. 5 HessStrG; § 38 Abs. 4 NdsStrG; § 38 Abs. 4 NWStrG; 5 Abs. 2 Rh-PflStrG; § 39 Abs. 3 SaarStrG; § 40 Abs. 6 SchHStrWG; vgl. auch die Übersicht bei Gierke, in: Kohl.Kom., BauGB, § 9 Rn. 218 ff.
154 Kodal/Krämer, Straßenrecht, S. 853
155 Das BVerwG hält eine ausdrückliche Kompetenzzuweisung für entbehrlich. Der Gesetzgeber habe die Konkurrenz zwischen BBauG und dem FStrG (das zum Zeitpunkt der Entscheidung noch keine Konkurrenzregelung enthielt) gesehen, aber dennoch den Bebauungsplan als Mittel isolierter Straßenplanung nicht ausgeschlossen. BVerwG, Urt. v. 3.6.1971 - 4 C 64/70 -, E 38, 152 = DVBl 1972, 119 = DÖV 1971, 636; Urt v. 18.10.1985 - 4 C 21/80 -, E 72, 172 = DVBl 1986, 411 = NJW 1986, 1826 = ZfBR 1986, 41; so auch Gaentzsch, Berliner Kommentar, BauGB, § 9 36; a.A. Gierke, in: Kohl.Kom., BauGB, § 9 Rn. 220. Die gegenteilige Auffassung von Gierke wirkt sich jedoch aus den dargelegten Gründen nicht aus.

Mit der Festsetzung von Flächen für Straßen, Wege oder Parkplätze ist gleichzeitig eine Vorentscheidung über die Versiegelung dieser Flächen getroffen.[156] Der Umfang der Bodenversiegelung hängt im einzelnen von folgenden Faktoren ab:

- von der Breite der festgesetzten Verkehrsfläche,
- vom Anteil der vollversiegelten Fläche, d.h. Anteil der Fahrgasse im Verhältnis zu Gehweg-, Radweg- und Grünstreifenbereich,
- von der Art des Belags auf den verschiedenen Bereichen der Verkehrsfläche.

Nach § 9 Abs. 1 Nr. 11 BauGB kann jedoch nur die Verkehrsfläche selbst und ggf. ihre besondere Zweckbestimmung festgesetzt werden. Die Breite der Verkehrsfläche wird durch zeichnerische Festsetzung der Straßenbegrenzungslinien bestimmt.[157] Materielle Anforderungen ergeben sich dabei aus den einschlägigen Richtlinien. Für den Straßenquerschnitt und die Aufteilung des Straßenraums sind die EAE 85 und die RAS-Q, für die Anlage von Parkplätzen die RAR einschlägig (vgl. hierzu Kapitel 14).

Aussagen über die Aufteilung zwischen Fahrgasse, Geh- und Radweg, Stellplätzen und Begrünungsstreifen lassen sich ohne differenzierte Zweckbestimmung der einzelnen Teile der Verkehrsflächen nach ihrer besonderen Funktion nicht treffen.[158] Wenn eine Differenzierung zwischen verschiedenen Verkehrsfunktionen aus städtebaulichen Gründen erforderlich ist, können voneinander abweichende Zweckbestimmungen für Teile einer Verkehrsfläche festgesetzt werden. Städtebauliche Gründe können z.B. darin bestehen, daß

- die Verkehrsfläche zu einem größeren Anteil auch als Aufenthalts- und Spielfläche genutzt werden soll,
- eine ausreichende Fläche für Bepflanzung gesichert werden soll,
- ein Radweg zur Ergänzung eines Radwegenetzes vorgesehen werden soll.

Die mit der Differenzierung verbundene Einschränkung der für die Fahrgasse zur Verfügung stehenden Fläche wirkt tendenziell versiegelungsmindernd, da die anderen Nutzungsansprüche auf den Restflächen nicht in gleicher Weise einen versiegelnden Bodenbelag erfordern wie die verkehrliche Nutzung durch Kraftfahrzeuge.

Die in § 9 Abs. 1 Nr. 11 exemplarisch aufgeführten Zweckbestimmungen sind nicht abschließend. Auf die Begrenzung oder Verminderung der Bodenversiegelung kann sich die im Schrifttum immer wieder hervorgehobene besondere Zweckbestimmung "verkehrsberuhigte Bereiche" positiv auswirken.[159] Hierunter werden Straßen verstanden, die neben verkehrlichen Funktionen gleichrangig dem Aufenthalt, der Kommunikation und dem Spielen von Kindern dienen sollen. Dieser Funktionsvielfalt kann gerade in Wohngebieten eine besondere städtebauliche Bedeutung zukommen.[160] Die Umsetzung der Festsetzung wird in der Regel einen Rückbau der Fahrgasse zugunsten von Begrünungs- und Entsiegelungsmaßnahmen erfordern. Die Straßen müssen durch ihre Gestaltung zum Aufenthalt einladen und erkennen lassen, daß der Fahrzeugverkehr eine untergeordnete Rolle

---

156 Vgl. Brandt/Sander, Berücksichtigung von Umweltschutzbelangen im geplanten Baugesetzbuch, S. 113
157 Gierke, in: Kohl.Kom., BauGB, § 9 Rn. 226
158 Gierke lehnt eine solche Differenzierung darüber hinaus grundsätzlich ab, in: Kohl.Kom., BauGB, § 9 Rn. 228; a.A. Gaentzsch, in: Berliner Kommentar, BauGB, § 9 Rn. 32; Bielenberg, in: Ernst/Zinkahn/Bielenberg, BBauG, § 9 Rn. 49
159 Gierke, Kohl.Kom., BauGB, § 9 Rn. 227; Löhr, in: Battis/Krautzberger/Löhr, BauGB, § 9 Rn. 47; vgl. hierzu die eingehende Darstellung in Kap. 14
160 Löhr, in: Battis/Krautzberger/Löhr, BauGB, § 9 Rn. 47 und oben Kap. 4, Teil B I

spielt.[161] Die Einrichtung eines verkehrsberuhigten Bereiches erfordert unabhängig davon, ob eine entsprechende bauplanungsrechtliche Regelung besteht, die straßenrechtliche Widmung bzw. teilweise Entwidmung und die Kennzeichnung gem. 6 Abs. 1 Nr. 15 StVG.[162]

Festsetzungsbeispiele - Straßenraum

- Je angefangene vier ebenerdige Stellplätze ist ein hochstämmiger Baum der Arten Linde, Ahorn oder Eiche mit einem Stammumfang von mindestens 25 - 30 cm, gemessen in 1 m Höhe über der Bodenoberfläche, zu pflanzen. Je Baum ist mindestens eine offene Vegetationsfläche von 16 m^2 vorzusehen.
- Wege- und Platzflächen sind ausschließlich mit wassergebundenen Belägen (z.B. Kies, Splitt, Rindermulch, Schotterrasen), die frei von toxischen Stoffen sein müssen, herzustellen.(§ 9 Abs. 1 Nr. 16 u. 20 BauGB).
- Entlang der X-Straße ist im Abstand von X-Metern je ein großkroniger Baum zu begrünen; die Y-Straße ist einseitig bzw. wechselseitig mit kleinkronigen Bäumen zu begrünen.
- Zeichnerisch kann ein Pflanzstreifen festgesetzt werden.

(Tab. 38)

Über § 9 Abs. 1 Nr. 11 BauGB lassen sich Gestaltungsanforderungen, z.B. Belagsarten und Begrünungen, nicht festsetzen. Die Festsetzung beschränkt sich auf die besondere Zweckbestimmung. Sie kann aber mit Festsetzungen nach § 9 Abs. 1 Nr. 20, 25 a oder b BauGB verbunden werden.[163] Beispiele für solche ergänzenden Festsetzungen im Straßenraum und auf Parkplätzen finden sich in Tab. 38 b. Eine Straßenrandbegrünung kann auch als öffentliche oder private Grünfläche auf der Grundlage von § 9 Abs. 1 Nr. 15 BauGB festgesetzt werden.[164]

Die Festsetzung von Kopfsteinpflaster löst allerdings zumindest bei stark befahrenen Straßen erhebliche Lärmbelästigungen aus und ist aus diesem Grunde häufig unzulässig.[165] Dies schließt aber nicht aus, daß z.B. "ein Dorf- oder Marktplatz, eine Fußgängerzone oder eine weniger befahrene Anliegerstraße gepflastert werden" kann, da hier die Lärmkonflikte nicht in gleicher Weise auftreten.[166]

Im übrigen bleibt die Gestaltung des Straßenraums der Planausführung vorbehalten, die sich an den Vorgaben der technischen Regelwerke zu orientieren hat.[167]

III. Festsetzung von Maßnahmen und Flächen, die aktiv auf eine ökologisch wirksame Gestaltung des Raums hinzielen

Während mit den Festsetzungen von Flächen für bauliche Nutzungen lediglich die Freihaltung der hiervon nicht erfaßten Flächen von Bebauung sichergestellt werden kann, bietet das BauGB eine ganze Palette von Möglichkeiten, auf Natur und Landschaft gestaltend ein-

---

161 Bielenberg unter Hinweis auf die entsprechende VwV-StVO zu den Zeichen 325, 326, in: Ernst/Zinkahn/Bielenberg, BBauG, § 9 Rn. 49 a
162 Vgl. zu den Einzelheiten Bielenberg, in: Ernst/Zinkahn/Bielenberg, BBauG, § 9 Rn. 49 f.
163 Gierke, Kohl.Kom., BauGB, § 9 Rn. 215
164 Vgl. BVerwG, Beschl. v. 24.4.1991 -4 NB 24/90 -, UPR 1991, 276 f.
165 Vgl. OVG RhPf, Urt. v. 19.4.1989 - 10 C 20/88 -, BauR 1989, 705 (706 f.) und oben unter Hinweis auf die Verkehrslärmschutzverordnung
166 Vgl. OVG RhPf, Urt. v. 19.4.1989 - 10 C 20/88 -, BauR 1989, 705 (707)
167 Vgl. ausführlich unten Kap. 14

zuwirken. In der Praxis sind diese Möglichkeiten aufgegriffen worden und haben z.T. zu sehr detaillierten und differenzierten Regelungen geführt. Die Festsetzungen haben in der Regel das Ziel, eine ausreichende Durchgrünung der Baugebiete sicherzustellen. Aber auch Festsetzungen, die dem Ausgleich von Versiegelung dienen, kommen in Betracht. Möglich sind Festsetzungen mit originär städtebaulicher Natur, aber auch solche, die nach Maßgabe der einschlägigen Landesnaturschutz- bzw. Landeslandschaftspflegegesetze im Bebauungsplan getroffen werden können. Der materielle Regelungsgehalt der Festsetzungen kann dabei trotz unterschiedlicher Rechtsgrundlagen z.T. identisch sein. Eine stringente Systematisierung nach Maßgabe der Rechtsgrundlage der Festsetzungsmöglichkeiten wäre deshalb der Verständlichkeit der Darstellung nicht förderlich. Im folgenden soll deshalb grob zwischen folgenden Regelungsgegenständen unterschieden werden:

1. Anpflanzung von Bäumen, Sträuchern und anderen Pflanzen,
2. Sicherung und Erhalt von konkreten Vegetationsbeständen,
3. Neuausweisung von Grünflächen,
4. Rückhaltung und Versickerung von Niederschlagswasser,
5. Maßnahmen zum Schutz, zur Pflege und zur Entwicklung von Natur und Land-schaft,
6. Sicherung und Erhaltung von naturnahen Grünräumen.

Die genannten Regelungsgegenstände lassen sich nicht durchgängig voneinander trennen. Vielmehr gibt es zahlreiche Überschneidungen. So liegt es auf der Hand, daß die Anpflanzung von Bäumen und die Sicherung der Vegetationsbestände auch Maßnahmen zum Schutz, zur Pflege und zur Entwicklung von Natur und Landschaft sein können. Auf die komplizierten landesrechtlichen Spezifika bei Maßnahmen des Naturschutzes und der Landschaftspflege wird gesondert eingegangen.

I. Anpflanzung von Bäumen, Sträuchern und anderen Pflanzen

Nach § 9 Abs. 1 Nr. 25 a BauGB kann das Anpflanzen von Bäumen, Sträuchern und sonstigen Bepflanzungen festgesetzt werden.

a) Ortsbezug

Die Festsetzungen können sich auf bestimmte Flächen, auf Baugebiete, Teile von Baugebieten sowie auf Teile baulicher Anlagen beziehen. Sie müssen deshalb nicht unbedingt grundstücksbezogen sein. Erfaßt werden können auch Gemeinbedarfsflächen, Verkehrsflächen, Versorgungsflächen und Abstandsflächen nach § 9 Abs. 1 Nr. 24 BauGB, nicht jedoch Flächen für landwirtschaftliche Nutzung und Wald.[168] Deshalb können auch auf hochversiegelten Verkehrsflächen oder Parkplatzflächen versiegelungsmindernde Bepflanzungen vorgesehen werden. Die Festsetzung kann sich auch auf bestimmte Teile baulicher Anlagen beziehen.

---

168 Gierke, in: Kohl.Kom., BauGB, § 9 Rn. 418

b) Art der Anpflanzung

Bei der Festsetzung von Neupflanzungen muß die Art und Dichte der Bepflanzung näher bestimmt werden.[169] Die Bepflanzung kann je nach dem städtebaulichen Erfordernis mehr oder weniger detailliert vorgeschrieben werden.[170] Angeordnet werden können alle Pflanzenarten. Die Festsetzung kann insbesondere differenzieren zwischen Bäumen, Sträuchern und sonstigen Bepflanzungen. Die nähere Bestimmung von Art, Ort und Umfang der Anpflanzung kann auf verschiedene Weise erfolgen. Auf der Grundlage der Untersuchung von 60 Bebauungsplänen unterscheiden Stich/Porger/Steinebach/Jakob zwischen fünf Festsetzungstypen für das Anpflanzen.[171]

Einzelfestsetzungen von Pflanzungen

Das Anpflanzen und die Erhaltung von Bäumen bzw. Sträuchern wird für jede (Gehölz) Pflanze einzeln festgesetzt. Das verwendete Planzeichen entspricht je einem eingemessenen Standort. Textfestsetzungen ergänzen dies gegebenenfalls um Anforderungen an zu verwendende Pflanzenarten, Mindestgrößen sowie Verpflichtungen zur dauerhaften Pflege. Auch eine Einschränkung in qualitativer Hinsicht ist möglich (Vgl. Tab. 39).

Festsetzungsbeispiel*
Je 200 m^2 der nicht überbaubaren Grundstücksfläche ist eine Stieleiche oder ein gleichartiger großkroniger Baum mit einem Stammumfang von 25 - 30 cm, gemessen in 1 m Höhe über dem Erdboden, zu pflanzen.

(Tab. 39)

*Quelle: Hoffjann, IzR 1988, 587 (589) mit entsprechenden Beispielen aus der Düseldorfer Planungspraxis

Flächige Festsetzungen von Pflanzungen

Die Festsetzung von Bäumen gewährleistet keine flächenhafte Begrünung. Für die Pflanzung von Bäumen genügt es, eine Baumscheibe entsprechend den Anforderungen der einschlägigen Richtlinien mit dem Durchmesser von 2, besser 3 m zu schaffen. Soll darüber hinaus sichergestellt werden, daß eine Fläche insgesamt begrünt wird, muß die Pflanzfestsetzung entsprechend ergänzt werden. Dies erfolgt durch zeichnerische Festsetzung einer Fläche für Bepflanzung. Auf bestimmten Teilen öffentlicher oder privater Grundstücke werden Pflanzflächen abgegrenzt und Erhaltungs- bzw. Anpflanzungsfestsetzungen getroffen.

---

169 Gierke, in: Kohl.Kom., BauGB, § 9 Rn. 414
170 Vgl. hierzu die Bsp. von Hoffjann aus der Düsseldorfer Planungspraxis, in: IzR 1988, 587 (591 f.) und bei Simon, BayBO, Art. 5 Rn. 7
171 Vgl. Stich/Porger/Steinebach/Jakob, Berücksichtigung stadtökologischer Forderungen in der Bebauungsplanung nach dem BauGB, S. 193 ff. Diese haben im Rahmen des Forschungsprojekts "Berücksichtigung stadtökologischer Forderungen in der Bebauungsplanung nach dem BauGB" des Bundesministers für Raumordnung, Bauwesen und Städtebau jüngst die Ergebnisse einer Auswertung von 60 Bebauungsplan-Fallstudien vorgelegt.

Diese Flächenfestsetzung kann in qualitativer Hinsicht z.B. durch Pflanzschemata/-vorschläge mit Vorgaben zur Artenzusammensetzung, Mindestgröße sowie Schutz-, Pflege- und Ersatzpflanzverpflichtungen spezifiziert werden.

Festsetzungsbeispiel*

Auf den zeichnerisch festgesetzten Flächen für Bepflanzung sind die Anpflanzungen in folgender Verteilung vorzunehmen:
- mindestens 70 % Gras-/Staudenfläche oder bodendeckende Strauchpflanzen aus der Vegetationsgesellschaft des Eichenbuchenwaldes (im Bebauungsplan folgt eine beispielhafte Aufzählung einschlägiger Pflanzenarten),
- mindestens 15 % Sträucher der Arten Haselnuß, Vogelbeere und Brombeere (oder gleichwertig),
- mindestens je 200 m² festgesetzter Pflanzfläche ein Großbaum der Arten Buche, Eiche (oder gleichwertige) mit einem Stammumfang von 25 - 30 cm, gemessen in 1 m Höhe über der Bodenoberfläche.

(Tab. 40)

*Quelle: Hoffjann, IzR 1988, 587 (590) mit entsprechenden Beispielen aus der Düsseldorfer Planungspraxis

Quotierte Festsetzung von Pflanzungen

Eigenständig oder zu den oben genannten Varianten hinzutretend kann eine prozentuale Angabe zur grundsätzlichen Grünhaltung des Gesamtgrundstücks auftreten, mit der eine grüne Summenwirkung, nicht jedoch der Standort von Anpflanzungen vorgeschrieben wird. Diese Festsetzungsform wird teilweise auch ohne zugehörige planzeichnerische Darstellung verwendet.

Soweit Bäume anzupflanzen sind, gebietet das Bestimmtheitsgebot eine nähere Quantifizierung. Die Anzahl der zu pflanzenden Bäume kann z.B. bei Parkplatzflächen auch an die Zahl der Stellplätze gekoppelt werden. An Straßen bietet sich auch eine Orientierung am Längenmaß an (vgl. Tab. 38). Gegenüber einer standortgenauen zeichnerischen Darstellung hat dies den Vorteil, daß die Straßenbepflanzung im Rahmen der Straßenbauvorhaben flexibler an die verkehrlichen Bedürfnisse angepaßt werden kann.

Bepflanzung von Stellplätzen

Für größere private und öffentliche Stellplatzanlagen wird eine Begrünung mit Hochgrün häufig zusätzlich in Textform festgesetzt. Der angestrebte Grünanteil liegt aus Sicht- und Immissionsschutzgründen im allgemeinen deutlich höher als auf den sonstigen unbebaubaren Grundstücksteilen. Schutz, Pflege und Ersatzpflanzverpflichtungen können in der Textfestsetzung enthalten sein. Auch die Verwendung bestimmter Belagsarten kann vorgeschrieben werden, soweit aus Gründen des Grundwasserschutzes nichts entgegensteht.

Dach- und Fassadenbegrünung

Flächenhaft wirkt auch die Festsetzung von Fassaden- und Dachbegrünungen. Damit wird die Eingrünung von Gebäuden durch Fassaden- und Dachbegrünungen ermöglicht.[172] Die Festsetzung kann entweder auf bestimmte Fassaden bzw. Dächer bezogen sein oder vorschreiben, daß ein bestimmter Anteil der Fassaden und Dächer zu begrünen ist. Auch sind differenzierte quantitative Anforderungen an die Bepflanzung möglich (Vgl. Tab. 41).

Die Festsetzung kann z.B. als Ausgleichsmaßnahme für eine ausnahmsweise zulassungsfähige Überschreitung der GRZ festgesetzt werden.[173] Gelegentlich wird eine Fassaden- bzw. Dachbegrünung auch festgesetzt, wenn eine ebenerdige Bepflanzung wegen anderweitiger Nutzungen nicht möglich ist. Insbesondere kommt dabei die Begrünung der Dächer von Tiefgaragen in Betracht.

Festsetzungsbeispiel*

Die Dächer von Unterflurgaragen sind dauerhaft zu bepflanzen. Pro 100 m² Garagenfläche ist auf der nicht unterbauten Grundstücksfläche mindestens ein großer Baum (z.B. Ahorn, Esche, Eiche, Platane) zu pflanzen. Stattdessen ist es zulässig, das Dach der Unterflurgarage mit einer mindestens 80 cm starken Bodenüberdeckung zu versehen und darauf die doppelte Zahl von flachwurzelnden Bäumen zu pflanzen.

(Tab. 41)

*Quelle: Vgl. Stich/Porger/Steinebach/Jakob, Berücksichtigung stadtökologischer Forderungen in der Bebauungsplanung nach dem BauGB, S. 74

Die Festsetzung von Dach- und Fassadenbegrünung verlangt eine sorgfältige städtebauliche Begründung und eine umfassende Berücksichtigung der mit der Festsetzung verbundenen rechtlichen und tatsächlichen Probleme. Hierzu gehören insbesondere

- die bauordnungsrechtlichen Anforderungen an die Ausführung von Dächern,
- die konstruktiven Anforderungen in Abhängigkeit von der jeweiligen Dachneigung und der vorgesehenen Bepflanzung,
- die Gefahr der Durchfeuchtung sowie
- die Frage der Finanzierung der Dach- und Fassadenbegrünung.

Das OVG NW weist insbesondere auf weitgehend ungeklärte Fragen des Brandschutzes hin.[174] Eine Brandlast könne bei Extensivbegrünung und einfacher Intensivbegrünung, die zeitweilig völlig austrocknet und abstirbt, nicht ausgeschlossen werden. Das Gericht weist diesbezüglich auf das Fehlen verbindlicher technischer Prüfnormen in Nordrhein-Westfalen hin.[175] Es hielt die Gemeinde schon aus diesem Grunde für verpflichtet, die Brandschutzfragen mit in die Abwägung einzubeziehen. Daneben bemängelte das OVG auch die Nichtberücksichtigung konstruktiver Fragen, der Gefahr einer Durchfeuchtung sowie die fehlenden Überlegungen hinsichtlich der Finanzierung und Umsetzung der Pflanzfestsetzung.[176]

---

172 Gaentzsch, in Berliner Kommentar, BauGB, § 9 Rn. Rn. 62; Gierke, in: Kohl.Kom., BauGB, § 9 Rn. 414; Grooterhorst, DVBl 1987, 654 (661)
173 Vgl. verschiedene Beispiele bei Stich/Porger/Steinebach/Jakob, Berücksichtigung stadtökologischer Forderungen in der Bebauungsplanung nach dem BauGB, S. 74
174 Vgl. OVG NW, Urt. v. 5.12.1990 - 10 a NE 73/90 -, UPR 1991, 278 f.
175 Vgl. OVG NW, Urt. v. 5.12.1990 - 10 a NE 73/90 -, UPR 1991, 278 f.
176 Vgl. OVG NW, Urt. v. 5.12.1990 - 10 a NE 73/90 -, UPR 1991, 278 f.

Hinsichtlich der Finanzierung ist die Entschädigungspflicht nach § 41 Abs. 2 Nr. 1 BauGB für besondere Aufwendungen zu beachten, die das bei ordnungsgemäßer Wirtschaft erforderliche Maß überschreiten. Die sich daraus ergebenden Grenzen sind nicht abschließend abstrakt bestimmbar. Weitgehend Einigkeit besteht, daß Fassadenbegrünungen in aller Regel im Rahmen der ordnungsgemäßen Grundstücksbewirtschaftung vorzunehmen sind, da hier keine konstruktiven oder anderen bautechnischen Vorkehrungen zu treffen sind. Bei Dachbegrünungen wird man unterscheiden müssen, ob sie für Neubauvorhaben gelten sollen oder für bestehende Gebäude angeordnet werden. Bei Neubauvorhaben wird in der Regel eine öffentlich-rechtliche Entschädigung ausscheiden, wenn die Dachbegrünung quasi als Ausgleich für die Schaffung des Baurechts festgesetzt wird. Im Bestand kommt eine entschädigungslose Anordnung der Dachbegrünung demgegenüber nur dann in Betracht, wenn keine ins Gewicht fallenden Kosten für konstruktive und bautechnische Vorkehrungen zu treffen sind, also z.B. bei extensiver Dachbegrünung mit nur minimaler Substratschicht.[177] Das OVG NW ist sogar der Ansicht, daß die nachträglichen Anordnungen von Dachbegrünung (auch von Extensivbegrünung) "wohl stets mit besonderer Aufwendung verbunden sein wird, die über das bei ordnungsgemäßer Bewirtschaftung erforderliche Maß hinausgeht" (vgl. die Ausführungen im Zusammenhang mit der Anordnungen eines Pflanzgebots in Kapitel 19).[178]

Soll eine entschädigungspflichtige Dachbegrünung angeordnet werden, ist diese bereits im Rahmen der Finanzierungsübersicht in der Begründung des Bebauungsplans zu berücksichtigen.[179]

Zulässigkeit von Pflanzlisten

Je differenzierter und detaillierter die Anpflanzungsvorschriften sind, desto wichtiger wird die Frage der Erforderlichkeit. Die Festsetzung muß auch hinsichtlich ihrer Differenziertheit und Detailliertheit durch den ihr zugrundeliegenden Zweck gedeckt sein. Die Einschränkung auf bestimmte Pflanzenarten darf deshalb nicht willkürlich sein. Es muß nachvollziehbar sein, aus welchem Grund diese Beschränkung auf bestimmte Arten erfolgt. Z.T. wurde deshalb der Gebrauch von verbindlichen Pflanzlisten problematisiert.[180] Gleiches gilt auch für die gebräuchliche Beschränkung auf heimische Arten. Einen allgemein anerkannten Grundsatz, daß eine mit den Zielen des BNatSchG in Einklang stehende Bepflanzung von privaten Grundstücken nur mit heimischen Arten erfolgen kann, gibt es nicht.

Nach der jüngsten Rechtsprechung des BVerwG wird man allerdings überzogene Anforderungen an den Nachweis der städtebaulichen Erforderlichkeit nicht mehr stellen können.[181] Das Gericht weist lapidar darauf hin, daß mit dem Mittel der Bauleitplanung auch auf ein bestimmtes Maß an Intensität und Einheitlichkeit der Bepflanzung hingewirkt werden darf. Es sei deshalb nach Maßgabe der Erforderlichkeit im Einzelfall erlaubt, mit einer zwingen-

---

177 Vgl. Stich/Porger/Steinebach/Jakob, Berücksichtigung stadtökologischer Forderungen in der Bebauungsplanung nach dem BauGB, S. 78
178 Vgl. OVG NW, Urt. v. 5.12.1990 - 10 a NE 73/90 -, UPR 1991, 278 f.
179 Vgl. OVG NW, Urt. v. 5.12.1990 - 10 a NE 73/90 -, UPR 1991, 278 f.
180 Vgl. Stich/Porger/Steinebach/Jakob, Berücksichtigung stadtökologischer Forderungen in der Bebauungsplanung nach dem BauGB, S. 34 f.
181 Vgl. BVerwG, Beschl. v. 24.4.1991 - 4 NB 24/90 -, UPR 1991, 276 f.

den Pflanzliste, die zu verwendenen Pflanzenarten näher zu spezifizieren.[182] Die dafür maßgeblichen öffentlichen Belange sind in § 1 Abs. 5 S. 2 BauGB mit der Gestaltung des Ortsbildes (Nr. 4) und den Belangen des Umweltschutzes (Nr. 7) genannt. In dem der Entscheidung zugrundeliegenden Fall verfolgte die Gemeinde das Ziel, ein weitgehend einheitliches Erscheinungsbild der Grünflächen im Gemeindegebiet zu wahren.

Als mögliche Gründe für eine derartige Einengung auf bestimmte Arten scheiden solche Wirkungen von Vegetation aus, die allein an die Quantität, d.h. an die Größe der begrünten Fläche und an das darauf befindliche Grünvolumen anknüpfen. Für eine Eingrenzung auf bestimmte Arten kommen aber Aspekte des Artenschutzes in Betracht. Hier ist allerdings § 9 Abs. 1 Nr. 20 1. Alt. BauGB die speziellere Rechtsgrundlage (vgl. unten zu den möglichen städtebaulichen Gründen).

c) Städtebauliche Gründe

Die Begründung muß grundsätzlich an der konkret vorgefundenen Sachlage orientiert sein.[183] Allgemeine Erwägungen über die positiven Eigenschaften von Grün sind ungenügend. Aus diesem Grunde dürfen sich die Festsetzungen nach Nr. 25 auch nicht generell auf das gesamte Gemeindegebiet beziehen.[184] Eine Übersicht über mögliche Begründungszusammenhänge zeigt Tab. 42.

Begründung von Pflanzfestsetzungen
- Verbesserung der Wohnumfeldqualität durch Begrünung von Höfen und Straßen, - Ausgleich für hohe Versiegelung z.B. auf Dächern und an Fassaden, - Wahrung oder Schaffung ortsbildprägender Grünelemete, - Gliederung von Straßen und größeren Parkplatzflächen, - visuelle Abschirmung von Parkplatzflächen.[1] - die Ortsrandeingrünung aus landschaftsgestalterischen Gründen.[2]

(Tab. 42)

1 Vgl. Gierke, in: Kohl.Kom., BauGB, § 9 Rn. 419; Löhr, in: Battis/Krautzberger/Löhr, BauGB, § 9 Rn. 95; Gaentzsch, in: Berliner Kommentar, BauGB, § 9 Rn. 61
2 Louis/Klatt, NuR 1987, 347 (354)

Umstritten ist, ob auch Gründe des Naturschutzes und der Landschaftspflege Festsetzungen nach § 9 Abs. 1 Nr. 25 rechtfertigen.[185] Es kann dabei um die Erhaltung der Artenvielfalt und auch um die Pflege der ortstypischen Artengesellschaft gehen, z.B. wenn eine Beschränkung auf einheimische Bäume festgesetzt wird. Da die Festsetzung von Maßnahmen zum Schutz, zur Pflege und zur Entwicklung von Natur und Landschaft schon nach § 9 Abs. 1 Nr. 20 1. Alt BauGB vorgesehen ist, wird eine Festsetzung nach Nr. 25 aus systematischen Gründen nicht auf diesen Zweck allein gestützt werden können.[186] Ein klare Abgrenzung fällt jedoch schwer, da die Bepflanzung einer Fläche in der Regel mehreren Zie-

---

182 Vgl. BVerwG, Beschl. v. 24.4.1991 - 4 NB 24/90 -, UPR 1991, 276 (277)
183 Gierke, in: Kohl.Kom., BauGB, § 9 Rn. 419; Löhr, in: Battis/Krautzberger/Löhr, BauGB, § 9 Rn. 95
184 Vgl. BVerwG, Urt. v. 30.1.1976 - 4 C 26/74 -, NJW 1976, 1329 f.; Löhr, in: Battis/Krautzberger/Löhr, BauGB, § 9 Rn. 95; Bartholomäi, UPR 1988, 241 (241 f.)
185 Pro: Gierke, in: Kohl.Kom., BauGB, § 9 Rn. 419; Gaentzsch, in: Berliner Kommentar, BauGB, § 9 Rn. 61; contra: Löhr, in: Battis/Krautzberger/Löhr, BauGB, § 9 Rn. 95; Brandt/Sander, Berücksichtigung von Umweltschutzbelangen im geplanten Baugesetzbuch, S. 122
186 Brandt/Sander, Berücksichtigung von Umweltschutzbelangen im geplanten Baugesetzbuch, S. 122

len dienen wird. Die nach Nr. 20 möglichen Festsetzungen entsprechen z.T. denen, die nach Nr. 25 getroffen werden können.[187] Dies gilt z.B. dann, wenn die Bepflanzung die Verbesserung der klimatischen Situation bewirken soll, da diese auch der Förderung der natürlichen Lebensgrundlagen und der Herstellung gesunder Wohn- und Arbeitsverhältnisse dient.[188]

Dies gilt aber nicht für Maßnahmen des Artenschutzes, die zum eigentlichen Kern des Naturschutzes gehören und deshalb nur nach Maßgabe des § 9 Abs. 1 Nr. 20 1. Alt. BauGB festsetzbar sind.[189] Es spricht deshalb einiges dafür, Maßnahmen des Artenschutzes nur nach Maßgabe einer entsprechenden landschaftsplanerischen Konzeption festzusetzen.

d) Umsetzung

Die Umsetzung der Festsetzung einer Anpflanzung erfordert weitere Rechtsakte. Sie kann als Auflage zu einer Baugenehmigung im Rahmen eines Bauvorhabens durchgesetzt werden. Außerhalb des Baugenehmigungsverfahrens kann die Festsetzung durch ein Pflanzgebot nach Maßgabe des § 178 BauGB umgesetzt und ggf. auch zwangsweise durchgesetzt werden. Dabei können bei Wertminderungen des Grundstücks und bei Aufwendungen, die den üblichen Pflegeaufwand überschreiten, Entschädigungsansprüche entstehen (Vgl. zu den Voraussetzungen des Pflanzgebots die ausführliche Darstellung in Kapitel 19).

2. *Sicherung und Erhalt von konkreten Vegetationsbeständen*

Gem. § 9 Abs. 1 Nr. 25 b BauGB können Bindungen für Bepflanzung und die Erhaltung von Bäumen, Sträuchern und sonstigen Bepflanzungen sowie von Gewässern festgesetzt werden. Die Vorschrift ermöglicht damit den Schutz vorhandener Vegetationsbestände im Bebauungsplan. Festgesetzt werden kann, daß näher zu bestimmende Bäume, Sträucher und sonstige Bepflanzungen erhalten bleiben. Die Festsetzung muß sich deshalb immer auf bereits vorhandene Vegetation beziehen. Nur soweit es für den Erhalt der Bepflanzung erforderlich ist, wirkt sich die Festsetzung als Hindernis für Versiegelung aus. Die Erhaltungspflicht umfaßt deshalb die Pflicht, dem Baum eine genügend große versiegelungs- und verdichtungsfreie Zone zu belassen, um die Voraussetzung für seinen Bestand sicherzustellen.

Regelungen über den Baumschutz können mit solchen über Ersatzpflanzungen im Falle der Beseitigung eines geschützten Baumes verbunden werden. Als Vorbild können insoweit die naturschutzrechtlichen Musterbaumschutzsatzungen gelten (vgl. hierzu Kapitel 10).

Der Schutz des Vegetationsbestandes im Bebauungsplan muß grundsätzlich individuell und konkret für ein bestimmtes Plangebiet städtebaulich erforderlich sein.[190] Die Anforderungen sind insoweit enger als für die Baumschutzsatzungen nach Maßgabe des Naturschutzrechtes. Das BVerwG hat aus diesem Grunde einen Bebauungsplan, der den Baumbestand in genereller Weise für eine Gemeinde oder einen Teil einer Gemeinde schützen wollte, für

---

187 Vgl. Stich/Porger/Steinebach/Jakob, Berücksichtigung stadtökologischer Forderungen in der Bebauungsplanung nach dem BauGB, S. 30 f., die insoweit von einer Schnittmenge zwischen beiden Festsetzungsmöglichkeiten sprechen.
188 Löhr, in: Battis/Krautzberger/Löhr, BauGB, § 9 Rn. 95; Löhr, NVwZ 1987, 361 (364)
189 Löhr, in: Battis/Krautzberger/Löhr, BauGB, § 9 Rn. 95
190 Vgl. Löhr, in: Battis/Krautzberger/Löhr, BauGB, § 9 Rn. 94

rechtswidrig erklärt.[191] Die Festsetzung kann aber selbständig, auch nachträglich als Planergänzung zulässig sein.[192]

Der naturschutzrechtliche Baumschutz weist aber auch insoweit Vorteile auf, als dort besondere Genehmigungstatbestände für die Beseitigung von unter Schutz gestellten Bäumen geschaffen werden können, die die Kontrolle der zuständigen Aufsichtsbehörden erheblich vereinfachen.

Neben den naturschutzrechtlichen und bauplanungsrechtlichen Regelungsmöglichkeiten können in Bayern und Hessen auch Baumschutzregelungen nach Maßgabe der LBO getroffen werden (Vgl. hierzu Kapitel 9). Zudem ist darauf hinzuweisen, daß im Einzelfall der Erhalt einzelner Bäume unabhängig von einer satzungs- oder verordnungsrechtlichen Unterschutzstellung auch aufgrund der bauordnungsrechtlichen Vorschriften über die Gestaltung der nicht überbauten Grundstücksflächen in den meisten Bundesländern angeordnet werden kann (vgl. hierzu Kapitel 17).

Der Möglichkeit, Bindungen für Bepflanzungen festzusetzen, mißt das Schrifttum neben der Anpflanzung und Erhaltung kaum eigene Bedeutung zu.[193] Festgesetzt werden können auch Bindungen für Gewässer. Voraussetzung ist jedoch, daß die Wasserfläche nicht nach § 9 Abs. 1 Nr. 16 BauGB oder nach dem Wasserrecht erhalten werden kann.[194]

3. Neuausweisung von Grünflächen

Gem. § 9 Abs. 1 Nr. 15 BauGB können festgesetzt werden: "öffentliche und private Grünflächen, wie Parkanlagen, Dauerkleingärten, Sport-, Spiel-, Zelt- und Badeplätze, Friedhöfe". Schon aus den nur beispielhalt aufgeführten, den Begriff "öffentliche und private Grünfläche" konkretisierenden Nutzungen ergibt sich, daß es Grünflächen gibt, deren Nutzungszweck Bodenversiegelung mit sich bringen kann (z.B. Sportplatz), aber auch solche, die nach ihrem Nutzungszweck weitgehend unversiegelt bleiben müssen (z.B. Parkanlagen). Unabhängig von dem konkreten Nutzungszweck ist den Grünflächen gemein, daß sie in bebaute Gebiete eingegliedert oder diesen zugeordnet sind und unmittelbare städtebauliche Bedeutung haben.[195] Auf Block- und Quartiersebene werden zur Naherholung öffentliche Grünflächen ausgewiesen, die überwiegend auf intensive Freizeitnutzung ausgerichtet sind. Die Funktionen können dabei vielfältig sein, insbesondere können Grünflächen der Naherholung der Bevölkerung, der Auflockerung der Bebauung und der Verbesserung des Kleinklimas dienen.[196] In der Regel werden allenfalls kleine Teilzonen als Beitrag zum Natur- und Artenschutz der natürlichen Entwicklung überlassen oder für Pflege- und Entwick-

---

191 Vgl. BVerwG, NJW 1976, 1329 ff.
192 Vgl. BVerwG, NJW 1976, 1329 (1330)
193 Gaentzsch, in Berliner Kommentar, BauGB, § 9 Rn. Rn. 62; Gierke, in: Kohl.Kom., BauGB, § 9 Rn. 416
194 Gierke, in: Kohl.Kom., BauGB, § 9 Rn. 417; Brandt/Sander, Berücksichtigung von Umweltschutzbelangen im geplanten Baugesetzbuch, S. 122
195 Löhr, in: Battis/Krautzberger/Löhr, § 5 Rn. 20 in Bezug auf eine entsprechende Darstellung im Flächennutzungsplan
196 Gaentzsch, in: Berliner Kommenmtar, § 5 Rn. 29

lungsmaßnahmen vorgesehen.[197] Möglich ist auch die Festsetzung von privaten und öffentlichen Grünflächen im Straßenraum aus Gründen der Gestaltung des Ortsbildes.[198]

Die Festsetzung kann aber auch den Gründen des Naturschutzes und der Landschaftspflege dienen.[199] Sie kann den Erhalt einer Grünverbindung sicherstellen, in dem sie die weitere Inanspruchnahme für bauliche Nutzungen verbietet.[200] Dabei ist allerdings das Verbot der Negativplanung zu beachten. Die festgesetzte Nutzung darf deshalb nicht willkürlich sein, sondern muß über den Effekt der Verhinderung von Bebauung hinausgehend tatsächlich gewollt sein (vgl. zum Verbot der Negativplanung die Ausführungen in diesem Kapitel Teil C II).[201] Eine Grünfläche kann mithin zu dem Zweck festgesetzt werden, eine unversiegelte Fläche für Vegetation und Klimaausgleich zu schaffen. Dabei ist auch festzulegen, welche Nutzung dieser Fläche zugedacht ist. Vor allem wird die Festsetzung "Grünfläche" sich in das Konzept einer freiraumbezogenen Erholung eingliedern lassen.

In Hinblick auf die sehr unterschiedlichen Zweckbestimmungen von Grünflächen i.S.d. § 9 Abs. 1 Nr. 15 BauGB ist eine Konkretisierung des Nutzungszwecks bereits im Bebauungsplan erforderlich.[202] Zur Vermeidung möglicher Nutzungskonflikte sind in Zweifelsfällen nur begrünte Flächen zulässig.[203] Bei fehlender Konkretisierung bleibt die Fläche als Fläche für Vegetation vorgesehen.[204]

4. Rückhaltung und Versickerung von Niederschlagswasser

Die Rückhaltung und Versickerung von Niederschlagswasser unterliegt vielfältigen formellen und materiellen wasserrechtlichen Anforderungen. Diese werden ausführlich in Kapitel 13 dargestellt. Soweit im Bebauungsplan Festsetzungen getroffen werden, die die Rückhaltung und/oder Versickerung von Niederschlagswasser bezwecken, sind die wasserrechtlichen Voraussetzungen zu berücksichtigen und mit der zuständigen Wasserbehörde abzustimmen.

Die bauplanungsrechtlichen Festsetzungsmöglichkeiten sind gekennzeichnet von dem Vorrang der wasserrechtlichen Regelungen. Die Subsidiarität des Bauplanungsrechts findet ihren Ausdruck in den entsprechenden Klauseln in § 9 Abs. 1 Nr. 16 und Nr. 20 1. Alt. BauGB. Dennoch bleibt ein nicht unerheblicher Spielraum für die Bauleitplanung. Danach kommen folgende Regelungen in Betracht:

---

197 Vgl. Stich/Porger/Steinebach/Jakob, Berücksichtigung stadtökologischer Forderungen in der Bebauungsplanung nach dem BauGB, S. 193 ff.
198 Vgl. BVerwG, Beschl. v. 24.4.1991 - 4 NB 24/90 -, UPR 1991, 276 f.
199 Vgl. BVerwG, Urt. v. 18.12.1990 - 4 NB 8/90 -, UPR 1991, 154 (155) zur Festsetzung einer Fläche für die Landwirtschaft mit dem Zweck eine Biotobverbindung zwischen zwei Landschaftsschutzgebieten zu erhalten.
200 Vgl. BVerwG, Urt. v. 18.12.1990 - 4 NB 8/90 -, UPR 1991, 154 (155)
201 Vgl. BayVGH, Beschl. v. 19.4.1989 - 20 N 88.01690 -, BauR 1990, 189 (189 f.) und ausführlich zum Verbot der Negativplanung unten Kap. 7, Teil C II
202 BVerwG, Urt. v. 16.2.1973 - 4 C 66/69 -, E 42, 5 (6) = DVBl 1973, 635; Urt. v. 21.6.1974 - 4 C 14/74 -, DVBl 1974, 777; vgl. auch Brandt/Sander, Berücksichtigung von Umweltschutzbelangen im geplanten Baugesetzbuch, S. 114 f.; Gierke, in: Kohl.Kom., § 9 Rn. 267; Löhr, in: Battis/Krautzberger/Löhr, § 9 Rn. 57
203 Rothe, Bauleitplanung, Rn. 502; Gaentzsch, in: Berliner Kommenmtar, § 9 Rn. 36
204 Vgl. BVerwG, Urt. v. 16.2.1973 - 4 C 66/69 -, E 42, 5 = DVBl 1973, 635 = BauR 1973, 168; Gaentzsch, Berliner Kommentar, § 9 Rn. 36; Gierke, in: Kohl.Kom., § 9 Rn. 268

- Festsetzung von Flächen für die Abwasserbeseitigung (z.B. für Zisternen oder für Sickergruben bzw. -schächte) (b),
- Festsetzung von Wasserflächen sowie Flächen für die Wasserwirtschaft und die Regelung des Wasserabflusses (z.B. für Zisternen, Zierteiche, Regenwasserrückhaltebecken) (c),
- Festsetzung von technischen Vorkehrungen zur Sammlung und Versickerung von Niederschlagswasser als Maßnahme zum Schutz, zur Pflege und zur Entwicklung von Natur und Landschaft (z.B. Zisternen, Zierteiche sowie Versickerungsschächte und Sickergruben) (d).

Es gibt bereits zahlreiche Beispiele für entsprechende Festsetzungen, wie Stich/Porger/Steinebach/Jakob bei der exemplarischen Auswertung von 60 Bebauungsplänen feststellten. Für die Versickerung des auf Dach- und Terrassenflächen anfallenden Niederschlagswassers wird z.B. auf den Grundstücken eine private Grünfläche, bei größeren Flächen eine öffentliche Grünfläche und deren Gestaltung z.T. auch mit Standortbestimmung als Versickerungsfläche festgesetzt.[205] Zur Sammlung von Niederschlagswasser wird die Errichtung von Sammelbecken (Zisternen) mit einem Mindestfassungsvermögen von z.B. 50 - 100 ltr./m2 zu entsorgende Dach- bzw. Terrassenfläche festgesetzt In vielen Fällen wird die Verwendung des gespeicherten Wassers für gärtnerische Zwecke vorgeschrieben. Die Festsetzungen werden entweder grundstücksbezogen oder (abhängig von der geohydrologischen und topographischen Situation) auch für mehrere Grundstücke oder Grundstücksgruppen in Form einer zentralen Fassungsanlage getroffen.[206]

a) Wasserrechtliche Restriktionen

Die auf die Sammlung und dezentrale Beseitigung des von versiegelten Flächen abfließenden Niederschlagswassers bezogenen Festsetzungen sind nur zulässig, soweit wasserrechtliche Restriktionen nicht im Wege stehen. Im Schrifttum wird vor allem auf die häufig entgegenstehenden gemeindlichen Anschlußsatzungen hingewiesen, die die Grundstücksentwässerung in das öffentliche Kanalisationsnetz vorschreiben.[207] Soweit nicht bereits in der Satzung eine Ausnahme für die Beseitigung von Niederschlagswasser vorgesehen ist, würde die entgegenstehende Festsetzung im Bebauungsplan mit den Vorschriften der Anschlußsatzung kollidieren. In Ermangelung spezieller Kollisionsvorschriften ist auf die allgemein anerkannten Kollisionsregelungen zurückzugreifen. Bei Regelungen des gleichen Rechtssetzungsorgans gilt, daß die spätere Vorschrift die frühere ersetzt. Der Bebauungsplan kann insoweit entgegenstehende Vorschriften der Anschlußsatzung korrigieren.[208] Dies gilt aber nicht, wenn die Satzungskompetenz an einen Abwasserverband delegiert wurde. In diesem Fall muß die Gemeinde auf eine entsprechende Änderung der Anschlußsatzung hinwirken.[209]

---

205 Vgl. Stich/Porger/Steinebach/Jakob, Berücksichtigung stadtökologischer Forderungen in der Bebauungsplanung nach dem BauGB, S. 193 ff.
206 Vgl. Stich/Porger/Steinebach/Jakob, Berücksichtigung stadtökologischer Forderungen in der Bebauungsplanung nach dem BauGB, S. 193 ff.
207 Vgl. unten Kap. 13
208 Vgl. BVerwG, Beschl. v. 24.10.1990, - 4 NB 29/90 -, UPR 1991, 111 f.
209 Vgl. Stich/Porger/Steinebach/Jakob, Berücksichtigung stadtökologischer Forderungen in der Bebauungsplanung nach dem BauGB, S. 171

Schwierigkeiten bereitet aber auch der unabhängig von den kommunalrechtlichen Anschlußpflichten nach einigen LWG das Niederschlagswasser einschließende Anschlußzwang an die öffentliche Abwasserentsorgung. Eine diesbezügliche generelle Freistellung von der öffentlichen Abwasserbeseitigung sehen nur wenige Länder vor.[210]

Generelle Freistellung von der Abwasserbeseitigungspflicht	
Nordrhein-Westfalen	Bei überwiegend zu Wohnzwecken genutzten Gebieten und wenn Gründe des Allgemeinwohls nicht entgegen stehen.
Niedersachsen:	Wenn keine Gründe des Allgemeinwohls entgegen stehen.
Berlin:	Es fehlt eine generelle Pflicht zur öffentlichen Abwasserbeseitigung. In Gebieten mit offener Bebauung soll das Niederschlagswasser nach Möglichkeit unmittelbar dem Untergrund zugeführt werden.

(Tab. 43)

In den übrigen Ländern besteht demgegenüber eine generelle Überlassungspflicht an den Träger der öffentlichen Abwasserbeseitigung auch für Niederschlagswasser, von der nur im Einzelfall unter bestimmten an anderer Stelle ausführlich dargestellten Voraussetzungen abgewichen werden kann.[211] Maßnahmen zur dezentralen Versickerung des Niederschlagswassers auf den Baugrundstücken können deshalb dort nur festgesetzt werden, soweit die nach den LWG erforderlichen Sonderregelungen für die betroffenen Gebiete erlassen wurden.

Die für die Versickerung von Niederschlagswasser erforderliche wasserrechtliche Erlaubnis steht der Festsetzung solcher Maßnahmen nicht im Wege. Die Festsetzung befreit den Grundstückseigentümer allerdings umgekehrt auch nicht von dem Erlaubnisvorbehalt. Wenn allerdings eine entsprechende Festsetzung getroffen wird, ohne daß die Voraussetzungen für die wasserrechtliche Erlaubnis vorliegen, z.B. bei besonderer Schutzbedürftigkeit des Grundwassers, ist die Planung insoweit, weil sie auf eine rechtswidrige Maßnahme gerichtet ist, fehlerhaft. Die Voraussetzungen sind deshalb im Vorfeld mit der Wasserbehörde abzuklären. Gleiches gilt, soweit nach den LWG eine wasserrechtliche Genehmigung für die festgesetzten Abwasseranlagen erforderlich ist.

b) Flächen für die Abwasserbeseitigung

Gem. § 9 Abs. 14 2. Alt. BauGB können Flächen für Abwasserbeseitigung festgesetzt werden. Der Begriff "Abwasserbeseitigung" entspricht dem wasserrechtlichen, wonach zur Abwasserbeseitigung das Sammeln, Fortleiten, Behandeln, Einleiten, Versickern, Verregnen und Verrieseln von Abwasser gehört.[212] Festgesetzt werden können damit auch Flächen für Anlagen,

- in denen Niederschlagswasser gesammelt wird (z.B. Zisternen),
- mit denen Niederschlagswasser versickert werden soll.

Nach Nr. 14 können nur Flächen für Versickerungsanlagen festgesetzt werden, nicht jedoch die Versickerung selbst, da diese eine Maßnahme darstellt. Die Versickerung kann gegebenfalls auf Nr. 20 gestützt werden, soweit es um die dort genannten Zwecke geht.

---

210 Vgl. unten Kap. 13
211 Vgl. unten Kap. 13
212 Vgl. die entsprechende Auflistung in § 18 a Abs. 1 WHG

Entsprechend der wasserrechtlich vorgesehenen öffentlichen Abwasserbeseitigung wird es sich in der Regel um öffentlich genutzte Flächen handeln. Die Vorschrift schließt aber nicht aus, daß Flächen für Abwasserbeseitigungsanlagen auf privaten Grundstücken festgesetzt werden. Aus diesem Grund können auch Flächen für Versickerungs- bzw. Verregnungsanlagen vorgesehen werden. Unzulässig ist eine entsprechende Festsetzung nur dann, wenn von vornherein die Voraussetzungen für eine wasserrechtliche Erlaubnis und eine Abweichung vom Grundsatz der öffentlichen Abwasserbeseitigung nicht vorliegen. Der Planungsträger hat dies vorab mit der zuständigen Wasserbehörde zu klären.

Soweit Wasserflächen oder Flächen für die Wasserwirtschaft festgesetzt werden sollen, ist allerdings zu beachten, daß diese nach Nr. 16 nur unter dem Vorbehalt anderweitiger Festsetzungsmöglichkeit zulässig sind.[213]

c) Wasserflächen sowie Flächen für die Wasserwirtschaft und für die Regelung des Wasserabflusses

Gem. § 9 Abs. 1 Nr. 16 BauGB können Wasserflächen sowie Flächen für die Wasserwirtschaft, für Hochwasserschutzanlagen und für Regelungen des Hochwasserabflusses festgesetzt werden, soweit diese Festsetzungen nicht nach anderen Vorschriften getroffen werden können. Nr. 16 kann deshalb für Maßnahmen herangezogen werden, die der dezentralen Sammlung des auf versiegelten Flächen anfallenden Niederschlagswassers dienen sollen. In Betracht kommen aber nur Flächenausweisungen für Anlagen, die einem entsprechenden Zweck dienen. Die Maßnahmen selbst müssen gegebenfalls aus Nr. 20 abgeleitet werden. In Frage kommen danach

- Flächen für eine Zisterne,
- Flächen für einen privaten Teich, der durch das Niederschlagswasser gespeist wird.

Die Festsetzungsmöglichkeit steht allerdings wie Nr. 20 1. Alt. unter dem Vorbehalt anderweitiger Festsetzungsmöglichkeiten. Entgegenstehen könnte das für die Herstellung von Gewässern vorgesehene Planfeststellungsverfahren nach § 31 Abs. 1 WHG. Betroffen hiervon sind aber nur Gewässer im Sinne des WHG. Danach ist für die Herstellung von oberirdischen Gewässern die Durchführung eines Planfeststellungsverfahrens erforderlich. Auf den Zweck des Ausbaus kommt es nicht an. Auch ein Gewässerausbau zu städtebaulichen oder landschaftspflegerischen Zwecken macht deshalb ein Planfeststellungsverfahren nach § 31 WHG erforderlich.[214]

Es muß sich dabei aber grundsätzlich um ein oberirdisches Gewässer i.S.d. WHG handeln. Die Legaldefinition des § 1 Abs. 1 Nr. 1 WHG bezeichnet das ständig oder zeitweilig in Betten fließende oder stehende oder aus Quellen abfließende Wasser als oberirdisches Gewässer. Nicht hierzu gehört nach allgemeiner Auffassung das künstlich gefaßte Wasser, das in keinem unmittelbaren Zusammenhang mit dem natürlichen Wasserkreislauf steht.

---

213 Vgl. Gierke, in: Kohl.Kom., BauGB, § 9 Rn. 260 und unten die Ausführungen zu Nr. 16
214 Vgl. Gieseke/Wiedemann/Czychowski, WHG, § 31 Rn. 2; BayVGH, v. 28.10.1980, ZfW 1981, 310

Hierzu gehören alle wasserdicht gefaßten Becken,[215] insbesondere Schwimmbecken; Feuerlösch- und Zierteiche, Springbrunnen, Pumpspeicherbecken, Hochbehälter und Zisternen.[216]

Gem. § 1 Abs. 2 WHG können die Länder zudem kleine Gewässer von wasserwirtschaftlich untergeordneter Bedeutung von den Bestimmungen des WHG ausnehmen.[217] Von dieser Ermächtigung haben die Länder durchweg Gebrauch gemacht. Freigestellt werden nach den inhaltlich im wesentlichen übereinstimmenden Vorschriften vor allem Teiche, Weiher und ähnliche kleine Wasserbecken, die mit einem oberirdischen Gewässer nicht oder nur durch künstliche Vorrichtungen verbunden sind.[218] Danach unterliegt z.B. die Herstellung eines Zierteichs zur Gartenbewässerung oder einer Zisterne nicht dem wasserrechtlichen Planfeststellungserfordernis.

d) Sammeln und Versickerung von Niederschlagswasser als Maßnahme zum Schutz, zur Pflege und zur Entwicklung von Natur und Landschaft

Sollen nicht nur Flächen ausgewiesen, sondern bereits Maßnahmen zur Sammlung und Versickerung von Niederschlagswasser angeordnet werden, kommt als Rechtsgrundlage nur § 9 Abs. 1 Nr. 20 1. Alt. BauGB in Betracht. Danach können aber nur Maßnahmen des Naturschutzes und der Landschaftspflege festgesetzt werden. Werden mit der beabsichtigten Maßnahme allein wasserwirtschaftliche Zwecke verfolgt und fehlt der naturschützende und landschaftspflegerische Bezug, muß auf die Festsetzung im Bebauungsplan verzichtet werden.[219] Keine unmittelbaren Auswirkungen hat das Sammeln von Niederschlagswasser in Zisternern zur Weiterverwendung, wenn lediglich die Einsparung von Trinkwasser bezweckt ist oder wenn ausschließlich abwassertechnische Ziele verfolgt werden. Anders kann sich die Maßnahme darstellen, wenn die Festsetzung aber auch dazu dienen soll, den Wasserabfluß in den Vorfluter und die Kanalisation zu vermindern sowie eine Grundwasseranreicherung zu ermöglichen. In diesem Fall kann sie der Zielsetzung von Nr. 20 entsprechen.

5. Maßnahmen zum Schutz, zur Pflege und zur Entwicklung von Natur und Landschaft

Gem. § 9 Abs. 1 Nr. 20 1. Alt. BauGB können Maßnahmen zum Schutz, zur Pflege und zur Entwicklung von Natur und Landschaft, soweit solche Festsetzungen nicht nach anderen Vorschriften getroffen werden können, festgesetzt werden. Die Vorschrift ist damit instrumenteller Ausdruck der erweiterten Zielbestimmung des § 1 Abs. 5 S. 1 BauGB.[220]

---

215 Vgl. Bickel, HessWG, § 1 Rn. 26
216 Vgl. Gieseke/Wiedemann/Czychowski, WHG, § 1 Rn. 2; Breuer, Wasserrecht, S. 28 Rn. 32; Stich/Porger/Steinebach/Jakob, Berücksichtigung stadtökologischer Forderungen in der Bebauungsplanung nach dem BauGB, S. 150; BGH, Urt. v. 8.1.1981 - III ZR 125/79 -, ZfW 1982, 215
217 Ausgenommen ist § 22 WHG
218 So oder ähnlich in § 1 Abs. 2 aller LWG mit Ausnahme des RhPfWG. Dort besteht nur eine Verordnungsermächtigung zur weiteren Eingrenzung des Gewässerbegriffs.
219 Vgl. Stich/Porger/Steinebach/Jakob, Berücksichtigung stadtökologischer Forderungen in der Bebauungsplanung nach dem BauGB, S. 170 f.
220 Louis/Klatt, NuR 1987, 347 (351)

a) Regelungsgegenstand

Der Begriff "Schutz, Pflege und Entwicklung von Natur und Landschaft" knüpft an die umfassende Zielsetzung des § 1 Abs. 1 BNatSchG an, der die Bauleitplanung nicht nur wegen der entsprechenden allgemeinen Zielvorgabe des § 1 Abs. 5 S. 1 BauGB, sondern auch durch § 3 Abs. 2 BNatSchG verpflichtet ist. Hierzu gehören insbesondere auch Maßnahmen zum Schutz, zur Pflege und zur Entwicklung der natürlichen Bodenfunktionen. In Frage kommen deshalb Maßnahmen, die den Erhalt von natürlich anstehendem Boden bezwecken. Möglich sind aber auch qualitative Anforderungen an die Gestaltung des Bodens, insbesondere hinsichtlich der Vegetation. Darüber hinaus kommen auch Maßnahmen in Betracht, die einen Ausgleich für den Verlust bestimmter natürlicher Bodenfunktionen durch Versiegelung bezwecken. In Tab. 44 sind beispielhaft mögliche Festsetzungen von Maßnahmen zum Schutz, zur Pflege und zur Entwicklung von Natur und Landschaft aufgeführt.

Festsetzungsbeispiele - Maßnahmen zum Schutz, zur Pflege und zur Entwicklung von Natur und Landschaft

- Begrünung von Dach- und Fassadenflächen,
- natürliche Versickerung von auf Dach- und Terrassenflächen abfließendem Niederschlags-wasser,
- Ableitung des Niederschlagswassers von Dachflächen über ein getrenntes Leitungssystem in den Oberboden,
- Sammeln des abfließenden Niederschlagswassers in Zisternen zur Weiterverwendung bei der Gartenbewässerung,
- Verwendung offener wasser- und luftdurchlässiger Bodenbeläge,
- Verbot oder Begrenzung auf einen zu bestimmenden Anteil für bodenversiegelnde Materialien, insb. Beton, Asphalt und Kunststoff auf Wegen, Zufahrten, Plätzen oder Terrassen,
- Entsiegelung vormals versiegelter Flächen als Ausgleich für zusätzliche Flächeninanspruchnahme zu baulichen Zwecken.[1]

(Tab. 44)

[1] Vgl. die Maßnahmevorschläge bei Gieseke u.a.; Städtebauliche Lösungsansätze zur Verminderung der Bodenversiegelung, S. 43; ähnliche Vorschläge bei Castro, in: Rehberg, Grüne Wende im Städtebau, S. 49 (50 f.)Hoffjan, IzR 1988, 587 (589)

b) Städebauliche Gründe

Auch die Festsetzung nach § 9 Abs. 1 Nr. 20 1. Alt. BauGB muß städtebaulich erforderlich i.S.d. § 1 Abs. 3 BauGB sein. Der naturschutzrechtliche Maßnahmebegriff muß dementsprechend eingeschränkt werden.[221] Die in Frage kommenden Maßnahmen haben sämtlich städtebauliche Bezüge.

Problematisch kann dies bei Maßnahmen mit wasserwirtschaftlichem Bezug werden.[222] Solange etwa mit dem Sammeln von Niederschlagswasser in Zisternern zur Weiterverwendung lediglich die Einsparung von Trinkwasser bezweckt ist, hat die Festsetzung keine unmittelbaren Auswirkungen auf Natur und Landschaft. Gleiches gilt, wenn ausschließlich abwassertechnische Ziele verfolgt werden. Hierfür sind gem. Nr. 14 lediglich Flächenfestsetzungen vorgesehen. Wenn die Festsetzung aber auch dazu dienen soll, den Wasserabfluß in den Vorfluter und die Kanalisation zu vermindern sowie eine Grundwasseranreicherung zu ermöglichen, entspricht sie der Zielsetzung von Nr. 20.

[221] Gierke, in: Kohl.Kom., BauGB, § 9 Rn. 321 f.
[222] Vgl. Stich/Porger/Steinebach/Jakob, Berücksichtigung stadtökologischer Forderungen in der Bebauungsplanung nach dem BauGB, S. 170 f.

c) Subsidiaritätsklausel

Maßnahmen nach § 9 Abs. 1 Nr. 20 BauGB können nur festgesetzt werden, soweit solche Festsetzungen nicht nach anderen Vorschriften getroffen werden können. Der Bebauungsplan ist insoweit subsidiäres Instrument im Verhältnis zu anderen, insbesondere zu den Instrumenten des Naturschutzrechts. Nach h.M schließt bereits die abstrakte Möglichkeit von entsprechenden Festsetzungen nach anderen Vorschriften den Rückgriff auf § 9 Abs. 1 Nr. 20 1. Alt. BauGB aus. Es kommt nicht darauf an, daß von der anderweitigen Festsetzungsmöglichkeit bereits Gebrauch gemacht wurde.[223] Zu anderen Vorschriften i.d.S. gehören alle Vorschriften außerhalb des BauGB, die Festsetzungen von Maßnahmen zum Schutz, zur Pflege und zur Entwicklung von Natur und Landschaft direkt oder mittelbar ermöglichen.[224] Um gleichartige Festsetzungsmöglichkeiten handelt es sich aber nur, wenn sie gleiche Rechtsverbindlichkeit nach außen entwickeln wie die Festsetzungen im Bebauungsplan.[225] Sinn und Zweck des § 9 Abs. 1 Nr. 20 BauGB ist es, Maßnahmen i.S.d. Vorschrift dann zu ermöglichen, wenn die damit verfolgten Belange nicht auf Grund anderer Regelungen sichergestellt werden können.[226] Es kommt nicht darauf an, daß die Festsetzung in der Form einer Satzung oder Rechtsverordnung ergeht,[227] sondern auf ihre Außenwirksamkeit. Auch ein Planfeststellungsbeschluß enthält Regelungen, die in gleicher Weise rechtsverbindlich nach außen wirken wie Festsetzungen in Bebauungsplänen.[228]

Ausgeschlossen sind danach vor allem die naturschutzrechtlichen Maßnahmen des Flächen- und Objektschutzes.[229] Hinsichtlich der Unterschutzstellung von geschützten Landschaftsbestandteilen innerhalb der besiedelten Bereiche wäre allerdings eine Ergänzung der Festsetzungsmöglichkeiten gem. § 9 Abs. 4 BauGB durch eine entsprechende Ermächtigung in den LNatSchG wünschenswert.[230]

Darüber hinaus ist die Anwendung des § 9 Abs. 1 Nr. 20 1. Alt. BauGB auch ausgeschlossen, wenn im Rahmen privilegierter Fachplanungen entsprechende Festsetzungen getroffen werden können.[231] Eine sachliche und räumliche Kongruenz [232] kann insbesondere zwischen Bebauungsplanung und Planungen nach dem FStrG bestehen. Bundesfernstraßen können - wie gezeigt - im Wege der Planfeststellung, aber auch gem. § 17 Abs. 3 S. 1 FStrG alternativ durch den Bebauungsplan geplant werden.[233]

---

223 Bielenberg, in Ernst/Zinkahn/Bielenberg, BBauG, § 9 Rn. 59 b; Gierke, in: Kohl.Kom., BauGB, § 9 Rn. 331
224 Gierke, in: Kohl.Kom., BauGB, § 9 Rn. 325
225 Gaentzsch, in: Berliner Kommentar, § 9 Rn. 46; Gierke, in: Kohl.Kom., BauGB, § 9 Rn. 329 in Hinblick auf den landesrechtlich unterschiedlich ausgestalteten Rechtscharakter von Landschafts- und Grünordnungsplänen
226) Vgl. OVG Bln, Urt. v. 14.12.1982 - 2 A 10/81 -, NVwZ 1983, 419 (422)
227 VGH BW, Urt. v. 20.6.1080 - VIII 1854/79 -, NuR 1983, 234 (235); OVG Bln, Urt. v. 14.12.1982 - 2 A 10/81 -, NVwZ 1983, 419 (422); Gaßner/Siederer, Eingriffe in Natur und Landschaft, S. 274 ff.
228 OVG Bln, Urt. v. 14.12.1982 - 2 A 10/81 -, NVwZ 1983, 419 (422) in Hinblick auf die Möglichkeit einer ergänzenden Planfeststellung nach § 17 Abs. 3 S. 2 BFStrG
229 Gierke, in: Kohl.Kom., BauGB, § 9 Rn. 326
230 Vgl. unten Kap. 10, Teil A IV
231 Gierke, in: Kohl.Kom., BauGB, § 9 Rn. 327 unter Hinweis auf die Planfeststellungen nach dem Personenbeförderungsgesetz (§ 28), dem LuftVG (§§ 8 ff.), dem TelegraphenwegeG (§ 7 ff.), für Abfallbeseitigung (§§7 ff., 20 ff. AbfG), dem WHG (§ 31   und dem Flurbereinigungsgesetz (§ 41)
232 Vgl. Gierke, in: Kohl.Kom., BauGB, § 9 Rn. 330
233 Vgl. unten Kap. 14, Teil A II

	Verhältnis von Landschafts- und Bebauungsplanung
Bln., Brem. und Hbg.:	In diesen Ländern wird der Landschafts- bzw. Grünordnungsplan als eigenständige Rechtsnorm erlassen. Nach der Bremer Regelung sind daneben aber auch entsprechende Festsetzungen in der Bebauungsplanung möglich.[1] In Berlin und Hamburg ist dies möglich, soweit kein Grünordnungsplan aufgestellt wird.[2] Die Länder haben insoweit gem. § 9 Abs. 4 BauGB landesrechtliche Festsetzungsmöglichkeiten geschaffen. § 9 Abs. 4 BauGB schließt zwar die Anwendung von § 9 Abs. 1 Nr. 20 1: Alt. BauGB aus, ermöglicht jedoch auf anderem Wege eine inhaltlich gleiche Festsetzung im Bebauungsplan.
NW:	Obwohl Landschaftspläne hier als Rechtsnorm festgesetzt werden, sind Festsetzungen nach § 9 Abs. 1 Nr. 20 1. Alt. BauGB möglich. Landschaftspläne können dort nur für Gebiete außerhalb der im Zusammenhang bebauten Ortsteile und des Geltungsbereichs von Bebauungsplänen aufgestellt werden. Nur wenn im Bebauungsplan "land- und forstwirtschaftliche Nutzung" oder "Grünflächen" festgesetzt sind, kann sich der Landschaftsplan unbeschadet der Festsetzungen des Bebauungsplans - mit etwas eingeschränktem Inhalt - auch auf diese Flächen erstrecken.[3] Die räumlichen Anwendungsbereiche von Bebauungsplanung und Landschaftsplanung unterscheiden sich damit. Die Festsetzungen im Landschaftsplan stehen deshalb den Festsetzungen von Maßnahmen zum Schutz, zur Pflege und zur Entwicklung von Natur und Landschaft im Bebauungsplan im Bereich des Landes Nordrhein-Westfalen nicht im Wege.[4]
Bay, RhPf:	Hier ist die örtliche Landschaftsplanung unmittelbar in die Bebauungsplanung integriert. In Bayern werden die Darstellungen und Festsetzungen des Grünordnungs- und Landschaftsplans als Bestandteil von Flächennutzungsplan bzw. Bebaungsplan dargestellt oder festgesetzt. In Rheinland-Pfalz wird die Darstellung und Festsetzung entsprechender Inhalte unmittelbar im Flächenutzungs- und Bebauungsplan ermöglicht. Formal bestehen damit Festsetzungsmöglichkeiten nach anderen Vorschriften. Über § 9 Abs. 4 BauGB bzw. auf Grund von § 6 Abs. 4 S. 3 BNatSchG werden jedoch im Bebauungsplan Festsetzungen gleichen Inhalts auf anderem Wege ermöglicht.
BW, Hess, Saar, SchH:	In diesen Ländern werden Landschafts- und Grünordnungspläne ohne Rechtskraft aufgestellt. Ihre Darstellungen und Festsetzungen können in Anwendung des § 6 Abs. 4 S. 3 BNatSchG in die Bauleitpläne übernommen werden. Zwar besteht damit auch eine Festsetzungsmöglichkeit auf Grund einer anderen Vorschrift. Diese anderen Vorschriften ermöglichen allerdings Festsetzungen gleichen Inhalts in der Bauleitplanung.
Nds:	Hier hat der Landschafts- bzw. Grünordnungsplan weder Verbindlichkeit noch ermöglicht das NdsNatSchG entsprechende verbindliche Regelungen in der Bauleitplanung. Mithin ist in Niedersachsen die Festsetzung von Maßnahmen zum Schutz, zur Pflege und zur Entwicklung von Natur und Landschaft auf Grund von § 9 Abs. 1 Nr. 20 1. Alt. BauGB möglich.

(Tab. 45)

1 Vgl. § 7 Abs. 4 BremNatSchG
2 § 8 Abs. 4 S. 3 BlnNatSchG; § 6 Abs. 4 HbgNatSchG
3 Vgl. die umfassende Analyse von Verfahren und Inhalten der Landschaftsplanung nach dem LG NW bei Stich/Porger/Steinebach, Örtliche Landschaftsplanung und kommunale Bauleitplanung, S. 32 ff.
4 Carlsen, NuR 1985, 226 (227); Löhr, in: Battis/Krautzberger/Löhr, § 9 Rn. 70; Stich in: HdUR Band I, Spalte 981

Gem. § 8 Abs. 4 BNatSchG und den entsprechenden landesrechtlichen Vorschriften sind Ausgleichsmaßnahmen auf Grund von Eingriffen in Naturhaushalt und Landschaftsbild im Fachplan oder in einem landschaftspflegerischen Begleitplan darzustellen.[234] Da gem. § 17 Abs. 3 S. 2 FStrG der Bebauungsplan im Wege der Planfeststellung durch einen landschaftspflegerischen Begleitplan ergänzt werden kann, stellt der landschaftspflegerische Begleitplan nach Ansicht des OVG Berlin eine anderweitige Festsetzungsmöglichkeit i.S.d. § 9 Abs. 1 Nr. 20 1. Alt BauGB dar.[235]

Von erheblich größerer Bedeutung sind die Festsetzungsmöglichkeiten im Rahmen der örtlichen Landschaftsplanung. Dies ergibt sich schon aus der gleichen räumlichen Bezugsgröße im Verhältnis zur Bebauungsplanung und aus der Tatsache, daß Schutz, Pflege und Entwicklung von Natur und Landschaft originäres Ziel der örtlichen Landschaftsplanung ist. Entscheidend ist, ob die Grünordnungs- und Landschaftspläne mit eigenständiger Rechtswirkung nach außen ausgestattet und deshalb als entsprechende Festsetzungen nach anderen Vorschriften anzusehen sind.[236] Die hierfür allein maßgeblichen landesrechtlichen Vorschriften [237] weisen erhebliche Unterschiede auf.[238] Dennoch ist in allen Bundesländern die Festsetzung von Maßnahmen zum Schutz, zur Pflege und zur Entwicklung von Natur und Landschaft möglich, wobei die Rechtsgrundlage allerdings z.T. landesrechtlichen Ursprung (§ 9 Abs. 4 BauGB oder § 6 Abs. 4 S. 3 BNatSchG) hat (vgl. Tab. 45 und die ausführliche Darstellung in Kapitel 8, Teil E).

6. Sicherung und Erhaltung von naturnahen Grünräumen

Sollen bestimmte Landschaftsräume und Grünbereiche vor Überbauung und Versiegelung geschützt werden, so stellt sich die Frage, welche Nutzung diesen Flächen zugewiesen werden kann. Das bloße Verbot einer baulichen Nutzung ist nicht zulässig. Dieses würde gegen das Verbot der Negativplanung verstoßen. Erforderlich ist deshalb grundsätzlich eine positive Nutzungsentscheidung auf der Grundlage einer städtebaulichen Konzeption. Dabei kann es der städtebaulichen Konzeption entsprechen, einen bestimmten Bereich als öffentlichen Grünbereich zu sichern, der überwiegend als Biotope erhalten oder entwickelt werden soll (z.B. Sicherung von Naturwiesen und Obstbaumbeständen, von Sukzessionsflächen sowie Vermeidung von Fehlnutzungen, Beseitigung von Landschaftsschäden, Durch-

---

234 Vgl. unten Kap. 14, Teil A II
235 OVG Bln, Urt. v. 14.12.1982 - 2 A 10/81 -, NVwZ 1983, 419 (422); so auch Gaßner/Siederer, Eingriffe in Natur und Landschaft, S. 277. Das OVG Berlin leitet aus dem Gebot der Einheitlichkeit von Planungsentscheidungen und dem Konfliktbewältigungsgebot allerdings die Notwendigkeit ab, bereits im Bebauungsplan sicherzustellen, daß von den anderen Festsetzungsmöglichkeiten auch Gebrauch gemacht wird. Das Gericht sieht deshalb die Notwendigkeit begründet, in den Bebauungsplan den Vorbehalt einer nachfolgenden Landschaftsplanung ausdrücklich aufzunehmen. Ein entsprechender Vorbehalt kann jedoch nicht verbindlicher Inhalt eines Bebauungsplans werden. Es fehlt hierfür an einer geeigneten Festsetzungsmöglichkeit.
236 Louis/Klatt, NuR 1987, 347 (352); Gaentzsch, in: Berliner Kommentar, § 9 Rn. 46; Gierke, in: Kohl.Kom., BauGB, § 9 Rn. 329
237 Da Landschaftsplanung durch den Bund nur rahmenrechtlich geregelt ist, kommt es auf die jeweilige landesrechtlich Ausgestaltung der Landschaftsplanung an. Vgl. unten Kap. 8, Teil E
238 Vgl. Stich in HdUR Band I, Spalte 981 f.; Carlsen, NuR 1985, 226 (227); Gierke, in: Kohl.Kom., BauGB, § 9 Rn. 329; Löhr, in: Battis/Krautzberger/Löhr, § 9 Rn. 70

führung kontinuierlicher Pflegemaßnahmen und Betretungsverbote).[239] Auch kann es darum gehen, ein Bindeglied zwischen zwei Biotopen zu schaffen oder zu sichern, um eine angestrebte Vernetzung der Biotope zu bewerkstelligen. Es kann aber auch um die Schaffung von Grünflächen und Grünverbindungen für Freizeit und Erholung gehen. Als mögliche Festsetzungen kommen in Betracht:

- öffentliche und private Grünflächen (vgl. hierzu die Ausführungen in diesem Kapitel unter der Überschrift "Neuausweisung von Grünflächen"),
- Flächen für die Landwirtschaft und den Wald (a),
- Flächen, die von Bebauung freizuhalten sind, und ihre Nutzung (b),
- Flächen zum Schutz, zur Pflege und zur Entwicklung von Natur und Landschaft (c).

a) Festsetzung von Flächen für die Landwirtschaft und/oder den Wald

Die Festsetzung nach § 9 Abs. 1 Nr. 18 a und b BauGB setzt voraus, daß die Interessen der Landwirtschaft oder des Waldes gefördert werden sollen.[240] Wird die Festsetzung ausschließlich zur Verhinderung der Bebauung getroffen, ohne gleichzeitig die Erhaltung der landwirtschaftlichen Nutzung zu bezwecken, ist der Bebauungsplan rechtswidrig.[241] Die Ausweisung einer landwirtschaftlichen Fläche kann auch aus landschaftspflegerischer Sicht erforderlich sein, wenn die durch landwirtschaftliche Nutzung geprägte Landschaft durch Zersiedlung Gefahr läuft, in ihrer Eigenart zerstört oder beeinträchtigt zu werden. Das BVerwG hat dies für eine landwirtschaftliche Fläche, die ein Bindeglied zwischen zwei Landschaftsschutzgebieten darstellt, ausdrücklich bestätigt.[242]

In der Regel wird es sich bei den in Frage kommenden Flächen um solche handeln, die ohne Einbeziehung in einen Bebauungsplan im Außenbereich liegen würden. Aus diesem Grunde wird sich eine solche Festsetzung nur insoweit auf die Bodenversiegelung auswirken, als die im Außenbereich nach § 35 Abs. 1 und 2 BauGB zulassungsfähigen Bauvorhaben nicht mehr zulässig sein sollen [243] oder um Unklarheiten über die Abgrenzung von Innen- und Außenbereich aus dem Wege zu räumen. Die Festsetzungsmöglichkeit wird deshalb vor allem dann zum Schutz der Landwirtschaft und des Waldes erforderlich sein, wenn es bereits Zersiedlungstendenzen im Umfeld der Gemeinde gibt.[244] Sie kann aber auch aus Gründen der Landschaftspflege gerechtfertigt sein.[245]

---

239 Vgl. Stich/Porger/Steinebach/Jakob, Berücksichtigung stadtökologischer Forderungen in der Bebauungsplanung nach dem BauGB, S. 193 ff.
240 Vgl. Gaentzsch, in: Berliner Kommentar, § 9 Rn. 42; Gierke, in: Kohl.Kom., § 9 Rn. 299; BVerwG, Urt. v. 22.5.1987 - 4 C 57/84 -, BVerwGE 77, 300 = DVBl 1987, 1008 allerdings zu einer entsprechenden Darstellung im Flächennutzungsplan
241 BVerwG, Urt. v. 14.7.1972 - 4 C 8/70 -, BVerwGE 40, 258 = DVBl 1973, 321; Löhr, in: Battis/Krautzberger/Löhr, § 9 Rn. 64; Vgl. zum Verbot der Negativplanung ausführlich unten Kap. 7, Teil C II
242 Vgl. BVerwG, Urt. v. 18.12.1990 - 4 NB 8/90 -, UPR 1991, 154 (155)
243 Vgl. Gaentzsch, in: Berliner Kommentar, BauGB, § 9 Rn 42; Löhr, in: Battis/Krautzberger/Löhr, § 9 Rn. 65; Gierke, in: Kohl.Kom., § 9 Rn. 299
244 Löhr, in: Battis/Krautzberger/Löhr, § 9 Rn. 65
245 Vgl. BVerwG, Urt. v. 18.12.1990 - 4 NB 8/90 -, UPR 1991, 154 (155)

b) Von Bebauung freizuhaltende Flächen und ihre Nutzung

Mit der Festsetzungsmöglichkeit nach § 9 Abs. 1 Nr. 10 BauGB soll die Bebauung auf einer Fläche verhindert werden. Der Zweck dieser Flächenfreihaltung ist aber nicht auf die Verhinderung von Bodenversiegelung gerichtet. Dies ergibt sich aus dem Kontext anderer Festsetzungsmöglichkeiten.

Nicht erfaßt sind deshalb die bereits nach den Nr. 2 (nicht überbaubare Grundstücksflächen), Nr. 15 (Grünflächen), Nr. 20 (Flächen zum Schutz, zur Pflege und zur Entwicklung von Natur und Landschaft) und Nr. 24 (Immissionsschutzflächen) möglichen Flächenausweisungen.[246] Gemeint sind allein Fälle, in denen aus sonstigen städtebaulichen Gründen die Bebauung einer Fläche verhindert werden soll. So kann die Freihaltung einer Fläche z.B. zum Schutz eines besonderen Ortsbildes, eines Kulturdenkmals oder zum Erhalt bestimmter wichtiger Blickverbindungen erforderlich sein.[247] Die Gründe beschränken sich jedoch nicht auf stadtgestalterische oder denkmalpflegerische Zwecke. Auch die Sicherung der Durchlüftung eines Wohngebietes kann die Freihaltung einer Fläche erforderlich machen.[248] Diese Fälle zeigen, daß es bei § 9 Abs. 1 Nr. 10 BauGB um die Verhinderung von Hochbauten geht, die Durchlüftungen oder Sichtverbindungen verhindern würden. Die Freihaltung von Bebauung muß deshalb nicht unbedingt die Freihaltung von Versiegelung auf der Fläche nach sich ziehen. Aus diesem Grund kann die Vermeidung von Bodenversiegelung bei der Festsetzung nach § 9 Abs. 1 Nr. 10 BauGB allenfalls Nebenprodukt anderer Zwecksetzungen sein.[249]

c) Flächen für Maßnahmen zum Schutz, zur Pflege und zur Entwicklung von Natur und Landschaft (2. Alt.)

Gem. § 9 Abs. 1 Nr. 20 2. Alt. BauGB können Flächen zum Schutz, zur Pflege und zur Entwicklung von Natur und Landschaft festgesetzt werden. Die Festsetzungsmöglichkeit ist mit Inkrafttreten des BauGB eingeführt worden, unter anderem mit dem vorrangigen Ziel einer weitgehenden Integration der örtlichen Landschaftsplanung in die Bauleitplanung.[250] Es soll bauplanungsrechtlich sichergestellt werden können, daß die Fläche für Maßnahmen nach anderen Planungen, insbesondere der Landschaftsplanung freigehalten wird. Soweit eine Landschaftsplanung bereits vorhanden ist, wird diese bodenrechtlich gesichert.[251] Die Integration der Landschaftsplanung in die Bauleitplanung vollzieht sich nach Maßgabe der landesrechtlichen Besonderheiten in sehr unterschiedlicher Weise (vgl. hierzu Kapitel 8, Teil E).

Darüber hinaus kann eine Flächenausweisung nach § 9 Abs. 1 Nr. 20 2. Alt. BauGB auch erforderlich sein, wenn ein Ausgleich für Landschaftseingriffe durch Inanspruchnahme als

---

246 Grooterhorst, DVBl 1987, 654 (659)
247 Löhr, in: Battis/Krautzberger/Löhr, § 9 Rn. 40
248 Gaentzsch, in: Berliner Kommenmtar, § 9 Rn. 30; Grooterhorst, DVBl 1987, 654 (659)
249 Cholewa sieht in § 9 Abs. 1 Nr. 10 BauGB allerdings ohne weitere Begründung als mögliche Festsetzung, die der Verringerung der Bodenversiegelung dient. Cholewa, in: Cholewa/David/Dyong/v.d.Heide, BauGB, § 9 Anm. 7
250 Louis/Klatt, NuR 1987, 347 (351); Gierke, in: Kohl.Kom., BauGB, § 9 Rn. 313; Cholewa, in: Cholewa/; § 9 Anm. 6 g; Löhr, in: Battis/Krautzberger/Löhr, § 9 Rn. 71; Löhr, NVwZ 1987, 361 (363)
251 Dieckmann, BauGB, Kommentar, § 9 Rn. 5; Löhr, NVwZ 1987, 361 (363)

Baufläche notwendig wird.[252] Zu diesem Zweck kann auch eine Fläche außerhalb des Baugebiets durch einen gesonderten Bebauungsplan ausgewiesen werden.[253] Von großer Bedeutung sind mithin die Maßnahmen der Landschaftsplanung und die nach der Eingriffsregelung erforderlichen Ausgleichs- und Ersatzmaßnahmen. Die Flächenausweisung unterliegt dabei nicht der Subsidiaritätsklausel der 1. Alt..

Die Festsetzung von Flächen mit entsprechender Zweckbestimmung schließt jedoch nicht aus, daß der Bebauungsplan für diese Flächen auch bestimmte Nutzungen zuläßt. § 1 Abs. 1 BNatSchG weist ausdrücklich darauf hin, daß Naturschutz und Landschaftspflege nicht nur im unbesiedelten, sondern auch im besiedelten Bereich erforderlich sind. Deshalb ist es z.B. möglich, einen als Wohngebiet ausgewiesenen Bereich gleichzeitig als Fläche für Maßnahmen zum Schutz, zur Pflege und zur Entwicklung von Natur und Landschaft festzusetzen.[254] Löhr weist allerdings darauf hin, daß die sich aus § 1 Abs. 3 BauGB ergebenden Anforderungen an den Nachweis der Erforderlichkeit hier besonders streng sind.[255] Die Gemeinde wird deshalb in diesem Fall eine entsprechend sorgfältige Begründung vornehmen müssen.

C. Planungsgrundsätze

Die Darstellungs- und Festsetzungsbefugnisse werden durch den Katalog der §§ 5 und 9 BauGB lediglich inhaltlich bestimmt. Die materiellen Voraussetzungen der Regelungsbefugnisse ergeben sich demgegenüber aus den allgemeinen Planungsgrundsätzen, insbesondere aus dem Grundsatz der städtebaulichen Erforderlichkeit und dem Abwägungsgebot. Planrechtfertigung und gerechte Abwägung sind notwendige Voraussetzungen jeder rechtsstaatlichen Anforderungen genügenden Planung und Rechtssetzung. Sie sind Ausdruck des Verhältnismäßigkeitsgebots und wirken somit schon als Verfassungsgrundsätze. Der Gesetzgeber hat diese Grundsätze für die Bauleitplanung in § 1 Abs. 3 und § 1 Abs. 6 BauGB ausdrücklich hervorgehoben.

I. Planungziele und -leitlinien des § 1 Abs. 5 BauGB

Konkretisiert werden sie insbesondere durch die in § 1 Abs. 5 BauGB aufgeführten

- generellen Planungsziele (Satz 1),
- die Planungsleitlinien (Satz 2) und
- die Bodenschutzklausel (Satz 3).

1. Generelle Planungsziele - § 1 Abs. 5 S. 1 BauGB

Mit der grundlegenden Novellierung des BBauG 1976 wurden erstmals die Belange des Umweltschutzes in die Zielbestimmung der Bauleitplanung aufgenommen. Das BauGB brachte eine weitere Öffnung der Bauleitplanung für die Ziele des Naturschutzes und der

---

252 Löhr, in: Battis/Krautzberger/Löhr, § 9 Rn. 71; Löhr, NVwZ 1987, 361 (363)
253 BVerwG, Beschl. v.27.7.1990 4 B 156/89 -, ZfBR 1990, 302 (303)
254 Löhr, in: Battis/Krautzberger/Löhr, § 9 Rn. 73
255 Löhr, in: Battis/Krautzberger/Löhr, § 9 Rn. 73

Landschaftspflege. In § 1 Abs. 5 S. 1 BauGB werden programmatisch die vier Ziele der Bauleitplanung hervorgehoben. Diese werden im folgenden als generelle Planungsziele bezeichnet.[256]

Die Zieltrias des BBauG ist mit Inkrafttreten des Baugesetzbuchs zu einer Zielquadriga erweitert worden.[257] Bauleitpläne sollen gem. § 1 Abs. 5 S. 1 BauGB eine geordnete städtebauliche Entwicklung und eine sozial gerechte Bodennutzung gewährleisten und dazu beitragen, eine menschenwürdige Umwelt zu sichern sowie nunmehr auch die natürlichen Lebensgrundlagen zu schützen und zu entwickeln.

Die generellen Planungsziele bilden als übergeordnete allgemeine Leitbegriffe den Rahmen, den die Gemeinden bei der Planaufstellung zu beachten haben.[258] Vorrangiges Ziel ist entsprechend der Aufgabenstellung der Bauleitplanung eine geordnete städtebauliche Entwicklung. Die weiteren Ziele, nämlich die Gewährleistung einer dem Wohl der Allgemeinheit entsprechenden sozialgerechten Bodennutzung sowie der Beitrag zur Sicherung einer menschenwürdigen Umwelt und zum Schutz und zur Entwicklung der natürlichen Lebensgrundlagen, sind Konkretisierungen des Leitbegriffs der geordneten städtebaulichen Entwicklung.[259]

Mit der Erweiterung zu einer Zielquadriga kommt deshalb zum Ausdruck, daß nicht nur die Sicherung einer menschenwürdigen Umwelt, sondern auch der vorsorgende Umweltschutz im Hinblick auf die natürlichen Lebensgrundlagen Bestandteil einer geordneten städtebaulichen Entwicklung ist.[260]

Die Bestimmung des Begriffs "natürliche Lebensgrundlagen" leitet sich aus § 1 Abs. 1 BNatSchG ab.[261] Die Vorschrift bestimmt grundlegend die Ziele von Naturschutz und Landschaftspflege im besiedelten und unbesiedelten Bereich.[262] Der Begriff "natürliche Lebensgrundlagen" umfaßt die Gesamtheit der Elemente von Natur und Landschaft, mithin alle Bestandteile der natürlichen Umwelt, insbesondere gehören hierzu Boden, Wasser, Luft sowie Flora und Fauna.[263] Die allgemeine Zielbestimmung des § 1 BNatSchG wird hinsichtlich des Bodens in § 2 Abs. 1 Nr. 4 BNatSchG konkretisiert. Danach ist Boden zu erhalten und ein Verlust seiner natürlichen Fruchtbarkeit zu vermeiden. Die Beschränkung und Verringerung der Bodenversiegelung als Bestandteil des Schutzes der natürlichen Bodenfunktionen sind damit originärer Gegenstand des vierten Leitbildes der Bauleitplanung "Schutz und Entwicklung der natürlichen Lebensgrundlagen" (vgl. hierzu auch Kapitel 8).

2. Konkrete Planungsleitlinien - § 1 Abs. 5 S. 2 BauGB

Der Katalog der Planungsleitlinien (1 Abs. 5 S. 2 BauGB) enthält eine nähere Auffächerung der in den generellen Planungszielen sehr allgemein gefaßten Ziele. Er wirkt insoweit kon-

---

256 Vgl. zur z.T. abweichenden Terminologie Hoppe, in: Ernst/Hoppe, ÖffBauBoR, Rn. 256
257 Stich, ZfBR 1989, S. 9
258 Gelzer, Bauplanungsrecht, Rn. 23
259 Vgl. Krautzberger, in: Battis/Krautzberger/Löhr, § 1, Rn. 56 f.; Hoppe, in: Ernst/Hoppe, ÖffBauBoR, Rn. 257; Pfeifer, Landschaftsplanung und Bauleitplanung, S. 33
260 Krautzberger, in: Battis/Krautzberger/Löhr, § 1 Rn. 57
261 Vgl. Stich, ZfBR 1989, 9; Gaentzsch, NuR 1990, 1 (2); Söfker, in: Ernst/Zinkahn/Bielenberg, § 1 Rn. 107
262 Vgl. hierzu die Ausführung zur Landschaftsplanung unten Kap. 8
263 Krautzberger, in: Battis/Krautzberger/Löhr, § 1 Rn. 57; Stich, ZfBR 1989, 9

kretisierend.[264] Im Zusammenhang mit dem Problem der Bodenversiegelung können insbesondere folgende explizit aufgeführte Belange Bedeutung haben:

- die allgemeinen Anforderungen an gesunde Wohn- und Arbeitsverhältnisse (Ziffer 1),
- die sozialen und kulturellen Bedürfnisse der Bevölkerung, insbesondere die Belange von Sport, Freizeit und Erholung (Ziffer 3),
- die Gestaltung des Orts- und Landschaftsbilds (Ziffer 4),
- die Belange des Umweltschutzes, des Naturschutzes und der Landschaftspflege, insbesondere des Naturhaushalts, des Wassers, der Luft und des Bodens einschließlich seiner Rohstoffvorkommen sowie des Klimas (Ziffer 7),
- die Belange der Abwasserbeseitigung (Ziffer 8).

Aus der Aufzählung dieser Belange im Gesetzestext kann noch nicht geschlossen werden, daß die Belange sich im konkreten Planungsfall tatsächlich auswirken. Der Katalog gibt den Trägern der Planung lediglich eine Orientierung, welche Belange möglicherweise von der Planung berührt sein können und welche aus diesem Grunde ggf. bei der Abwägung zu beachten sind.[265]

Der Begriff "allgemeine Anforderungen an gesunde Wohn- und Arbeitsverhältnisse" umfaßt auch die Anforderungen an das Wohn- und Arbeitsumfeld. Er unterliegt der sich im Laufe der Zeit wandelnden Vorstellung davon, was allgemeine Anforderungen an gesunde Wohn- und Arbeitsverhältnisse sind.[266] Zu berücksichtigen sind deshalb auch die Erkenntnisse der Stadtökologie und die auf breite Zustimmung stoßenden Bestrebungen nach Wohnumfeldverbesserung im Bestand. Von Bedeutung kann deshalb sein, wieviel unversiegelte Flächen als Vegetationsflächen und als Flächen für Freizeit und Erholung im unmittelbaren Wohnumfeld zur Verfügung stehen. Bei der Gewichtung in der Abwägung ist allerdings zu differenzieren, ob es sich um eine aus Gründen der Gefahrenabwehr oder Gefahrenvorsorge erforderliche Maßnahme handelt oder ob sie nur der Verbesserung des Lebensumfelds dienen soll.[267]

Zu den sozialen Bedürfnissen der Bevölkerung gehören auch die Bedürfnisse nach einer wohnungsnahen freiraumbezogenen Erholung. Auf die Bedeutung von wohnungsnahen öffentlichen, halb-öffentlichen oder privaten Grünflächen wurde hingewiesen. Gleiches gilt für die Bedeutung von Vegetationsflächen für das Orts- und Landschaftsbild. Damit ist allerdings nicht gesagt, daß Pflanzungen in jedem Fall positive gestalterische Wirkungen haben. Die Erwähnung in dem Katalog der öffentlichen Belange erinnert lediglich daran, daß die Auswirkungen auf das Orts- und Landschaftsbild zu berücksichtigen sind.

Unter der Ziffer 7 ist der Belang des Bodenschutzes eigens erwähnt. Der Boden ist dabei nicht nur als Fläche für bauliche Nutzung gemeint, sondern auch im Hinblick auf seine natürlichen Bodenfunktionen.[268] Dies ergibt sich aus der Hervorhebung als ein Bestandteil der natürlichen Lebensgrundlagen.[269] Auch der Aspekt Klima findet ausdrückliche Erwähnung. Hier können neben dem Problem der Verbauung von Frischluftschneisen auch Auswirkungen von Versiegelung auf die Bildung von Wärmeinseln und das lokale Kleinklima zu beachten sein.

---

264 Vgl. Söfker, in: Ernst/Zinkahn/Bielenberg, § 1 Rn. 108
265 Gaentzsch, in: Berliner Kommentar zum BauGB, § 1 Rn. 47
266 Vgl. Söfker, in: Ernst/Zinkahn/Bielenberg, § 1 Rn. 119
267 Vgl. Söfker, in: Ernst/Zinkahn/Bielenberg, § 1 Rn. 120
268 Vgl. Grooterhorst, DVBl 1987, 654 (655)
269 Ebersbach, Rechtliche Aspekte des Landverbrauchs am ökologisch falschem Platz, S. 214

Gesonderte Erwähnung findet unter Ziffer 8 auch die Abwasserbeseitigung. Die Vorschrift korrespondiert mit der wasserrechtlichen Abwasserbeseitigungspflicht der Gemeinden.[270] Grundlage dieser Pflicht sind die auch durch die Träger der Bauleitplanung zu beachtenden wasserrechtlichen Bewirtschaftungs- und Sorgfaltspflichten.[271] Im Regelfall haben die Gemeinden als Träger der wasserrechtlichen Abwasserbeseitigungspflicht die anfallenden Mengen an Schmutz und Niederschlagswasser so zu beseitigen, daß das Wohl der Allgemeinheit nicht beeinträchtigt wird. Der Bebauungsplan muß die sich daraus ergebenden Anforderungen berücksichtigen.[272]

In der Regel kommen die Gemeinden ihrer Abwasserbeseitigungspflicht durch den Anschluß an die öffentliche Kanalisation nach. Sie sind bemüht, das Kanalfassungsvermögen aus wirtschaftlichen Gründen so gering wie möglich zu halten.[273] Sie setzen sich dabei allerdings der Gefahr von Amtshaftungsansprüchen aus, wenn Überschwemmungsschäden infolge unzureichender Dimensionierung der Kanäle auftreten.[274] Aus diesem Grunde wird zu berücksichtigen sein, daß der Grad der Versiegelung auf einer Fläche den Mengenanteil der Gesamtniederschlagsmenge auf dieser Fläche bestimmt und der Aufwand für technische Vorkehrungen zur Abwasserbeseitigung durch eine Reduzierung der Bodenversiegelung, aber auch durch Dachbegrünung, Sammlung und ggf. Versickerung von Niederschlagswasser reduziert werden kann.[275]

3. Bodenschutzklausel - § 1 Abs. 5 S. 3 BauGB

Eine weitere Konkretisierung des Belangs "Bodenschutz" erfolgt durch die Bodenschutzklausel in § 1 Abs. 5 S. 3 BauGB, die mit dem BauGB in das Städtebaurecht eingeführt wurde. Danach soll mit Grund und Boden sparsam und schonend umgegangen werden.

Der Bodenschutz wird damit unter den Belangen des Natur- und Umweltschutzes besonders hervorgehoben, obwohl er bereits - wie gezeigt - Bestandteil der Planungsziele (§ 1

---

[270] Vgl. § 18 a WHG i.V.m. § 45 b Abs. 2 BW WG; Art. 41 b Abs. 1 S. 1 BayWG § 133 Abs. 1 S. 1 BremWG; § 2 S. 1 HbgAbwG; § 45 b Abs. 1 S. 2 HessWG; § 149 Abs. 1 S. 1 NdsWG; § 53 Abs. 1 S. 1 NWWG; § 52 Abs. 1 S. 1 RhPfWG; § 50 Abs. 1 S. 1 SaarlWG; § 35 Abs. 1 S. 1 SchHWG. Die Abwasserbeseitigungspflicht kann unter bestimmten Voraussetzungen aber auch auf Wasserverbände andere öffentlich-rechtliche Körperschaften, die Träger der Verkehrsanlage oder Dritte übertragen werden. Vgl. hierzu Gieseke/Wiedemann/Czychowski, WHG, § 18 a Rn. 14 ff.
[271] Vgl. Kloepfer, Umweltrecht, § 11 Rn. 46, S. 608 f.; Hoppe/Beckmann, Umweltrecht, § 21 Rn. 19
[272] Vgl. Bickel (HessWG, § 45 b Rn. 5) ist der Ansicht, daß ein Bebauungsplan nur dann genehmigungsfähig sei, wenn die Abwasserbeseitigung entsprechend der wasserrechtliche Beseitigungspflicht bereits sichergestellt ist. Die Ansicht geht allerdings zu weit. Ausreichend ist, daß die den wasserrechtlichen Anforderungen genügenden Abwasseranlagen zum Zeitpunkt der Baugenehmigung vorliegen. Einen Anspruch auf die Herstellung von Erschließungsanlagen besteht jedoch nicht. Breuer, Wasserrecht, S. 211 Rn. 323 unter Hinweis auf BVerwG, Urt. v. 4.10.1974 - IV C 59/72 -, NJW 1975, 402 = DVBl 1975, 37; Urt. v. 28.10.1981 - 8 C 4/81 -, DVBl 1982, 540; vgl. auch Henseler, BauR 1982, 1 (6); Rüttgers, ZfW 1987 1 (8); Jäde, BayVBl 1986, 246
[273] Vgl. insoweit den entsprechenden Hinweis des BGH, Urt. v. 5.10.1989, - III ZR 66/88 -, UPR 1990, 212 (213); Urt. v. 30.9.1982, III ZR 110/81 -, VersR 1982, 1196 (1197)
[274] Die Gemeinden müssen dabei nicht jeden nur denkbaren Katastrophenfall im Auge haben. Eine Niederschlagsmenge, die üblicherweise jährlich einmal zu erwarten ist, muß jedoch berücksichtigt werden. Vgl. insoweit BGH, Urt. v. 5.10.1989, - III ZR 66/88 -, UPR 1990, 212 (213); Urt. v. 27.1.1983, - III ZR 70/81 -, DVBl 1983, 1055 (1058)
[275] Vgl. oben Kap. 5, Teil G

Abs. 5 S. 1 BauGB) und Leitlinien (§ 1 Abs. 5 S. 2 Ziffer 7 BauGB) ist.[276] § 1 Abs. 5 S. 3 BauGB verlangt deshalb eine besondere Beachtung des Bodenschutzes. Die Gemeinden sind verpflichtet, bei der Bauleitplanung mit Grund und Boden sparsam und schonend umzugehen.[277] Wie sich diese Anforderungen im Rahmen der Abwägung auswirken, ist allerdings umstritten (vgl. die Ausführungen zur Gewichtung der Belange in diesem Kapitel).

Mit den Begriffen "Grund" einerseits und "Boden" andererseits sind unterschiedliche Funktionen des Bodens angesprochen. Der Begriff "Grund" umfaßt den Boden in seiner Funktion als Untergrund für Bauwerke und damit als Standort für Gebäude, Einrichtungen und Anlagen.[278] Demgegenüber erklärt sich der Begriff "Boden" aus der systematischen Stellung in § 1 Abs. 5 S. 2 Ziffer 7 BauGB als Bestandteil der natürlichen Lebensgrundlagen. Er umfaßt deshalb die natürlichen (biotischen und abiotischen) Funktionen und Potentiale des Bodens.[279]

Dieckmann folgert hieraus, daß sich der Begriff "schonender Umgang" allein auf den Boden und der Begriff "sparsamer Umgang" allein auf den Grund bezieht.[280] Diese verengte Sichtweise läßt sich jedoch weder aus Wortlaut und Systematik noch aus dem Sinn und Zweck der Vorschrift herleiten.

Sparsamer Umgang mit Grund und Boden verlangt eine quantitative Beschränkung des Bodenverbrauchs für Siedlungszwecke.[281] Unter Berücksichtigung der örtlichen und städtebaulichen Gegebenheiten sollen deshalb anstelle der Neuausweisung von Bauflächen die Möglichkeiten der innerörtlichen Entwicklung, z.B. durch Baulückenschließung und Nutzung von Brachflächen, genutzt werden und bei der Inanspruchnahme bisher nicht bebauter Flächen flächensparende Bauweise vorgesehen werden.[282] Die Vorschrift richtet sich insoweit gegen den übermäßigen Landverbrauch und greift damit die programmatische Forderung der Bodenschutzkonzeption der Bundesregierung nach einer "Trendwende im Landverbrauch"[283] auf.[284]

Demgegenüber stellt das Gebot, mit Grund und Boden schonend umzugehen, qualitative Anforderungen an die Inanspruchnahme von Flächen für Siedlungsentwicklung. Es geht dabei vor allem um den Schutz der natürlichen Bodenfunktionen und zwar auch in Hinblick auf die übergreifenden ökologischen Zusammenhänge im Naturhaushalt.[285] Der beste Schutz der natürlichen Bodenfunktionen ist durch einen Verzicht auf die Inanspruchnahme zusätzlicher Flächen im Sinne eines sparsamen Umgangs zu erreichen.[286] Das Schonungsgebot erschöpft sich jedoch nicht darin, die quantitative Inanspruchnahme von Flächen zu beschränken. Vielmehr enthält es die darüber hinausgehende Verpflichtung, dort, wo Flä-

---

276 Vgl. Söfker, in: Ernst/Zinkahn/Bielenberg, § 1 Rn. 173; Krautzberger, in: Battis/Krautzberger/Löhr, § 1 Rn. 85
277 Krautzberger, in: Battis/Krautzberger/Löhr, § 1 Rn. 85; Kloepfer, Umweltrecht, § 14 Rn. 45
278 Meyer, in: Handwörterbuch der Raumforschung und Raumordnung, Stichwort "Boden"; Dieckmann, Baugesetzbuch, § 1 Rn. 8
279 Losch, IzR 1988, 485 (487)
280 Dieckmann, Baugesetzbuch, § 1 Rn. 8
281 Kloepfer, Umweltrecht, § 14 Rn. 47
282 Söfker, UPR 1987, 201 (202); Mainczyk, BauGB, § 1 Rn. 9; Kloepfer, Umweltrecht, § 14 Rn. 47; Löhr, NVwZ 1987, 361 (362)
283 BT-Drs. 10/2977, S. 9
284 Kloepfer, Umweltrecht, § 14 Rn. 45
285 Kloepfer, Umweltrecht, § 14 Rn. 48; Schiwy, BauGB, § 1 Rn. ; Löhr, NVwZ 1987, 361 (363)
286 Kloepfer, Umweltrecht, § 14 Rn. 48

chen für Siedlungszwecke in Anspruch genommen werden, mit diesen in einer möglichst bodenschonenden Weise zu verfahren.[287] Das bedeutet insbesondere, daß die Bodenversiegelung so gering wie möglich gehalten und Flora und Fauna geschützt und ihre Artenvielfalt erhalten werden sollen.[288]

Die Bodenschutzklausel enthält damit gestufte Anforderungen an den Umgang mit Grund und Boden.[289] Auf einer ersten Stufe geht es darum, die Inanspruchnahme zusätzlicher Flächen für Siedlungszwecke weitestgehend zu beschränken. Die zweite Stufe betrifft die Frage, in welcher Weise mit den Flächen, die für Siedlungszwecke genutzt werden sollen, umgegangen werden muß. Es soll sichergestellt werden, daß der Flächenverbrauch in ökologisch vertretbarer Weise erfolgt. Zu diesem Zweck kann die Festsetzung von Schutzvorkehrungen und Ausgleichsmaßnahmen erforderlich sein.[290]

Diese Zweistufigkeit ist gerade in Hinblick auf das Ziel, die Bodenversiegelung zu begrenzen, zu beachten. Die Begrenzung der Bodenversiegelung innerhalb der Siedlungsbereiche konkurriert mit dem auf der ersten Stufe verfolgten Ziel, den Landverbrauch durch expansive Siedlungsentwicklung weitestgehend zu begrenzen und die noch vorhandenen Freiflächenpotentiale innerhalb der Siedlungsbereiche auszuschöpfen.[291] Es wurde bereits dargelegt, daß die damit bezweckte Inanspruchnahme von bisher nicht versiegelten Flächen im Siedlungsbereich zwangsläufig zu einer Erhöhung des Versiegelungsgrades führt. Der hieraus resultierende Zielkonflikt ist im Kontext der zweistufigen Anforderungen der Bodenschutzklausel zu lösen.

Auszugehen ist von der Priorität der ersten Stufe, d.h. keine Inanspruchnahme neuer Flächen. Aus dem auf der zweiten Stufe geltenden Schonungsgebot ergeben sich Anforderungen in Hinblick auf die Begrenzung der Bodenversiegelung, um die Belastung des städtischen Ökosystems in einem vertretbaren Ausmaß zu halten, insbesondere um eine ausreichende Versorgung mit Flächen für Vegetation sicherzustellen und ein attraktives Wohn- und Arbeitsumfeld für die dort lebenden Menschen zu erhalten. Die Siedlungsstruktur sollte so gestaltet werden, daß im Wohnumfeld ausreichend Flächen zur Freizeitbetätigung bestehen, damit die Menschen nicht zur Erholung "ins Grüne" fahren müssen und so erhebliche Boden- und Umweltbelastungen verursachen.[292] Zudem kann bei steigender Verdichtung die Attraktivität der Städte abnehmen und damit die Nachfrage nach neuen Bauflächen in den naturnahen Randbereichen wachsen.[293] Die sich daraus ableitenden Anforderungen können auch dazu führen, daß die weitere Verdichtung des Innenbereichs nicht mehr vertretbar ist.[294] In diesem Fall kann dann auch die Inanspruchnahme neuer Flächen im Wege der Siedlungserweiterung sachgerecht sein (vgl. die Ausführungen zur Gewichtung der Belange in diesem Kapitel).

Die Begriffe "sparsamer" und "schonender Umgang" bilden damit ein geschlossenes System und können so zu sachgerechten Ergebnissen auch in Hinblick auf die Versiegelungsproblematik führen.

---

287 Losch, IzR 1988, 485 (493)
288 Vgl. Löhr, NVwZ 1987, 361 (363); Mainczyk, BauGB, § 1 Rn. 9
289 Vgl. insoweit auch Söfker, in: Ernst/Zinkahn/Bielenberg, § 1 Rn. 286
290 Vgl. Krautzberger, in: Battis/Krautzberger/Löhr, § 1 Rn. 111; Kloepfer, Umweltrecht, § 14 Rn. 48
291 Vgl. Löhr, NVwZ 1987, 361 (363); Book, Bodenschutz durch räumliche Planung, S. 88
292 Löhr, NVwZ 1987, 361 (363)
293 Vgl. Book, Bodenschutz durch räumliche Planung, S. 88
294 Löhr, NVwZ 1987, 361 (363)

Die Bodenschutzklausel begründet aber keine Minimierungspflicht in Hinblick auf die Versiegelung von Flächen. Die Pflicht zur Minimierung der Bodenversiegelung würde der Funktion der zur Begrenzung der Bodenversiegelung getroffenen Regelung in der BauNVO (§ 19 Abs. 4 BauNVO) widersprechen. Die Funktion der BauNVO besteht in der Sicherstellung städtebaulich vertretbarer und an den allgemeinen Planungsgrundsätzen des § 1 BauGB orientierter Lösungen für typische Fallkonstellationen. § 19 Abs. 4 BauNVO kann deshalb als qualitative Mindestanforderung für den Regelfall in Hinblick auf den Grad der Bodenversiegelung angesehen werden. Eine gerechte Abwägung wird insoweit quasi bereits durch den Verordnungsgeber antizipiert. Weitergehende Anforderungen zur Begrenzung der Versiegelung im Sinne eines Minimierungsgebotes würden dieser Vorgabe widersprechen.[295]

II. Erforderlichkeit der Planung

Gem. § 1 Abs. 3 BauGB haben die Gemeinden Bauleitpläne aufzustellen, sobald und soweit es für die städtebauliche Entwicklung und Ordnung erforderlich ist. Die damit begründete Planungspflicht der Gemeinde korrespondiert mit der in § 1 Abs. 1 BauGB vorgenommenen Aufgabenbestimmung der Bauleitplanung, die bauliche und sonstige Nutzung der Grundstücke der Gemeinde vorzubereiten und zu leiten. Der sich hieraus ergebende Zweck der Bauleitplanung ist gekennzeichnet durch den Begriff "städtebauliche Entwicklung und Ordnung".[296]

§ 1 Abs. 1 und 3 BauGB begründet in umgekehrter Richtung die sich schon aus dem verfassungsrechtlichen Eigentumsschutz[297] ergebende Notwendigkeit der Planrechtfertigung.[298] Dies gilt insbesondere für die verbindliche Bauleitplanung (Bebauungsplanung), die unmittelbar als Inhalts- und Schrankenbestimmung des Eigentums an den Grundstücken in seinem Geltungsbereich wirkt.[299] Im Hinblick auf den Schutz von Eigentumsrechten ist allerdings darauf hinzuweisen, daß der Bebauungsplan, jedenfalls bei der Neuausweisung von Bauland, aus bloßen Bebauungschancen Bebauungsrechte schafft.[300]

Die Aufstellung eines Bauleitplans ist nur dann gerechtfertigt, wenn sie für die städtebauliche Entwicklung erforderlich ist.[301] Die Bauleitplanung kann deshalb durch alle Belange gerechtfertigt sein, die für die städtebauliche Entwicklung und Ordnung von Bedeutung sind.[302] Was hierzu gehört, wird in § 1 Abs. 5 BauGB durch die generellen Planungsziele und die Planungsleitlinien konkretisiert.[303] Die Darstellungen und Festsetzungen in den Bauleitplänen können aus den dort genannten Gründen gerechtfertigt sein, z.B.

---

295 Vgl. ebenda
296 Selmer, BB Beilage 15, 1988, 6 f.
297 Gassner, UPR 1987, 249 (250); Gelzer, Bauplanungsrecht, Rn. 16
298 Rothe, Bauleitplanung und ihre Sicherung nach dem Baugesetzbuch, Rn. 74; Selmer, BB Beilage 15, 1988, 7; Gierke, in: Brügelmann, BauGB, § 9 Rn. 30
299 Krautzberger, in: Battis/Krautzberger/Löhr, § 1 Rn. 7 und 11;
300 Vgl. Gaentzsch, NuR 1990, 1 (2)
301 Krautzberger, in: Battis/Krautzberger/Löhr, § 1 Rn. 26
302 Krautzberger, in: Battis/Krautzberger/Löhr, § 1 Rn. 26
303 Krautzberger, in: Battis/Krautzberger/Löhr, § 1 Rn. 57; Gaentzsch, in: Berliner Kommentar, § 1 Rn. 42; Hoppe, in: Ernst/Hoppe, ÖffBauBoR, Rn. 257; Müller, Umweltschutz in der Bauleitplanung, S. 23; Söfker, in: Ernst/Zinkahn/Bielenberg, § 1 Rn. 101 u. 108

- zur Verbesserung der Wohn- und Arbeitsverhältnisse,
- zur Schaffung wohnungsnaher freiraumbezogener Erholungsmöglichkeiten,
- zur Gestaltung des Orts- und Landschaftsbildes,
- zur Erhaltung der natürlichen Bodenfunktionen,
- zur Vermeidung klimatischer Belastungen,
- zur Sicherung einer geordneten Abwasserbeseitigung.

Die Planrechtfertigung ergibt sich jedoch nicht abstrakt aus dem Gesetz. Die Entscheidung, einen Bebauungsplan mit entsprechendem Inhalt aufzustellen, muß sich vielmehr aus der konkreten Planungskonzeption der Gemeinde ableiten.[304] Die Gemeinden haben einen weiten planerischen Ermessensspielraum im Rahmen der Zweckbestimmung des § 1 Abs. 1 BauGB.[305] Die Festsetzungen müssen aber immer mit der städtebaulichen Entwicklung und Ordnung in Beziehung stehen.[306] Ein Bauleitplan zu anderen Zwecken als zur städtebaulichen Ordnung und Entwicklung ist unzulässig.[307] Wo es von vornherein an solchen öffentlichen Belangen fehlt, die bodenrechtlich relevanten Elemente einer geordneten städtebaulichen Entwicklung darzustellen, ist für eine Bauleitplanung kein Raum.[308]

Hieraus resultiert zum einen das Verbot einer ausschließlich auf Verhinderung gerichteten Bauleitplanung. Dies ist insbesondere bei der Festsetzung einer öffentlichen oder privaten Grünfläche, einer Fläche für Landwirtschaft oder Wald oder einer Fläche für Maßnahmen zum Schutz, zur Pflege und zur Entwicklung von Natur und Landschaft zu beachten. Bebauungspläne haben in erster Linie die gewollte Nutzung festzusetzen.[309] Solche Nutzungen dürfen nicht nur vorgeschoben werden, um eine bauliche Nutzung zu verhindern.[310] Zum anderen kann gerade der Erhalt einer Grünfläche und damit die Verhinderung einer Veränderung durch Bebauung der städtebaulichen Konzeption der Gemeinde entsprechen und aus diesem Grunde gerechtfertigt sein.[311] Nicht jede auf Verhinderung gerichtete Planung ist deshalb unzulässig.

Die Grenzziehung zwischen unzulässiger Negativplanung und zulässiger auf Verhinderung gerichteter städtebaulicher Konzeption ist eine Frage des Einzelfalls.[312] Das BVerwG hat die Anforderungen in letzter Zeit mehrfach konkretisiert. In einem Fall hält es einen Bebauungsplan für zulässig, der eine Fläche für Landwirtschaft festsetzt, um die Bebauung dieser zwischen zwei Landschaftsschutzgebieten gelegenen Fläche zu verhindern.[313] Das Gericht hebt ausdrücklich hervor, daß ein Bebauungsplan auch ausschließlich durch landschafts-

---

304 Rothe, Bauleitplanung und ihre Sicherung nach dem Baugesetzbuch, Rn. 79
305 BVerwG, Urt. v. 12.12.1969 - IV C 105/66 -, E 34, 301 (305); Urt. v. 7.5.1971 - IV C 76/68 -, DVBl 1971, 759; Urt. 5.7.1974 - IV C 50/72 -, E 45, 309 (312); Urt. v. 14.2.1974 - IV C 21/74 -, E 48, 56 (60)
306 Gaentzsch, in: Berliner Kommentar zum BauGB, § 1 Rn. 42 mit zahlreichen Beispielen aus der Rechtsprechung
307 BVerfG, Urt. v. 24.3.1987 - 1 BvR 1046/85 -, DVBl 1987, 466 ff.; BVerwG, Urt. v. 5.7.1974 - IV C 50/72 -, E 45, 309 (312) = DÖV 1975, 95 und BGH, Urt. v. 30.1.1975 - III ZR 18/75 -, DVBl 1976, 173; Pfeifer, Landschaftsplanung und Bauleitplanung, S. 33
308 BVerwG, 5.7.1974 - IV C 50/72 -, E 45, 309 (312) = DÖV 1975, 92 (95) = DVBl 1974, 767 = NJW 1975, 70
309 Vgl. BayVGH, Beschl. v. 19.4.1989 - 20 N 88.01690 -, BauR 1990, 189 (189 f.)
310 BVerwG, Beschl. v. 18.12.1990 - 4 NB 8/90 -, UPR 1991, 154 (155); Beschl. v.27.7.1990 4 B 156/89 -, ZfBR 1990, 302 f.; Urt. v. 16.12.1988 - 4 C 48/86 -, UPR 1989, 264 (268)
311 BVerwG, Beschl. v. 18.12.1990 - 4 NB 8/90 -, UPR 1991, 154
312 BVerwG, Urt. v. 16.12.1988 - 4 C 48/86 -, UPR 1989, 264 (268)
313 BVerwG, Beschl. v. 18.12.1990 - 4 NB 8/90 -, UPR 1991, 154 f.

pflegerische Gründe gerechtfertigt sein kann.[314] Der Bebauungsplan sei in dem der Entscheidung zugrundeliegenden Fall der erste Schritt zur Schaffung eines Biotop-Verbundsystems.[315] Hierzu sei auch die Festsetzung einer landwirtschaftlichen Fläche geeignet, wenn es der Gemeinde tatsächlich auch um die Erhaltung der landwirtschaftlichen Nutzung im Plangebiet geht.

Entsprechend hat das BVerwG auch in Hinblick auf Festsetzung von Flächen für Maßnahmen zum Schutz, zur Pflege und zur Entwicklung von Natur und Landschaft entschieden.[316] "Die Ausweisung von Flächen für die in § 9 Abs. 1 Nr. 20 BauGB genannten Maßnahmen hat - auch wenn ein solcher Plan letztendlich auf die Erhaltung des bestehenden Zustands gerichtet sein mag - insoweit eine positive planerische Aussage über die zukünftige Funktion der Fläche im städtebaulichen Gesamtkonzept der Gemeinde zum Inhalt und beschränkt sich nicht auf die bloße Abwehr jeglicher Veränderung durch Aufnahme bestimmter Nutzungen." Aus diesem Grund könne eine solche Festsetzung alleiniger Inhalt eines Bebauungsplans sein.[317]

In einer dritten Entscheidung hat das Gericht die Anforderungen an die zugrundeliegende städtebauliche Konzeption relativiert. Die Festsetzung einer (privaten) Grünfläche könne ein angemessenes Gestaltungsmittel für eine Art Auffangplanung sein, wenn die Einbindung in das Planungsgefüge des gesamten Gemeindegebietes noch mit Unsicherheiten belastet ist, weil das Plangebiet erstmalig der Planungshoheit der Gemeinde unterstellt ist (ehemalige Bahnhofsfläche).[318] Allerdings war in dem der Entscheidung zugrundeliegenden Fall die festgesetzte private Grünfläche Bestandteil einer größeren Grünstreifenplanung.[319]

Unzulässig ist danach eine auf Verhinderung gerichtete Festsetzung lediglich dann, wenn weder aus der Begründung noch aus den Umständen erkennbar ist, warum diese und nicht eine andere mit entsprechender Wirkung verbundene Nutzung festgesetzt wurde. Die Festsetzung einer Grünfläche verlangt insoweit ein Mindestmaß an Konkretisierung der angestrebten Nutzung.[320] Diese kann sich auch aus der örtlichen Gegebenheit ableiten. Der BayVGH spricht insoweit von naturgegebenen Grünflächen.[321] Fehlt eine Konkretisierung der zukünftigen Nutzung und damit ein eindeutiges Abwägungsergebnis, ist auch die Abwägung fehlerhaft.[322]

Bauleitplanung darf aber auch nicht ausschließlich auf nicht städtebauliche Gründe gestützt werden. Auch die in § 1 Abs. 5 S. 2 BauGB ausdrücklich aufgeführten Belange sind nur insoweit beachtlich, als sie städtebaulichen Bezug haben.[323] So darf der Bebauungsplan nicht

---

314 BVerwG, Beschl. v.27.7.1990 4 B 156/89 -, ZfBR 1990, 302 (303) = NVwZ 1991, 62 (63); BVerwG, Beschl. v. 18.12.1990 - 4 NB 8/90 -, UPR 1991, 154
315 BVerwG, Beschl. v. 18.12.1990 - 4 NB 8/90 -, UPR 1991, 154 (155)
316 BVerwG, Beschl. v. 27.7.1990 - 4 B 156/89 -, ZfBR 1990, 302 (303) = NVwZ 1991, 62 (63)
317 BVerwG, Beschl. v.27.7.1990 4 B 156/89 -, ZfBR 1990, 302 (303)
318 BVerwG, Urt. v. 16.12.1988 - 4 C 48/86 -, UPR 1989, 264 (268)
319 BVerwG, Urt. v. 16.12.1988 - 4 C 48/86 -, UPR 1989, 264 (268)
320 Vgl. BayVGH, Beschl. v. 19.4.1989 - 20 N 88.01690 -, BauR 1990, 189 (189 f.)
321 Vgl. BayVGH, Beschl. v. 19.4.1989 - 20 N 88.01690 -, BauR 1990, 189 (189 f.) im Anschluß an BGH, Urt. v. 25.11.1974 - III ZR 43/73 -, Z 63, 240 (244)
322 Vgl. BayVGH, Beschl. v. 19.4.1989 - 20 N 88.01690 -, BauR 1990, 189 (190); BVerwG E 42, 5 (7) = BauR 1973, 168
323 Unzureichend sind nach der Rspr. z.B. die ausschließlich auf folgende Gründe gestützten Festsetzungen: Erhaltung, Sicherung und Schaffung von Arbeitsplätzen, Gründe des Wettbewerbsschutzes z.B. bei der Ansiedlung von Einzelhandelsgroßprojekten oder Gründe des Jugendschutzes für das

aus ausschließlich ökologischen Gründen Flächen- und Artenschutz betreiben.[324] Wegen der gegenseitigen Durchdringung städtebaulicher und stadtökologischer Aspekte dürfte sich diese Anforderung aber im wesentlichen über eine entsprechend sorgfältige Begründung bewältigen lassen.

III. Abwägungsgebot

Der Vorgang der Koordinierung der Raumnutzungsansprüche und -belange wird als Abwägung bezeichnet. Die Abwägung ist das Kernstück rechtsstaatlicher Planung und eine planerische Ausprägung des Verhältnismäßigkeitsgebots.[325] In § 1 Abs. 6 BauGB erfährt die Abwägung als Abwägungsgebot ihre gesetzliche Positivierung.[326]

Das BVerwG hat mit Urt. v. 12.12.1969 das Abwägungsgebot grundlegend konkretisiert:

"Das Gebot gerechter Abwägung ist verletzt, wenn eine sachgerechte Abwägung überhaupt nicht stattfindet. Es ist ferner verletzt, wenn in der Abwägung nicht alles eingestellt wird, was nach Lage der Dinge in sie eingestellt werden muß. Es ist ferner verletzt, wenn die Bedeutung der betroffenen öffentlichen oder privaten Belange verkannt oder wenn der Ausgleich zwischen ihnen in einer Weise vorgenommen wird, die zur objektiven Gewichtigkeit einzelner Belange außer Verhältnis steht."[327]

Hieraus ergeben sich materielle Anforderungen in Hinblick auf eine Zusammenstellung des Abwägungsmaterials und auf die Gewichtung der in die Abwägung eingestellten Belange. Nach der Rechtsprechung[328] und nach der überwiegenden Auffassung im Schrifttum[329] beziehen sich diese Anforderungen sowohl auf den Abwägungsvorgang als auch auf das Abwägungsergebnis.[330] Dies ist insbesondere für die gerichtliche Kontrolldichte von Bedeutung.[331] Mängel beim Abwägungsvorgang sind nur dann erheblich, wenn sie offensichtlich und für das Abwägungsergebnis von Einfluß sind.[332]

1. Zusammenstellung des Abwägungsmaterials

Auf der ersten Stufe der Abwägung muß geklärt werden, welche Belange in die Abwägung eingestellt werden müssen.

Verbot von Spielhallen und anderen Vergnügungsstätten. Vgl. BVerfG Entsch. v. 24.3.1987, - 1 BvR 1046/85 -, DVBl 1987, 466; BVerwG, Urt. v. 25.11.1983, - 4 C 21/83 -, E 68, 213 (216) = NJW 1984, 1574; Beschl. v. 22.5.1987, - 4 N 4/86 -, DVBl 1987, 1001; Urt. v. 3.4.1984, - 4 C 54/80 -, E 68, 342 (349) = DVBl 1984, 629

324 Vgl. Pfeifer, Landschaftsplanung und Bauleitplanung, S. 33
325 Hoppe, in: Ernst/Hoppe, ÖffBauBoR, Rn. 283 u. 287
326 Vgl. Söfker, in: Ernst/Zinkahn/Bielenberg, § 1 Rn. 179
327 BVerwG, Urt. v. 12.12.1969 - IV C 105/66 -; E 34, 301 (309)
328 BVerwG Urt. v. 12.7.1974 - IV C 50/72 -, E 45, 309 (312); Urt.v.14.2.1975 - IV C 21/74 -, E 48, 56 (64)
329 z.B. Gelzer, Bauplanungsrecht, Rn. 42; Hoppe, in: Ernst/Hoppe, ÖffBauBoR, Rn. 293; Schmidt-Aßmann, in: Ernst/Zinkahn/Bielenberg, BauGB, § 1, Rn. 309
330 Gegen die Zweigleisigkeit: Koch, DVBl 1983, 1125 ff.; Heinze, NVwZ 1986, 87 (89)
331 Vgl. Funke, DVBl 1987, 511 (512 ff.)
332 Vgl. BVerwG Urt. v. 21.8.1981 - IV C 57/80 -, E 64, 33 ff.

a) Allgemeine Anforderungen an die Zusammenstellung des Abwägungsmaterials

Nach der Rechtsprechung des BVerwG ist alles in die Abwägung einzustellen, was nach Lage der Dinge in sie eingestellt werden muß.[333] Das BVerwG berücksichtigt hier deutlich die Einzelfallabhängigkeit der Abwägung. In jedem Einzelfall ist zu prüfen, welche Belange von der Planung betroffen sind.

In die Abwägung eingestellt werden müssen die von der Planung betroffenen öffentlichen und privaten Belange. Dies ergibt sich unmittelbar aus § 1 Abs. 6 BauGB. Betroffen ist ein Belang, wenn er durch die Planung berührt wird oder die Planung sich auf ihn auswirkt.[334] Belange, die nur geringfügig betroffen sind und deshalb unerheblich sind, können unberücksichtigt bleiben.[335] Das notwendige Abwägungsmaterial ist aber eher zu weit als zu eng abzugrenzen.[336]

Die Gemeinde muß entscheiden, welche Belange in dieser Weise von der Planung betroffen sind. Anhaltspunkte in Hinblick auf die möglicherweise betroffenen öffentlichen Belange bieten insbesondere die Planungsziele und Planungsleitlinien des § 1 Abs. 5 BauGB und die sich daraus ableitenden Planungskonzeptionen der Gemeinden.[337]

Für die Belange des Naturschutzes und insbesondere auch des Bodenschutzes kann von einer generellen Planungsbeachtlichkeit ausgegangen werden. Jede Inanspruchnahme von Flächen für bauliche Zwecke führt zu einer Belastung der natürlichen Bodenfunktionen.[338] In Bestandsgebieten geht es in der Regel auch um eine Verbesserung der Wohn- und Arbeitsverhältnisse, die eine Beachtung ökologischer Aspekte erfordert. Lediglich bei einfachen Bebauungsplänen, die nur bestimmte Teilaspekte regeln wollen, kann ggf. von einer Beachtung ökologischer Belange abgesehen werden.[339]

Die Beachtlichkeit der Belange des Bodenschutzes wird durch die Hervorhebung in der Bodenschutzklausel zusätzlich verstärkt. Das Gebot, mit Grund und Boden sparsam und schonend umzugehen, wirkt sich insoweit als zwingende Handlungsdirektive für die planaufstellende Gemeinde aus. Die Aufgabe der Bauleitplanung, die bauliche und sonstige Nutzung in der Gemeinde vorzubereiten und zu leiten, korrespondiert mit der Verpflichtung, dabei mit Grund und Boden sparsam und schonend umzugehen.[340] Unabhängig von der Gewichtung des Bodenschutzes im Verhältnis zu anderen Belangen hat die Gemeinde die Belange des Bodenschutzes im Sinne der Bodenschutzklausel grundsätzlich bei der Planaufstellung zu beachten.

---

333 Vgl. BVerwG Urt. v. 5.7.1974, - 4 C 50/72 -, E 45, 309 (322); eingehend auch Weyreuther, UPR 1981, 33 (37)
334 BVerwG Urt. v. 15.4.1977 - 4 C 100/74 -, E 52, 237 (245) = NJW 1978, 119
335 BVerwG Urt. v. 18.3.1983, - 4 C 80/79 -, E 67, 74 = BRS 40 Nr. 19 = DÖV 1983, 680; BVerwG Beschl. v. 9.11.1979 - 4 N 1/78 -, E 59, 87 (101) = DVBl 1980, 233
336 BVerwG, E 59, 87 (102); Krautzberger, in: Krautzberger/Battis/Löhr, § 1, Rn. 116
337 Stich, ZfBR 1978, 58 (60); Krautzberger, in: Krautzberger/Battis/Löhr, § 1, Rn. 58
338 Vgl. Söfker, in: Ernst/Zinkahn/Bielenberg, § 1 Rn. 154
339 So z.B. beim Ausschluß von Vergnügungsstätten, der nach § 25 c Abs. 3 S. 2 BauNVO (90) auch ohne weitere Festsetzung in unbeplanten Innenbereichen vorgenommen werden kann.
340 Söfker, in: Bielenberg/Krautzberger/Söfker, Leitfaden, S. 392 Rn. 18

b) Ermittlung der Betroffenheit von Belangen - Umweltverträglichkeitsprüfung

Aus der Beachtlichkeit eines Belanges folgt die Pflicht, den Grad der Betroffenheit, das heißt das konkrete Gewicht eines Belanges festzustellen. Kann die Gemeinde erst durch weitere Ermittlungen die konkrete Betroffenheit eines Belangs und sein Gewicht feststellen, unterliegt sie einer weiteren Prüfpflicht.[341] Aus diesem Grund wird im Schrifttum die Durchführung einer Umweltverträglichkeitsprüfung (= UVP) für erforderlich gehalten.[342] Im BauGB fehlt jedoch eine ausdrückliche Regelung über die Notwendigkeit einer UVP. Der Gesetzgeber ist davon ausgegangen, daß schon die allgemeinen Regelungen der Bauleitplanung mit dem Abwägungsgebot, der Bürgerbeteiligung, der Beteiligung der Träger der öffentlichen Belange und der Pflicht zur Begründung unter der Darlegung der wesentlichen Auswirkungen der Planung den Anforderungen einer UVP, wie sie durch die UVP-Richtlinie der EG [343] zur Umsetzung in nationales Recht vorgezeichnet wird, entsprechen.[344]

Eine ausdrückliche Regelung über die Notwendigkeit einer UVP für die Bebauungsplanung enthält das UVPG.[345] Gem. § 3 Abs. 3 Nr. 3 UVPG unterliegen die Aufstellung, Änderung oder Ergänzung eines Bebauungsplans dann einer Umweltverträglichkeitsprüfung, wenn sie

- die Grundlage der Entscheidung über die Zulässigkeit eines in der Anlage zu § 3 UVPG aufgeführten Vorhabens sind oder
- die Planfeststellungsbeschlüsse für die in der Anlage zu § 3 UVPG genannten Vorhaben ersetzen.

Die Anlage zu § 3 UVPG führt durchweg Vorhaben auf, die wegen ihrer Gefährlichkeit oder Emissionsträchtigkeit ohnehin allenfalls im Industriegebiet oder in einem Sondergebiet mit entsprechender Zweckbestimmung zulässig sind. Im wesentlichen orientiert sich die Anlage an den Gesichtspunkten Gefahrenvorsorge und Immissionsschutz. Nur die in Nr. 15 der Anlage aufgeführten Vorhaben lassen erkennen, daß auch die Belange des Naturschutzes und der Landschaftspflege bei der Auswahl der eine UVP auslösenden Vorhaben berücksichtigt wurden. Gem. Nr. 15 ist die UVP auch durchzuführen bei der Errichtung von Feriendörfern, Hotelkomplexen und sonstiger großer Einrichtungen für die Ferien- und Fremdenbeherbergung, für die ein Bebauungsplan aufzustellen ist. Betroffen sind damit Bebauungspläne, die Sondergebiete i.S.d. § 10 BauNVO festsetzen. Bei diesen sind typischerweise Belange des Naturschutzes und der Landschaftspflege wegen der regelmäßig bevorzugten naturräumlichen Gegebenheiten besonders beachtlich.[346]

Die Anwendung des UVPG wird durch die Auswahl der in der Anlage zu § 3 UVPG aufgeführten Vorhaben erheblich eingeschränkt.[347] Die Auswahlkriterien entsprechen dabei nur bedingt der gewachsenen Bedeutung von Naturschutz und Landschaftspflege als Teilaspekte im Bereich Umweltschutz bzw. Umweltvorsorge. Insbesondere kommt in der Anlage

---

341 Vgl. Söfker, in: Ernst/Zinkahn/Bielenberg, § 1 Rn. 194
342) Vgl. Söfker, in: Ernst/Zinkahn/Bielenberg, § 1 Rn. 235; ders. UPR 1989, 170 (171)
343 Richtlinie des Rates v. 27.6.1985 über die Umweltverträglichkeitprüfung bei bestimmten öffentlichen und privaten Projekten (85/337/EWG)
344 Vgl. Reg.Vorl., BT-Drs. 10/4630, S. 53; Stich, UPR 1990, 121 (124); ders. UPR 1989, 166 (166 f.); Krautzberger, UPR 1989, 161 (163 f.); Söfker, UPR 1989, 170 (170 f.)
345 Gesetz v. 12.2.1990, BGBl. S. 205 ff.
346 Vgl. Fickert/Fieseler, BauNVO, § 10 Tn. 1 und 28; Boeddinghaus/Dieckmann, BauNVO, § 10 Rn. 15
347 Krautzberger, UPR 1989, 161 (164)

die durch die Bodenschutzklausel in § 1 Abs. 5 S. 3 BauGB hervorgehobene Bedeutung des Bodenschutzes nicht zum Ausdruck.

Die Anlage zu § 3 UVPG wirkt sich allerdings im Rahmen der Bauleitplanung materiell gar nicht aus, da die Umweltverträglichkeitsprüfung, soweit sie nach dem UVPG für erforderlich gehalten wird, im wesentlichen nicht den dort aufgeführten Verfahrensregelungen unterstellt ist, sondern sich gem. § 17 UVPG nach den allgemeinen Regelungen über die Aufstellung von Bauleitplänen richtet. Insoweit gelten die genannten Anforderungen an die Ermittlung und Bewertung des Abwägungsmaterials.

Eine verfahrensmäßige Erleichterung bringt das UVPG für die Bauleitplanung deshalb nicht. Hilfreich ist allerdings die Legaldefinition der UVP in § 2 Abs. 1 UVPG. Danach ist die UVP ein unselbständiger Teil verwaltungsbehördlicher Verfahren, die der Entscheidung über die Zulässigkeit von Vorhaben dienen. Sie umfaßt die Ermittlung, Beschreibung und Bewertung der Auswirkungen eines Vorhabens auf Menschen, Tiere und Pflanzen, Boden, Wasser, Luft, Klima und Landschaft, einschließlich der jeweiligen Wechselwirkungen, sowie auf Kultur und Sachgüter und verlangt damit eine umfassende querschnittsorientierte Herangehensweise. Diese materiellen Anforderungen an die UVP sind auch in der Bauleitplanung sicherzustellen.[348]

Die verfahrensmäßige Ausgestaltung der UVP im Rahmen der Bauleitplanung ist weiterhin ungeklärt. Von den Gemeinden wird die Erfassung aller umweltrelevanten Belange und ihre querschnittsorientierte Bewertung verlangt. Als Erkenntnisquellen kommen in Betracht:

- vorhandene Fachplanungen, z.B. Landschafts- und Grünordnungspläne, Luftreinhaltepläne, Lärmminderungspläne, Wasserbewirtschaftungspläne, Entsiegelungsprogramme etc.,
- vorhandene Umweltdatenbanken oder Umweltkataster, z.B. Altlastenkataster,[349] Emissionskataster, etc.,
- Stellungnahmen der Fachbehörden im Rahmen der Beteiligung der Träger der öffentlichen Belange nach § 4 BauGB,
- Hinweise von Einwendern im Rahmen der Bürgerbeteiligung nach § 3 BauGB.

In der Regel wird die Berücksichtigung der vorhandenen Erkenntnisquellen genügen. Die Rechtsprechung ist bemüht, die Anforderungen nicht zu überziehen. Von der Gemeinde bei der Planaufstellung zu beachten sind deshalb grundsätzlich nur solche Belange, die diese auf der Grundlage der vorhandenen Erkenntnisquellen auch erkennen kann. Was die Gemeinde nicht sieht und nach den Umständen im Einzelfall auch nicht zu sehen braucht, kann und braucht von ihr bei der Abwägung nicht berücksichtigt werden.[350] Die Gemeinden müssen sich insbesondere auf den Fachbeitrag der Fachbehörden verlassen können.[351]

Der BGH hat aus diesem Grunde eine Amtspflichtverletzung einer planaufstellenden Gemeinde verneint, weil sich ihre objektiv fehlerhafte Planung auf die Stellungnahme der zuständigen Wasserbehörde über die Abwasserbeseitigung stützte.[352] In dem Fall hatte die mit der geplanten Neubebauung eines Areals verbundene Versiegelung zu einer vermehrten Einleitung des Niederschlagswassers in ein nahegelegenes Gewässer geführt. Dies wie-

---

[348] Steinebach, UPR 1990, 125 (127); BT-Drs. 11/3919, S. 30
[349] Vgl. hierzu die Bsp. bei Henkel, UPR 1988, 367 (370), dort Fußn. 30 u. 31
[350] Vgl. BVerwG, Beschl. v. 9.1.1979, 4 N 1/78, 2-4/79 -, E 59, 87 (102 f.), Henkel, UPR 1988, 367 (369)
[351] Vgl. Söfker, in: Ernst/Zinkahn/Bielenberg, § 1 Rn. 194
[352] Vgl. BGH, Urt. v. 14.5.1987 - III ZR 159/86 -, NuR 1989, 405 (406) = NuL 1987, 486

derum löste regelmäßig Überschwemmungen der angrenzenden Grundstücke aus. Da das zuständige Wasserwirtschaftsamt bei der Beteiligung nach § 4 BauGB keine Bedenken hinsichtlich der Aufnahmekapazität des angrenzenden Gewässers geäußert hatte, hielt der BGH die Gemeinde für exculpiert.

Die Anforderungen an die Abwägung werden durch die Entscheidung des BGH jedoch nicht herabgesetzt. Die Beteiligung der Träger der öffentlichen Belange ersetzt nicht die Abwägung, sondern trägt nur zur Ermittlung des abwägungserheblichen Materials bei. In dem der Entscheidung des BGH zugrundeliegenden Fall waren die Folgen der Bodenversiegelung für die Beseitigung des Niederschlagswassers natürlich abwägungserheblich. Die Gemeinde handelte nur deshalb nicht schuldhaft, weil sie die Abwägungserheblichkeit nach Lage der Dinge nicht erkennen mußte.

Eine Pflicht des Planungsträgers zu weiteren Untersuchungen ist von der Rechtsprechung bislang im Falle eines Altlastenverdachts angenommen worden.[353] Besteht auf der Grundlage der vorhandenen Erkenntnismöglichkeiten der Gemeinde der Verdacht, daß der Boden einer bestimmten Fläche verunreinigt ist, besteht eine Prüfpflicht. Die Gemeinde muß klären, ob und inwieweit von den altlastenverdächtigen Flächen eine Gefährdung ausgeht.[354] Ob und mit welchem Aufwand weitere Untersuchungen vorgenommen werden müssen, hängt allerdings von der jeweiligen Gefährlichkeit der vermuteten Bodenverunreinigung und der Schutzbedürftigkeit der beabsichtigten Nutzung ab.[355]

Was in der Abwägung zu berücksichtigen ist, hängt demnach entscheidend von den der Gemeinde zur Verfügung stehenden Erkenntnisquellen ab. Weitere Untersuchungen kommen nur dann in Betracht, wenn der begründete Verdacht besteht, daß schützenswerte Belange gefährdet werden. Die Einführung des Begriffs "UVP" in die Bauleitplanung hat mithin für sich genommen keine Verstärkung ökologischer Belange in der Abwägung bewirkt. Die Bauleitplanung benotigt zur Stärkung ökologischer Belange eine entsprechende Grundlagenerfassung und Planung. Hierin liegt der besondere Wert der Landschaftsplanung für die Bauleitplanung. Stich spricht in diesem Zusammenhang von der Landschaftsplanung als wichtige UVP-Teilleistung für die Bauleitplanung.[356]

2. Gewichtung der Belange und ihr Verhältnis untereinander

Ist das abwägungserhebliche Material zusammengetragen, stellt sich die Frage der Gewichtung einzelner Belange für sich und im Verhältnis zueinander. Es muß entschieden werden, welche Belange bevorzugt und welche dementsprechend zurückgesetzt werden.

---

353 Vgl. BGH, Urt. v. 26.1.1989, - III ZR 194/87 -, Z 106, 323; Urt. v. 21.12.1989 - III ZR 118/88 -, UPR 1990, 148
354 Vgl. BGH, Urt. v. 26.1.1989, - III ZR 194/87 -, Z 106, 323; Urt. v. 21.12.1989 - III ZR 118/88 -, UPR 1990, 148
355 Vgl. BGH, Urt. v. 26.1.1989, - III ZR 194/87 -, Z 106, 323; Henkel, UPR 1988, 367 (369)
356 Vgl. Stich, UPR 1989, 166 (167); Söfker, UPR 1989, 170 (173)

a) Gewichtungskriterien

Einigkeit besteht darüber, daß sich aus den Planungszielen und Planungsleitlinien kein Vorrang bestimmter Belange ableiten läßt.[357] Die normative Ordnung bindet die Gemeinden dabei nur insoweit, als sie einen Rahmen setzt, an dem sich die Abwägungsentscheidung orientieren muß. In dem so umrissenen Abwägungsspielraum kommt den Gemeinden ein planerisches Ermessen zu, innerhalb dessen sie zwischen Bevorzugung und Zurückstellung eines Belanges frei entscheiden können.[358]

Der Abwägungsspielraum der Gemeinden ist damit allerdings nicht beliebig[359], sondern wird bestimmt durch das Ausmaß der aktuellen Betroffenheit eines Belanges in der konkreten Planungssituation[360] sowie durch die dem jeweiligen Belang durch die Rechtsordnung zugewiesene objektive Bedeutung.[361]

Die Abwägung ist deshalb originär abhängig von der konkreten Planungssituation. Die sich daraus ergebenden Interessengewichtungen lassen sich allerdings nicht losgelöst von den durch die Rechtsordnung diesen Interessen zugewiesenen Wertigkeiten entscheiden. Die durch die Rechtsordnung vorgegebenen Planungsdirektiven [362] (Regeln und Prinzipien, Ver- und Gebote) bilden ein Raster, das das Abwägungsgebot in der jeweiligen städtebaulichen Situation konkretisiert.[363] Bereits aus den wertenden Vorgaben der Rechtsordnung ergeben sich deshalb allgemeine Gewichtungsmaßstäbe, deren Verkennen zu Abwägungsfehlern führt.[364]

Es gibt einige Ansätze, den Vorrang bestimmter Belange aus den normativen Vorgaben zu systematisieren.[365] Dabei wird zwischen absolutem und relativem Vorrang unterschieden.[366] Der absolute Vorrang wirkt danach unmittelbar auf das Planergebnis, indem der Ausgleich bestimmter Interessenkonstellationen bereits antizipiert wird und damit diesbezüglich gar keine Abwägung mehr stattfindet. Demgegenüber bewirkt ein relativer Vorrang lediglich die Steigerung des Gewichts eines Belangs.[367] Die mit zusätzlichem Gewicht ausgestatteten Belange bleiben aber in der Abwägung überwindbar.[368]

---

[357] Ebersbach, Rechtliche Aspekte des Landverbrauchs am ökologisch falschem Platz, S. 218; Krautzberger, in: Battis/Krautzberger/Löhr, § 1, Rn. 102; Müller, Umweltschutz in der Bauleitplanung, S. 27 ff.
[358] BVerwG Urt. v. 12.12.1969 - IV C 105/66 -, E 34, 301 (309); Urt. v. 5.7.1974 - IV C 50/72 -, E 45, 309 (312) und Urt. v. 14.2.1975 - IV C 21/74 -, E 48, 56 (64); Krautzberger, in: Battis/Krautzberger/Löhr, § 1 Rn. 88; Hoppe, Jura 1979, 133 (134); Hoppe, in: Ernst/Hoppe, ÖffBauBoR, Rn. 183; Weyreuther, ZfBR 1981, 33 (35 ff.); Söfker, in: Ernst/Zinkahn/Bielenberg, § 1 Rn. 187
[359] Weyreuther, UPR 1981, 33 (37); Müller, Umweltschutz in der Bauleitplanung, S. 33
[360] BVerwG Urt. v. 12.12.1969 - IV C 105/66 -; E 34, 301 (309); Urt. v. 12.7.1974 - IV C 50/72 -, E 45, 309 (325)
[361] Weyreuther, UPR 1981, 33 (37); Funke, DVBl 1987, 511 (516); Söfker, in: Ernst/Zinkahn/Bielenberg, § 1 Rn. 207 f.
[362] Zum Begriff: Pfeifer, Der Grundsatz der Konfliktbewältigung in der Bauleitplanung, S. 36
[363] Hoppe, Jura 1979, 133 (135)
[364] Weyreuther, UPR 1981, 33 (37); Funke, DVBl 1987, 511 (516)
[365] Weyreuther, UPR 1981, 33 (38); Funke, DVBl 1987, 511 (516)
[366] Weyreuther, UPR 1981, 33 (38); Funke, DVBl 1987, 511 (516); Hoppe, Jura 1979, 133 (135)
[367] Funke, DVBl 1987, 511 (516)
[368] Weyreuther, UPR 1981, 33 (38); Funke, DVBl 1987, 511 (516); Feldhaus, DÖV 1974, 613 (617)

Das BVerwG hat in einem eine Straßenplanung nach dem FStrG betreffenden Fall diese zweistufige Systematisierung normativer Vorrangordnung in der planerischen Abwägung aufgegriffen und diese mit dem Begriffspaar "Planungsleitsätze" und "Optimierungsgebote" versehen.[369]

Planungsleitsätze sind danach Vorschriften, die der Planaufsteller strikt zu beachten hat, die mithin der Abwägung entzogen sind. Sie enthalten damit eine normativ vorgegebene Lösung für typische Planungssituationen und die darin auftretenden typischen Konflikte. Das BVerwG nennt als Beispiel § 1 Abs. 3 S. 1 FStrG, der zwingend vorschreibt, daß Bundesautobahnen keine höhengleichen Kreuzungen haben dürfen. Planungsleitsätze wirken damit als Gebote oder als Verbote unmittelbar auf das Abwägungsergebnis. Sie begründen einen absoluten Vorrang.[370] Eine Abwägung findet insoweit erst gar nicht statt.

Demgegenüber sind Optimierungsgebote bloße Zielvorgaben, die in der Abwägung zurücktreten können, obwohl sie möglichst weitgehende Beachtung und Verwirklichung verlangen.[371] Sie wirken damit unmittelbar einschränkend auf die planerische Gestaltungsfreiheit.[372] Als Beispiel nennt das BVerwG § 1 BNatSchG, der einen ausdrücklichen Abwägungsvorbehalt gegenüber den sonstigen Anforderungen von Natur und Landschaft enthält (§ 1 Abs. 2 BNatSchG), das in § 50 BImSchG normativ positivierte Trennungsgebot.[373] Die Optimierungsgebote können als Vorschriften angesehen werden, die einen relativen Vorrang begründen.[374] Zum Teil wird allerdings differenziert. Optimierungsgebote seien final steuernde Orientierungspunkte im Hinblick auf das anzustrebende Ergebnis, während durch einen relativen Vorrang statisch die Bedeutung eines Belanges verstärkt werde.[375] Auf diese Unterscheidung kommt es allerdings nicht an, denn jede Verstärkung eines Belanges wirkt sich in der Abwägung dynamisch als Zielorientierung aus.[376]

Die Rechtsordnung sieht keinen generellen Vorrang der Belange des Naturschutzes und der Landschaftspflege, auch nicht in Hinblick auf das Problem der Bodenversiegelung vor. Die Vielfältigkeit der möglichen Abwägungssituationen verbietet eine diesbezüglich generalisierende Regelung i.S. eines Planungsleitsatzes. Auch die einen absoluten Vorrang begründenden Planungsleitsätze müssen dem Gebot der gerechten Abwägung entsprechen. Sie sind insoweit - wie die Abwägung selbst - dem Rechtsstaatsgebot unterworfen. Der Planungsleitsatz antizipiert ein Abwägungsergebnis für eine bestimmte typische Abwägungssituation. Es muß gewährleistet sein, daß er für alle in Frage kommenden Fallkonstellationen eine gerechte Abwägung sicherstellt. Ein absoluter Vorrang kann sich deshalb immer nur auf bestimmte Abwägungssituationen beziehen, die einer typisierenden Beurteilung zugänglich sind.[377]

Der Abwägungsspielraum kann dennoch durch andere verbindliche Regelungen, insbesondere durch wasser- und naturschutzrechtliche Verordnungen im Sinne eines absoluten Vorrangs beschränkt werden. Dies ist allerdings eine Frage der konkreten Planungssituation.

---

369 BVerwG, Urt. v. 22.3.1985 - 4 C 73/82 -, E 71, 163 - DVBl 1985, 899 (900)
370 BVerwG, Urt. v. 22.3.1985 - 4 C 73/82 -, E 71, 163 - DVBl 1985, 899 (899 f.)
371 BVerwG, Urt. v. 22.3.1985 - 4 C 73/82 -, E 71, 163 - DVBl 1985, 899 (900)
372 Funke, DVBl 1987, 511 (516); BVerwG, Urt. v. 22.3.1985 - 4 C 73/82 -, DVBl 1985, 899 (900)
373 BVerwG, Urt. v. 22.3.1985 - 4 C 73/82 -, E 71, 163 - DVBl 1985, 899 (900)
374 Erbguth/Püchel, NVwZ 1982, 649 (651); dies., NVwZ 1984, 209 (215)
375 Funke, DVBl 1987, 511 (516)
376 Vgl. Pfeifer, Landschaftsplanung und Bauleitplanung, S. 38
377 Vgl. Pfeifer, Landschaftsplanung und Bauleitplanung, S. 37; Blumenberg, DVBl 1989, 86 (93)

Andere Vorschriften wirken sich demgegenüber lediglich als gewichtsverstärkend aus und sind in der Abwägung grundsätzlich überwindbar. Für das Problem der Bodenversiegelung sind dies insbesondere

- die Bodenschutzklausel,
- § 19 Abs. 4 BauNVO,
- die naturschutzrechtliche Eingriffsregelung
- sowie formelle und informelle Fachplanungen.

b) Bodenschutzklausel - § 1 Abs. 5 S. 3 BauGB

Ein Teil des Schrifttums ist der Auffassung, die Bodenschutzklausel begründe weder einen gesetzlichen Vorrang [378] noch eine besondere Rechtfertigungspflicht.[379] Ausgangspunkt dieser Meinung ist, daß das Baugesetzbuch die Bodenschutzklausel nicht wie ursprünglich vorgesehen als "Ist-Vorschrift" gefaßt hat. Die Bodenschutzklausel ist aber auch in der jetzigen "Soll-Fassung" gegenüber den anderen in § 1 Abs. 5 S. 2 BauGB aufgeführten Belangen durch ihre gesonderte Stellung herausgehoben.[380]

Überwiegend wird die Bodenschutzklausel deshalb zu Recht als Optimierungsgebot verstanden.[381] Die Bodenschutzklausel verlangt danach eine "Berücksichtigung soweit wie möglich"; im Konflikt mit anderen Belangen kann sie teilweise zurücktreten.[382] Ein Zwang zur Ausschöpfung aller planungsrechtlichen Möglichkeiten ist danach nicht geboten.[383] Die Konkretisierung der sich hieraus ergebenden Anforderungen an die Abwägung bereitet allerdings Probleme. Diese bestehen insbesondere in der prinzipiellen Abwägungsüberwindbarkeit der mit einem Optimierungsgebot verstärkten Belange.[384] Welche Anforderungen an die Überwindung der Bodenschutzklausel gestellt werden müssen, bleibt unklar bzw. nur schwer nachvollziehbar.[385]

Es wird verlangt, daß es sich um begründete Fälle handelt.[386] Die Belange, welche die Bodenschutzklausel zurücktreten lassen, müssen ein besonderes, sich aus der Situation ergebendes Gewicht haben.[387] Es werden deshalb "besondere" Anforderungen an die Begrün-

---

378 Hierauf beschränken sich: Bröll/Dölker, Teil 7, Kap. 8.4, Rn. 3
379 Dieckmann, BauGB, § 1, Rn. 8; Grauvogel, in: Kohl.Kom., vor § 1, Rn. 19; Battis, NuR 1988, 57 (58); Peine, JZ 1987, 322 (323 f.)
380 Vgl. Pfeifer, Landschaftsplanung und Bauleitplanung, S. 39 f.
381 Schiwy, BauGB, § 1, Rn. 9; Bielenberg, in: Ernst/Zinkahn/Bielenberg, Vorb. vor. §§ 1 - 13, Rn. 1; Krautzberger, in: Battis/Krautzberger/Löhr, § 1, Rn. 19 u. 85; Söfker, in: Bielenberg/Krautzberger/Söfker, S. 335; Gaentzsch, Baugesetzbuch, S. 228; ders., in: Berliner Kommentar, § 1 Rn. 65; Stich, NuR 1988, 221; Gassner, NuR 1989, 120 (121); Cholewa, in: Cholewa/David/Dyong/v.d.Heide, § 1, Rn. 8; Grooterhorst, DVBl 1987, 654; Pfeifer, Der Grundsatz der Konfliktbewältigung in der Bauleitplanung, S. 37 f.; Kloepfer, Umweltrecht, S. 833 f.
382 Krautzberger, in: Battis/Krautzberger/Löhr, § 1, Rn. 85; Söfker, in: Bielenberg/Krautzberger/Söfker, S. 389 f.; ders. in: Ernst/Zinkahn/Bielenberg, BauGB, § 1 Rn. 174
383 Söfker, in: Bielenberg/Krautzberger/Söfker, S. 390
384 Weyreuther, UPR 1981, 33 (38)
385 Feldmann/Groth, Baugesetzbuch, S. 344
386 Söfker, in: Bielenberg/Krautzberger/Söfker, S. 335; ders. in: Ernst/Zinkahn/Bielenberg, BauGB, § 1 Rn. 174
387 Gaentzsch, in: Berliner Kommentar, § 1, Rn. 65

dung in solchen Fällen geknüpft.[388] Konkretisiert werden diese Anforderungen jedoch nicht.

Ein stärkeres Gewicht der Bodenschutzklausel versucht Funke damit zu begründen, daß er das darin enthaltene Gebot als Planungsleitsatz im Sinne der Rechtsprechung des BVerwG auslegt.[389] Zwar sei die Bodenschutzklausel nicht als "Muß - Vorschrift", sondern als "Soll - Vorschrift" gefaßt. Da aber "Soll - Vorschriften" grundsätzlich genauso verbindlich seien wie "Muß - Vorschriften" und hiervon nur abgewichen werden könne, wenn ein atypischer Fall vorliege und überwiegende Gründe für ein Abgehen von der Norm sprächen,[390] sei die Bodenschutzklausel im Regelfall ein Planungsleitsatz.[391]

Die systematische Zuordnung der "Soll-Vorschriften" als Planungsleitsätze erscheint allerdings weder dogmatisch noch von der Sache her gerechtfertigt, denn die als "Soll-Vorschriften" gefaßten Planungsdirektiven wirken - anders als die Planungsleitsätze im Sinne des BVerwG - lediglich modifizierend auf die Abwägung und schließen eine Abwägung nicht von vornherein aus.[392] Bei "Soll-Vorschriften" bleibt eine Ermessensentscheidung im Einzelfall möglich. Das Abwägungsergebnis ist deshalb nicht in jedem Fall zwingend vorgegeben.[393] Entsprechend der Terminologie des BVerwG ist die Bodenschutzklausel deshalb als Optimierungsgebot zu bezeichnen.

Der Hinweis auf die Wirkungsweise von "Soll-Vorschriften" kann aber zur Konkretisierung der als Optimierungsgebot ausgestalteten Bodenschutzklausel aufgegriffen werden.[394] Danach setzt sich eine "Soll-Vorschrift" im Regelfall durch. Nur in atypischen Ausnahmefällen kann davon abgewichen werden.[395] Ob der in dieser Form für exekutives und konditional programmiertes Verwaltungshandeln herausgestellte Grundsatz auf Planungsentscheidungen übertragbar ist, muß allerdings bezweifelt werden. Die Unterscheidung nach Regelfall und atypischem Fall setzt nämlich voraus, daß es gelingt, zwischen typischen und atypischen Planungssituationen zu unterscheiden.[396] Dies aber ist in Hinblick auf die Komplexität der alle raumbezogenen Interessen innerhalb des Plangebietes koordinierenden Bauleitplanung nicht zu leisten.

Eine von der jeweiligen Planungssituation losgelöste Konkretisierung des Verhältnisses der Bodenschutzklausel zu anderen Belangen in Hinblick auf ihr Gewicht in der Abwägung ist deshalb nicht möglich. Der Bodenschutzklausel ist aber zumindest die Direktive an die planaufstellenden Gemeinden zu entnehmen, das Zurückstellen des Bodenschutzes auf Einzelfälle zu beschränken. Hieraus läßt sich mit der überwiegenden Meinung im Schrifttum jedoch nicht mehr als die Pflicht zur umfassenden Begründung der Zurückstellung ableiten. Aus diesem Grund sind Zweifel berechtigt, daß die Bodenschutzklausel sich in Hin-

---

388 Söfker, in: Bielenberg/Krautzberger/Söfker, S. 335; Gaentzsch, in: Berliner Kommentar, § 1, Rn. 65; Grooterhorst, DVBl 1987, 654; Cholewa, in: Cholewa/David/Dyong/v.d.Heide, § 1, Rn. 8
389 Funke, DVBl 1987, 511 (515); zustimmend: Schroer, UVP in der Bauleitplanung, S. 201
390 Unter Hinweis auf BVerwG Urt. v. 15.12.1964 - VI C 9/62 -, E 20, 117 (118); Urt. v. 17.8.1978 - V C 33/77 -, E 56, 220 (223); Urt. v. 27.5.1981 - 8 C 51/79 -, E 62 230 (242)
391 Funke, DVBl 1987, 511 (515)
392 Pfeifer, Der Grundsatz der Konfliktbewältigung in der Bauleitplanung, S. 37 f.; Hoppenberg, NJW 1987, 748 (749)
393 Pfeifer, Landschaftsplanung und Bauleitplanung, S. 39
394 Söfker, in: Ernst/Zinkahn/Bielenberg, BauGB, § 1 Rn. 174
395 Vgl. BVerwG Urt. v. 15.12.1964 - VI C 9/62 -, E 20, 117 (118); Urt. v. 17.8.1978 - V C 33/77 -, E 56, 220 (223); Urt. v. 27.5.1981 - 8 C 51/79 -, E 62 230 (242)
396 Söfker, in: Ernst/Zinkahn/Bielenberg, BauGB, § 1 Rn. 175

blick auf die Kontrolldichte auswirkt und zur Aufhebung von Bebauungsplänen führen kann.[397]

Entscheidend wird deshalb sein, inwieweit die Anforderungen der Bodenschutzklausel im Einzelfall konkretisiert werden können. Insoweit muß wiederum auf die wichtige Funktion der für die Bodenversiegelung relevanten Fachplanungen, insbesondere der örtlichen Landschaftsplanung als Grundlage für die Bauleitplanung hingewiesen werden. Von ihr ist eine umfassende Erfassung und Bewertung der vorhandenen ökologischen Potentiale auf der zur Disposition stehenden Fläche und der prognostizierten Änderung zu erwarten. Allgemeine Erwägungen reichen als Planungsgrundlage nicht aus. Die Abwägung muß grundsätzlich individuell konkret sein auch in Hinblick auf die Anforderungen aus ökologischer Sicht.[398]

c) Obergrenze für die Bodenversiegelung auf Baugrundstücken - § 19 Abs. 4 BauNVO (90)

Das BVerwG hat die BauNVO wiederholt als sachverständige Konkretisierung der allgemeinen Planungsgrundsätze bezeichnet.[399] Die durch die BauNVO vorgegebenen Obergrenzen haben den Sinn, für den Regelfall städtebaulich vertretbare Bauleitpläne sicherzustellen.[400] Sie stellen damit qualitative Mindestanforderungen und eine sichere Orientierung für die gemeindliche Planungspraxis dar.[401] Soweit sich die planaufstellenden Gemeinden an den vorgegebenen Obergrenzen orientieren, können sie davon ausgehen, daß der jeweilige Bauleitplan städtebaulich gerechtfertigt und darüber hinaus im Sinne des Abwägungsgebotes gerecht abgewogen ist.[402] Den Regelungen der BauNVO kommt damit eine legitimierende Wirkung zu. Der Verordnungsgeber hat für den Regelfall diesbezüglich die Planrechtfertigung und Abwägung für die Gemeinden quasi antizipiert.

§ 19 Abs. 4 i.V.m § 17 BauNVO (90) kann insoweit als eine generalisierende Orientierungsregel für die Abwägung in Hinblick auf das Problem der Bodenversiegelung gelten. Die Ankoppelung an die GRZ-Festsetzung stellt sicher, daß der Bebauungsplan im Regelfall Festsetzungen zur Begrenzung des Versiegelungsgrads enthält. Er erleichtert den Gemeinden die Begründung, indem er ein Abwägungsergebnis vorschlägt. Die Gemeinden sind jedoch nicht gehindert, weitergehende und/oder differenziertere Festsetzungen des Versiegelungsgrads vorzunehmen. § 19 Abs. 4 BauNVO (90) wird sich deshalb vor allem dort als wichtiges Instrument des Bodenschutzes [403] auswirken, wo bislang die Belange des Naturschutzes und der Landschaftspflege aufgrund anderer kommunalpolitischer Prioritäten kaum eine Chance hatten, sich in der Abwägung mit wirtschaftlichen oder sozialpolitischen Belangen zu behaupten.

---

397 Feldmann/Groth, BauGB, S. 344; Peine, in: Forschungsstelle für Umwelt- und Technikrecht (Hrsg.), Jahrbuch des Umwelt- und Technikrechts 1987 (UTR 3), S. 201 (234); Schmidt-Aßmann, NVwZ 1987, 265 (272)
398 So ausdrücklich für Maßnahmen zur Begrenzung oder Verringerung der Bodenversiegelung Krautzberger, UPR 1989, 161 (162)
399 Siehe dazu etwa BVerwG, Urt. v. 16.3.1984 - 4 C 50/80 -, BauR 1984, 612; Urt. v. 23.4.1969 - 4 C 12/67 -, E 32, 31 (35 f.) = DVBl 1970, 69 mit weiteren Nachweisen
400 Vgl. Boeddinghaus/Dieckmann, BauNVO, § 17 Rn. 10
401 Vgl. zur Funktion der Maßfaktoren Bielenberg, BBauBl. 1964, 80 (82) und Bielenberg/Söfker, DVBl 1988, 987 (989)
402 Vgl. Stich, NuR 1988, 221 (223)
403 Söfker, UPR 1989, 170 (174)

Umgekehrt kann § 19 Abs. 4 BauNVO aber auch erschwerend auf den Nachweis der Erforderlichkeit wirken. Will die Gemeinde die Grenzen der Bodenversiegelung noch enger ziehen, als § 19 Abs. 4 BauNVO dies tut,[404] muß sie darlegen, warum sie von den für den Regelfall vorgesehenen Grenzen abweichen will.[405] Die Abweichung vom Regelfall muß aus den besonderen Umständen des Einzelfalls begründet sein. Insoweit könnte sich die Neuregelung des § 19 Abs. 4 BauNVO für die Gemeinden nachteilig auswirken, die bereits früher weitreichende ökologische Ziele verfolgten.

d) Naturschutzrechtliche Eingriffsregelung

Nicht ganz unumstritten ist, ob die Eingriffsregelung unmittelbar im Rahmen der Bauleitplanung anzuwenden ist.[406] Der Streit geht dabei um die Frage, ob die Bauleitpläne Fachpläne i.S.d. § 8 Abs. 4 BNatSchG sind.[407] Danach hat der Planungsträger bei einem Eingriff in Natur und Landschaft, der auf Grund eines nach öffentlichem Recht vorgesehenen Fachplanes vorgenommen werden soll, die zum Ausgleich des Eingriffs erforderlichen Maßnahmen des Naturschutzes und der Landschaftspflege im einzelnen im Fachplan oder in einem landschaftspflegerischen Begleitplan darzustellen. Die überwiegende Ansicht geht zu Recht davon aus, daß die Bauleitpläne keine Fachpläne sind und die Eingriffsregelung aus diesem Grunde keine Anwendung findet.[408]

"Fachplan" ist der Gegenbegriff zum Begriff "Gesamtplan". Fachplanungen verfolgen bestimmte fachliche Ziele, z.B. die Verwirklichung bestimmter raumbedeutsamer Vorhaben wie den Bau einer Autobahn, eines Flugplatzes oder einer Eisenbahntrasse.[409] Demgegenüber muß die Bauleitplanung der räumlichen Gesamtplanung zugeordnet werden, da sie nicht von vornherein auf bestimmte fachliche Ziele festgelegt ist, sondern die im konkreten Einzelfall konkurrierenden Ziele und Belange koordinieren und zu einem Ausgleich führen soll.[410] Die entgegenstehende Auffassung von Bielenberg,[411] die Bauleitplanung sei eine Fachplanung, kann deshalb in Hinblick auf den eingeschränkteren Regelungsgehalt allenfalls im Verhältnis zur überörtlichen Raumplanung (Raumordnung und Landesplanung) gel-

---

404 Abweichende Regelungen des Anrechnungsmodus für die aufgezählten Anlagen sind ausdrücklich zugelassen. Vgl. oben in diesem Kapitel zur Festsetzung der Grundfläche bzw. Grundflächenzahl
405 Vgl. Boeddinghaus/Dieckmann, BauNVO, § 17 Rn. 10
406 Pro: Kolodziejcok, in: Kolodziejcok/Recken, Kommentierung zum BNatSchG, § 8 Rn. 23; Carlsen, Die Gemeinde 1983, 149 (157). Contra: Gassner, UPR 1987, 249 (251); Gaentzsch, NuR 1986, 89 (97); Louis/Klatt, NuR 1987, 347 (349); Gierke, in: Kohlhammer, Kommentar zum BauGB, § 9 Rn. 323; Heiderich, in: Künkele/Heiderich, Naturschutzgesetz für Baden-Württemberg, § 10 Rn. 6
407 Vgl. Gaentzsch, NuR 1986, 89 (97)
408 Gassner, UPR 1987, 249 (251); Gaentzsch, NuR 1986, 89 (97); Louis/Klatt, NuR 1987, 347 (349); Gierke, in: Kohlhammer, Kommentar zum BauGB, § 9 Rn. 323; Heiderich, in: Künkele/Heiderich, Naturschutzgesetz für Baden-Württemberg, § 10 Rn. 6
409 Hoppe/Beckmann, Umweltschutzrecht, § 7 Rn. 47; Ernst, in: Ernst/Hoppe, ÖffBauBoR, Rn. 11; Schmidt-Aßmann, DÖV 1990, 169 (170 f.)
410 Hoppe/Beckmann, Umweltschutzrecht, § 7 Rn. 18; Battis, Öffentliches Baurecht, S. 25; Schlarmann, Das Verhältnis der privilegierten Fachplanung zur kommunalen Bauleitplanung, S. 7; Schmidt-Aßmann, Raumplanung, S. 127; Book, Bodenschutz durch räumliche Planung, S. 30; Kraft, Immissionsschutz in der Bauleitplanung, S. 62
411 Bielenberg, in: Ernst/Zinkahn/Bielenberg, BBauG, Einl. Anh. Rn. 55; so auch Kolodziejcok, in: Kolodziejcok/Recken, BNatSchG, § 8 Rn. 23

ten.[412] Im Gesamtsystem der räumlichen Planungen stellt sie demgegenüber eine Gesamtplanung dar. Schon der Wortlaut spricht deshalb gegen eine Anwendung der Eingriffsregelung im Rahmen der Bauleitplanung.

Gem. § 8 Abs. 4 BNatSchG wird zudem vorausgesetzt, daß der Eingriff "auf Grund" des Fachplans vorgenommen wird. Im Falle der Bauleitplanung wird der Eingriff, d.h. die konkrete bauliche Verwendung eines Grundstücks, jedoch erst auf Grund der Baugenehmigung vorgenommen.[413]

Anders als z.B. im Planfeststellungsverfahren, das bereits abschließend über die Zulässigkeit eines Vorhabens entscheidet,[414] setzt die Bauleitplanung nur einen Rahmen.[415] Bei der Flächennutzungsplanung fehlt schon die verbindliche Außenwirkung.[416] Der Flächennutzungsplan begründet aus sich heraus keine Baurechte, kann mithin nicht einmal Grundlage einer Baugenehmigung sein. Demgegenüber ist der Bebauungsplan zwar planungsrechtliche Grundlage der Baugenehmigung, er ist aber nur eine Angebotsplanung,[417] in deren Rahmen mehr oder weniger unterschiedliche Vorhaben realisiert werden können.[418] Ob ein Eingriff vorliegt und in welcher Weise er ausgeglichen werden kann, ergibt sich i.d.R. erst aus der sich aus dem Bauantrag ergebenden konkreten Objektplanung.[419] Das Bebauungsplanverfahren wäre mithin überfordert, wenn alle Eingriffsfolgen und mögliche Ausgleichsmaßnahmen zu berücksichtigen seien.[420] Dies gilt insbesondere in Hinblick auf das Gebot der planerischen Zurückhaltung.[421] Danach liegt es im gemeindlichen Planungsermessen, ob und in welchem Umfang die Lösung bestimmter Probleme dem Baugenehmigungsverfahren überlassen bleibt. Voraussetzung ist lediglich, daß diese im Genehmigungsverfahren noch zu bewältigen sind.

Die Eingriffsregelung ist deshalb im Rahmen der Bauleitplanung nicht unmittelbar anzuwenden, sondern nur im Rahmen der Abwägung als ein abwägungserheblicher Belang zu beachten.[422] Das BVerwG hat in mittlerweile gefestigter Rechtsprechung [423] das für die

---

412 Hoppe/Beckmann, Umweltschutzrecht, § 7 Rn. 18
413 Louis/Klatt, NuR 1987, 347 (349)
414 Louis/Klatt, NuR 1987, 347 (349)
415 Vgl. BVerwG, Beschl. v. 6.3.1989 - 4 NB 8/89 -, UPR 1989, 307. Für den Fall, daß ein Bebauungsplan ein Einzelvorhaben zum Gegenstand hat oder allein aus Verfahrensrechtlichen Gründen im Wege der Bebauungsplanung auf den Weg z.B. nach § 17 Abs. 3 FStrG gebracht wird, soll deshalb nach Heiderich die Eingriffsregelung anzuwenden sein. Vgl. Heiderich, in: Künkele/Heiderich, Naturschutzgesetz für Baden-Württemberg, § 10 Rn. 6; a.A. Gierke, in: Brügelmann, Kommentar zum BauGB, § 9 Rn. 323
416 Hoppe, in: Ernst/Hoppe, ÖffBauBoR, Rn. 240; Rothe, Bauleitplanung, Rn. 412
417 Gaentzsch, NuR 1986, 89 (97)
418 Gaentzsch, NuR 1986, 89 (97); Louis/Klatt, NuR 1987, 347 (349); Gierke, in: Brügelmann, Kommentar zum BauGB, § 9 Rn. 323
419 Gierke, in: Brügelmann, Kommentar zum BauGB, § 9 Rn. 323; Gaentzsch, NuR 1986, 89 (97);
420 Vgl. BVerwG, Beschl. v. 17.2.1984 - 4 B 191/83 -, E 69, 30 (33) = DVBl 1984, 343. Das BVerwG führt in der Entscheidung zum Berliner Kraftwerk Reuter aus, daß ein zu starke Verfeinerung der planerischen Aussagen das Planverfahren übermäßig belasten könne, ggf. soweit, daß die Aufstellung eines Bebauungsplans scheitern müßte.
421 Vgl. BVerwG, Urt. v. 5.8.1983 - 4 C 96/79 -, E 67, 334 = DVBl 1984, 143 f.; Beschl. v. 6.3.1989 - 4 NB 8/89, UPR 1989, 307 f.; Beschl. v. 13.7.1989 - 4 B 140/88 - UPR 1989, 438
422 Gaentzsch, NuR 1986, 89 (97); Louis/Klatt, NuR 1987, 347 (349); Gierke, in: Brügelmann, Kommentar zum BauGB, § 9 Rn. 323; Louis, UPR 1990, 208 (209); OVG Lbg., Beschl. v. 6.10.1988 - 1 B 115/88 -, NuR 1989, 443 (444)

Planfeststellung nach dem FStrG entwickelte Konfliktbewältigungsgebot auf die Bauleitplanung ausgedehnt und insoweit konkretisiert, als der Bebauungsplan solche Konflikte unbewältigt lassen kann, die in einem nachgeschalteten Genehmigungsverfahren noch einer Lösung zugeführt werden können.[424]

Soweit der Bebauungsplan Eingriffe i.S.d. Eingriffsregelung ermöglicht, löst er Konflikte mit den Zielen des Naturschutzes und der Landschaftspflege aus. Dies wird immer dann der Fall sein, wenn bisher nicht baulich genutzte und unversiegelte Flächen als Bauland ausgewiesen werden. Die Beeinträchtigung von Naturhaushalt und Landschaftsbild i.S.d. Eingriffsregelung durch die im Bebauungsplan vorgesehene Bebauung ist deshalb ein abwägungserheblicher Belang.[425]

Das Instrumentarium zur Bewältigung dieser Konflikte ist durch das abgestufte Rechtsfolgesystem der Eingriffsregelung vorgezeichnet (vgl. hierzu Kap. 18). Soweit die Anwendung der Eingriffsregelung im Genehmigungsverfahren nicht ausgeschlossen ist, kann die abschließende Konfliktbewältigung im Rahmen planerischer Zurückhaltung dem Genehmigunsverfahren vorbehalten bleiben. Die planaufstellende Gemeinde hat aber dafür Sorge zu tragen, daß die Anwendung der Eingriffsregelung auch möglich bleibt und für bestimmte Vorhaben durchgesetzt werden kann.[426] Mit der Ausweisung als Bauland ist die Entscheidung über das "Ob" bereits getroffen. Im Genehmigungsverfahren geht es nur noch um die konkrete Art der Ausführung des Vorhabens. Deshalb ist bereits im Bebauungsplan bei vorhersehbaren möglichen Eingriffen durch geeignete Festsetzungen Vorsorge zu treffen, daß Ausgleichsmaßnahmen angeordnet und durchgeführt werden können.[427] Ein Bebauungsplan, der notwendige Ausgleichs- oder Ersatzmaßnahmen unberücksichtigt läßt, wäre rechtswidrig.

Aus diesem Grunde kann es insbesondere erforderlich sein, im Bebauungsplan durch Festsetzungen gem. § 9 Abs. 1 Nr. 20 2. Alt. BauGB Flächen für entsprechende Maßnahmen, ggf. unter Ausweitung des Plangebietes zu sichern.[428] Ausgleichsflächen können aber auch außerhalb des Plangebietes liegen und alleiniger Gegenstand eines gesonderten Bebauungsplans sein.[429] Hier kommt es immer auf die konkreten Umstände des Einzelfalls an.

---

423 BVerwG, Beschl. v. 17.2.1984 - 4 B 191/83 -, E 69, 30 = DVBl 1984, 343; Urt. v. 5.8.1983 - 4 C 96/79 -, E 67, 334 = DVBl 1984, 143 f.; Beschl. v. 13.7.1989 - 4 B 140/88 - UPR 1989, 438; Beschl. v. 6.3.1989 - 4 NB 8/89, UPR 1989, 307 f.; Beschl. v. 13.7.1989 - 4 B 140/88 - UPR 1989, 438; Beschl. v. 28.8.1987 - 4 N 1/86 -, DVBl 1987, 1273 (1275); Urt. v. 11.3.1988 - 4 C 56/84 -, UPR 1988, 268

424 Vgl. Weyreuther, BauR 1975, 1 (5); Gierke, DVBl. 1984, 149 (152); Hoppe, in: Ernst/Hoppe, Öff-BauBoR, Rn. 302; Krautzberger, in: Battis/Krautzberger/Löhr, BauGB, § 1 Rn. 115; Sendler, WiVerw. 1985, 211 (212); Pfeifer, Der Grundsatz der Konfliktbewältigung in der Bauleitplanung, S. 11 f.; Hoppe/Beckmann, NuR 1988, 6 ff.

425 Gaentzsch, NuR 1986, 89 (97); Louis/Klatt, NuR 1987, 347 (349); Gierke, in: Brügelmann, Kommentar zum BauGB, § 9 Rn. 323

426 Gaentzsch, NuR 1986, 89 (97); Louis, UPR 1990, 208 (209); OVG Lbg., Beschl. v. 6.10.1988 - 1 B 115/88 -, NuR 1989, 443 (444); Dürr, UPR 1991, 81 (83); Battis, NuR 1988, 58; Ehrlein, VBlBW 1990, 121

427 Gaentzsch, NuR 1986, 89 (98); ders., in: Berliner Kommentar, BauGB, § 9 Rn. 337; Gassner, UPR 1987, 249 (251)

428 Gaentzsch, NuR 1986, 89 (97 f.); Gierke, in: Brügelmann, Kommentar zum BauGB, § 9 Rn. 323

429 BVerwG, Beschl. v.27.7.1990, - 4 B 156/89 -, ZfBR 1990, 302 (303)

In Nordrhein-Westfalen und Schleswig-Holstein ist eine Besonderheit zu beachten. Dort sind Bauvorhaben auf Grund eines Bebauungsplans von der Anwendung der Eingriffsregelung ausdrücklich ganz bzw. teilweise ausgenommen (vgl. Kapitel 18). Die Bewältigung der Eingriffsfolgen kann deshalb dort nicht dem Genehmigungsverfahren überlassen bleiben, sondern ist abschließend im Bebauungsplan zu regeln.

Die naturschutzrechtliche Eingriffsregelung ist mithin bei der Abwägung zu berücksichtigen, weil sie Ausgleichs- und Ersatzmaßnahmen bei der Umsetzung des Planes erforderlich machen kann. Soll nach Maßgabe des Bebauungsplans eine bislang nicht versiegelte Fläche durch Bebauung oder in anderer Weise versiegelt werden, muß bei der Aufstellung des Bebauungsplans bedacht werden, ob und auf welche Weise dieser Eingriff kompensiert werden kann. Erforderlich ist deshalb, das Abwägungsmaterial so weit zu fassen, daß eine Beurteilung der voraussichtlichen Einwirkungen auf den Naturhaushalt und das Landschaftsbild durch die möglichen baulichen Vorhaben möglich ist. Ist das Abwägungsmaterial insoweit z.B. in Ermangelung eines Landschaftsplans oder anderer Planungen oder Kataster unvollständig, sind Abwägungsfehler programmiert, weil die Auswirkungen des Vorhabens nicht in der gebotenen Weise berücksichtigt werden können. Von den Gemeinden wird in diesen Fällen zu verlangen sein, daß sie durch geeignete Fachgutachten die erforderlichen Grundlagen beschaffen.

e) Wasserrechtliche Grundsätze

§ 1 a WHG ist programmatische Leitnorm für die gesamte wasserwirtschaftliche Ordnung.[430]

Die Gewässer sind als Bestandteil des Naturhaushalts gem. § 1 a Abs. 1 WHG so zu bewirtschaften, daß sie dem Wohl der Allgemeinheit und im Einklang mit ihm auch dem Nutzen einzelner dienen und daß jede vermeidbare Beeinträchtigung unterbleibt. Hervorgehoben ist damit die Tatsache, daß der Wasserhaushalt Bestandteil des Naturhaushalts ist und mit diesem in vielfältigen Wechselbeziehungen ein komplexes Ökosystem bildet.[431] Damit wird deutlich, daß der Wasserhaushalt insbesondere auch unter Beachtung der Auswirkungen auf den Naturhaushalt bewirtschaftet werden soll.[432] Die Bewirtschaftung des Wasserhaushalts umfaßt deshalb den Zustand und die Veränderungen aller dem WHG unterworfenen Gewässer. Dabei sind neben dem qualitativen Aspekt der Gewässerreinhaltung auch quantitative Aspekte zu beachten. Aus diesem Grund sind auch die Folgen von Bodenversiegelung als Ursache für sinkende Grundwasserstände und zu schnellen Hochwasserabfluß wichtige, das Wohl der Allgemeinheit betreffende Gesichtspunkte.[433] Der Bewirt-

---

430 Vgl. Breuer, Wasserrecht, S. 52 Rn. 68
431 Vgl. Thurn, Schutz natürlicher Gewässerfunktionen durch räumliche Planung, S. 88; Sander, NuR 1986, 317; Gieseke/Wiedemann/Czychowski, WHG, § 1 a Rn. 2 u. 4; Knopp/Manner, WHG, § 1 a Rn. 1
432 Der durch das BVerwG (Urt. v. 10.2.1978 - 4 C 25/75 -, E 55, 220 (226 f.) ausgelöste Meinungsstreit, ob auch nicht wasserwirtschaftliche Belange unter den Begriff "Wohl der Allgemeinheit" i.S.d. Vorschrift zu subsumieren sind, wirkt sich insoweit nicht aus. Entgegen der bis dahin h.M. vertrat das BVerwG die Ansicht, daß die Beeinträchtigung des Wohls der Allgemeinheit allein nach den im Wasserrecht vorgesehenen Maßstäben zu beurteilen sei. Vgl. zum Meinungsstand Thurn, Schutz natürlicher Gewässerfunktionen durch räumliche Planung, S. 75 ff. und im Ergebnis insb. S. 88
433 Book, Bodenschutz durch räumliche Planung, S. 147

schaftungsgrundsatz des § 1 a Abs. 1 WHG läßt sich deshalb dahin konkretisieren, daß ein Absinken der Grundwasserstände und eine Beschleunigung des Hochwasserabflusses verhindert werden sollen. Dies muß die Bauleitplanung bei der Entscheidung über den zulässigen Grad der Versiegelung berücksichtigen.

§ 1 a Abs. 1 WHG richtet sich zwar vor allem an die wasserrechtlichen Erlaubnis- und Bewilligungsbehörden. Doch er wendet sich darüber hinaus auch an alle weiteren Behörden und sonstigen öffentlichen Stellen, soweit sie wasserwirtschaftliche Vorschriften anzuwenden haben.[434] Hierzu zählen auch die Gemeinden, da sie im Rahmen der Bauleitplanung und/oder als Träger der Abwasserbeseitigungslast die Belange der Abwasserbeseitigung zu berücksichtigen bzw. zu verfolgen haben.

Der in § 1 a Abs. 2 WHG enthaltene Sorgfaltsgrundsatz richtet sich demgegenüber an jedermann.[435] Er ist damit jedoch keine Eingriffsgrundlage, sondern soll dort wasserrechtliche Grundsätze zur Geltung bringen, wo keine wasserrechtlichen Tatbestände vorliegen.[436] Die Sorgfaltspflicht enthält ein Verunreinigungsverbot und ein Sparsamkeitsgebot. Bei Maßnahmen, mit denen Einwirkungen auf Gewässer verbunden sind, ist die nach den Umständen erforderliche Sorgfalt anzuwenden, um eine Verunreinigung des Wassers oder eine sonstige nachteilige Veränderung seiner Eigenschaften zu verhüten und um eine mit Rücksicht auf den Wasserhaushalt gebotene sparsame Verwendung des Wassers zu erzielen. Der Gesetzgeber hat damit den Schutz des Wasserhaushalts lediglich in Hinblick auf Verunreinigungen und Entnahme zum Ausdruck gebracht. § 1 a Abs. 2 WHG läßt außer acht, daß der Wasserhaushalt auch durch Versiegelung in erheblichem Umfang beeinträchtigt werden kann.

Eine deutlichere Hervorhebung besteht in Baden-Württemberg (vgl. die in Tab. 46 abgedruckte Vorschrift). § 3 a Abs. 3 BWWG bezweckt mit den Belangen Grundwasserneubildung und Hochwasserschutz, die nachteiligen Auswirkungen von Bodenversiegelung auf die Wasserwirtschaft und den Wasserhaushalt verstärkt zu berücksichtigen.[437] Erfaßt werden sollen die Auswirkungen aller Veränderungen der Erdoberfläche auf Grundwasserneubildung und Hochwasserabfluß. Das Berücksichtigungsgebot beinhaltet deshalb auch eine Prüfpflicht. Für die Bauleitplanung werden die Belange der Wasserwirtschaft auf diese Weise konkretisiert.[438] Es wird deutlich gemacht, daß die Belange der Wasserwirtschaft auch insoweit berührt sind, als die Versiegelung von Flächen Einfluß auf die Grundwasserneubildung und den Hochwasserabfluß hat. Ein Vorrang wird damit nicht begründet.[439] Die Konkretisierung verlangt allerdings von den Gemeinden, daß sie an der Beachtung der bezeichneten Auswirkungen nicht vorbeikommt.

---

[434] Vgl. Breuer, Wasserrecht, S. 53 Rn. 69; Gieseke/Wiedemann/Czychowski, WHG, § 1 a Rn. 4
[435] Vgl. Knopp/Manner, WHG, § 1 a Rn. 3
[436] Vgl. Breuer, Wasserrecht, S. 54 Rn. 72
[437] Vgl. Kibele, VBlBW 1988, 321 (324)
[438] Vgl. Kibele, VBlBW 1988, 321 (325)
[439] Vgl. Kibele, VBlBW 1988, 321 (325)

> **§ 3 a BWWG**
>
> (1) Jedermann ist verpflichtet, mit Wasser haushälterisch umzugehen. Wassersparende Verfahren sind anzuwenden, soweit dies insbesondere wegen der benötigten Wassermenge mit Rücksicht auf den Wasserhaushalt zumutbar ist.
> (2) Der Wasserabfluß darf nur aus wichtigem Grund, insbesondere zum Schutz vor Hochwasser, beschleunigt werden.
> (3) Bei der Planung und Ausführung von Baumaßnahmen und anderen Veränderungen der Erdoberfläche sind die Belange der Grundwasserneubildung und des Hochwasserschutzes zu berücksichtigen.

(Tab. 46)

Die baden-württembergische Regelung hat bislang noch keine Nachahmung gefunden. Die Einführung einer entsprechenden Regelung im WHG oder zumindest in den LWG könnte die Beachtung der Auswirkungen der Bodenversiegelung auch in wasserwirtschaftlicher Hinsicht in der bauplanungsrechtlichen Abwägung verbessern.

f) Naturschutz- und wasserrechtliche Verordnungen bzw. Satzungen

Eine ausdrückliche Regelung des Verhältnisses naturschutzrechtlicher Regelungen zu denen der Bauleitplanung besteht nach dem § 5 Abs. 6 BBauG (1960) nicht mehr.[440] Das Verhältnis regelt sich deshalb nach allgemeinen Rechtsgrundsätzen. Danach sind die Gemeinden grundsätzlich an solche Rechtsvorschriften gebunden, die nicht in ihrer eigenen Rechtssetzungsbefugnis stehen. Diese stellen zwingendes höherrangiges Recht dar.

Die Verordnungen zum naturschutzrechtlichen Flächen- und Objektschutz nach den einschlägigen landesrechtlichen Vorschriften stellen deshalb in allen Ländern - mit Ausnahme der Stadtstaaten - für die Bauleitplanung verbindliche Vorgaben dar.[441] Sie sind zwingendes Recht, das der Abwägung in der Bauleitplanung nicht mehr unterstellt wird. Ein Bebauungsplan im Geltungsbereich einer naturschutzrechtlichen Verordnung ist nur zulässig, wenn er den Regelungen der Verordnung nicht widerspricht.[442] Ggf. kann deshalb eine förmliche Änderung der naturschutzrechtlichen Verordnung in dem dafür vorgesehenen Verfahren erforderlich sein.[443] Gleiches gilt für Wasserschutzgebietsverordnungen.

---

440 Vgl. hierzu Söfker, in: Ernst/Zinkahn/Bielenberg, § 1 Rn. 287; Dürr, UPR 1991, 81 (81 f.)
441 Vgl. Louis, UPR 1990, 208; Söfker, in: Ernst/Zinkahn/Bielenberg, § 1 Rn. 287
442 Vgl. BVerwG, Beschl. v. 18.12.1987, - 4 NB 1/87 -, DVBl 1988, 499; Beschl. v. 28.11.1988, - 4 B 212/88 -, ZfBR 1989, 77 = NVwZ 1989, 662; VGH BW, Urt. v. 9.5.1985, - 5 S 3205/84 -, ZfBR 1985, 243
443 Das BVerwG hat hierzu ausgeführt: "Es ist Sache des Verordnungsgebers zu entscheiden, ob er den bestehenden Landschaftsschutz mit Rücksicht auf die gegenläufigen Planungsabsichten der Gemeinde aufheben soll. Bei der Aufhebung einer LandschaftsschutzVO aus Anlaß anderweitiger Nutzungsanforderungen an das Gelände hat die Naturschutzbehörde abwägend zu prüfen, ob eine - teiweise - Preisgabe der gesetzlichen Schutzgüter mit den Zielen des BNatSchG und der entsprechenden landesrechtlichen Regelung vereinbar und unter Beachtung des Grundsatzes der Verhältnismäßigkeit gerechtfertigt ist. Dabei sind die Nutzungsinteressen, denen der Landschaftsschutz weichen soll, nach ihrer Schutzwürdigkeit und ihrem Gewicht zu bewerten." Vgl. BVerwG, Beschl. v. 18.12.1987, - 4 NB 1/87 -, DVBl 1988, 499

In den Stadtstaaten kann demgegenüber aus der Normenhierachie kein Vorrang der naturschutzrechtlichen Vorschriften abgeleitet werden, da auch die Bebauungspläne in der Rechtsform eines Gesetzes oder einer Verordnung ergehen. Hier gilt, soweit eine spezielle Kollisionsregel fehlt, der Grundsatz, daß die spätere Regel die frühere verdrängt.[444] Die Unterschutzstellung kann insoweit grundsätzlich nochmals in der Abwägung überprüft werden. Ihr Gewicht ist dabei aufgrund der schon nach dem Naturschutzrecht erfolgten Abwägung bereits verstärkt.

Gleiches gilt auch für die Unterschutzstellung von Landschaftsbestandteilen, insbesondere für Baumschutzsatzungen, soweit die Rechtssetzungsbefugnis an die Gemeinden übertragen wurde.[445] Naturschutzrechtliche Satzungen sind gegenüber dem Bebauungsplan nicht übergeordnet, sondern gleichwertig. Sie können deshalb im Bebauungsplan modifiziert oder faktisch außer Kraft gesetzt werden.[446]

g) Formelle und informelle Fachplanungen, Programme, Datenkataster

Soweit Planungen nicht als verbindliche Rechtsvorschriften beschlossen werden, sind sie jedenfalls in der Abwägung zu berücksichtigen. Dies gilt für formelle, d.h. gesetzlich vorgeschriebene Pläne und für informelle Planungen gleichermaßen.[447] Für das Problem der Bodenversiegelung sind insbesondere folgende Fachpläne (-programme) von Bedeutung:

- Landschafts- und Grünordnungsplan,
- Planungen der Wasserwirtschaft,
- Entsiegelungsprogramme.

Dem Landschafts- und Grünordnungsplan als gesetzlich vorgesehene Planwerke für den besiedelten Bereich kommt eine besondere Rolle zu. Sie ist vom Gesetzgeber neben anderen Funktionen auch als Grundlagenplanung zur Bauleitplanung konzipiert. Sie soll eine umfassende medienübergreifende Erfassung und Bewertung der vorhandenen Landschaftspotentiale leisten. Im Rahmen einer Risiko- und Wirkungsanalyse sollen die voraussichtlichen Auswirkungen der geplanten Nutzungen prognostiziert und bewertet werden. Die sich hieraus ergebenden Grundlagen sollen in eine Konzeption münden, die die bauplanerische Abwägung zwar nicht bindet, aber den Abwägungsprozeß vorstrukturiert. Verbindlich ist das Ergebnis der Landschaftsplanung nur insoweit, als es eine sachverständige Bewertung und Koordinierung der Belange des Naturschutzes und der Landschaftspflege darstellt. Die Landschaftsplanung ist aber als auf ökologische Ziele ausgerichtete Fachplanung nicht in gleicher Weise wie die Bauleitplanung zur Koordinierung aller Anforderungen an den Raum geeignet. Die Ergebnisse des Landschaftsplans können deshalb aus dort nicht oder nur unzureichend berücksichtigten Gründen zurückgestellt werden. Auf die weiteren Einzelheiten der Ausgestaltung der örtlichen Landschaftsplanung de lege lata und de lege ferenda wird gesondert eingegangen.[448]

---

444 Vgl. BVerwG, Beschl. v. 24.10.1990, - 4 NB 29/90 -, UPR 1991, 111 f. unter Hinweis auf BVerfG E 36, 342 (363)
445 Vgl. zu den entsprechenden Regelungen in Niedersachsen, Nordrhein-Westfalen, Rheinland-Pfalz und Schleswig-Holstein unten Kapitel 10
446 Vgl. Louis, UPR 1990, 208, Batholomäi, UPR 1988, 214 (217)
447 Vgl. auch Söfker, in: Ernst/Zinkahn/Bielenberg, § 1 Rn. 230 ff.
448 Vgl. oben Kap. 8 und Kap. 21.

Unter den wasserwirtschaftlichen Plänen kann der Grundwasserbewirtschaftsplan von besonderer Bedeutung sein. Er ist ein Sonderfall des in § 36 b WHG lediglich für Oberflächengewässer vorgesehenen Bewirtschaftsplans.[449] Er kann die Funktionen des Grundwassers für den Naturhaushalt und bestimmte qualitative und quantitative Gütemerkmale darstellen, wobei die Erfassung des Grundwasserpegels ein wichtiges Kriterium sein wird.[450] Auch wenn die Umsetzung gem. § 36 b Abs. 5 WHG mit wasserrechtlichem Instrumentarium erfolgen soll, können die Darstellungen des Plans auch für die Bauleitplanung als informelle Plangrundlage Bedeutung haben. Sie konkretisieren die aus wasserwirtschaftlicher Sicht zu beachtenden Belange.

Auch die anderen Fachplanungen sind in der Abwägung mit dem Gewicht sachverständiger Konkretisierungen von Teilaspekten zu berücksichtigen.[451] Umweltkataster und Umweltdatenbanken sind ebenfalls als verfügbares Abwägungsmaterial für die Zusammenstellung des Abwägungsmaterials wichtig.

IV. Kollision mit bestehenden Nutzungsrechten

Grundsätzlich können die genannten Festsetzungen eines Bebauungsplans auch die bisher zulässige Nutzung eines Grundstücks beschränken oder aufheben, soweit dies nach Maßgabe des Abwägungsgebots gerechtfertigt ist. Um den von der Bebauungsplanung Betroffenen nicht unbillg zu belasten, enthält das BauGB Bestimmungen über den Ausgleich von durch die Bauleitplanung verursachten Vermögensnachteilen. Die sich hieraus ableitenden finanziellen Folgelasten der Bebauungsplanung haben auf den Handlungsrahmen der verbindlichen Bauleitplanung in Anbetracht der desolaten Situation der kommunalen Haushalte einen erheblichen Einfluß.

Gem. § 42 Abs. 2 BauGB gilt der Grundsatz, daß die Beschränkung oder Aufhebung der zulässigen Nutzung eines Grundstücks entschädigungspflichtig ist. Die Höhe der Entschädigung bestimmt sich nach dem Unterschied zwischen dem Wert des Grundstücks aufgrund der zulässigen Nutzung und seinem Wert, der sich infolge der Aufhebung oder Änderung ergibt. Der Maßstab gilt unabhängig davon, ob die Nutzung zum Zeitpunkt der Umplanung bereits ausgeübt ist, allerdings unter der Maßgabe einer Plangewährleistungspflicht von sieben Jahren.

Werden Flächen mit öffentlicher Zweckbestimmung festgesetzt, gilt der besondere Entschädigungstatbestand des § 40 BauGB.[452] Danach ist der Grundstückseigentümer, soweit ihm ein Vermögensnachteil entsteht, zu entschädigen, wenn der Bebauungsplan z.B. Festsetzungen nach § 9 Abs. 14, 15, 16 oder 20 2. Alt. BauGB enthält. Zu beachten ist aber, daß z.B. die Festsetzung von Flächen zum Schutz, zur Pflege und zur Entwicklung von Natur und Landschaft nicht zwingend die Privatnützigkeit des Grundstücks aufheben, z.B. wenn sie nur einen Teilbereich des Grundstücks betreffen und/oder als erforderlicher Ausgleich

---

449 Im Schrifttum wird allerdings darauf hingewiesen, daß Bewirtschaftungspläne in der Praxis bislang kaum aufgestellt wurden. Vgl. Book, Bodenschutz durch räumliche Planung, S. 151; Thurn, Schutz natürlicher Wasserfunktionen durch räumlich Planung, S. 148
450 Vgl. Thurn, Schutz natürlicher Wasserfunktionen durch räumlich Planung, S. 148
451 Vgl. auch Söfker, in: Ernst/Zinkahn/Bielenberg, § 1 Rn. 230 ff.
452 Lediglich die in § 40 Abs. 1 Nr. 2 BauGB aufgeführten Nutzung als Fläche für Personengruppen mit besonderem Wohnbedarf ist privatnützig und fällt insoweit aus dem Rahmen. Vgl. Gaentzsch, in: Berliner Kommentar, § 40 Rn. 2

für bauliche Eingriffe in den Naturhaushalt die bauliche Nutzung erst ermöglichen.[453] Auch kann die Festsetzung einer Fläche für eine Versickerungsanlage ggf. gezielt privatnützig sein. Gem. § 40 Abs. 1 S. 2 BauGB sind in diesen Fällen die Entschädigungsansprüche ausgeschlossen, da die Festsetzungen oder ihre Durchführung dem Interesse oder der Erfüllung einer Rechtspflicht des Eigentümers, nämlich der naturschutzrechtlichen Ausgleichspflicht, dienen.[454] Diese Einschränkung gilt nicht für die Festsetzung einer Grünfläche.

Die Last der Entschädigung trifft gem. § 44 Abs. 1 S. 1 BauGB den Begünstigten, wenn er mit den Festsetzungen zu seinen Gunsten einverstanden ist. Sie kann gem. § 44 Abs. 2 S. 2 BauGB den Eigentümer treffen, soweit er durch die Festsetzung eigene Aufwendungen zur Erfüllung einer Rechtspflicht, z.B. der naturschutzrechtlichen Ausgleichspflicht erspart.[455]

Festgesetzte Maßnahmen zum Schutz, zur Pflege und zur Entwicklung von Natur und Landschaft lösen nach den Bestimmungen des BauGB anders als die Flächenfestsetzungen keine Entschädigungspflicht aus.[456] Soweit sie aber den Aufwand, der üblicherweise von dem Grundstückseigentümer zu erwarten ist, nicht nur unerheblich überschreiten, entstehen Entschädigungspflichten nach Maßgabe der naturschutzrechtlichen Entschädigungstatbestände. Für die Festsetzung nach § 9 Abs. 1 Nr. 25 BauGB wurde demgegenüber in § 41 Abs. 2 BauGB eine besondere Entschädigungsregelung geschaffen. Danach entsteht eine Entschädigungspflicht nur, wenn entweder besondere Aufwendungen notwendig sind, die über das bei ordnungsgemäßer Bewirtschaftung erforderliche Maß hinausgehen, oder eine wesentliche Wertminderung des Grundstücks eintritt. Auf den hierdurch abgesteckten Rahmen wird an anderer Stelle eingegangen (vgl. hierzu die Ausführung zum Pflanzgebot in Kapitel 19).

Für Nutzungsbeschränkungen kann gem. § 42 Abs. 1 BauGB Entschädigung in Geld verlangt werden. Bei Aufhebung der Privatnützigkeit eines Grundstücks besteht nach Maßgabe des § 40 Abs. 3 BauGB allerdings nur ein Anspruch auf Übernahme des Grundstücks, wenn mit Rücksicht auf die Festsetzungen des Bebauungsplans oder seiner Durchführung dem Eigentümer nicht mehr zugemutet werden kann, das Grundstück zu behalten oder in der bisherigen oder einer anderen zulässigen Art zu nutzen. Gleiches gilt, wenn § 32 BauGB einem ansonsten zulässigen Vorhaben im Wege steht. Die Höhe der Übernahmeentschädigung bestimmt sich nach den Vorschriften über die Enteignung.

Die dadurch begründete weitreichende Entschädigungspflicht wird jedoch durch die Einführung einer siebenjährigen Plangewährleistungsfrist gem. § 42 Abs. 2 und 3 BauGB erheblich relativiert. Danach besteht eine Entschädigungspflicht allein hinsichtlich der ausgeübten Nutzung, wenn die zulässige Nutzung eines Grundstücks nach Ablauf der Plangewährleistungsfrist "also nach sieben Jahren" aufgehoben oder geändert wird. Wird das Baurecht nicht innerhalb von sieben Jahren ausgenutzt, unterliegt es somit dem Vorbehalt einer entschädigungslosen Planänderung. Diese Restriktion der Entschädigungsansprüche gilt gem. § 43 Abs. 3 BauGB auch bei Entziehung der Privatnützigkeit nach § 40 BauGB.

---

453 Vgl. Stich/Porger/Steinebach/Jakob, Berücksichtigung stadtökologischer Forderungen in der Bebauungsplanung nach dem BauGB, S. 99 unter Hinweis auf das Beispiel einer privaten Grünfläche
454 Vgl. Stich/Porger/Steinebach/Jakob, Berücksichtigung stadtökologischer Forderungen in der Bebauungsplanung nach dem BauGB, S. 112 allerdings unter Bezugnahme auf Flächen zum Schutz zur Pflege und zur Entwicklung von Natur und Landschaft
455 Vgl. Gaentzsch, NuR 1990, 1 (4)
456 Vgl. Stich/Porger/Steinebach/Jakob, Berücksichtigung stadtökologischer Forderungen in der Bebauungsplanung nach dem BauGB, S. 175

Die Verfassungsmäßigkeit dieser Ausschlußregelung für auf die nicht ausgeübte Nutzung gestützten Entschädigungsansprüche wird im Schrifttum in folgenden Fällen in Zweifel gezogen und kontrovers diskutiert:[457]

- wenn durch eine öffentliche Zwecksetzung die Privatnützigkeit ganz aufgehoben wird und
- bei vorher nach § 34 BauGB bebaubaren Baulücken.

Ein abschließendes Meinungsbild hat sich bislang noch nicht ergeben. An dieser Stelle ist kein Raum für eine umfassende Analyse des Meinungsstands. Da die Entschädigungsfrage in den genannten Fällen auch im Zusammenhang mit Maßnahmen zur Beschränkung der Bodenversiegelung Bedeutung erlangen kann, sollen aber zumindest einige wesentliche Aspekte der Diskussion umrissen werden.

Den verfassungsrechtlichen Bedenken liegt u.a. die Überlegung zugrunde, daß der betroffene Grundstückseigentümer nicht unverhältnismäßig mehr belastet werden darf als die unmittelbar angrenzenden gleichartigen Grundstücke. Der betroffene Grundstückseigentümer soll nicht schlechter gestellt werden als andere Eigentümer im Plangebiet, die weiterhin eine privatnützige Nutzungsmöglichkeit behalten.[458] Der zugrundezulegende Wert darf danach in diesen Fällen nicht an der letzten ausgeübten Nutzung, ggf. Nichtnutzung ermittelt werden, sondern muß sich an dem den vergleichbaren Grundstücken in der Nachbarschaft verbliebenen Wert orientieren. Das bedeutet nach Bielenberg, daß z.B. bei einer nur auf einen Teilbereich eines Gebietes mit Baulandqualität bezogenen Festsetzung einer öffentlichen Grünfläche die der Entschädigung zugrundeliegende Wertermittlung nicht am Zustand der letzten Nutzung als Grünland, sondern an der im übrigen Bereich weiter bestehenden Nutzung als Bauland zu orientieren ist.[459] Demgegenüber müsse die Entschädigung, wenn der Gesamtfläche die Baulandqualität entzogen wird, am Wert der vor der Bebauungsplanung bestehenden Qualität als Bauerwartungsland orientiert werden.[460]

Ähnliche Überlegungen bestehen für den Entzug der Bebaubarkeit bei Baulücken im Anwendungsbereich des § 34 BauGB. Bielenberg schlägt hier ebenfalls die Orientierung an dem Wert der unmittelbar angrenzenden Grundstücke vor, die insoweit den für die vorherige Bebaubarkeit maßgeblichen Rahmen bestimmt haben.[461] Dieser sich auf das Gleichbehandlungsgebot stützenden Argumentation fügt Gaentzsch einen weiteren Gesichtspunkt hinzu. Baurechte nach § 34 BauGB seien unmittelbar aus der Situation, in der das Grundstück befangen ist, ableitbar. Den Grundstücken hafte deshalb die Bebaubarkeit schon durch die vorhandene Situation an. Sie könne ihnen deshalb nicht entschädigungslos entzogen, sondern allenfalls modifiziert werden.[462]

---

457 Vgl. Kröner, ZfBR 1984, 117 (120); Krohn/Löwisch, Eigentumsgarantie, Enteignung, Entschädigung,, Handbuch für die Praxis, Rn. 125; Breuer, DÖV 1978, 189 (194 f.); ders., in: Schrödter, BBauG, § 95 Rn. 10; Wendt, DVBl 1978, 356 (361); Krohn, in: Berliner Kommentar, § 95 Rn. 18; Gaentzsch, in: Berliner Kommentar, § 42 Rn. 25; Battis, in: Battis/Krautzberger/Löhr, BauGB, § 95 Rn. 10; Bielenberg, in: Ernst/Zinkahn/Bielenberg, BauGB, § 43 Rn. 36
458 Vgl. Bielenberg, in: Ernst/Zinkahn/Bielenberg, BauGB, § 43 Rn. 36
459 Vgl. Bielenberg, in: Ernst/Zinkahn/Bielenberg, BauGB, § 43 Rn. 36
460 Vgl. Bielenberg, in: Ernst/Zinkahn/Bielenberg, BauGB, § 43 Rn. 36
461 Vgl. Bielenberg, in: Ernst/Zinkahn/Bielenberg, BauGB, § 42 Rn. 105; Krohn, in: Berliner Kommentar, § 95 Rn. 18
462 Vgl. Gaentzsch, in: Berliner Kommentar, § 42 Rn. 25

Kapitel 8

Örtliche Landschaftsplanung

Gem. § 6 Abs. 1 BNatSchG sind "die örtlichen Erfordernisse und Maßnahmen zur Verwirklichung der Ziele des Naturschutzes und der Landschaftspflege ... in Landschaftsplänen mit Text, Karte und zusätzlicher Begründung näher darzustellen, sobald und soweit dies aus Gründen des Naturschutzes und der Landschaftspflege erforderlich ist." Der Landschaftsplan ist dabei die unterste Stufe einer in bewußter Anlehnung [1] an die räumliche Gesamtplanung (Landes-, Regional- und Bauleitplanung) vom BNatSchG nach der Größe der Raumeinheiten dreigestuften Landschaftsplanung.[2] Während die überörtlichen Erfordernisse und Maßnahmen zur Verwirklichung der Ziele des Naturschutzes und der Landschaftspflege gem. § 5 Abs. 1 BNatSchG auf Landesebene in Landschaftsprogrammen und für Teile des Landes in Landschaftsrahmenplänen dargestellt werden, soll der Landschaftsplan die örtlichen Erfordernisse aus der Sicht von Naturschutz und Landschaftspflege aufzeigen.

Der Bundesgesetzgeber konnte aufgrund seiner nach Art. 75 Nr. 3 GG eingeschränkten Gesetzgebungskompetenz nur rahmenrechtliche Regelungen im Bereich Naturschutz und Landschaftspflege treffen. Nur wenige in § 4 S. 3 BNatSchG abschließend aufgeführte Vorschriften gelten unmittelbar. Alle übrigen Vorschriften, zu denen auch die Bestimmungen über die Landschaftsplanung gehören, gelten nicht unmittelbar, sondern wenden sich an die Landesgesetzgeber mit dem Auftrag, entsprechende Regelungen innerhalb von zwei Jahren zu schaffen (§ 4 S. 2 BNatSchG). Die Länder haben von dem ihnen gelassenen weiten Rahmen in sehr unterschiedlicher Weise Gebrauch gemacht. Um die wesentlichen Unterschiede der landesrechtlichen Vorschriften herauszuarbeiten, erscheint es sinnvoll, die vom BNatSchG konzipierten Funktionen und Regelungsmöglichkeiten der örtlichen Landschaftsplanung darzustellen und diesen die landesrechtlichen Abweichungen gegenüberzustellen.

---

1 Vgl. Stich, NuR 1988, 221
2 Das bundesrahmenrechtlich vorgesehene Dreistufenkonzept Landschaftsprogramm für das gesamte Land, Landschaftsrahmenplan für Teile des Landes sowie Landschaftspläne für örtliche Erfordernisse und Maßnahmen ist nur in Baden-Württemberg, Niedersachsen, Saarland und in Bayern vorgesehen. In den übrigen Bundesländern ist eine zweistufige Landschaftsplanung vorgesehen, wobei das Landschaftsprogramm in den Stadtstaaten und der Landschaftsrahmenplan in den Flächenstaaten neben die örtlichen Landschaftspläne tritt. Vgl. Kloepfer, Umweltrecht, S. 552; Stich, HdUR, Band I, Spalte 973 ff.

Die unzureichende Implementation der örtlichen Landschaftsplanung in der Praxis bietet auch Anlaß, über eine Verbesserung des Instrumentariums auch in Hinblick auf die bevorstehende Novellierung des BNatSchG nachzudenken. Auf das sich anbietende Regelungsmodell insbesondere im Verhältnis zur kommunalen Bauleitplanung wird ausführlich in Kapitel 21 eingegangen.

A. Funktionen der örtlichen Landschaftsplanung

Die örtliche Landschaftsplanung dient gem. § 6 Abs. 1 BNatSchG der Verwirklichung der in § 1 BNatSchG bestimmten Ziele des Naturschutzes und der Landschaftspflege. Danach sind Natur und Landschaft im besiedelten und unbesiedelten Bereich als Lebensgrundlage des Menschen und als Voraussetzung für seine Erholung in Natur und Landschaft zu schützen, zu pflegen und zu entwickeln.

In dieser allgemeinen Zweckbestimmung kommt die Funktion der Landschaftsplanung als Fachplanung für Naturschutz und freiraumbezogene Erholung zum Ausdruck.[3] Der Raumbezug der Landschaftsplanung ermöglicht zugleich ihre funktionelle Anbindung als Fachbeitrag für Naturschutz und Landschaftspflege in die räumliche Gesamtplanung und in andere raumbedeutsame Planungen. Ausdrücklich hervorgehoben wird diese Funktion in § 6 Abs. 3 S. 2 BNatSchG.[4] Dementsprechend wird zwischen vier Funktionen unterschieden (vgl. Tab. 47).[5]

Funktionen der Landschaftsplanung
- Mitwirkung an der Gesamtplanung - Sektorale Fachplanung für Naturschutz - Sektorale Fachplanung für freiraumbezogene Erholung - Beitrag zu anderen Fachplanungen

(Tab. 47)

Im Schrifttum wird vor allem die Mitwirkung der Landschaftsplanung an der Bauleitplanung diskutiert. Durch die Integration der Landschafts- und Grünordnungspläne in die Flächennutzungs- und Bebauungspläne soll der allenthalben beklagten unzureichenden Berücksichtigung ökologischer Belange in der Bauleitplanung entgegengewirkt werden. Die in der Landschaftsplanung zu ermittelnden und zu bewertenden ökologischen Grunddaten können als Grundlagen in die Abwägung der Bauleitplanung eingebracht werden.[6] Bei der Abwägung ist zu berücksichtigen, daß die Landschaftsplanung das Ergebnis einer sachver-

---

3 Vgl. Ebersbach, Rechtliche Aspekte des Landverbrauchs am ökologisch falschem Platz, S. 251; Hoppe/Beckmann, Umweltrecht, § 18 Rn. 28; Beirat für Naturschutz und Landschaftspflege beim Bundesminister für Ernährung, Landwirtschaft und Sport, Inhalt und Verfahrensweise der Landschaftsplanung, S. 11; Landesanstalt für Umweltschutz Baden-Württemberg, Materialien zur Landschaftspalnung zum Flächennutzungsplan, S. 11 f.; Pfeifer, Landschaftsplanung und Bauleitplanung, S. 11 ff.

4 Ebersbach, Rechtliche Aspekte des Landverbrauchs am ökologisch falschem Platz, S. 251; Hoppe/Beckmann, Umweltrecht, § 18 Rn. 28

5 Vgl. Bongartz, Umweltvorsorge im Siedlungsbereich - Grünordnungsplanung in Theorie und Praxis, S. 92; Buchwald, in: Buchwald, Engelhardt, Handbuch f. Planung, Gestaltung und Schutz der Umwelt, S. 25 (28); Pfeifer, Landschaftsplanung und Bauleitplanung, S. 11 ff.

6 Stich, ZfBR 1986, 111 (112)

ständigen Bestandsaufnahme und Bestandsbewertung ist.[7] Die Bedeutung der Belange von Natur und Landschaft ist durch die Landschaftsplanung bereits abschließend festgestellt. Der Bauleitplanung bleibt nur die Gewichtung im Verhältnis zu anderen Belangen.

Hahn-Herse/Kiemstedt/Wirz haben für Baden-Württemberg methodische Vorschläge für die Landschaftsplanung zum Flächennutzungsplan entwickelt.[8] Danach hat die Landschaftsplanung in zehn Arbeitsschritten zu erfolgen (vgl. Tab. 48).

Ablaufschema für die Landschaftsplanung zum Flächennutzungsplan nach Hahn-Herse et al.
1. Bestimmung der Planungsaufgabe und der planerischen Rahmenbedingungen
2. Ermittlung der natürlichen Gegebenheiten (als ökologisches Wirkungsgefüge und als Wahrnehmungsobjekt des Menschen)
3. Bestimmung der Landschaftspotentiale (Arten- und Biotopschutzpotential, Erlebnis- und Erholungspotential, Klimapotential, Wasserpotential, biotisches Ertragspotential, Rohstoffpotential)
4. Erhebung von Informationen über die vorhandene und geplante Nutzung
5. Prüfung der ökologischen und visuellen Verträglichkeit
6. Entwicklung einer ökologisch gestalterischen Gesamtkonzeption zur Flächennutzung
7. Entwicklung eines Fachprogramms für Naturschutz und Landschaftspflege
8. Entwicklung von Vorschlägen zur Siedlungsentwicklung und zu anderen Fachplanungen
9. Darstellung der Ergebnisse als Landschaftsplan
10. Integration in den Flächennutzungsplan

(Tab. 48)

In diesem Ablaufschema kommt deutlich die Funktion des Landschaftsplans als Instrument zur Aufbereitung des in der Bauleitplanung zu beachtenden Abwägungsmaterials zum Ausdruck. Die vorhandenen und beabsichtigten Nutzungen sollen auf ihre ökologische und visuelle Verträglichkeit geprüft werden. Dies erfolgt auf der Grundlage einer querschnittsorientierten, d.h. medienübergreifenden Bewertung der natürlichen Gegebenheiten und der vorhandenen Landschaftspotentiale.[9] Die Erholungsfunktion und die ökologischen Funktionen sind dabei gleichermaßen Parameter der Bewertung. Der städtebaulich-funktionale Aspekt unversiegelter Freiflächen kann auf dieser Ebene bereits mit den ökologischen Aspekten koordiniert werden.

Die Landschaftsplanung soll aber nicht auf der Ebene der Begutachtung stehenbleiben, sondern auch ein konzeptionelles Element erhalten. Eine ökologisch gestalterische Gesamtkonzeption für die Flächenentwicklung und ein Fachprogramm für Naturschutz und Landschaftspflege sollen entwickelt werden. Dies setzt voraus, daß bestimmte Umweltqualitätsziele entwickelt und dem Plangebiet oder Teilen davon räumlich zugeordnet werden. Erst die Umweltqualitätsziele ermöglichen die Gewichtung der Belange des Naturschutzes und der Landschaftspflege in der Abwägung. Sie strukturieren den Abwägungsprozeß und geben dem Planer die notwendige Orientierung.[10]

Die für das gesamte Gemeindegebiet entwickelten Umweltqualitätsziele können sich zum einen auf den Flächennutzungsplan beziehen und eine an den naturräumlichen Gegeben-

---

7 Vgl. Gaentzsch, NuR 1990, 1 (5)
8 Hahn-Herse, Landschaftsplanung zum Flächennutzungsplan, S. 22; ders., Landschaft + Stadt, 1-2/1984, 83 (85)
9 Vgl. Erbguth, UPR 1987, 409 (410); Gassner, UPR 1988, 9; Buchwald, in: Buchwald, Engelhardt, Handbuch f. Planung, Gestaltung und Schutz der Umwelt, S. 25 (26); Pfeifer, Landschaftsplanung und Bauleitplanung, S. 62
10 Vgl. Gaentzsch, NuR 1990, 1 (5)

heiten und der Bedeutung der vorhandenen Landschaftspotentiale orientierten Verteilung der Nutzungen ermöglichen. Zum anderen können sie aber auf die Ebene des Bebauungsplans durchwirken, indem sie für bestimmte Teilräume Umweltqualitätsziele festlegen und aus diesen bestimmte Schutz-, Pflege- und Entwicklungsmaßnahmen ableiten, die dann bei der Bebauungsplanung zu beachten und ggf. durch diese umzusetzen sind.

Die Landschaftsplanung zum Bebauungsplan hat auf der dem Bebauungsplan entsprechenden höheren Konkretisierungsstufe die gleichen Funktionen. Auf der Grundlage der Erhebung und Bewertung der naturräumlichen Gegebenheiten und Landschaftspotentiale soll die vorhandene und geplante Verteilung und Zuordnung von Einzelobjekten und Nutzungen auf ihre ökologische und gestalterische Verträglichkeit überprüft werden. Sie stellt damit eine partielle Umweltverträglichkeitsprüfung [11] für die Bebauungsplanung dar.[12] Umweltqualitätsziele können hier für den jeweiligen Raum konkretisiert werden und eine an diesen Zielen orientierte Abwägung in der Bebauungsplanung ermöglichen. Hieraus können konkrete Vorschläge für die Nutzungsverteilung und ggf. für Ausgleichsmaßnahmen abgeleitet werden.

Das Verhältnis zwischen Bauleitplanung und Landschaftsplanung ist aber durch die dienende Funktion der Landschaftsplanung nicht umfassend beschrieben. Der Bebauungsplan schafft Recht, ordnet damit für alle Betroffenen verbindlich den Raum und schafft die Rechtsgrundlage für die städtebaulichen Kontroll- und Eingriffsinstrumente. Landschaftsplanerische Inhalte können an dieser Rechtswirkung durch Integration in die Bauleitplanung teilhaben.[13] Dies ist jedenfalls dann wichtig, wenn die Instrumente der örtlichen Landschaftsplanung nicht als verbindlicher Rechtssatz ausgestaltet sind und ihnen keine unmittelbare Rechtswirkung nach außen zukommt. Eigene Rechtssatzqualität hat der Landschafts- bzw. Grünordnungsplan nur in Berlin, Bremen, Hamburg und Nordrhein-Westfalen, in Nordrhein-Westfalen allerdings im wesentlichen auf den Außenbereich beschränkt. Auch in Bayern kann ein Grünordnungsplan Rechtssatzqualität haben, wenn er nicht einem Bebauungsplan zugeordnet ist. In den übrigen Ländern hängt die Umsetzung landschaftsplanerischer Zielsetzung von der Integration in die Bauleitplanung ab (vgl. hierzu die Ausführungen in diesem Kapitel unter der Überschrift "Landesrechtliche Ausgestaltung im einzelnen").

Die Hervorhebung der funktionalen Abhängigkeiten zwischen Bauleitplanung und Landschaftsplanung darf jedoch nicht vergessen machen, daß der Landschaftsplan nach der Konzeption des BNatSchG unabhängig von dem Erfordernis eines Bauleitplans die zur Erreichung der Ziele des Naturschutzes und der Landschaftspflege erforderlichen Maßnahmen darzustellen hat.[14] Eine zwingende Koppelung an die Bauleitplanung würde dieser Konzeption widersprechen. Auf der Ebene des Flächennutzungsplans müßte unabhängig von dem naturschutzrechtlichen Erfordernis abgewartet werden, bis ein neuer Flächennutzungsplan städtebaulich erforderlich ist. Auf der Bebauungsplanebene verschärft sich die Abhängigkeit insoweit, als die im Bestand vorzufindenden ökologischen Mißstände

---

11 Der Gegenstand ist durch die in § 1 BNatSchG definierte Zielbestimmung begrenzt. Aspekte des Immissionsschutzes sind hiervon nicht erfaßt. Aus diesem Grund muß von partieller Umweltverträglichkeitsprüfung gesprochen werden.
12 Vgl. Bongartz, Umweltvorsorge im Siedlungsbereich - Grünordnungsplanung in Theorie und Praxis, S. 102 f.; Erbguth, UPR 1987, 409 (412); Gassner, UPR 1988, 321
13 Vgl. Hofherr, UPR 1987, 88 (90); Erbguth, UPR 1984, 241 (246)
14 Vgl. Pfeifer, Landschaftsplanung und Bauleitplanung, S. 19; Stich, Stadtbauwelt 1983, 76 (87); Hofherr, UPR 1987, 88 (91 f.)

allein nur selten die zuständigen Planungsämter zur Aufstellung von Bebauungsplänen bewegen werden.[15]

B. Räumlicher Gegenstand der örtlichen Landschaftsplanung

§ 1 Abs. 1 BNatSchG geht von einem den besiedelten und unbesiedelten Bereich umfassenden Landschaftsbegriff als Gegenstand der Landschaftsplanung aus,[16] wobei das BNatSchG unter besiedeltem Bereich die von geschlossenen menschlichen Ansiedlungen, also Städten, Dörfern und Weilern, in Anspruch genommenen Flächen, mithin den Anwendungsbereich der §§ 30 und 34 BauGB versteht.[17] § 2 Abs. 1 Nr. 2 S. 2 BNatSchG weist in Konkretisierung der allgemeinen Zielsetzung des § 1 Abs. 1 BNatSchG darauf hin, daß in besiedelten Bereichen die Teile von Natur und Landschaft, auch begrünte Flächen und deren Bestände in besonderem Maße zu schützen und zu entwickeln sind. Die Hervorhebung ist vor dem Hintergrund der besonderen Gefährdung von Natur und Landschaft im besiedelten Bereich durch konkurrierende, inbesondere bauliche Nutzungsansprüche zu verstehen.

Entsprechend diesen allgemeinen Zielbestimmungen, die gem. § 4 S. 3 BNatSchG auch ohne landesrechtliche Umsetzung unmittelbar gelten, kann sich die örtliche Landschaftsplanung sowohl auf den unbesiedelten als auch auf den besiedelten Bereich beziehen. Eine Einschränkung auf den Außenbereich läßt sich aus dem BNatSchG nicht herleiten.[18]

Das BNatSchG läßt offen, ob die Landschaftsplanung sich entsprechend dem Flächennutzungsplan auf das ganze Gemeindegebiet bezieht oder nur Teilgebiete, z.B. die der Bebauungsplanung entsprechenden Raumeinheiten betreffen soll. Die Bundesländer haben von dem daraus ergebenden Regelungsfreiraum unterschiedlich Gebrauch gemacht.

Die Bundesländer Baden-Württemberg, Bayern und Niedersachsen sehen neben dem Landschaftsplan einen Grünordnungsplan als Instrument der örtlichen Landschaftsplanung vor.[19] Die Differenzierung erfolgt dabei überwiegend wie bei der Bauleitplanung nach dem Maßstab der Raumeinheit.[20]

Landschaftsplan	-	Flächennutzungsplan
Grünordnungsplan	-	Bebauungsplan

In den Stadtstaaten wird auf der Ebene der Flächennutzungsplanung, also für das gesamte Gemeindegebiet ein Landschaftsprogramm erstellt.[21] Der Landschaftsplan bezieht sich dort

---

15 Vgl. Gerschauer, DVBl 1979, 601 (606)
16 Stich/Proger/Steinebach, Örtliche Landschaftsplanung und kommunale Bauleitplanung, S. 74; Pfeifer, Landschaftsplanung und Bauleitplanung, S. 64 f.; Bongartz, Umweltvorsorge im Siedlungsbereich - Grünordnungsplanung in Theorie und Praxis, S. 70; Beirat für Naturschutz und Landschaftspflege beim Bundesminister für Ernährung, Landwirtschaft und Sport, Inhalt und Verfahrensweise der Landschaftsplanung, S. 11; Landesanstalt für Umweltschutz Baden-Württemberg, Materialien zur Landschaftspalnung zum Flächennutzungsplan, S. 11 f.
17 Kolodziejcok, in: Kolodziejcok/Recken, BNatSchG, § 1 Rn. 5
18 Vgl. Erbguth, UPR 1987, 409 (410)
19 § 9 Abs. 1 BWNatSchG; Art. 3 Abs. 2 BayNatSchG; § 6 Abs. 2 NdsNatSchG
20 Diese Unterscheidung wird überwiegend auch in der Fachliteratur vorgenommen. Vgl. Buchwald, in: Buchwald, Engelhardt, Handbuch f. Planung, Gestaltung und Schutz der Umwelt, S. 25 (28); Grebe/Tomasek, Gemeinde und Landschaft, S. 59 ff.; Olschowy, DRL, Schriftenreihe Heft 34, 4/1980, S. 305 (306); Richter, Handbuch Stadtgrün, S. 92,
21 § 4 Abs. 1 BlnNatSchG; § 5 Abs. 1 BremNatSchG; § 3 Abs. 1 HbgNatSchG

deshalb zwangsläufig auf kleinere Raumeinheiten.[22] Neben den Landschaftsplänen sind in Berlin und Hamburg dennoch Grünordnungspläne vorgesehen. In Berlin werden Landschaftspläne im besiedelten Bereich und in Hamburg im Geltungsbereich von Bebauungsplänen als Grünordnungspläne bezeichnet.

In Hessen, Saarland und Schleswig-Holstein wird der Landschaftsplan als Planung zur Darstellung der örtlichen Erfordernisse und Maßnahmen zur Verwirklichung der Ziele von Naturschutz und Landschaftspflege bezeichnet. Eine Bestimmung des Geltungsbereichs fehlt. Landschaftspläne können sich dort auf das gesamte Gemeindegebiet oder auf Teilgebiete beziehen. In Nordrhein-Westfalen ist lediglich ein im wesentlich auf den Außenbereich beschränkter Landschaftsplan vorgesehen. Grünordnungspläne werden dort nur als informelle Pläne aufgestellt.

In Rheinland-Pfalz ist weder ein Landschafts- noch ein Grünordnungsplan als eigenständiges Planwerk vorgesehen. Die Landschaftsplanung wird dort unmittelbar als Bestandteil von Flächennutzungs- und Bebauungsplanung vorgenommen.[23]

C. Sachlicher Gegenstand der örtlichen Landschaftsplanung

Anders als die Bauleitplanung werden im BNatSchG nur ganz allgemeine Vorgaben gemacht, welche Regelungen der Landschaftsplan enthalten darf oder soll. Auch die einschlägigen Landesgesetze enthalten keine den Darstellungs- und Festsetzungskatalogen in §§ 5 Abs. 2 u. 9 Abs. 1 BauGB entsprechende Konkretisierung der möglichen Darstellungen und Festsetzungen.[24]

Aus § 6 Abs. 2 BNatSchG [25] und den entsprechenden landesrechtlichen Vorschriften ergibt sich immerhin, daß der Landschaftsplan einen sogenannten Grundlagenteil und einen Entwicklungsteil enthalten soll.[26]

I. Grundlagenteil

Der Landschaftsplan enthält nach der Konzeption des BNatSchG einen gutachtlichen Teil, der den vorhandenen Zustand von Natur und Landschaft erfassen und nach den Zielen des § 1 Abs. 1 BNatSchG bewerten soll (§ 6 Abs. 2 Nr. 1 BNatSchG).

---

22 § 8 Abs. 1 BlnNatSchG; § 7 Abs. 1 BremNatSchG; § 6 Abs. 1 HbgNatSchG
23 § 16 Abs. 1 RhPfLPflG
24 Stich, Stadtbauwelt 1985, 470 (475) weist auf die Bedeutung dieser Kataloge als Handlungsanleitung für die Aufstellung von Bauleitplänen hin.
25 Soweit es an einer landesrechtlichen Bestimmung des Inhalts fehlt, ist auf § 6 Abs. 2 BNatSchG zurückzugreifen. Vgl. Pielow, NuR 1986, 60 (65)
26 Stich/Proger/Steinebach, Örtliche Landschaftsplanung und kommunale Bauleitplanung, S. 74; Hoppe/Beckmann, Umweltrecht, § 18 Rn. 43; DRL, Landschaftsplanung, Schriftenreihe Heft 45, S. 417 f.; Hofherr, UPR 1987, 88 (89)

1. Bestandsaufnahme

Maßstab für die im Grundlagenteil darzustellenden Inhalte ist deshalb die allgemeine Zweckbestimmung nach § 1 Abs. 1 BNatSchG.[27] Danach sind "Natur und Landschaft im besiedelten und unbesiedelten Bereich so zu schützen, zu pflegen und zu entwickeln, daß

1. die Leistungsfähigkeit des Naturhaushalts,
2. die Nutzungsfähigkeit der Naturgüter,
3. die Pflanzen und Tierwelt sowie
4. die Vielfalt und Schönheit von Natur und Landschaft

als Lebensgrundlage des Menschen und als Voraussetzung für seine Erholung in Natur und Landschaft nachhaltig gesichert sind."

Die allgemeine Zweckbestimmung in § 1 Abs. 1 BNatSchG erfaßt zwei Funktionen von Natur und Landschaft: zum einen als Lebensgrundlage des Menschen und zum anderen als Raum für seine Erholung. Zwar ist die Zweckbestimmung damit nach dem Wortlaut allein auf den Menschen und die Befriedigung seiner Bedürfnisse bezogen. Eine Einschränkung zum Nachteil der Natur und Landschaft läßt sich jedoch bei teleologischer Auslegung nicht aufrechterhalten. Die Ansprüche des Menschen an Natur und Landschaft sind nämlich nicht nur materieller, sondern auch ideeller und wissenschaftlicher Art.[28] Zudem ergibt sich aus der Vorschrift selbst, daß auch die Leistungsfähigkeit des Naturhaushalts als komplexes ökologisches Wirkungsgefüge [29] eine Lebensgrundlage der Menschen ist. Gegenstand der allgemeinen Zweckbestimmung ist deshalb Schutz, Pflege und Entwicklung von Natur und Landschaft im umfassenden Sinn.[30]

Die Komplexität des ökologischen Wirkungsgefüges macht eine querschnittsorientierte intermediale Erfassung der naturräumlichen Gegebenheiten und der Landschaftspotentiale erforderlich.[31] Die natürlichen Bodenfunktionen sind dabei nur ein Gesichtspunkt unter mehreren. Konkretisiert wird der Aspekt Bodenschutz durch den Katalog von Grundsätzen in § 2 Abs. 1 BNatSchG.[32] Die Vorschrift enthält keine erschöpfende Konkretisierung der Ziele, sondern nur wichtige inhaltliche Leitlinien für ihre Verwirklichung.[33] Insofern wirken sie wie die Leitlinien in § 1 Abs. 5 S. 2 BauGB. Konkrete Anhaltspunkte für das Ziel "Vermeidung von Bodenversiegelung" ergeben sich insbesondere aus folgenden Grundsätze:

- In besiedelten Bereichen sind Teile von Natur und Landschaft, auch begrünte Flächen und deren Bestände, in besonderem Maße zu schützen. (Nr. 2 S. 2)

---

27 Vgl. Pielow, NuR 1986, 60 (65)
28 Kolodziejcok, in: Kolodziejcok/Recken, BNatSchG, § 1 Rn. 20 f.
29 Vgl. Kolodziejcok, in: Kolodziejcok/Recken, BNatSchG, § 1 Rn. 11
30 Pfeifer, Landschaftsplanung und Bauleitplanung, S. 9; SRU, Umweltgutachten 1987, S. 38 ff.
31 Vgl. Bongartz, Umweltvorsorge im Siedlungsbereich - Grünordnungsplanung in Theorie und Praxis, S. 80 ff.; Pfeifer, Landschaftsplanung und Bauleitplanung, S. 18
32 Vgl. Erbguth, UPR 1984, 241 (245); Schmidt-Aßmann, NuR 1979, 1 (4); Ebersbach, Rechtliche Aspekte des Landverbrauchs am ökologisch falschem Platz, S. 268; Stellungnahme der Bundesregierung zum Entwurf des Bundesrats für ein Bundesnaturschutzgesetz, DT-Drs. 7/3879, Anl. 2, S. 33
33 Kolodziejcok, in: Kolodziejcok/Recken, BNatSchG, § 2 Rn. 2

- Boden ist zu erhalten; ein Verlust seiner natürlichen Fruchtbarkeit ist zu vermeiden. (Nr. 4)[34]
- Beeinträchtigungen des Klimas, insbesondere des örtlichen Klimas, sind zu vermeiden; unvermeidbare Beeinträchtigungen sind auch durch landschaftspflegerische Maßnahmen auszugleichen oder zu mindern. (Nr. 8)

Hinweise für die Bestandsaufnahme enthalten die in den meisten Ländern erarbeiteten Richtlinien zur Aufstellung von Landschaftsplänen.[35] Als Verwaltungsvorschriften dienen sie der Vereinfachung und Anleitung für die Aufstellung von Landschaftsplänen. Sie enthalten keine verbindlichen Regelungen, sondern nur Anhaltspunkte für die möglichen Inhalte.[36] Exemplarisch kann auf die Richtlinie des Saarlands hingewiesen werden (im Auszug abgedruckt in Tab. 49).

Als Bestandteil der natürlichen Ressourcen ist danach insbesondere die Funktion des Bodens in seinem Bestand zu erfassen und zu bewerten.[37] Der Grundlagenteil kann deshalb insbesondere Angaben enthalten über

- den Grad der Bodenversiegelung,
- die Bildung von Wärmeinseln,
- den Vegetationsbestand,
- die Bodeneigenschaften und
- den Grundwasserstand.

In Hinblick auf die Funktion "freiraumbezogene Erholung", der die Landschaftsplanung entsprechend der allgemeinen Zielbestimmung ebenfalls verpflichtet ist, können auch Anga-

---

34 Im Schrifttum wird allerdings die Hervorhebung des Bodenschutzes als "völlig unzureichend" kritisiert, da diejenigen Bodenfunktionen ungenannt bleiben, die für Natur und Landschaftspflege wesentlich sind, nämlich die Funktion als Lebensraum für Flora unf Fauna und als Filter. De lege ferenda wird ein weitergehender Grundsatz vorgeschlagen: "Die Umwidmung von Böden mit hohem ökologischen Potential für andere Nutzungszwecke ist grundsätzlich zu vermeiden." Eine solche Konkretisierung der Bodenschutzziele ist allerdings nicht erforderlich, da auch nach der jetzigen Fassung der Boden ohne Einschränkung zu erhalten ist. Ein zustarke Konkretisierung i.S.d. Vorschlags läuft hingegen Gefahr, bestimmte Funktionen des Bodens außer acht zu lassen. So können z.B. auch Böden mit geringen ökologischen Potential in bereits hoch versiegelten Bereichen von erheblicher Bedeutung sein. Der allgemeine Hinweis auf den Erhalt des Bodens bietet deshalb einige Vorteile. Vgl. Ebersbach, Rechtliche Aspekte des Landverbrauchs am ökologisch falschem Platz, S. 269; Bachmann/Hübler, Die Landwirtschaftsklausel im Bundesnaturschutzgesetz als zukünftige Aufgabe der Umweltpolitik, S. 51 ff.

35 Ministerium für Ernährung, Landwirtschaft und Umweltschutz BW, Richtlinie für die Aufstellung von Landschaftsplänen und Grünordnungsplänen v. 5.12.1979, Staatsanzeiger für BW 1979, S. 6; Bay. Richtlinie für die Ausarbeitung und Förderung von Landschaftsplänen v. 31.10.1975, LUMBl. 1975, S. 203, geändert durch Bekanntmachung v. 14.2.1978, LUMBl. 1978, S. 3; Gemeinsamer Erlaß des Hessischen Ministers für Landesentwicklung, Umwelt, Landwirtschaft und Forsten und des Hessischen Ministers des Innern v. 12.10.1982 "Aufstellung von Landschaftsplänen nach § 4 HessNatSchG", StAnz. 1982, S. 1977; Saarl. Richtlinie für die Aufstellung von Landschaftsplänen v. 31.8.1982, GMBl. Saar. 1982, S. 84; Erlaß des Ministers für Ernährung, Landwirtschaft und Forsten v. 5.12.1973 und 6.6.1974 "Aufstellung von Landschaftsplänen gem. § 6 SchHNatSchG; ABl. 1973, S. 1128 und 1974, S. 530

36 Z.T. sind auch Gliederungsmuster in die Richtlinien aufgenommen. Vgl. Bay. Richtlinie für die Ausarbeitung und Förderung von Landschaftsplänen v. 31.10.1975, LUMBl. 1975, S. 203, geändert durch Bekanntmachung v. 14.2.1978, LUMBl. 1978, S. 3

37 Vgl. i.d.S. Erbguth, UPR 1984, 241 (245)

ben über die Versorgung mit privaten, halb-öffentlichen und öffentlichen Grünflächen gemacht werden.[38]

Saarländische Richtlinie für die Aufstellung von Landschaftsplänen (Auszug)*

"eine Darstellung des vorhandenen Zustands von Natur und Landschaft in Form einer Bestandsaufnahme der Naturgüter (Relief, Boden, Wasser; Luft, Klima, Bodenschätze, Tier- und Pflanzenwelt), der ökologischen Funktion des Naturhaushalts sowie wichtiger Elemente der Kulturlandschaft (z.B. Verteilung von Feld/Wald, Acker/Grünland, Hecken, Feldgehölze, Streuobst, Grünstrukturen in den Orten und deren Einbindung in die Landschaft)..."

(Tab. 49)

*Quelle: v. 31.8.1982, GMBl. Saar. 1982, S. 84. Eine ähnliche Auflistung enthält auch die baden-württembergische Richtlinie. Danach sollen z.B. Aussagen über die Funktion der Freiflächen als Standort für Vegetation, als Klimafaktor, als Versickerungsfläche, als Lebensraum für Fauna oder als Erholungsfläche und über die sich unter Berücksichtigung anderer Fachplanungen und Programme ergebenden jeweiligen Freiflächenbedarfe getroffen werden. Vgl. Ministerium für Ernährung, Landwirtschaft und Umweltschutz BW, Richtlinie für die Aufstellung von Landschaftsplänen und Grünordnungsplänen v. 5.12.1979, Staatsanzeiger für BW 1979, S. 6, Nr. 7 f.

Neben dem vorhandenen Zustand sollen auch die Auswirkungen von geplanten Nutzungen im Plangebiet dargestellt werden.[39] Erforderlich ist deshalb eine Prognose des zukünftigen Zustands von Natur und Landschaft. Darzustellen sind danach u.a. der Verlust an Vegetationsfläche durch zusätzliche Versiegelung und die Auswirkungen auf die klimatischen Verhältnisse sowie auf den Grundwasserhaushalt, die Wohnumfeldbedingung, insbesondere die wohnnahen Erholungsflächen. Aus diesem Grund wird der Landschaftsplan in der Regel zwischem dem Versiegelungsgrad des bestehenden und des angestrebten Zustands bilanzieren müssen.

2. Bewertung

Eines der zentralen Probleme der Landschaftsplanung ist nicht die Beschreibung des vorhandenen oder angestrebten Zustands, sondern seine Bewertung.[40] Die Ermittlung des Bodenversiegelungsgrads, die Anzahl und Größe von Bäumen und anderen Pflanzen oder die Vielfalt und Seltenheit der Population von Pflanzen und Tieren können eindeutig bestimmt werden. Schwierig ist demgegenüber die Frage, ob der beschriebene Zustand bezogen auf die sonstigen Ansprüche an den Raum eher gut oder eher schlecht ist. Es gibt keine logisch zwingende Ableitung darüber, ob ein Zustand wünschenswert oder nicht wünschenswert, gut oder schlecht ist, denn die Wissenschaft ist darauf beschränkt, den Zustand zu erfassen

---

38 Vgl. z.B. das Landschsftprogramm Berlin (1988), Teilplan Erholung und Freiraumnutzung und Erläuterungsbericht, S. 137 ff.
39 Die Wechselwirkungen und möglichen Nebenwirkungen geplanter Maßnahmen sind in einer Wirkungsanalyse aufzuzeigen. Vgl. Bernatzky/Böhm, BNatSchG, § 6 Rn. 6. So auch ausdrücklich § 16 Abs. 2 S. 1 RhPfLPflG
40 Vgl. Finke/Passlick/Peters/Spindler, Umweltgüteplanung, S. 145; Bierhals, Landschaft + Stadt, 1984, 117 (122); ders. in: Buchwald/Engelhardt, Handbuch für Planung, Gestaltung und Schutz der Landschaft, Band 3, S. 80 ff.; Stich, ZfBR 1989, 9 (11 f.); Scholich/Winkelbrandt, in: ARL, Integration der Landschaftsplanung in die Raumplanung, S. 25 (28)

und in seinen komplexen Zusammenhängen zu erklären.[41] Wissenschaft kann deshalb nur die Grundlagen der Bewertung liefern, diese aber nicht ersetzen.

Die Bewertung ergibt sich deshalb nicht automatisch, sondern ist anhand von Zielsetzungen zu entwickeln.[42] Die Zielsetzung beschreibt einen angestrebten Zustand und ermöglicht damit erst eine Bewertung, die sich daran orientiert, in welchem Umfang der angestrebte Zustand erreicht ist. Methodisch erfolgt ein Vergleich zwischen tatsächlichem und angestrebtem Zustand anhand geeigneter Kriterien. Die Auswahl und Gewichtung der Kriterien leitet sich aus der Zielsetzung ab.[43] Besondere Schwierigkeiten bereitet dann die Aggregation verschiedener Kriterien, also die Gewichtung der einzelnen Kriterien untereinander und ihre Übersetzung in einen Gesamtwert.[44]

Die methodischen Anforderungen sind im einzelnen im Schrifttum problematisiert worden.[45] Dennoch ist es der Fachwissenschaft bislang nicht gelungen, Konsens über ein einheitliches Bewertungssystem zu erzielen.[46] Entscheidende Ursache der Bewertungsprobleme dürfte das Fehlen einheitlicher, klar definierter Umweltqualitätsziele sein.

Albrecht/Bartfelder haben im Rahmen ihrer Untersuchung "Ökologische Bewertung von Maßnahmen der Innenentwicklung" als übergeordnetes Ziel "günstige Bedingungen für eine ruhige Wohnlage" bestimmt und aus dieser Zielsetzung methodisch sinnvoll für die Bereiche Klima/Lufthygiene, Boden/Grundwasser, Vegetation/Tierwelt sowie für Lärm und Luftreinhaltung Kriterien abgeleitet.[47] Realistisch ist die Zielsetzung insoweit, als sie nutzungsorientiert ist. Sie berücksichtigt damit die Tatsache, daß der zu beurteilende Raum von anderen (nutzungsbedingten) Anforderungen überlagert ist. Die Bewertung hat sich deshalb nicht an der kleinstmöglichen, sondern an der kleinsten notwendigen Belastung zu orientieren.[48] Diesbezüglich ist die Zielsetzung aber erheblich zu undifferenziert.

Andere Ansätze bemühen sich um die Einführung einheitlicher Bewertungsfaktoren, die sich an der Funktion der Maßfaktoren für die Bauleitplanung orientieren. In der Diskussion sind folgende Parameter:

---

41 Vgl. Bierhals, Landschaft + Stadt, 1984, 117 (122); Birnbacher, in: Ökologie und Ethik, S. 103 (107)
42 Vgl. Gassner, UPR 1988, 321 (322)
43 Vgl. zur Methode z.B. Bierhals, in: Buchwald/Engelhardt, Handbuch für Planung, Gestaltung und Schutz der Landschaft, Band 3, S. 80 ff.; Albrecht/Bartfelder, Ökologische Bewertung von Maßnahmen der Innenentwicklung, S. 97 ff.
44 Die Aggregation verschiedener Faktoren wird insbesondere dann problematisch, wenn sie mehrstufig erfolgt. Der Ermittelte Wert läßt dann weder die Gewichtungsfaktoren noch die Ursachen einer Belastungssituation erkennen. Vgl. hierzu Buchwald, in: Buchwald/Engelhardt, Handbuch für Planung, Gestaltung und Schutz der Landschaft, Band 3, S. 26 (40);Bierhals, in: Buchwald/Engelhardt, Handbuch für Planung, Gestaltung und Schutz der Landschaft, Band 3, S. 80 (93 f.)
45 Vgl. hierzu Buchwald, in: Buchwald/Engelhardt, Handbuch für Planung, Gestaltung und Schutz der Landschaft, Band 3, S. 26 (40);Bierhals, in: Buchwald/Engelhardt, Handbuch für Planung, Gestaltung und Schutz der Landschaft, Band 3, S. 80 (93 f.); Braun, UVP in der Bauleitplanung, S. 141 ff.
46 Bierhals hat 63 Verfahren zur Bewertung von Landschaftspotentialen untersucht, und kam zu dem Ergebnis, daß keines der Verfahren alle inhaltlichen Anforderungen hinsichtlich der Art der zu erfassenden Potentiale und ihrer unterschiedlichen Betrachtungsweise erfüllt. Vgl. Bierhals, in: Buchwald/Engelhardt, Handbuch für Planung, Gestaltung und Schutz der Landschaft, Band 3, S. 80 (95 ff.)
47 Albrecht/Bartfelder, Ökologische Bewertung von Maßnahmen der Innenentwicklung, S. 97 ff.
48 Vgl. Finke/Passlick/Peters/Spindler, Umweltgüteplanung, S. 123

1. Klimatisch-ökologisch-hygienischer Wert (KÖH),[49]
2. Biotopflächenfaktor (BFF),[50]
3. Bodenfunktionszahl (BFZ),
4. Grünvolumenzahl (GVZ).[51]

BFF und BFZ zielen auf den weitgehenden Erhalt der natürlichen Bodenfunktionen ab und knüpfen damit an die in Kapitel 3 dargestellte zentrale Funktion unversiegelter Böden im Naturhaushalt an. Die GVZ orientiert sich an dem Ziel, möglichst viel Grünvolumen zu schaffen. Sie erfaßt damit nicht die Vegetationsfläche, sondern die Vegetationsmasse. Der KÖH-Wert verbindet beide Aspekte. Trotz der ähnlichen Ansatzpunkte ist die Auswahl und Gewichtung der Kriterien bei den verschiedenen Faktoren unterschiedlich. Eine vergleichende Analyse fehlt bislang (vgl. hierzu die ausführliche Darstellung in Kapitel 21).

Die genannten Faktoren stellen für sich genommen lediglich mehr oder weniger abstrahierte Maßeinheiten dar. Nutzungsorientierte Umweltqualitätsziele werden durch sie nicht geschaffen, können aber mit ihrer Hilfe formuliert werden.

Das zentrale Problem der Bewertung von Natur und Landschaft bleibt damit die Bestimmung eines nutzungsorientierten Umweltqualitätsziels. Aus diesem Grund wird der Ruf nach normativ gesetzten Richtwerten oder Mindeststandards laut.[52]

Die Forderung nach den den Maßfaktoren der BauNVO entsprechenden ökologischen Mindeststandards darf aber nicht den Blick dafür verstellen, daß die Festlegung bestimmter Umweltqualitätsziele für einen Raum das Ergebnis einer planerischen Abwägung ist. Die Festlegung genereller, überregional wirkender Umweltstandards muß deshalb zwangsläufig auf Schwierigkeiten stoßen, da regionale Unterschiede nicht berücksichtigt werden.[53] In diesem Sinne hat der einschlägige Arbeitskreis bei der Akademie für Raumforschung und Landesplanung die Schaffung regional wirksamer Umweltqualitätsziele auf der Ebene der Landschaftsrahmenpläne vorgeschlagen.[54] Diese könnten auf lokaler Ebene weiter konkretisiert werden. Zur Operationalisierung wäre aber auch schon die Schaffung lokal wirksamer Umweltqualitätsziele durch Ratsbeschlüsse oder entsprechende Fachprogramme, z.B. zur Begrenzung und Verringerung der Bodenversiegelung, hilfreich.[55]

II. Entwicklungsteil

Der eigentliche konzeptionelle Akt ist die Darstellung des angestrebten Zustands von Natur und Landschaft und der erforderlichen Maßnahmen, der sogenannte Entwicklungsteil. Welche Maßnahmen dargestellt werden können, ist nur exemplarisch und sehr allgemein in § 6 Abs. 2 Nr. 2 a - c BNatSchG geregelt. Danach können folgende Maßnahmen dargestellt werden:

---

49 Schulz, IzR 1982, 847 ff.
50 Boetticher/Fisch, Das Gartenamt 1988, 26 ff.
51 Großmann/Pohl/Schulze, Werte für die Landschafts und Bauleitplanung, Gutachten i.A. des Senats der Freien und Hansestadt Hamburg, 1983
52 Vgl. z.B. Finke/Passlick/Peters/Spindler, Umweltgüteplanung, S. 145; Stich, NuR 1988, 221 (222); Boetticher/Fisch, Das Gartenamt 1988, 26 ff.
53 Vgl Braun, UVP in der Bauleitplanung, S. 187 f.
54 Vgl. ARL, Integration der Landschaftsplanung in die Raumplanung, S. 9; Hübler, UPR 1989, 121 (126)
55 Vgl. Finke/Passlick/Peters/Spindler, Umweltgüteplanung, S. 155

a) die allgemeinen Schutz-, Pflege- und Entwicklungsmaßnahmen im Sinne des dritten Abschnitts,
b) die Maßnahmen zum Schutz, zur Pflege und zur Entwicklung bestimmter Teile von Natur und Landschaft im Sinne des vierten Abschnitts und
c) die Maßnahmen zum Schutz und zur Pflege der Lebensgemeinschaften und Biotope, der Tiere und Pflanzen wildlebender Arten, insbesondere der besonders geschützten Arten, im Sinne des fünften Abschnitts.

Das BNatSchG orientiert sich bei der beispielhaften Aufzählung von möglichen Maßnahmen an den ohnehin vorhandenen naturschutzrechtlichen Instrumenten der Abschnitte drei bis fünf des BNatSchG.[56] Insoweit eröffnet sich durch den Landschaftsplan kein weitergehendes Instrumentarium zur Umsetzung der planerischen Vorgaben. Zur Vermeidung oder Verminderung von Bodenversiegelung kommen insbesondere Maßnahmen im Rahmen der Eingriffsregelung und des Flächen- und Objektschutzes in Betracht. Im Vorfeld der Eingriffsregelung können z.B. die Notwendigkeit von Ausgleichsmaßnahmen festgestellt und hierfür bestimmte Flächen dargestellt werden. Im Rahmen des Flächen- und Objektschutzes können z.B. die Bedeutung von Landschaftsbestandteilen ermittelt und ihre Unterschutzstellung vorgeschlagen werden.

Die im BNatSchG aufgeführten Inhalte lassen die Querschnittsorientierung der Landschaftsplanung in ihrer Funktion als Fachbeitrag zur Gesamtplanung nicht erkennen. Es handelt sich aber nicht um eine abschließende Bestimmung des möglichen Inhalts von Landschaftsplänen, so daß die Landschaftsplanung auch für speziell auf die Bauleitplanung ausgerichtete Inhalte offensteht. In Ermangelung eines umfassenden Darstellungs- bzw. Festsetzungskatalogs ist der Inhalt der Landschafts- und Grünordnungspläne letztlich nach den örtlichen Erfordernissen unter Beachtung und Konkretisierung der Zielvorgaben der überörtlichen Landschaftsplanung zu entwickeln.[57] Insoweit kann auf § 1 Abs. 1 BNatSchG und den Katalog des § 2 Abs. 1 BNatSchG zurückgegriffen werden.[58]

Die Konkretheit der dargestellten und festgesetzten Maßnahmen hängt schließlich auch von der räumlichen Bezugsebene ab. Ein auf das gesamte Gemeindegebiet bezogener Landschaftsplan kann deshalb weniger differenzierte Maßnahmen vorsehen als ein Grünordnungsplan auf der Ebene des Bebauungsplans.[59]

Als Beispiel für eine auf das gesamte Gemeindegebiet bezogene Landschaftsplanung kann das Berliner Landschaftsprogramm (1988) dienen. Das Landschaftsprogramm legt Schwerpunktgebiete für Entsiegelung von Siedlungsbereichen fest, deren Bodenoberfläche zu mehr als 70 % versiegelt ist. Ausgenommen werden Kerngebiete aufgrund ihrer intensiven Nutzung und der davon ausgehenden Gefährdung für Boden und Grundwasser. Als Ziel wird die Entsiegelung unter Berücksichtigung des Boden- und Grundwasserschutzes genannt.[60] Als Maßnahme wird die Entsiegelung hochverdichteter Siedlungsgebiete dargestellt. Weitergefaßt als das "Schwerpunktgebiet Entsiegelung" wird ein "Vorranggebiet Klimaschutz" dargestellt und u.a. die Maßnahme "Vermeidung von Bodenversiegelung" zugeordnet. Im Teilplan "Erholung und Freiraumnutzung" werden nach Dringlichkeit der Verbesserung der

---

56 Vgl. Pielow, NuR 1986, 60 (62 f.) zur möglichen Integration der Maßnahmen der Abschnitte drei bis fünf in die Bauleitplanung.
57 Blume, NuR 1989, 332; Hoppe/Beckmann, Umweltrecht, § 18 Rn. 43
58 Blume, NuR 1989, 332
59 Vgl. Pfeifer, Landschaftsplanung und Bauleitplanung, S. 80 ff.
60 Landschaftsprogramm Berlin 1988, Erläuterungsbericht S. 32

Freiraumversorgung gestaffelt die Wohnquartiere in vier Typen aufgeteilt. Als langfristige Maßnahme auf privaten Grundstücken werden Blockkonzepte, Mietergärten, Dach- und Fassadenbegrünung dargestellt.

Die Darstellungen zielen auf eine Konkretisierung in der Bebauungs- und Grünordnungsplanung. Auch andere Umsetzungsstrategien (Entsiegelungsprogramme, Wohnumfeldverbesserungs- und Hofbegrünungsmaßnahmen) werden im Erläuterungsbericht angeregt.[61]

Während der Landschaftsplan auf Gemeindegebietsebene damit eher programmatischen Charakter hat, muß der Grünordnungsplan konkrete grundstücksbezogene Festsetzungen treffen. Die saarländische Richtlinie für die Aufstellung von Landschaftsplänen weist z.B. darauf hin, daß Maßnahmen festgelegt werden sollen, "die notwendig sind zur Behebung von Schäden bzw. Mißständen im ökologischen Wirkungsgefüge, im Gefüge der Kulturlandschaft (z.B. nicht landschaftsgerechte Siedlungserweiterung), am Landschaftsbild (z.B. geminderter Nutzwert für naturnahe Erholung) und im Siedlungsbereich (z.B. Mangel in der Durchgrünung, bei der Rekultivierung und bei Schutzpflanzungen)."[62] Nach der hessischen Verwaltungsvorschrift soll der Landschaftsplan - soweit erforderlich - Aussagen u.a. zur Sicherung und pfleglichen Nutzung der natürlichen Ressourcen und zur Berücksichtigung und Verbesserung der klimatischen Verhältnisse machen.[63] Zu schützen sind auch die natürlichen Bodenfunktionen. Möglich ist das ganze Repertoire der Grünfestsetzungen, das nach § 9 Abs. 1 BauGB festgesetzt werden kann (vgl. die Beispiele in Tab. 50). Insoweit kann auf die Ausführungen zur Bauleitplanung verwiesen werden.

Geeignete Maßnahmen zur Festsetzung bzw. Darstellung im Grünordnungsplan
- Vertikal- und Dachbegrünung oder Freihaltung von Regenerationsflächen zur Verbesserung des lokalen Klimas auf der Grundlage der ökologisch-gestalterischen Verträglichkeitsprüfung - Verhinderung nicht vertretbarer Bodenversiegelung, - Beseitigung unvertretbarer Bodenversiegelung, - Empfehlungen für Rückbaumaßnahmen.[1]

(Tab. 50)

1 Vgl. Bongartz, Umweltvorsorge im Siedlungsbereich - Grünordnungsplanung in Theorie und Praxis, S. 103; Erbguth, UPR 1984, 241 (245); Pfeifer, Landschaftsplanung und Bauleitplanung, S. 84 f.; Blume, NuR 1989, 332; HessVGH, Urt. v. 24.10.1985 - III OE 141/82 -, UPR 1986, 190

D. Allgemeine Planungsgrundsätze

Wie in der Bauleitplanung gelten der Grundsatz der Erforderlichkeit und das Abwägungsgebot auch bei der örtlichen Landschaftsplanung.

---

61 Vgl. Erläuterungsbericht zum Landschaftsprogramm Berlin (1988), S. 32
62 Saarl. Richtlinie für die Aufstellung von Landschaftsplänen v. 31.8.1982, GMBl. Saar. 1982, S. 84
63 Gemeinsamer Erlaß des Hessischen Ministers für Landesentwicklung, Umwelt, Landwirtschaft und Forsten und des Hessischen Ministers des Innern v. 12.10.1982 "Aufstellung von Landschaftsplänen nach § 4 HessNatSchG", StAnz. 1982, S. 1977

I. Erforderlichkeit des Grünordnungs- und Landschaftsplans

Nach § 6 Abs. 1 BNatSchG sind Landschaftspläne aufzustellen, sobald und soweit dies aus Gründen des Naturschutzes und der Landschaftspflege erforderlich ist. Deshalb gilt auch hier das Gebot der Erforderlichkeit bzw. der Planrechtfertigung.[64] Während die Bauleitpläne aus städtebaulichen Gründen erforderlich sein müssen, muß sich beim Landschaftsplan die Erforderlichkeit aus den Belangen des Naturschutzes und der Landschaftspflege ergeben.[65]

Das Erforderlichkeitsgebot enthält somit zum einen eine Begrenzung der Planungsbefugnis, begründet zum anderen aber auch eine Pflicht zur Aufstellung von Landschaftsplänen, wenn dies i.S.v. § 6 Abs. 1 BNatSchG erforderlich ist.[66] Ob und wann ein Landschaftsplan aufgestellt werden muß, ergibt sich aus den Zielvorgaben der überörtlichen Landschaftsplanung und aus den tatsächlichen Verhältnissen in der Gemeinde.[67] Die Landesgesetze enthalten z.T. zur näheren Konkretisierung der Erforderlichkeit Kataloge von Beispielsfällen.[68] Landschafts- bzw. Grünordnungspläne sind danach insbesondere in Bereichen, die nachhaltigen Landschaftsveränderungen ausgesetzt sind, aufzustellen. Dies wird in Bereichen mit erheblicher Siedlungstätigkeit regelmäßig der Fall sein. Auch im Schrifttum werden verschiedene Fallkonstellationen exemplarisch angeführt. Die Erforderlichkeit besteht auch danach u.a. bei Gemeinden mit erheblicher Siedlungstätigkeit, in Städten und Verdichtungsgebieten.[69] Hier bestehen häufig Mißstände im ökologischen Wirkungsgefüge und bei den freiraumbezogenen Erholungsmöglichkeiten, die einen Grünordnungsplan rechtfertigen können.[70]

II. Abwägungsgebot

Das Abwägungsgebot in der örtlichen Landschaftsplanung wird durch § 1 Abs. 2 BNatSchG konkretisiert.[71] Danach sind die sich aus § 1 Abs. 1 BNatSchG ergebenden Anforderungen untereinander und gegen die sonstigen Anforderungen der Allgemeinheit an Natur und Landschaft abzuwägen. Für die Abwägung gelten die vom BVerwG [72] für die Bauleitplanung aufgestellten Grundsätze entsprechend.[73] In die Abwägung einzustellen ist deshalb alles, was nach Lage der Dinge in der Planung zu berücksichtigen war.[74] Einen wichtigen Anhaltspunkt für die zu beachtenden Belange bietet der Katalog der Grundsätze in § 2

---

64 Eberhardt/Gaßner/Janssen/Siederer; Naturschutz und Landschaftsplanung in Berlin, S. 65; Bernatzky/Böhm, BNatSchG, § 6 Rn. 2
65 Vgl. oben Kap. 7, Teil C II
66 Eberhardt/Gaßner/Janssen/Siederer; Naturschutz und Landschaftsplanung in Berlin, S. 65
67 Bernatzky/Böhm, BNatSchG, § 6 Rn. 3
68 § 9 Abs. 1 S. 2 BWNatSchG; § 8 Abs. 1 S. 2 BlnNatSchG; 7 Abs. 1 S. 2 BremNatSchG; § 6 Abs. 1 S. 2 HbgNatSchG; § 9 Abs. 4 S. 2 SaarNatSchG
69 Bernatzky/Böhm, BNatSchG, § 6 Rn. 3
70 Vgl. insoweit die saarländische Richtlinie für die Aufstellung von Landschaftsplänen.
71 Bernatzky/Böhm, BNatSchG, § 6 Rn. 8; Ebersbach, Rechtliche Aspekte des Landverbrauchs am ökologisch falschem Platz, S. 296 u. 270
72 vgl. oben Kap. 7, Teil C III grundlegend BVerwG, Urt. v. 12.12.1969, E 34, 301 (309); Urt. v. 5.7.1974, E 45, 309
73 Ebersbach, Rechtliche Aspekte des Landverbrauchs am ökologisch falschem Platz, S. 271
74 Schmidt-Aßmann, NuR 1979, 1 (6)

Abs. 1 BNatSchG.[75] Zu beachten sind aber auch sonstige Anforderungen der Allgemeinheit an Natur und Landschaft. Hierzu gehören insbesondere die bestehenden und geplanten Nutzungen.[76]

Da die Landschaftsplanung nicht die Funktion einer räumlichen Gesamtplanung hat, sondern sowohl als Fachplanung als auch in ihrer Funktion gegenüber der Bauleitplanung ausschließlich auf die Optimierung der Ziele von Naturschutz und Landschaftspflege ausgerichtet ist, hat die Berücksichtigung der anderen, d.h. nicht originär den Zielen des Naturschutzrechtes entsprechenden Belange nach Maßgabe dieser sektoralen Ausrichtung zu erfolgen.[77] Dies ergibt sich schon aus der Aufzählung der zu beachtenden Grundsätze in § 2 Abs. 1 BNatSchG. Dort sind anders als im Katalog der zu beachtenden Belange bei der Bauleitplanung in § 1 Abs. 5 S. 2 BauGB ausschließlich Grundsätze zum Schutz, zur Pflege und zur Entwicklung von Natur und Landschaft aufgeführt. Die örtliche Landschaftsplanung kann deshalb keine abschließende Abwägung aller Anforderungen an den Raum - wie sie Gegenstand der Bauleitplanung ist - leisten. Sie bleibt immer eine sektorale Fachplanung, allerdings mit starker Querschnittsorientierung in Richtung Bauleitplanung.

E. Landesrechtliche Ausgestaltung im einzelnen

Die Bundesländer haben die dargestellten Funktionen in sehr unterschiedlicher Weise umgesetzt. Der Bundesgesetzgeber hat ihnen gem. § 6 Abs. 4 S. 2 BNatSchG ausdrücklich überlassen, das Verhältnis der örtlichen Landschaftsplanung zur Bauleitplanung, insbesondere ihre Verbindlichkeit zu bestimmen. Nach § 6 Abs. 3 S. 2 BNatSchG ist lediglich auf die Verwertbarkeit des Landschaftsplans für die Bauleitplanung Rücksicht zu nehmen. Gem. § 6 Abs. 4 S. 3 BNatSchG werden die Länder ausdrücklich ermächtigt zu bestimmen, daß Darstellungen des Landschaftsplans als Darstellungen und Festsetzungen in die Bauleitpläne aufgenommen werden.

Das Verhältnis zwischen Bauleitplanung und Landschaftsplanung ist von den Länder in drei Grundtypen geregelt worden:

a) Trennung von Bauleitplanung und Landschaftsplanung
b) Mittelbare Integration
c) Unmittelbare Integration

Dem entspricht die im Schrifttum z.T. zu findende Unterscheidung zwischen vorlaufender (a), paralleler (b) und integrierter (c) Landschaftsplanung.[78]

---

75 Ebersbach, Rechtliche Aspekte des Landverbrauchs am ökologisch falschem Platz, S. 270
76 Bernatzky/Böhm, BNatSchG, § 6 Rn. 8
77 Gassner, UPR 1988, 321
78 Stich, in: HdUR, Band 1, Spalte 981 f.; z.T. wird nur zwischen integrierter und pralleler Landschaftsplanung unterschieden; vgl. Dolde, Der Städtetag 1981, 466; in Anlehnung an die Unterscheidung bei der Integration der überörtlichen Landschaftsplanung in landes- und Regionalplanung wird auch zwischen Primär- und Sekundärintegration unterschieden; vgl. Pfeifer/Wagner, DVBl 1989, 789 (790 ff.)

I. Trennung von Bauleitplanung und Landschaftsplanung

Der Landschafts- bzw. Grünordnungsplan ist in den Ländern Berlin, Bremen, Hamburg und Nordrhein-Westfalen ein von der Bauleitplanung losgelöstes formell selbständiges Planwerk mit eigener Rechtswirkung nach außen. Er wird in Bremen und Nordrhein-Westfalen als Satzung, in Berlin als Rechtsverordnung und in Hamburg in Entsprechung zum Bebauungsplan als Gesetz festgesetzt.

Hinsichtlich des Inhalts von Landschafts- bzw. Grünordnungsplänen wird zwischen Darstellungen und Festsetzungen unterschieden. Während die Darstellungen Aussagen über die erforderlichen Maßnahmen als programmatische Vorgaben enthalten, begründen die Festsetzungen unmittelbar Rechte und Pflichten nach außen.[79] Sie haben die gleiche Verbindlichkeit wie die Festsetzungen in Bebauungsplänen.

Um mögliche Kollisionen bauplanungsrechtlicher und landschaftsplanerischer Regelungen zu vermeiden, haben die Länder unterschiedliche Kollisionsregelungen geschaffen.

In Nordrhein-Westfalen soll bereits eine räumliche Überschneidung von Landschaftsplanung und Bauleitplanung vermieden werden. Abweichend von der Konzeption des BNatSchG beschränkt Nordrhein-Westfalen die Landschaftsplanung im wesentlichen auf den Außenbereich. Landschaftspläne können gem. § 16 Abs. 1 NWLG nur für Gebiete außerhalb der im Zusammenhang bebauten Ortsteile und des Geltungsbereichs von Bebauungsplänen aufgestellt werden. Nur wenn im Bebauungsplan "land- unf forstwirtschaftliche Nutzung" oder "Grünflächen" festgesetzt sind, kann sich der Landschaftsplan unbeschadet der Festsetzungen des Bebauungsplans auch auf diese Flächen erstrecken.[80] Inhaltliche Überschneidungen kann es mit den Darstellungen des Flächennutzungsplans geben. Gem. § 16 Abs. 2 S. 2 LGNW wird ein Vorrang des Flächennutzungsplans konstituiert.[81]

Die nordrhein-westfälische Regelung mißachtet offensichtlich die rahmenrechtlich angestrebte Funktion der Landschaftsplanung als Beitrag zur Bauleitplanung. Ein Verstoß gegen höherrangiges Recht kann dennoch nicht angenommen werden, da die rahmenrechtlichen Vorgaben lediglich das angestrebte Modell erkennen lassen, ohne dies aber mit der für eine bindende Wirkung erforderlichen Bestimmtheit vorzuschreiben.

Allerdings sind die nordrhein-westfälischen Gemeinden nicht daran gehindert, auch ohne gesetzlichen Auftrag Landschaftspläne für den besiedelten Bereich dann als sogenannte informelle "Grünordnungpläne" aufzustellen.[82] Die Notwendigkeit einer qualifizierten Beurteilung von Natur und Landschaft im Rahmen der Bauleitplanung erfordert geradezu eine partielle Umweltverträglichkeitsprüfung für den Bereich Naturschutz und Landschaftspflege,

---

79 Vgl. Carlsen, NuR 1985, 226 (227); Vgl. Eberhardt/Gaßner/Janssen/Siederer, Naturschutz und Landschaftsplanung in Berlin, S. 72 u. 93 ff.
80 Vgl. die umfassende Analyse von Verfahren und Inhalten der Landschaftsplanung nach dem LG NW bei Stich/Porger/Steinebach, Örtliche Landschaftsplanung und kommunale Bauleitplanung, S. 32 ff. sowie bei Carlsen, NuR 1985, 226 (227)
81 Vgl. zur Rechtslage in Nordrhein-Westfalen auch Pfeifer, Landschaftsplanung und Bauleitplanung, S. 27 f.; Bongartz, Umweltvorsorge im Siedlungsbereich - Grünordnungsplanung in Theorie und Praxis, S. 65 ff.
82 Vgl. zu den unterschiedlichen inhaltlichen Ausgestaltungen und Funktionen informeller Grünordnungspläne Bongartz, Umweltvorsorge im Siedlungsbereich - Grünordnungsplanung in Theorie und Praxis, S. 77 ff.

die dann in einem Landschafts- bzw. Grünordnungsplan dargestellt werden kann.[83] Die Bemühungen der Gemeinden sind allerdings mangels gesetzlicher Vorgaben sowohl in der Zielrichtung als auch hinsichtlich des Regelungsgegenstandes sehr heterogen und im Ergebnis unbefriedigend.[84]

Die Rechtslage in den Stadtstaaten weicht hiervon grundsätzlich ab. Ziel der dortigen Regelungen ist die inhaltliche und räumliche Ergänzung der Bauleitplanung. Es soll ermöglicht werden, unabhängig von den Erfordernissen der Bauleitplanung Maßnahmen zum Schutz, zur Pflege und zur Entwicklung von Natur und Landschaft für bestimmte Flächen verbindlich festzulegen. Besteht keine Absicht, einen Bebauungsplan aufzustellen, können z.B. zur Verminderung von Defiziten in der Versorgung mit wohnungsnahen Grünflächen oder zur Verminderung kleinräumig wirkender klimatischer Belastungen infolge von Bodenversiegelung verbindliche Maßnahmen festgesetzt werden. Die Rechtswirkung entspricht den entsprechenden Festsetzungen im Bebauungsplan. Sie sind im Rahmen von Baugenehmigungsverfahren als möglicherweise entgegenstehende öffentliche Vorschriften zu beachten. Zudem sehen die Länder z.T. eigene naturschutzrechtliche Eingriffsinstrumente zur Umsetzung von festgesetzten Maßnahmen vor.[85]

Inhaltlich sind die Landschafts- bzw. Grünordnungspläne allerdings auf Regelungen beschränkt, die aus Gründen des Naturschutzes und der Landschaftspflege erforderlich sind. § 6 Abs. 4 S. 1 HbgNatSchG enthält deshalb eine entsprechende Einschränkung der Regelungsmöglichkeiten. Danach darf die Zweckbestimmung von Flächen nur festgesetzt werden, soweit diese nicht in einem Bebauungsplan festzusetzen ist.[86]

Ausgeschlossen ist deshalb die Eröffnung oder Erweiterung von Bebauungsmöglichkeiten. Demgegenüber ist die Beschränkung von Eingriffen in Natur und Landschaft insbesondere durch Bebauung eine der Zweckbestimmung der Landschaftsplanung entsprechende Maßnahme. Die sich hieraus ergebende Zielkollision von Bauleitplanung und Landschaftsplanung wurde in Berlin und Bremen zugunsten der Bauleitplanung entschieden.[87] Die Festsetzungen des Landschafts- bzw. Grünordnungsplans dürfen den Festsetzungen des Bebauungsplans nicht widersprechen.[88]

In Hamburg fehlt eine entsprechende Kollisionsregelung. Das BVerwG hat den gewohnheitsrechtlichen Grundsatz, daß in Ermangelung gesetzlicher Kollisionsregelungen die spätere Norm die frühere verdrängt, wenn der gleiche Sachverhalt normiert wird, für das Verhältnis zwischen dem in Hamburg als Gesetz erlassenen Bebauungsplan und einer Landschaftsschutzverordnung herangezogen.[89] Als dem irreversiblen Landesrecht zugehörige Frage hat das Gericht allerdings offen gelassen, ob eine speziellere Kollisionsregelung aus der Tatsache abgeleitet werden kann, daß ein Gesetz in der Normenhierarchie über einer

---

83 Vgl. die Bsp. bei Bongartz, Umweltvorsorge im Siedlungsbereich - Grünordnungsplanung in Theorie und Praxis, S. 80 f.
84 Vgl. die Bsp. bei Bongartz, Umweltvorsorge im Siedlungsbereich - Grünordnungsplanung in Theorie und Praxis, S. 145 ff. u. 185
85 Vgl. die Eingriffsbefugnisse nach §§ 11 Abs 1 u. 17 Abs. 1 BlnNatSchG, § 38 Abs. 1 u. 2 LGNW, dargestellt unten Kap. 3, Teil C II 3 b
86 § 6 Abs. 4 HbgNatSchG
87 Vgl. Hofherr, UPR 1987, 88 (90)
88 § 8 Abs. 4 S. 1 BlnNatSchG; § 7 Abs. 5 Brem.NatSchG. Ausgenommen ist allerdings der ganz überwiegend als Bebauungsplan übergeleitete Baunutzungsplan 58/60 in Berlin.
89 Vgl. BVerwG, Beschl. v. 24.10.1990, - 4 NB 29/90 -, UPR 1991, 111 f. unter Hinweis auf BVerfG E 36, 342 (363)

Verordnung steht. Dieses Problem stellt sich im Verhältnis von Grünordnungsplan zum Bebauungsplan nicht, da beide in Hamburg als Gesetz erlassen wurden. Die Nichtberücksichtigung bestehender oder geplanter Nutzungen würde jedoch einen Abwägungsfehler begründen.

Trotz der Ausgestaltung als eigenständiges und von der Bauleitplanung losgelöstes verbindliches Planungsinstrument wird in den Stadtstaaten auch die Bedeutung der Landschaftsplanung für die Bauleitplanung beachtet. Bremen und Berlin sehen eine mittelbare Integration der dargestellten und festgesetzten Inhalte im Rahmen der Abwägung vor.[90] In Berlin wird die ausreichende Berücksichtigung der dargestellten und festgesetzten Inhalte dadurch sichergestellt, daß der Bebauungsplan selbst die nicht übernommenen und die seinem Inhalt widersprechenden landschaftsplanerischen Festsetzungen bezeichnen und ihr Außerkrafttreten festsetzen muß.[91] In Hamburg kann gem. § 6 Abs. 2 HbgNatSchG parallel zum Bebauungsplan ein Grünordnungsplan aufgestellt werden. Dem steht auch in Berlin und Bremen nichts entgegen.

In Bremen können die landschaftsplanerischen Festsetzungen gem. § 7 Abs. 4 S. 1 BremNatSchG auch im Rahmen von Bebauungsplänen getroffen werden. In Berlin (§ 8 Abs. 4 S. 3 BlnNatSchG) und Hamburg (§ 6 Abs. 4 HbgNatSchG) ist diese Möglichkeit eröffnet, soweit ein Grünordnungsplan nicht aufgestellt wird. Abweichend von der prinzipiellen Trennung von Landschaftsplanung und Bauleitplanung wird damit auch die Möglichkeit einer unmittelbaren Integration landschaftsplanerischer Inhalte eröffnet.[92] Unnötige Doppelfestsetzungen können so vermieden werden.[93]

Die Öffnung der Bauleitplanung für landschaftsplanerische Festsetzung quasi im "Huckepack-Verfahren" beruht unmittelbar auf § 9 Abs. 4 BauGB und nicht auf der Ermächtigung nach § 6 Abs. 4 S. 3 BNatSchG. Nach der Vorschrift des BNatSchG können die Länder lediglich bestimmen, daß Darstellungen von bereits aufgestellten Landschaftsplänen als Festsetzungen in die Bebauungspläne aufgenommen werden.

II. Mittelbare Integration

In den Bundesländern Baden-Württemberg, Hessen, Niedersachsen, Saarland und Schleswig-Holstein werden Landschaftspläne als Planwerke ohne Rechtsverbindlichkeit nach außen aufgestellt. Obwohl sie nicht originärer Bestandteil der Bauleitplanung sind, besteht eine stark ausgeprägte Anbindung an die Erfordernisse der Bauleitplanung.[94] Die Intensität der Anbindung der Landschaftsplanung an die Bauleitplanung ist aber auch unter diesen Ländern unterschiedlich ausgeprägt.

Nach § 9 Abs. 1 S. 1 BWNatSchG haben die Träger der Bauleitplanung einen Landschaftsplan und einen Grünordnungsplan aufzustellen, sobald und soweit es zur Aufstellung, Er-

---

90 § 3 Abs. 3 BlnNatSchG; § 4 Abs. 3 BremNatSchG
91 § 8 Abs. 4 S. 2 BlnNatSchG
92 Vgl. Pfeifer, Landschaftsplanung und Bauleitplanung, S. 30; Ermer, Das Gartenamt 1991, 21 (22)
93 Vgl. hierzu z.B. das internen Grundsätze der hamburger Umweltbehörde für landschaftsplanerische Festsetzungen neben städtebaulich begründeten Festsetzungen: "Doppelfestsetzungen sind zwar ... rechtlich zulässig; sie sollen aber aus Gründen der Rechtsklarheit für den Bürger nach Möglichkeit vermieden werden." Vgl. auch Stich, Stadtbauwelt 1985, 470 (475)
94 Vgl. Carlsen, NuR 1985, S. 226 (227)

gänzung, Änderung oder Aufhebung von Bauleitplänen erforderlich ist, um Maßnahmen zur Verwirklichung der Grundsätze des Naturschutzes, der Landschaftspflege und der Erholungsvorsorge in Konkretisierung von Landschaftsrahmenplan und Landschaftsprogramm näher darzustellen.[95] Eine örtliche Landschaftsplanung ohne parallele Bauleitplanung ist nicht vorgesehen. Die Landschaftsplanung hängt damit von den Erfordernissen der Bauleitplanung ab.[96] Insbesondere ist danach eine Landschaftsplanung für bereits im Zusammenhang bebaute Ortsteile ohne gleichzeitiges Erfordernis einer Bauleitplanung nicht vorgesehen. Die örtliche Landschaftsplanung verliert damit ihre Bedeutung als sektorale Fachplanung für Naturschutz und Landschaftspflege sowie für Erholungsvorsorge und ist reduziert auf ihre Funktion als Grundlagenplanung für die Bauleitplanung sowie für die anderen raumbedeutsamen Fachplanungen.

Eine ähnliche, allerdings nicht zwingende funktionelle Anbindung an die Bauleitplanung gibt es auch in Niedersachsen und in Schleswig-Holstein. Nach § 6 Abs. 1 SchHLPflG sind Landschaftspläne aufzustellen, soweit dies aus Gründen des Naturschutzes und der Landschaftspflege, insbesondere vor Aufstellung, Ergänzung, Änderung oder Aufhebung von Bauleitplänen erforderlich ist. Nach § 6 S. 1 NdsNatSchG arbeiten die Gemeinden Landschafts- und Grünordnungspläne u.a. zur Vorbereitung oder Ergänzung ihrer Bauleitplanung aus.

Demgegenüber ist in Hessen und im Saarland die Erforderlichkeit einer örtlichen Landschaftsplanung nicht ausdrücklich auf ihre Funktion für die Bauleitplanung zugeschnitten.[97]

Die Integration landschaftsplanerischer Inhalte in die Bauleitplanung erfolgt in den genannten Ländern grundsätzlich nur mittelbar. Dennoch sind auch hier noch landesrechtliche Unterschiede festzustellen. Der wesentlichste Unterschied besteht darin, daß in allen Ländern mit Ausnahme von Niedersachsen Festsetzungen und Darstellungen des Landschafts- bzw. Grünordnungsplans als Darstellung in den Flächennutzungsplan oder Festsetzung in den Bebauungsplan übernommen werden können. Die ansonsten unverbindlichen Regelungen der Landschaftsplanung können auf diese Weise an der Rechtswirkung der Bauleitplanung teilhaben und auf der Ebene des Bebauungsplans mit Rechtskraft nach außen versehen werden.

In Baden-Württemberg und im Saarland sind die Landschaftspläne bzw. Grünordnungspläne in die Bauleitpläne zu übernehmen, soweit sie nach den Vorschriften des Bundesbaugesetzes/Baugesetzbuchs hierfür geeignet sind.[98] Den integrierbaren Inhalten wird damit eine besondere Eignung abverlangt, ohne daß die Gesetze erkennen lassen, was damit gemeint ist.[99] Eine inhaltliche Einengung wird hiermit nicht gemeint sein, denn der Gesetzgeber wollte offensichtlich von der ihm durch die Subsidiaritätsklausel in § 9 Abs. 1 Nr. 20

---

95 Landschaftspläne können auch aufgestellt werden, wenn noch kein Landschaftsprogramm oder Landschaftsrahmenplan aufgestellt ist. In diesem Fall ergeben sich die Zielsetzungen unmittelbar aus § 7 Abs. 1 BWNatSchG. Vgl. Künkele/Heiderich, BWNatSchG, § 9 Rn. 2 sowie Ministerium für Ernährung, Landwirtschaft und Umweltschutz BW, Richtlinie für die Aufstellung von Landschaftsplänen und Grünordnungsplänen v. 5.12.1979, Staatsanzeiger für BW 1979, S. 6, Nr. 2
96 Vgl. Gerschauer, DVBl 1979, 601 (606); Bongartz, Umweltvorsorge im Siedlungsbereich - Grünordnungsplanung in Theorie und Praxis, S. 118
97 Gem. § 4 Abs. 1 HessNatSchG kann von der Aufstellung eines Landschaftsplans abgesehen werden, wenn die vorherrschende Nutzung in der Gemarkung den Zielen der Landschaftspflege entspricht und eine Nutzungsänderung nicht zu erwarten ist. Vgl. Blume, NuR 1989, 332
98 § 9 Abs. 7 S. 3 SaarNatSchG, § 9 Abs. 1 S. 4 BWNatSchG
99 Vgl. Pfeifer, Landschaftsplanung und Bauleitplanung, S. 25

1. Alt. BauGB überlassenen Möglichkeit keinen Gebrauch machen, Maßnahmen zum Schutz, zur Pflege und zur Entwicklung von Natur und Landschaft nur im Landschaftsplan festzusetzen. Die Eignung wird deshalb auf die inhaltliche Bestimmtheit der Festsetzung und auf ihre Vollziehbarkeit im Rahmen der Eingriffs- und Kontrollinstrumentarien zu beziehen sein.[100] Die Bauleitplanung knüpft die aus ihr resultierenden Rechte und Pflichten an die Fläche an. Die maßgebliche Einheit zur Umsetzung auf der Ebene des Bebauungsplans ist das Grundstück. Voraussetzung ist insoweit zumindest ein konkreter Grundstücksbezug der Festsetzung. Aus diesem Grunde können keine nicht flächen- bzw. grundstücksbezogenen Darstellungen in die Landschafts- bzw. Grünordnungspläne übernommen werden.[101] Ebenfalls nicht übernommen werden kann der Grundlagenteil mit Bestandsaufnahme und Bewertung.[102] Die danach überschüssigen Inhalte bleiben jedoch als Grundlage für die Abwägung im Rahmen der Gesamt- und Fachplanungen und im Rahmen der Eingriffsregelung erhalten.[103] Sie können zudem in die Begründung bzw. in den Erläuterungsbericht aufgenommen werden.

Nach dem Wortlaut der hessischen Regelung sind die Landschaftspläne als Darstellungen und Festsetzungen in die Bauleitplanung aufzunehmen.[104] In Schleswig-Holstein wird "der Inhalt des Landschaftsplans ... von der Gemeinde unter Abwägung mit den anderen bei der Aufstellung der Bauleitpläne zu beachtenden Belangen ... als Darstellung und Festsetzung in die Bauleitplanung aufgenommen".[105] Auch hier müssen die zu integrierenden Festsetzungen jedoch die dargestellte Eignung haben.

In Niedersachsen ist die Übernahme von Festsetzungen in die Bauleitplanung nicht vorgesehen. Nach § 6 S. 2 NdsNatSchG sollen die Landschafts- und Grünordnungspläne lediglich im Erläuterungsbericht zum Flächennutzungsplan und in der Begründung zum Bebauungsplan auf den Zustand von Natur- und Landschaft eingehen und darlegen, wie weit die Ziele und Grundsätze des Naturschutzes und der Landschaftspflege berücksichtigt worden sind. Die Regelung stellt immerhin sicher, daß die Darstellungen der Grünordnungs- und Landschaftspläne in der Bauleitplanung beachtet werden. Durch die angeordnete Aufnahme in Erläuterungsbericht und Begründung wird auch eine ausreichende Transparenz erreicht, die die aufsichtsbehördliche und richterliche Kontrolle erleichtert. In Schleswig-Holstein wird dies durch die Pflicht gewährleistet, bei der Vorlage des Bebauungsplans zur Kontrolle der Aufsichtsbehörde den Landschaftsplan beizufügen.[106] Die Inhalte der Landschaftspla-

---

[100] In diesem Sinne weist die saarländische Richtlinie darauf hin, daß die Festsetzungen des Landschaftsplans inhaltlich und darstellungsmäßig auf die Erfordernisse der Bauleitplanung ausgerichtet sein sollen. Sie sollen so konkretisiert sein, daß sie als Festsetzungen in die Bebauungspläne übernommen werden können. Vgl. auch Deixler, NuR 1985, 228; Olschowy, NuL 1984, 15 (16)

[101] Künkele/Heiderich, BWNatSchG, § 9 Rn. 4 f.; Stich, ZfBR 1986, 111 (112); Hofherr, UPR 1987, 88 (92); Dolde, Der Städtetag 1981, 466; In Nr. 11 der Richtlinie für die Aufstellung von Landschaftsplänen und Grünordnungsplänen in BW wird dementsprechend zur Erläuterung des erforderlichen und geeigneten Inhalts auf die Darstellungs- und Festsetzungsmöglichkeiten nach Bauplanungsrecht Bezug genommen; StAnz BW 1979, S. 6; a.A. Pielow, NuR 1986, 60 (61)

[102] Vgl. Hofherr, UPR 1987, 88 (91)

[103] Anderes gilt allerdings bei Regionalplänen, die eine breiter angelegte Programmfunktion haben. Vgl. Stich, ZfBR 1986, 111 (112)

[104] § 4 Abs. 2 HessNatSchG

[105] § 6 Abs. 4 S. 1 SchHLPflG

[106] § 6 Abs. 4 S. 2 SchHLPflG

nung wirken insoweit als hinsichtlich der Belange des Naturschutzes und der Landschaftspflege konkretisiertes Abwägungsmaterial.[107]

Die Regelung über die Übernahme von Festsetzungen der Landschafts- und Grünordnungspläne basiert auf § 6 Abs. 4 S. 3 BNatSchG. Formal stellen die Vorschriften damit anderweitige Festsetzungen im Sinne von § 9 Abs. 1 Nr. 20 1. Alt. BauGB dar. Materiell ändert sich der mögliche Inhalt der darauf gestützten Festsetzung jedoch gegenüber der Festsetzung nach § 9 Abs. 1 Nr. 20 1. Alt. BauGB nicht.

III. Unmittelbare Integration

Eine unmittelbare Integration in die Bauleitplanung erfolgt in Bayern und Rheinland-Pfalz. Dabei handelt es sich um eine vollständige Integration der Inhalte aufgrund einer unmittelbaren Koppelung an das Verfahren der Bauleitplanung.[108]

In Bayern werden Landschaftspläne als Bestandteile des Flächennutzungsplans und Grünordnungspläne als Bestandteil des Bebauungsplans mit den erforderlichen Darstellungen und Festsetzungen aufgestellt.[109] Der Grundlagenteil mit Bestandsaufnahme und Bewertung wird hier nicht Bestandteil des Grünordnungsplans.[110] Landschaftsplan und Grünordnungspläne sind aber, sobald und soweit erforderlich, auch aufzustellen, wenn kein Bebauungsplan erforderlich ist.[111] Mithin besteht auch die Möglichkeit, unabhängig von der Aufstellung eines Bebauungsplans landschaftspflegerische Maßnahmen in einem Grünordnungsplan verbindlich vorzuschreiben. Die Rechtswirkung entspricht insoweit der in den Stadtstaaten.[112] Wo kein städtebauliches Erfordernis zur Aufstellung eines Bebauungsplans besteht oder andere Prioritäten gesetzt werden, können gezielt die erforderlichen landschaftsplanerischen Maßnahmen umgesetzt werden.[113]

In Rheinland-Pfalz wird die Landschaftsplanung demgegenüber in § 17 Abs. 1 RhPfLPflG ausschließlich als unmittelbarer Bestandteil der Bauleitplanung vorgenommen.[114] Sie ist damit an die städtebaurechtliche Erforderlichkeit gebunden. Es kommt demnach nicht darauf an, ob der Landschafts-, bzw. Grünordnungsplan zur Verwirklichung der Ziele von Naturschutz und Landschaftspflege erforderlich ist. Die Grünordnungsplanung im Bestand wird hierdurch erheblich eingeschränkt. Im Außenbereich wird sie nur bei Neuausweisung von Baugebieten erfolgen.

Ein wesentliches Problem der unmittelbaren Integration ist die Erkennbarkeit des spezifisch landschaftspflegerischen Inhalts.[115] Nach § 17 Abs. 2 S. 2 RhPfLpflG müssen die Erhebung, Analyse und Bewertung des Zustands von Natur und Landschaft als Grundlage der Darstellungen und Festsetzungen in Text und Karten angegeben werden. Die darin enthaltenen

---

107 Vgl. Louis/Klatt, NuR 1987, 347 (349)
108 Stich, in: HdUR Band I, Spalte 982
109 Art. 3 Abs. 2 BayNatSchG
110 Vgl. Deixler, NuR 1985, 228 (230)
111 Art. 3 Abs. 5 BayNatSchG
112 Art. 3 Abs. 5 S. 3 BayNatSchG
113 Hofherr, UPR 1987, 88 (94)
114 Zur Rechtlage im Einzelnen vgl. Gienandt, NuR 1989, 252 (253)
115 Pfeifer/Wagner, DVBl 1989, 789 (791)

Angaben und Zielvorstellungen sind bei der Aufstellung der Flächennutzungs- und Bebauungspläne zu berücksichtigen (§ 17 Abs. 3 RhPfLPflG).[116]

Probleme bereitet dennoch die Transparenz des Abwägungsprozesses.[117] Von großer Bedeutung ist deshalb die Begründung. Nach § 17 Abs. 4 RhPfLPflG soll im Erläuterungsbericht zum Flächennutzungsplan und in der Begründung zum Bebauungsplan zur Umweltverträglichkeit dargelegt werden, aus welchen Gründen von den landschaftspflegerischen Zielvorstellungen abgewichen wurde.

Gem. § 17 Abs. 4 Nr. 2 RhPfLPflG ist zudem in dem Erläuterungsbericht bzw. der Begründung darzulegen, wie Beeinträchtigungen von Natur und Landschaft vermieden und unvermeidbare Beeinträchtigungen ausgeglichen werden sollen. Damit sollen die Anforderungen der naturschutzrechtlichen Eingriffsregelung für die Bauleitplanung konkretisiert werden. Die Erläuterung bzw. Begründung soll mithin Anhaltspunkte für den Vollzug der Eingriffsregelung bieten.

Ein weiteres Problem der unmittelbaren Integration besteht darin, daß die örtliche Landschaftsplanung noch mehr als in den Ländern mit mittelbarer Integration auf ihre Funktion als Grundlagenplanung für die Bauleitplanung reduziert wird.[118] Eine eigenständige Fachplanung für Naturschutz und Landschaftspflege als Grundlage für die spezifischen naturschutzrechtlichen Instrumente besteht hier nicht.[119] Im Schrifttum wird aus diesem Grunde die Befürchtung geäußert, daß die durch den Focus des Stadtplaners erfolgende Landschaftsplanung den komplexen Anforderungen örtlicher Landschaftsplanung nicht genügt und wichtige Inhalte unberücksichtigt läßt.[120] Wegen der häufig noch bestehenden anderen kommunalpolitischen Prioritäten in der Bauleitplanung wird eine eigenständige Landschaftsplanung für erforderlich gehalten.[121] In Rheinland-Pfalz wurde versucht, dieser Gefahr zu begegnen. Gem. § 17 a RhPfLPflG müssen die landschaftspflegerischen Planungsbeiträge von Personen erstellt werden, die die Berechtigung zur Führung des Diplomgrads "Diplom-Ingenieur" oder "Diplom-Ingenieur (FH)" der Fachrichtung Landschaftspflege oder eine vergleichbare Qualifikation besitzen und eine praktische Tätigkeit von mindestens zwei Jahren auf dem Gebiet der landschaftspflegerischen Planung nachweisen können.[122]

---

116 Vgl. Stich, ZfBR 1989, 9 (12)
117 Vgl. Bongartz, Umweltvorsorge im Siedlungsbereich - Grünordnungsplanung in Theorie und Praxis, S. 115 f.; Stich, ZfBR 1989, 9 (12)
118 Vgl. Bongartz, Umweltvorsorge im Siedlungsbereich - Grünordnungsplanung in Theorie und Praxis, S. 115
119 Vgl. Olschowy, NuL 1984, 15
120 Hofherr, UPR 1987, 88 (92); Pfeifer/Wagner, DVBl 1989, 789 (791); Stich, Stadtbauwelt 1985, 470 (475); ders., ZfBR 1986, 111
121 Stich, ZfBR 1986, 111
122 Stich, ZfBR 1989, 9 (12) weist darauf hin, daß die Vorschrift in Hinblick auf die verfassungsrechtlich garantierte Freiheit von Berufswahl und Ausübung nicht unbedenklich ist. Allerdings dürften diese Bedenken nicht durchgreifen, soweit es sich lediglich um eine behördeninterne Aufgabenverteilung handelt. Insoweit entspricht die Regelung den Qualifikationsanforderung bei der Freistellung von der bauordnungsrechtlichen Genehmigungspflicht bei öffentlichen Vorhaben (z.B. § 67 Abs. 1 BlnBO).

Kapitel 9

Bauordnungsrechtliche Gestaltungs- und Baumschutzsatzungen

Die Landesbauordnungen enthalten durchweg Regelungen, die die Gemeinden zum Erlaß von Ortsvorschriften über die Gestaltung baulicher Anlagen ermächtigen.[1] Die Vorschriften ergehen in den Flächenländern als Ortssatzung, in Berlin als Verordnung und in Bremen und Hamburg als Gesetz. Die LBO gewähren durchweg ein Wahlrecht, die nach Maßgabe der bauordnungsrechtlichen Ermächtigungen möglichen ortsrechtlichen Regelungen auch im Rahmen der Bebauungspläne gem. § 9 Abs. 4 BauGB zu treffen.[2]

A. Anforderungen an die Gestaltung baulicher Anlagen

Gestalterische Anforderungen können nicht nur an Gebäude, sondern an bauliche Anlagen aller Art i.S.d. bauordnungsrechtlichen Legaldefinition gestellt werden. Ausdrücklich differenziert in diesem Sinne § 56 NdsBO. In den anderen Ländern wird auf eine besondere Hervorhebung von Gebäuden verzichtet.

Nach der im wesentlichen übereinstimmenden Legaldefinition der Landesbauordnungen sind bauliche Anlagen aus Baustoffen und Bauteilen hergestellte und dauerhaft mit dem Erdboden verbundene Anlagen.[3] Die danach entscheidenden Kriterien "Ortsfestigkeit"[4] und

---

1 § 73 Abs. 1 Nr. 1 BWBO; Art. 91 Abs. 1 Nr. 1 BayBO; § 76 Abs. 7 BlnBO und § 7 BlnAGBauGB; § 110 Abs. 1 Nr. 1 BremBO; § 81 Abs. 1 Nr. 5 HbgBO; § 118 Abs. 1 Nr. 1 HessBO; § 56 Nr. 1 u. 6 NdsBO; § 81 Abs. 1 NWBO; § 86 Abs. 1 Nr. 1 RhPfBO; § 83 Abs. 1 Nr. 1 SaarBO; § 82 Abs. 1 Nr. 1 SchHBO

2 Die Rechtsform ist regelmäßig eine Frage der Zweckmäßigkeit. Je konkreter sich die beabsichtigte Vorschrift auf eine bestimmte Fläche bezieht, desto eher wird eine Regelung im Bebauungsplan sachgerecht sein. In diesem Fall sind allerdings die Verfahrensregelungen nach dem BauGB zu beachten. Vgl. hierzu Böckenförde, in: Gädtke/Böckenförde/Temme, NWBO, § 81 Rn. 28 ff.; Simon, BayBO, Art 91, Rn. 29 ff.; Koch/Molodovsky/Rahm, BayBO, Art 91, Anm. 4.1.3 ff.

3 Vgl. hierzu ausgiebig unten Kap. 15

4 Die Ortsfestigkeit ist Ausdruck der lokalisierten Raumwirksamkeit baulicher Anlagen. Vgl. Wilke, in: Förster/Grundei/Steinhoff/Dageförde/Wilke, BlnBO 1985, § 2 Rn. 7 f.

"Künstlichkeit"[5] sind bei versiegelnder Bodenbefestigung auf einer Oberfläche gegeben.[6] Es handelt sich in diesen Fällen um bauliche Anlagen,[7] die von den Regelungen der ortsrechtlichen Gestaltungsvorschriften erfaßt werden können.

Die Bauordnungen haben mit Ausnahme von Berlin und Hamburg für bestimmte bauliche Anlagen (Gemeinschaftsanlagen, Kinderspielplätze, Lagerplätze, Camping-, Zelt- und Wochendplätze,[8] Sportplätze,[9] Stellplätze für Kraftfahrzeuge, Stellplätze für bewegliche Abfallbehälter, Anlagen des Lärmschutzes[10]) einen besonderen Ermächtigungstatbestand zum Erlaß von örtlichen Gestaltungsvorschriften geschaffen.

Die Hervorhebung bewirkt insoweit eine Ergänzung, als bei den aufgeführten Anlagen gestalterische Anforderungen auch auf Teile bezogen sein können, die nicht bauliche Anlagen im bauordnungsrechtlichen Sinne sind.

Es muß sich dabei immer um "besondere Anforderungen" i.S.d. jeweiligen Ermächtigungen handeln, d.h. es muß sich um über das bauordnungsrechtliche Verunstaltungsverbot hinausgehende Anforderungen handeln.[11] Die Anforderungen müssen den übergeordneten Gesichtspunkten der Baugestaltung und dem Schutz des Straßen-, Orts- und Landschaftsbildes unter Berücksichtigung der Besonderheiten in den örtlichen Verhältnissen und der Umsetzung ortsgestalterischer Konzeptionen dienen.[12]

Als Mittel der Gestaltung wird in der Literatur vor allem die Bepflanzung hervorgehoben.[13] Ziel kann es z.B. sein, eine Anlage durch Bepflanzungen ästhetisch befriedigend zu gestalten oder negative gestalterische Wirkungen einer Anlage durch abschirmende Bepflanzungen zu mindern.[14] Dies kann an Bauwerken z.B. durch Fassaden- und Dachbegrünungen erfolgen.[15] Für Lagerplätze, Stellplätze für Kraftfahrzeuge und für bewegliche Abfallbehälter können z.B. Hecken zur Abschirmung oder eine im Verhältnis zur Anzahl der Stellplätze genau bestimmte Anzahl von Bäumen zur Gliederung einer größeren Gemeinschaftsstellplatzanlage verlangt werden. Vorgeschrieben werden kann dabei sowohl die Art als auch der Umfang der Bepflanzung.

Möglich ist auch, die Art der Bodenbefestigung, z.B. bestimmte großfugige Bodenbeläge aus gestalterischen Gründen vorzuschreiben. Die Pflasterung von Verkehrsflächen kann

---

5 Vgl. Wilke, in: Förster/Grundei/Steinhoff/Dageförde/Wilke, BlnBO 1985, § 2 Rn. 5; Proksch, Das Bauordnungsrecht in der Bundesrepublik Deutschland, S. 62; Schlichter, in: Berliner Kommentar, BauGB, § 29 Rn. 6
6 Vgl. zu den in Frage kommenden Materialien Müller, HessBO, § 2 Anm. 1.1.a; Temme, in: Gädtke/Böckenförde/Temme, NWBO, § 2 Rn. 5; Sauter, BWBO, § 2 Rn. 14 f.
7 Vgl. hierzu ausführlich unten Kap. 15
8 Dies nur in § 73 Abs. 1 Nr. 5 BWBO; § 118 Abs. 1 Nr. 5 HessBO; § 86 Abs. 1 Nr. 3 RhPfBO; § 83 Abs. 1 Nr. 2 SaarBO; § 82 Abs. 1 Nr. 3 SchHBO
9 Dies nur gem. § 86 Abs. 1 Nr. 3 RhPfBO
10 So oder ähnlich § 73 Abs. 1 Nr. 5 BWBO; Art. 91 Abs. 1 Nr. 3 BayBO; § 110 Abs. 1 Nr. 4 BremBO; § 118 Abs. 1 Nr. 5 HessBO; § 56 Nr. 6 NdsBO; § 81 Abs. 4 NWBO; § 83 Abs. 1 Nr. 2 SaarBO; § 82 Abs. 1 Nr. 3 SchHBO
11 Vgl. Simon, BayBO, Art 91, Rn. 4
12 Vgl. Simon, BayBO, Art 91, Rn. 5
13 Vgl. Böckenförde, in: Gädtke/Böckenförde/Temme, NWBO, § 81 Rn. 20; Simon, BayBO, Art 91, Rn. 16; Koch/Molodovsky/Rahm, BayBO, Art 91, Anm. 2.4
14 Vgl. Böckenförde, in: Gädtke/Böckenförde/Temme, NWBO, § 81 Rn. 20
15 Vgl. Simon, BayBO, Art 91, Rn. 7

z.B. der Belebung und Auflockerung des Straßenbildes dienen,[16] wobei allerdings die möglicherweise ausgelösten Lärmprobleme einer entsprechenden Regelung im Wege stehen können (vgl. hierzu auch Kapitel 14). Sauter hält auch ein Verwendungsgebot von Rasensteinen bei Stellplätzen für zulässig.[17] Die Gründe hierfür müssen jedoch immer gestalterischer Art sein.[18] Dies kann der Fall sein, wenn es der Gemeinde um ein einheitliches Erscheinungsbild bestimmter Flächen geht, das maßgeblich durch die Art der Bodenbeläge geprägt wird. Nicht von der bauordnungsrechtlichen Ermächtigung gedeckt wäre eine entsprechende Vorschrift, wenn sie die Verringerung des Oberflächenabflusses oder die Grundwasseranreicherung bezweckt.

B. Anforderungen an die Gestaltung unbebauter Flächen bebauter Grundstücke

Neben den baulichen Anlagen können auch die nicht überbauten Grundstücksflächen Gegenstand gestalterischer Anforderungen einer bauordnungsrechtlichen Satzung sein.[19] Z.B. kann eine besondere gärtnerische Gestaltung von Freiflächen, auch von Vorgärten, deren Ausgestaltung sowie die Art der Bepflanzung vorgeschrieben werden.[20] Die differenzierteste Regelung hierzu enthält § 118 Abs. 1 Nr. 5 HessBO (vgl. Tab. 51). Voraussetzung ist jedoch, daß es sich um bereits bebaute Grundstücke handelt. Für nicht bebaute Grundstücke gilt die Ermächtigung zum Erlaß gestalterischer Regeln nicht.[21]

§ 118 Abs. 1 HessBO (Auszug)
Die Gemeinden können durch Satzung besondere Vorschriften erlassen über ... 5. die gärtnerische Gestaltung der Grundstücksfreifläche; dabei kann die Bepflanzung mit umweltnützlichen Bäumen und Sträuchern nach Art, Zahl und Verteilung geregelt werden, auch kann allgemein oder für einzelne Bereiche vorgeschrieben werden, daß bestimmte Teile der Grundstücksfreiflächen, wie Vorgärten, nur gärtnerisch angelegt und unterhalten werden, nicht jedoch als hauswirtschaftliche Flächen, als Arbeits-, Lager- oder Stellplatzflächen oder auf sonstige Weise genutzt werden dürfen; auch kann bestimmt werden, daß die gärtnerisch anzulegende und zu unterhaltende Fläche je nach Art der baulichen oder sonstigen Nutzung einen bestimmten Anteil der Grundstücksfläche nicht unterschreiten darf."

(Tab. 51)

Die Vorschrift kann zur Orientierung für mögliche Regelungen auch in den anderen Ländern, sofern dort Anforderungen an die Gestaltung der unbebauten Flächen der bebauten Grundstücke zum Gegenstand örtlicher Vorschriften gemacht werden können, herangezogen werden. Danach kann insbesondere vorgeschrieben werden, daß die Grundstücksfrei-

---

16 Vgl. OVG RhPf, Urt. v. 19.4.1989 - 10 C 20/88 -, BauR 1989, 705 (707)
17 Vgl. Sauter, BWBO, § 73 Rn. 60
18 Vgl. Simon, BayBO, Art 91, Rn. 5; Koch/Molodovsky/Rahm, BayBO, Art 91, Anm. 2.1
19 So oder ähnlich § 73 Abs. 1 Nr. 5 BWBO; Art. 91 Abs. 1 Nr. 3 BayBO; § 7 BlnAGBauGB; § 110 Abs. 1 Nr. 4 BremBO; § 118 Abs. 1 Nr. 5 HessBO; § 56 Nr. 6 NdsBO; § 81 Abs. 4 NWBO; § 83 Abs. 1 Nr. 2 SaarBO; § 82 Abs. 1 Nr. 3 SchHBO
20 Vgl. Simon, BayBO, Art 91, Rn. 16; Domning/Fuß, SchHBO, § 82 Anm. S. 10 f.; Thiel/Rößler/Schumacher, BauR in NW, Band 3.1, § 81, Anm. S. 6; Müller, HessBO, § 118, Anm. S. 6; Sauter, BWBO, § 73 Rn. 62
21 Simon, BayBO, Art 91, Rn. 16; Koch/Molodovsky/Rahm, BayBO, Art 91, Anm. 2.4; BayVGH, Beschl. v. 9.3.1976, BRS 30, 216

flächen in bestimmtem Umfang einer gärtnerischen Nutzung vorbehalten und somit unversiegelt zu belassen sind.

C. Bauordnungsrechtliche Baumschutzregelungen

Baumschutzregelungen durch bauordnungsrechtliche Satzung sind in Bayern und Hessen möglich. Gem. Art. 91 Abs. 2 Nr. 3 BayBO können die Gemeinden durch Satzung bestimmen, daß

"in Gebieten, in denen es für das Staßen- oder Ortsbild oder für den Lärmschutz oder die Luftreinhaltung bedeutsam ist, auf den nicht überbauten Flächen der bebauten Grundstücke Bäume nicht beseitigt oder beschädigt werden dürfen und daß Flächen nicht unterbaut werden dürfen."

Die Vorschrift soll den Schutz vorhandener Bäume und, soweit es das Unterbauungsverbot von Grundstücksfreiflächen betrifft, den Schutz auch sonstiger vorhandener Vegetation ermöglichen. Sie dient insoweit unmittelbar der Verhinderung von Bodenversiegelung, obwohl der Normzweck auf andere Gründe bezogen ist. Zum einen geht es auch hier wie bei den Gestaltungsvorschriften für bauliche Anlagen und für die unbebauten Flächen bebauter Grundstücke um die Verfolgung gestalterischer Ziele in Hinblick auf das Straßen- und Ortsbild. Zum anderen können auch Gründe des Lärmschutzes und der Luftreinhaltung eine entsprechende bauordnungsrechtliche Ortssatzung rechtfertigen. Andere Gründe sind ungeeignet,[22] auch solche des Naturschutzes und der Landschaftspflege.

Schwierigkeiten wird es bereiten, eine entsprechende Baumschutzsatzung oder ein Verbot der Unterbauung der Grundstücksfreifläche mit Gründen des Lärmschutzes zu rechtfertigen. Die lärmmindernde Wirkung von Vegetation ist gering und wirkt sich erst bei Vegetationsflächen ab einer gewissen Mächtigkeit aus. Soweit durch die Bepflanzung eine Sichtbarriere geschaffen wird, kann allerdings die subjektive Lärmempfindlichkeit durch die Schaffung einer psychischen Distanz positiv beeinflußt werden (vgl. zum Zusammenhang zwischen Vegetation und Lärmschutz Kapitel 4). Hieraus könnte ggf. ein Begründungszusammenhang abgeleitet werden.

Auch Belange der Luftreinhaltung fallen kaum ins Gewicht. Die positiven Effekte auf die Schadstoffbelastung der Luft, insbesondere durch Staub stehen zwar außer Frage. Als Rechtfertigungsgrund muß jedoch mehr angeführt werden als der allgemeine Hinweis auf die allerorts gleiche Bedeutung von Vegetation für die Luftreinhaltung, da der Gesetzgeber keinen generellen Baumschutz vorgesehen hat.[23] Er muß sich deshalb aus der konkreten Situation des Ortes oder Ortsteils ableiten lassen. Die Situation muß vom Regelfall, den der Gesetzgeber selbst abschließend geregelt hat, abweichen und besondere Regelungen in Hinblick auf die Bedeutung der vorhandenen Vegetation für die Luftreinhaltung erfordern.

Das Verbot der Unterbauung der Grundstücksfreiflächen wird sich darüber hinaus auch kaum mit gestalterischen Gründen rechtfertigen lassen, da die Unterbauung keinen Einfluß auf den visuellen Eindruck einer Fläche hat und somit weder das Straßen- noch das Ortsbild i.S.d. Vorschrift beeinflussen kann.

---

22 Simon, BayBO, Art 91, Rn. 22
23 Vgl. insoweit unter Bezugnahme auf die naturschutzrechtlichen Baumschutzsatzungen, Steinberg, NJW 1981, 550 (555) sowie Simon, BayBO, Art 91, Rn. 3

Anders als die bayerische Regelung ist die Ermächtigung zum Erlaß einer Baumschutzsatzung nach § 118 Abs. 2 Nr. 2 HessBO an keine ausdrücklichen Anforderungen geknüpft. Mit der Satzung soll ein besonderer Genehmigungsvorbehalt für die Beseitigung von Bäumen mit mehr als 60 cm Stammumfang in 1 m Höhe eingeführt werden können.[24] Ausgenommen sind allerdings prinzipiell Bäume, die in Baumgruppen mit überwiegend größerem Stammumfang stehen, sowie Obstbäume und Baumbestände in Gärtnereien, öffentlichen Grünanlagen und Friedhöfen. Die Voraussetzungen für die Versagung der Genehmigung sollen in der Satzung bestimmt werden. Nähere Anforderungen bestimmt der hessische Gesetzgeber nicht.

Der HessVGH hat trotz der insoweit sehr unbestimmten Satzungsbefugnis in § 118 Abs. 2 Nr. 2 HessBO eine eigenständige grundsätzlich selbständig neben der naturschutzrechtlichen Ermächtigung zum Erlaß von Baumschutzregelung stehende Regelungsbefugnis gesehen.[25] Bei der Bestimmung der möglichen Regelungen hat sich das Gericht allerdings sichtlich an den naturschutzrechtlichen Regelungsbefugnissen orientiert (vgl. zu den naturschutzrechtlichen Baumschutzregelungen Kapitel 10). In der Entscheidung ging es um die Zulässigkeit eines Ersatzpflanzgebots, das entsprechend der Zweckbestimmung des Baumschutzes ein geeignetes und verhältnismäßiges Mittel sei.[26]

D. Erforderlichkeit und Verhältnismäßigkeit

Vorschriften über die Gestaltung baulicher Anlagen und unbebauter Flächen auf bebauten Grundstücken konkretisieren die aus dem Eigentumsrecht abgeleitete und durch die Vorschriften des Städtebaurechts ausgeformte Nutzbarkeit von Grund und Boden hinsichtlich gestalterischer Anforderungen. Sie sind damit Inhalts- und Schrankenbestimmung i.S.v. Art. 14 Abs. 1 S. 2 GG und unterliegen insoweit den sich daraus ergebenden verfassungsrechtlichen Anforderungen.[27] Insbesondere müssen sie zur Erreichung des in der jeweiligen Ermächtigungsnorm bestimmten Zwecks erforderlich und verhältnismäßig sein.[28]

Gestalterische Anforderungen müssen somit aus gestalterischen Gründen gerechtfertigt sein.[29] Die Ermächtigungsvorschriften der LBO bezwecken nicht nur die Abwehr von Verunstaltungen, sondern sollen eine positive Gestaltungspflege ermöglichen.[30] Gem. § 81 Abs. 1 NWBO dienen die gestalterischen Anforderungen der Durchführung baugestalterischer Absichten, gem. Art. 91 Abs. 1 BayBO der Durchführung bestimmter städtebaulicher Absichten. Die positive Gestaltungspflege erfordert eine diesbezügliche Konzeption und damit eine konzeptionelle Ausarbeitung gestalterischer Absichten. Den Gemeinden wird damit ein planerisches Ermessen eingeräumt.[31] Auch ohne ausdrückliche Regelungen gelten deshalb die Anforderungen des Rechtsstaatsgebots, insbesondere das Rechtfertigungs-

---

24 Vgl. Müller, HessBO, § 118, Anm. S. 14
25 HessVGH, Beschl. v. 6.12.1988 - 3 TH 4358/88 -, NuR 1989, 228
26 HessVGH, Beschl. v. 6.12.1988 - 3 TH 4358/88 -, NuR 1989, 228
27 Vgl. Simon, BayBO, Art 91, Rn. 1
28 Müller, HessBO, Band 2, § 118, Anm. S. 2; Sauter, BWBO, § 73 Rn. 14
29 Vgl. Sauter, BWBO, § 73 Rn. 14 und 31
30 OVG NW, Urt. v. 30.6.1981 - 11 A 393/80 -, BauR 1981, 559 = NJW 1982, 845; Simon, BayBO, Art 91, Rn. 5
31 Vgl. Sauter, BWBO, § 73 Rn. 15 und 18; OVG NW, Urt. v. 30.6.1978 - XI A 627/76 -, BRS 33, Nr. 115, S. 239 ff.

gebot und das Abwägungsgebot.[32] Die Ausführungen zur Bauleitplanung gelten insoweit entsprechend.

Für eine rechtsstaatlichen Erfordernissen genügende Abwägung sind vor allem die gestalterischen Gegebenheiten im Geltungsbereich der vorgesehenen Ortsvorschrift zu ermitteln und zu analysieren.[33] Die gestalterische Konzeption muß aus den Ergebnissen der Analyse im Rahmen des planerischen Ermessens abgeleitet werden. Die Abwägung muß nachvollziehbar sein. Das OVG NW hat deshalb gefordert, "daß die Satzung, und zwar ... grundsätzlich die Satzung selbst, die Gründe des Entstehens überhaupt, ihrer räumlichen Erstreckung und die Grundzüge ihrer inhaltlichen Festsetzungen zum Ausdruck bringt. Der Satzung müssen die legitimierenden baugestalterischen Absichten der Gemeinde zu entnehmen sein; in ihr muß sich niedergeschlagen haben, daß und welche planerischen Absichten den Rat bewogen haben." [34]

Die Anforderung, daß die Satzung selbst die die Abwägung bestimmenden Gründe zum Ausdruck bringen muß, ist jedoch kein zwingendes, sich aus dem Rechtsstaatsgebot ergebendes Erfordernis.[35] Die Gemeinde ist nur verpflichtet, die Abwägung überhaupt nachzuweisen.[36] Dies könnte z.B. auch durch Bezugnahme auf eine Ortsbildanalyse erfolgen. Die Abwägung hat auch den Verhältnismäßigkeitsgrundsatz zu beachten. Die gestalterischen Anforderungen dürfen die Grenzen des rechtlich und wirtschaftlich Zumutbaren nicht überschreiten. Mehrkosten und Erschwernisse müssen sich in einem "vernünftigen Verhältnis" zu der erstrebten Verbesserung des Ortsbildes halten.[37]

E. Kollision mit bestehenden Baurechten

Die ortsrechtlichen Gestaltungsvorschriften sind von den Landesgesetzgebern als Ergänzung zu den insoweit nicht gegebenen bauplanungsrechtlichen Festsetzungsmöglichkeiten geschaffen worden. Sie können deshalb grundsätzlich auch als Bestandteil des Bebauungsplans in dem dafür vorgesehenen Verfahren festgesetzt werden. Dies ist hinsichtlich der hessischen Regelungsbefugnis zum Erlaß einer Baumschutzsatzung insofern auch vollzugstechnisch von Bedeutung, als damit ein besonderer Genehmigungsvorbehalt für die Beseitigung von Bäumen durch Festsetzung im Bebauungsplan konstituiert werden kann. Insoweit geht die Regelungsbefugnis über die Festsetzungsbefugnis zur Sicherung des Baumbestands nach § 9 Abs. 1 Nr. 25 b BauGB hinaus.

Trotz des an sich unterschiedlichen Regelungsgegenstands können bauordnungsrechtliche Gestaltungsvorschriften mit denen eines Bebauungsplans kollidieren. Dies gilt insbesondere

---

32 Simon, BayBO, Art 91, Rn. 5; Böckenförde, in: Gädtke/Böckenförde/Temme, NWBO, § 81 Rn. 6; Sauter, BWBO, § 73 Rn. 15
33 Vgl. Koch/Molodovsky/Rahm, BayBO, Art 91, Anm. 4.1.2; Sauter, BWBO, § 73 Rn. 15
34 OVG NW, Urt. v. 30.6.1981 - 11 A 392/80 -, BauR 1981, 559 = NJW 1982, 845 und Urt. v. 21.4.1983 - 11 A 765/81 -, BRS 40, Nr. 153; so auch Simon, BayBO, Art 91, Rn. 5; vgl. auch Ortloff, NVwZ 1983, 10 (12)
35 Vgl. OVG Lbg., Urt. v. 12.2.1982, NJW 1982, 2012 = BauR 1982, 368; HessVGH, Urt. v. 30.6.1987 - III OE 168/82 -, BRS 47, 317
36 Vgl. OVG NW Urt. v. 30.6.1983 - 11 A 329/82 -, NVwZ 1984, 319 = BRS 40, 335; Koch/Molodovsky/Rahm, BayBO, Art 91, Anm. 4.1.4
37 Vgl. Simon, BayBO, Art 91, Rn. 5

hinsichtlich der Gestaltung der nicht überbauten Grundstücksflächen, wenn z.B. die nach dem Bebauungsplan dort zulässigen Nebenanlagen nach der ortsrechtlichen Gestaltungssatzung unzulässig sind. Eine gesetzliche Vorrangregelung besteht hier nicht. Da es sich um Regelungen des gleichen Rechtsträgers handelt, handelt es sich um gleichrangiges Recht. Es gilt insoweit der Grundsatz, daß die spätere Regelung die frühere verdrängt.[38] Soweit die Ortsgestaltungssatzung im Rahmen der gebotenen Zwecksetzung sich auf bauordnungsrechtliche Ziele beschränkt, kann sie deshalb bestehende Nutzungsrechte beschränken.

---

38 Vgl. insoweit die Ausführung oben Kap. 8, Teil E; I

Kapitel 10

Naturschutzrechtliche Baumschutzsatzungen bzw. Baumschutzverordnungen

A. Gegenstand der Regelungen

Unter Schutz gestellt werden kann aufgrund der dem § 18 Abs. 1 S. 2 BNatSchG entsprechenden landesrechtlichen Vorschriften der gesamte Bestand von Bäumen, Hecken und anderen Landschaftsbestandteilen in einem bestimmten Gebiet - z.T. allerdings mit landesspezifischen Besonderheiten.[1] Für die Durchgrünung der Gemeinden ist die Möglichkeit der Unterschutzstellung des gesamten Baumbestandes oder des Bestandes anderer Landschaftsbestandteile von erheblicher Bedeutung. Dies gilt um so mehr, als die Länder z.T. die entsprechende Regelungskompetenz in die Hand der Kommunen gegeben haben. Die größte praktische Bedeutung haben Verordnungen oder Satzungen zum Schutz von Bäumen erfahren.[2] Auf der Grundlage von Mustersatzungen wurde in zahlreichen Gemeinden der gesamte Baumbestand des Gemeindegebiets oder des bebauten Bereichs des Gemeindegebiets unter Schutz gestellt.[3]

I. Schutzgüter

Der Zweck richtet sich beim Schutz des gesamten Bestandes nicht auf den Schutz der einzelnen Naturerscheinung, sondern auf die Funktion der Gattung[4] in Hinblick auf die in § 18 Abs. 1 S. 1 BNatSchG und den einschlägigen Landesgesetzen genannten Schutz-

---

1 Abweichend vom RNatSchG ist damit ein genereller Bestandsschutz ganzer Gattungen ermöglicht worden. Vgl. Lorz, BNatSchG, § 18 Anm. 6
2 Jedenfalls hat das Schrifttum sich bislang nahezu ausschließlich mit Baumschutzsatzungen bzw. -verordnungen beschäftigt.
3 Vgl. z.B. Muster einer Baumschutzsatzung, Satzungsmuster des Städtetages Nordrhein-Westfalen (Umdruck-Nr. Z 5608/1986), abgedruckt in Bauer/Salewski, Recht der Landschaft und des Naturschutzes, S. 99 ff. und Muster einer Baumschutzstzung des Städtebundes Schleswig-Holstein (Stand: Juli 1984), soweit ersichtlich unveröffentlicht. Vgl. auch Bartholomäi, UPR 1988, 241 (242)
4 Vgl. Louis, NuR 1990, 105 (108)

zwecke.[5] Territorial ist der Schutz von Landschaftsbestandteilen sowohl im Innen- als auch im Außenbereich möglich.

In Bayern ist die Möglichkeit, den gesamten Bestand einer Gattung unter Schutz zu stellen, territorial und inhaltlich, in Baden-Württemberg inhaltlich eingeschränkt. Gem. Art. 12 Abs. 2 BayNatSchG kann die generelle Unterschutzstellung nur für Bäume und Sträucher und nur innerhalb von im Zusammenhang bebauten Bereichen erfolgen. In Baden-Württemberg kann sich ein genereller Schutz gem. § 25 Abs. 3 BWNatSchG nur auf Bäume beziehen.

Die Einschränkung auf Bäume bzw. auf Bäume und Sträucher wird sich allerdings in der Praxis kaum auswirken. Auch in den übrigen Ländern ist der wesentliche Anwendungsfall die Unterschutzstellung des Gesamtbestandes von Bäumen in einem Gebiet, die für Klima, Lufthygiene und Ortsbild nach einhelliger Auffassung von herausragender Bedeutung sind. Der Schutz beschränkt sich dabei auf Bäume mit einer bestimmten Größe. Damit wird der Tatsache Rechnung getragen, daß der ökologische Wert von Bäumen entscheidend von deren Größe, insbesondere vom Kronenvolumen abhängt. Die Baumschutzregelungen orientieren sich allerdings, soweit ersichtlich, nicht am Kronenvolumen, sondern am Stammumfang. Exemplarisch soll hier auf den Schutztatbestand der Mustersatzung des nordrhein-westfälischen Städtetags hingewiesen werden (vgl. Tab. 52).

Muster einer Baumschutzsatzung des nordrhein-westfälischen Städtetags (Auszug)*
"Geschützt sind Bäume mit einem Stammumfang von mindestens 80 cm, gemessen in einer Höhe von 100 cm über dem Erdboden (geschützte Bäume). Liegt der Kronenansatz unter dieser Höhe, so ist der Stammumfang unmittelbar unter dem Kronenansatz maßgebend. Mehrstämmige Bäume sind geschützt, wenn die Summe der Stammumfänge 80 cm beträgt und mindestens ein Stamm einen Mindestumfang von 30 cm aufweist."

(Tab. 52)

*Quelle: Städtetag Nordrhein-Westfalen (Umdruck-Nr. Z 5608/1986), abgedruckt in: Bauer/Salewski, Recht der Landschaft und des Naturschutzes, S. 99 ff.; eine Entsprechende Regelung allerdings mit einem Mindeststammumfang von 100 cm sieht die Mustersatzung des Städtebundes Schleswig-Holstein (Stand Juli 1984). Die Berliner Verordnung (GVBl. 1982, S. 250   sieht einen Mindeststammumfang von 60 cm und für bestimmte Arten (Eibe, Kugelahorn, Kugelrobinie, Rotdorn, Weißdorn und Stechpalme   von 30 cm in 130 cm Höhe vor (§ 1 Abs. 2). Vgl. auch Kunz, DÖV 1987, 16 (17)

Die in Bayern vorgenommene Einengung auf den im Zusammenhang bebauten Bereich wirkt sich demgegenüber, wie die weitergehenden Baumschutzregelungen in anderen Bundesländern zeigen, einschränkend aus.

II. Schutzzweck

Landschaftsbestandteile können unter Schutz gestellt werden, soweit "deren besonderer Schutz

1. zur Sicherung der Leistungsfähigkeit des Naturhaushalts,
2. zur Belebung, Gliederung oder Pflege des Orts- und Landschaftsbildes oder
3. zur Abwehr schädlicher Umwelteinwirkungen

---

5 Vgl. Schink, DÖV 1991, 7 (14); Louis, NuR 1990, 105 (108); Steinberg, NJW 1981, 550 (556); Rosenzweig, NuR 1987, 313 (314); HessVGH, Beschl. v. 6.12.1988 - 3TH 4358/88 -, NuR 1989, 228

erforderlich ist."[6] Die Zielsetzung ist denkbar weit. Erfaßt werden im wesentlichen alle in Kapitel 3 genannten Funktionen. Lediglich die freiraumbezogene Erholung wird nicht genannt. Einen um diesen Aspekt erweiterten Zielkatalog enthält die Berliner Regelung.[7]

Die Erreichung eines der genannten Zwecke genügt, wobei allerdings in der Regel mehrere der Voraussetzungen zusammentreffen werden.[8] Soweit es um das Ziel "Belebung, Gliederung und Pflege des Ortsbildes" geht, deckt sich der Zweck mit dem der Baumschutzsatzung nach Maßgabe des Bauordnungsrechts. Alle genannten Zwecke können auch eine Festsetzung nach § 9 Abs. 1 Nr. 25 BauGB zur Erhaltung von Bäumen, Sträuchern und sonstigen Bepflanzungen rechtfertigen, sofern ihnen zugleich eine Bedeutung für eine geordnete städtebauliche Entwicklung zukommt.[9] Trotz dieser Regelungs- und Zweckkongruenz besteht prinzipiell eine Wahlfreiheit zwischen den Instrumenten, jedoch immer nur im Rahmen der jeweiligen Zwecksetzung des Gesetzes.[10]

III. Verbote

Gem. § 18 Abs. 2 S.1 BNatSchG und den entsprechenden landesrechtlichen Vorschriften sind die Beseitigung geschützter Landschaftsbestandteile sowie alle Handlungen, die zu einer Zerstörung, Beschädigung oder Veränderung des geschützten Landschaftsbestandteils führen können, nach Maßgabe näherer Bestimmungen verboten. Auch die Bodenversiegelung im Wurzel- und Kronenbereich geschützter Bäume wirkt sich nachteilig auf das Wachstum von Bäumen aus. Aus diesem Grunde ist z.B. in der Mustersatzung des nordrhein-westfälischen Städtetages das Verbot der Befestigung dieser Flächen mit einer wasserundurchlässigen Decke vorgesehen.[11] Die Berliner Baumschutzsatzung verbietet entsprechend die Störung des Wurzelbereichs unter Baumkronen geschützter Bäume insbesondere durch Befestigungen der Bodenoberfläche mit wasserundurchlässigen Decken. Bestätigt wurde diese Verbotsregelung durch das OVG Berlin.[12] Der zugrundeliegende Fall betraf eine Grundstücksauffahrt, die den Wurzelbereich zweier geschützter Straßenbäume (Linden) zu 60 % mit einem wasserundurchlässigem Belag (Kleinstpflaster im Betonbett) versiegelte. Streitig war u.a., ob auf die Beseitigung der bereits verbotswidrig vorgenommenen Versiegelung verzichtet werden mußte, wenn die Nachteile der Versiegelung durch künstliche Bewässerung der Wurzelbereiche über Bewässerungsschächte hätte ausgeglichen werden können. Das Gericht kam zu der Auffassung, daß der Verordnungsgeber eine abschließende Wertung getroffen habe, wonach andere Formen der Versorgung des Wur-

---

6 So wörtlich § 18 Abs. 1 BNatSchG
7 Vgl. § 22 BlnNatSchG. Auch in anderen Ländern gibt es kleinere Abweichungen von der Zieltrias des § 18 Abs. 1 BNatSchG, die allerdings unter die dort genannten Ziele noch subsumierbar sind. Vgl. hierzu Otto, NVwZ 1986, 900 (901).
8 Vgl. Lorz, BNatSchG, § 18 Anm. 5
9 Vgl. eingehend zur Erforderlichkeit der Bauleitplanung in Kapitel 7
10 Vgl. Müller, VwRdsch. 1987, 301 (304); Kunz, DÖV 1987, 16 (18)
11 Vgl. Muster einer Baumschutzsatzung, Satzungsmuster des Städtetages Nordrhein-Westfalen (Umdruck-Nr. Z 5608/1986), abgedruckt in Bauer/Salewski, Recht der Landschaft und des Naturschutzes, S. 99
12 OVG Berlin, Urt. v. 22.5.1987, - OVG 2 B 129/86 -, NuR 1987, 323

zelwerks von Bäumen nicht als mit einer wasserdurchlässigen Bodenüberdeckung im Kronenbereich gleichwertig und untereinander als nicht austauschbar gelten sollen.[13]

Die Berliner Verordnung sieht entsprechend die Verpflichtung jedes Eigentümers oder Nutzungsberechtigten von Grundflächen vor, die auf dem Grundstück befindlichen geschützten Bäume zu erhalten und zu pflegen. Als Schutzmaßnahme gegen Beschädigung wird u.a. die "Abdeckung des Wurzelbereichs mit wasserdurchlässigem Material als Schutz gegen Verfestigung durch Befahren oder durch Materiallagerung" hervorgehoben.[14]

Die Baumschutzregelungen wirken mithin ergänzend zu den bauordnungsrechtlichen Vorschriften über die Gestaltung von nicht überbauten Grundstücksflächen. Sie verbieten auf diesen Flächen die Beeinträchtigung des Bestandes der Bäume vor Versiegelung der Flächen im Wurzelbereich, z.b. infolge starken Stellplatzbedarfs. Die Wirkung der Unterschutzstellung ist allerdings auf Konservierung des Bestandes beschränkt. Die Verringerung von Versiegelung kann damit nicht erreicht werden.

IV. Ausnahme und Befreiung

Baumschutzregelungen unterliegen als freiheitsbeschränkende Maßnahmen der Bindung an das Rechtsstaatsgebot, insbesondere an das Gebot der Verhältnismäßigkeit.[15] Die mit der Unterschutzstellung verbundene Beschränkung der Nutzbarkeit von Grundstücken und der Verfügbarkeit der darauf befindlichen geschützten Bäume muß deshalb im Einzelfall geeignet, erforderlich und verhältnismäßig im engeren Sinne sein. Um eine diesen Anforderungen genügende Regelung auch für jeden in Frage kommenden Sachverhalt sicherzustellen, müssen die Unterschutzstellungen Ausnahmen und/oder Befreiungen vorsehen.[16] Als Beispiel kann auf die Mustersatzung des nordrhein-westfälischen Städtetags verwiesen werden (vgl. den einschlägigen Auszug aus der Mustersatzung in Tab. 55).

Z.T. wird im Schrifttum eine generelle Freistellung für bestimmte Tatbestände verlangt, da ohnehin regelmäßig eine Ermessensreduzierung auf Null bestehen würde.[17] Dem muß entgegengehalten werden, daß in bestimmten Einzelfällen auch der Wert eines Baumes so hoch einzustufen ist, daß eine Ausnahme oder Befreiung auch hinsichtlich der Anforderungen des Verhältnismäßigkeitsgebots nicht geboten ist.

Die Ausnahme oder Befreiung erfolgt auf Antrag. Baumschutzregelungen stellen damit ein generell wirkendes Beeinträchtigungsverbot mit Ausnahme- und Befreiungsvorbehalt dar. Das Antragserfordernis bewirkt eine erhebliche Vollzugserleichterung, insbesondere bei bindend ausgestalteten Ausnahmetatbeständen oder Ermessensreduzierung auf Null. Sie ermöglicht die Überwachung der Ausnahme- und Befreiungsvoraussetzungen. Baumschutzsatzung bzw. -verordnungen unterscheiden sich damit von den Baumschutzregelungen im

---

13 OVG Berlin, Urt. v. 22.5.1987, - OVG 2 B 129/86 -, NuR 1987, 323. Das Gericht ließ auch den Vergleich mit Strassenbäumen, für die nach der einschlägigen Verordnung eine Sonderregelung gilt, nicht zu.
14 Verordnung zum Schutze des Baumbestandes in Berlin v. 11.1.1982, GVBl. S. 250, dort § 2 Abs. 1
15 Vgl. Schink, DÖV 1991, 7 (10); Rosenzweig, NuR 1987, 313 (317)
16 Vgl. OVG Berlin, Urt. v. 22.5.1987 - 2 OVG 2 B 129/86 -, NuR 1987, 323 (324); Kunz, DÖV 1987, 16 (19); Steinberg, NJW 1981, 550 (556); Schink, DÖV 1991, 7 (14); Hufen/Leiß, BayVBl 1987, 289 (294 f.); Bartholomäi, UPR 1988, 241 (245); Rosenzweig, NuR 1987, 313 (317)
17 Vgl. Hufen/Leiß, BayVBl 1987, 289 (294 f.); Bartholomäi, UPR 1988, 241 (245); a.A. Rosenzweig, NuR 1987, 313 (317)

Bebauungsplan nach § 9 Abs. 1 Nr. 25 b BauGB, die nur ein restriktives Beseitigungsverbot ggf. mit der Verpflichtung zu Ersatzpflanzungen enthalten. Zwar ist ein Verstoß gegen Festsetzungen nach § 9 Abs. 1 Nr. 25 b BauGB Bußgeld bewährt. Die Überwachung ist aber nur im Rahmen von Baugenehmigungsverfahren gesichert.

Das Antragserfordernis für die Beseitigung und Veränderung von Bäumen nach naturschutzrechtlichen Baumschutzregelungen ergänzt insoweit das bauplanungsrechtliche Instrumentarium auch in Hinblick auf den Vollzug. Soweit die Regelungsbefugnis den Gemeinden übertragen wurde, spricht deshalb einiges dafür, entsprechende landesrechtliche Festsetzungen gem. § 9 Abs. 4 BauGB auch im Bebauungsplan zu ermöglichen, wie dies in der hessischen Bauordnung für die dortige Befugnis zum Erlaß von Baumschutzregelungen bereits vorgesehen ist.[18] Dies bietet sich allerdings nur dann an, wenn der Baumschutz individuell konkret auf einen Bebauungsplan beschränkt werden soll. In der Regel werden die Gemeinden demgegenüber wohl eher eine generelle Baumschutzregelung für das gesamte Gemeindegebiet oder für den im Zusammenhang bebauten Bereich vorziehen. Bauplanungsrechtliche und naturschutzrechtliche Baumschutzregelungen werden sich in diesen Fällen überlappen, wobei ein nachrichtlicher Hinweis auf das Antragserfordernis nach der Baumschutzsatzung im Bebauungsplan gem. § 9 Abs. 6 BauGB erfolgen soll.

V. Ersatzpflanzungen und Ausgleichszahlungen

Die Länder werden gem. § 18 Abs. 2 S. 2 BNatSchG ermächtigt, bei Bestandsminderungen die Pflicht zu Ersatzpflanzungen in angemessenem und zumutbarem Umfang vorzusehen. Die Länder haben von dieser Ermächtigung nur z.T. Gebrauch gemacht und die Möglichkeit eröffnet, in der Rechtsverordnung bzw. Satzung im Falle einer Bestandsminderung eine Verpflichtung zu angemessenen und zumutbaren Ersatzpflanzungen vorzusehen.[19] In Bremen Hamburg, Hessen, Nordrhein-Westfalen, Rheinland-Pfalz und Schleswig-Holstein fehlt eine entsprechende Vorschrift.

Die tatbestandlichen Voraussetzungen und der Umfang der Ersatzpflanzungen müssen hinreichend konkretisiert sein. Als Beispiel kann auf die Mustersatzung des nordrhein-westfälischen Städtetags hingewiesen werden (vgl. Tab. 53).

Die Länder Baden-Württemberg, Bayern und Berlin sehen darüber hinaus auch die Möglichkeit vor, im Falle der Bestandsminderung Ausgleichsabgaben zu verlangen, die in Bayern und Berlin ausdrücklich zweckgebunden [20] sein müssen.[21]

Verpflichtungen zu Ausgleichszahlungen sind schon deshalb problematisch, weil der als Höchstgrenze gedachte Rahmen [22] des § 18 BNatSchG solche nicht vorsieht. Sie könnten jedoch nach Maßgabe des Verhältnismäßigkeitsgebots als Surrogat von Ersatzpflanzungen

---

18 Vgl. oben Kap. 9, Teil C
19 Vgl. § 25 Abs. 5 Nr. 2 BWNatSchG; Art. 12 Abs. 2 S. 2 BayNatSchG; § 22 Abs. 4 BlnNatSchG; § 28 Abs. 3 S. 2 NdsNatSchG; § 21 Abs. 3 S. 2 SaarNatSchG
20 Die Mustersatzung des nordrhein-westfälischen Städtetags sieht z.B. vor, daß die Ausgleichszahlungen für Ersatzpflanzungen im Geltungsbereich der Satzung, nach Möglichkeit in der Nähe des Standortes der entfernten oder zerstörten Bäume, zu verwenden sind.
21 Vgl. § 25 Abs. 5 Nr. 2 BWNatSchG; Art. 12 Abs. 2 S. 2 BayNatSchG; § 22 Abs. 4 BlnNatSchG
22 Vgl. Steinberg, NJW 1981, S. 550 (555); Schink, DÖV 1991, 7 (9); Emonds/Kolodziejocok, NuL 52 (1977), S. 35 (39); Hufen/Leiß, BayVBl 1987, 289 (290); OLG Koblenz, Urt. v. 8.7.1988 - 2 Ss 246/88 -, NuR 1989, 145; Lorz, BNatSchG, § 4 Anm. 2

zulässig sein, wenn der Betroffene durch sie weniger schwer oder zumindest nicht schwerer betroffen würde als durch die Pflicht zur Vornahme von Ersatzpflanzungen.

Mustersatzung des nordrhein-westfälischen Städtetags (Auszug) *

(1) Wird ... eine Ausnahme erteilt, so hat der Eigentümer oder Nutzungsberechtigte des Grundstückes auf seine Kosten für jeden entfernten geschützten Baum als Ersatz einen neuen Baum auf einem Grundstück im Geltungsbereich dieser Satzung zu pflanzen und zu erhalten (Ersatzpflanzung). Ist eine andere Person als der Eigentümer oder Nutzungsberechtigte Antragssteller, so tritt dieser an die Stelle des Eigentümers oder Nutzungsberechtigten.
(2) Die Ersatzpflanzung bemißt sich nach dem Stammumfang des entfernten Baumes. Beträgt der Stammumfang des entfernten Baumes, gemessen in 1 m Höhe über dem Erdboden, bis zu 150 cm, ist als Ersatz ein Baum derselben oder zumindest gleichwertigen Art mit einem Mindestumfang von 20 cm in 1 m Höhe über dem Erdboden zu pflanzen. Beträgt der Umfang mehr als 150 cm, ist jeden weiteren angefangenen Meter Stammumfang ein zusätzlicher Baum der vorbezeichneten Art zu pflanzen. Wachsen die zu pflanzenden Bäume nicht an, ist die Ersatzpflanzung zu wiederholen.

(Tab. 53)

*Quelle: Städtetag Nordrhein-Westfalen

Die entsprechenden Regelungen in Baden-Württemberg, Bayern und Berlin sind aber auch aus anderem Grund problematisch. Ungeregelt bleibt die Höhe des Ausgleichsbetrags. Das OVG NW hat die auf eine Mustersatzung zurückgehende Formulierung, wonach ein angemessener Anteil des Wertes der entfernten Bäume als Ausgleichszahlung verlangt werden kann, wegen fehlender Normklarheit bezüglich Höhe und tatbestandlicher Voraussetzung für nichtig erklärt.[23] Die jetzige Mustersatzung des nordrhein-westfälischen Städtetags hat dieser Entscheidung Rechnung getragen (vgl. Tab. 54).[24]

Mustersatzung des nordrhein-westfälischen Städtetags (Auszug) *

(3) Ist eine Ersatzpflanzung ganz oder teilweise unmöglich, so ist eine Ausgleichszahlung zu leisten. Unmöglich ist eine Ersatzpflanzung, wenn ihr rechtliche oder tatsächliche Gründe (fachliche Gesichtspunkte eingeschlossen) entgegenstehen.
(4) Die Höhe der Ausgleichszahlung bemißt sich nach dem Wert des Baumes, mit dem ansonsten eine Ersatzpflanzung erfolgen müßte (...), zuzüglich einer Pflanzkostenpauschale von 30 % des Nettoerwerbspreises.

(Tab. 54)

*Quelle: Städtetag Nordrhein-Westfalen

Besonders problematisch erscheint die Zulässigkeit von Regelungen über Ersatzpflanzungen und Ausgleichszahlungen in den Ländern, die solche nicht vorsehen.[25] Grundsätzlich besteht allerdings die Möglichkeit, auf die allgemeine Ermächtigungsgrundlage des § 36 VwVfG des Bundes und der Länder zurückzugreifen, da die Ersatzpflanzungen und Ausgleichszahlungen als Nebenbestimmungen zu Ausnahme- bzw. Befreiungsentscheidungen konzipiert sind. Spielraum für Nebenbestimmung bleibt aber nur, wo der zuständigen Behörde ein Ermessensspielraum verbleibt. Dies ist bei bindenden Ausnahmetatbeständen

---

23 OVG NW, Urt. v. 1.3.1982 - 7 A 1028/81 -, NuR 1982, 193; vgl. auch Otto, NVwZ 1986, 900 (902)

24 Vgl. Muster einer Baumschutzsatzung, Satzungsmuster des Städtetages Nordrhein-Westfalen (Umdruck-Nr. Z 5608/1986), abgedruckt in Bauer/Salewski, Recht der Landschaft und des Naturschutzes, S. 99 ff.

25 Bei Fehlen einer landesrechtlichen Ermächtigung hält Rosenzweig die Pflicht zur Vornahme von Ersatzpflanzungen grundsätzlich für rechtswidrig. Vgl. Rosenzweig, NuR 1987, 313 (317)

und bei Ermessensreduzierung auf Null nicht der Fall. Wo ein Ermessensspielraum besteht, kann eine Ersatzpflanzung oder eine zweckgebundene Ausgleichszahlung eine sachgerechte Nebenbestimmung einer Fällgenehmigung sein.[26] Dennoch bestehen Zweifel, ob hier auf § 36 VwVfG des Bundes und der Länder zurückgegriffen werden kann. Die ausdrückliche Ermächtigung zur Vornahme von Ersatzpflanzungen in § 18 Abs. 2 S. 2 BNatSchG legt es nahe, hierin eine spezielle Regelung gegenüber § 36 VwVfG zu sehen. Aus dem Fehlen entsprechender landesrechtlicher Vorschriften kann deshalb im Umkehrschluß geschlossen werden, daß auf diese bewußt verzichtet werden sollte.[27] Eine gerichtliche Klärung steht hier noch aus. Das OVG NW hatte diese Frage in Hinblick auf die Zulässigkeit von Ausgleichszahlungen noch ausdrücklich offengelassen.[28]

Im Schrifttum wird auch erwogen, die naturschutzrechtliche Eingriffsregelung als gesetzliche Grundlage für Ersatzmaßnahmen und Ausgleichszahlungen heranzuziehen.[29] Dabei kann davon ausgegangen werden, daß ein Verstoß gegen eine Baumschutzregelung, jedenfalls wenn es sich unmittelbar um eine Minderung des Baumbestandes handelt, in der Regel den Eingriffstatbestand erfüllt. Die Rechtsfolgen der Eingriffsregelung können auch wirksam werden, da der Eingriff einer Genehmigung nach der einschlägigen Baumschutzregelung bedarf. Ist die Minderung des Baumbestandes weder vermeidbar noch ausgleichbar und liegen die Voraussetzungen eines Ausnahme- bzw. Befreiungstatbestandes vor, können nach landesrechtlichen Modifikationen Ersatzmaßnahmen und/oder Ausgleichszahlungen verlangt werden. Die entsprechenden Regelungen der Baumschutzsatzungen bzw. -verordnungen über Ersatzpflanzungen und Ausgleichszahlungen können in diesem Sinne als Konkretisierung der Eingriffsregelung für den Fall der Beseitigung von Bäumen angesehen werden.[30] Schink weist allerdings darauf hin, daß die Eingriffsregelung keine Ermächtigung zur Rechtssetzung beinhalte.[31] Zu erwägen ist jedoch, ob eine bloße Normkonkretisierung ohne Ausweitung des Regelungsgehalts nicht auch ohne ausdrückliche Regelungsbefugnis möglich ist.

B. Erforderlichkeit der Unterschutzstellung

Die Erforderlichkeit der Unterschutzstellung muß sich gem. § 18 Abs. 1 BNatSchG aus den in der Ermächtigungsvorschrift bestimmten Zwecken ergeben.[32] Der Schutzgegenstand muß entsprechend dieser Zweckbestimmung tatsächlich schutzwürdig und schutzbedürftig sein.[33] Hierin kommt die schon aus dem Rechtsstaatsgebot ableitbare Pflicht zum Ausdruck, Beschränkungen individueller Freiheitsrechte nur dann vorzunehmen, wenn dies zur Erreichung des gesetzlich bestimmten Normzwecks erforderlich ist.[34] Die Unterschutzstellung von Landschaftsbestandteilen schränkt regelmäßig die freie Verfügbarkeit von Grund

---

26 Bartholomäi weist allerdings zurecht darauf hin, daß Ersatzpflanzungen nur ein schlechter Ersatz für jahrzehntealte Bäume sind. Ähnlich Steinberg, NJW 1981, 550 (556)
27 Vgl. Schink, DÖV 1991, 7 (15)
28 So ausdrücklich OVG NW, NuR 1982, 193
29 Vgl. Kunz, DÖV 1987, 16 (17); ablehnend Schink, DÖV 1991, 7 (15)
30 Vgl. Kunz, DÖV 1987, 16 (17)
31 Vgl. Schink, DÖV 1991, 7 (15)
32 Vgl. Schink, DÖV 1991, 7 (10); Hufen/Leiß, DVBl 1987, 289 (290)
33 Stenschke, BayVBl 1987, 644 (645)   unter Hinweis auf VGH BW, Urt. v. 16.12.1983 - 5 S 297/83 -, NuR 1984, 149
34 Vgl. Steinberg, NJW 1981, 550 (556)

und Boden und der darauf befindlichen Landschaftsbestandteile ein. Dies ist, soweit die Unterschutzstellung den in § 18 Abs. 1 BNatSchG und den einschlägigen landesrechtlichen Vorschriften konkretisierten allgemeinwohldienenden Zwecken dient, eine zulässige Inhalts- und Schrankenbestimmung des Eigentums i.S.d. Art. 14 Abs. 1 S. 2 GG.[35]

Nicht in allen Bundesländern ist allerdings die Formulierung von § 18 Abs. 1 BNatSchG "deren besonderer Schutz ... erforderlich ist" übernommen worden. Auf die ausdrückliche Erwähnung der Erforderlichkeit wurde in Niedersachsen, Nordrhein-Westfalen und Bayern ganz oder teilweise verzichtet.

Die nach dem Wortlaut weitgehendste Rechtssetzungsbefugnis besteht in Nordrhein-Westfalen. Den Gemeinden ist die Unterschutzstellung des Baumbestandes gem. § 45 NWLG in ihr freies Ermessen gestellt worden, ohne daß der Landesgesetzgeber hier eine Zweckbindung vorgesehen hätte. Das OLG Düsseldorf hat in Ermangelung einer näheren Konkretisierung der Voraussetzungen für den Erlaß der Baumschutzsatzungen den für den Schutz von Landschaftsbestandteilen im übrigen geltenden § 23 NWLG ergänzend herangezogen. Die Vorschrift entspricht wörtlich § 18 Abs. 1 BNatSchG.[36] § 18 Abs. 1 BNatSchG kann aber auch sonst unmittelbar zur Auslegung der landesrechtlichen Vorschriften herangezogen werden,[37] da die landesrechtlichen Vorschriften sich innerhalb der als Höchstregelung gedachten bundesrahmenrechtlichen Vorgabe halten müssen.[38]

In Bayern hat der dortige VGH ausdrücklich offengelassen, ob nicht im Wege der verfassungskonformen Auslegung die Erforderlichkeit auch für das Regelungsziel "Belebung des Landschaftsbildes/Ortsbildes" nachgewiesen werden muß, obwohl der Wortlaut der dortigen Regelung dies nicht verlangt.[39] Er hat dabei zu Recht auf die verfassungsrechtliche Problematik dieser Frage hingewiesen. Die für den Bereich der Bauleitplanung und Straßenplanung entwickelten Grundsätze können hier entsprechend gelten. Wie diese gestalten Baumschutzregelungen individuelle Freiheitsräume, insbesondere der betroffenen Grundstückseigentümer im Geltungsbereich, und bedürfen deshalb einer an ihrer gesetzlichen Zielbestimmung gemessenen Rechtfertigung.[40] Auch insoweit ist § 18 BNatSchG ergänzend heranzuziehen.[41]

Im Schrifttum wird die Erforderlichkeit insbesondere in Hinblick auf die Ausdehnung des Geltungsbereichs von Baumschutzsatzungen problematisiert. Wird der gesamte Bestand bestimmter Landschaftsbestandteile unter Schutz gestellt, so muß der Zweck der Unterschutzstellung sich auf den gesamten Geltungsbereich beziehen. Die Wahl des Geltungsbereichs ist nicht beliebig, sondern muß aus der Erforderlichkeit der Unterschutzstellung abgeleitet

---

35 Vgl. Stenschke, der Analogien zu den Grundsätzen des Straßen- und Bauplanungsrechts zieht. BayVBl 1987, 644 (645)
36 Vgl. OLG Düsseldorf, Urt. v. 20.4.1988 - 9 U 228/87 -, NJW 1989, 1807 (1807 f.); Das OVG NW ging ebenfalls von einer Zweckbindung von Baumschutzsatzungen aus, als es die genaue Bestimmung des Zwecks in der Satzung verlangte, insoweit allerdings aufgehoben von BVerwG. Vgl. OVG NW, Urt. v. 31.10.1985 - 7 A 3316/83 -, NVwZ 1986, 494; BVerwG, Beschl. v. 29.12.1988 - 4 C 19/86 -, DVBl 1989, 377 (Lts.) = NuR 1989, 179
37 Vgl. Otto, NVwZ 1986, 900 (901)
38 Vgl. Steinberg, NJW 1981, S. 550 (555); Schink, DÖV 1991, 7 (9); Emonds/Kolodziejocok, NuL 52 (1977), S. 35 (39); Hufen/Leiß, BayVBl 1987, 289 (290); OLG Koblenz, Urt. v. 8.7.1988 - 2 Ss 246/88 -, NuR 1989, 145; Lorz, BNatSchG, § 4 Anm. 2
39 BayVGH, Urt. v. 9.11.1984 - 9 N 84 A.1579 -, NuR 1985, 236 (238)
40 Vgl. Stenschke, BayVBl 1987, 644 (645); Louis, DVBl 1990, 800 (801)
41 Vgl. Hufen/Leiß, BayVBL 1987, 289 (290)

werden.[42] Auf Kritik ist deshalb die pauschale und stereotype Anwendung von Baumschutzsatzungsmustern, die den gesamten Innenbereich des Gemeindegebiets umfassen, gestoßen.[43] Die Gerichte haben diesen umfassenden, das Gemeindegebiet oder den gesamten Innenbereich einschließenden Geltungsbereich bislang durchweg für rechtmäßig gehalten.[44]

Ohne weiteres hat das OVG Bremen die Notwendigkeit einer das gesamte Gebiet des Landes umfassenden Unterschutzstellung von Bäumen für zulässig erachtet, da sich die umfassende Zielsetzung der Unterschutzstellung "zumindest in städtischen Agglomerationsräumen, wie es das aus den beiden Städten Bremen und Bremerhaven bestehende Land Bremen ist, nicht oder nur unzureichend verwirklichen" ließe.[45] In diesem Sinne hat sich nun auch das BVerwG geäußert. Die Rechtfertigung der Unterschutzstellung verlange keine Differenzierung zwischen verschiedenen Stadtgebieten.[46] Die jeweils im Vordergrund stehenden Gesichtspunkte des Baumschutzes könnten durch Auslegung für die einzelnen Teilbereiche des Geltungsbereichs ermittelt werden. Wie in Bremen beziehen z.B. auch Berlin, Düsseldorf, Hamburg, Hannover und Mainz das gesamte Gemeindegebiet unter Einschluß des Außenbereichs in die Baumschutzregelung ein.[47]

Die Beschränkung des Geltungsbereichs auf hochgradig versiegelte Bereiche ist zu eng. Dies würde die vielfältige auch territoriale Vernetzung städtischer Ökosysteme verkennen. Der Erhalt des Baumbestandes kann gerade in den stärker durchgrünten Randbereichen der Gemeinden wichtige Funktionen zur Reduzierung der ökologischen Gesamtbelastung des Gemeindegebiets haben.

Ein wissenschaftlicher Nachweis der Erforderlichkeit ist nach einhelliger Auffassung nicht notwendig. Die Unterschutzstellung ist nicht erst erforderlich, wenn sie natur- oder denkgesetzlich unabweisbar ist.[48] Es reicht aus, wenn sie vernünftigerweise geboten ist.[49] Ein zwingender Nachweis ist deshalb nicht notwendig. Aber auch ein Plausibilitätsnachweis verlangt hier mehr als bloße allgemeine Erwägungen. Die Erforderlichkeit der Unterschutzstellung muß sich für die bestimmten Landschaftsbestandteile und für bestimmte Gebiete ergeben.[50] Die Gründe der Unterschutzstellung müssen deshalb gegenüber den in allen Gebieten gleichermaßen geltenden Gründen, wie die Bedeutung von Bäumen und anderen Pflanzen für das Klima oder der allgemein abnehmende Baumbestand, qualifiziert sein.[51]

---

42 Vgl. Hufen/Leiß, BayVBL 1987, 289 (290 f.)
43 Vgl. Schink, DÖV, 1991, 7 (11); Hufen/Leiß, BayVBl 1987, 289 (291); Steinberg, NJW 1979, 550
44 Vgl. z.B. OVG Bremen, Urt. v. 26.3.1985 - OVG 1 BA 85/84 -, NuR 1985, 194 = NVwZ 1986, 953; VG Frankfurt, Urt. v. 26.5.1981 - IV/1 E 842/81 -, NuR 1982, 31; OVG Berlin, Urt. v. 22.5.1987, - OVG 2 B 129/86 -, NuR 1987, 323; OVG Lbg., Beschl. v. 17.10.1984 - 3 OVG c 2/84 -, NuR 1985, 242
45 OVG Bremen, Urt. v. 26.3.1985 - OVG 1 BA 85/84 -, NuR 1985, 194
46 Vgl. BVerwG, Beschl. v. 29.12.1988 - 4 C 19/86 -, DVBl 1989, 377 (Lts.) = NVwZ 1989, 555 = NuR 1989, 179
47 Vgl. Batholomäi, UPR 1988, 241 (242)
48 BayVGH, Urt. v. 15.12.1987 - Nr. 9 N 87.00667 -, NuR 1988, 248 (249)
49 Vgl. Louis, DVBl 1990, 800 (801); ders., NdsNatSchG, Einf. §§ 24-34, Rdn. 7; Schink, DÖV 1991, 7 (10); Stenschke; BayVBl 1987, 644 (645); BayVGH, Urt. v. 9.11.1984 - 4 N 84 A 1579 -, NuR 1985, 236 (238)
50 Vgl. Schink, DÖV 1991, 7 (10)
51 Vgl. Hufen/Leiß nennen beispielhaft einige "Gefährdungs- und Wertmomente" die eine Unterschutzstellung rechtfertigen können: die Nähe zu vielfrequentierten Verkehrswegen oder zu Industriezonen, die Tendenzen baulicher Verdichtung, zusätzliche ökologische Belastungen, der wert-

In der Literatur wird auf typische Beispiele hingewiesen. In städtischen Verdichtungsgebieten sei ein Baumschutz angesichts der positiven klimatischen Wirkungen von Bäumen und den vielfältigen Gefährdungen des Bestandes regelmäßig zu bejahen.[52] Demgegenüber wird der Baumschutz in stark durchgrünten ländlichen Gebieten mit angrenzenden Waldgebieten regelmäßig nicht erforderlich sein.[53]

Unproblematisch erscheint die Unterschutzstellung des Baumbestandes deshalb im Sinne des OVG Bremen in allen hochverdichteten Ballungsgebieten.[54] Hier ist das ökologische Gleichgewicht regelmäßig in einem Umfang belastet, der einen generellen Schutz von Bäumen ab einer bestimmten Größenordnung zur Sicherstellung der Leistungsfähigkeit des Naturhaushalts erforderlich macht.[55] Demgegenüber kann in ländlichen Gebieten eine genauere Analyse der Erforderlichkeit geboten sein.[56] Als Grundlage kann, soweit vorhanden, die örtliche Landschaftsplanung dienen. Auch andere ältere Untersuchungen sind geeignet, wenn zwischenzeitlich keine wesentlichen Veränderungen an der Landschaft vorgenommen wurden.[57]

C. Sonstige allgemeine Anforderungen

I. Ermessen

Wenn die Unterschutzstellung durch die in § 18 Abs. 1 S. 1 BNatSchG und in den entsprechenden landesrechtlichen Vorschriften genannten Zwecke gerechtfertigt ist, liegt es im Ermessen der zuständigen Naturschutzbehörde bzw., soweit die Kommunen befugt sind, in deren Ermessen, ob und in welchem Umfang die Unterschutzstellung erfolgt.[58] Eine Pflicht zur Unterschutzstellung besteht nur ausnahmsweise, wenn Bereiche von überragender Bedeutung für den Naturschutz erheblich beeinträchtigt oder wahrscheinlich vernichtet werden.[59] Für den Schutz des gesamten Bestandes von Bäumen ggf. auch von anderen Landschaftsbestandteilen in einer Gemeinde oder einem Teil einer Gemeinde wird eine derartige Ermessensreduzierung auf Null nicht in Betracht kommen können.

---

voller Baumbestand oder das durch den Baumbestand belebte gewachsene Ortsbild. Hufen/Leiß, BayVBl 1987, 289 (291); Schink, DÖV 1991, 7 (10)

52 Vgl. Steineberg, NJW 1981, 550 (555); Schink, DÖV 1991, 7 (11); OLG Düsseldorf, Urt. v. 20.4.1988 - 9 U 228/87 -, NJW 1989, 1807 (1808); OVG Bremen, Urt. v. 26.3.1985 - OVG 1 BA 85/84 -, NuR 1985, 194

53 Vgl. Hufen/Leiß, BayVBl 1987, 289 (291)

54 Im Ergebnis allerdings unter Hinweis auf die Notwendigkeit einer Prüfung im Einzelfall auch Schink, DÖV 1991, 7 (11); OVG Bremen, Urt. v. 26.3.1985 - OVG 1 BA 85/84 -, NuR 1985, 194

55 So auch OLG Düsseldorf unter Hinweis auf das Fortschreiten neuartiger Waldschäden (Waldsterben), Urt. v. 20.4.1988 - 9 U 228/87 -, NJW 1989, 1807 (1808)

56 Vgl. Schink, DÖV, 1991, 7 (11); Hufen/Leiß, BayVBl 1987, 289 (292); Steinberger, NJW 1981, 550 (555); Kunz, DVBl 1979, 616

57 Vgl. Louis, DVBl 1990, 800 (801); OVG NW, Urt. v. 6.10.1988 - 11 A 372/87 -, NVwZ-RP 1989, 465 (466)

58 Vgl. Stenschke, BayVBl 1987, 644 (645); Hufen/Leiß, BayVBl 1987, 289 (291); Hoppe/Beckmann, Umweltrecht, § 7 Rn. 64, S. 108; Kloepfer, Umweltrecht, § 10 Rn. 51, S. 563

59 Vgl. Louis, DVBl 1990, 800 (801); ders., NdsNatSchG, Einf. §§ 24-34, Rdn. 6

II. Kollision mit bestehenden Baurechten

Verbote, Bäume zu entfernen oder zu beschädigen, können im Einzelfall dazu führen, daß ein nach öffentlichem Baurecht zulässiges Vorhaben nicht oder nicht in der vorgesehenen Form realisiert werden kann. Ganz überwiegend wird in Literatur und Rechtsprechung dem Baurecht hier Vorrang eingeräumt.[60] Zwar sind Baumschutzsatzungen bzw. -verordnungen Regelungen nicht bodenrechtlicher Art und als solche gem. § 29 S. 4 BauGB bei der Baugenehmigung zu beachten. Der Vorrang des Baurechts ergibt sich hier im Regelfall aber am Maßstab des Art 14 Abs. 1 S. 2 GG aus dem Verhältnismäßigkeitsgebot.[61] Der Schutz bestimmter einzelner Bäume ist gemessen an dem Schutzzweck im Regelfall nicht erforderlich, denn es geht anders als bei Naturdenkmalen oder dem Schutz einzelner Landschaftsbestandteile um den Schutz einer Gattung in Hinblick auf deren Funktion für den Naturhaushalt, das Ortsbild und/oder den Immissionsschutz.[62] Die Funktion der Gattung Baum hängt nicht von dem Erhalt eines einzigen bestimmten Baumes ab, sondern von der Gesamtleistungsfähigkeit der Gattung.[63] Die Allgemeinwohlbelange sind hier geringer zu gewichten als beim naturschutzrechtlichen Objektschutz,[64] zumal die Funktion des Gesamtbaumbestandes auch durch Ersatzpflanzungen gesichert werden kann.[65] Mögliche Kollisionen mit bestehenden Baurechten sollten bereits in der Satzung durch entsprechende Ausnahmetatbestände geregelt werden (vgl. z.B. den entsprechenden Auszug aus der nordrhein-westfälischen Mustersatzung in Tab. 55).[66]

Mustersatzung des nordrhein-westfälischen Städtetags (Auszug aus § 6)*
(1) Ausnahmen zu den Verboten des § 4 sind zu genehmigen, wenn ...
b) eine nach den baurechtlichen Vorschriften zulässige Nutzung sonst nicht oder nur unter wesentlichen Beschränkungen verwirklicht werden kann, ...

(Tab. 55)

*Quelle: Städtetag Nordrhein-Westfalen

Die z.T. geforderte generelle Freistellung bei Kollision mit bestehenden Baurechten [67] geht jedoch zu weit. Zu Recht wird darauf hingewiesen, daß im Einzelfall bei besonders bedeutsamen Exemplaren, wie z.B. einer 100 jährigen freistehenden, bis unten beasteten Buche mit 25 m Höhe und 15 m Kronendurchmesser,[68] das öffentliche Interesse am Erhalt im

---

60 OVG NW, Urt. v. 31.10.1985 - 7 A 3316/88 -, NVwZ 1986, 494; Bartholomäi, UPR 1988, 241 (244 f.); Hufen/Leiß, BayVBl 1987, 289 (294); Müller, VwRdsch. 1987, 301 (302 f.); Otto, NVwZ 1986, 900 (902); ders.; MDR 1989, 583 (584); Schink, DÖV 1991, 7 (14); Steinberg, NJW 1981, 550, (556); Rosenzweig, NuR 1987, 313 (314)
61 Vgl. Kuchler, Naturschutzrechtliche Eingriffsregelung und Bauplanungsrecht, S. 51; Schink, DÖV 1991, 7 (14)
62 Vgl. Schink, DÖV 1991, 7 (14); Louis, NuR 1990, 105 (108); Steinberg, NJW 1981, 550 (556); Rosenzweig, NuR 1987, 313 (314)
63 HessVGH, Beschl. v.6.12.1988, NuR 1989, 228; Louis, NuR 1990, 105 (108); Schink, DÖV 1991, 7 (14); Steinberg, NJW 1981, 550, (556); Rosenzweig, NuR 1987, 313 (314)
64 Vgl. Schink, DÖV 1991, 7 (14)
65 Vgl. Steinberg, NJW 1981, 550, (556)
66 Vgl. Schink, DÖV 1991, 7 (14); Steinberg, NJW 1981, 550, (556)
67 Vgl. Hufen/Leiß, BayVBl 1987, 289 (294 f.)
68 Kuchler weist darf hin, daß zum Ersatz eines solchen Baumes 2.700 junge Bäume mit einem Kronenvolumen von 1 m^3 gepflanzt werden müßten. Kuchler, Naturschutzrechtliche Eingriffsregelung und Bauplanungsrecht, S. 51; ähnlich Schink, DÖV 1991, 7 (14); Steinberg, NJW 1981, 550, (556)

Rahmen der Ermessensausübung dem privaten vorgehen kann.[69] Aus diesem Grunde erscheint ein bindender Ausnahmetatbestand nicht empfehlenswert.

D. Zuständigkeit

Die Unterschutzstellung erfolgt im Regelfall in den meisten Bundesländern durch Rechtsverordnung der zuständigen Naturschutzbehörde. Niedersachsen, Rheinland-Pfalz und Schleswig-Holstein sehen daneben unter bestimmten Voraussetzungen, Nordrhein-Westfalen im Regelfall eine Satzungsbefugnis der Gemeinden vor (vgl. die tabellarische Übersicht in Tab. 56).

Naturschutzrechliche Satzungskompetenz für Baumschutzregelungen	
Nordrhein-Westfalen	Die Unterschutzstellung erfolgt im Rahmen der Landschaftsplanung durch die kreisfreien Städte oder Kreise. Sie ist deshalb im wesentlichen auf den Außenbereich beschränkt (§§ 16, 19 und 23 NWLG). Gesondert wird den Gemeinden die Satzungsbefugnis zum Schutz des Baumbestandes innerhalb der im Zusammenhang bebauten Ortsteile und des Geltungsbereichs von Bebauungsplänen zugewiesen (§ 45 NWLG).
Rheinland-Pfalz	Neben der Verordnungsermächtigung wird zum Schutz von wirtschaftlich nicht genutzten Bäumen und sonstigen entsprechenden Grünbeständen außerhalb der Haus- und Kleingärten eine gemeindliche Satzungsbefugnis begründet (§ 20 Abs. 3 RhPfLPflG).
Schleswig-Holstein	Innerhalb von im Zusammenhang bebauten Ortsteilen und im Geltungsbereich von Bebauungsplänen erfolgt die Unterschutzstellung durch gemeindliche Satzung (§ 20 Abs. 4 SchHNatSchG).
Niedersachsen	Die gemeindliche Satzungsbefugnis entspricht der in Schleswig-Holstein. Die Naturschutzbehörde kann die gemeindlichen Anordnungen allerdings aufheben. Voraussetzungen hierfür werden nicht genannt (§ 28 Abs. 2 NdsNatSchG).

(Tab. 56)

Die Übertragung der Regelungsbefugnisse an die Gemeinden, soweit im Zusammenhang bebaute Bereiche oder Geltungsbereiche von Bebauungsplänen betroffen sind, erscheint auch in den übrigen Bundesländern wünschenswert. Die Bündelung der den bebauten oder qualifiziert beplanten Bereich betreffenden Regelkompetenz in der Hand der Gemeindevertretungen erleichtert einen abgestimmten Einsatz der verschiedenen Instrumente. Zudem erhielten die Kommunen ein wichtiges Instrument im Rahmen einer kommunalen Grünordnungspolitik.

---

69 Vgl. Schink, DÖV 1991, 7 (14)

Kapitel 11

Naturschutzrechtlicher Flächen- und Objektschutz

Nach den einschlägigen Landesgesetzen[1] können in Ausfüllung der rahmenrechtlichen Regelungen der §§ 12 - 19 BNatSchG ganze Gebiete oder bestimmte Einzelerscheinungen von Natur und Landschaft durch förmliche Erklärung unter Schutz gestellt werden. Die Unterschutzstellung erfolgt in der Regel durch Rechtsverordnung,[2] in Nordrhein-Westfalen durch Satzung.[3] Für geschützte Landschaftsbestandteile i.S.d. § 18 BNatSchG gelten z.T. Sonderregelungen (vgl. Kapitel 10).

A. Regelungsmöglichkeiten

Nach dem jeweiligen Schutzzweck und der daraus ableitbaren Reichweite der Ge- und Verbote kann zwischen

- Naturschutzgebiet,
- Nationalpark,
- Landschaftsschutzgebiet,
- Naturdenkmal und
- geschützem Landschaftsbestandteil

unterschieden werden. Schutzgebietsausweisungen sind auch für den Bodenschutz wichtige Instrumente.[4] Sie wirken je nach Schutzgebietskategorie als absolutes [5] oder einge-

---

1 §§ 21 - 26 BWNatSchG; Art. 7 - 13 a BayNatSchG; §§ 18 - 26 BlnNatSchG; § 18 - 26 BremNatSchG; §§ 15 - 23 HbgNatSchG; §§ 11- 19 HessNatSchG; §§ 24 - 34 NdsNatSchG; §§ 19 - 23 und 45 NWLG; §§ 18 - 23 RhPflPflG; §§ 18 - 24 SaarNatSchG; §§ 15 - 21 SchHLPflG
2 In Schleswig-Holstein erfolgt abweichend hiervon die Erklärung zum Nationalpark durch Gesetz, § 15 Abs. 2 SchHLPflG.
3 Vgl. § 19 i.V.m. § 16 Abs. 2 S. 1 und Abs. 4 Nr. 2 NWLG
4 Ebersbach, Rechtliche Aspekte des Landverbrauchs am ökologisch falschem Platz, S. 44; Kloepfer, Umweltrecht, § 10 Rn. 50, S. 563
5 So in der Regel in Naturschutzgebieten. Kloepfer weist allerdings daraufhin, daß nach landesrechtlichen Vorschriften die Möglichkeit besteht, einen Genehmigungsvorbehalt für bestimmte Vorhaben in der Verordnung vorzusehen, Er spricht in diesem Zusammenhang von einem schleichenden Funktionsverlust von Naturschutzgebieten. Vgl. Kloepfer, Umweltrecht, § 10 Rn. 58, S. 567

schränktes Veränderungsverbot [6] und wirken dementsprechend als absolutes oder eingeschränktes Versiegelungsverbot.

Für die Durchgrünung und den Versiegelungsgrad innerhalb der bebauten Bereiche spielen Schutzgebiete auf Grund ihrer Größe und ihrer Zweckbestimmung keine originäre Rolle. Die Zweckbestimmung der Schutzgebietsausweisungen ermöglicht in der Regel nur zusammenhängende Teile von Natur und Landschaft aus den dort aufgeführten Gründen unter Schutz zu stellen. Aus diesem Grund scheidet der Flächenschutz innerhalb bebauter Bereiche in der Regel aus, es sei denn, daß Siedlungen wegen der Großräumigkeit in das Schutzgebiet einbezogen werden, wie z.B. bei Nationalparks.[7] Auch Landschaftsschutzgebiete bieten wegen der gegenüber Naturschutzgebieten geringeren Schutzwirkung die Möglichkeit, größere landschaftsökologisch bedeutsame Gebiete unter Einschluß von kleineren Siedlungen unter Schutz zu stellen.[8] Der auf die Gesamtheit des Schutzgebiets bezogene Schutzzweck muß dann aber die Einbeziehung der kleineren Siedlungen rechtfertigen.[9] Ein auf bebaute Bereiche beschränktes Landschaftsschutzgebiet wäre demgegenüber nicht mehr durch die gesetzliche Zweckbestimmung gedeckt.[10] In Frage kommt allenfalls die Unterschutzstellung von nicht im Zusammenhang bebauten Bereichen des Gemeindegebiets mit der Wirkung, daß die Schutzgebietsbestimmung einer Neuausweisung von Baugebieten in diesem Bereich im Wege steht.[11]

Innnerhalb bebauter Bereiche können bestimmte Einzelschöpfungen oder Teile von Natur und Landschaft als Naturdenkmale oder als geschützte Landschaftsbestandteile gem. §§ 17 und 18 BNatSchG und den entsprechenden landesrechtlichen Vorschriften festgesetzt werden.

Naturdenkmale sind Einzelschöpfungen der Natur, deren besonderer Schutz

1. aus wissenschaftlichen, naturgeschichtlichen oder landeskundlichen Gründen oder
2. wegen ihrer Seltenheit, Eigenart oder Schönheit

---

6 Ein relatives Veränderungsverbot mit Erlaubnisvorbehalt besteht nach näherer Konkretisierung der Schutzverordnung in Landschaftsschutzgebieten. Vgl. Kloepfer, Umweltrecht, § 10 Rn. 60, S. 568; Stenschke, BayVBl. 1987, 644 (646)
7 § 14 Abs. 2 S. 1 BNatSchG verlangt deshalb, daß die Länder in Hinblick auf die Großräumigkeit und Besiedlung von Nationalparken die Schutzintensität differenzieren.
8 Vgl. Hoppe/Beckmann, Umweltrecht, § 18 Rn. 82 und 84, S. 313
9 Vgl. zu den Anforderungen an die Rechtfertigung einer Schutzverordnung VGH BW, Urt. v. 29.9.1988 - 5 S 1466/88 -, NVwZ-RR 1989, 403; OVG Bremen, NuR 1990, 82
10 Nach der Rspr. des BVerwG setzt die Planung und Festsetzung von Landschaftsschutzgebieten die Schutzwürdigkeit der Landschaft voraus. Zudem müssen Anhaltspunkte bestehen, daß die gesetzlichen Schutzgüter ohne die vorgesehenen Maßnahmen abstrakt gefährdet wären. Zuletzt BVerwG, Beschl. v. 16.6.1988 - 4 B 102/88 -, NVwZ 1988, 1020 = UPR 1988, 445
11 Ein im Bereich einer Landschaftsschutzverordnung aufgestellter Bebauungsplan ist wegen Verstoßes gegen höherrangiges Recht nichtig. Vgl. BVerwG, Beschl. v. 28.11.1988 - 2 B 212/88 -, NVwZ 1989, 662

erforderlich ist.[12] Geschützt werden können auch flächenhafte Einzelschöpfungen, wie z.B. kleine Wasserflächen, Moore, Wiesen oder Brutgebiete,[13] wobei einzelne Landesgesetze die Ausdehnung limitieren.[14]

Geschützte Landschaftsbestandteile i.S.v. § 18 BNatSchG umfassen ebenfalls flächenhafte Teile von Natur und Landschaft. Der Begriff "Teile von Natur und Landschaft" ist umfassend (vgl. Tab. 57).[15]

Die Regelung in Baden-Württemberg beschränkt die schutzwürdigen Landschaftsbestandteile auf Grünbestände. Landschaftsbestandteile, die nicht Grünbestände darstellen, wie z.B. kleinere Wasserflächen oder Moore, werden hier nicht erfaßt. Insoweit ist das BWNatSchG noch nicht an das BNatSchG angeglichen.[16]

Auswahl schutzfähiger Landschaftsbestandteile*
Grün- und Erholungsanlagen, Parkanlagen und sonstige Grünflächen, Bestände an Schilf, Rohrkolben, Teichbinsen und anderen hochwüchsigen Uferpflanzen (Röhricht) und anderer Ufervegetation, Einzelbäume, Baumreihen und Baumgruppen, Hecken und andere Schutzpflanzungen

(Tab. 57)

*Quelle: Die Landesgesetze konkretisieren die infragekommenden Landschaftsbestandteile zum Teil durch Hervorhebung bestimmter Bestandteile von Natur und Landschaft. Vgl. z.B. Art. 12 Abs. 1 S. 2 BayNatSchG; § 22 Abs. 1 S. 2 BlnNatSchG

Im Unterschied zu den Naturdenkmalen fehlt den Landschaftsbestandteilen i.S.d. § 18 Abs. 1 BNatSchG der Denkmalcharakter. Die Gründe der Unterschutzstellung sind deshalb weiter gefaßt:

- Sicherstellung der Leistungsfähigkeit des Naturhaushalts,
- Belebung, Gliederung und Pflege des Orts- und Landschaftsbildes,
- Abwehr schädlicher Einwirkungen.

Als Naturdenkmale können darüber hinaus nur Einzelschöpfungen von Natur und Landschaft unter Schutz gestellt werden. Die Unterschutzstellung muß sich deshalb grundsätzlich konkret auf eine bestimmte Einzelschöpfung beziehen.[17] Demgegenüber kann gem. §

---

12 Vgl. die Bsp. erdgeschichtlicher und pflanzenkundlicher Naturdenkmale bei Bernatzky/Böhm, BNatSchR, § 17 Rn. 1
13 Vgl. Kloepfer, Umweltrecht, § 10 Rn. 63, S. 569; Bernatzky/Böhm, BNatSchR, § 17 Rn. 1
14 Vgl. § 24 Abs. 2 BWNatSchG; § 21 Abs. 1 BlnNatSchG; § 21 Abs. 2 BremNatSchG; Lorz plädiert unabhängig von einer gesetzlichen Regelung für eine Beschränkung auf kleinere Flächen, um einer Aufweichung des Begriffs Naturdenkmal entgegen zu wirken. Lorz, BNatSchG, § 17 Anm. 2
15 Bernatzky/Böhm, § 18 Rn. 6; Vgl auch die Bsp. bei Lorz, BNatSchG, § 18 Anm. 3; Vgl. auch die umfassende Begriffsanalyse bei Rosenzweig, NuR 1987, 313 (313 ff.)
16 Vgl. Rosenzweig, NuR 1987, 313; Heiderich ist allerdings der Auffassung, daß der Begriff geschützte Grünbestände dem der geschützten Landschaftsbestandteile entspricht. Vgl. Heiderich, in: Künkele/Heiderich, BWNatSchG, § 25 Rn. 2
17 Vgl. Lorz, BNatSchG, § 18 Anm. 2, der auf den Unterschied zu geschützten Landschaftsbestandteilen hinweist.

18 Abs. 1 S. 2. BNatSchG i.V.m. den einschlägigen Landesgesetzen,[18] wie bereits am Bsp. der Baumschutzsatzungen bzw. -verordnungen dargestellt, auch der gesamte Bestand von Bäumen, Hecken und anderen Landschaftsbestandteilen in einem bestimmten Gebiet unter Schutz gestellt werden.[19]

B. Kollision mit bestehenden Baurechten

Grundsätzlich sind auch die naturschutzrechtlichen Verordnungen zulässige Inhalts- und Schrankenbestimmungen des Eigentums i.S.v. Art. 14 Abs. 1 S. 2 GG.[20] Soweit sie sich im Rahmen der naturschutzrechtlichen Zweckbestimmung halten, sind sie als nicht bodenrechtliche Vorschriften im Rahmen des baurechtlichen Genehmigungsverfahrens gem. § 29 S. 4 BauGB zu beachten.[21] Ein genereller Vorrang des Bauplanungsrechts besteht nach Abschaffung von § 5 Abs. 6 BBauG mit der Baurechtsnovelle 1976 gegenüber naturschutzrechtlichen Verordnungen nicht mehr.[22] Mögliche Kollisionen werden nach Maßgabe von § 7 BauGB gelöst.[23] Eine Bindung an die Vorgaben der Bauleitplanung besteht dann, wenn die Naturschutzbehörde den Darstellungen des Flächennutzungsplans nicht widersprochen hat und auch kein überwiegender öffentlicher Belang einen nachträglichen Widerspruch rechtfertigt.[24]

Naturschutzrechtliche Schutzverordnungen können damit die nach dem Bauplanungsrecht gegebene Bebaubarkeit von Grundstücken beschränken oder ausschließen. Ob dies im Einzelfall zulässig ist, bestimmt sich am Maßstab des Art. 14 Abs. 1 S. 2 GG und damit nach dem Verhältnismäßigkeitsprinzip.[25] Ein durch Bebauungsplan oder auf Grund von § 34 BauGB verfestigtes Baurecht konkretisiert zwar für das jeweilige Grundstück die Eigentümerposition. Die Regelung ist aber nicht abschließend. Sie kann durch Vorschriften nichtbodenrechtlicher Art ergänzt werden.[26] Wiegen die Belange des Naturschutzes im Einzelfall schwerer als das berechtigte Interesse des Eigentümers an einer baulichen Nutzung seines Grundstücks, so stellt die insoweit naturschutz- bzw. landschaftspflegerechtlich motivierte Nutzungsbeschränkung eine zulässige Inhalts- und Schrankenbestimmung dar.[27]

Zu beachten ist allerdings, daß der Ausschluß eines bestehenden Nutzungsrechts, auch wenn dieses noch nicht ausgeübt ist, nach allgemeiner Auffassung einen entschädigungs-

---

18 § 25 BWNatSchG; Art. 12 BayNatSchG; § 22 BlnNatSchG; § 22 BremNatSchG; § 20 HbgNatSchG; § 15 HessMatSchG; § 28 NdsNatSchG; §§ 23 und 45 NWLG; § 20 RhPfLPflG; § 21 SaarNatSchG; § 20 SchHLPflG
19 Abweichend vom RNatSchG ist damit ein genereller Bestandsschutz ganzer Gattungen ermöglicht worden. Vgl. Lorz, BNatSchG, § 18 Anm. 6
20 Vgl. BVerwG, Urt. v. 15.2.1990 - 4 C 47/89 -, UPR 1990, 267 (270); Urt. v. 14.11.1975 - 4 C 2/74 - E 49, 365 (368); Urt. v. 13.4.1983 - 4 C 21/79 -, E 67, 84 (86); Urt. v. 13.4.1983 - 4 C 76/80 -, E 67, 93 (95); Stenschke, BayVBl 1987, 644 (650);
21 Vgl. Dürr, UPR 1991, 81 (85); Schink, DÖV 1991, 7 (13) und ausführlich unten Kap. 18, Teil A
22 Vgl. Dürr, UPR 1991, 81 (81 f.)
23 Vgl. VGH BW, Beschl. v. 28.7.1986 - 5 S 2110/85 -, UPR 1987, 392; Dürr, UPR 1991, 81 (83)unter Hinweis auf VerfGH NW, v. 30.10.1987 - 19/86 -, NuR 1988, 136
24 Vgl. Söfker, in: Ernst/Zinkahn/Bielenberg, BauGB, § 1 Rn. 289
25 Schink, DÖV 1991, 7 (13 f.) und unten Kap. 18, Teil C
26 Vgl. diesbezüglich die Ausführungen zu § 29 S. 4 BauGB unten Kap. 18, Teil A
27 Schink, DÖV 1991, 7 (13 f.)

pflichtigen Tatbestand begründet.[28] Die einschlägigen Naturschutz- und Landschaftspflegegesetze der Länder enthalten durchweg nur wenig differenzierte salvatorische Entschädigungsregelungen. Für die nordrhein-westfälische Regelung stellte das BVerwG fest, daß sie den Anforderungen des Art. 14 Abs. 3 S. 2 GG nicht entspreche, und deshalb als Grundlage für eine Enteignungsentschädigung ausscheiden müsse.[29] Eine Enteignungsregelung muß auf Grund der verfassungsrechtlichen Anforderungen immer auch die Entschädigung nach Art und Umfang bestimmen. Hierzu gehört die Bestimmung des Entschädigungstatbestandes und der Höhe der Entschädigung.[30] Die nordrhein-westfälische Entschädigungsregelung genügt diesen Anforderungen nicht. § 7 S. 1 NWLG bestimmt lapidar: "Hat eine Maßnahme nach diesem Gesetz enteignende Wirkung, so kann der hiervon Betroffene eine angemessene Entschädigung in Geld verlangen." Nicht geregelt wird, welche Maßnahmen entschädigungspflichtig sind und wie hoch die Entschädigung sein soll. Die Entschädigungsregelungen in Baden-Württemberg, Hamburg, Hessen und Schleswig-Holstein sind entsprechend unbestimmt.[31] Die Regelungen in Bayern, Berlin, Bremen, Niedersachsen, Rheinland-Pfalz und im Saarland enthalten immerhin eine beispielhafte Aufzählung eines oder mehrerer entschädigungspflichtiger Sachverhalte. Die Vorschriften nennen dabei mit unterschiedlichem Wortlaut den Fall einer Beschränkung oder Aufhebung ausgeübter Nutzungen und/oder bestehender Nutzungsrechte. Die differenzierteste Entschädigungsvorschrift enthält § 50 NdsNatSchG. Zwar regelt § 50 Abs. 1 NdsNatSchG nur unbestimmt, daß solche Nutzungsbeschränkungen zu entschädigen sind, die über die Sozialbindung des Eigentums (Art 14 Abs. 2 GG) hinausgehen. In Abs. 2 wird der entschädigungspflichtige Enteigunungstatbestand jedoch durch die exemplarische Hervorhebung dreier Tatbestände konkretisiert. Danach ist insbesondere eine Entschädigung zu gewähren, soweit infolge von Verboten oder Geboten bei Maßnahmen des Flächen- und Objektschutzes

1. bisher rechtmäßige Grundstücksnutzungen aufgegeben oder eingeschränkt werden müssen,
2. Aufwendungen an Wert verlieren, die für beabsichtigte bisher rechtmäßige Grundstücksnutzungen in schutzwürdigem Vertrauen darauf gemacht wurden, daß diese rechtmäßig bleiben, oder
3. die Lasten der Bewirtschaftung von Grundstücken auch in absehbarer Zukunft nicht durch die Erträge und sonstigen Vorteile ausgeglichen werden können.

Die Entschädigung soll den durch die Maßnahme erlittenen Vermögensnachteil gem. § 50 Abs. 1 S. 2 NdsNatSchG angemessen ausgleichen.

Ob die insoweit über die bloße salvatorische Auffangklausel hinausgehende Regelung in einigen Bundesländern den durch das BVerwG konkretisierten Anforderungen des Art 14 Abs. 3 S. 2 GG genügt, ist bislang nicht geklärt. Ausreichend bestimmt sind sie allenfalls hinsichtlich der explizit genannten exemplarischen Tatbestände.[32] Die salvatorische Grundnorm der Entschädigungsregeln ist demgegenüber auch in diesen Ländern nach Maßgabe der Entscheidung des BVerwG unwirksam.[33]

---

28 Vgl. BVerwG, Urt. v. 15.2.1990 - 4 C 47/89 -, UPR 1990, 267 (270); BGH, Beschl. v. 20.9.1984 - III ZR 118/83 -, BRS 45 Nr. 143
29 Vgl. BVerwG, Urt. v. 15.2.1990 - 4 C 47/89 -, UPR 1990, 267 (268)
30 Vgl. BVerwG, Urt. v. 15.2.1990 - 4 C 47/89 -, UPR 1990, 267 (268)
31 Vgl. hierzu den Überblick bei Engelhardt, NuR 1991, 101 (103)
32 In diesem Sinne: Engelhardt, NuR 1991, 101 (103)
33 Vgl. BVerwG, Urt. v. 15.2.1990 - 4 C 47/89 -, UPR 1990, 267 ff.

Das BVerwG hat allerdings im Wege der verfassungskonformen Auslegung der nordrhein-westfälischen Entschädigungsklausel diese dahingehend verstanden, daß sie einen Billigkeitsausgleich für schwerwiegende Eingriffe in die Bestandsgarantie des Eigentums durch Inhalts- und Schrankenbestimmung i.S.d. Art. 14 Abs. 1 S. 2 GG gewähren wolle.[34] Das Erfordernis einer Entschädigung kann sich nämlich auch bei Inhalts- und Schrankenbestimmungen unmittelbar aus dem Gebot der Verhältnismäßigkeit ergeben, wenn die Beschränkung der Eigentümerrechte auch unter Berücksichtigung der Sozialgebundenheit des Eigentums nicht mehr hingenommen und deshalb die Belastung durch einen Ausgleichsanspruch abgemildert werden muß. Die naturschutzrechtlichen Entschädigungsregelungen können insoweit vorerst - ausdrücklich für eine Übergangszeit -[35] als eine geeignete Rechtsgrundlage für die erforderlichen Entschädigungen gelten.

Damit ist allerdings noch nichts für die Frage gewonnen, wann eine Maßnahme Enteignung und wann lediglich Inhalts- und Schrankenbestimmung ist. Nach der höchstrichterlichen Rechtsprechung kommt es diesbezüglich darauf an, ob die Maßnahme eine durch Art. 14 Abs. 1 S. 1 GG geschützte Rechtsposition ganz oder teilweise entzieht oder ob das der Maßnahme zugrundeliegende Gesetz lediglich den Schutzgegenstand des Art. 14 Abs 1 S. 1 GG näher bestimmt.[36] Dabei muß jedenfalls der Kern der in Art. 14 Abs. 1 GG geschützten Eigentümerbefugnisse, nämlich die Privatnützigkeit und die grundsätzliche Verfügungsbefugnis des Eigentümers, gewahrt bleiben.[37]

Die Unbestimmtheit der Entschädigungsregelung für Maßnahmen nach dem Naturschutz- und Landschaftspflegerecht wirft vor diesem Hintergrund erhebliche Probleme auf. Maßnahmen, die eine Enteignung im Sinne von Art 14 Abs. 3 GG bewirken, sind danach wegen unzureichender Entschädigungsregeln grundsätzlich unzulässig. Soweit sie sich allerdings noch als Inhalts- und Schrankenbestimmung verstehen lassen, können sie bei gleichzeitiger Billigkeitsentschädigung möglicherweise zulässig sein. Soweit es sich um die Beschränkung der baulichen Nutzbarkeit von Grundstücken handelt, kommt es darauf an, ob sich das Baurecht als eine eigentumsrechtlich geschützte Anspruchsposition darstellt. Insoweit kann auf das Planungsschadensrecht des BauGB entsprechend zurückgegriffen werden. Der Verlust von Nutzungsrechten, der nach Maßgabe des BauGB entschädigungslos bleibt, ist durch Art 14 Abs. 1 S. 1 GG nicht mehr in einer eigentumsrechtlich relevanten Weise sanktioniert. Diesbezüglich kann der von Breuer für die Wasserschutzgebiete entwickelte Gedanke einer an den bauplanungsrechtlichen Voraussetzungen orientierten Entschädigung aufgegriffen werden.[38] Von besonderer Bedeutung ist hier die Plangewährleistungspflicht. Nach Ablauf von sieben Jahren nach Begründung des Baurechts muß der Berechtigte gem. § 42 Abs. 2 und 3 BauGB damit rechnen, daß ihm das bestehende Baurecht durch eine Neuplanung entzogen wird. Die eigentumsrechtlich geschützte Position leidet insoweit nach sieben Jahren unter dem Vorbehalt einer anderweitigen Planung. Die zulässige bauliche Nutzung kann danach durch Bebauungsplan entschädigungsfrei beschränkt oder aufgehoben werden. Soweit keine speziellen Kollisionsregeln dies ausschließen, muß dies entsprechend

---

34 Vgl. BVerwG, Urt. v. 15.2.1990 - 4 C 47/89 -, UPR 1990, 267 (269)
35 Vgl. BVerwG, Urt. v. 15.2.1990 - 4 C 47/89 -, UPR 1990, 267 (269)
36 Vgl. BVerwG, Urt. v. 15.2.1990 - 4 C 47/89 -, UPR 1990, 267 (270)
37 Vgl. BVerwG, Urt. v. 15.2.1990 - 4 C 47/89 -, UPR 1990, 267 (270)
38 Vgl. in diesem Sinne zu Bauverboten im Rahmen einer wasserrechtlichen Unterschutzstellung Breuer, Wasserrecht, S. 408, Rn. 620

auch für Nutzungsbeschränkungen im Rahmen anderer Regelungsbefugnisse, z.B. nach dem Naturschutz- und Landschaftspflegerecht, gelten.[39]

Diese Auslegung kann aber nicht darüber hinwegtäuschen, daß das bestehende Entschädigungsrecht im Bereich von Naturschutz- und Landschaftspflege novellierungsbedürftig ist. Nach der hier dargestellten Lösung wäre es auch im Interesse einer Harmonisierung des Planungsschadensrechts sinnvoll, die Neuregelung am Planungsschadensrecht des BauGB zu orientieren.

---

[39] Vgl. in diesem Sinne zu Bauverboten im Rahmen einer wasserrechtlichen Unterschutzstellung Breuer, Wasserrecht, S. 408, Rn. 620

Kapitel 12

Wasserschutzverordnungen

Wasserschutzgebiete sind nach der Begründung zum Entwurf des WHG Flächen, auf denen Handlungen zu unterlassen sind, die sich nachteilig auf die Menge und die Beschaffenheit des Wassers auswirken können.[1] Nach den in Kapitel 3 dargestellten Auswirkungen von Bodenversiegelung auf den Wasserhaushalt, insbesondere in Hinblick auf die Grundwasserneubildung und den Hochwasserabfluß, kommen grundsätzlich auch Maßnahmen zur Begrenzung von Bodenversiegelung als Regelungsgegenstand von Wasserschutzgebietsverordnungen in Betracht. Im einzelnen ist allerdings nach den möglichen unterschiedlichen Zweckbestimmungen zu unterscheiden.

A. Regelungszwecke

Gem. § 19 Abs. 1 WHG können, soweit das Wohl der Allgemeinheit es erfordert, Wasserschutzgebiete ausgewiesen werden, um

1. Gewässer im Interesse der derzeit bestehenden oder künftigen öffentlichen Wasserversorgung vor nachteiligen Einwirkungen zu schützen oder
2. das Grundwasser anzureichen oder
3. das schädliche Abfließen von Niederschlagswasser sowie das Abschwemmen und den Eintrag von Bodenbestandteilen, Dünge- oder Pflanzenbehandlungsmitteln in Gewässer zu verhüten.

Die größte praktische Verbreitung haben Trinkwasserschutzgebiete nach Nr. 1 gefunden.[2] Diese beziehen sich auf den Einzugsbereich einer Trinkwassergewinnungsanlage. Der jeweiligen Wassergewinnungsart entsprechend können Schutzgebiete für Grundwasser, für Talsperren oder für Seen festgesetzt werden. Der Schutzzweck kann sich sowohl auf die Verunreinigung als auch auf die Menge beziehen.[3] Für die Zulässigkeit von Bodenversiegelung können sie von Bedeutung sein, da sie in der engeren Schutzzone in der Regel mit einem Bauverbot verbunden sind. Die Festsetzung nach Nr. 1 knüpft aber nicht an die negativen Auswirkungen von Versiegelung an. Es geht hier allein um den Schutz der

---

1 Vgl. Regierungsvorlage: Begründung zum Entwurf des WHG, BT-Drs. 2/2072, S. 29
2 Vgl. Bickel, HessWG, § 25 Rn. 1
3 Vgl. Breuer, Wasserrecht, S. 390 Rn. 593

öffentlichen Trinkwasserversorgung.[4] Voraussetzung ist deshalb, daß das Gebiet als Trinkwasservorkommen genutzt wird oder eine entsprechende Nutzung konkret beabsichtigt ist.[5] Der Schutzzweck ist insoweit erheblich eingeschränkt.

Demgegenüber setzt die Schutzgebietsausweisung nach Nr. 2 nicht voraus, daß ein bestimmtes Trinkwasservorkommen im Interesse der öffentlichen Wasserversorgung zu schützen ist. Losgelöst von dem Aspekt der öffentlichen Wasserversorgung geht es ganz allgemein um die Anreicherung des Grundwasservorkommens. Das Grundwasservorkommen soll durch Einleiten von Oberflächenwasser in natürlich filternde Bodenschichten positiv beeinflußt werden. Im Schrifttum besteht deshalb - soweit ersichtlich - Einigkeit, daß neben den Gesichtspunkten der Trinkwasserversorgung auch andere, nicht originär wasserwirtschaftliche Aspekte zur Begründung herangezogen werden können.[6] Insbesondere ist zu berücksichtigen, daß die Anreicherung des Grundwassers zum Erhalt eines für die Vegetation zwingend erforderlichen Grundwasserstands geboten sein kann. Erforderlich kann die Festsetzung von Wasserschutzgebieten nach Nr. 2 damit sein, wenn infolge zu großer Wasserentnahme oder durch einen zu hohen Grad an Bodenversiegelung das Gleichgewicht zwischen Entnahme und Anreicherung von Grundwasser gestört und eine nachteilige Grundwasserabsenkung festzustellen oder zu befürchten ist. Der Schutzzweck wendet sich damit gegen alle Vorkehrungen, die die natürliche Versickerung von Niederschlagswasser verhindern.

Schutzgebiete nach Nr. 3 WHG sind im Untersuchungszusammenhang insbesondere von Bedeutung, soweit es um die negative Auswirkung von abfließendem Niederschlagswasser geht. Ziel ist es hierbei insbesondere, den Wasserabfluß zu verzögern, um eine bessere Ausnutzung des Wasserschatzes zu ermöglichen, Hochwasserschäden zu vermeiden und die Unterhaltung der Gewässer zu erleichtern.[7] Die Festsetzungsmöglichkeit knüpft damit an die nachteiligen Auswirkungen hoher Bodenversiegelung auf den Hochwasserabfluß und die Grundwasserneubildung an.[8]

B. Räumlicher Geltungsbereich

Wasserschutzgebiete können grundsätzlich auch den bebauten Bereich der Gemeinden mit erfassen. Ihr räumlicher Geltungsbereich bestimmt sich nach den zweckentsprechenden Erfordernissen i.S.v. § 19 Abs. 1 WHG. Soweit sich hieraus Einschränkungen der kommunalen Planungshoheit oder der Eigentümerbefugnisse ergeben, sind deren Belange nach Maßgabe des Abwägungsgebots zu berücksichtigen.[9] Bei der Abwägung sind die besondere Bedeutung einer gesicherten öffentlichen Wasserversorgung für das Allgemeinwohl, die

---

4 Vgl. Thurn, Schutz natürlicher Gewässerfunktionen durch räumliche Planung, S. 160 f.
5 Die einer beabsichtigten Trinkwassernutzung zugrundeliegende Planung muß hinreichend konkret und das Wasservorkommen nach Umfang und Qualität ermittelt sein. Vgl. hierzu Breuer, Wasserrecht, S. 390 Rn. 594; Gieseke/Wiedemann/Czychowski, WHG, § 19 Rn. 31
6 Vgl. Thurn, Schutz natürlicher Gewässerfunktionen durch räumliche Planung, S. 162; Gieseke/Wiedemann/Czychowski, WHG, § 19 Rn. 34; Knopp/Manner, WHG, § 19 Rn. 33; Breuer, Wasserrecht, S. 392 Rn. 596
7 Vgl. Gieseke/Wiedemann/Czychowski, WHG, § 19 Rn. 36
8 Vgl. Thurn, Schutz natürlicher Gewässerfunktionen durch räumliche Planung, S. 163; Gieseke/Wiedemann/Czychowski, WHG, § 19 Rn. 36; Knopp/Manner, WHG, § 19 Rn. 16
9 Vgl. Breuer, Wasserrecht, S. 391 Rn. 595; Bickel, HessWG, § 25 Rn. 9

spezifische Störanfälligkeit und Schutzbedürftigkeit,[10] aber auch die zentrale Funktion des Wasserhaushalts für den gesamten Naturhaushalt zu beachten. Formell findet die Koordinierung bauplanungsrechtlicher und wasserhaushaltsrechtlicher Belange nach Maßgabe von § 7 BauGB statt.[11] Eine Bindung an die Vorgaben der Bauleitplanung besteht danach, wenn die Wasserbehörde dem Flächennutzungsplan nicht widersprochen hat und auch kein ausreichender Grund für einen nachträglichen Widerspruch besteht. Hieraus folgt, daß Wasserschutzgebiete grundsätzlich eine Beschränkung der baulichen Nutzung bewirken können.[12] Insoweit kommen sie als Instrument zur Begrenzung der Bodenversiegelung allerdings nur im Rahmen der zulässigen Zweckbestimmung in Betracht.

C. Regelungsinhalte

Die Zweckbestimmung der Wasserschutzgebiete allein löst allerdings noch keine weiteren Rechtswirkungen gegenüber Dritten aus. Gem. § 19 Abs. 2 WHG können in Wasserschutzgebieten bestimmte Handlungen verboten oder für nur beschränkt zulässig erklärt werden und die Eigentümer oder Nutzungsberechtigten von Grundstücken zur Duldung bestimmter Maßnahmen verpflichtet werden. Nicht angeordnet werden kann die Verpflichtung zur Vornahme von Maßnahmen.[13] Welche Regelungen im einzelnen getroffen werden können, regelt das Gesetz nicht. Aus dem Verhältnismäßigkeitsgebot ergibt sich zumindest, daß die Regelung zur Erreichung des angestrebten Zwecks geeignet und erforderlich sein muß.[14]

Konkrete Hinweise, unter welchen Voraussetzungen welche Anordnungen erforderlich sind, finden sich im Schrifttum nicht. Übereinstimmung besteht insoweit, daß auch das Verbot oder die Beschränkung der baulichen Nutzung mögliche Anordnungen sind.[15] Fast alle LWG bestimmen, daß in den Wasserschutzgebieten Zonen mit verschiedenen Schutzbestimmungen festgelegt werden können.[16] Praktische Erfahrungen bestehen diesbezüglich insbesondere mit Trinkwasserschutzgebieten, für die der DVGW (= Deutscher Verein des Gas- und Wasserfachs) entsprechende Richtlinien mit differenzierten Schutzbestimmungen ausgearbeitet hat.[17]

Demgegenüber finden sich kaum Hinweise darauf, welche Regelungen bei Schutzgebieten nach Nr. 2 und 3 möglich sind. Gieseke/Wiedemann/Czychowski schlagen immerhin vor, Dränierungs- und Entwässerungsmaßnahmen zu verbieten, um das Grundwasser anzureichern und das schädliche Abfließen von Niederschlagswasser zu vermindern.[18] Möglich ist

---

10 Vgl. Breuer, Wasserrecht, S. 391 Rn. 595
11 Vgl. Schmidt-Aßmann, DÖV 1986, 985 (987); Peters, UPR 1988, 325 (328)
12 Vgl. Schmidt-Aßmann, DÖV 1986, 985 (987); Peters, UPR 1988, 325 (328); Breuer, Wasserrecht, S. 401 Rn. 612; Gieseke/Wiedemann/Czychowski, WHG, § 19 Rn. 57
13 Vgl. Breuer, Wasserrecht, S. 399 Rn. 608; Knopp/Manner, WHG, § 19 Rn. 53
14 Vgl. Breuer, Wasserrecht, S. 399 Rn. 609
15 Breuer, Wasserrecht, S. 399 Rn. 608; Gieseke/Wiedemann/Czychowski, WHG, § 19 Rn. 56; Schmidt-Aßmann, DÖV 1986, 985 (987); Peters, UPR 1988, 325 (328)
16 Vgl. Art. 35 Abs. 1 BayWG; § 22 Abs. 1 S. 3 BlnWG; § 48 Abs. 2 S. 2 BremWG; § 25 Abs. 2 HessWG; § 49 Abs. 2 S. 2 NdsWG; § 14 Abs. 1 S. 2 NWWG; § 13 Abs. 1 S. 2 RhPfWG; § 36 Abs. 1 S. 2 SaarWG; § 15 Abs. 1 b S. 2 SchHWG
17 DVGW-Regelwerk, Arbeitsblätter W 101, W 102 und W 103 v. Februar 1975, abgedr. in: Wüsthoff/Kumpf, Handbuch des Wasserrechts, D 30, 31 und 32
18 Gieseke/Wiedemann/Czychowski, WHG, § 19 Rn. 56

aber grundsätzlich auch, die Zulässigkeit der Überbauung natürlichen Bodens einzuschränken oder auszuschließen. Denkbar wäre danach z.B. eine Beschränkung der zulässigen Versiegelung auf den Grundstücken oder das Verbot, Bodenbeläge zu verwenden, die kein günstiges Versickerungsverhalten haben.

D. Erforderlichkeit und Abwägungsgebot

Das Rechtsstaatsgebot gebietet die Beachtung des Rechtfertigungs- und des Abwägungsgebots. Wasserschutzgebiete dürfen nur festgesetzt werden, wenn dies zur Erreichung der gesetzlich bestimmten Gründe im Interesse des Wohls der Allgemeinheit erforderlich ist.[19] Die Bindung an die genannten Zwecke bewirkt eine entsprechende Reduzierung des Abwägungsspielraums.[20] Dies verlangt nicht den Nachweis der unabweisbaren Notwendigkeit der Maßnahme. Entsprechend den allgemeinen Planungsgrundsätzen reicht es aus, wenn die Unterschutzstellung nach Abwägung der dafür sprechenden öffentlichen Belange mit den dagegen stehenden Belangen vernünftigerweise geboten erscheint.[21] Dabei genügt es allerdings nicht, daß die Unterschutzstellung ganz allgemein für das Wohl der Allgemeinheit nützlich und geeignet ist, den beabsichtigten Zweck zu erreichen.

Schutzgebiete zur Gewährleistung einer ausreichenden Grundwasserneubildung oder zur Verminderung des schädlichen Abfließens von Niederschlagswasser können z.B. dann erforderlich sein, wenn eine nachteilige Entwicklung bereits eingetreten ist und entsprechende Beeinträchtigungen der Grundwasserversorgung oder der Vegetationsbestände zu befürchten sind.

Die Wasserbehörde hat bei der Unterschutzstellung zu berücksichtigen, daß schon nach dem Bauplanungsrecht Restriktionen für die bauliche Nutzung bestehen, und kann ggf. auf die den bauplanungsrechtlichen Vorschriften entsprechenden Regelungen verzichten.[22] Sie ist aber nicht gehindert, die baurechtlichen Bestimmungen, soweit aus den genannten wasserhaushaltsrechtlichen Gründen erforderlich, zu ergänzen. Wegen der unterschiedlichen Rechtsträgerschaft und der anderen Zielsetzung von Bauleitplanung und wasserrechtlicher Unterschutzstellung sind auch Doppelregelungen möglich. Im Interesse der Rechtssicherheit und Klarheit können sie sogar geboten sein.[23]

E. Kollision mit bestehenden Bebauungsrechten

Die Anordnungen nach § 19 Abs. 2 WHG können nach einhelliger Auffassung die nach dem Bauplanungsrecht zulässige bauliche Nutzungen beschränken oder aufheben. Entsprechende Bauverbote finden im Baugenehmigungsverfahren gem. § 29 Abs. 4 BauGB bei der Beurteilung der Zulässigkeit von Bauvorhaben Beachtung.[24] Die wasserrechtliche Nut-

---

19 Gieseke/Wiedemann/Czychowski, WHG, § 19 Rn. 9
20 Vgl. Gieseke/Wiedemann/Czychowski, WHG, § 19 Rn. 24 f.; Breuer, Wasserrecht, S. 393 ff. Rn. 598 ff.
21 Vgl. Gieseke/Wiedemann/Czychowski, WHG, § 19 Rn. 9 unter Hinweis auf BVerwG, v. 9.6.1978 - 4 C 54/75 -, E 56, 71 und VGH BW, v. 12.6.1984, AgrarR 1985, 118 f.
22 Vgl. Gieseke/Wiedemann/Czychowski, WHG, § 19 Rn. 14
23 Vgl. Gieseke/Wiedemann/Czychowski, WHG, § 19 Rn. 40
24 Vgl. Schmidt-Aßmann, DÖV 1986, 985 (987); Peters, UPR 1988, 325 (328); ders., DVBl. 1987, 990 (992); Breuer, Wasserrecht, S. 401 Rn. 612; Gieseke/Wiedemann/Czychowski, WHG, § 19 Rn. 57

zungsbeschränkung tritt damit als eigenständige Inhalts- und Schrankenbestimmung des Eigentums i.S.v. Art. 14 abs. 1 S. 2 GG neben die Bestimmungen des Bebauungsplans und der §§ 34 und 35 BauGB.

Bauverbote bzw. Beschränkungen der baulichen Nutzbarkeit von Grundstücken stellen jedoch einen entschädigungspflichtigen Enteignungstatbestand i.S.v. § 19 Abs. 3 WHG dar, wenn das betroffene Grundstück zuvor bebaubar war, ohne daß es darauf ankommt, ob es tatsächlich bereits bebaut oder die vorherige Bebaubarkeit noch nicht ausgenutzt ist.[25] Diese von der Rspr. entwickelten Anwendungsregeln für den Tatbestand des § 19 Abs. 3 WHG müssen allerdings nach Ansicht von Breuer in Anbetracht des bauplanungsrechtlichen Schadensrechts modifiziert werden.[26] Zu berücksichtigen ist, daß die Aufhebung bestehenden Baurechts nicht mehr kategorisch und unbefristet entschädigungspflichtig ist. Die wichtigste Einschränkung ergibt sich durch die zeitliche Befristung von sieben Jahren hinsichtlich der Schutzwürdigkeit des Vertrauens auf bestehende Baurechte.[27] Die durch Art. 14 Abs. 1 S. 1 GG geschützten eigentumsrechtlichen Positionen sind nach Ablauf von sieben Jahren in entsprechender Weise reduziert. Die insoweit verfassungsmäßig modifizierte Inhalts- und Schrankenbestimmung des Grundeigentums stellt einen geeigneten Beurteilungsrahmen auch für die Entschädigungspflichtigkeit einer wasserrechtlichen Nutzungsbeschränkung nach § 19 Abs. 3 WHG dar. Ein Bauverbot, das nach den Bestimmungen des BauGB entschädigungsfrei bleibt, kann danach auch als Bestandteil einer Wasserschutzgebietsverordnung als entschädigungslos hinzunehmende Inhalts- und Schrankenbestimmung gelten.[28]

---

[25] Vgl. BGH, Urt. v. 10.12.1957 - III ZR 160/56 -, LM Nr. 71 zu Art. 14 GG = WM 1958, 359; Urt. v. 13.6.1958 - III ZR 72/57 -, WM 1958, 1371; Urt. v. 11.12.1961 - III ZR 110/60 -, WM 1962, 307; OLG Köln, Urt. v. 18.9.1975 7 U 60/75 -, ZfW-Sonderheft 1976/II, Nr. 22; vgl. auch Gieseke/Wiedemann/Czychowski, WHG, § 19 Rn. 87; Sieder/Zeitler/Dahme, WHG, § 19 Rn. 44; Knopp/Manner, WHG, § 19 Rn. 86
[26] Vgl. Breuer, Wasserrecht, S. 408 Rn. 620; Gieseke/Wiedemann/Czychowski, WHG, § 19 Rn. 87
[27] Vgl. hierzu oben Kap. 7, Teil C III 4
[28] Vgl. Breuer, Wasserrecht, S. 408 Rn. 620; Gieseke/Wiedemann/Czychowski, WHG, § 19 Rn. 87

Kapitel 13

Rechtliche Anforderungen an das Sammeln und Versickern von Niederschlagswasser

Die nachteiligen Auswirkungen von Bodenversiegelung auf den Wasserhaushalt (vgl. hierzu Kapitel 3) können z.T. ausgeglichen werden, indem das auf versiegelten Flächen anfallende Niederschlagswasser anstatt mit dem Schmutzwasser über die Kanalisation abgeleitet zu werden, dezentral am Ort des Anfalls gesammelt und entsorgt wird. Es bieten sich zu diesem Zweck eine Reihe von technisch und finanziell unterschiedlich aufwendigen Maßnahmen an, wie insbesondere

- Ableiten und Versickern auf angrenzenden unversiegelten Flächen,
- Sammeln in Regentonnen oder Zisternen und Weiterverwenden z.B. zur Gartenbewässerung,
- Ableiten in Zierteiche oder andere angrenzende oberirdische Gewässer,
- Einleiten ins Erdreich über Versickerungsanlagen (Rigolen, Schächte und Gräben) und mittelbar ins Grundwasser (vgl. hierzu Kapitel 5 Teil G II).

Auch Dachbegrünung hat in Abhängigkeit von der Dachneigung, der Art der Bepflanzung und der Substratschicht erheblichen Einfluß auf die von Dächern abgehende Abflußmenge. Die damit verbundenen Mehraufwendungen können durch die verminderten Aufwendungen für die Regenwasserableitungen ganz oder teilweise ausgeglichen werden.[1]

Die aufgeführten Maßnahmen sind nicht nur ökologisch wirksam sondern in Hinblick auf die Entlastung des Kanal- und Klärsystems auch ökonomisch für die entsorgungspflichtigen Gemeinden und Abwasserverbände interessant. Bei einer entsprechenden Ausgestaltung der Kanalanschluß- und Gebührensatzung können die Maßnahmen auch für die Grundstückseigentümer finanziell lohnend sein. Die Gemeinden können auch im Rahmen ihrer Bebauungsplanung (vgl. zu den möglichen Festsetzung die Ausführungen in Kapitel 7 Teil B III) und im Rahmen der kommunalrechtlichen Kanalanschluß- und gebührensatzungen die genannten Maßnahmen ermöglichen und ggf. zwingend vorschreiben, soweit die festgesetzten Maßnahmen rechtlich zulässig sind. Die Festsetzung und die Durchführung der Maßnahmen im Einzelfall unterliegen dabei vor allem den Anforderungen des Wasserrechts. Zu beachten ist insbesondere

---

[1] Vgl. hierzu auf die Berechnungen von Ernst/Weigerding, BBauBl 1985, 722 (726); Ernst/Weigerding, Das Gartenamt, 1986, 348 (351) und die Ausführungen in Kap. 5 Teil G I

- ob die Maßnahme einen wasserrechtlichen Erlaubnistatbestand erfüllt (Teil A I),
- ob die Maßnahme den materiell-rechtlichen Anforderungen an das Einleiten von Stoffen genügt (Teil A II),
- ob Niederschlagswasser Abwasser i.S.d. WHG ist (Teil A III),
- ob das auf versiegelten Flächen anfallende Niederschlagswasser der öffentlichen Abwasserbeseitigungspflicht unterliegt (Teil A IV) und
- ob besondere wasserrechtliche Anforderungen an den Bau von Versickerungsanlagen bestehen (Teil A V).

Weitere Anforderungen können sich auch aus den kommunalrechtlichen Anschluß- und Gebührensatzungen ergeben (Teil B).

A. Wasserrechtliche Anforderungen

I. Wasserrechtlicher Erlaubnisvorbehalt

Das Einleiten von Stoffen in oberirdische Gewässer, in Küstengewässer und in das Grundwasser bedarf gem. § 3 Abs. 4., 4a und 5 i.V.m. § 2 Abs. 1 WHG einer wasserrechtlichen Erlaubnis oder Bewilligung, soweit auf eine solche nicht ausdrücklich verzichtet wird. Dies ist der Fall, soweit sich die Benutzung im Rahmen des Gemeingebrauchs oder des Eigentümer- oder Anliegergebrauchs vollzieht.

1. Stoffe

Der Begriff "Stoff" ist umfassend zu verstehen. Er umfaßt gleichermaßen flüssige, schlammige und gasförmige Materien.[2] Hierzu gehört grundsätzlich auch das Niederschlagswasser. Auf den Grad der Verschmutzung kommt es nicht an.

2. Einleiten

Der Tatbestand des Einleitens in ein Gewässer umfaßt jedes zielgerichtete Zuführen von Stoffen.[3] Nicht erforderlich ist die Zuführung durch eine Leitung. Einleiten kann deshalb auch die Versickerung, Verrieselung oder Verregnung sein.[4] Voraussetzung ist allerdings, daß der Stoff zielgerichtet, d.h. nicht nur zufällig in das Gewässer gelangt.[5] Nach Himmel kann das für das Versickern, das Verrieseln und das Verregnen gleichermaßen angenommen werden, da das in den Boden einsickernde Wasser in jedem Fall über kurz oder lang in das Grundwasser gelangt.[6] Ein Teil des Schrifttums differenziert hier allerdings zumindest bezüglich des Verregnens. Die Ansicht stützt sich auf den Umstand, daß beim Verregnen durch die feine Verteilung in der Luft bereits ein beträchtlicher Anteil des Wassers verdunstet und im übrigen eine Bewässerung der Pflanzungen bezweckt ist.[7] Entscheidend dürfte

---

2 Vgl. Gieseke/Wiedemann/Czychowski, WHG, § 3 Rn. 47
3 Vgl. Gieseke/Wiedemann/Czychowski, WHG, § 3 Rn. 32
4 Vgl. Gieseke/Wiedemann/Czychowski, WHG, § 3 Rn. 33
5 Vgl. Scheier, ZfW 1981, 142 (148); Gieseke/Wiedemann/Czychowski, WHG, § 3 Rn. 32
6 Himmel, RhPfWG, § 51 LWG/§ 18 a WHG, Rn. 28
7 Vgl. Knopp/Manner, WHG, § 18 a Rn 15; Sieder/Zeitler/Dahme, WHG, § 18 a Rn. 11

aber sein, ob das Verregnen vom Willen getragen ist, sich des Wassers über den Boden in das Grundwasser zu entledigen, oder ob es der Bewässerung von Pflanzungen dienen soll.[8]

Aus diesem Grund erfüllt die Verwendung von aufgefangenem Niederschlagswasser zur Gartenbewässerung nicht den Tatbestand des Einleitens, während das gezielte Ableiten von Niederschlagswasser über Versickerungsschächte oder andere technische Versickerungsvorkehrungen ein Einleiten im wasserrechtlichen Sinne darstellt.

3. Gemeingebrauch, Eigen- und Anliegergebrauch

Keiner Erlaubnis bedarf die Benutzung oberirdischer Gewässer im Rahmen des Gemeingebrauchs, des Eigen- und des Anliegergebrauchs. Die Bestimmung des zulässigen Gemeingebrauchs hat das WHG der Landesgesetzgebung überlassen. Überwiegend sehen die Bundesländer (Baden-Württemberg, Bayern, Berlin, Bremen, Hessen, Niedersachsen und Schleswig-Holstein) das Einleiten von Niederschlagswasser in Oberflächengewässer zumindest in kleinen Mengen als Gemeingebrauch an.[9] Die Benutzung des Eigentümers eines Gewässers ist gem. § 24 Abs. 1 WHG ebenfalls als zulässiger Eigengebrauch erlaubnisfrei, wenn dadurch andere nicht beeinträchtigt werden, keine nachteiligen Veränderungen der Eigenschaften des Wassers, keine wesentliche Verminderung der Wasserführung und keine andere Beeinträchtigung des Wasserhaushalts zu erwarten ist. Gleiche Befugnisse sind den Anliegern von Oberflächengewässern nur in Bayern, Nordrhein-Westfalen, Rheinland-Pfalz und in Schleswig-Holstein gegeben.[10]

Die einschränkenden Voraussetzungen für den Eigengebrauch müssen entsprechend auch für den Gemein- und Anliegergebrauch gelten. Insbesondere darf keine Beeinträchtigung des Wasserhaushalts in qualitativer, aber auch nicht in quantitativer Hinsicht erfolgen. Die Einleitung von verschmutztem Niederschlagswasser stellt deshalb keinen zulässigen Gemeingebrauch dar. Welchen Grad die Verschmutzung haben muß, ist umstritten.[11] Zumindest bei stark befahrenen Straßen ist das abfließende Wasser regelmäßig durch Reste von Öl, Benzin, Bremsflüssigkeit und Reifenabrieb erheblich verschmutzt. Aber schon bei dem auf unbefestigten Straßen anfallenden Niederschlagswasser ist dies fraglich (vgl. hierzu Kapitel 14).[12] Es sollte deshalb darauf abgestellt werden, ob die Nutzung der Fläche, auf der das Niederschlagswaser anfällt, regelmäßig zu einer Verunreinigung der Bodenoberfläche führt, die mit dem Wasser gemeinsam abfließt.[13] Dies kann jedenfalls auf Dachflächen in aller Regel ausgeschlossen werden. Das auf Dachflächen oder auf ausschließlich zu Wohnzwecken genutzten Grundstücken anfallende Niederschlagswasser wird deshalb im

---

8 Vgl. Gieseke/Wiedemann/Czychowski, WHG, § 3 Rn. 49
9 § 26 Abs. 1 S. 2 BWWG, Art. 21 Abs. 1 S. 2 BayWG; § 25 Abs. 1 S. 2 BlnWG, § 71 Abs. 1 S. 2 BremWG, § 27 Abs. 1 S. 2 HessWG, § 73 Abs. 1 S. 2 NdsWG, § 17 Abs. 2 Nr. 2 SchHWG
10 Die Länder können allerdings den Eigengebrauch ausschließen, soweit er bisher nicht zugelassen war. Von dieser Ermächtigung hat lediglich Hessen Gebrauch gemacht. Gem. § 28 HessWG ist das Einbringen und Einleiten von Stoffen vom Eigengebrauch ausgeschlossen.
11 Vgl. Gieseke/Wiedemann/Czychowski, WHG, § 23 Rn. 25
12 Vgl. Gieseke/Wiedemann/Czychowski, WHG, § 23 Rn. 25; Sieder/Zeitler/Dahme, WHG, § 3 Rn. 17; Czychowski, ZfW 1972, 286 ff.
13 Gieseke/Wiedemann/Czychowski halten in Hinblick auf die Abgrenzungsschwierigkeiten allerdings den generellen Ausschluß der Einleitung von versiegelten Flächen abfließender Niederschläge für sachgerecht. Gieseke/Wiedemann/Czychowski, WHG, § 23 Rn. 25

Rahmen des Gemeingebrauchs in oberirdische Gewässer eingeleitet werden dürfen, da dabei keine ins Gewicht fallende Verschmutzung zu erwarten ist.[14]

Das Einleiten von Niederschlagswasser in Küstengewässer ist ebenfalls gem. § 32 a WHG i.V.m. den einschlägigen Vorschriften der Küstenländer genehmigungsfrei, soweit es unverschmutzt ist.[15]

II. Materiell-rechtliche Anforderungen an das Einleiten von Stoffen

Gem. § 6 WHG ist die Erlaubnis zu versagen, soweit von der beabsichtigten Gewässerbenutzung eine Beeinträchtigung des Wohls der Allgemeinheit, insbesondere eine Gefährdung der öffentlichen Wasserversorgung zu erwarten ist, die nicht durch Auflagen oder durch Maßnahmen einer Körperschaft des Öffentlichen Rechts verhütet oder ausgeglichen wird. Konkretisiert werden diese allgemeinen Anforderungen für

- das Einleiten von Stoffen in das Grundwasser und
- das Einleiten von Abwasser.

1. Einleiten von Stoffen in das Grundwasser

Gem. § 34 Abs. 1 WHG darf eine Erlaubnis für das Einleiten von Stoffen in das Grundwasser nur erteilt werden, wenn eine schädliche Verunreinigung des Grundwassers oder eine sonstige nachteilige Veränderung seiner Eigenschaften nicht zu besorgen ist. Die Vorschrift bezweckt die Abwehr von Gefahren für das Grundwaser durch Verschmutzung oder auf andere Weise. Maßstab für die Zulässigkeit der Versickerung von Niederschlagswasser ist deshalb der Grad der Verschmutzung. Dieser hält sich bei von Dachflächen abfließenden Niederschlägen im noch vertretbaren Rahmen. Dies ergibt sich schon aus der Tatsache, daß das Wasser auf Dachflächen nicht mehr Schadstoffe aufnimmt als auf unversiegelten Flächen.

Wird das Niederschlagswasser jedoch auf eine durch besondere Nutzung über das allgemeine Maß hinausgehende Weise verschmutzt, werden die für die Beseitigung von Schmutzwasser einschlägigen technischen Regeln zu beachten sein. Eine Versenkung unmittelbar in das Grundwasser ohne ausreichende Filterschicht verstößt jedenfalls gegen die Anforderungen von § 34 Abs. 1 WHG.[16]

2. Einleiten von Abwasser

Besondere Vorschriften bestehen auch für das Einleiten von Abwasser. Soweit Niederschlagswasser als Abwasser im wasserrechtlichen Sinn zu verstehen ist, unterliegt es den in-

---

14 Vgl. oben Kap. 5, Teil G II
15 So ausdrücklich § 14 a Nr. 3 HbgAbwG; entsprechend § 130 Nr. 2 NdsWG und § 17 b Nr. 2 SchHWG. Vgl. hierzu auch Gieseke/Wiedemann/Czychowski, WHG, § 32 a Rn. 4, die allerdings zu Unrecht von einer Verschmutzung des von Dachflächen abfließenden Niederschlagswassers ausgehen.
16 Vgl. Gieseke/Wiedemann/Czychowski, WHG, § 34 Rn. 9 mit Hinweis auf die DIN 4261 Teil 1 oder 2

soweit verschärften Anforderungen. Die in § 7 a WHG aufgeführten besonderen Anforderungen beziehen sich allerdings auf eine Reduzierung des Schadstoffeintrags durch verschmutztes Abwasser. Sie stehen der wasserrechtlichen Erlaubnis einer Einleitung des von versiegelten Flächen abfließenden und durch weitere Umstände nicht zusätzlich verschmutzten Niederschlagswassers nicht im Wege.

III. Abwasserbegriff

Die LWG bezeichnen neben dem durch häuslichen, gewerblichen, landwirtschaftlichen oder sonstigen Gebrauch in seinen Eigenschaften veränderten und dem bei Trockenwetter damit zusammen abfließenden Wasser (Schmutzwasser) auch das von Niederschlägen aus dem Bereich von bebauten oder befestigten Flächen abfließende und gesammelte Niederschlagswasser als Abwasser.[17] Als Befestigungen gelten alle menschlichen Einwirkungen, durch die die Versickerungsfähigkeit des Bodens nicht unerheblich beeinträchtigt wird.[18] Den landesrechtlichen Definitionen folgend fällt deshalb das Niederschlagswasser von allen versiegelten Flächen, insbesondere das

- von Dächern,
- von befestigten Höfen und
- von Straßen und Wegen

abfließende Wasser unter den Begriff "Abwasser".[19]

Der Begriff "Abwasser" ist im WHG zwar nicht definiert. Dennoch besteht ein bundesrahmenrechtlich verbindlich vorgegebener Abwasserbegriff.[20] Dieser ergibt sich aus dem Sinn und Zweck des WHG und ist letztlich aus dem historischen Abwasserbegriff abzuleiten. Danach umfaßt Abwasser sämtliches verunreinigtes oder sonst in seiner Eigenschaft verändertes Wasser sowie sämtliche abgehenden Wassergemische ohne Rücksicht auf die Ursache, das Ausmaß und die Schädlichkeit der Veränderung oder Beimischung.[21] Die Legaldefinitionen der LWG sind in diesem Sinne auszulegen. Deshalb kann nicht ohne weiteres auf die landesrechtlichen Legaldefinitionen oder auf die entsprechende Legaldefinition in § 2 Abs. 1 AbwAG zurückgegriffen werden.[22] Die LWG müssen sich innerhalb des vom WHG rahmenrechtlich vorausgesetzten begrifflichen Rahmens halten.[23] Auch das AbwAG dient einem anderen eingeschränkten abgabenrechtlichen Zweck und kann aus diesem Grunde nur ergänzend herangezogen werden.[24] Die Definition der LWG und die entsprechende

---

17 Vgl. so oder ähnlich § 45 a Abs. 3 BWWG, Art. 42 Abs. 1 BayWG, § 132 Abs. 3 BremWG, § 1 Abs. 2 HbgAbwG, § 45 a Abs. 2 HessWG, § 51 Abs.1 WGNW, § 51 Abs. 1 RhPfWG, § 49 Abs. 1 SaarWG, § 34 Abs. 1 SchHWG; keine derartige Abwasserdefinition enthalten das NdsWG und das BlnWG
18 Vgl. Sieder/Zeitler/Dahme, BayWG, Art. 41 a Rn. 20. Himmel hält demgegenüber das Aufbringen von Schotter, Kies, Sand, Steinen, Lavalit usw. für nicht ausreichend. Der Einwand, es handele sich nicht um eine zweckgerichtete Befestigung erscheint allerdings konstruiert. Vgl. Himmel, RhPfWG, § 51 Rn. 7a
19 Vgl. Himmel, RhPfWG, § 51 Rn. 8; Sieder/Zeitler/Dahme, BayWG, Art. 41 a Rn. 20
20 Vgl. OVG NW, Urt. v. 12.11.1984 - 20 A 393/83 -, ZfW 1985, 195 (197 f.)
21 Vgl. Breuer, Wasserrecht, S. 189 Rn. 289 unter Hinweis auf die Rspr. des RG, Urt. v. 2.6.1886, RGZ 16, 180
22 Vgl. Breuer, Wasserrecht, S. 189 Rn. 286 ff.; Gieseke/Wiedemann/Czychowski, WHG, § 7 a Rn. 4
23 Vgl. Bickel, HessWG, § 45 a Rn. 3
24 Vgl. Bickel, HessWG, § 45 a Rn. 3; Knopp/Manner, BayWG, § 41 a Rn. 1

Definition in § 2 Abs. 1 AbwAG können den Abwasserbegriff deshalb lediglich konkretisieren, nicht jedoch inhaltlich modifizieren.[25]

Im Schrifttum ist das Bemühen erkennbar, zumindest das auf Dachflächen anfallende Niederschlagswasser dem Regime der wasserrechtlichen Abwasserbeseitigungspflicht durch eine einschränkende Auslegung des Begriffs "Abwasser" zu entziehen, um zum einen durch dezentrale Versickerung der Niederschläge von versiegelten Flächen die öffentliche Abwasserbeseitigung zu entlasten und zum anderen die nachteiligen Auswirkungen von Versiegelung auf Grundwasserneubildung und Hochwasserabfluß zu mindern.[26]

Ein Ansatzpunkt für eine einschränkende Auslegung des Begriffs "Abwasser" ist der Begriff des "Abfließens". Niederschläge sind nämlich nur dann Abwasser, wenn sie von befestigten Flächen abfließen und gesammelt werden.[27] Niederschläge, die an Ort und Stelle ungehindert versickern, sind auch dann kein Abwasser, wenn sie auf befestigten Flächen niedergehen. Bsp. hierfür sind Bodenbeläge mit guten Versickerungswerten, z.B. Kies, Rasengitter, Schotterrasen und wassergebundene Decken (vgl. Tab. 8 u. 9 in Kapitel 3).[28] Die Abflußbeiwerte dieser Beläge zwischen 0,2 und 0,5 belegen allerdings, daß auch bei diesen ein nicht unbeträchtlicher Anteil des anfallenden Niederschlagswassers abfließt. Der nicht abfließende, sondern versickernde Teil ist aber kein Abwasser. Niederschlagswasser ist deshalb nicht schon aus dem Grunde Abwasser, weil es wie das Schmutzwasser durch Gebrauch oder in anderer Weise verschmutzt ist, sondern weil es, wenn es nicht an Ort und Stelle versickern kann, auf irgendeine andere Weise abgeführt werden muß.

Das OVG NW stellt dementsprechend - allerdings in anderem Sachzusammenhang - darauf ab, daß von Abwasser im wasserwirtschaftlichen Sinne erst dann gesprochen werden kann, wenn ein Entledigungswille oder ein Entledigungsbedarf vorliegt.[29] Kein Abwasser ist deshalb auch das unmittelbar neben der versiegelten Fläche versickernde Niederschlagswasser.[30] Niederschläge, die auf Grund der Neigung einer versiegelten Flächen wild in die angrenzenden unversiegelten Bereiche abfließen und dort versickern, sind kein Abwasser.

Man wird Niederschlagswasser deshalb nur dann als Abwasser bezeichnen können, wenn es nicht auf natürliche Weise durch Einsickern in den Boden verschwindet und seine Beseitigung eine besondere Abwasseranlage verlangt.[31] Die h.M. geht deshalb davon aus, daß das von Dachtraufen direkt an Ort und Stelle in den Untergrund versickernde Niederschlagswasser kein Abwasser ist.[32] Kein Abwasser ist dementsprechend auch das Nieder-

---

25 Vgl. Bickel, HessWG, § 45 a Rn. 3; Gieseke/Wiedemann/Czychowski, WHG, § 7 a Rn. 4
26 Vgl. Bickel, HessWG, § 45 a Rn. 15; Himmel, RhPfWG, § 51 Rn. 7b; Kibele, VBlBW 1988, 321 (325 f.); Paul, Das Gartenamt, 1986, 85 (86); Nieß-Mache, Städte- und Gemeinderat, 1986, 421 (423 unter Hinweis auf eine entsprechende Stellungnahme des nordrhein-westfälischen Städte- und Gemeindebundes
27 Vgl. Himmel, RhPfWG, § 51 Rn. 7b
28 Vgl. Laukhuf/Becker, Entsiegelung von Flächen, S. 21 ff. unter Hinweis auf die relativ günstigen Abflußbeiwerte.
29 Vgl. OVG NW, Urt. v. 12.11.1984 - 20 A 393/83 -, ZfW 1985, 195 (197); zustimmend Bickel, HessWG § 45 b Rn. 15
30 Wie auf unversiegelten Flächen gilt hier, daß eine geordnete Abwasserbeseitigung hier nicht erforderlich ist, da das anfallende Wasser in der Regel flächenhaft versickert. Vgl. Himmel, RhPfWG, § 51 Rn. 7; Sieder/Zeitler/Dahme, BayWG, Art. 41 a Rn. 19
31 Vgl. Himmel, RhPfWG, § 51 Rn. 7b; Kibele, VBlBW 1988, 321 (326)
32 Kibele, VBlBW 1988, 321 (326); Gieseke/Wiedemann/Czychowski, WHG, § 3, Rn. 48 und § 7 a, Rn. 5; Bulling/Finkenbeiner, BW WG, § 13, Anm. 8 a; Nieß-Mache, Städte- und Gemeinderat 1986, 421 (422); umfassend zum Abwasserbegriff Henseler, Das Recht der Abwasserbeseitigung, S. 19;

schlagswasser, das auf Flächen abfließt, auf denen es flächenhaft versickert oder das in einen Teich oder ein anderes Biotop abfließt.

Sinngemäß soll dies auch für das in Regentonnen bzw. Zisternen gesammelte Gießwasser gelten.[33] Auch hier sickert das Niederschlagswasser - wenn auch durch den Vorgang des Sammelns verzögert - auf natürliche Weise ein. Ein besonderer Entwässerungsbedarf besteht nicht.

Die in dieser Weise einschränkende Auslegung des Begriffs "Abwasser" wird durch den Bewirtschaftungsgrundsatz in § 1 a WHG gestützt. Der Wasserhaushalt wird danach als Bestandteil des Naturhaushalts besonders hervorgehoben.[34] Hieraus kann die Pflicht abgeleitet werden, den natürlichen Wasserkreislauf so wenig wie möglich zu beeinträchtigen.[35] Neben dem Schutz vor Verunreinigung wird der sparsame Umgang mit dem knappen Gut Wasser verlangt. Der qualitative Aspekt der Gewässerreinhaltung wird durch den quantitativen Aspekte der Sparsamkeit ergänzt. Aus diesem Grund sind insbesondere die Beeinträchtigung der Grundwasserneubildung und eine Beschleunigung des Hochwasserabflusses zu vermeiden.[36]

Der Begriff "Abwasser" ist im Lichte dieser Leitnorm [37] des Wasserrechts auszulegen, d.h. er ist insbesondere so eng zu fassen, daß Niederschlagswasser nur in dem tatsächlich erforderlichen Umfang dem natürlichen Wasserkreislauf entzogen wird. Gründe hierfür können sein:

- Verschmutzung durch Vermischung mit auf dem Boden befindlichen Schadstoffen,
- Unmöglichkeit einer natürlichen Versickerung an Ort und Stelle.[38]

Der Umstand, daß das Regenwasser sich mit den auf dem Dach abgelagerten Immissionen verbindet, macht das abfließende Niederschlagswasser noch nicht zum Schmutzwasser, da es sich in seinem Grad der Verschmutzung nicht von dem auf unversiegelten Flächen, die in gleicher Weise mit Schadstoffen belastet sind, unterscheidet. Unverschmutzten Niederschlag gibt es nicht. Das allein macht den Niederschlag jedoch nicht zu Abwasser.[39] Andernfalls müßten die Anforderungen an die Abwasserbeseitigung auf sämtliche Niederschläge bezogen werden unabhängig davon, auf welcher Fläche sie anfallen und ob sie sofort in den Untergrund versickern.

Eine Verschmutzung kann deshalb erst angenommen werden, wenn weitere verunreinigende Faktoren hinzukommen. Dies ist auf Straßenverkehrsflächen der Fall, die infolge von Reifenabrieb, Verlusten von Öl, Benzin und Bremsflüssigkeit erheblich mehr verschmutzt

---

a.A. OVG Münster, urt. v. 5.7.1982 - II A 150/80 -, zitiert nach Nieß-Mache, Städte- und Gemeinderat 1986, 421
33 Kibele, VBlBW 1988, 321 (326); vgl auch Himmel, RhPfWG, § 51 Rn. 7, der auf einen in diese Richtung zuielenden Beschluß des rheinland-pfälzischen Landtags v. 13.9.1984 hinweist. Lt-Drs. 10/309/774/789
34 Vgl. oben Kap. 7, Teil C III 2 e
35 Vgl. Knopp/Manner, WHG, § 1 a Rn. 1
36 So ausdrücklich § 3 a Abs. 3 BWWG
37 Vgl. Breuer, Wasserrecht, S. 52 Rn. 68
38 Köhler knüpft i.d.S. an die Behandlungsbedürftigkeit an. Vgl. Köhler, ZfW 1976, 329 (332)
39 Vgl. Scheier, ZfW 81, 142 (147)

sind als die angrenzenden unversiegelten Flächen. Weitgehend unbestritten ist deshalb, daß das von Verkehrsflächen abfließende Niederschlagswasser Abwasser ist.[40]

Ein Entsorgungsbedarf besteht unabhängig von der Verschmutzung auch dann, wenn Niederschlagswasser über technische Vorkehrungen versickert wird. Dies ist der Fall bei Versickerung in Versickerungsschächten oder Gräben und bei Rigolenversickerung. Da hier eine natürliche Versickerung nicht erfolgt, ist dieses Niederschlagswasser Abwasser im wasserrechtlichen Sinn. Es unterliegt damit grundsätzlich den Anforderungen an eine geordnete Abwasserbeseitigung. Die sich hieraus ergebenden Restriktionen lassen sich nicht durch eine einschränkende Auslegung des Begriffs "Abwasser" umgehen.

In der Verwaltungspraxis wird die dargestellte einschränkende Auslegung allerdings kaum hilfreich sein, solange die LWG das von versiegelten Flächen abfließende Niederschlagswasser in ihren Legaldefinitionen als Abwasser bezeichnen. Von den zuständigen Behörden kann auch im Interesse einer einheitlichen Verwaltungspraxis nicht erwartet werden, daß sie sich den landesrechtlichen Diktionen widersetzen, auch wenn dies bei sachgerechter Auslegung noch möglich wäre.

IV. Grundsatz der öffentlichen Abwasserbeseitigung

Einschränkungen könnten sich jedoch aus dem Prinzip der öffentlichen Abwasserbeseitigung ergeben. Gem. § 18 a WHG sind Abwässer so zu beseitigen, daß das Wohl der Allgemeinheit nicht beeinträchtigt wird. Die daran anknüpfende Verpflichtung zu einer geordneten Abwasserbeseitigung soll gem. § 18 a Abs. 2 WHG durch die Landesgesetzgeber einer Körperschaft des öffentlichen Rechts zugewiesen werden. Dies sind nach den Landesgesetzen vorbehaltlich einer abweichenden Regelung in Abwasserbeseitigungsplänen in der Regel die Gemeinden [41] und für das von öffentlichen Straßen abfließende Niederschlagswasser die Träger der Straßenbaulast.[42] Z.T wird auch die Kooperation verschiedener Gemeinden in der Form eines Wasser- und Bodenverbandes oder als Zweckverband i.S.d. Kommunalrechts ermöglicht.[43] Damit ist für die Abwasserbeseitigung grundsätzlich eine öffentliche Eigenregie geboten. Eine Abwasserbeseitigung durch denjenigen, bei dem das Abwasser anfällt, ist nach der Konzeption des WHG nur vorgesehen, soweit ein nach § 18 a WHG aufgestellter Abwasserbeseitigungsplan ihn als Beseitigungspflichtigen benennt.

Die öffentliche Abwasserbeseitigungspflicht wird in den Bundesländern durch eine allgemeine Überlassungspflicht an den Träger der Abwasserbeseitigung sichergestellt. Das Abwasser ist von demjenigen, bei dem es anfällt, dem Beseitigungspflichtigen zum Sammeln, Fortleiten, Behandeln, Einleiten, Versickern, Verregnen und Verrieseln zu überlassen. Die Überlassungspflicht steht einer privaten Abwasserbeseitigung, z.B. durch Versickerung auf dem Grundstück, im Wege. In Berlin ist allerdings die vom WHG konzipierte öffentliche

---

40 BVerwG, v. 13.9.1985 - 4 C 47/82 -, NVwZ 1986, 204 = DÖV 1986, 110; Knopp/Manner, WHG, § 18 a Rn. 6
41 So ausdrücklich Art. 41 b Abs. 1 S. 2 BayWG; § 133 Abs. 1 S. 2 BremWG, § 149 Abs. 1 NdsWG, § 52 Abs. 1 RhPfWG, § 50 Abs. 1 S. 1 SarrWG, § 35 Abs. 1 S. 1 SchHWG. Vgl. auch Breuer, Wasserrecht, S. 199 Rn. 303
42 § 45 Abs. 2 S. 2 BWWG, Art. 41 b Abs. 3 BayWG; § 133 Abs. 2 Nr. 1 BremWG, § 45 b S. 4 HessWG; § 149 Abs. 3 NdsWG, § 53 Abs. 1 RhPfWG, § 50 Abs. 4 SarrWG, § 35 Abs. 3 SchHWG
43 Vgl. hierzu Breuer, Wasserrecht, S. 201 f., Rn. 305 ff.; Sieder/Zeitler/Dahme, WHG, § 18 a Rn. 14 ff. unter Hinweis auf die landesrechtlichen Spezifika

Abwasserbeseitigung noch nicht in das LWG aufgenommen.[44] Es finden sich hier aber besondere Regelungen für die Behandlung von Niederschlagswasser.

Das OVG NW hat für die nordrhein-westfälische Regelung festgestellt, daß nur die vom Gesetzgeber gewollte Überlassung an den Abwasserbeseitigungspflichtigen eine den Anforderungen des Wohls der Allgemeinheit entsprechende Abwasserbeseitigung sei.[45] Das Gericht konnte sich dabei auf eine ausdrückliche Regelung des Gesetzes mit entsprechendem Inhalt stützen. Gem. § 52 Abs. 1 Ziffer c NWWG dürfen Einleitungen in das Grundwasser nur erlaubt werden, wenn sie der ordnungsgemäßen Abwasserbeseitigungspflicht entsprechen. Diese verlangt die Abwasserbeseitigung durch die ausdrücklich benannten öffentlichen Beseitigungspflichtigen.[46]

In den anderen an §§ 18 a und 18 b WHG angepaßten Landesgesetzen fehlt eine entsprechende Regelung. Die Voraussetzungen für die Versickerung von Abwasser sind hier dennoch entsprechend. Dies ergibt sich aus der mit der öffentlichen Abwasserbeseitigung korrespondierenden Überlassungspflicht. Die Überlassungspflicht hat die Wirkung eines generellen Anschlußzwangs.[47] Aus diesem Grund ist das gesamte Abwasser einschließlich des Niederschlagswassers, soweit dies Abwasser i.S.d. Vorschrift ist, dem öffentlichen Träger der Abwasserbeseitigung zu überlassen. Eine private Versickerung ist unzulässig.[48]

Die vielfältigen ökologischen und wasserwirtschaftlichen Vorteile einer dezentralen Versickerung des auf versiegelten Flächen anfallenden Niederschlagswassers haben in einigen Ländern zu Sonderregelungen bezüglich des Niederschlagswassers geführt.

Am weitesten geht die nordrhein-westfälische Regelung. Gem. § 51 Abs. 2 NWWG gelten die Vorschriften über die Abwasserbeseitigung nicht für Niederschlagswasser, welches auf überwiegend zu Wohnzwecken genutzten Gebieten anfällt und ohne Beeinträchtigung des Wohls der Allgemeinheit versickert, verregnet, verrieselt oder in ein Gewässer eingeleitet werden kann. In Niedersachsen wird gem. § 149 Abs. 3 Nr. 1 NdsWG dem Grundstückseigentümer die Beseitigungspflicht zugewiesen, soweit nicht ein gesammeltes Fortleiten aus Allgemeinwohlgründen erforderlich ist. Beide Vorschriften lassen ausdrücklich den auf Grund kommunaler Satzung bestehenden Anschluß- und Benutzungszwang bestehen. Den Gemeinden wird hier aber jedenfalls die Möglichkeit gegeben, durch eine entsprechend differenzierte Regelung der Beseitigung von Niederschlagswasser den Aufwand für die Abwasserbeseitigung durch entsprechend geringere Kanalzuschnitte auf das notwendige Mindestmaß zu reduzieren und die öffentlichen Haushalte auf diese Weise zu entlasten. Zugleich kann dem Belang der Grundwasserneubildung und der Verminderung der Hochwasserspitzen Rechnung getragen werden.

---

44 Gem. § 38 BlnWG stehen allerdings Bau und wesentliche Veränderungen von Abwasseranlagen unter einem Genehmigungsvorbehalt. Ausgenommen sind Anlagen für häusliche Abwasser mit einem Abwasseranfall von zehn m^3 täglich im Jahresdurchschnitt.
45 OVG NW, Urt. v. 9.6.1981 - 11 A 1268/80 -, ZfW- Sonderheft 1981, Nr. 160 u. 172; Urt. v. 7.7.1981 - 11 A 1342/80 -, ZfW- Sonderheft 1981, Nr. 162
46 Die Entscheidung ist im Schrifttum auf erhebliche Kritik insbesondere wegen ihrer Auswirkungen auf das baurechtliche Erfordernis einer gesicherten Erschließung gestoßen. Vgl. Breuer, Wasserrecht, S. 210 ff., Rn. 321 ff.; Henseler, BauR 1982, 1 ff.; Klenke, NuR 1986, 115 ff.; Rüttgers, ZfW 1987, 1 ff.
47 Sieder/Zeitler/Dahme, BayWG, Art. 41 b Rn. 46; Habel, BWWG, § 45 b Rn. 1; Himmel, RhPfWG, § 52 Rn. 32; Breuer, Wasserrecht, S. 213, Rn. 327 f.; Bickel, HessWG, § 45 b Rn. 3
48 Vgl. Breuer, Wasserrecht, S. 213, Rn. 327 f.

Nach § 10 Abs. 3 HbgAbwG wird die Möglichkeit der Befreiung von der Anschlußpflicht eröffnet, wenn das Niederschlagswasser auf dem Grundstück versickern kann, ohne daß sich dadurch Abwassermißstände ergeben. Generell ist gem. § 10 Abs. 4 HbgAbwG das Sammeln und weitere Verwenden des anfallenden Niederschlagswassers zulässig, wenn hierdurch keine Mißstände entstehen. Ist eine Einleitung unmittelbar in ein oberirdisches Gewässer möglich, kann gem. § 9 Abs. 2 HbgAbwG die Einleitung in die öffentliche Kanalisation versagt werden. Die Hamburger Regelung ist insoweit unbefriedigend, als sie die Versickerung auf dem Grundstück nur im Wege der für den Einzelfall vorgesehenen Befreiung eröffnet. Eine allgemeine Praxis läßt sich hierauf nicht stützen.

In Berlin wird die Beseitigung des Niederschlagswassers in die öffentliche Kanalisation nur vorgeschrieben, wenn dies wegen der Sicherheit oder Gesundheit erforderlich ist. Im Regelfall ist deshalb die Entwässerung durch Versickerung zulässig. Darüber hinaus soll nach § 40 Abs. 2 S. 3 BlnBO das Niederschlagswasser in Gebieten mit offener Bebauung nach Möglichkeit dem Untergrund unmittelbar zugeführt werden. Ohne Einschränkung auf Gebiete mit offener Bauweise sieht § 36 Abs. 2 SaarBO die gleiche Regelung vor. Verlangt wird danach die flächenhafte Versickerung des Niederschlagswassers auf dem Grundstück oder in Versickerungsanlagen.[49]

Ortloff ist der Ansicht, daß der Bauherr nicht gezwungen werden kann, das Niederschlagswasser entsprechend den Anforderungen von § 40 Abs. 2 S. 3 BlnBO auf dem Grundstück zu versickern. Voraussetzung für die Errichtung baulicher Anlagen sei lediglich eine einwandfreie Beseitigung des Niederschlagswassers. Da dies auch durch Anschluß an die öffentliche Kanalisation geschehen könne, seien die bauordnungsrechtlichen Voraussetzungen an die Erschließung eines Grundstücks und seine Bebaubarkeit auch in anderer Weise erfüllbar.[50] M.E. ist aber die Bestimmung der Anforderungen an eine einwandfreie Beseitigung von Niederschlagswasser aus der insoweit auch den Gesichtspunkten der Grundwasserneubildung und der Reduzierung des Hochwasserabflusses verfolgenden Zweckbestimmung des § 40 Abs. 2 S. 3 BlnBO zu ermitteln. Nach Möglichkeit soll in Gebieten mit offener Bauweise versickert werden. Andere Möglichkeiten der Entsorgung sollen deshalb nur wahrgenommen werden, wenn sie erforderlich sind, d.h. wenn z.B. keine ausreichende Fläche zur Versickerung vorhanden ist.

In Bremen kann die Gemeinde gem. § 133 Abs. 4 Nr. 3 BremWG auf ihren Antrag von der Pflicht zur Abwasserbeseitigung freigestellt werden, wenn das Niederschlagswasser ohne Beeinträchtigung des Wohls der Allgemeinheit von dem Nutzungsberechtigten auf dem Grundstück beseitigt werden kann. Das Entwässerungsortsgesetz für den Bereich der Stadtgemeinde Bremen konkretisiert diese Möglichkeit. Vor Erfüllung der Kanalanschlußpflicht soll die zuständige Behörde im Einvernehmen mit der Wasserbehörde prüfen, ob dem Anschlußpflichtigen eine anderweitige ordnungsgemäße Beseitigung des Niederschlagswassers (insbesondere durch Versickerung oder Einleitung in ein Gewässer) möglich und zumutbar ist und ggf. eine Übertragung der Abwasserbeseitigungspflicht auf den Grundstückseigentümer oder Erbbauberechtigten beantragt werden kann.[51] Besonderheiten gelten für das auf solchen Flächen anfallende Niederschlagswasser, das infolge der Grundstücksnut-

---

49 Ortloff, NVwZ 1985, 698 (700); Steinhoff, in: Förster/Grundei/Steinhoff/Dageförde/Wilke, BlnBO 1985, § 40 Rn. 7
50 Vgl. Ortloff, NVwZ 1985, 698 (700 f.)
51 Vgl. § 4 Abs. 5 Entwässerungsortsgesetz Bremen v. 16.9.1986, GBl. S. 193

zung mehr als nur ganz unbedeutende Mengen von Schadstoffen enthält. Dieses Wasser gilt als Schmutzwasser und ist entsprechend zu behandeln.[52]

Die übrigen LWG sehen keine Sonderregelung für die Beseitigung von Niederschlagswasser vor. Zwar gewähren auch sie Ausnahmen von der öffentlichen Entwässerung, diese knüpfen jedoch nicht an die unterschiedliche Qualität von Schmutzwasser und Niederschlagswasser an. Danach darf das im landwirtschaftlichen Betrieb anfallende Abwasser auf landwirtschaftlich, forstwirtschaftlich und gärtnerisch genutztem Boden in dem für die landwirtschaftliche Düngung üblichen Maß aufgebracht werden. Zudem sollen solche Fälle von der öffentlichen Abwasserbeseitigung ausgenommen werden, die wegen der besonderen Beschaffenheit der Abwasser einer besonderen Abwasserbehandlung bedürfen oder bei denen wegen des bislang fehlenden Kanalanschlusses, z.B. bei Grundstücken im Außenbereich, eine öffentliche Abwasserbeseitigung nur mit unverhältnismäßig hohem technischen und/oder finanziellen Aufwand hergestellt werden kann.[53] Eine Sonderbehandlung des Niederschlagswassers läßt sich hieraus nicht ableiten.

In Baden-Württemberg bietet sich immerhin die Möglichkeit, auf den dort vorgesehenen allgemeinen Ausnahmetatbestand zurückzugreifen. Gem. § 45 b Abs. 3 S. 3 BWWG können die Gemeinden im Einzelfall Ausnahmen von der Überlassungspflicht zulassen, wenn dies wasserwirtschaftlich unbedenklich ist.

Auf eine weitere Möglichkeit weist Bickel hin.[54] Baden-Württemberg, Bremen und Hessen ermöglichen den Gemeinden durch Satzung zu bestimmen, unter welchen Voraussetzungen Abwasser als angefallen gilt.[55] Diese Vollmacht beinhaltet auch die Möglichkeit, den Anfallzeitpunkt bis zum Eintritt eines Entledigungsbedarfs hinauszuzögern. Bickel schlägt deshalb vor, das unverschmutzte Niederschlagswasser als nicht angefallen zu bezeichnen, wenn es im Rahmen des Gemeingebrauchs oder einer Erlaubnis in ein Gewässer eingeleitet wird.[56]

Das Prinzip der öffentlichen Abwasserbeseitigung steht insoweit einer Beseitigung des Abwassers auf dem Grundstück selbst im Wege. Vor dem Hintergrund der Erhaltung einer ausgeglichenen Grundwasserbilanz und der Verringerung des Hochwasserabflusses sollte eine Differenzierung zwischen unverschmutztem Niederschlagswasser und Schmutzwasser auch hinsichtlich der Anforderungen an die geordnete Beseitigung getroffen werden. Die landesrechtlichen Regelungsmöglichkeiten ergeben sich aus den dargestellten, bereits de lege lata vorhandenen Unterschieden. Sinnvoll erscheint eine Modifizierung der LWG nach dem niedersächsischen oder nordrhein-westfälischen Vorbild.

---

52 Vgl. § 9 Abs. 2 des Entwässerungsortsgesetz Bremen v. 16.9.1986, GBl. S. 193
53 Vgl. hierzu Breuer, Wasserrecht, S. 200 f. unter Hinweis auf die landesrechtlichen Spezifika: § 45 b Abs. 3 BWWG; Art. 41 b Abs. 2 BayWG; § 45 b Abs. 3 HessWG; § 53 Abs. 2 RhPfWG; § 50 Abs. 5 S. 3 SaarWG; § 35 Abs. 4 S. 3 SchHWG
54 Vgl. Bickel, HessWG, § 45 b Rn. 19
55 § 45 b Abs. 2 S. 1 BWWG, § 45 b Abs. 2 S. 1 HessWG, § 133 Abs. 3 BremWG
56 Vgl. Bickel, HessWG, § 45 b Rn. 19

V. Anforderungen an die Errichtung oder Änderung von Versickerungsanlagen

Neben den Erlaubnisvorbehalten sehen die LWG ganz überwiegend ein weiteres gesondertes Verfahren für die Zulassung von Abwasseranlagen vor. Ein Planfeststellungsverfahren für private Abwasseranlagen ist lediglich in Schleswig-Holstein vorgesehen.[57] In den übrigen Ländern mit Ausnahme von Bayern und Hamburg ist ein eigenständiges Genehmigungsverfahren vorgesehen.[58] Auf dieses Genehmigungsverfahren wird allerdings überwiegend (Berlin, Bremen, Niedersachsen, Rheinland-Pfalz, Saarland und Schleswig-Holstein) verzichtet, wenn die Abwasseranlage nur gering dimensioniert ist. Acht bzw. zehn m3 täglich anfallendes Abwasser im Jahresdurchschnitt sind hier bei Anlagen für häusliches Abwasser Obergrenze.[59] Für Sammelanlagen bestehen z.T. gesonderte Obergrenzen.[60] Die hier vorgegebene Dimensionierung wird für eine auf die Beseitigung von Niederschlagswasser beschränkte Anlage auch bei größeren Flächen ausreichen.

Darüber hinaus wird in Rheinland-Pfalz und im Saarland auf die wasserrechtliche Genehmigung im Geltungsbereich der §§ 30 und 34 BauGB verzichtet.[61] Eine gesonderte Genehmigung entfällt in Baden-Württemberg und im Saarland, wenn zugleich eine wasserrechtliche Erlaubnis, in Berlin und Hamburg, wenn eine Baugenehmigung erforderlich ist. In diesen regelmäßig vorliegenden Anwendungsfällen werden die gesonderten Anforderungen an die Abwasseranlage im Rahmen des wasserrechtlichen Erlaubnis- bzw. bauaufsichtsrechtlichen Genehmigungsverfahrens geprüft.[62]

Demgegenüber ist in Hessen und in Niedersachsen eine Konzentration im Rahmen der wasserrechtlichen Genehmigung vorgesehen.[63]

Gem. § 18 b WHG und den entsprechenden landesrechtlichen Vorschriften sind Abwasseranlagen unter Berücksichtigung der Benutzungsbedingungen und Auflagen für das Einleiten von Abwasser (§§ 4, 5 und 7 a) nach den hierfür jeweils in Betracht kommenden Regeln der Technik zu errichten und zu betreiben. Betroffen sind hiervon alle für eine gewisse Dauer zur Abwasserbeseitigung bestimmten ortsfesten oder beweglichen Einrichtungen. Hierzu gehören auch Sickerschächte sowie Verregnungs- und Verrieselungsanlagen.[64]

Die Entscheidung orientiert sich an den spezifischen wasserwirtschaftlichen Regeln der Technik, die insbesondere in DIN-Normen, DVGW-Richtlinien und ATV-Regeln festgelegt sind.[65]

---

57 Vgl. § 36 c SchHWG
58 Vgl. § 45 e Abs. 1 BWWG, § 38 Abs. 4 BlnWG, § 138 Abs. 3 Nr. 3 BremWG, § 44 HessWG, § 154 Abs. 1 Nr. 1 NdsWG, § 58 NWWG, § 54 Abs. 1 RhPfWG, § 48 Abs. 2 SaarWG, § 36 c Abs. 3 S. 3 SchHWG
59 Vgl. § 38 Abs. 4 BlnWG, § 138 Abs. 3 Nr. 3 BremWG, § 154 Abs. 1 Nr. 1 NdsWG, § 54 Abs. 1 RhPfWG, § 48 Abs. 2 SaarWG, § 36 c Abs. 3 S. 3 SchHWG
60 In Rheinlandpflaz 20 m^3 in Schleswig-Holstein 10 m^3.
61 Vgl. § 54 Abs. 5 RhPfWG, § 48 Abs. 2 SaarWG
62 Vgl. § 38 Abs. 4 BlnWG, § 46 e Abs. 3 BWWG, § 13 Abs. 2 HbgWG, § 48 Abs. 2 SaarWG
63 Vgl. § 44 Abs. 4 HessWG, § 154 Abs. 3 NdsWG
64 Vgl. Sieder/Zeitler/Dahme, WHG, § 18 b Rn. 6; Breuer, Wasserrecht, S. 205 Rn. 311
65 Vgl. Breuer, Wasserrecht, S. 205 Rn. 312

B. Kommunalrechtliche Kanalanschluß- und Gebührensatzungen

I. Anschlußzwang

Viele Gemeinden haben in Umsetzung der Abwasserbeseitigungspflicht durch kommunale Satzung entsprechend den in den jeweiligen Gemeindeordnungen enthaltenen Ermächtigungen [66] den Anschluß an das örtliche Kanalnetz angeordnet.[67] Auch hieraus kann sich eine Beschränkung der Zulässigkeit von Versickerungsanlagen ergeben. Die Gemeinden sollten hier allerdings auch zur Entlastung ihrer Haushalte eine generelle Differenzierung nach dem Entsorgungsbedarf vornehmen. Unverschmutztes Niederschlagswasser, das auf Grund einer wasserrechtlichen Erlaubnis oder im Rahmen des Eigen- oder Gemeingebrauchs beseitigt werden kann, sollte generell vom Anschlußzwang freigestellt werden.

Rechtsgrundlage der kommunalen Kanalanschlußsatzungen sind die Gemeindeordnungen der Länder. Danach können die Gemeinden für die Grundstücke in ihrem Gebiet den Anschluß an die Kanalisation durch Gemeindesatzung anordnen.[68] Soweit sich der gemeindliche Kanalanschlußzwang ganz allgemein auf Abwasser bezieht, steht er der angestrebten dezentralen Versickerung von Niederschlagswasser im Wege.[69]

Der Anschlußzwang setzt ein dringendes öffentliches Bedürfnis voraus. Dieses kann insbesondere aus Gründen der Gesundheitspflege oder aus Gründen der öffentlichen Sicherheit und Ordnung vorliegen. Die Erforderlichkeit muß dabei nicht für jeden von der Regelung betroffenen Einzelfall bestehen. Es reicht aus, wenn der Anschlußzwang insgesamt aus dringenden Gründen des Allgemeinwohls erforderlich ist.[70] Aus der besonderen Erwähnung des Kanalanschlusses in den Ermächtigungsvorschriften kann der Schluß gezogen werden, daß die Landesgesetzgeber im Anschluß an die öffentliche Kanalisation einen typischen Fall des Anschlußzwanges gesehen haben. Der Kanalanschlußzwang korrespondiert insoweit mit dem Gebot der öffentlichen Abwasserentsorgung.[71] Die schnelle gefahrlose Beseitigung von verschmutzem Abwasser ist aus gesundheitlichen Gründen und aus Gründen des Grundwasserschutzes erforderlich.[72]

Ob das dringende öffentliche Bedürfnis allerdings auch für das auf versiegelten Flächen anfallende Niederschlagswasser besteht, muß bezweifelt werden. Ein Beseitigungsbedarf besteht hier bei differenzierter Betrachtung nicht, wenn das unverschmutzte Niederschlagswasser ohne Überschwemmungs- und Verschmutzungsgefahr dezentral auf dem Grundstück versickert werden kann. Soweit das unverschmutzte Niederschlagswasser aufgrund einer wasserrechtlichen Erlaubnis oder im Rahmen des Eigentümer- oder Gemeingebrauchs beseitigt werden kann, fehlt der Bedarf einer öffentlichen Abwasserbeseitigung.

---

66 § 11 Abs. 1 BWGO, Art. 24 Abs. 1 BayGB, § 19 Abs. 1 HessGO, § 8 Abs. 1 NdsGO, § 19 Abs. 1 NWGO, § 26 Abs. 1 RhPfGO, § 21 SarrKSVwG, § 17 Abs. 1 SchHGO
67 Vgl. Nieß-Mache, Städte- und Gemeinderat 1986, 421 (422)
68 § 11 Abs. 1 BWGO, Art. 24 Abs. 1 BayGB, § 19 Abs. 1 HessGO, § 8 Abs. 1 NdsGO, § 19 Abs. 1 NWGO, § 26 Abs. 1 RhPfGO, § 21 SarrKSVwG, § 17 Abs. 1 SchHGO; in Bremen gem. § 110 Abs. 1 Nr. 6 BremBO; in Berlin und Hamburg unmittelbar durch den Landesgesetzgeber gem. § 2 S. 2 HbgAbwG und § 40 Abs. 2 S. 1 BlnBO
69 Vgl. Nieß-Mache, Städte- und Gemeinderat 1986, 421 (422)
70 Vgl. Wuttig, Gemeindliches Satzungsrecht, Teil II, Frage 2, S. 1; Raubach/Pappermann/Roters, NWGO, § 19 Rn. 4
71 Breuer, Wasserrecht, S. 213, Rn. 327
72 Vgl. Wuttig, Gemeindliches Satzungsrecht, Teil II, Frage 2, S. 9

Unter Berücksichtigung des Verhältnismäßigkeitsgebots erscheint eine generelle Anschlußpflicht für Niederschlagswasser problematisch. Aus diesem Grunde sollten die Anschlußsatzungen eine Sonderregelung für unverschmutztes Niederschlagswasser enthalten.[73] Die LWG lassen jedenfalls eine Sonderregelung als Ausnahme- oder Befreiungstatbestand zu, auch wenn eine generelle Pflicht zur öffentlichen Abwasserbeseitigung besteht.[74] Auf diese Weise kann im Einzelfall ein Verstoß gegen das Übermaßverbot vermieden werden.[75] Besser wäre ein genereller Freistellungstatbestand mit entsprechendem Inhalt. Dieser ist aber nur zulässig, wo und soweit das Niederschlagswasser von der öffentlichen Abwasserbeseitigungspflicht nach § 18 a WHG ausgenommen ist (vgl. hierzu die Ausführungen in diesem Kapitel in Teil A IV).

II. Finanzielle Anreize für das Sammeln und Versickern von Niederschlagswasser

Zusätzliche Anreize für eine Versickerung auf dem Grundstück können durch einen Bonus bei der Gestaltung der Benutzungsgebühren geschaffen werden.[76] Benutzungsgebühren sind kraft öffentlichen Rechts durch entsprechende Tarife in der Anschlußsatzung bestimmte Entgelte für die Benutzung des Kanalanschlusses. Die Ausgestaltung der Tarife unterliegt dabei nach Maßgabe der einschlägigen landesrechtlichen Vorschriften [77] insbesondere dem Äquivalenzprinzip, wonach sich die Höhe des Entgeltes an dem Wert der in Anspruch genommenen Leistung zu orientieren hat.[78] Die Flächenstaaten haben dabei im wesentlichen übereinstimmend den Gemeinden einen relativ großen Gestaltungsfreiraum gelassen. Lediglich das neue rheinland-pfälzische KAG regelt die Gestaltung der Kanalanschlußgebühren bereits speziell und engt den kommunalen Regelungsfreiraum erheblich ein.[79]

Nach den Kommunalabgabengesetzen der Länder ist bei der Tarifgestaltung vorrangig der Wirklichkeitsmaßstab zugrundezulegen. Wenn die Bemessung der tatsächlichen Belastung besonders schwierig oder wirtschaftlich nicht zu vertreten ist, kann an Stelle des Wirklichkeitsmaßstabs der Wahrscheinlichkeitsmaßstab zugrundegelegt werden.[80] Es reicht danach aus, wenn der Maßstab im großen und ganzen dem Wert der in Anspruch genommenen Leistung entspricht.[81]

---

73 Vgl. Nieß-Mache, Städte- und Gemeinderat 1986, 421 (422) unter Hinweis auf OVG NW, Urt. v. 5.7.1982 - II A 150/80 -
74 Paul, Das Gartenamt 1986, 85 (85 f.) unter Hinweis auf die Anschlußsatzung der Gemeinde Sulzbach im Taunus
75 Vgl. Wuttig, Gemeindliches Satzungsrecht, Teil II, Frage 2, S. 1; Erichsen Kommunalrecht NW, S. 229; Schmidt-Aßmann, in: v. Münch, Bes.VwR, S. 176; Wolff/Bachof/Stober, VwR II, S. 389, § 99 III c
76 Vgl. Losch/Nake, IzR 1988, 593 (600); Gieseke/Holtmann/Hucke/Lynar/Müller, Städtebauliche Lösungsansätze zur Verringerung der Bodenversiegelung, S. 39
77 Vgl. § 9 BWKAG; Art. 8 BayKAG; § 10 HessKAG; § 5 NdsKAG; § 6 NWKAG; § 10 RhPfKAG; § 6 SaarKAG; § 6 SchHKAG
78 Vgl. Pagenkopf, Kommunalrecht, Band 2, S. 90; Erichsen, Kommunalrecht, NW, S. 147; Schmidt-Aßmann, in: v.Münch, BesVwR, S. 176
79 Vgl. § 10 RhPfKAG i.V.m. §§ 3 ff. RhPfKAVO (Kommunalabgabenverordnung) v. 24.7.1986 (GVBl. S. 199)
80 Vgl. Erichsen, Kommunalrecht, NW, S. 148; Thiem, SchHKAG, § 6 Rn. 75; Dahmen, in: Dierhaus, Kommunalabgabenrecht, § 6 Rn. 201
81 Vgl. Pagenkopf, Kommunalrecht Band 2, S. 93

Ein Wirklichkeitsmaßstab für die Bemessung der Kanalanschlußgebühr scheidet wegen der praktischen Schwierigkeiten aus.[82] Die größte Verbreitung hat der an dem Frischwasserverbrauch orientierte Wahrscheinlichkeitsmaßstab gefunden.[83] Dieser gründet auf der Überlegung, daß regelmäßig das von der öffentlichen Wasserversorgung oder aus anderen Quellen abgenommene Frischwasser nach Gebrauch in die Kanalisation eingeleitet wird.[84] Unberücksichtigt bleibt danach das ebenfalls in das Kanalnetz eingeleitete von befestigten Flächen abfließende Niederschlagswasser.[85] Dennoch hat der Wasserverbrauchsmaßstab in Rechtsprechung und Schrifttum ganz überwiegend Zustimmung gefunden.[86]

Auch bei einer Mischkanalisation kann danach die alleinige Bemessung der Gebühren nach dem Frischwasserverbrauch zulässig sein. Das BVerwG hat diesbezüglich allerdings vorausgesetzt, daß die Kosten der Regenwasserableitung im Verhältnis zu denen der Schmutzwasserableitung nur geringfügig sind.[87] Die Geringfügigkeit des Kostenanteils hat das Gericht bei 12 % angenommen.[88] Etwaige Unverhältnismäßigkeiten müßten gegebenenfalls durch eine degressive Gestaltung des Gebührentarifs ausgeglichen werden.[89]

Der zitierten Rechtsprechung liegt die Überlegung zugrunde, daß die abgeleitete Niederschlagsmenge in einem konstanten Verhältnis zu der Schmutzwassermenge steht.[90] Nur unter dieser Voraussetzung ist eine dem Äquivalenzprinzip entsprechende Belastung der einzelnen Benutzer gerechtfertigt.[91] Ein solcher Rückschluß ist aber allenfalls bei einer völlig einheitlichen Siedlungsstruktur vertretbar. Die Relation zwischen Niederschlagsmenge und Schmutzwassermenge wird jedoch nicht von einheitlichen Faktoren bestimmt. Die Menge des abgeleiteten Niederschlagswassers ergibt sich aus der versiegelten Fläche, von der abgeleitet wird, und dem Niederschlagsaufkommen. Demgegenüber bestimmt sich der für die Bestimmung der Schmutzwassermenge maßgebliche Frischwasserbedarf nach der Art und Intensität der Nutzung. Auf der gleichen Grundfläche kann deshalb der Frischwasserverbrauch extrem divergieren, ohne daß hiervon die abzuleitende Menge Niederschlagswasser

---

82 Dahmen, in: Dierhaus, Kommunalabgabenrecht, § 6 Rn. 356; Faiß, Das Kommunalabgabenrecht in BW, § 9 Anm. S. 36; Lichtenfeld, in: Dierhaus, Kommunalabgabenrecht, § 6 Rn. 757; Scholz, in: Dierhaus, Kommunalabgabenrecht, § 6 Rn. 588

83 Vgl. Dahmen, KAG NW, § 6 Rn. 76; Dahmen, in: Dierhaus, Kommunalabgabenrecht, § 6 Rn. 357; Faiß, Das Kommunalabgabenrecht in BW, § 9 Anm. S. 36; Lichtenfeld, in: Dierhaus, Kommunalabgabenrecht, § 6 Rn. 757; Scholz, in: Dierhaus, Kommunalabgabenrecht, § 6 Rn. 588

84 Bitterberg/Gosch, SchHKAG, § 6 Anm. 1.5.1; Dahmen, in: Dierhaus, Kommunalabgabenrecht, § 6 Rn. 357

85 Vgl. Dahmen, KAG NW, § 6 Rn. 76

86 Vgl. BVerwG, Urt. v. 14.4.1967 - VII C 15/65 -, E 26, 317; Urt. v. 18.4.1975 - VII C 41/73 -, KStZ 75, 191 = DÖV 1975, 856; Beschl. v. 12.2.1974 - VII B 89/73 -, KStZ 1974, 171; Bitterberg/Gosch, SchHKAG, § 6 Anm. 1.5.2.3; Hatopp, NdsKAG, § 5 Rn. 84; Thieme, SchKAG, § 6 Rn. 82; Pagenkopf, Kommunalrecht Band 2, S. 93; Schremmer, KStZ 1975, 201; Braun, BB 1975, 304; Dahmen, StT 1971, 171; ders., BB 1975, 1987; ders. KAG NW, § 6 Rn. 76 mit weiteren Nachweisen aus der obergerichtlichen Rspr..

87 BVerwG, Beschl. v. 26.1.1972 - VII B 21/72, DÖV 1972 = KStZ 1972, 92

88 BVerwG, Beschl. v. 26.1.1972 - VII B 21/72, DÖV 1972 = KStZ 1972, 92; vgl. auch Dahmen, in: Dierhaus, Kommunalabgabenrecht, § 6 Rn. 222 f. mit einem Überblick über die ausgesprochen kasuistische Rechtsprechung der Obergerichte.

89 Vgl. BVerwG, Beschl. v. 25.2.1972 - VII B 92/70, KStZ 1972, 111; Bitterberg/Gosch, SchHKAG, § 6 Anm. 1.5.2.3; Dahmen, in: Dierhaus, Kommunalabgabenrecht, § 6 Rn. 364; Hinsen, KStZ 1986, 181

90 Vgl. Thieme, SchHKAG, § 6 Rn. 82; Hatopp, NdsKAG, § 5 Rn. 84; Dahmen, in: Dierhaus, Kommunalabgabenrecht, § 6 Rn. 364

91 Vgl. Hatopp, NdsKAG, § 5 Rn. 84

berührt wird.[92] Die Grundstücke mit hohem Frischwasserverbrauch werden deshalb tendenziell unverhältnismäßig an den Kosten für die Regenwasserbeseitigung beteiligt.[93] Der Frischwasserverbrauch ist deshalb als Wahrscheinlichkeitsmaßstab für die Niederschlagswasserbeseitigung nicht geeignet.[94] Von einer gesonderten Bestimmung kann deshalb nur unter der von Rechtsprechung und Schrifttum entwickelten Voraussetzung abgesehen werden, d.h. dann, wenn der Kostenanteil nur geringfügig ist oder die Gebührengerechtigkeit durch eine degressive Gestaltung der Gebührentarife sichergestellt wird.[95]

Dies schließt aber nicht aus, daß auch in diesen Fällen die Menge des abgeleiteten Niederschlagswassers mit berücksichtigt wird. Die Gestaltung der Gebührentarife steht insoweit im Ermessen der Gemeinde. Dahmen ist sogar der Ansicht, daß der Frischwasserverbrauch bei größeren modernen Gemeinden wegen der dort vorzufindenden heterogenen Siedlungsstruktur in der Regel nicht ausreicht und eine gesonderte Berücksichtigung des Umfangs und der Kosten für die Einleitung von Niederschlagswasser erforderlich ist.[96] Das neue RhPfKAG hat dem durch die zwingend vorgeschriebene gesonderte Ermittlung Rechnung getragen.[97]

Ausgangspunkt der Bemessung müssen das Äquivalenzprinzip und der Gleichheitsgrundsatz sein.[98] Der Gebührentarif muß nach den tatsächlich erbrachten Leistungen gestaffelt sein.[99] Anhaltspunkt hierfür kann der jeweils erforderliche Aufwand sein. Hieraus folgt, daß die gesonderte Berücksichtigung der abgeleiteten Niederschlagswassermenge nicht nur ein sachgerechter, sondern sogar der dem Wirklichkeitsmaßstab näher kommende Gebührenansatz ist.[100] Die Gebührentarife können dabei auf zwei unterschiedliche Weisen geregelt werden.[101] Entweder wird der Wasserverbrauchsmaßstab in der Weise modifiziert, daß das Oberflächenwasser der mit dem Wasserverbrauch korrespondierenden Schmutzwassermenge zugerechnet wird, oder es wird ein gesonderter Tarif für Niederschlagswasser erhoben.[102] Dabei ist zu berücksichtigen, daß die Größe einer Mischkanalisation für Schmutz- und Niederschlagswasser ganz wesentlich von der Berücksichtigung des Berechnungsregens bestimmt wird.[103] Die Kosten bestimmen sich jedoch nicht allein nach der eingeleiteten Abwassermenge. Vielmehr ergeben sich für die Schmutzwasserbeseitigung besondere

---

92 Dahmen, in: Dierhaus, Kommunalabgabenrecht, § 6 Rn. 365 f.
93 Vgl. Thieme, SchHKAG, § 6 Rn. 82; Hatopp, NdsKAG, § 5 Rn. 84; Faiß, Das Kommunalabgabenrecht in BW, § 9 Anm. S. 36;
94 Vgl. Dahmen, KAG NW, § 6 Rn. 76; Dahmen, in: Dierhaus, Kommunalabgabenrecht, § 6 Rn. 362
95 Vgl. BVerwG, Beschl. v. 25.2.1972 - VII B 92/70, KStZ 1972, 111; Bitterberg/Gosch, SchHKAG, § 6 Anm. 1.5.2.3; Vgl. Dahmen, KAG NW, § 6 Rn. 76; Dahmen, in: Dierhaus, Kommunalabgabenrecht, § 6 Rn. 363
96 Dahmen, in: Dierhaus, Kommunalabgabenrecht, § 6 Rn. 367
97 Vgl. § 10 Abs. 3 S. 3 RhPfKAG
98 Thiem, SchHKAG, § 6 Rn. 71 - 73
99 Vgl. Dahmen, KAG NW, § 6 Rn. 77
100 Vgl. Gässler, BB 1965, 221; Braun, BB 1975, 304; Dahmen, StT 1971, 171 (176); ders., BB 1975, 1987; ders. KAG NW, § 6 Rn. 77; HessVGH, Beschl. v. 7.6.1985 - V N 3/82 -, KStZ 1985, 193
101 Vgl. hierzu OVG NW, Urt. v. 7.5.1980 - 2 A 1748/79 -, NJW 1981, 185
102 Vgl. Dahmen, KAG NW, § 6 Rn. 78
103 Vgl. Dahmen, KAG NW, § 6 Rn. 78; Dahmen, in: Dierhaus, Kommunalabgabenrecht, § 6 Rn. 368; Gässler, BB 1965, 221

Kosten hinsichtlich der Abwasserbehandlung und für die Niederschlagswasserableitung hinsichtlich der Kanaldimensionierung.[104]

Der Gebührenanteil für die Beseitigung des Niederschlagswassers kann nach einem modifizierten Flächenmaßstab erhoben werden, wobei Flächen mit ähnlich dichter Bebauung und Bodenversiegelung in Zonen gleicher Abwasserbeiwerte zusammengefaßt werden.[105] Maßstab ist die bebaute/befestigte und in die Kanalisation entwässerte Fläche.[106] Ohne diese Typisierung könnte die verwaltungspraktische Umsetzung der an dem Grad der Versiegelung anknüpfenden Gebührentarife durch eine entsprechende in die Satzung aufzunehmende Selbstveranlagungspflicht des Gebührenpflichtigen ermöglicht werden.[107]

Zu Recht wird darauf hingewiesen, daß auch der am Maß der versiegelten Flächen anknüpfende Gebührenmaßstab Unschärfen aufweist, da er nicht berücksichtigt, daß das auf versiegelten Flächen anfallende Niederschlagswasser nicht immer in die Kanalisation eingeleitet wird, sondern z.T. auf dem Grundstück versickert oder zur Weiterverwendung bei der Gartenbewässerung gesammelt oder auf begrünten Dachflächen gebunden wird.[108]

Diesen grundstücksspezifischen Besonderheiten wird ein am Ziel der Wahrscheinlichkeit ausgerichteter notwendigerweise generalisierender Gebührentarif allerdings kaum gerecht werden können. Aus Gründen der Praktikabilität können kleinere Mengen unberücksichtigt bleiben.[109] Die Gemeinden sind aber nicht gehindert, dem Gebührenpflichtigen die Möglichkeit zu eröffnen, eine geringere Regenwassereinleitung nachzuweisen und auf diese Weise eine größere Gebührengerechtigkeit zu erreichen.[110] Zugleich können damit finanzielle Anreize für die beschriebenen Maßnahmen zum Ausgleich der Folgen von Versiegelung, also für dezentrale Versickerung von unverschmutztem Niederschlagswasser sowie Dachbegrünung geschaffen werden.[111]

---

104 Vgl. zu den verschiedenen Möglichkeiten der Berücksichtigung der Kostenanteile Hatopp, NdsKAG, § 5 Rn. 85. Vgl. auch § 3 RhPfKAVO, der für einzelne Kostenfaktoren einen bestimmten Hebefaktor festlegt.
105 Vgl. HessVGH, Urt. v. 17.3.1977 - V OE 12/73 -, DÖV 1977, 645, ähnlich Heinrich, StT 1976, 93
106 Dahmen in: Dierhaus, Kommunalabgabenrecht, § 6 Rn. 371
107 Vgl. Dahmen, KAG NW, § 6 Rn. 79; ders. in: Dierhaus, Kommunalabgabenrecht, § 6 Rn. 373 unter Hinweis auf OVG NW, Urt. v. 13.5.1970 - II A 1205/68 -, DWW 1970, 312 = E 25, 254
108 Vgl. Dahmen, KAG NW, § 6 Rn. 79
109 Vgl. Bitterberg/Gosch, SchHKAG, § 6 Anm. 1.5.2.3; Faiß, Das Kommunalabgabenrecht in BW, § 9 Anm. S. 36
110 Die Regelung in § 14 RhPfKAVO ist insoweit zu eng. Vgl. auch Hatopp, NdsKAG, § 5 Anm. 91; Dahmen, KAG NW, § 6 Rn. 84, mit Beispielen für die Abzugsfähigkeit von nachweisbar nicht zugeleitetem Wasser und entsprechenden Hinweisen aus der Rspr..
111 Vgl. hierzu die Berechnung von Ernst/Weigerding, BBauBl 1985, 722 (726); Ernst/Weigerding, Das Gartenamt, 1986, 348 (351) unter Bezugnahme auf die Münchener Gebührensatzung

Kapitel 14

Maßnahmen zur Begrenzung und Verringerung der Bodenversiegelung auf Straßen und öffentlichen Parkplätzen

Verkehrsflächen nehmen mit ca. 25 - 30 % einen beachtlichen Anteil an der Siedlungsfläche[1] ein.[2] Dabei ist der Anteil versiegelter Fläche im Straßenraum mit ca. 95 % besonders hoch.[3] Es liegt daher nahe, die sich im Straßenraum bietenden Möglichkeiten zur Begrenzung und Verringerung der Bodenversiegelung vorrangig zu nutzen.[4] Zielpunkte sind:

- eine möglichst geringe Dimensionierung des Straßenquerschnitts,
- soweit dies gefahrlos möglich ist, die Verwendung offener Belagsarten insbesondere auf Parkplätzen und
- eine möglichst intensive Begrünung des Straßenraums und der öffentlichen Parkplätze.

Unmittelbare Zugriffsmöglichkeit haben die Gemeinden bei Straßen, soweit sie Träger der Straßenbaulast sind, mithin bei allen Straßen mit Ausnahme von Bundesfernstraßen. Größere Städte über 80000 Einwohner, ggf. auch schon über 50000 Einwohner, sind auch bei Ortsdurchfahrten von Bundesstraßen Träger der Straßenbaulast (§ 5 Abs. 2 u. 2 a FStrG). Kleinere Gemeinden sind Träger der Straßenbaulast für Gehwege und Parkplätze (5 Abs. 3 FStrG).

A. Rechtliche Rahmenbedingungen

Die Straßenbauvorhaben unterliegen zwar nicht den bauordnungsrechtlichen Anforderungen und dem danach vorgesehenen Genehmigungsverfahren (vgl. das Kapitel 15). Sie un-

---

1 Unter Siedlungsfläche wird hier der Bereich der im Zusammenhang bebauten Ortsteile verstanden.
2 Vgl. Wassmann/Lüdtke, Natur und Landschaft, 1988, 431; Der Anteil variiert allerdings in Abhängigkeit von der jeweiligen Siedlungsgröße. Vgl. Statistisches Jahrbuch deutscher Gemeinden 1986, S. 88 f.; Ganser, in: IFLA, Stadt - Natur - Zukunft, S. 131 (132)
3 Vgl. Gieseke/Holtmann/Hucke/Lynar/Müller, Städtebauliche Lösungsansätze zur Verringerung der Bodenversiegelung, S. 220 f.
4 Vgl. Gieseke/Holtmann/Hucke/Lynar/Müller, Städtebauliche Lösungsansätze zur Verringerung der Bodenversiegelung, S. 30; Wassmann/Lüdtke, Natur und Landschaft, 1988, 431; Ganser, in: IFLA, Stadt - Natur - Zukunft, S. 131 (132)

terliegen nach Maßgabe der einschlägigen Bestimmungen der Straßengesetze des Bundes und der Länder jedoch speziellen formellen und materiellen Anforderungen.

I. Bebauungsplan oder Planfeststellung

Erschließungsstraßen werden nach Maßgabe des § 125 Abs. 1 i.V.m. § 9 Abs. 1 Nr. 11 BauGB in der Regel im Bebauungsplan festgesetzt. Nach Maßgabe von § 9 Abs. 1 Nr. 11 BauGB kann im Bebauungsplan die Verkehrsfläche in ihren Ausmaßen (Straßenquerschnitt) festgelegt werden. Auch kann eine besondere Zweckbestimmung (z.B. verkehrsberuhigter Bereich oder Fußgängerbereich) festgesetzt werden. Ergänzend kann auch die Bepflanzung im öffentlichen Straßenraum verbindlich geregelt werden. Die Art des Straßenbelags kann ggf. aus gestalterischen Gründen oder als Maßnahme zum Schutz, zur Pflege und zur Entwicklung von Natur und Landschaft festgesetzt werden. Zu berücksichtigen sind in Hinblick auf die Anforderungen der Verkehrslärmschutzverordnung[5] die mit einer Pflasterung verbundenen höheren Lärmbelastungen durch Fahrgeräusche, so daß Aufpflasterungen nur bei geringer Verkehrsdichte und Tempobeschränkung vorgenommen werden können. Die Einzelheiten der Festsetzungsmöglichkeiten sind im Kapitel 7 Teil B II dargestellt.

Straßen, die nicht der Erschließung bestimmter Baugebiete dienen, werden in der Regel im Wege der Planfeststellung geplant. Gem. § 17 Abs. 1 FStrG dürfen Bundesfernstraßen nur gebaut oder geändert werden, wenn der Plan vorher festgestellt ist. Die Straßenplanung im Rahmen der Bauleitplanung ist gem. § 17 Abs. 3 FStrG als Alternative oder als Ergänzung zugelassen.[6] In ähnlicher Weise schreiben auch die Bundesländer mit Ausnahme von Berlin und Hamburg eine Planfeststellung für Landes- und Kreisstraßen teils ohne Einschränkungen, teils unter der Voraussetzung besonderer Verkehrsbedeutung vor.[7] In Berlin und Hamburg wurde auf das Rechtsinstrument der Planfeststellung verzichtet, da im Bereich der Stadtstaaten die Straßenplanung allein mit dem bauplanungsrechtlichen Instrumentarium bewältigt werden kann.[8]

Die Planfeststellung ist nicht nur beim Neubau erforderlich, sondern auch bei der Änderung von Straßen. Nicht jede bauliche Maßnahme an einer Straße ist jedoch eine Änderung im Sinne der Straßengesetze. Erfaßt sind im wesentlichen Veränderungen im Grundriß der Straße, also insbesondere die Verbreiterung oder der Rückbau einer Straße.[9] Keine Änderung sind demgegenüber Unterhaltungs-, Instandsetzungs- und Erneuerungsarbeiten.[10] Auch der Austausch des Fahrbahnbelags macht deshalb für sich genommen keine Planfeststellung erforderlich.

---

5 16. Verordnung zur Durchführung des BImSchG v. 12.6.1990, BGBl. I, S. 1036
6 Brandt/Sander, Berücksichtigung von Umweltschutzbelangen im geplanten Baugesetzbuch, S. 113; Löhr, in: Battis/Krautzberger/Löhr, BauGB, § 9 Rn. 41; Gaentzsch, in: Berliner Kommentar, § 9 Rn. 36; Gierke, in: Brügelmann, BauGB, § 9 Rn. 220
7 § 38 Abs. 3 BW StrG; Art 36 Abs. 3 b BayStrG; § 33 Abs. 4 BremLStrG (in Bremen allerdings nur für Landstraßen); § 33 Abs. 2 u. 5 HessStrG; § 38 Abs. 4 NdsStrG; § 38 Abs. 4 NWStrG; 5 Abs. 2 Rh-PflStrG; § 39 Abs. 3 SaarStrG; § 40 Abs. 6 SchHStrWG; vgl. auch die Übersicht bei Gierke, in: Brügelmann, BauGB, § 9 Rn. 218 ff.
8 Vgl. Kodal/Krämer, Straßenrecht, S. 853, Kap. 34 Rn. 3.1
9 Vgl. Kodal/Krämer, Straßenrecht, S. 862, Kap. 34 Rn. 7.32
10 Vgl. Kodal/Krämer, Straßenrecht, S. 862, Kap. 34 Rn. 7.33

Der Zweck der Planfeststellung ist, das Vorhaben auf seine Vereinbarkeit mit den von ihm berührten öffentlichen und privaten Belangen zu prüfen und eine Entscheidung über die Zulässigkeit des Vorhabens nach öffentlichem Recht, ggf. unter Änderung des Plans und unter Auflagen zu treffen.[11] Der vom Träger der Straßenbaulast [12] vorbereitete Plan wird nach Durchführung eines förmlich ausgestalteten Verwaltungsverfahrens mit Bürgerbeteiligung und Beteiligung der Träger der öffentlichen Belange durch die nach den Straßengesetzen zuständigen Straßenbehörden[13] festgestellt. Andere behördliche Entscheidungen, insbesondere öffentlich-rechtliche Genehmigungen, Verleihungen, Erlaubnisse, Bewilligungen, Zustimmungen sind neben der Planfeststellung nicht erforderlich (§ 18 b Abs. 1 2. Hs. FStrG; § 75 Abs. 1 2. Hs. VwVfG). Der Planfeststellung kommt damit Konzentrationswirkung zu.[14]

Die Funktion des Planfeststellungsverfahrens erschöpft sich aber nicht in der Kontrolle, ob das Vorhaben öffentlich-rechtlichen Vorschriften widerspricht. Die Planfeststellung verlangt darüber hinaus als administrative Fachplanung eine planerische Entscheidung. Diese setzt wie jede planerische Entscheidung einen Gestaltungsfreiraum der planaufstellenden Behörde voraus. Der Gestaltungsfreiraum betrifft sowohl die Frage "ob" als auch die Frage "wie" ein Straßenbauvorhaben gebaut werden soll.[15] Schranken ergeben sich wie bei der Bauleitplanung aus dem Rechtfertigungsgebot [16] und dem Abwägungsgebot.[17]

Ein Straßenbauvorhaben ist gerechtfertigt, wenn es zur Verfolgung des in den Straßengesetzen bestimmten Zwecks erforderlich ist.[18] Maßstab sind die regelmäßigen Verkehrsbedürfnisse.[19] Erforderlich ist eine Maßnahme nicht erst dann, wenn sie unausweichlich, sondern wenn sie vernünftigerweise geboten ist.[20] Verfolgt werden jedoch ausschließlich verkehrli-

---

11 Kodal/Krämer, Straßenrecht, S. 849, Kap. 34 Rn. 1.2
12 Vgl. Kodal/Krämer, Straßenrecht, S. 1005, Kap. 35 Rn. 1.3
13 Bei Bundesfernstraßen die oberste Straßenbehörde oder in Wahrnehmung der Delegationsermächtigung gem. § 22 Abs. 4 S. 2 FStrG der Regierungspräsident (Baden-Württemberg, Bayern, Niedersachsen) oder die höhere Straßenbehörde (Rheinland-Pfalz, Schleswig-Holstein). Nach den Landesstraßengesetzen der zuständige Minister (Hessen, Saarland), der Landschaftsverband (Nordrhein-Westfalen), die höhere Straßenbehörde (Rheinland-Pfalz, Schleswig-Holstein) und im übrigen die Regierung, in Niedersachsen jedoch nur bei Landesstraßen, bei sonstigen planfestzustellenden Straßen der Kreis. Vgl. Kodal/Krämer, Straßenrecht, S. 1020 f., Kap. 35 Rn. 12
14 Die Bedeutung der Konzentrationswirkung ist Gegenstand meherer Planfeststellungstheorien und ist insbesondere in Hinblick auf die materiell-rechtlichen Anforderungen aufgrund anderer Gesetze nicht unumstritten. Vgl. Kodal/Krämer, Straßenrecht, S. 891 ff., Kap. 34 Rn. 19.33 f.
15 Kodal/Krämer, Straßenrecht, S. 905 f., Kap. 34 Rn. 24.3
16 In Hinblick auf die eigentumsrechtliche Relevanz hoheitlicher Planung ist die jeweilige Planungsmaßnahme grundsätzlich rechtfertigungsbedürftig. Vgl. BVerwG, v. 12.12.1969, E 34, 301 (305); v. 5.7.1974, E. 45, 309
17 BVerwG, v. 11.10.1968, NJW 1969, 340; v. 30.4.1969, NJW 1969, 340 = BauR 1970, 35 = DVBl 1969, 697; v. 12.12.1969, E 34, 301 (305) = DÖV 1970, 277; v. 20.10.1972, E 41, 67 = DVBl 1973, 42; v. 5.7.1974, E. 45, 309 = NJW 1975, 70 = BauR 1974, 311; v. 14.2.1975, E 48, 56 = DVBl 1975, 605 = NJW 1975, 1373 = BauR 1975, 191; v. 7.7.1978, E 56, 110 = DVBl 1978, 845 = NJW 1979, 64; v. 23.1.1981, E 61, 295 = DVBl 1981, 931 = NJW 1981, 2137
18 Vgl. BVerwG v. 14.2.1975 - IV C 21/74 -, E 48, 56 (60)
19 Grundlage zur Beurteilung der Erforderlichkeit ist eine prognostische Einschätzung der zukünftigen verkehrlichen Entwicklung. Soweit die Bedarfsplanungen hierzu Angaben machen, sind diese heranzuziehen. Sind derartige planerische Vorgaben unzureichend, muß unter Zugrundelegung der anerkannten Regeln des Straßenbaus der voraussichtliche Bedarf ermittelt werden. Vgl. Kodal/Krämer, Straßenrecht, S. 913, Kap. 34 Rn. 27.4 ff.
20 BVerwG v. 7.7.1978 - 4 C 79/76 -, E 56, 110 (118)

che Interessen. Andere Belange, z.B. solche des Naturschutzes und der Landschaftspflege, sind zwar bei der Abwägung zu beachten. Sie rechtfertigen jedoch nicht die Feststellung eines Plans, z.B. zum Rückbau einer Straße. Der Rückbau einer Straße kann allerdings durch eine geänderte verkehrsplanerische Konzeption gerechtfertigt sein.

Für die Beachtung des Abwägungsgebotes gilt im wesentlichen das zur Bauleitplanung Ausgeführte.[21] Zu beachten sind alle von der Planung berührten Belange.[22] Ein genereller Vorrang bestimmter Belange besteht nicht.

Schranken ergeben sich aus der Bindung an die vorbereitende Straßenplanung [23] und durch verschiedene Planungsleitsätze.[24] Diese wirken sich im Untersuchungszusammenhang jedoch nicht aus, so daß an dieser Stelle auf eine Darstellung verzichtet werden kann.

II. Berücksichtigung der Belange des Naturschutzes und der Landschaftspflege

Anders als bei der Bauleitplanung wird die Berücksichtigung der naturschutzrechtlichen Eingriffsregelung und die Durchführung einer Umweltverträglichkeitsprüfung ausdrücklich angeordnet.

Die naturschutzrechtliche Eingriffsregelung ist bei der Straßenplanung unmittelbar anzuwenden.[25] Soweit Straßenbauvorhaben einen Eingriff im Sinne des Naturschutzrechts darstellen, was in der Regel angesichts des beträchtlichen Flächenverbrauchs verkehrlicher Anlagen, jedenfalls bei der Inanspruchnahme bisher unversiegelter Flächen der Fall sein wird, greifen die Rechtsfolgen der Eingriffsregelung. Der festzustellende Plan oder ein daneben aufzustellender landschaftspflegerischer Begleitplan muß deshalb Maßnahmen zum Ausgleich des Eingriffs in Text und Karte darstellen.[26] Dies sehen § 8 Abs. 4 BNatSchG und die entsprechenden Regelungen der einschlägigen Landesgesetze ausdrücklich vor.

Auch die Vermeidungspflicht nach § 8 Abs. 2 S. 1 BNatSchG ist bei der Straßenplanung zu beachten. Dies betrifft zum einen die Frage alternativer, weniger eingreifender Trassenführungen,[27] zum anderen auch die Frage der Dimensionierung der Verkehrsfläche. Wenn ein bestimmter Querschnitt der Straße nach den verkehrlichen Bedürfnisse nicht erforderlich ist, muß zur Vermeidung nicht erforderlicher Eingriffe oder zur Verminderung der Eingriffsintensität ein den verkehrlichen Erfordernissen angepaßter schmalerer Straßenquerschnitt gewählt werden.

§ 3 UVPG i.V.m. der Anlage zu § 3 UVPG Nr. 8 schreibt die Durchführung einer förmlichen Umweltverträglichkeitsprüfung nach Maßgabe des UVPG für den Bau und die Änderung von Bundesfernstraßen, die der Planfeststellung oder eines Bebauungsplans bedürfen,

---

21 Vgl. oben Kap. 7, Teil C III
22 Vgl. Kodal/Krämer, Straßenrecht, S. 918 f., Kap. 34 Rn. 29.3
23 Vgl. Kodal/Krämer, Straßenrecht, S. 909 f., Kap. 34 Rn. 26
24 Vgl. zum Begriff und zur Rechtswirkung der Planungsleitsätze oben Kap. 7, Teil C III 2
25 Vgl. Kodal/Krämer, Straßenrecht, S. 959 ff., Kap. 34 Rn. 47
26 Der landschaftspflegerische Begleitplan ist ein Teilplan des festzustellenden Straßenplans. Er nimmt damit an der Rechtswirkung des Planfeststellungsbeschlusses teil. Vgl. Fickert, BayVBl 1978, 681 (688 f.); vgl. auch zur Funktion des landschaftspflegerischen Begleitplans Kuschnerus, DVBl 1986, 75 ff.; Gassner, 1991, 355 ff.
27 Im Einzelfall sind dabei auch höhere Kosten in Kauf zu nehmen. Vgl. Fickert, BayVBl 1978, 681 (687)

ausdrücklich vor. Bei einem Bebauungsplan erfolgt die UVP allerdings gem. § 17 UVPG nach den Vorschriften des BauGB.

Soweit ein Raumordnungsverfahren nach § 6 a BROG und der Ausführungsverordnung v. 13.12.1990 i.V.m. den einschlägigen Landesplanungsgesetzen durchzuführen ist, wird bereits in dessen Rahmen eine Umweltverträglichkeitsprüfung vorgenommen. Raumordnungsverfahren sind danach beim Bau von Bundesfernstraßen durchzuführen. Ob dies auch gilt, wenn noch keine landesrechtlichen Verfahrensregelungen zur Durchführung von Raumordnungsverfahren bestehen, ist umstritten.[28] Soweit eine Umweltverträglichkeitsprüfung bereits im Raumordnungsverfahren stattgefunden hat, kann gem. § 6 a Abs. 6 S. 2 BROG im Planfeststellungsverfahren von einer erneuten Prüfung der Umweltverträglichkeit abgesehen werden.

III. Anerkannte Regeln der Straßenbaukunst

Gem. § 3 Abs. 1 S. 2 FStrG haben die Träger der Straßenbaulast nach ihrer Leistungsfähigkeit die Bundesfernstraßen in einem den regelmäßigen Verkehrsbedürfnissen genügenden Zustand zu bauen, zu unterhalten, zu erweitern oder sonst zu verbessern. Gem. § 4 S. 1 FStrG haben sie zudem sicherzustellen, daß ihre Bauten allen Anforderungen der Sicherheit und Ordnung genügen. Ein nähere Konkretisierung der Anforderungen enthält das FStrG nicht. Auch die Straßen- und Wegegesetze der Länder enthalten für sonstige Straßen kaum differenziertere, über das FStrG hinausgehende Anforderungen.[29] In Baden-Württemberg, Bayern, Hessen, Schleswig-Holstein und im Saarland wird die Einhaltung der allgemein anerkannten Regeln der Baukunst und Technik bzw. der Straßenbaukunst verlangt.[30]

Straßen haben danach zunächst den Bedürfnissen des voraussichtlich anfallenden Verkehrs zu genügen. Dies setzt insbesondere die Gewährleistung der Verkehrssicherheit voraus. Gefahrenstellen sollen soweit wie möglich vermieden bzw. beseitigt werden. Falls dies nicht möglich ist, soll auf sie hingewiesen werden.

Die Begriffe "öffentliche Sicherheit und Ordnung" sind als unbestimmte Rechtsbegriffe auslegungsbedürftig.[31] Für die Konkretisierung stehen die allgemein anerkannten Regeln der Technik zur Verfügung.[32] Sie sind als eine sachverständige Konkretisierung der sich aus

---

28 Vgl. Wagner, BBauBl. 1991, 88 ff.; Hoppe/Haneklaus, DVBl 1991, 549 (552 ff.)
29 § 12 BremStrWG, § 11 Abs. 3 S. 1 RhPfStrWG und § 9 a Abs. 2 NWStrWG entsprechen § 4 S. 1 FStrG. In Berlin, Hamburg und Niedersachsen fehlen entsprechende Anforderungen.
30 § 10 Abs. 1 S. 2 BWStrWG; Art. 10 Abs. 1 BayStrWG; § 47 Abs. 1 HessStrWG; § 9 Abs. 2 SaarStrWG; § 10 Abs. 2 SchHStrWG;
31 Der Begriff öffentliche Sicherheit umfaßt die Gesamtheit aller geschützten Rechte, insbesondere den Schutz von Leben, Gesundheit, Freiheit und Eigentum sowie der verfassungsmäßigen Ordnung samt ihrer Organe. Der Begriff öffentliche Ordnung umfaßt die Gesamtheit der ungeschriebenen, d.h. nicht legislativ autorisierten Regeln, deren Beachtung nach den jeweils herrschenden Auffassungen als unentbehrliche Voraussetzung für ein gedeihliches Miteinanderleben der Menschen angesehen wird. Vgl. BVerfG, Beschl. v. 14.5.1985 - 1 BvR 223, 341/1981 -, NJW 1985, 2395 (2398); Knemeyer, Polizei- und Ordnungsrecht, Rn. 73; Kodal/Krämer, Straßenrecht, S. 1149, Kap. 39 Rn. 2.32; Wolff/Bachof, VwR, Band 3, S. 50, § 125 II.a)2. unter Bezugnahme auf die Begründung des EPolG (= Musterentwurf der ständigen Konferenz der Innenminister für ein einheitliches Polizeigesetz v. 25.11.1977), abgdr. nebst Anmerkungen bei Heise/Riegel, Musterentwurf eines einheitlichen Polizeigesetzes, 2. Aufl., 1978
32 Vgl. Kodal/Krämer, Straßenrecht, S. 1149, Kap. 39 Rn. 2.32

dem Gesichtspunkt "öffentliche Sicherheit und Ordnung" ergebenden Anforderungen an Straßenbauvorhaben anzusehen.[33] Aus diesem Grunde müssen die Straßenbauvorhaben den allgemein anerkannten Regeln der Straßenbaukunst und Technik auch dann genügen, wenn die Straßengesetze dies nicht ausdrücklich fordern. Eine zwingende Beachtung der festgelegten technischen Regeln ist jedoch allein aus den technischen Vorschriften nicht abzuleiten. Hierzu bedarf es einer legislativen Einführung der jeweiligen technischen Vorschrift. Die technischen Vorschriften sind deshalb aus sich heraus nicht verbindlich. Soweit der öffentlichen Sicherheit und Ordnung und den Verkehrsbedürfnissen auch auf andere Weise genügt werden kann, ist auch dieses zulässig, in der Praxis jedoch kaum praktikabel, da der technische Prüfaufwand in diesem Falle erheblich höher sein wird.

Für den Straßenbau sind insbesondere die Richtlinien, Merkblätter und Empfehlungen der Forschungsgesellschaft für das Straßen- und Verkehrswesen, daneben auch verschiedene DIN-Vorschriften von Bedeutung. Sie sollen nicht nur die Wirtschaftlichkeit und Einheitlichkeit, sondern vor allem die Bausicherheit gewährleisten, indem sie den zuständigen Straßenbaubehörden sachverständige Vorgaben an die Hand geben (vgl. Tab. 58).[34]

Wichtige Richtlinien für den Straßenbau

- die Richtlinien für die Anlage von Straßen - Querschnitten (RAS-Q),[35]
- die Empfehlungen für die Anlage von Erschließungsstraßen (EAE 85),[36]
- die Richtlinien für die Standardisierung des Oberbaus von Verkehrsflächen (RSTO 86),[37]
- das Merkblatt für Flächenbefestigung mit Pflaster- und Plattenbelägen,[38]
- die Richtlinien für die Anlagen des ruhenden Verkehrs (RAR),[39]
- das Merkblatt für die Befestigung von Parkflächen,[40]
- die Richtlinien für Straßenbepflanzung in bebauten Gebieten.[41]

(Tab. 58)

Im Untersuchungszusammenhang geht es um den Querschnitt, um den Belag sowie um weitere ökologisch wirksame gestalterische Anforderungen an Straßen, Wege, Fahrradwege und Stellplätze.

---

33 Vgl. Kodal/Krämer, Straßenrecht, S. 78, Kap. 2 Rn. 41.1
34 Vgl. Kodal/Krämer, Straßenrecht, S. 1149, Kap. 39 Rn. 2.32
35 Forschungsgesellschaft für Straßen- und Verkehrswesen, AG "Straßenentwurf", Richtlinien für die Standardisierung des Oberbaus von Verkehrsflächen, Ausgabe 1986, in: FGSV 990 - Juni 1986
36 FGSV, AG "Straßenentwurf", Empfehlung für die Anlage von Erschließungsstraßen, Ausgabe 1985
37 Forschungsgesellschaft für Straßen- und Verkehrswesen, AG "Straßenentwurf", Richtlinien für die Anlage von Straßen - Querrschnitte (RAS-Q),Ausgabe 1982, in: FGSV 295 - Okt. 1982
38 FGSV, AG "Mineralstoffe im Straßenbau"/AG Betonstraße", Merkblatt für Flächenbefestigungen mit Pflaster- und Plattenbelägen, Ausgabe 1983, in: FGSV 936 - Dez. 1986
39 FGSV, AG "Straßenentwurf", Richtlinien für die Anlagen des ruhenden Verkehrs, Ausgabe 1975
40 FGSV, Arbeitsausschuß "Befestigung von Parkflächen", Merkblatt für Befestigungen von Parkflächen, Ausgabe 1977, in: FG 1977
41 FGSV, Arbeitsausschuß "Landschaftsgestaltung", Richtlinien für Straßenbepflanzung in bebauten Gebieten, Ausgabe 1975, in: FG 1975

1. Querschnitte von Straßen

Aussagen über die Querschnitte von Straßen enthalten zum einen die RAS-Q für den Neu-, Um- und Anbau von anbaufreien Straßen außerhalb und innerhalb bebauter Gebiete sowie für angebaute Straßen innerhalb bebauter Gebiete mit maßgebender Verbindungsfunktion[42] und zum anderen die EAE 85 für Erschließungsstraßen ohne maßgebende Verbindungsfunktion i.S.d. RAS-Q.[43]

Der Bundesminister für Verkehr hat die RAS-Q durch das allgemeine Rundschreiben "Straßenbau für Bundesfernstraßen" eingeführt.[44] Die EAE 85 wurde in Kooperation zwischen dem Bundesminister für Raumordnung, Bauwesen und Städtebau und der Forschungsgesellschaft für das Straßen- und Verkehrswesen unter paritätischer Mitarbeit von Verkehrsplanern und Städtebauern erarbeitet und mit der ARGEBAU und den kommunalen Spitzenverbänden abgestimmt. Sie ersetzt die RASt-E 71 sowie die Entwürfe der RAS-E 81 und EAE 82.[45]

Beide Regelwerke weisen darauf hin, daß bei ihrer Anwendung kein starrer Maßstab anzuwenden ist. Je nach den Umständen des Einzelfalles können Abweichungen geboten sein. Die Regelungen lassen dem Anwender genügend Spielraum, eine den konkurrierenden Belangen im Einzelfall besser gerecht werdende Lösung zu wählen. Sie bilden mithin lediglich einen Maßstab für den Regelfall.[46]

Wesentliche Differenzierungsmerkmale für die Ermittlung des notwendigen Straßenquerschnitts sind die Funktion der Straße, das erwartete Verkehrsaufkommen und die angestrebte Geschwindigkeit. Hinweise ergeben sich dabei aus den Verkehrsprognosen, Ausbauplänen des Bundes und der Länder sowie den Generalverkehrsplänen (bzw. vergleichbaren Fachplänen) der Gemeinden.[47] Die EAE 85 geht bei der Ermittlung von Fahrgassenrichtwerten von der Möglichkeit und Häufigkeit bestimmter Begegnungsfälle aus.[48] Grundsätzlich wird deshalb nach der Funktion der Straßen und den jeweiligen Gebietstypen unterschieden. Einfluß auf die Fahrgassenbreite hat zudem die Aufstellungsweise der Stellplätze. Die danach möglichen Querschnittsalternativen sind vielfältig. Der geringste Querschnitt beträgt z.B. für eine anbaufreie Hauptsammelstraße 9 m und für eine angebaute Hauptverkehrsstraße 6,50. Schon hieraus ist erkennbar, daß die EAE (85) eine maßvolle, an dem Ziel eines sparsamen Umgangs mit Grund und Boden orientierte Gestaltung des Straßenquerschnitts zuläßt.[49] Die Richtlinien bieten hier einen gewissen Spielraum, der es ermöglicht, unter Beachtung der Verkehrsbedürfnisse möglichst geringe Straßenquerschnitte zu wählen. Bei entsprechender Gestaltung kann hier die Flächeninanspruchnahme durch den Neubau von Straßen so gering wie möglich gehalten werden.[50] Gemessen an diesen

---

42 Vgl. RAS-Q, Blatt 2, Kap. 0.1
43 Die RAS-Q verweist insoweit aus die RAS-E, die durch Einführung der EAE 85 ersetzt wurde. Vgl. EAE 85, Vorwort des Bundesministers für Raumordnung, Bauwesen und Städtebau und der Forschungsgesellschafts für das Straßen- und Verkehrswesen
44 Nr. 27/1982 v. 5. Oktober 1982 - StB 13/38.50.05 - 13/13153 Va 82 -
45 Vgl. EAE 85, Vorwort des Bundesministers für Raumordnung, Bauwesen und Städtebau und der Forschungsgesellschafts für das Straßen- und Verkehrswesen
46 Vgl. RAS-Q, Blatt 2, Kap. 0.4 u. EAE 85, S. 9, Kap. 0
47 Vgl. RAS-Q, Blatt 2, Kap. 0.3
48 Vgl. EAE 85 S. 28, Kap. 4..2.4 und S. 41 f., Kap. 5.2.1
49 Vgl. i.d.S. EAE 85, S. 29, Kap. 4.2.6
50 Vgl. Gieseke/Holtmann/Hucke/Lynar/Müller, Städtebauliche Lösungsansätze zur Verringerung der Bodenversiegelung, S. 44; Topp, Raumforschung und Raumordnung 1988, Heft 3, S. 113 ff.

Mindesterfordernissen ergeben sich auch im Bestand erhebliche Entsiegelungspotentiale (durchschnittlich 30 %), die durch entsprechende Fahrbahnverengung zu erzielen sind.[51]

Das Entsiegelungspotential kann durch die Anlage von Pflanzstreifen, Pflanzung von Bäumen und Aufpflasterung in den dann breiteren Gehwegbereichen erzielt werden. Erforderlich ist eine umfassende Umgestaltung des Straßenraums. Einen Ansatzpunkt bieten hier insbesondere Verkehrsberuhigungsmaßnahmen.[52] Neben der Schaffung von Grün im Straßenraum können durch den Rückbau der Fahrbahnfläche auf den neu gewonnenen Flächen zusätzliche Stellplätze bei Senkrechtaufstellung geschaffen werden, was zu einer Entlastung der Stellplatzbelastungen in den Höfen beitragen kann.[53] Hier bietet sich ein koordiniertes Vorgehen mit Maßnahmen zur Hofbegrünung an.

Im Schrifttum wird allerdings auf die Gefahr der Zerstörung der Gestalt des Straßenraums durch umfangreiche Umgestaltungen hingewiesen und die Forderung erhoben, die grundlegenden gestalterisch prägenden Elemente der Straße zu erhalten.[54] Insbesondere wird gefordert, die Axialität des Straßenraums zu bewahren.[55] Die Erfahrungen im Rahmen des Modellprojektes "Flächenhafte Verkehrsberuhigung" in Berlin-Tiergarten haben gezeigt, daß auch ohne die Zerstörung der Straßenachse hervorragende Ergebnisse in ökologischer Hinsicht, aber auch hinsichtlich der sozialen Funktion des Straßenraums erzielt werden konnten (vgl. Tab. 62 u. 63).[56]

2. Änderung der Oberfläche

a) Fahrbahn

Darüber hinaus wird auch die Möglichkeit von Belagsänderungen auf der Fahrbahnfläche diskutiert. Obwohl nach der einschlägigen RSTO 86 (Richtlinie für die Standardisierung des Oberbaus von Straßen) offen verfugtes Pflaster mit nicht gebundener Tragschicht möglich wäre,[57] wird eine offene Bauweise der Fahrbahn, d.h. ohne bituminös oder hydraulisch gebundene Deck- oder Tragschicht, hinsichtlich einer Gefährdung von Boden und Grundwasser durch Schadstoffeintrag überwiegend abgelehnt.[58] Die Boden- und Grundwassergefähr-

---

51 Vgl. Gieseke/Holtmann/Hucke/Lynar/Müller, Städtebauliche Lösungsansätze zur Verringerung der Bodenversiegelung, S. 223
52 Im Rahmen der Modellvorhaben zur Flächenhaften Verkehrsberuhigung Borgentreich, Buxtehude, Esslingen, Ingoldstadt, Mainz und insbesondere in Berlin-Tiergarten sind hier positive Erfahrungen gemacht worden. Vgl. Heisig, IzR 1986, 85 ff.; Topp, Raumforschung und Raumordnung 1988, Heft 3, S. 113 (118); Vgl. auch Ganser, in: IFLA, Stadt - Natur - Zukunft, S. 131 (132)
53 Eine zusätzliche Entlastung der Hinterhöfe kann auch durch eine Mehrfachnutzung von Parkplätzen an Gemeinbedarfseinrichtungen beitragen. Vgl. Gieseke/Holtmann/Hucke/Lynar/Müller, Städtebauliche Lösungsansätze zur Verringerung der Bodenversiegelung, S. 33
54 Vgl. Heisig, IzR 1986, 85 (86); Böse/Schürmeyer, Das Gartenamt 1984, 537 ff.
55 Vgl. Heisig, IzR 1986, 85 (86), Demgegenüber nennt Ganser das engegengesetzte Gestaltungsprinzip: "Langgestreckte fluchtlinienartige Straßenräume sind zu Untergliedern. Kurze Abschnitte, die wie Folgen von Kammern mit offenen Türen wirken, bieten Geborgenheit und Wohlbefinden; sie Veranlassen den Autofahrer zu verhaltener Fahrweise, da er stets nur eine beschränkte, vor ihm liegende Strecke einsehen kann." Vgl. Ganser, in: IFLA, Stadt - Natur - Zukunft, S. 131 (136)
56 Vgl. Heisig, IzR 1986, 85 ff.
57 Vgl. Berlekamp/Pranzas, Probleme der Bodenversiegelung in Ballungsräumen, S. 41 ff.
58 Losch/Nake berichten über ein entsprechendes Votum des Expertengesprächs z.T. Bodenversiegelung in Bonn 1988, Losch/Nake, IzR 1988, 593 (598); Heisig, Das Gartenamt, 1984, 15 (17); ders.

dung hängt dabei entscheidend von der Bodenbeschaffenheit und -mächtigkeit sowie von den spezifischen Eigenschaften und Mengen der kontaminierenden Substanzen ab. Auf Straßenflächen fallen sowohl organische (z.B. Kraftstoffe, Schmieröle und -fette, Gummiabrieb, Waschmittelreste und Konservierungsmittel) als auch anorganische Substanzen (z.B. Auftausalze, korrosionshemmende Stoffe, Straßenabrieb, Verbrennungsrückstände etc.) an.[59] Die Menge der anfallenden Substanzen hängt dabei entscheidend von der Intensität der Verkehrsbelastung ab. Das Verkehrsaufkommen von weniger als 2000 Kfz/24 h wird als gering, zwischen 2000 und 12000 Kfz/24 h als mittel und ein darüber liegendes Verkehrsaufkommen als stark bezeichnet.[60]

Böden haben in unterschiedlicher Weise die Fähigkeit, durch Filterung, Pufferung und Transformation das Absickern einsickernder Schadstoffe in das Grundwasser zu verhindern (vgl. Tab. 59).[61] Die Versickerung von auf Straßenflächen anfallendem Niederschlagswasser [62] und die Verwendung offener Bauweisen auf der Fahrbahn[63] werden deshalb bei günstigen Bodeneigenschaften z.T. für möglich gehalten. Günstige Voraussetzungen bestehen danach bei einem täglichen Verkehrsaufkommen von weniger als 2000 Kfz und günstigen oder mittleren Filterpotentialen des Bodens. In Frage kommen deshalb allenfalls Erschließungsstraßen in Gebieten mit geringer baulicher Dichte.[64] Dies sind jedoch Gebiete, die in der Regel relativ geringe Versiegelungsgrade aufweisen, so daß hier Entsiegelungsmaßnahmen weniger dringlich erscheinen.

IzR 1986, 85 (86); Berliner Wasserwerke, Entwicklung von Methoden zur natürlichen Versickerung von Wasser, S. 84; zitiert nach Gieseke/Holtmann/Hucke/Lynar/Müller, Städtebauliche Lösungsansätze zur Verringerung der Bodenversiegelung, S. 118 f.; bejahend aber Wassmann/Lüdtke, Natur und Landschaft, 1988, 431 (432 ff.).

59 Vgl. Kirchner; Garten + Landschaft, 1986, 46; Bückmann/Gerner/Haas/Klencke/Müller, Informationsgrundlagen für den Bodenschutz, S. 196
60 Vgl. Wassmann/Lüdtke, Natur und Landschaft, 1988, 431 (434)
61 Vgl. z.B. Gieseke/Holtmann/Hucke/Lynar/Müller, Städtebauliche Lösungsansätze zur Verringerung der Bodenversiegelung, S. 113 ff.; Scheffer/Schachtschabel, Lehrbuch der Bodenkunde; Kirchner, Garten + Landschaft, 1986, 46 (47)
62 Gollwer/Schneider, GWF 1982, 329; Leimböck, Forschungsgesellschaft für Straßen- und Verkehrswesen, Entwässerung von Verkehrsflächen aus der Sicht des Gewässerschutzes, Heft 4, 1983, S. 9 ff.; a.A. Berliner Wasserwerke, Entwicklung von Methoden zur natürlichen Versickerung von Wasser, S. 84; zitiert nach Gieseke/Holtmann/Hucke/Lynar/Müller, Städtebauliche Lösungsansätze zur Verringerung der Bodenversiegelung, S. 118 f.
63 Vgl. Wassmann/Lüdtke, Natur und Landschaft, 1988, 431 (433)
64 Vgl. Pranzas, Bodenversiegelung; S. 65 ff.

Quantifizierung des Filterpotentials nach Gollwer*					
Untergrund- beschaffen- heit	Mächtig- keit	Beschaffen- heit		k_f	Grundwasser- leiter, Be- schaffenheit
günstig	≥ 1 $\geq 2,5$ ≥ 4	Ton, Schluff Feinsand bindiger Sand Mittelsand Grobsand kiesiger Sand		$< 10^{-6}$ $< 10^{-4}$ $- 10^{-6}$ $< 10^{-3}$ $- 10^{-4}$	
mittel	< 1 $< 2,5$ < 4	Ton, Schluff Feinsand bindiger Sand Mittelsand Grobsand kiesiger Sande		$< 10^{-6}$ $< 10^{-4}$ $- 10^{-6}$ $< 10^{-3}$ $- 10^{-4}$	Sande Festgestein feinklüftig
ungünstig	< 1 $< 2,5$ < 4	Ton, Schluff Feinsand bindiger Sand Mittelsand Grobsand kiesiger Sande		$< 10^{-6}$ $< 10^{-4}$ $- 10^{-6}$ $< 10^{-3}$ $- 10^{-4}$	Grobkies Festgestein mit weiten Klüften u. Spalten Festgestein verkarstet

(Tab. 59)

k_f Leitfähigkeits-, Durchlässigkeitskoeffeinzient

*Quelle: Gollwer, Qualitätsaspekte der Versickerung, in: Mitteilungen des Instituts für Wasserwirtschaft, Hydrologie und landwirtschaftlichen Wasserbau der Universität Hannover, 57, S. 175 ff.; zitiert nach Wassmann/Lüdtke, Natur und Landschaft, 1988, 431 (434)

Der Aufpflasterung der Fahrbahn stehen zudem die Erfordernisse des Verkehrslärmschutzes entgegen, da die Aufpflasterung von Verkehrsflächen mit einer Lärmerhöhung verbunden ist (vgl Tab. 60).[65]

Aufpflasterung wird deshalb auch aus diesem Grund nur bei sehr geringer Verkehrsbelastung in Frage kommen. Da die Belagsänderung deutliche Lärmerhöhungen von mehr als 3 dB(A) auslöst, ist die Verkehrslärmschutzverordnung regelmäßig anwendbar. Bei Überschreiten der dort aufgeführten Lärmgrenzwerte (vgl. Tab. 61) wird ein Anspruch der Anwohner auf passiven Lärmschutz ausgelöst.

---

65 Thyes, dB 1989, 68 (70)

Auswirkungen unterschiedlicher Straßenoberflächen auf die Lärmbelastung	
Straßenoberfläche	D_{StrO} in dB(A)
1) nicht geriffelter Gußasphalt, oder Splittmatixasphalt Aspahltbeton	0
2) Beton- oder geriffelter Gußasphalt	2
3) Pflaster mit ebener Oberfläche	4
4) Pflaster	6

(Tab. 60)

D_{StrO} – Korrekturwerte nach der Verkehrslärmschutzverordnung[66]

Die Kommunen werden bemüht sein, die Ansprüche auf passiven Lärmschutz zu vermeiden. Hierzu bietet sich vor allem die Reduzierung der höchstzulässigen Geschwindigkeit an. Die Verordnung bietet die Möglichkeit einer Korrektur hinsichtlich unterschiedlich zulässiger Höchstgeschwindigkeiten. Maßnahmen zur Aufpflasterung kommen deshalb regelmäßig nur im Zuge großflächiger Verkehrsberuhigungen in Frage. Hier liegen bereits praktische Erfahrungen vor.[67]

Lärmgrenzwerte nach der Verkehrslärmschutzverordnung		
	Tag	Nacht
1. an Krankenhäusern, Schulen, Kurheimen und Altenpflegeheimen,	57 dB(A)	47 dB(A)
2. in reinen und allgemeinen Wohngebieten und Kleinsiedlungsgebieten,	59 dB(A)	49 dB(A)
3. in Kerngebieten, Dorfgebieten und Mischgebieten,	64 dB(A)	54 dB(A)
4. in Gewerbegebieten	69 dB(A)	59 dB(A)

(Tab. 61)

b) Parkplatzflächen

Demgegenüber spielt die Möglichkeit der Belagsänderung auf Parkplatzflächen, Geh- und Radwegen auch in den hochverdichteten und hochversiegelten Siedlungsbereichen eine wichtige Rolle.[68]

---

66 Verkehrslärmschutzverordnung - 16. BImSchV v. 12.6.1990, BGBl 1990, S. 1036 (1039)
67 Vgl. z.B. zum Modellvorhaben "Flächenhafte Verkehrsberuhigung in Berlin-Tiergarten Heisig, IzR 1986, 85
68 So jedenfalls die Ergebnisse der Befragung aller Städte über 50000 Einwohner; vgl. Gieseke/Holtmann/Hucke/Lynar/Müller, Städtebauliche Lösungsansätze zur Verringerung der Bodenversiegelung, S. 31

Weder die RSTO-86 noch die RAR verbieten die Verwendung von wasserdurchlässigen Belägen. Ausdrücklich wird darauf hingewiesen, daß bei nur gelegentlich benutzten Parkflächen je nach Nutzungsart auch Einfachbauweisen (z.B. Oberflächenschutzschichten, Deckschichten ohne Bindemittel) verwendet werden können.[69] Bei Pflasterung ist in der Regel kein Fugenverguß erforderlich.[70] Die RSTO-86 weist darüber hinaus ausdrücklich darauf hin, daß bei der Wahl der geeigneten Befestigungsart für Parkflächen aus ästhetischen und gestalterischen Gründen auch Pflaster-, Rasengittersteim- oder Schotterrasendecken berücksichtigt werden können.[71]

Im fachwissenschaftlichen Schrifttum wird die Möglichkeit einer wasserdurchlässigen Belagsart allerdings unterschiedlich beurteilt. Z.T. wird angenommen, daß eine Belagsänderung bei günstiger Bodenbeschaffenheit weitgehend unabhängig von der Intensität der Verkehrsbelastung möglich ist.[72] Bei nur gelegentlicher Parkplatzbenutzung könne selbst bei ungünstiger Bodenbeschaffenheit auf eine Vollversiegelung verzichtet werden.

Übereinstimmung scheint hinsichtlich der privaten, nicht gewerblich genutzten Stellplätze zu bestehen. Hier ist in der Regel eine wasserdurchlässige Bodenbefestigung möglich.[73] Demgegenüber wird jedenfalls z.T. bei öffentlichen Parkplätzen die Beachtung pedologischer Grunddaten gefordert. Bei großem Flurabstand wird übereinstimmend eine offene Belagsart auch bei starker Belegung für möglich gehalten. Genauere Untersuchungen sind bei geringeren Flurabständen erforderlich.

Über die Anzahl der einzurichtenden Parkplatzmöglichkeiten enthält die EAE 85 nur sehr ungenaue Angaben. Auf 3-6 Wohnungen soll in geplanten Baugebieten ohne Stellplatzdefizit eine Parkmöglichkeit im öffentlichen Bereich geschaffen werden. In Altbaugebieten müssen wegen des Flächenmangels häufig auch weitere Entfernungen vom Zielort in Kauf genommen werden.[74]

Über die Grundmaße von Fahrgassen und Parkständen für bequemes und beengtes Ein- und Aussteigen enthält die RAR Hinweise.[75] Dort finden sich auch Angaben zu den Belagsarten. Danach ist die zweckmäßige Belagsart unter Beachtung wirtschaftlicher Gesichtspunkte von Fall zu Fall zu wählen.[76] Es wird empfohlen, nach Intensität und Art der Nutzung der Parkplatzfläche zu differenzieren.[77]

---

69 Vgl. RSTO-86, Blatt 13, Kap. 5.7.1 i.V.m.Blatt 4 Tab. 4; ähnlich RAR, S. 31 f., Kap. 5.1, die folgende Deckschichten beispielhaft aufführt: Kies-Schotter, Bodenverfestigung, befahrbarer Rasen.
70 Nur bei verstärkter Einwirkung z.B. durch Wasser (Waschplätze), Kraftstoffe und Öle (Tankstellen kann ein Fugenverguß zweckmäßig sein. Vgl. Merkblatt für die Flächenbefestigung von Pflaster- und Plattenbelägen, Blatt 3, Kap. 4.3.3
71 Vgl. RSTO-86, Blatt 13, Kap. 5.7.1
72 Vgl. Kirchner, Garten + Landschaft 1986, 46 (49); Böse/Schürmeyer, Das Gartenamt 1984, 537 (549); Berliner Wasserwerke, Entwicklung von Methoden zur natürlichen Versickerung von Wasser, S. 84; zitiert nach Gieseke/Holtmann/Hucke/Lynar/Müller, Städtebauliche Lösungsansätze zur Verringerung der Bodenversiegelung, S. 118
73 Vgl. Laukhuf/Becker, Entsiegelung von Flächen, S. 21 mit verschiedenen Bespielen
74 Vgl. EAE 85 S. 42, Kap. 5.2.1.2
75 Vgl. EAE 85 S. 29, Kap. 4.2.4. Die RAR entspricht in den Grundwerten den Maßangaben der EAE 85, RAR, S. 13 ff., Kap. 4
76 Vgl. RAR, S. 31, Kap. 5.1
77 Merkblatt für die Befestigung von Verkehrsflächen, Blatt 1, Kap. 1.2 u. 1.3

3. Regelungen über die Pflanzungen an Straßen und Parkplatzflächen

Die Entsiegelung wird zur Optimierung der ökologischen Effekte durch eine intensive Bepflanzung ergänzt werden müssen. Hier bietet sich das Anpflanzen von Bäumen und das Anlegen von Pflanzstreifen, ggf. auch Hecken an.

Regelungen über die Begrünung öffentlicher Verkehrsflächen finden sich in der RAS-Q, der RAS-LG, der EAE 85, der RAR und in der Richtlinie für Straßenbepflanzung in bebauten Gebieten. Richtwerte für die Anzahl der Bäume und Pflanzungen und Flächenrichtwerte für unversiegelte Flächen [78] und für Bäume werden nirgendwo genannt.[79] Übereinstimmend wird die gestalterische verkehrliche Bedeutung von Bäumen und anderen Pflanzungen im Straßenraum hervorgehoben. Die EAE 85 hebt darüber hinaus ausdrücklich auch das Ziel einer Begrenzung der Bodenversiegelung hervor. Kleinräumige ökologische Gesichtspunkte, insbesondere die Anordnung oder Erhaltung von Pflanzflächen und Bäumen sowie die Begrenzung der Bodenversiegelung sind danach bei der Gestaltung von Straßenräumen zu beachten.[80] Die Bedeutung von Bäumen als Entwurfselement für die Gestaltung des Straßenraums wird hervorgehoben.[81] "Bei der Anlage von Baumreihen, z.B. zur optischen Gliederung des Straßenraums oder zur Ausbildung einer Allee, sollen nach Möglichkeit geringe Abstände gewählt werden. Bei Baumreihen in durchlaufenden Pflanzstreifen kann später jeder zweite Baum verpflanzt werden." Die Pflanzungen müssen dabei den besonderen Wachstumsbedingungen im Straßenraum gewachsen sein.[82]

Für Bäume ist ein ausreichender unversiegelter und unverdichteter Raum um den Baumstamm (Baumscheibe) von zentraler Bedeutung. Übereinstimmend fordern deshalb die einschlägigen Richtlinien eine Baumscheibe von mindestens 4 m2, besser 9 m2.[83]

Dieser relativ große Raumbedarf steht einer möglichst intensiven Nutzung des Straßenraums und der Parkplätze im Wege, denn die Baumscheiben müssen gegen Verdichtung durch Überfahren oder Begehen gesichert werden.[84] Häufig verwendete bauliche Mittel zu diesem Zweck sind Poller oder Randsteine. Eine Alternative hierzu stellen sogenannte Baumschutzroste dar, die den Boden in der Baumscheibe vor Verdichtung bewahren, gleichzeitig aber eine Belastung von bis zu 4 t zulassen.[85]

---

78 Hierunter versteht die EAE 85 neben Pflanzflächen auch Schotterrasen, Rasensteine und Pflaster mit offenen Fugen.
79 Diese sind vom Gebietscharakter und Umfeld im Einzelfall abhängig. Zu beachten ist insbesondere, daß Bäume und sonstige Bepflanzungen einen ausreichenden Abstand von baulichen Anlagen und Ver- bzw. Entsorgungsleitungen haben müssen, um sicherzustellen, daß diese nicht durch den Wurzekwuchs beschädigt werden. Die EAE 85 empfiehlt deshalb bestimmte Abstände einzuhalten. Bei beengten Verhältnissen sollen aber auch kleinere Abstände in Kauf genommen werden, da mögliche Beschädigung einzelner Bäume eher hinzunehmen seinen, als der Verzicht auf Bäume. Vgl. EAE 85, S. 30, Kap. 4.2.6 und S. 56, Kap. 5.2.1.15
80 Vgl. EAE 85, S. 29, Kap. 4.2.6
81 Vgl. EAE 85, S. 55, Kap. 5.2.1.15
82 Vgl. hierzu z.B. Böse/Schürmeyer, Das Gartenamt 1984, 537 (544 ff.); Heisig, Das Gartenamt 1984, 15 (18)
83 So auch RAR S. 37, Kap. 5.5
84 Vgl. die Untersuchung über die Stellflächenoptimierung bei gleichzeitig intensiver Begrünungvon Mäcke/Ziegler, Bepflanzung von Stellplatzflächen mit zahlreichen Gestaltungsbeispielen, insbesondere S. 12 ff.
85 Vgl. die Produktbeschreibung in dB 1989, S. 129

Besonders schwierig sind die Wachstumsbedingungen in beengten Altbaugebieten, da hier häufig nicht genügend Platz für ausreichend große Baumscheiben besteht. Hier sollen ausreichende Vegetationsbedingung durch besondere Maßnahmen (z.B. Kabelformsteine, Leer- und Schutzrohre, Bewässerungsvorrichtungen, wasser- und luftduchlässige Befestigungen der angrenzenden Parkstände) sichergestellt werden.[86] "Bei einer Unterschreitung der Mindestbreite von 2,50 m für Grün- und Pflanzstreifen ist es besonders wichtig, Baumscheiben durch bauliche Maßnahmen (Hochbeete, Pfähle, Poller, Schutzgitter) von parkenden Fahrzeugen freizuhalten und Bäume vor Bodenverdichtung und Rindenverletzung zu schützen."[87]

Als weitere Begrünungselemente im Straßenraum nennt die EAE 85 auch Hecken und Sträucher,[88] Pflanzflächen und Fassadenbegrünungen.[89] Pflanzflächen sollen mindestens 10 m2 groß und Pflanzstreifen mindestens 2,50 m2 breit sein, damit sich eine standortgemäße Pflanzengemeinschaft entwicklen kann.[90]

B. Ökologische Effekte

Die positiven ökologischen Effekte von offenen Belagsarten auf Verkehrsflächen beschränken sich hauptsächlich auf den Bereich Wasserhaushalt. Ob allerdings die Grundwasserneubildungsrate in erheblichem Maße beeinflußt werden kann, erscheint zumindest zweifelhaft, da die günstigen Bodeneigenschaften zugleich ungünstig auf die Anreicherung des Grundwassers durch Einsickern von Oberflächenwasser wirken.

Stärker ins Gewicht fallen deshalb die Maßnahmen zur Begrünung, insbesondere die Pflanzung von Bäumen im Straßenraum und auf Parkplätzen. Das Volumen der Bäume ist der bestimmende Faktor für die Verdunstung, den Energieverbrauch und die Bindung von Staub. Zudem bieten Anpflanzungen in hervorragender Weise die Möglichkeit, das Wohnumfeld aufzuwerten. Heisig ermittelte für ein Gebiet in Berlin-Tiergarten mit einer gesamten Straßenabschnittsfläche von 3125 m2 erhebliche positive Veränderungen nach der dort durchgeführten flächenhaften Verkehrsberuhigung und Begrünung des Straßenraums (vgl. Tab. 62 u. 63).

---

86 Vgl. EAE 85, S. 31, Kap. 4.2.6
87 Vgl. EAE 85, S. 30, Kap. 4.2.6
88 Z.B. als Abtrennung der Seitenräume von der Fahrbahn, als Blend-, Sicht- und Immissionsschutz. Vgl. EAE 85 S. 56
89 Wegen des geringen Flächenbedarfs sind Fassadenbegrünung technisch in der Regel möglich. Vgl. EAE 85 S. 56
90 Vgl. EAE 85 S. 56, Kap. 5.2.1.15

Ökologische Wirkungen von Verkehrsberuhigungsmaßnahmen			
	Vorher	Nach dem Umbau	Veränderung
Versickerung des Niederschlags	202 m3	261 m3	+ 34 %
Anteil der Versickerung am Gesamtniederschlag (Bürgersteig)	25 %	33 %	+ 32 %
Bäume	20 Stck.	29 Stck.	+ 45 %
Beschattete Fläche	93 m2	129 m2	+ 39 %
Verdunstungsleistung der Vegetation	171 l	284 l	+ 66 %
Energieverbrauch durch Verdunstung	376 MJ	625 MJ	+ 66 %
Mögliche Staubfilterung der Vegetation	17 Ztr.	28 Ztr.	+ 61 %

(Tab. 62)

*Quelle: Ergebnisse des Modellvorhabens "Flächenhafte Verkehrsberuhigung in Berlin-Tiergarten"[91]

Veränderung im Straßenraum bei Verkehrsberuhigungsmaßnahmen						
	Vorher		Nach dem Umbau		Veränderung	
	m2	%	m2	%	m2	%
Straßenfläche	3135	100	3135	100	-	-
Fahrbahn	1815	57	1630	48	-185	-10
Bürgersteig	1320	43	1505	48	+185	+14
Pflaster	600	19,5	759	24,5	+159	+26
Offene Bodenfläche	60	2	196	6	+136	+227
Plattenfläche	660	21,5	550	17,5	-110	-17

(Tab. 63)

*Quelle: Ergebnisse des Modellvorhabens "Flächenhafte Verkehrsberuhigung in Berlin-Tiergarten"[92]

Hieraus läßt sich ohne weiteres ableiten, daß auch die Begrünung von Stellplatzflächen erhebliche ökologische Gewinne bringen kann. Für das Stadtgebiet von München wurde z.B. festgestellt, daß 60 % der gesamten Stellplatzflächen unbegrünt sind und bei ihrer Begrünung 50000 neue Bäume gepflanzt werden könnten.[93]

---

91 Vgl. Heisig, IzR 1986, 85 (92)
92 Vgl. Heisig, IzR 1986, 85 (92)
93 Vgl. Planungsgruppe 504, , Begrünung von Stellflächen in München, Gutachten im Auftrag des Umweltschutzreferats der LH München, zitiert nach Gieseke/Holtmann/Hucke/Lynar/Müller, Städtebauliche Lösungsansätze zur Verringerung der Bodenversiegelung, S. 31

Kapitel 15

Genehmigung und Überwachung

Von zentraler Bedeutung für die Steuerung der Bodenversiegelung ist die Baugenehmigung, da in ihren Regelungsbereich wesentliche versiegelungsrelevante Vorhaben fallen. Im Baugenehmigungsverfahren wird die Einhaltung aller einschlägigen öffentlich-rechtlichen Vorschriften bei der Errichtung, Änderung und Nutzungsänderung sowie dem Abriß baulicher Anlagen (mit im einzelnen beschriebenen Ausnahmen) nach Maßgabe der Landesbauordnungen überwacht. Die Baugenehmigung ist nur dann zu erteilen, wenn das Vorhaben den öffentlich-rechtlichen Vorschriften entspricht. Die Baugenehmigung ist deshalb eine Kontrollerlaubnis. Das materiell bestehende Baurecht realisiert sich erst nach Kontrolle mit der Erteilung der Baugenehmigung.[1] Mithin kann im Baugenehmigungsverfahren auch die Einhaltung von Regelungen zur Begrenzung, Verringerung oder Vermeidung von Bodenversiegelung überwacht und sanktioniert werden.

Neben dem Baugenehmigungsverfahren gibt es weitere spezielle aufsichtsbehördliche Kontrollverfahren für besondere, ebenfalls flächenverbrauchende Vorhaben. Dies sind insbesondere die Genehmigungsverfahren nach §§ 4 ff. BImSchG und §§ 7 ff. AtomG. Die sich danach ergebenden besonderen Zulässigkeitsvoraussetzungen enthalten in Hinblick auf den Untersuchungsgegenstand keine über die baurechtlichen hinausgehenden Anforderungen. Die spezialgesetzlichen Genehmigungen ersetzen die Baugenehmigung, die Einhaltung der sich aus bauaufsichtsrechtlicher Sicht ergebenden Anforderungen an das jeweilige Vorhaben bleibt jedoch bestehen und wird im Rahmen des speziellen Aufsichtsverfahrens überwacht. Es handelt sich mithin um eine formelle Konzentration, die die materiellen Anforderungen an das jeweilige Vorhaben unberührt läßt. Aus diesem Grund kann auf eine gesonderte Darstellung der speziellen aufsichtsrechtlichen Kontrollverfahren verzichtet werden.

---

1 Neben diesem verfügenden Teil enthält die Baugenehmigung auch einen feststellenden Teil, in dem sie das Bestehen des Bauanspruchs feststellt. Vgl. Grundei, in: Förster/Grundei/Steinhoff/Dageförde/Wilke, BlnBO 1985, § 62 Rn. 1

A. Genehmigungspflichtige Vorhaben

I. Allgemeine Voraussetzungen

Welche Vorhaben einer Baugenehmigung bedürfen, ist in den Landesbauordnungen geregelt. Grundsätzlich bedürfen danach alle baulichen Anlagen einer Baugenehmigung. Nach der im wesentlichen übereinstimmenden Legaldefinition der Landesbauordnungen sind bauliche Anlagen

"... mit dem Erdboden verbundene, aus Baustoffen und Bauteilen hergestellte Anlagen. Eine Verbindung mit dem Boden besteht auch dann, wenn die Anlage durch eigene Schwere auf dem Boden ruht oder auf ortsfesten Bahnen begrenzt beweglich ist oder wenn die bauliche Anlage nach ihrem Verwendungszweck dazu bestimmt ist, überwiegend ortsfest benutzt zu werden."[2]

Hieraus ergeben sich die zwei wesentlichen Voraussetzungen einer baulichen Anlage, die Ortsfestigkeit[3] und die Künstlichkeit.[4] Künstlichkeit setzt voraus, daß die Anlage aus Baustoffen hergestellt wird. Als Baustoffe kommen z.B. Teer, Bitumen, Steinplatten, Beton[5] und andere dauerhafte bodenversiegelnde Materialien in Betracht.[6] Aus diesem Grunde stellt auch die versiegelnde Bodenbefestigung auf einer Oberfläche eine bauliche Anlage i.S.d. Landesbauordnungen dar.[7] Eine bestimmte Funktion wird nicht verlangt.

Die Bauordnungen enthalten darüber hinaus einen Katalog von Vorhaben, die als bauliche Anlagen unabhängig davon gelten, ob sie aus Baustoffen hergestellt werden. Hierzu gehören Lager-, Abstell- und Aufstellplätze sowie Stellplätze für Kraftfahrzeuge und andere Fahrzeuge. Auf die Künstlichkeit kommt es hier nicht an, da für die aufgeführten Anlagen eine gesetzliche Fiktion eingreift.[8] Allerdings werden die aufgeführten Anlagen in der Regel ohnehin mit versiegelnden Baustoffen befestigt sein.

II. Freistellung von der Genehmigungspflicht

Die Landesbauordnungen stellen zur Vereinfachung des bauaufsichtlichen Verfahrens eine Reihe kleinerer Vorhaben von der Baugenehmigungspflicht frei. Es handelt sich dabei um Anlagen, die z.T. nicht unerheblichen Einfluß auf den Grad der Bodenversiegelung haben. Freigestellt sind u.a. eine Reihe von Gebäuden mit besonderer Zweckbestimmung und bis zu einer bestimmten Größe und andere bauliche Anlagen, die Bodenversiegelung nach sich ziehen (vgl Tab. 64).

---

2 So z.B. der Wortlaut vo § 2 Abs. 1 BlnBO
3 Die Ortsfestigkeit ist Ausdruck der lokalisierten Raumwirksamkeit baulicher Anlagen. Vgl. Wilke, in: Förster/Grundei/Steinhoff/Dageförde/Wilke, BlnBO 1985, § 2 Rn. 7 f.
4 Vgl. Wilke, in: Förster/Grundei/Steinhoff/Dageförde/Wilke, BlnBO 1985, § 2 Rn. 5; Proksch, Das Bauordnungsrecht in der Bundesrepublik Deutschland, S. 62; Schlichter, in: Berliner Kommentar, BauGB, § 29 Rn. 6
5 Vgl. zu den in Frage kommenden Materialien Müller, HessBO, § 2 Anm. 1.1.a; Temme, in: Gädtke/Böckenförde/Temme, NWBO, § 2 Rn. 5; Sauter, BWBO, " 2 Rn. 14 f.
6 Baustoffe sind Ausgangsmaterialien von Bauteilen. Vgl. Sauter, BWBO, § 2 Rn. 14 f.
7 Z.B. bei Terassen oder Stellplätzen; vgl. Simon, BayBO, Art 2 Rn. 87 u. 91 a
8 Vgl. Wilke, in: Förster/Grundei/Steinhoff/Dageförde/Wilke, BlnBO 1985, § 2 Rn. 14 ff.; v. Arnim, in: Schlotterbeck/v. Arnim, BWBO, § 2 Rn. 7; auch Simon, BayBO, Art 2 Rn. 87 in Bezug auf Stellplätze

Aus der Aufstellung in Tab. 64 ergibt sich, daß auch von den von der Baugenehmigungspflicht freigestellten Vorhaben ein nicht unerheblicher Bodenverbrauch ausgehen kann. Nach Einführung der Bodenschutzklausel und des § 19 Abs. 4 BauNVO (90) bestehen erhebliche Zweifel, ob die Freistellung von in dieser Weise bodenverbrauchenden Vorhaben noch mit Bundesrecht vereinbar ist.[9]

Genehmigungsfreie Vorhaben (Auswahl)

- Gebäude ohne Aufenthaltsräume, Toiletten und Feuerstätten bis zu 30 bzw. 15 m3 Rauminhalt, im Außenbereich mit zum Teil geringerem Rauminhalt,
- Gebäude für land- und forstwirtschaftliche Nutzung, z.T. jedoch nur bis zu einer Grundfläche von 50, 70 bzw. 100 m2,
- Gewächshäuser ohne Beschränkung der Grundfläche bzw bis zu einer Grundfläche von 600 m2,[10]
- Schuppen ohne Feuerstätten bis zu 50 m2 Grundfläche.[11]
- Ausstellungs-, Lager- und Abstellplätze bis zu einer Fläche von 300 bzw. 100 m2,[12]
- Wasserbecken bis 100 bzw. 50 m3 Rauminhalt,[13]
- Behälter für nicht brennbare und wassergefährdende Stoffe bis zu 50 m3 Rauminhalt,[14]
- im Saarland auch offene, bis zu 50 cm erhöhte Terrassen,[15]
- z.T auch die Befestigung nicht öffentlicher Verkehrsflächen,[16]
- Anlagen für die Gartengestaltung.[17]

(Tab. 64)

---

9 Vgl. Heintz, BauR 1990, 166 (178); Fickert/Fieseler, BauNVO, § 19 Rn. 5.1 f.
10 Vgl. § 52 Abs. 1 Nr. 1 - 4 BWBO; Art. 66 Abs. 1 Nr. 1 - 3 BayBO sowie nach Nr. 25 Fahrgastunterstände bis zu 20 m² Grundfläche; § 56 Abs. 1 Nr. 1, 15 u. 16 BlnBO; § 1 Nr. 1, 23 u. 24 Brem. Freistellungs- und Vereinfachungsverordnung v. 31.3.1983, GBl. S. 123; Nr. I, 1 - 7 Hbg. Baufreistellungsverordnung v. 20.9.1983, GVBl. S. 221; § 89 Abs. 1 Nr. 1, 14, 15 u. 34 HessBO; Ziffer 1.1 - 1.7 Anhang zur NdsBO; § 64 Abs. 1 Nr. 1 - 5 NWBO; § 61 Abs. 1 Nr. 1 - 5 RhPfBO; § 62 Abs. 1 Nr. 1, 4, 20 u. 21 SchHBO
11 Vgl. § 52 Abs. 1 Nr. 3 BWBO
12 Vgl. § 52 Abs. 1 Nr. 18 BWBO; Art. 66 Abs. 1 Nr. 17 BayBO; § 56 Abs. 1 Nr. 1, 29 BlnBO; § 64 Abs. 1 Nr. 15 NWBO; § 61 Abs. 1 Nr. 33 RhPfBO; § 57 Abs. 1 Nr. 21 SaarBO; § 62 Abs. 1 Nr. 35 SchHBO
13 Vgl. § 52 Abs. 1 Nr. 10 BWBO; Art. 66 Abs. 1 Nr. 16 BayBO; § 56 Abs. 1 Nr. 19 BlnBO; § 1 Nr. 17 Brem. Freistellungs- und Vereinfachungsverordnung v. 31.3.1983, GBl. S. 123; Nr. IX, 4 Hbg. Baufreistellungsverordnung v. 20.9.1983, GVBl. S. 221; § 89 Abs. 1 Nr. 22 HessBO; Ziffer 9.7 Anhang zur NdsBO; § 64 Abs. 1 Nr. 28 NWBO; § 61 Abs. 1 Nr. 16 RhPfBO; § 62 Abs. 1 Nr. 25 SchHBO
14 Vgl. Art. 66 Abs. 1 Nr. 7 BayBO; § 56 Abs. 1 Nr. 26 BlnBO; Ziffer 5.6 Anhang zur NdsBO; § 64 Abs. 1 Nr. 20 NWBO; § 61 Abs. 1 Nr. 22 RhPfBO; § 57 Abs. 1 Nr. 9 SaarBO; § 62 Abs. 1 Nr. 25 SchHBO
15 Art. 66 Abs. 1 Nr. 26 BayBO; § 57 Abs. 1 Nr. 28 SaarBO
16 Vgl. § 52 Abs. 1 Nr. 19 BWBO; Art. 66 Abs. 1 Nr. 24 BayBO; § 56 Abs. 1 Nr. 26 BlnBO; § 61 Abs. 1 Nr. 22 RhPfBO; in Nordrhein-Westfalen speziell bezogen auf Stellplätze bis zu 100 m2, vgl. § 64 Abs. 1 Nr. 6 NWBO;
17 Vgl. § 56 Abs. 1 Nr. 28 BlnBO; § 1 Nr. 25 a Brem. Freistellungs- und Vereinfachungsverordnung v. 31.3.1983, GBl. S. 123; Nr. IX, 2 Hbg. Baufreistellungsverordnung v. 20.9.1983, GVBl. S. 221; § 89 Abs. 1 Nr. 31 HessBO; § 64 Abs. 1 Nr. 7 NWBO; § 61 Abs. 1 Nr. 30 RhPfBO; § 57 Abs. 1 Nr. 19 SaarBO; § 62 Abs. 1 Nr. 34 SchHBO

Die Freistellung von der bauaufsichtlichen Genehmigungspflicht wirkt sich nämlich gem. § 29 S. 1 BauGB unmittelbar auf die Geltung der bauplanungsrechtlichen Anforderungen der §§ 30 - 38 BauGB aus. Das BVerwG hat deshalb darauf hingewiesen, daß die Länder nicht beliebig die Anwendung der §§ 30 - 38 BauGB durch Freistellung von der Baugenehmigungspflicht ausschalten können.[18] Andernfalls ließe sich schwerlich überhaupt ein Bedürfnis nach einer bundeseinheitlichen Regelung als Voraussetzung für die Wahrnehmung der konkurrierenden Gesetzgebungskompetenz gem. Art. 74 Nr. 18 GG begründen.[19] Die Dispositionsbefugnis der Länder ist deshalb durch die Zwecksetzung der §§ 30 ff. BauGB begrenzt.[20] Die Länder dürfen nur in solchen Fällen auf die Kontrolle der Einhaltung bauplanungsrechtlicher Anforderungen verzichten, "die bodenrechtlich von nur geringem Gewicht sind."[21] Sie haben deshalb bei der Genehmigungsfreistellung die bundesrechtlichen Konsequenzen in Hinblick auf die §§ 30 ff. BauGB mitzubedenken.[22] Es ist zu prüfen, ob aus bauplanungsrechtlicher Sicht ein Bedürfnis nach präventiver Kontrolle besteht.[23] Die Stärkung der Bedeutung des Bodenschutzes im novellierten Städtebaurecht muß sich deshalb zwangsläufig auch auf die Befugnis zur Freistellung von der bauaufsichtlichen Genehmigungspflicht auswirken.[24]

Der Bundesverordnungsgeber hat mit der Regelung des § 19 Abs. 4 BauNVO zu erkennen gegeben, daß auch die Errichtung von Anlagen, die nicht bereits Bestandteil der Hauptanlage sind, aus Gründen des Bodenschutzes städtebaulich relevant ist. Es soll sichergestellt werden, daß ein bestimmter Anteil des Grundstücks unversiegelt bleibt. Würden die nach § 19 Abs. 4 BauNVO anzurechnenden Anlagen von der bauaufsichtlichen Genehmigungspflicht freigestellt werden, liefe die Anrechnungsregelung leer. Im Hinblick auf den Bodenschutz sind deshalb nicht nur Hauptnutzungen, sondern alle bodenverbrauchenden baulichen Anlagen relevant. Die Freistellungsregelungen der Länder sind deshalb daraufhin zu überprüfen, ob sie bodenverbrauchende Vorhaben in Verkennung ihrer bodenrechtlichen Relevanz von der bauaufsichtlichen Genehmigungspflicht freistellen. Sie können insoweit unwirksam und an die veränderten bundesrechtlichen Anforderungen anzupassen sein.[25]

Dabei dürfte es allerdings weiterhin zulässig sein, daß Vorhaben mit nur ganz unerheblichem Bodenverbrauch freigestellt werden können. Zu berücksichtigen ist, daß gem. § 19 Abs. 4 BauNVO Nebenanlagen nur zu 50 % auf die GRZ bzw. GR angerechnet werden. So werden z.B. weiterhin Einfriedungen freigestellt bleiben können, da sie nur in geringem Umfang Boden versiegeln. Eine eingeschossige Gartenlaube mit 20 m2 Grundfläche kann demgegenüber bei kleinen Grundstücken bereits zu einer beträchtlichen Überschreitung der zulässigen Grundfläche führen. Hier kommt es zwar auf den Einzelfall an, aber gerade deshalb ist eine generelle Freistellung nicht zulässig. Unzulässig sind deshalb Freistellungen ohne eine Obergrenze für die Grundfläche. Die Obergrenze muß so gering bemessen sein,

---

18 BVerwG, Urt. v. 19.12.1985 - 7 C 65/82 -, ZfBR 1986, 82
19 BVerwG, Urt. v. 19.12.1985 - 7 C 65/82 -, ZfBR 1986, 82; vgl. auch Zinkahn, in Ernst/Zinkahn/Bielenberg, BauGB, § 29 Rn. 19; Söfker, in: Bielenberg/Krautzberger/Söfker, S. 518 f., Rn. 173
20 Vgl. BVerwG, Urt. v. 19.12.1985 -7 C 65/82 -, ZfBR 1986, 82 f.; Zinkahn, in: Ernst/Zinkahn/Bielenberg, BauGB, § 29 Rn. 19; Dürr, in: Brügelmann, § 29 Rn. 13; Heintz, BauR 1990, 166 (178)
21 BVerwG, Urt. v. 19.12.1985 -7 C 65/82 -, ZfBR 1986, 82
22 BVerwG, Urt. v. 19.12.1985 -7 C 65/82 -, ZfBR 1986, 82 (83); Löhr, in: Battis/Krautzberger/Löhr, § 29 Rn. 21
23 Vgl. Zinkahn, in: Ernst/Zinkahn/Bielenberg, § 29 Rn. 19
24 Vgl. Heintz, BauR 1990, 166 (178)
25 Vgl. Heintz, BauR 1990, 166 (178); Fickert/Fieseler, BauNVO, § 19 Rn. 5.2

daß sie auch bei kleinen Grundstücken nicht zu einer nicht nur geringen Überschreitung der zulässigen GR bzw. GRZ führen kann.

Soweit nicht nur Nebenanlagen, sondern auch Teile der Hauptnutzung eines Grundstücks freigestellt sind, wirkt sich deren Anrechnung auf die GR bzw. GRZ nicht nur zu 50 %, sondern voll aus. Dies gilt insbesondere für Balkone, Loggien und Terrassen, die gem. § 19 Abs. 4 BauNVO i.d.F. 15.9.1977 nicht auf die GRZ angerechnet wurden, nach der jetzt gültigen Fassung der BauNVO aber anzurechnen sind. Die bodenrechtliche Relevanz dieser Anlagen ist damit erheblich gewachsen. Aus diesem Grunde ist die Freistellung von Terrassen [26] mit dem geltenden Bauplanungsrecht nicht mehr vereinbar.

Die Landesgesetzgeber können aber auch weiterhin Vereinfachungen für das Genehmigungsverfahren bei Vorhaben, die lediglich bodenrechtlich relevant sind, vorsehen. Die Kontrolle im Rahmen des Genehmigungsverfahrens kann in diesen Fällen auf die planungsrechtlichen Anforderungen beschränkt werden. Die Änderung der Freistellungsregelungen der LBO kann deshalb auch darin bestehen, daß die Freistellung allein auf die bauordnungsrechtlichen Vorschriften bezogen ist.[27] Die Kontrolle im Rahmen des Genehmigungsverfahrens kann sich dann auf die Einhaltung der planungsrechtlichen Voraussetzungen beschränken. Hiervon kann zumindest eine Beschleunigung des Verfahrens erwartet werden. Ein entsprechend vereinfachtes bauaufsichtliches Verfahren ist bislang in Bremen und Nordrhein-Westfalen vorgesehen.[28]

III. Sondervorschriften für öffentliche Vorhaben

Die Landesbauordnungen enthalten durchweg Vorschriften, die bestimmte öffentliche Vorhaben aus ihrem Anwendungsbereich ausschließen, da für diese in der Regel spezialgesetzliche Anforderungen bestehen.[29] Nicht den Anforderungen der Bauordnungen und der Kontrolle in einem bauaufsichtlichen Genehmigungsverfahren unterworfen sind danach die für den Grad der Bodenversiegelung bedeutenden Anlagen für den Straßenverkehr.[30] Sie sind nicht baugenehmigungspflichtig, sondern unterliegen den in den Straßengesetzen speziell geregelten materiellen und formellen Anforderungen. Z.T. schließen auch die Straßengesetze die Anwendung der Landesbauordnungen ausdrücklich aus.[31]

Soweit öffentliche Vorhaben nicht ausdrücklich der Anwendung der bauaufsichtlichen Anforderungen entzogen sind, gelten grundsätzlich die gleichen Anforderungen wie bei privaten Bauherren. In verfahrensrechtlicher Hinsicht bestehen allerdings bei Vorhaben des Bundes und der Länder Besonderheiten. Die Baugenehmigung wird unter bestimmten Voraussetzungen bei diesen Vorhaben durch eine Zustimmung ersetzt. Das Zustimmungserfordernis sichert auch bei diesen Vorhaben eine formelle Kontrolle, die aber in ihrer Intensität er-

---

26 Vgl. Art. 66 Abs. 1 Nr. 26 BayBO und § 58 Abs. 1 Nr. 28 SaarBO
27 Vgl. BVerwG, Urt. v. 19.12.1985 -7 C 65/82 -, ZfBR 1986, 82 f.; Zinkahn, in Ernst/Zinkahn/Bielenberg, § 29 Rn. 19
28 Vgl. § 2 Brem. Freistellungs- und Vereinfachungsverordnung v. 31.3.1983, GBl. S. 123; § 64 Abs. 2 NWBO
29 Simon, BayBO, Art. 1 Rn. 14
30 Vgl. § 1 Abs. 2 Nr. 1 BWBO; Art. 1 Abs. 2 Nr. 1 BayBO; § 1 Abs. 2 Nr. 1 BlnBO; § 1 Abs. 2 Nr. 1 BremBO; § 1 Abs. 2 Nr. 1 HbgBO; § 1 Abs. 2 Nr. 1 HessBO; § 3 Abs. 1 Nr. 1 NdsBO; § 1 Abs. 2 Nr. 1 NWBO; § 1 Abs. 2 Nr. 1 RhPfBO; § 1 Abs. 2 Nr. 1 SaarBO; § 1 Abs. 2 Nr. 1 SchHBO
31 Vgl. § 47 Abs. 2 HessStrG; § 9 Abs. 1 SchHStrG

heblich geringer ist als das Baugenehmigungsverfahren.[32] Es wird auf Baugenehmigung, Bauüberwachung und Abnahme verzichtet, wenn der öffentliche Bauherr die Leitung der Entwurfsarbeit und die Bauüberwachung einem Beamten des höheren bautechnischen Verwaltungsdienstes oder einem im öffentlichen Dienst beschäftigten Angestellten mit entsprechender Qualifikation übertragen hat.[33]

B. Bauüberwachung

Die Genehmigungspflicht umfaßt die Pflicht dem, Bauantrag alle für die Beurteilung und seine Bearbeitung erforderlichen Unterlagen beizufügen. Die Aufsichtsbehörde soll auf diese Weise in die Lage versetzt werden, das Vorhaben auf der Grundlage der eingereichten Unterlagen prüfen zu können. Der Umfang der Antragsunterlagen wird näher konkretisiert durch gesonderte Verordnungen (Bauvorlageverordnungen).

Um die Einhaltung der Antragsunterlagen bei der Bauausführung sicherzustellen, findet nach Fertigstellung des Bauvorhabens eine Schlußabnahme bzw. eine abschließende Bauzustandsbesichtigung statt. Dabei soll festgestellt werden, daß die an die Errichtung des Bauvorhabens gestellten materiell-rechtlichen Anforderungen erfüllt sind.[34]

Schwierigkeiten bereitet die Überwachung der Anforderungen an die Gestaltung der unbebauten Grundstücksflächen. Zwar sind grundsätzlich auch die erforderlichen Maßnahmen zur Gestaltung der nicht überbauten Grundstücksfreiflächen prüfbar darzustellen.[35] In der Praxis wird dies aber nur in Ansätzen möglich sein, da sich der Erfolg gärtnerischer Maßnahmen erst nach Ablauf einer gewissen Wachstumszeit zeigen wird. In diesem Sinne enthält die hessische Regelung den Hinweis, daß die gärtnerische Anlage erst innerhalb eines Jahres nach Ingebrauchnahme des Gebäudes hergestellt sein muß und diese Frist bis zu einem weiteren Jahr verlängert werden kann, wenn sie wegen besonderer Umstände nicht eingehalten werden kann.[36] In welcher Weise die Erfüllung dieser Pflicht kontrolliert werden soll, bleibt jedoch offen.

Im Rahmen der Schlußabnahme läßt sich lediglich überprüfen, ob Grundstücksfreiflächen zum Zeitpunkt der Abnahme unversiegelt sind, ob bestimmte Pflanzungen vorgenommen wurden, soweit dies z.B. nach Maßgabe eines Bebauungsplans erforderlich war, und ggf. ob zu erhaltende Bäume noch vorhanden sind. Dabei kommt es wesentlich auf geeignete Planunterlagen an, die der Prüfung zugrundegelegt werden können. Die Länder sehen zu diesem Zweck in ihren Vorschriften über die Bauvorlage Regelungen vor. Durchweg ist danach die Verteilung der Nutzungen auf der nicht überbauten Grundstücksfläche im Lage-

---

32 Im Zustimmungsverfahren werden die planungsrechtliche Anforderungen sowie die Anfordernungen des Bauordnungsrechtes mit Ausnahme der bautechnischen Nachweise geprüft. Geprüft werden also insbesondere die Vorgaben des Bebauungsplans, falls ein solcher für das Vorhaben maßgebend ist und die Einhaltung von Abstandsflächen, baugestalterische Anforderungen, die Umweltverträglichkeit und die Stellplatzverpflichtung. Vgl. Grundei, in: Förster/Grundei/Steinhoff/Dageförde/Wilke, BlnBO 1985, § 67 Rn. 3
33 Vgl. Art 86 Abs. 1 BayBO; § 67 Abs. 1 BlnBO; § 106 Abs. 1 BremBO; § 62 Abs. 1 HbgBO; § 107 Abs. 1 HessBO; § 82 Abs. 1 NdsBO; § 75 Abs. 1 NWBO; § 79 Abs. RhPfBO; § 58 Abs. 1 SaarBO;§ 74 Abs. 1 SchHBO
34 Vgl. hierzu Simon, BayBO, Art. 80 Rn. 5; Sauter, BWBO, § 66 Rn. 20
35 Vgl. Sauter, BWBO, § 66 Rn. 20
36 Vgl. § 10 Abs. 1 S. 3 HessBO

plan darzustellen. Differenziertere Anforderungen enthalten die hessische und die Berliner Regelung (vgl. Tab. 65 u. 66).[37]

§ 2 Abs. 2 Nr. 11 u. Abs. 3 u. § 3 Abs. 2 Nr. 5 BlnBauVorlVO
§ 2 (2) ... 11. die geplante Einteilung der nicht überbauten Flächen mit Angabe über Lage, Anzahl, Größe und den Versiegelungsgrad durch die Befestigungsart und die Materialwahl der Stellplätze für Kraftfahrzeuge, der Zu- und Abfahrten, der Aufstellungs- und Bewegungsflächen für die Feuerwehr, der Kinderspielplätze, der Plätze für Abfallbehälter sowie die gärtnerisch anzulegenden oder naturbelassenen Flächen auf dem Grundstück und der geplanten Gehwegüberfahrt,...   § 2 (3) ... Erforderliche Ausgleichs- und Ersatzmaßnahmen des Naturschutzes und der Landschaftspflege sind in einem besonderen Plan darzustellen.   § 3 (2) In der Bauzeichnung sind insbesondere darzustellen: ... 5. die Art und Lage der Dach- und Fassadenbegrünung, sofern sie als Ausgleichs- oder Ersatzmaßnahme des Naturschutzes oder der Landschaftspflege erforderlich ist.

(Tab. 65)

§ 2 Abs. 2 Nr. 10 HessBauVorlVO
...; die Bäume, die erhalten werden sollen, sind kenntlich zu machen, im übrigen sind die vorhandenen und geplanten Bäume und Sträucher nach ihrer Art zu bezeichnen; für die vorhandenen Bäume ist, soweit erforderlich, auch die Größe und ihr Stammumfang in 1 m Höhe über der Geländeoberfläche anzugeben; ...

(Tab. 66)

Auch in den Ländern, in denen entsprechend differenzierte Anforderungen fehlen, können die Bauaufsichtsbehörden gem. den dort vorgesehenen Generalklauseln ergänzend detaillierte Darstellungen in einem Freiflächengestaltungsplan verlangen.[38] Dies wird insbesondere erforderlich sein, wenn detaillierte Anforderungen nach einem Bebauungsplan oder einer bauordnungsrechtlichen Satzung bestehen, deren Einhaltung nur auf der Grundlage von prüfbaren Planunterlagen überprüft werden kann.[39] Bei Simon finden sich detaillierte Hinweise auf die erforderlichen Freiflächengestaltungspläne.[40]

Eine vollzugsfördernde Regelung enthält Art. 5 Abs. 3 BayBO. Danach kann zur Erfüllung der Verpflichtung zur Neupflanzung eine Sicherheitsleistung in angemessener Höhe verlangt werden. Die Sicherheitsleistung kann als Auflage, ggf. auch als Bedingung zur Baugenehmigung angeordnet werden.[41] Die vollzugsfördernde Wirkung der Sicherheitsleistung besteht darin, daß der Sicherheitsleistende ein gesteigertes Interesse daran hat, die Fertigstellung der geforderten Gartengestaltung möglichst bald nachzuweisen.

---

37 Vgl. aber auch die Anforderungen an den nach § 2 Abs. 2 Nr. 10 BayBauVerfVO und § 2 Abs. 2 Nr. 4 HbgBauVorlVO erforderlichen Baumbestandsplan bei Simon, BayBO, Art. 5 Rn. 12; Alexejew/Haase/Großmann, HbgBO, § 9 Rn. 8
38 So ausdrücklich hinsichtlich der Darstellung vorhandener Bäume § 1 Abs. 5 BWBauVorlVO
39 Vgl. Simon, BayBO, Art. 5 Rn. 6
40 Vgl. Simon, BayBO, Art. 5 Rn. 12
41 Vgl. Simon, BayBO, Art. 5 Rn. 6

Kapitel 16

Versiegelungsbegrenzende Anforderungen nach dem Bauplanungsrecht

Planungsrechtliche Anforderungen an Bauvorhaben stellen die §§ 30 bis 37 BauGB. Diese finden gem. § 29 S. 1 BauGB Anwendung auf Vorhaben, die die Errichtung, Änderung oder Nutzungsänderung von baulichen Anlagen zum Inhalt haben und die einer bauaufsichtlichen Genehmigung oder Zustimmung bedürfen.

A. Anwendungsbereich der §§ 30 bis 37 BauGB

Der in § 29 BauGB verwendete Anlagenbegriff stimmt weitgehend mit dem bauordnungsrechtlichen überein.[1] Danach sind bauliche Anlagen alle aus Baustoffen und Bauteilen hergestellten und mit dem Boden fest verbundenen Anlagen (vgl. Kapitel 13). § 29 S. 1 BauGB verlangt jedoch darüber hinaus, daß das Vorhaben planungsrechtlich relevant ist.[2] Ein Vorhaben ist planungsrechtlich relevant, wenn es die in § 1 Abs. 5 BauGB aufgeführten Belange in einer Weise berühren kann, "die geeignet ist, das Bedürfnis nach einer ihre Zulässigkeit regelnden verbindlichen Bauleitplanung hervorzurufen."[3]

Ein bodenversiegelnder Belag ist deshalb zwar eine bauliche Anlage i.S.d. Bauordnungsrechts. Seine bodenrechtliche Relevanz ist damit aber noch nicht indiziert. Bei der Beurteilung der planungsrechtlichen Relevanz kommt es nämlich auch auf die der baulichen Anlage zugedachte Funktion an.[4] So ist nach Ansicht des BVerwG z.B. ein Podest aus Brettern oder ein betonierter Untergrund für sich allein noch ohne planungsrechtliche Relevanz.[5] Diese ergab sich in dem vom BVerwG zu entscheidenden Fall erst aus der konkreten, dem Podest zugedachten Funktion als Zeltunterlage.[6]

---

1 Vgl. Simon, BayBO, Art. 2 Rn. 9
2 BVerwG, Urt. v. 31.8.1973, E 44, 59 (61 f.); Löhr, Battis/Krautzberger/Löhr, BauGB, § 29 Rn. 14; Wilke, in: Förster/Grundei/Steinhoff/Dageförde/Wilke, BlnBO 1985, § 2 Rn. 4
3 BVerwG, Urt. v. 31.8.1973, E 44, 59 (62)
4 Löhr, in: Battis/Krautzberger/Löhr, BauGB, § 29 Rn. 16
5 BVerwG, Urt. v. 1.11.1974 - 4 C 13/73 -, Buchholz 406.11 § 29 BBauG Nr. 18; Löhr, in: Battis/Krautzberger/Löhr, BauGB, § 29 Rn. 16; Schlichter, in: Berliner Kommentar, BauGB, § 29 Rn. 7
6 Vgl. BVerwG, Urt. v. 1.11.1974 - 4 C 13/73 -, Buchholz 406.11 § 29 BBauG Nr. 18

Die Entscheidung des BVerwG erging jedoch noch auf Grundlage des BBauG i.d.F. v. 1960 und der damals geltenden Fassung der BauNVO. Nach heutigem Recht hätte das BVerwG die gewachsene Bedeutung des Bodenschutzes durch die Bodenschutzklausel in § 1 Abs. 5 S. 3 BauGB und § 19 Abs. 4 BauNVO zu berücksichtigen. Aus § 19 Abs. 4 BauNVO ergibt sich - wie gezeigt -, daß die Bodenversiegelung für sich genommen städtebaulich relevant ist, wenn sie nicht nur ganz geringfügig ist. Die Funktion der Anlage ist daneben nur ein weiteres Kriterium. Die in der angeführten Entscheidung dargelegten Wertungen sind deshalb unter Berücksichtigung des novellierten Städtebaurechts einer Korrektur zugänglich.

B. Vorhaben im Geltungsbereich von qualifizierten Bebauungsplänen

Liegt ein Grundstück im Geltungsbereich eines qualifizierten Bebauungsplans, d.h. eines Bebauungsplans, der mindestens Festsetzungen über Art und Maß der baulichen Nutzung, die überbaubare Grundstücksfläche und die örtlichen Verkehrsflächen enthält, beurteilt sich die planungsrechtliche Zulässigkeit ausschließlich nach den Festsetzungen des Bebauungsplans (auf das Erfordernis der gesicherten Erschließung wird in diesem Kapitel in Teil F eingegangen). Das auf dem Baugrundstück beabsichtigte Vorhaben darf den Festsetzungen des Bebauungsplans nicht widersprechen. Maßstab sind also die Festsetzungen des Bebauungsplans. Insoweit kann auf die Ausführungen zu den Inhalten der Bauleitplanung in Kapitel 7, Teil B verwiesen werden.

I. Vorhaben im Geltungsbereich von Bebauungsplänen nach Maßgabe älterer Fassungen der BauNVO

Allerdings ist zu beachten, daß das Maß der baulichen Nutzung, insbesondere die GR bzw. GRZ nach Maßgabe der jeweils zum Zeitpunkt der Auslegung des zugrundeliegenden Bebauungsplans neuesten Fassung der BauNVO zu ermitteln ist. § 19 Abs. 4 BauNVO ist deshalb nur dann anzuwenden, wenn der für das jeweilige Grundstück geltende Bebauungsplan am 27.1.1990 noch nicht ausgelegt war (§ 25 BauNVO). Bei älteren Bebauungsplänen ist die jeweils zum Zeitpunkt der Auslegung des Bebauungsplans geltende Fassung der BauNVO anzuwenden. Dies ist für die Beurteilung der Zulässigkeit von bodenversiegelnden Maßnahmen von erheblichem Gewicht, da erst mit der Novelle von 1990 die Anrechnung von Nebenanlagen, Stellplätzen und Garagen einschließlich ihrer Zufahrten sowie von baulichen Anlagen unterhalb der Geländeoberfläche eingeführt wurde. Nach den älteren Fassungen waren diese Anlagen nicht auf die zulässige GR bzw. GRZ anzurechen (vgl. Tab. 59 u. 60).

---

§ 19 Abs. 4 BauNVO (1962)

Auf die zulässige Grundfläche werden die Grundflächen von Nebenanlagen im Sinne des § 14 nicht angerechnet. Das gleiche gilt für bauliche Anlagen, soweit sie nach Landesrecht im Bauwich oder in den Abstandsflächen zulässig sind oder zugelassen werden können.

(Tab. 67)

> **§ 19 Abs. 4 BauNVO (1968 und 1977)**
>
> Auf die zulässige Grundfläche werden die Grundflächen von Nebenanlagen im Sinne des § 14 nicht angerechnet. Das gleiche gilt für Balkone, Loggien, Terrassen sowie sonstige bauliche Anlagen, soweit sie im Bauwich oder in den Abstandsflächen zulässig sind oder zugelassen werden können.

(Tab. 68)

Nach den älteren Fassungen der BauNVO wird also im wesentlichen nur die Grundfläche der Hauptanlage auf die GRZ angerechnet. Eine Erfassung und Begrenzung der Bodenversiegelung ist nach älterem Recht deshalb nicht möglich.

II. Umsetzung der festgesetzten Ausgleichsmaßnahmen im Rahmen des Genehmigungsverfahrens

Die Vornahme von Bepflanzungen ist kein Vorhaben i.S.d. § 29 BauGB. Sie unterliegt damit nicht der bauaufsichtlichen Genehmigung. Auch wenn eine bauliche Nutzung vorgenommen wird, folgt hieraus nicht notwendig die Pflicht zur Umsetzung der Pflanzfestsetzung. § 30 Abs. 1 BauGB verlangt nämlich nicht, daß allen Festsetzungen entsprochen wird, sondern lediglich, daß ihnen nicht widersprochen wird. Gleiches gilt auch für andere Festsetzungen, die dem ökologischen Ausgleich für die mit der baulichen Nutzung verbundenen Eingriffe in den Naturhaushalt bezwecken.

Die Pflanzfestsetzung kann jedoch mit der Zulassung einer baulichen Nutzung unmittelbar verbunden sein, z.B. wenn der Bebauungsplan die Bebauung nur unter der Voraussetzung zulassen will, daß gleichzeitig zum Ausgleich eine Bepflanzung entsprechend den Festsetzungen des Bebauungsplans vorgenommen wird. Die Pflanzfestsetzung ist dann lediglich ein unselbständiger Annex der Festsetzungen über die bauliche Nutzung. Durch die Grünfestsetzung wird die Bebauung quasi unter die Bedingung einer Bepflanzung gestellt. Im Schrifttum wird die Pflanzfestsetzung - soweit ersichtlich - dennoch nicht als unmittelbar wirkende Bedingung angesehen. Vielmehr wird die Möglichkeit hervorgehoben, die Umsetzung der Pflanzfestsetzung als Auflage zum Gegenstand der Baugenehmigung zu machen.[7] Daneben besteht aber auch die Möglichkeit, unter den Voraussetzungen des § 178 BauGB ein Pflanzgebot zu erlassen (vgl. hierzu Kapitel 19, Teil A, I).[8]

C. Ausnahmen und Befreiungen gem. § 31 Abs. 1 und 2 BauGB

Einen ausdrücklichen Ausnahmetatbestand enthält bereits die Vorschrift über die Berechnung der zulässigen GR oder GRZ (vgl. hierzu Kapitel 7, Teil B, I 1). Dann kann die Überschreitung der sich aus der Anrechnung der in § 19 Abs. 4 S. 1 BauNVO genannten Anlagen ergebenden Versiegelungsobergrenze nach § 19 Abs. 4 S. 4 BauNVO zugelassen werden, wenn sie nur mit geringfügigen Auswirkungen auf die natürlichen Funktionen des Bodens verbunden ist oder wenn die Einhaltung der Grenzen zu einer wesentlichen Erschwerung der zwecksprechenden Grundstücksnutzung führen würde.

---

7 Vgl. Bielenberg, in: Ernst/Zinkahn/Bielenberg, BauGB, § 41 Rn. 51
8 Vgl. unten Kap. 3, Teil C II 1 a aa

Neben diesem speziellen gesetzlichen Ausnahmetatbestand bestehen die allgemeinen Möglichkeiten der Ausnahme und Befreiung von den Festsetzungen eines Bebauungsplans nach Maßgabe des § 31 Abs. 1 bzw. 2 BauGB. Ausnahmen können gem. § 31 Abs. 1 BauGB zugelassen werden, soweit der Bebauungsplan diese nach Art und Umfang vorsieht (§ 16 Abs. 6 BauNVO). Sie erhalten der Bauaufsichtsbehörde einen Entscheidungsspielraum im Rahmen der nach § 31 Abs. 1 BauGB gebotenen Ermessensausübung.

Befreiungen ermöglichen demgegenüber Abweichungen von den Festsetzungen des Bebauungsplans, ohne daß dieser solche Abweichungen bereits vorgesehen hat. Der wesentliche Unterschied besteht darin, daß die Ausnahme ein planimmanentes Instrument zur Planverwirklichung ist, während die Befreiung bestimmte Regelungen des Plans bei Vorliegen besonderer Gründe im Einzelfall suspendiert.[9] Die Befreiungen sind deshalb nach ständiger und auch in Hinblick auf die veränderte Fassung von § 31 Abs. 2 BauGB fortgesetzter Rechtsprechung nur im atypischen Einzelfall zulässig.[10]

Von den in § 31 Abs. 2 BauGB genannten Befreiungstatbeständen ist in Hinblick auf eine Überschreitung der mit der GR bzw. GRZ begrenzten Bodenversiegelung allenfalls die 2. und 3. Alternative von Relevanz. Eine Überschreitung aus Gründen einer vom Plan nicht beabsichtigten Härte könnte z.B. in Betracht kommen, wenn das Grundstück in atypischer Weise besonders klein oder ungünstig geschnitten ist und deshalb nur im Wege einer Überschreitung der zulässigen GRZ die an sich gewollte, der umliegenden Bebauung vergleichbare bauliche Nutzung des Grundstücks möglich ist.[11] Auf diese Weise kann eine vom Bebauungsplan nicht beabsichtigte Härte im Einzelfall korrigiert werden.[12]

Zudem kommt eine Befreiung von der festgesetzten GRZ bzw. GR in Betracht, soweit sie i.S.d. 2. Alternative städtebaulich vertretbar ist und die Grundzüge der Planung nicht berührt werden. Bei der Beurteilung der städtebaulichen Vertretbarkeit sind die Leitlinien und Planungsziele des § 1 Abs. 5 BauGB zugrundezulegen.[13] Aus diesem Grund kommt auch bei der Befreiung nach Maßgabe der städtebaulichen Vertretbarkeit der Bodenschutzklausel Bedeutung zu. Wenn die mit der Befreiung angestrebte Abweichung von den Festsetzungen des Bebauungsplans das Ergebnis einer gerechten Abwägung i.S.d. § 1 Abs. 6 BauGB sein könnte, ist sie städtebaulich vertretbar. Insoweit kann auf die Ausführungen zum Abwägungsgebot in der Bauleitplanung verwiesen werden.[14]

Darüber hinaus dürfen gem. § 31 Abs. 2 Nr. 2 BauGB die Grundzüge der Planung durch das Vorhaben nicht berührt werden. Diese Einschränkung dient dem Schutz der Planungs-

---

9 Erwe, Ausnahmen und Befreiungen im öffentlichen Baurecht, S. 61 ff. sowie zu weiteren formellen Unterschieden S. 54 ff.
10 Vgl. BVerwG, Beschl. v. 20.11.1989 - 4 B 163/89 -, UPR 1990, 152. Ebenso Erwe, Ausnahmen und Befreiungen im öffentlichen Baurecht, S. 100 ff.; Schlichter, in: Berliner Kommentar, BauGB § 31 Rn. 28; Dyong, in: Cholewa/David/Dyong/v.d.Heide; BauGB, § 31 Anm. 3 c. Die Voraussetzungen der Atypik wurde allerdings in Hinblick auf die vom Gesetzgeber gewollte Erleichterung der Befreiungsvoraussetzungen für die Befreiung aus Gründen der städtebaulichen Vertretbarkeit in Zweifel gezogen. Vgl. Schmidt-Eichstaedt, DVBl 1989, 1. Die Beschränkung auf einen Einzelfall ist bei dringendem Wohnbedarf allerdings gem § 4 Abs. 1 BauGB-MaßnG befristet außer Kraft gesetzt.
11 Das Grundstück muß in bodenrechtlicher Hinsicht Besonderheiten aufweisen. Vgl. BVerwG, Urt. v. 14.7.1972 - 4 C 69/70 -, E 40, 268 (271)
12 Vgl. Schlichter, in: Berliner Kommentar, § 31 Rn. 34; Löhr, in: Battis/Krautzberger/Löhr, § 31 Rn. 36
13 Vgl. BVerwG, Beschl. v. 20.11.1989 - 4 B 163/89 -, UPR 1990, 152 (153); Mainczyk, BauGB, § 31 Rn. 7; Schlichter, in: Berliner Kommentar, BauGB § 31 Rn. 28
14 Vgl. oben Kap. 7, Teil C III

konzeption der Gemeinde. Eine Abweichung, die zu einer Veränderung der Planungskonzeption führt, muß im Wege der Planänderung vorgenommen werden.[15] Entscheidend ist, ob das Interessengeflecht des Planes und die dahinter stehende Planungskonzeption berührt ist. Deshalb kann es von Bedeutung sein, ob die Gemeinde gezielt in dem betroffenen Plangebiet den Grad der Bodenversiegelung reduzieren oder andere stadtökologische Ziele verfolgen will und aus diesem Grunde versiegelungsbegrenzende Festsetzungen getroffen hat. Soll von diesen Festsetzungen aus städtebaulichen Gründen abgewichen werden, so kann hierin eine Berührung der Grundzüge der Planung liegen. Abschließend kann dies aber erst im Einzelfall unter Berücksichtigung der Größe der Abweichung bestimmt werden.[16]

Die Beachtung der Belange des Bodenschutzes findet darüber hinaus für alle Alternativen des Befreiungstatbestandes unter dem Gesichtspunkt der Vereinbarkeit mit den öffentlichen Belangen statt. Die Befreiung darf nämlich nur dann erteilt werden, wenn sie mit den öffentlichen Belangen vereinbar ist. Zu den öffentlichen Belangen gehören die in den Planungsleitlinien des § 1 Abs. 5 S. 2 BauGB aufgeführten Belange.[17] Hiermit sollte insbesondere auch die Berücksichtigung von Belangen des Umweltschutzes veranlaßt werden.[18] Die Befreiungsentscheidung muß sich deshalb grundsätzlich auch mit den Belangen des Bodenschutzes und daher auch mit der Frage der Bodenversiegelung auseinandersetzen. Wegen der Vielfältigkeit möglicher Fallkonstellationen lassen sich generelle Aussagen jedoch nicht machen. Es kommt vielmehr auf die Umstände des Einzelfalls an.[19]

Befreiung und Ausnahme sind nach h.M. gebundene Ermessensentscheidungen.[20] Sie sind deshalb nicht auf die Subsumtion der gesetzlichen Voraussetzungen beschränkt, sondern auch wertenden Ermessensgesichtspunkten zugänglich.[21]

Als Ermessensentscheidungen können Befreiung und Ausnahme nach Maßgabe des § 36 Abs. 2 VwVfG mit den dort genannten Nebenbestimmungen versehen werden.[22] Von Bedeutung für die Begrenzung oder Verringerung der Bodenversiegelung ist insbesondere die Möglichkeit, die Befreiung bzw. Ausnahme mit einer Bedingung oder einer Auflage zu versehen, die die Begrenzung der Bodenversiegelung, die Entsiegelung einer bisher versiegelten Teilfläche oder als Ausgleich für Versiegelung bestimmte Bepflanzungen auch als Dach- und Fassadenbegrünung vorsieht. Entsprechende Auflagen sind nach Maßgabe des § 36 Abs. 1 VwVfG auch zur Herstellung der gesetzlichen Befreiungsvoraussetzungen denk-

---

15 Vgl. Schlichter, in: Berliner Kommentar, § 31 Rn. 31
16 Demgegenüber können aus der Größe oder Geringfügigkeit der Abweichung allein keine Rückschlüsse gezogen werden. Vgl. Mainczyk, BauGB § 31 Rn. 8; Dyong, in: Cholewa/David/Dyong/v.d.Heide; BauGB, § 31 Anm. 3 c
17 Vgl. Erwe, Ausnahmen und Befreiungen im öffentlichen Baurecht, S. 109 ff.
18 BT-Drs. 10/4630, S. 85; Mainczyk, BauGB, § 31 Rn. 7; Erwe, Ausnahmen und Befreiungen im öffentlichen Baurecht, S. 112
19 Erwe, Ausnahmen und Befreiungen im öffentlichen Baurecht, S. 113
20 Schlichter, in: Berliner Kommentar, § 31 Rn. 40; Dyong, in: Cholewa/David/Dyong/v.d.Heide; BauGB, § 31 Anm.5 ; a.A. Erwe, Ausnahmen und Befreiungen im öffentlichen Baurecht, S. 135 ff.
21 Ob und in welchem Umfang neben den Befreiungsvoraussetzungen auch andere Gesichtspunkte in die Ermessensentscheidung einfließen können, ist allerdings nicht unproblematisch. Vgl. Erwe, Ausnahmen und Befreiungen im öffentlichen Baurecht, S. 122 ff.
22 Schlichter, in: Berliner Kommentar, § 31 Rn. 40; Dyong, in: Cholewa/David/Dyong/v.d.Heide; BauGB, § 31 Anm.5 ; a.A. Erwe, Ausnahmen und Befreiungen im öffentlichen Baurecht, S. 178 ff.

bar.[23] In diesem Fall müssen allerdings die Auflagen auf diesen Zweck beschränkt bleiben. Denkbar ist z.b. eine Nebenbestimmung, mit der das beabsichtigte Vorhaben städtebaulich vertretbar gemacht werden soll.

Ob und mit welchem Inhalt Auflagen darüber hinaus vorgesehen werden, obliegt gem. § 36 Abs. 2 VwVfG dem pflichtgemäßem Ermessen der zuständigen Behörde.[24] Unzulässig ist deshalb eine Auflage, die die Verwirklichung des genehmigten Vorhabens faktisch unmöglich macht.[25] Zudem darf eine Auflage nicht durch sachfremde Erwägungen begründet werden. Die Auflage muß sich grundsätzlich im Rahmen der Zweckbestimmung des ermächtigenden Gesetzes halten.[26] Deshalb können nur städtebauliche Gründe eine Auflage rechtfertigen und, soweit sie der Ausräumung eines Versagensgrundes dienen, auch erforderlich machen.[27]

Bei Maßnahmen zur Begrünung oder Entsiegelung als Ausgleich für eine besonders hohe Ausnutzung und Beanspruchung des Grundstücks wird der Begründungszusammenhang für die genannten Auflagen in der Regel herzuleiten sein. Anhaltspunkte finden sich in dem für die Planaufstellung geltenden § 17 Abs. 2 BauNVO. Danach sind Überschreitungen der Maßobergrenzen des § 17 Abs. 1 BauNVO bei der Aufstellung von Bauleitplänen u.a. nur zulässig, wenn sie durch Umstände ausgeglichen sind oder durch Maßnahmen ausgeglichen werden, durch die sichergestellt ist, daß die Anforderungen an gesunde Wohn- und Arbeitsverhältnisse nicht beeinträchtigt und nachteilige Auswirkungen auf die Umwelt vermieden werden.[28]

Die Auflagen müssen darüber hinaus ausreichend bestimmt sein. Der Adressat muß erkennen, was von ihm verlangt wird.[29] Grenzen setzt zudem das Verhältnismäßigkeitsgebot.[30] Die Grenzen des Verhältnismäßigkeitsgebots sind jedenfalls dann überschritten, wenn die Beeinträchtigung durch die Nebenbestimmung schwerer wiegt als das Versagen der Genehmigung.[31] Die von der Nebenbestimmung ausgehende Belastung muß sich deshalb deutlich dem Interesse an der Verwirklichung des Vorhabens unterordnen. Umgekehrt ergibt sich aus dem Verhältnismäßigkeitsgebot die Pflicht, die Genehmigung durch eine Nebenbestimmung zu ermöglichen, wenn andernfalls das Vorhaben unzulässig wäre.[32]

---

23 § 36 Abs. 2 1. Hs. VwVfG läßt die Nebenbestimmungen zu Sicherung der gesetzlichen Voraussetzungen auch bei Ermessensentscheidungen zu. Vgl. Stelkens/Bonk/Leonhardt, VwVfG, § 36 Rn. 30
24 Kopp, VwVfG, § 36 Rn. 11 u. 12; Stelkens/Bonk/Leonhardt, VwVfG, § 36 Rn. 28 u. 30; Erwe, Ausnahmen und Befreiungen im öffentlichen Baurecht, S. 183
25 32 unter Hinweis auf OVG Münster, Urt. v. 13.1.1972 - X A 188/71 -
26 Stelkens/Bonk/Leonhardt, VwVfG, § 36 Rn. 33
27 Vgl. Schlichter, in: Berliner Kommentar, § 31 Rn. 40; Erwe, Ausnahmen und Befreiungen im öffentlichen Baurecht, S. 179 mit weiteren Nachweisen in Fußn. 2 u. 3
28 Vgl. oben Kap. 7, Teil 7 B I 1 e
29 Erwe, Ausnahmen und Befreiungen im öffentlichen Baurecht, S. 181; Stelkens/Bonk/Leonhardt, VwVfG, § 36 Rn. 35
30 Vgl. VGH München, Beschl. v. 30.6.1976 - Nr. 139 VII/76 -, NJW 1977, 1933. Die Entscheidung betraf eine Fahrtenbuchauflage, die auf sämtliche Fahrzeuge eines Halters bezogen war, was das Gericht für unverhältnismäßig erachtete.
31 OVG Lbg., Urt. v. 23.2.1956 - I A 48/55 -, BBauBl 1956, 480; Gelzer, Bauplanungsrecht, Rn. 818; Simon, BayBO, Art 72 Rn. 29; Erwe, Ausnahmen und Befreiungen im öffentlichen Baurecht, S. 181
32 Schlichter, in: Berliner Kommentar, § 31 Rn. 40; Erwe, Ausnahmen und Befreiungen im öffentlichen Baurecht, S. 179; Stelkens/Bonk/Leonhardt, VwVfG, § 36 Rn. 28

D. Vorhaben im unbeplanten Innenbereich

Ist kein qualifizierter Bebauungsplan aufgestellt, gilt § 34 BauGB für Vorhaben innerhalb der im Zusammenhang bebauten Ortsteile als quasi planersetzende Zulässigkeitsvoraussetzung.[33] Danach ist "ein Vorhaben zulässig,

> wenn es sich nach Art und Maß der baulichen Nutzung, der Bauweise und der Grundstücksfläche, die überbaut werden soll, in die Eigenart der näheren Umgebung einfügt und die Erschließung gesichert ist. Die Anforderungen an gesunde Wohn- und Arbeitsverhältnisse müssen gewahrt bleiben; das Ortsbild darf nicht beeinträchtigt werden."

Maßstab für die Beurteilung der Zulässigkeit von Vorhaben ist danach die Eigenart der näheren Umgebung, die bestimmt wird durch die Reichweite der Auswirkungen des Vorhabens und die Faktoren, die auf den bodenrechtlichen Charakter des Grundstücks prägend einwirken.[34] Gemessen an diesem Maßstab muß sich das Vorhaben einfügen. Das BVerwG hat dieses Einfügungsgebot in einer Entscheidung v. 26.5.1978 konkretisiert.[35] Hält sich ein Vorhaben in jeder Hinsicht innerhalb des ermittelten Rahmens, so fügt es sich in der Regel auch ein. Einschränkungen können sich allerdings aus dem Rücksichtnahmegebot ergeben.[36] Das Rücksichtnahmegebot ist Bestandteil des Merkmals "Einfügen" und dient der Feinabstimmung zu den unmittelbar angrenzenden Grundstücken.[37] Umgekehrt kann ein Vorhaben auch zulässig sein, wenn es den vorhandenen Rahmen überschreitet, im übrigen aber keine bodenrechtlichen Spannungen in das Gebiet hineinträgt. Das Einfügen verlangt nicht die Konservierung des bestehenden Zustands, sondern gestattet eine harmonische Ergänzung.[38]

Die Eigenart der näheren Umgebung wird geprägt durch die vorhandene Bebauung.[39] Für die Frage der zulässigen Versiegelung auf einem Baugrundstück ist von Bedeutung,

- ob das Grundstück überhaupt bebaubar geprägt ist,
- welcher Rahmen sich für die überbaubare Grundstücksfläche ergibt,
- ob Baulinien, Baugrenzen oder Bebauungstiefen in der näheren Umgebung des Vorhabens prägend in Erscheinung treten.

Die maßstabsbildende Prägung ergibt sich ausschließlich aus dem Vorhandensein oder Fehlen von Bebauung. Allein bestimmend sind die Aspekte Art und Maß der Nutzung, Bauweise und Grundstücksüberbauung.[40] Der Wert der biotischen Potentiale auf dem Grundstück aus naturschutz- und landschaftspflegerechtlicher Sicht findet bei der Beurteilung der Zulässigkeit im Rahmen von § 34 Abs. 1 BauGB keine Berücksichtigung.[41] Die prägende

---

33 Zu beachten ist allerdings, daß § 34 BauGB kein Ersatzplan ist. Insofern erfüllt er nur ein für eine geordnete erforderliches Mindestprogramm. Vgl. Dyong, in: Ernst/Zinkahn/Bielenberg, BauGB, § 34 Rn. 3
34 Vgl. BVerwG, Urt. v. 26.5.1978 - 4 C 9/77 -, E 55, 369 (380) = DVBl 1978, 815 ff.
35 BVerwG, Urt. v. 26.5.1978 - 4 C 9/77 -, E 55, 369 = DVBl 1978, 815 ff.
36 Vgl. BVerwG, Urt. v. 26.5.1978 - 4 C 9/77 -, E 55, 369 (386) = DVBl 1978, 815 ff.
37 BVerwG, Urt. v. 13.3.1981 - 4 C 1/78 -, DVBl 1981, 928
38 Vgl. BVerwG, Urt. v. 26.5.1978 - 4 C 9/77 -, E 55, 369 (386) = DVBl 1978, 815
39 BVerwG, Urt. v. 16.12.1988 - 4 C 48/86 -, UPR 1989, 264 (269); Beschl. v. 24.4.1989 - 4 B 72/89 -, UPR 1989, 430
40 Vgl. BVerwG, Beschl. v. 24.4.1989 - 4 B 72/89 -, UPR 1989, 430
41 Insoweit sind die Ausführungen des Regierungsentwurfs irreführend, wonach die Eigenart der näheren Umgebung auch von nicht bebauten Flächen, die z.B. bestimmte Freiraumfunktionen haben

Wirkung einer unbebauten Fläche ergibt sich deshalb allein aus der Tatsache, daß sie unbebaut ist.[42] Wenn sich das Vorhaben innerhalb des so gesteckten Rahmens hält, ist es vorbehaltlich der weiteren Einschränkungen i.S.d. BVerwG unabhängig davon zulässig, ob wertvolle ökologische Funktionen dadurch zerstört werden oder nicht. Die Belange des Naturschutzes finden allenfalls unter dem Gesichtspunkt des Orts- und Landschaftsbildes Eingang in die Bewertung nach § 34 Abs. 1 BauGB.[43] Andere funktionale Aspekte des Naturschutzes und der Landschaftspflege bleiben unberücksichtigt und müssen mit dem einschlägigen naturschutzrechtlichen Instrumentarium verfolgt werden.[44] Insoweit kann die naturschutzrechtliche Eingriffsregelung zu einer sinnvollen Ergänzung der Anforderungen des Bauplanungsrechtes beitragen (vgl. Kapitel 16).

Es besteht dennoch weitgehend Übereinstimmung, daß ein Grundstück auch "nicht bebaubar" geprägt sein kann.[45] Hierauf weist die Begründung des Regierungsentwurfs zum BauGB ausdrücklich hin.[46] Das BVerwG hat i.d.S. festgestellt, daß tatsächliche Baulinien, Baugrenzen oder Bebauungstiefen, soweit sie entsprechend auf das Grundstück wirken, d.h. wenn das Grundstück jenseits der tatsächlichen Baulinie, -grenze oder -tiefe liegt, die Bebaubarkeit eines Innenbe-reichsgrundstücks vollständig ausschließen können.[47] In einer anderen Entscheidung führt das BVerwG aus, daß die Grundstücksgrenzen für die Bestimmung, ob sich ein Vorhaben hinsichtlich der "Grundstücksfläche, die überbaut werden soll" einfügt, grundsätzlich nicht von Bedeutung sind. Bei einer entsprechenden Randlage innerhalb eines im Zusammenhang bebauten Ortsteils könne eine Bebauung mit Gebäuden deshalb auch insgesamt unzulässig sein.[48] Wie das den maßgeblichen Rahmen prägende Umfeld konkret gestaltet sein muß, um die Bebaubarkeit eines Innenbereichgrundstücks auszuschließen, läßt sich allerdings nicht abstrakt bestimmen. Es kommt insoweit auf den konkreten Einzelfall an. Kuchler nennt als Beispiel eine aufgelockerte, weiträumige und naturschonende Bebauungsstruktur.[49]

Häufig wird es in den in dieser Hinsicht problematischen Fällen nicht mehr um die Frage des Einfügens gehen, sondern darum, ob überhaupt noch von einem Bebauungszusammenhang gesprochen werden kann.[50] Fehlt dieser, muß das Vorhaben nicht nach § 34, sondern nach § 35 BauGB beurteilt werden.

Hinsichtlich des Überbauungsgrads bietet sich eine Orientierung an dem in der näheren Umgebung vorhandenen Maß der GR an. Die GRZ ist demgegenüber i.d.R. nicht geeignet, den durch die nähere Umgebung geprägten Rahmen zu bestimmen, da sie sich als Verhältniszahl abstrakt bestimmt und keine Rückschlüsse auf die Größe der Baukörper zuläßt. Aus

---

oder ökologische Zwecke erfüllen, als nicht bebaubar geprägt werden können. Vgl. BT-Drs. 10/4630, S. 87; wie hier: Kuchler, Naturschutzrechtliche Eingriffsregelung und Bauplanungsrecht, S. 97 ff.

42 Kuchler weist insoweit darauf hin, daß nur optische aber keine funktionalen Aspekte berücksichtigt werden. Kuchler, Naturschutzrechtliche Eingriffsregelung und Bauplanungsrecht, S. 98 f.
43 Kuchler, Naturschutzrechtliche Eingriffsregelung und Bauplanungsrecht, S. 98 f.
44 Kuchler, Naturschutzrechtliche Eingriffsregelung und Bauplanungsrecht, S. 98 f.
45 BVerwG, Urt. v. 16.12.1988 - 4 C 48/86 -, UPR 1989, 264 (269); Beschl. v. 28.9.1988 - 4 B 175/88 -, UPR 1989, 78;
46 Vgl. BT-Drs. 10/4630, S. 87; Kuchler, Naturschutzrechtliche Eingriffsregelung und Bauplanungsrecht, S. 100; Söfker, UPR 1987, 201 (205); Gassner, NVwZ 1991, 26 (29)
47 BVerwG, Urt. v. 16.12.1988 - 4 C 48/86 -, UPR 1989, 264 (269)
48 BVerwG, Beschl. v. 28.9.1988 - 4 B 175/88 -, UPR 1989, 78
49 Vgl. Kuchler, Naturschutzrechtliche Eingriffsregelung und Bauplanungsrecht, S. 100
50 BVerwG, Urt. v. 16.12.1988 - 4 C 48/86 -, UPR 1989, 264 (269)

diesem Grunde hat das BVerwG - wie bereits erwähnt - darauf hingewiesen, daß die Grundstücksgrenzen für die Beurteilung, ob sich ein Vorhaben hinsichtlich der "Grundstücksfläche, die überbaut werden darf," einfügt, unmaßgeblich sind.[51] Es kommt allein auf die tatsächlichen Ausmaße an. Zu Recht wird deshalb darauf hingewiesen, daß die GRZ und GFZ nur bei in etwa gleich großen Grundstücken zugrundegelegt werden können.[52]

Eine Beschränkung der Bebaubarkeit des Grundstücks hinsichtlich der GR besteht nur dann, wenn eine niedrige GR tatsächlich prägend auf das Grundstück wirkt. Da der sich aus der Umgebung ergebende Rahmen häufig eine breite Bandbreite hinsichtlich der GR hat, wird hieraus nur in besonderen Fällen eine Begrenzung der Bodenversiegelung abzuleiten sein.[53] Grundsätzlich sind nämlich nur die oberen Grenzen des Rahmens einzuhalten.[54] Ein möglicher Fall ist z.B. ein Villengebiet mit typischerweise großen Gärten oder andere stark durchgrünte Gebiete.[55]

Selbst wenn der vorgegebene Rahmen hinsichtlich der GR überschritten ist, kann nach der Rechtsprechung des BVerwG das Vorhaben zulässig sein, wenn es keine zusätzlichen städtebaulichen Spannungen auslöst. Hierbei sind allerdings die gesamten sich aus § 1 Abs. 5 BauGB ergebenden Belange, insbesondere auch der Aspekt Bodenschutz zu berücksichtigen.

Aus dem Rücksichtnahmegebot läßt sich keine weitergehende Begrenzung der Bodenversiegelung ableiten. Das BVerwG weist dem Rücksichtnahmegebot die Funktion einer Feinabstimmung zwischen den unmittelbar aneinander grenzenden Grundstücken zu. Da der sich aus der näheren Umgebung ergebende Rahmen sehr weit gefaßt sein kann, können sich nicht gewünschte Konflikte zwischen unmittelbar benachbarten Grundstücken ergeben, die dann nach Maßgabe des Rücksichtnahmegebotes zu Einschränkungen der baulichen Nutzbarkeit führen können.[56] Das Rücksichtnahmegebot knüpft an die Beeinträchtigung oder Belästigung im Verhältnis zu den unmittelbar benachbarten Grundstücken an. Maßstab ist die Schutzwürdigkeit der Stellung des Rücksichtnahmebegünstigten.[57] Das Rücksichtnahmegebot bezweckt damit den Schutz der Nachbarn insbesondere vor Immissionen.[58] Die Bodenversiegelung wirkt sich demgegenüber im wesentlichen auf dem versiegelten Grundstück selbst nachteilig aus. Die Nutzung der Nachbargrundstücke wird dadurch nicht berührt. Zwar ist das Rücksichtnahmegebot nicht an den Immissionsbegriff des BImSchG [59] gebunden. In Betracht kommen kann deshalb auch eine Veränderung der

---

51 Vgl. BVerwG, Beschl. v. 28.9.1988 - 4 B 175/88 -, NVwZ 1989, 345; - 4 B 142/80 -, BauR 1981, 170; - 4 C 9/77 -, BauR 1978, 276; - 4 C 73/68, BauR 1970, 224; so auch Dyong, in: Ernst/Zinkahn/Bielenberg, BauGB, § 34 Rn. 62; Dürr, in: Kohl.Kom., BauGB, § 34 Rn. 28; Gelzer, Bauplanungsrecht, Rn. 1026; Jäde, BauR 1985, 639 (644); Boeddinghaus, BauR 1986, 506 (508 ff.)
52 Boeddinghaus, BauR 1986, 506 (511.); Dürr, in: Kohl.Kom., BauGB, § 34 Rn. 28; Gelzer, Bauplanungsrecht, Rn. 1026; Jäde, BauR 1985, 639 (644)
53 Vgl. die Beispiele bei Boeddinghaus, BauR 1986, 506 (508 ff.)
54 Vgl. hierzu die Bsp. bei Krautzberger, in: Battis/Krautzberger/Löhr, BauGB, § 34 Rn. 15; Dyong, in: Ernst/Zinkahn/Bielenberg, BauGB, § 34 Rn 13 unter Hinweis auf BVerwG, Urt. v. 26.5.1978 - 4 C 9/77 -, E 55, 369 (380) = DVBl 1978, 815 ff.
55 Boeddinghaus, BauR 1986, 506 (509)
56 Vgl. Kuchler, Naturschutzrechtliche Eingriffsregelung und Bauplanungsrecht, Fußn. 7, S. 88 f.
57 Vgl. BVerwG, Urt. v. 21.1.1983, BauR 1983, 143
58 BVerwG, E 55, 369 (386)
59 Gem. § 3 Abs. 2 BImSchG sind Immissionen auf Menschen sowie Tier, Pflanzen und andere Sachen einwirkende Luftverunreinigungen, Geräusche, Erschütterungen, Licht, Wärme, Strahlen und ähnliche Umwelteinwirkungen.

kleinklimatischen Verhältnisse, die an Grundstücksgrenzen nicht halt macht. In Hinblick auf die vielfältigen klimabestimmenden Faktoren dürfte allerdings bereits ein eindeutiger Kausalitätsnachweis unmöglich sein. Im übrigen sind bei der Beurteilung der Schutzbedürftigkeit die tatsächlichen Vorbelastungen mit zu berücksichtigen.[60] Die in der Umgebung vorhandene Versiegelung ist deshalb Maßstab auch in Hinblick auf das Rücksichtnahmegebot. Fügt sich das Vorhaben nach GRZ und beabsichtigter Überbauung der Grundfläche ein, wird von ihm deshalb auch keine unzumutbare Beeinträchtigung ausgehen.

Ein Vorhaben kann sich nach den Kriterien des BVerwG auch in eine städtebaulich unzureichende Situation einfügen. Aus diesem Grund verlangt § 34 Abs. 1 S. 2 BauGB, daß die Anforderungen an gesunde Wohn- und Arbeitsverhältnisse gewahrt bleiben müssen und das Ortsbild nicht beeinträchtigt werden darf.[61]

Die Beurteilung der Wohn- und Arbeitsverhältnisse erfolgt auf Grundlage moderner städtebaulicher Vorstellungen und Erkenntnisse.[62] Schon im Jahre 1967 hat der BGH unter Hinweis auf die veränderten städtebaulichen Vorstellungen eine Hinterhausbebauung für nicht vereinbar mit gesunden Wohn- und Arbeitsverhältnissen gehalten.[63] Er hat dabei allerdings abgestellt auf einen unzureichenden Zugang von Licht, Luft und Sonne.

Mitzuberücksichtigen sind heute auch die Erkenntnisse der Stadtökologie. Anhaltspunkte der zu beachtenden Kriterien finden sich in § 136 Abs. 3 Nr. 1 BauGB.[64] Danach gehört zu den Wohn- und Arbeitsverhältnissen auch die Nutzung der unbebauten Fläche nach Art, Maß und Zustand. Auch § 19 Abs. 4 BauNVO ist als Ausdruck moderner städtebaulicher Vorstellungen zu beachten. Der Verordnungsgeber wollte sicherstellen, daß zumindest ein bestimmter Anteil der Grundstücksfläche unversiegelt bleibt und als Vegetationsfläche zur Verfügung steht. Neben den klassischen Kriterien Belichtung, Besonnung und Belüftung der Wohnungen und Arbeitsstätten ist deshalb auch eine ausreichende Versorgung mit Grün- und Freiflächen zu beachten.

Im Schrifttum besteht allerdings Einigkeit darüber, daß die Maßobergrenzen nicht als verbindliche Festlegung des einzuhaltenden Standards für gesunde Wohn- und Arbeitsverhältnisse gelten können.[65] Umgekehrt kann aber geschlossen werden, daß bei Einhalten der Maßobergrenzen des § 17 Abs. 1 BauNVO gesunde Wohn- und Arbeitsverhältnisse bestehen.[66] Eindeutige Anforderungen lassen sich deshalb erst bei Kenntnis der spezifischen örtlichen Verhältnisse formulieren. Eine vollständige Überbauung ohne ausgleichende Begrünung dürfte allerdings in der Regel nicht mit den Anforderungen an gesunde Wohn- und Arbeitsverhältnisse zu vereinbaren sein.

Da die Beschränkungen der Bebaubarkeit eines Grundstücks auf Grund der Anforderungen an gesunde Wohn- und Arbeitsverhältnisse gem. § 43 Abs. 4 Nr. 1 BauGB entschädigungslos hingenommen werden müssen, dürfen die Anforderungen auch nicht überzogen werden. Der BGH will die Schwelle dabei nicht allzuweit unterhalb der Grenze der Polizeige-

---

60 Vgl. BVerwG, Urt. v. 21.1.1983, BauR 1983, 143; Dyong, in: Ernst/Zinkahn/Bielenberg, BauGB, § 34 Rn. 14
61 Vgl. Dürr, in: Kohl.Kom., BauGB, § 34 Rn. 42
62 Vgl. Söfker, in: Ernst/Zinkahn/Bielenberg, BauGB, § 1 Rn. 119
63 BGH, Urt. v. 13.7.1967 - III ZR 1/64 -, BGHZ 48, 192 (193)
64 Dyong, in: Ernst/Zinkahn/Bielenberg, BauGB, § 34 Rn. 75; Mainczyk, BauGB § 34 Rn. 19
65 Vgl. Boeddinghaus, BauR 1986, 506 (511 f.); Dyong, in: Ernst/Zinkahn/Bielenberg, BauGB, § 34 Rn. 76
66 Dyong, in: Ernst/Zinkahn/Bielenberg, BauGB, § 34 Rn. 75

fahr ansetzen.[67] Doch ist er mit dieser Ansicht im Schrifttum zu Recht auf Kritik gestoßen.[68] Dyong weist darauf hin, daß die Bebauung eines Grundstücks auf Grund der Anforderung an gesunde Arbeits- und Wohnverhältnisse in der Regel nicht gänzlich untersagt wird.[69] In der Regel wird es nur um die Intensität der Bebauung und bestimmte Ausführungsmodalitäten gehen. Insoweit bewegt sich die Einschränkung noch im Rahmen der Sozialpflichtigkeit des Eigentums.

Die Grenzen sind damit allerdings alles andere als klar zu ziehen. Die Praxis wird deshalb gut daran tun, sich an den Regelungen der BauNVO als sachverständige Konkretisierung der allgemeinen Planungsgrundsätze zu orientieren,[70] ohne sich daran allerdings statisch festzuhalten. Überschreitet die nach § 19 Abs. 4 BauNVO berechnete GRZ die Obergrenze des § 17 Abs. 1 BauNVO, so hat die Genehmigungsbehörde immer noch zu prüfen, ob hier nicht auf andere Weise eine ausreichende Versorgung mit Grün- und Freiflächen sichergestellt ist.

Das Vorhaben darf zudem das Ortsbild nicht beeinträchtigen. Das Erscheinungsbild der Gemeinde, insbesondere ihre die örtliche Eigenart bestimmende und prägende Bauweise soll geschützt werden.[71] Maßgeblich sind nur städtebauliche, keine baugestalterischen Gesichtspunkte.[72] Für die Bodenversiegelung kann dieses Erfordernis allenfalls von Relevanz sein, wenn es um die Wahrung eines durch Vorgärten, große Gärten oder durch andere Begrünungen geprägten Ortsbildes geht. Eine vollständige Freihaltung des Grundstücks kann hieraus aber nicht abgeleitet werden. Der nach § 34 Abs. 1 BauGB grundsätzlich bestehende Bauanspruch kann jedenfalls nicht allein aus gestalterischen Gründen aufgehoben werden.[73]

E. Vorhaben im Außenbereich

Vorhaben im Außenbereich, d.h. in Gebieten, die weder im Zusammenhang bebaut noch i.S.v. § 30 BauGB qualifiziert beplant sind, sind nach § 35 BauGB zu beurteilen. Die Vorschrift unterscheidet grundlegend zwischen privilegierten und sonstigen Vorhaben. Privilegierte Vorhaben sind nur zulässig, wenn öffentliche Belange nicht entgegenstehen, sonstige Vorhaben nur, wenn ihre Ausführung oder Benutzung öffentliche Belange nicht beeinträchtigt. Obwohl beide Alternativen einer Abwägung der beabsichtigten Vorhaben mit den beeinträchtigten öffentlichen Belangen bedürfen,[74] besteht zwischen dem Entgegenstehen und dem Beeinträchtigen öffentlicher Belange ein qualitativer Unterschied.[75] Maßgeblich ist dabei, daß die durch Abs. 1 privilegierten Vorhaben in "planähnlicher Weise" dem Außenbereich zugewiesen sind, ein Umstand, der in der Abwägung mit den berührten öffent-

---

67 BGH, Urt. v. 12.6.1975, DVBl 1976, 165; Urt. v. 1.10.1981, BauR 1982, 354
68 Dyong, in: Ernst/Zinkahn/Bielenberg, BauGB, § 34 Rn. 76; Dürr, in: Kohl.Kom., BauGB, § 34 Rn. 42
69 Dyong, in: Ernst/Zinkahn/Bielenberg, BauGB, § 34 Rn. 76
70 Dyong, in: Ernst/Zinkahn/Bielenberg, BauGB, § 34 Rn. 75
71 Vgl. Ausschußbericht zur Novelle 1976, BT-Drs. 7/4793 zu § 34
72 Anforderungen an die Gestaltung des Gebäudes ergeben sich nach Bauordnungsrecht. Vgl. Dyong, in: Ernst/Zinkahn/Bielenberg, BauGB, § 34 Rn. 77
73 BVerwG, Urt. v. 23.5.1980 - 4 C 79/77 -, ZfBR 1980, 199 = BauR 1980, 449 = NJW 1981, 474 = DVBl 1981, 97; Mainczyk, BauGB, § 34 Rn. 20; Dyong, in: Ernst/Zinkahn/Bielenberg, BauGB, § 34 Rn. 79
74 BVerwG, Urt. v. 25.10.1967 - 4 C 86/66 -, E 28, 148 = DVBl 1968, 385
75 Vgl. Dyong, in: Ernst/Zinkahn/Bielenberg, BauGB, § 35 Rn. 153

lichen Belangen von erheblichem Gewicht ist.[76] Bei sonstigen Vorhaben ist eine Kompensation der widerstreitenden Interessen von vornherein unzulässig.[77] Hier beschränkt sich die Abwägung auf die Gewichtung der berührten Belange in Hinblick auf die Frage, ob überhaupt ein Belang berührt ist.[78] Demgemäß hat das BVerwG die öffentlichen Belange bei § 35 Abs. 2 BauGB/BBauG als absolute Schranken bezeichnet.[79]

§ 35 Abs. 3 BauGB konkretisiert die möglicherweise beeinträchtigten öffentlichen Belange. Aufgeführt werden auch die Belange des Naturschutzes und der Landschaftspflege. Zu beachten sind damit insbesondere auch die Belange des Bodenschutzes. Insoweit kann auf die Zweckbestimmung in §§ 1 und 2 BNatSchG zurückgegriffen werden.[80]

Die Belange des Bodenschutzes werden durch den neu eingeführten § 35 Abs. 5 BauGB konkretisiert. Danach müssen die Vorhaben in flächensparender und den Außenbereich schonender Weise ausgeführt werden. Die Vorschrift korrespondiert mit der Bodenschutzklausel in § 1 Abs. 5 S. 3 BauGB (vgl. hierzu Kapitel 7, Teil C I 3). Aus § 35 Abs. 5 BauGB läßt sich deshalb das Gebot ableiten, die mit der Ausführung von Außenbereichsvorhaben verbundene Bodenversiegelung auf ein Minimum zu beschränken.[81] In diesem Sinne hat das BVerwG festgestellt, daß der Außenbereich so weit wie möglich geschont werden muß.[82] Die Tatsache, daß ein Vorhaben Boden versiegelt, führt jedoch noch nicht zur Unzulässigkeit. Ansonsten müßte jede Form von baulicher Nutzung unzulässig sein. Dies würde aber der Regelung des § 35 BauGB widersprechen, die darauf gerichtet ist, Vorhaben, und zwar nicht nur privilegierte, unter bestimmten Voraussetzungen auch im Außenbereich zuzulassen.[83]

F. Gesicherte Erschließung

Eine gemeinsame Voraussetzung von Vorhaben unabhängig von ihrer Lage ist ihre gesicherte Erschließung. Bei Vorhaben im Außenbereich reicht eine ausreichende Erschließung. Eine geordnete städtebauliche Entwicklung muß auch sicherstellen, daß die für die Benutzung der Grundstücke erforderliche Erschließung vorhanden ist. Entsprechend der Zweckbestimmung sind Mindestanforderungen an eine gesicherte Erschließung zu stellen. Hierzu gehört nach allgemeiner Auffassung auch die Entsorgung von Abwasser, insbesondere auch von Niederschlagswasser.[84] Die Kosten der dafür erforderlichen Anlagen sind allerdings nicht nach dem Erschließungsbeitragsrecht des BauGB beitragsfähig, sondern müssen ggf. nach Maßgabe kommunaler Gebührensatzungen umgelegt werden.[85]

---

76 BVerwG, Urt. v. 25.10.1967 - 4 C 86/66 -, E 28, 148 = DVBl 1968, 385 u. Urt. v. 29.4.1964 - 1 C 30/62 -, E 18, 247
77 BVerwG, Urt. v. 9.5.1972 - -, DVBl 1972, 685
78 Vgl. Dyong, in: Ernst/Zinkahn/Bielenberg, BauGB, § 35 Rn. 155
79 BVerwG, Beschl. v. 3.5.1974 - IV C 10/71 -, BauR 1974, 328 = DÖV 1974, 566
80 Krautzberger, in: Battis/Krautzberger/Löhr, BauGB, § 35 Rn. 62
81 Stich, IzR 1988, 579 (580)
82 BVerwG, Urt. v. 3.11.1972 - 4 C 9/70 -, E 41, 138 = DVBl 1973, 643
83 Vgl. Mainczyk, BauGB, § 35 Rn. 54
84 Zu den Begriffen Abwasser und Niederschlagswasser vgl. unten S.
85 Mainczyk, BauGB, § 123 Rn. 2

Der Anschluß an das örtliche Entwässerungsnetz ist in der Regel geeignet, aber auch erforderlich, um die Abwasserbeseitigung sicherzustellen.[86] Besteht aber keine Möglichkeit zum Anschluß an das öffentliche Entwässerungsnetz oder reicht das Aufnahmevermögen der Kanalisation zur Entwässerung des Grundstücks nicht aus, muß die Entwässerung auf andere Weise sichergestellt werden.[87] Für differenzierte Lösungen, insbesondere hinsichtlich einer dezentralen Versickerung von Niederschlagswasser, sind die wasserrechtlichen Restriktionen zu beachten (vgl. Kapitel 17).

---

86 Vgl. BayVGH, Urt. v. 9.5.1983 - 14 B 81 A/813 -, BRS 40, 292; Urt. v. 25.11.1981 - 183 IV 78 -, BayVBl 1982, 77; VGH BW, Urt. v. 14.10.1980 - 5 S 1229/80 -, VBlBW 1981, 51
87 Dürr, in: Kohl.Kom., BauGB § 34 Rn. 40

Kapitel 17

Versiegelungsrelevante Anforderungen nach dem Bauordnungsrecht

A. Anforderung an die Gestaltung der nicht überbauten Grundstücksflächen

Alle Landesbauordnungen enthalten Vorschriften über die Gestaltung der nicht überbauten Grundstücksflächen, die in ihrer Differenziertheit allerdings z.T. erheblich voneinander abweichen.[1] Neben einer im wesentlichen übereinstimmenden Grundanforderung werden in verschiedenen Varianten weitere Anforderungen u.a. auch in Hinblick auf eine Begrenzung der Bodenversiegelung erhoben (vgl. den Überblick über die landesrechtlichen Unterschiede in Tab. 69):

- Grundanforderung: Die nicht überbauten Flächen der bebauten Grundstücke sind gärtnerisch oder als Grünfläche anzulegen bzw. zu bepflanzen und zu unterhalten, soweit diese Flächen nicht für eine andere zulässige Nutzung benötigt werden.
- Variante (1): Die Grundanforderungen gelten auch auf unbebauten Grundstücken innerhalb von Baugebieten.
- Variante (2): Entweder kann das Anpflanzen von Bäumen und Sträuchern (z.T. gebunden an die in Variante (3) genannten Zwecke) verlangt werden, oder die Grundanforderung wird bereits kraft Gesetz in dieser Weise konkretisiert.
- Variante (3): Die Beseitigung von Bäumen, die für das Straßen-, Orts- oder Landschaftsbild oder für den Lärmschutz oder die Luftreinhaltung bedeutsam sind, kann untersagt werden.
- Variante (4): Es besteht die Möglichkeit, das Anpflanzen von Gewächsen zur Begrünung baulicher Anlagen zu verlangen, wenn dadurch gestaltete Bauteile nicht verdeckt werden.
- Variante (5): Befestigungen, die die Wasserdurchlässigkeit des Bodens wesentlich beschränken, sind nur zulässig, soweit ihre Zweckbestimmung dies erfordert.

---

1 § 10 Abs. 1 BWBO; Art 5 BayBO; § 8 BlnBO; § 10 Abs. 1 BremBO; § 9 HbgBO; § 10 Abs. 1 HessBO; § 14 NdsBO; § 9 Abs. 1 NWBO; § 10 RhPfBO; § 11 SaarlBO; § 9 Abs. 1 SchHBO. In BW gilt die Begrünungspflicht nicht in Dorf- und Sondergebieten sowie im Außenbereich. Vgl. Schlotterbeck, in: Schlotterbeck/v.Arnim, BWBO, § 10 Rn. 3

- Variante (6): In Ergänzung zu den Anforderungen in Variante (5) sind Befestigungen nur zulässig, wenn zu erhaltende Bäume und Hecken bzw. Bäume und Gehölze nicht gefährdet werden.

Gemeinsames Ziel der Vorschriften ist die Schaffung eines ästhetisch ansprechenden und den Bedürfnissen der Wohn- und Arbeitsbevölkerung genügenden Wohn- und Arbeitsumfeldes.[2] Es geht um die Wahrung oder Verbesserung des Kleinklimas, um die Verhinderung der "Versteinerung" der Städte und z.T auch um die natürliche Versickerung von Niederschlagswasser im Interesse eines ausgeglichenen Wasserhaushalts.[3]

	Grund-anfor.	Var.(1)	Var.(2)	Var.(3)	Var.(4)	Var.(5)	Var.(6)
Überblick über die Verteilung der bauordnungsrechtlichen Regelungsvarianten zur Gestaltung der nicht überbauten Grundstücksflächen in den Ländern							
BW	X		X	X			
Bay.	X		X	X		X	
Bln.	X		X			X	
Brem.	X						
Hbg.	X	X	X		X	X	X
Hess.	X		X			X	
Nds.	X	X	X	X			
NW	X		X	X			
RhPf.	X					X	
Saar.	X	X	X		X	X	X
SchH.	X						

Vgl. die Aufstellung der Regelungsvarianten auf der vorigen Seite

(Tab. 69)

I. Räumlicher Gegenstand der Regelungen

Die genannten Regelungen beziehen sich durchweg auf die nicht überbauten Teile der bebauten Grundstücke. Z.T. werden auch die nicht bebauten Grundstücke innnerhalb von Baugebieten oder im Zusammenhang bebauten Ortsteilen einbezogen (vgl. Variante 1 in Tab. 69).

Nicht überbaut - im wörtlichen Sinn - sind die Flächen, die frei von baulichen Anlagen sind. Darüber hinaus sind aber auch solche Flächen als unbebaut anzusehen, die lediglich mit einem aus Baustoffen bestehenden Belag versehen sind, obwohl sie den landesrechtlichen

---

2 Wilke, in: Förster/Grundei/Steinhoff/Dageförde/Wilke, BlnBO 1985, § 8 Rn. 2; Koch/Molodovsky/Rahm, BayBO, Art 5 Anm. 1.1
3 Temme, in: Gädtke/Böckenförde/Temme, NWBO, § 9 Rn. 2

Begriff der baulichen Anlage erfüllen.[4] Flächen gelten erst dann als überbaut, wenn die Bebauung die Geländeoberfläche überragt.[5] Der Wortlaut der Vorschrift ist insoweit aus teleologischen und systematischen Gründen ergänzend auszulegen.[6] Zum einen würde die Vorschrift völlig fehl gehen, wenn der Bauherr die Anforderungen an die Gestaltung der nicht überbauten Grundstücksfläche durch bloße Aufbringung eines künstlichen Bodenbelags umgehen könnte. Zum anderen sehen die Landesbauordnungen bestimmte Flächen von baulichen Anlagen als Teil der nicht überbauten Grundstücksfläche an. Hierzu gehören insbesondere Flächen für Stellplätze.[7]

Der Begriff der "nicht überbauten Grundstücksfläche" ist von dem der "nicht überbaubaren Grundstücksfläche" i.S.d. § 23 BauNVO zu unterscheiden. Die überbaute Grundstücksfläche wird bestimmt durch die tatsächlich vorhandene Überbauung unabhängig von der planungsrechtlich festgesetzten überbaubaren Grundstücksfläche.[8]

II. Pflicht zur Begrünung oder gärtnerischen Gestaltung

Die Landesbauordnungen sehen die Pflicht zur Anlage einer Grünfläche, zur Begrünung und/oder gärtnerischen Gestaltung und/oder Bepflanzung der nicht überbauten Grundstücksflächen vor. Trotz der unterschiedlichen Begriffe ist im wesentlichen das gleiche gemeint.[9] Dies ergibt sich aus dem Zweck der Vorschrift, der sowohl ökologische als auch soziale und ästhetische Funktionen sichern und entwickeln will.

Danach ist zwar nicht unbedingt eine flächendeckende Bepflanzung erforderlich. Auch eine Grünfläche läßt eine Durchwegung oder einen Sitzplatz zu. Der Begriff "gärtnerische Gestaltung" beinhaltet sogar einen weiteren Gestaltungsrahmen entsprechend den Regeln der Gartenbaukunst.[10] Mögliche Elemente der Gartengestaltung sind neben Rasen und Pflanzungen auch Wege, Teiche oder Pflanzkübel. Das Aufstellen von Pflanzkübeln allein genügt der Begrünungspflicht jedoch nicht.[11] Aus dem Zweck der Vorschriften ergibt sich nämlich, daß die begrünten Flächen eindeutig dominieren sollen.[12] Nur kleine Teile der

---

4 Vgl. Sauter, BWBO, § 10 Rn. 8 f.; Wilke, in: Förster/Grundei/Steinhoff/Dageförde/Wilke, BlnBO 1985, § 8 Rn. 5
5 Rasch/Schaetzell, HessBO, Erl zu § 10 Abs. 1, S. 109; Müller, HessBO, § 10 Anm. 1; Erlaß d. Hess M.d.I. v. 11.12.1976, StAnz. S. 2266
6 Wilke, in: Förster/Grundei/Steinhoff/Dageförde/Wilke, BlnBO 1985, § 8 Rn. 5; Sauter, BWBO, § 10 Rn. 8 f.
7 Die § 8 Abs. 2 S.2 BlnBO, § 10 Abs. 1 S. 1 HessBO, 11 Abs. 4 SaarlBO, Art 5 Abs. 1 BayBO heben z.B. ausdrücklich hervor, daß die Anforderungen an die nicht überbaute Grundstücksfläche nicht oder fakultativ nicht für bestimmte bauliche Anlagen, insbesondere für Stellplätze gelten. Vgl. auch Simon, BayBO, Art. 5 Rn. 3
8 Temme, in: Gädtke/Böckenförde/Temme, NWBO, § 9 Rn. 4; Domning/Fuß, SchHBO, Erl. zu § 9 S. 1; Thiel/Rößler/Schumacher; BauR in NW, Bd. 3.1, Kommentar zur BO, § 9 Anm. 1
9 Vgl. Alexejew/Haase/Großmann, HbgBO, § 9 Rn. 14
10 Vgl. Simon, BayBO, Art. 5 Rn. 4; Temme, in: Gädtke/Böckenförde/Temme, NWBO, § 9 Rn. 6; Wilke, in: Förster/Grundei/Steinhoff/Dageförde/Wilke, BlnBO 1985, § 8 Rn. 6; Alexejew/Haase/Großmann, HbgBO, § 9 Rn. 15
11 Nach Ansicht von Domning/Fuß genügt auch eine Rasenfläche nicht der Verpflichtung zur gärtnerischen Gestaltung; in: SchHBO, Erl. zu § 9 S. 1. Einschränkend unter Hinweis auf geringen ökologischen Effekte bei Rasenflächen, Müller, HessBO, § 10 Anm. 2 b
12 Temme, in: Gädtke/Böckenförde/Temme, NWBO, § 9 Rn. 6

gärtnerisch anzulegenden Fläche dürfen deshalb mit bodenversiegelnden Materialien gestaltet werden.[13]

Die gärtnerische Gestaltung oder Begrünung von Freiflächen kann in der Regel auch die Anpflanzung von Bäumen und Sträuchern erfordern.[14] In Hessen ist dies ausdrücklich in dieser Weise konkretisiert. In den meisten anderen Ländern ist zumindest die Möglichkeit eröffnet, die Bepflanzung mit Bäumen und Sträuchern und/oder deren Erhaltung zu verlangen. Im Saarland ist diese Regelung als Soll-Vorschrift gestaltet.[15] In Baden-Württemberg und eingeschränkt auf den Bestandsschutz in Bayern steht diese Befugnis unter der Voraussetzung, daß die Bäume für das Straßen-, Orts- oder Landschaftsbild oder für den Lärmschutz oder die Luftreinhaltung bedeutsam und erforderlich sind. Ob das Anpflanzen oder der Erhalt von Bäumen verlangt wird, entscheidet die Bauaufsichtsbehörde nach pflichtgemäßem Ermessen, wobei insbesondere auch die Interessen des Grundstückseigentümers zu beachten sind.[16] Von großem Gewicht kann dabei sein, daß die Belichtung von Aufenthaltsräumen sowie die Nutzung des Gartens durch eine weitgehende Verschattung beeinträchtigt werden kann.[17]

In Hamburg und im Saarland kann auch die Begrünung von baulichen Anlagen (z.B. Fassaden- oder Dachbegrünung)[18] verlangt werden, wenn gestalterische Elemente des Bauwerks nicht verdeckt werden.[19] In Frage kommen danach vor allem nicht gestaltete Giebelwände, insbesondere Brandwände, die nach Abbruch eines angrenzenden Gebäudes freigelegt wurden, und Flachdächer. Unter Berücksichtigung des Verhältnismäßigkeitsgebots ergeben sich allerdings Einschränkungen, wenn die finanziellen Aufwendungen für die Begrünung des Grundstücks den üblichen Rahmen nicht nur unwesentlich übersteigen.[20] Ein Anhaltspunkt kann insoweit die Wertung des § 41 Abs. 2 BauGB sein (vgl. hierzu Kapitel 19 Teil A I 1). Danach sind Pflanzgebote nur dann entschädigungslos hinzunehmen, wenn die Aufwendung für die Bepflanzungen nicht über das bei ordnungsgemäßer Bewirtschaftung erforderliche Maß hinausgeht. Unverhältnismäßig erscheinen deshalb Anordnungen, die z.B. bei einer Dachbegrünung erhebliche konstruktive Aufwendungen erfordern.[21] Demgegenüber halten Alexejew/Haase/Großmann die Bepflanzung von Giebelwänden wegen der nur geringen Anpflanzkosten für zulässig.[22]

In Baden-Württemberg ist die Begrünungspflicht auf bestimmte Baugebiete begrenzt. Sie gilt nicht in Dorf- und Sondergebieten sowie im Außenbereich.[23] In Hamburg, Niedersachsen und im Saarland gelten die Anforderungen demgegenüber auch für die unbebauten Grundstücke innerhalb von Baugebieten und im Zusammenhang bebauten Ortsteilen.

---

13 Wilke, in: Förster/Grundei/Steinhoff/Dageförde/Wilke, BlnBO 1985, § 8 Rn. 13; Ortloff, NVwZ 1985, 698 (700)
14 Vgl. Alexejew/Haase/Großmann, HbgBO, § 9 Rn. 15
15 Art 5 Abs. 1 S. 2 BayBO; § 8 Abs. 3 S. 3 BlnBO; § 9 Abs. 1 S. 1, 2. Hs. HbgBO; § 10 Abs. 1 S. 3 BWBO; § 9 Abs. 1 S. 2 NWBO; § 11 Abs. 1 S. 2 SaarlBO und als Immissionsschutzpflanzung zwingend gem. § 14 Abs. 2 NdsBO; § 9 Abs. 4 HbgBO; als "Soll-Vorschrift" Art 5 Abs. 1 S. 2 BayBO und als "Kann-Vorschrift" § 10 Abs. 1 S. 3 BWBO
16 Vgl. Sauter, BWBO, § 10 Rn. 15 f.
17 Vgl. Sauter, BWBO, § 10 Rn. 16
18 Vgl. Domning/Fuß, SchHBO, Erl. zu § 9 S. 2
19 § 9 Abs. 5 HbgBO; § 11 Abs. 3 SaarlBO; vgl. auch Alexejew; HbgBO, Eräuterungen, S. 23
20 Vgl. Alexejew/Haase/Großmann, HbgBO, § 9 Rn. 60
21 Vgl. Alexejew/Haase/Großmann, HbgBO, § 9 Rn. 60
22 Vgl. Alexejew/Haase/Großmann, HbgBO, § 9 Rn. 59
23 Vgl. Schlotterbeck, in: Schlotterbeck/v.Arnim, BWBO, § 10 Rn. 3

Die Pflicht zur Begrünung bzw. gärtnerischen Gestaltung unbebauter Grundstücksflächen gilt durchweg unter der Voraussetzung, daß diese Flächen nicht für andere zulässige Nutzungen benötigt werden. In einigen Ländern werden bestimmte Nutzungen durch die Aufzählung von Regelbeispielen konkretisiert (Stellplätze, Arbeits- und Lagerflächen). Vorrang genießen jedoch unabhängig davon alle nach dem Bauplanungsrecht zulässigen Nutzungen.[24] In diesem Sinne enthält die baden-württembergische Vorschrift bereits eine an den Baugebietstypen der BauNVO angelehnte Nichtanrechnungsregelung für in bestimmter dort zulässiger Weise genutzte Flächen.[25]

Danach bleiben die Gestaltungsanforderungen an die nicht überbaute Grundstücksfläche nur für die Restflächen bestehen. Sie bewirken insoweit eine Ergänzung der bauplanungsrechtlichen Anforderungen. In Verbindung mit § 19 Abs. 4 BauNVO ist damit im Regelfall sichergestellt, daß mit Ausnahme des Kerngebiets mindestens 20 % der Grundstücksfläche gärtnerisch angelegt bzw. begrünt wird.

III. Anforderungen an die Befestigung von Freiflächen

Die Gesichtspunkte Grundwasserneubildung und Entlastung der Kanalisation und Vorfluter im Interesse einer Reduzierung der Hochwasserspitzen haben einige Länder (Bayern, Berlin, Hamburg, Hessen, Rheinland-Pfalz und Saarland) aufgegriffen und entsprechende Anforderungen an die Art der Bodenbefestigung auf den nicht überbauten Grundstücksflächen in die Bauordnungen aufgenommen.[26] In Hamburg, Hessen, Rheinland-Pfalz und im Saarland sind Befestigungen, die die Wasserdurchlässigkeit des Bodens wesentlich beschränken, nur zulässig, soweit ihre Zweckbestimmung dies erfordert.

Wann die Zweckbestimmung einer Fläche die vollständige wasserabweisende Versiegelung des Bodens verlangt, hängt zum einen von der Art und Intensität der Nutzung und zum anderen von den spezifischen Bodeneigenschaften und vom Grundwasserstand ab. Die entscheidenden Aspekte sind "Vermeidung von Boden- und Grundwasserverunreinigungen" und "ausreichende Grundfestigkeit" in Hinblick auf eine gefahrlose Benutzung.[27] In Frage kommt danach vor allem eine wasserdurchlässige Gestaltung von Stellplatzflächen samt ihren Zufahrten, wenn es sich nicht um besonders ungünstige Bodenverhältnisse handelt.

Eine weitere Einschränkung erfahren die versiegelnden Bodenbefestigungen im Saarland und in Hamburg. Sie sind dort auch dann unzulässig, wenn sie zu erhaltende Bäume und Gehölze bzw. Bäume und Hecken gefährden. Die Vorschrift korrespondiert insoweit mit den Anforderungen zum Erhalt von Bäumen in Baumschutzsatzungen und Bebauungsplänen. Verlangt wird darin eine ausreichend große unversiegelte und nicht verfestigte Fläche über dem Wurzelbereich.[28]

Unzulässig sind unter der genannten Voraussetzung aber nur Bodenbefestigungen, die die Wasserdurchlässigkeit des Bodens wesentlich vermindern (im Saarland ohne das Attribut

---

24 Wilke, in: Förster/Grundei/Steinhoff/Dageförde/Wilke, BlnBO 1985, § 8 Rn. 14
25 Neben Stellplatzflächen werden in Misch-, Kern-, Gewerbe- und Industriegebieten auch erforderliche Abstell- und Lagerflächen ausgenommen. Vgl. § 10 Abs. 1 S. 1 u. 2 BWBO
26 § 8 Abs. 2 S. 2 BlnBO; § 9 Abs. 4 HbgBO; 11 Abs. 2 SaarlBO; § 10 Abs. 1 S. 5 HessBO; § 10 Abs. 3 S. RhPfBO
27 Vgl. oben Kap. 5, Teil G II und Kap. 14 Teil A III 2
28 Vgl. insoweit die Ausführungen oben Kap. 9

"wesentlich"). Welche Bodenbefestigungen hiervon erfaßt werden, wird nicht ausdrücklich bestimmt. In den Vorschriften findet sich lediglich der exemplarische Hinweis auf Asphaltierung und Betonierung.[29] Aber auch auf anderen Bodenbelägen wird das Niederschlagswasser nur zu einem Bruchteil versickert.[30] Relativ günstig ist danach der Abflußbeiwert bei Schotterrasen, wassergebundenen Decken, Rasengittersteinen und großfugig verlegtem Mosaik- und Kleinpflaster (Vgl. zu den Abflußbeiwerten verschiedener Bodenbeläge Tab. 8 u. 9 in Kapitel 3, Teil A). Man wird den landesrechtlichen Vorschriften deshalb die Pflicht entnehmen müssen, Bodenbefestigungen mit entsprechend günstigem Versickerungsverhalten zu wählen, soweit die Nutzung auf der betroffenen Fläche dies zuläßt. Dementsprechend wird im juristischen Schrifttum die Verwendung von Rasenpflaster[31] und Pflaster mit erdgefüllten Fugen angeregt.[32]

Entsprechende Anforderungen an die zu verwendenden Bodenbeläge ergeben sich in Bayern aus der bauordnungsrechtlichen Generalklausel. Gem. Art. 3 Abs. 1 S. 1 BayBO sind bauliche Anlagen so zu errichten, daß die natürlichen Lebensgrundlagen nicht gefährdet werden. Der Boden als Bestandteil der natürlichen Lebensgrundlagen ist von diesem Schutz erfaßt. Der Schutz der natürlichen Bodenfunktionen ist unvermeidbar damit verbunden, daß der Boden unversiegelt bleibt. Dementsprechend bezweckt die bayerische Generalklausel im Rahmen des Bodenschutzes der Bodenversiegelung entgegenzuwirken, soweit nicht bereits der Regelungsbereich spezieller Regelungen betroffen ist.[33] Voraussetzung ist das Vorliegen einer konkreten Gefahr für den genannten Schutzzweck. Diese besteht nach Maßgabe der einschlägigen polizeirechtlichen Grundsätze, wenn der Eintritt des Schadens - z.B. Wegfall der natürlichen Bodenfunktionen - hinreichend wahrscheinlich ist.[34] Danach darf auch in Bayern der Boden durch zulässige Anlagen nur dann mit wasserundurchlässigen Materialien versehen werden, wenn dies für die Nutzung erforderlich ist.[35]

Die entsprechende Generalklausel des Saarlands wirkt sich im Untersuchungszusammenhang nicht aus, da bereits in einer speziellen Vorschrift die Anforderungen an die zu verwendenden Belagsarten konkretisiert werden. Die Generalklausel wirkt nur subsidiär.[36]

Die BlnBO enthält eine im Regelungsgehalt von den genannten Vorschriften nochmals abweichende Regelung über die Zulässigkeit von versiegelnden Bodenbefestigungen. Danach sind die übrigen nicht überbauten Flächen (ausgenommen sind Vorgärten) unversiegelt anzulegen und zu erhalten.[37] Ausgeschlossen sind nicht nur die Versiegelung auf Grund von Befestigungen, sondern jegliche Form von Versiegelung. Ausreichend ist jede Form der Veränderung der Bodenoberfläche, die den natürlichen Austausch zwischen Pedosphäre,

---

29 So oder mit ähnlichem Wortlaut: § 9 Abs. 4 HbgBO; 11 Abs. 2 SaarlBO; § 10 Abs. 1 S. 5 HessBO; § 10 Abs. 3 S. RhPfBO
30 Vgl. die Bsp. bei Wilke, in: Förster/Grundei/Steinhoff/Dageförde/Wilke, BlnBO 1985, § 8 Rn. 13
31 Koch/Molodovsky/Rahm, BayBO, Art 55 Anm. 8.4.3; Metzger, BayBO, Art 55 Erl. 7.5; Simon, BayBO, Art 55 Rn. 56 unter Bezugnahme auf die bereits erwähnte Bay. Verwaltungsvorschrift v. 12.2.1978
32 Müller, HessBO, § 10 Anm. 2 g
33 Simon, BayBO, Art 3 Rn. 24
34 Gefahr wird als der Zustand bezeichnet, der bei ungehindertem Ablauf des weiteren Geschehens mit hinreichender Wahrscheinlichkeit zu einem Schaden an polizeipflichtigen Schutzgütern der öffentlichen Sicherheit und Ordnung führt. Vgl. Drews/Wacke/Vogel/Martens, Gefahrenabwehr, Bd. 2 S. 130
35 Simon, BayBO, Art 3 Rn. 24 u. Art 55 Rn. 56
36 Wilke, in: Förster/Grundei/Steinhoff/Dageförde/Wilke, BlnBO 1985, § 3 Rn. 3
37 § 8 Abs. 2 S. 1 BlnBO

Atmosphäre und Hydrosphäre nachteilig beeinflußt, z.B. auch eine bloße Bodenverfestigung durch Überfahren oder Feststampfen.[38]

Das Versiegelungsverbot modifiziert die Anforderungen an die gärtnerische Gestaltung der Grundstücksfreiflächen. Es wird damit verdeutlicht, daß die Verwendung von versiegelnden Materialien bei der Gartengestaltung allenfalls auf die notwendigen Anlagen zur Nutzung des Gartens beschränkt ist.[39] Zulässig sind danach z.B. Gartenwege, Springbrunnen und Goldfischteiche.[40]

Der Kern der Berliner Regelung besteht darin, daß das Versiegelungsverbot grundsätzlich auch auf die in einer anderen zulässigen Weise genutzten Freiflächen ausgedehnt ist, allerdings unter der Einschränkung, daß deren Funktion dadurch nicht unzumutbar beeinträchtigt wird. Anders als in allen anderen Bundesländer besteht hier kein Vorrang der zulässigen Nutzung, sondern ein eingeschränkter Vorrang des Versiegelungsverbots.[41] Zumutbare sozial-adäquate Beeinträchtigungen ihrer Funktion müssen deshalb hingenommen werden.[42] Das Verbot nicht erforderlicher Versiegelung erlaubt eine versiegelnde Bodenbefestigung nur, wenn die konkrete Nutzung dies wirklich verlangt.[43] Im Interesse des Bodenschutzes soll sichergestellt werden, daß der Versiegelung soweit wie möglich Einhalt geboten wird.[44] Der Bodenverbrauch für die versiegelungswirksame Nutzung muß deshalb so gering wie möglich gehalten werden.[45]

Ob das Berliner Versiegelungsverbot entsprechend den Regelungen in Hamburg, Hessen, Rheinland-Pfalz und im Saarland auch eine Pflicht zur Verwendung eines möglichst wasserdurchlässigen Bodenbelags vorschreibt, läßt sich zumindest nicht aus dem Wortlaut ableiten. Der Wortlaut verbietet, undifferenziert Flächen zu versiegeln. Soweit eine versiegelnde Nutzung dennoch zugelassen werden muß, weil sie bauplanungsrechtlich zulässig ist, wird man jedoch entsprechend der Zwecksetzung der Vorschrift verlangen können, daß Stellplätze und Zufahrten in einer möglichst wenig versiegelnden Weise befestigt werden.[46]

Das Versiegelungsverbot gilt nicht für benötigte Arbeits- und Lagerflächen in Industrie-, Gewerbe- und Kerngebieten. Eine erweiterte, nämlich generelle Geltung kommt ihm demgegenüber nach dem Wortlaut der Vorschrift bei Zufahrten, Stellplätzen, Kinderspielplätzen und Wirtschaftsflächen zu, wenn die genannten Anlagen auf Grund öffentlich-rechtlicher Vorschriften nicht erforderlich sind.[47] Die Privilegierung für zulässige Nutzung ist nach dem Wortlaut nochmals eingeschränkt. Sie gilt nur für öffentlich-rechtlich erforderliche Anlagen.

---

38 Vgl. Wilke, in: Förster/Grundei/Steinhoff/Dageförde/Wilke, BlnBO 1985, § 8 Rn. 13; Ortloff, NVwZ 1985, 698 (700)
39 Vgl. Wilke, in: Förster/Grundei/Steinhoff/Dageförde/Wilke, BlnBO 1985, § 8 Rn. 13; Ortloff, NVwZ 1985, 698 (700)
40 Vgl. Wilke, in: Förster/Grundei/Steinhoff/Dageförde/Wilke, BlnBO 1985, § 8 Rn. 14
41 Vgl. Wilke, in: Förster/Grundei/Steinhoff/Dageförde/Wilke, BlnBO 1985, § 8 Rn. 13; Ortloff, NVwZ 1985, 698 (700)
42 Ortloff, NVwZ 1985, 698 (700)
43 Wilke, in: Förster/Grundei/Steinhoff/Dageförde/Wilke, BlnBO 1985, § 8 Rn. 15
44 Vgl. zur Rechtslage in Hessen i.d.S. Rasch/Schaetzell, HessBO, Erl. zu § 10 Abs. 1, S. 109; Müller, HessBO, § 10 Anm. 2 c
45 Vgl. Wilke, in: Förster/Grundei/Steinhoff/Dageförde/Wilke, BlnBO 1985, § 8 Rn. 14
46 Vgl. so zu der noch weniger speziellen Regelung der BayBO IMBek über den Vollzug der Art 62 und 63 BayBO v. 12.2.1978, MABl. S. 181, Nr. 4.6 wonach Stellplätze mit einer möglichst wasserdurchlässigen und biologisch aktiven Befestigungsart herzustellen sind.
47 Vgl. Wilke, in: Förster/Grundei/Steinhoff/Dageförde/ Wilke, BlnBO 1985, § 8 Rn. 14

Für Stellplätze ergibt sich deshalb eine Beschränkung auf die notwendigen Stellplätze entsprechend der bauordnungsrechtlichen Stellplatznachweispflicht.[48] Gleiches gilt für die notwendigen Zufahrten und Kinderspielplätze. Bauplanungsrechtlich zulässige, aber nicht erforderliche versiegelnde Anlagen können danach nur genehmigt werden, wenn sie unversiegelt angelegt werden. Dies ist aber in der Regel bei entsprechenden Nutzungen wegen der damit zwangsläufig verbundenen Bodenverfestigung ausgeschlossen. Die bauplanungsrechtlichen Vorschriften über die Zulässigkeit von Stellplätzen und Nebenanlagen werden damit faktisch modifiziert.

Die Berliner Regelung wirft aus diesem Grund erhebliche kompetenzrechtliche Probleme auf. Dem Bund ist gem. Art. 74 Nr. 18 GG die konkurrierende Gesetzgebungskompetenz für den Bereich des Bodenrechts zugewiesen worden. Hierzu zählen insbesondere die Vorschriften über die bauliche und sonstige Nutzung der Grundstücke. Da der Bund von dieser Regelungsbefugnis nach einhelliger Auffassung abschließend Gebrauch gemacht hat, verbleibt den Ländern im Bereich des Bodenrechts keine eigene Gesetzgebungskompetenz. Zwar ist damit nicht ausgeschlossen, daß die Landesbauordnungen aus gestalterischen oder anderen ordnungsrechtlichen Gründen die Nutzbarkeit der Grundstücke im Einzelfall modifizieren. Die Berliner Regelung stellt aber im Kern eine generelle Regelung über die Zulässigkeit von Stellplätzen auf Grundstücken dar, indem sie faktisch nur notwendige Stellplätze zuläßt. Sie verändert damit in genereller Weise die Zulässigkeitsbestimmung des § 12 BauNVO. Aus diesem Grund wird es angebracht sein, die Vorschrift restriktiv auszulegen und das Versiegelungsverbot generell unter den Vorbehalt einer anderen bauplanungsrechtlich zulässigen Nutzung zu stellen. Eine gerichtliche Klärung steht allerdings noch aus.

Die dargestellten Regelungen ergänzen die bodenschützende Bestimmung des § 19 Abs. 4 BauNVO insoweit, als sie für die danach schon eingeschränkte Versiegelung der Grundstücksfreiflächen weitergehende qualitative Anforderungen in Hinblick auf die Wasserdurchlassigkeit der zu verwendenden Bodenbeläge einführen. Vor diesem Hintergrund erscheint eine planungsrechtliche Differenzierung zwischen verschiedenen Bodenbelägen, wie sie in der Debatte zur Einführung ökologischer Standards diskutiert wird, nicht erforderlich zu sein.[49]

B. Stellplätze

Ein großer Teil der nicht überbauten Grundstücksfläche kann nicht als begrünte Freifläche, als Spielfläche, als Ort zum Verweilen und Erholen oder als Kommunikationsraum genutzt werden, weil er als Fläche für andere Nutzungen, insbesondere für die Unterbringung des ruhenden Verkehrs verbraucht wird. Mit dem Wachstum der individuellen Motorisierung hat auch der Flächenbedarf für Stellplätze auf den Baugrundstücken zugenommen. Ein Ende dieser Entwicklung ist nicht in Sicht.

Der Gesetzgeber hat mit der Einführung der Stellplatznachweispflicht in den LBO dem Erfordernis Rechnung getragen, daß mit der Errichtung baulicher Anlagen ein Bedarf an Stellplätzen für die Benutzer und Bewohner entsteht. Dieser soll auf dem Baugrundstück oder in dessen Nähe gedeckt werden.

---

48 Vgl. in diesem Kapitel Teil B
49 Vgl. hierzu unten Kap. 21, Teil B II

Um eine übermäßige Belastung der Grundstücksfreiflächen durch Stellplätze zu verhindern, gibt es verschiedene Möglichkeiten, die Stellplatznachweispflicht zu modifizieren oder die Zulässigkeit auf den Grundstücken zu beschränken oder auszuschließen. Dies kann entweder durch entsprechende Festsetzungen im Bebauungsplan (vgl. hierzu die Ausführungen in Kap. 7, Teil B I 1 u. 4) oder durch bauordnungsrechtliche Satzung bzw. Verordnung erfolgen. Von überragender Bedeutung sind dabei die verkehrlichen Gesichtspunkte. Wird der individuelle Zielverkehr etwa zu öffentlichen Einrichtungen, Arbeitsstätten oder zentralen Versorgungsbereichen in Folge einer Verbesserung der Erreichbarkeit mit öffentlichen Verkehrsmitteln reduziert, so kann entsprechend auf die Schaffung von Stellplätzen am Zielort verzichtet werden. Dabei ist umgekehrt zu beachten, daß die Bereitschaft, öffentliche Verkehrsmittel zu nutzen, wachsen wird, wenn die Parkplatzsuche am Zielort sich mangels Angebot als schwierig erweist. Es bedarf deshalb einer abgestimmten verkehrspolitischen Konzeption.

I. Nachweispflicht für Stellplätze auf Baugrundstücken

1. Notwendigkeit von Stellplätzen

Die Landesbauordnungen sehen übereinstimmend vor, daß bauliche Anlagen nur errichtet werden dürfen, "wenn Stellplätze in ausreichender Zahl und Größe sowie in geeigneter Beschaffenheit hergestellt werden (notwendige Stellplätze)".[50] Die Stellplatznachweispflicht wird in modifizierter Weise auf Änderungen und Nutzungsänderungen ausgedehnt. Bei wesentlichen Änderungen bzw. Nutzungsänderungen wird überwiegend der Stellplatznachweis für den gesamten, bei einfachen Änderungen nur für den zusätzlichen Bedarf verlangt.[51]

Die erforderlichen Stellplätze sind auf dem Baugrundstück oder auf einem anderen Grundstück in der Nähe, in Niedersachsen bei geeigneter Anbindung an das öffentliche Verkehrsmittelnetz auch in größerer Entfernung [52] herzustellen. Im Schrifttum wird für dem Wohnen dienende Gebäude eine Entfernung von 300 m, für andere eine Entfernung von bis zu 1000 m für zumutbar gehalten.[53]

Diese generelle Stellplatznachweispflicht ist in Berlin in mehrfacher Hinsicht modifiziert worden. Zum einen wird auf den Nachweis von Stellplätzen bei der Herstellung zusätzlicher Wohnungen in bestehenden Gebäuden verzichtet. Damit soll der wohnungsbaupoli-

---

50 So der Wortlaut von § 45 Abs. 1 S. 1 RhPfBO; ähnlich § 39 Abs. 1 BWBO; Art 55 Abs. 2 BayBO; § 48 Abs. 1 BlnBO; § 68 Abs. 2 u. 3 BremBO; § 48 Abs. 1 HbgBO; § 67 Abs. 2 HessBO; § 47 Abs. 2 NdsBO; § 47 Abs. 1 NWBO; § 42 Abs. 1 SaarBO; § 48 Abs. 1 SchHBO

51 Die Abgrenzung zwischen wesentlichen und unwesentlichen Änderungen und Nutzungsänderungen muß im Sinnzusammenhang der Stellplatzpflicht ermittelt werden. Änderungen , die voraussichtlich einen erheblichen Mehrbedarf an Stellplätzen auslösen, sind wesentlich. Dies ist z.B. nach einem Urteil des OVG Lüneburg v. 29.6.1979 der Fall, wenn nach einschlägigen Richtzahlen der Stellplatzbedarf der bisherigen Nutzung um mehr als 50 % steigt. Vgl. OVG Lüneburg, Urt. v. 29.6.1979, BRS 35, Nr. 125, S. 237 f.; Temme, in: Gädtke/Böckenförde/Temme, NWBO, § 47 Rn. 20 ff.; Dageförde, in: Förster/Grundei/ Steinhoff/Dageförde/Wilke, BlnBO 1985, § 48 Rn. 4

52 § 47 Abs. 3 S. 2 NdsBO

53 Vgl. Simon, BayBO, Art. 55 Rn. 38; Dageförde, in: Förster/Grundei/Steinhoff/Dageförde/Wilke, BlnBO, § 48 Rn. 8; Sauter, BWBO, § 39 Rn. 52

tisch gewollte Ausbau von Geschossen zu Wohnraum, insbesondere zu Dachgeschoßwohnungen erleichtert werden.

Darüber hinaus wird auf den Stellplatznachweis bei öffentlichen Zwecken dienenden und der Allgemeinheit zur Verfügung stehenden Anlagen generell verzichtet, wenn sie überwiegend unter Einsatz öffentlicher Mittel errichtet werden und sichergestellt ist, daß die verkehrsmäßigen Belange der Benutzer der Anlagen anderweitig berücksichtigt sind. Vorausgesetzt ist damit eine gute Erreichbarkeit mit öffentlichen Verkehrsmitteln.[54] Die Regelung entspricht damit einer modernen verkehrspolitischen Konzeption. Wenn die Anbindung an das öffentliche Verkehrsnetz dies zuläßt, soll der individuelle Zielverkehr nicht durch ein Angebot an Stellplätzen begünstigt werden. Die Freistellung gilt für alle öffentlichen Zwecken dienenden Einrichtungen, die der Allgemeinheit zur Verfügung stehen. Beispielhaft werden aufgeführt:

- Verwaltungsgebäude, Gerichte,
- zum Gottesdienst bestimmte Anlagen,
- Krankenhäuser, Pflegeheime,
- Tageseinrichtungen für Kinder,
- Schulen, Hochschulen,
- Sportstätten, Freizeitstätten,
- Museen.

Von der Regelung werden nicht öffentlichen Zwecken dienende Anlagen, die typischerweise Stellplätze für die Unterbringung von Zielverkehr bereitstellen müssen, nicht erfaßt, obwohl auch in diesen Fällen bei guter Anbindung an das öffentliche Verkehrsnetz der tatsächliche Stellplatzbedarf reduziert ist. Dies gilt insbesondere für Arbeitsstätten und Verkaufseinrichtungen in zentralen Versorgungsbereichen. Um auch hier eine Verminderung der Stellplatzflächen zu ermöglichen, können die Anforderungen an den Stellplatznachweis entweder im Einzelfall (die Anzahl der nachzuweisenden Stellplätze an einem Betrieb wird nach Maßgabe des tatsächlichen Bedarfs reduziert) oder durch bauordnungsrechtliche Satzung bzw. Verordnung für ein bestimmtes Gebiet, z.B. für einen zentralen Versorgungsbereich, modifiziert werden.

Im Einzelfall kann auch von der Stellplatzpflicht befreit werden,[55] wenn Gründe des Wohls der Allgemeinheit dies erfordern oder die Durchführung der Vorschrift zu einer unbeabsichtigten Härte führen würde und keine öffentlichen Belange entgegenstehen.[56]

2. Anzahl der herzustellenden Stellplätze

Die Stellplatznachweispflicht beinhaltet keine Bestimmung über die Zulässigkeit von Stellplätzen auf den Grundstücken, sondern enthält nur Mindestanforderungen an die Anzahl und Größe. Die Stellplätze sind in einer für den erwarteten Besucher- und Benutzerverkehr ausreichenden Anzahl zu errichten.[57] Als Anhaltspunkt für die erforderliche Anzahl dienen

---

54 Änderungsgesetz v. 25.9.1990, GVBl., S. 2075
55) Vgl. § 61 Abs. 2 BlnBO; § 93 Abs. 2 BremBO; § 67 HbgBO; § 94 Abs. 2 HessBO; § 86 Abs. 2 NdsBO; § 68 Abs. 3 NWBO; § 67 Abs. 3 RhPfBO; § 64 Abs. 1 SaarBO; § 67 Abs. 3 SchHBO
56 Vgl. hierzu in diesem Kapitel unten C
57 Dageförde, in: Förster/Grundei/ Steinhoff/Dageförde/Wilke, BlnBO 1985, § 48 Rn. 6

die z.T. voneinander abweichenden, als Ausführungsbestimmungen erlassenen Richtzahlen für den Stellplatzbedarf.[58] Sie orientieren sich an der Empfehlung der ARGEBAU (vgl. Tab. 70).[59]

Empfehlung der ARGEBAU "Stellplatzbedarf für Wohngebäude"	
1. Einfamilienhäuser	1-2 Stpl. je Whg.
2. Mehrfamilienhäuser u. sonstige Gebäude mit Whg.	1-1,5 Stpl. je Whg.
3. Gebäude mit Altenwhg.	0,5 Stpl. je Whg.
4. Wochenend- u. Ferienhäuser	1. Stpl. je Whg.
5. Kinder- u. Jugendwohnheime	1 Stpl. je 10-20 Betten, min. aber 2 Stpl.
6. Studentenwohnheime	1 Stpl. je 2 Betten
7. Schwesternwohnheime	1 Stpl. je 3-5 Betten, min. aber 3 Stpl.
8. Arbeiterwohnheime	1 Stpl. je 2-4 Betten, min. aber 3 Stpl.
9. Altenwohn- u. Altenheime	1 Stpl. je 8-15 Betten, min. aber 3 Stpl.

(Tab. 70)

Die Richtlinien dienen als sachverständig festgestellte Erfahrungswerte. Nach den Umständen des Einzelfalls können und müssen ggf. Zu- oder Abschläge gemacht werden.[60] Ein Abschlag kann z.B. gerechtfertigt sein, wenn eine wechselseitige Tag/Nacht-Nutzung möglich ist oder wenn eine gute Anbindung an das öffentliche Verkehrsnetz besteht.[61]

3. Ablösung von der Pflicht zur Errichtung von Stellplätzen

Die Landesbauordnungen sehen übereinstimmend die Möglichkeit der Ablösung der Stellplatzherstellungspflicht durch Zahlung eines in der Regel durch örtliche Vorschriften zu bestimmenden Geldbetrages vor. Diese Möglichkeit wirkt sich jedoch auf die Verpflichtung zur Herstellung der Stellplätze nicht aus. Sie gilt nur subsidiär für den Fall, daß die Herstellung von Stellplätzen weder auf dem Grundstück noch auf anderen Grundstücken nach Maßgabe der jeweiligen landesrechtlichen Vorschriften möglich ist.[62]

---

58 Verwaltungsvorschrift des Innenministeriums BW über die Herstellung notwendiger Stellplätze v. 8.12.1986, GABl. 1987, S. 3; Bekanntmachung des Bayerischen Staatsministers des Inneren über die Richtzahlen für die Berechnung der Stellplätze v. 12.2.1978, BayMABl S. 181; Ausführungsvorschrift zur BlnBO (79) v. 16.1.1980, BlnABl. S. 94; Erlaß des Hess Ministers des Innern v. 23.12.1987, StAnz 1988, S. 249; RdErl. d. MS v. 27.7.1979, Nds MBl S. 1479; Verwaltungsvorschrift zur Landesbauordnung NW Nr. 47.1 VV, RdErl. d. Ministers für Landes- und Stadtentwicklung v. 29.11.1984, MBl. S. 1954, geänd. d. RdErl. v. 27.9.1985, MBl. S. 1520/SMBl. 23212; Erlaß d. Saar. Ministeriums f. Umwelt, Raumordnung und Bauwesen, v. 1.3.1976; Richtzahlen für Schleswig-Holstein v. 10.6.1975, SchH.Amtsbl. S. 839 geänd. durch Erlaß v. 15.8.1984, SchH.Amtsbl. S. 384. Vgl. Simon zum Stellplatzbedarf von nicht aufgeführten Anlagen, in: BayBO, Art 55 Rn. 26 a u. b
59 Musterentwurf der Fachkommission Bauaufsicht der ARGEBAU, abgedr. in: Richtlinien für die Anlagen des ruhenden Verkehrs (RAR), S. 58 ff.
60 Temme, in: Gädtke/Böckenförde/Temme, NWBO, § 47 Rn. 15
61 Vgl. Müller, HessBO, Bd. 1, § 67 Anm. 3.3.1 b; Hess. Stellplatzerlaß v. 23.12.1987, StAnz 1988, S. 249
62 Die Ablösung ist auch möglich, wenn die Herstellung von Stellplätzen durch Satzung oder gem. § 12 Abs. 6 BauNVO durch Bebauungsplan eingeschränkt oder untersagt ist. Vgl. Temme, in: Gädtke/Böckenförde/Temme, NWBO, § 47 Rn. 65; Dageförde, in: Förster/Grundei/ Steinhoff/Dageförde/Wilke, BlnBO 1985, § 48 Rn. 15

Die neue Berliner Regelung enthält auch insoweit eine Sonderregelung.[63] Der Stellplatznachweispflicht kann dort gleichermaßen durch die Errichtung von Stellplätzen und durch die Zahlung eine Ablösbetrages nachgekommen werden. Nur bei der Errichtung von Wohngebäuden geht die Herstellung von Stellplätzen vor. Die Ablösung ist dann erst möglich, wenn die Stellplätze nicht oder nur unter großen Schwierigkeiten hergestellt werden können. Die Bindung für die Verwendung der Ablösungsbeträge ist erweitert. Die Beträge können in Berlin auch zum Ausbau und zur Modernisierung des öffentlichen Personennahverkehrs verwendet werden. Die Regelung ist damit Ausdruck einer veränderten verkehrspolitischen Konzeption. Auf einen Vorrang des Individualverkehrs wird verzichtet. Eine den Vorrang öffentlicher Verkehrsmittel verfolgende Verkehrspolitik wird ermöglicht.

II. Beschränkung und Verzicht auf den Stellplatznachweis

Auf die Stellplatznachweispflicht kann z.T. durch Satzung oder Rechtsverordnung für ein genau abgegrenztes Gebiet vollständig oder teilweise verzichtet werden[64]. Die Ermächtigung in den LBO steht überwiegend ausdrücklich unter dem Vorbehalt, daß die Bedürfnisse des ruhenden oder fließenden Verkehrs oder städtebauliche Gründe nicht entgegenstehen. Auch ohne ausdrückliche Regelung ergibt sich dies schon aus dem Abwägungsgebot.

Die Voraussetzungen des ruhenden Verkehrs werden bei Wohngebieten in der Regel entgegenstehen, wenn kein anderweitiger Parkraum in der näheren Umgebung vorhanden ist. Dem dort tatsächlichen Stellplatzbedarf muß auf irgend eine Weise Rechnung getragen werden. Die ausgelösten städtebaulichen und verkehrlichen Probleme müssen bewältigt werden.[65] Als anderweitiger Parkraum kommt insbesondere eine Nutzung von Parkplätzen in Betracht, die lediglich nachts den Bewohnern des Gebietes, und tagsüber z.B. den Besuchern öffentlicher Gebäude oder der Belegschaft von Betrieben dient.[66]

In Niedersachsen kann die oberste Bauaufsichtsbehörde durch Verordnung für bestimmte bauliche Anlagen eine geringere Anzahl der nachzuweisenden Stellplätze vorsehen, wenn die Benutzung des Kraftfahrzeugs für Benutzer und Besucher der Anlage entbehrlich ist.[67] Hiermit kann auf einen in Folge guter Anbindung an das öffentliche Verkehrsnetz verringerten Stellplatzbedarf an Arbeitsstätten, öffentlichen Einrichtungen und zentralen Versorgungsbereichen reagiert werden.

III. Beschränkung der Zulässigkeit von Stellplätzen

Auch die Beschränkung der Zulässigkeit von Stellplätzen auf Baugrundstücken ist nur möglich, wenn der tatsächlich bestehende Stellplatzbedarf auf andere Weise gedeckt wird. Die Zulässigkeit von Stellplätzen auf Wohngrundstücken kann deshalb nur dann untersagt werden, wenn es in der Nähe genügend Parkraum für die Unterbringung der Fahrzeuge der Bewohner gibt. Dies können Gemeinschaftsanlagen oder öffentlichen Parkplätze sein.

---

63 Vgl. § 48 Abs. 5 BlnBO in der geänderten Fassung v. 25.9.1990
64 § 47 Abs. 4 Nr. 2 NWBO/§ 86 Abs. 3 Nr. 2 RhPfBO/§ 73 Abs. 1 Nr. 5 BWBO/§ 67 Abs. 6, S. 3 HessBO.
65 Vgl. Thiel/Rößler/Schumacher, BauR NW, Bd. 3.1; Erl.zu § 47 S. 7
66 Vgl. Temme, in: Gädtke/Böckenförde/Temme, NWBO, § 47 Rn. 52 ff.
67 § 47 Abs. 8 NdsBO

Die Beschränkung der Zulässigkeit von Stellplätzen kann entweder im Bebauungsplan oder in einer bauordnungsrechtlichen Satzung bzw. Verordnung erfolgen. Dabei muß sie immer bezogen sein auf ein genau abgegrenztes, konkret bezeichnetes Gebiet. Die Festsetzungsmöglichkeiten im Bebauungsplan werden ausführlich in Kapitel 7, Teil B dargestellt. An dieser Stelle soll deshalb ein Überblick genügen. Die Zulässigkeit von Stellplätzen kann danach im Bebauungsplan auf folgende Weise beschränkt werden:

- Die Zulässigkeit kann aus städtebaulichen Gründen ganz oder teilweise ausgeschlossen werden (§ 12 Abs. 6 BauNVO).
- Die Zulässigkeit kann auf bestimmte Teile des Grundstücks, z.B. die überbaubare Grundstücksfläche beschränkt werden (§ 23 Abs. 5 BauNVO).
- Durch überdachte Stellplätze darf die festgesetzte GRZ nur um max 0,1 überschritten werden (§ 21 a Abs. 3 BauNVO).
- Die festgesetzte GRZ darf insgesamt auch unter Berücksichtigung von Stellplätzen, Garagen und Zufahrten nicht um mehr als 50 %, maximal bis zu einer GRZ von 0,8 überschritten werden (§ 19 Abs. 4 BauNVO).
- Die Unterbringung der Stellplätze kann aus besonderen städtebaulichen Gründen in bestimmten Geschossen oder Teilen von Geschossen, z.B. in Tiefgaragen vorgeschrieben werden (§ 12 Abs. 4 u. 5 BauNVO).
- Zugaben beim Maß der Nutzung können für den Fall der Unterbringung von Stellplätzen in Geschossen festgesetzt werden (§ 21 a Abs. 1, 4 u. 5 BauNVO).
- Die Eingrünung und die Verwendung wasserdurchlässiger Bodenbeläge kann verlangt werden (§ 9 Abs. 1 Nr. 25 u. Nr. 20 1. Alt. BauGB).

Die planungsrechtliche Beschränkung der Zulässigkeit von Stellplätzen ist nur möglich, wenn die landesrechtliche Stellplatznachweispflicht nicht entgegensteht. Dieser wird grundsätzlich zumindest durch die Zahlung von Ablösebeträgen genügt.[68]

Die Zulässigkeit von Stellplätzen auf Baugrundstücken kann auch durch bauordnungsrechtliche Satzung,[69] in den Stadtstaaten durch RVO oder Gesetz erfolgen. Die Regelung muß den Geltungsbereich genau abgrenzen und bestimmen. Voraussetzung ist, daß in zumutbarer Entfernung von den Baugrundstücken Stellplätze in ausreichender Anzahl und ausreichendem Umfang zur Verfügung stehen.[70] Die Gründe hierfür können verkehrlicher, z.T. auch städtebaulicher Art sein, insbesondere wenn Bebauungspläne entsprechende Einschränkungen vorsehen. In Berlin wird als Grund auch die Erschließungsqualität durch den öffentlichen Personennahverkehr genannt.[71]

In Hamburg kann die Herstellung von Stellplätzen und Garagen auch durch einen Verwaltungsakt untersagt werden, "wenn die öffentlichen Wege im Bereich der Grundstücke oder die nächsten Verkehrsknoten durch den Kraftfahrzeugverkehr ständig oder regelmäßig zu bestimmten Zeiten überlastet sind oder ihre Überlastung erwartet wird".[72]

---

68 Vgl. Fickert/Fieseler, § 12 Rn. 18.1
69 Für den Erlaß dieser Vorschriften gelten die Ausführung zum Erlaß von Satzungen bzw. Rechtsverordnung über Gestaltung von baulichen Anlagen und nicht überbauten Grundstücksteilen entsprechend. Vgl. auch Temme, in: Gädtke/Böckenförde/Temme, NWBO, § 47 Rn. 46
70 Vgl. z.B. § 76 Abs. 8 BlnBO; § 68 Abs. 7 BremBO; § 47 Abs. 4 Nr. 3 NWBO; § 48 Abs. 5 S. 3 SchHBO
71 Vgl. z.B. § 76 Abs. 8 BlnBO
72 § 48 Abs. 6 HbgBO

IV. Größe und Gestaltung der Stellplätze

1. Flächenbedarf von Stellplätzen

Die Anforderungen an die Größe von Stellplätzen ergeben sich nicht aus den Landesbauordnungen, sondern aus den Garagenverordnungen der Länder,[73] deren Bestimmungen über die Größe von Garagenstellplätzen für andere Stellplätze entsprechend gelten.[74] Diese enthalten weitgehend identische Anforderungen zur Größe der Stellplatzfläche, über die Fahrgasse und über die Breite von Zu- und Abfahrten.

Die Stellplatzfläche muß danach mindestens 2,30 x 5,00 m betragen, für Behindertenstellplätze gelten überwiegend [75] besondere Maße (3,50 x 5,00 m).[76]

Bei der Fahrgassenbreite wird differenziert zwischen 45 % und 60 % Schrägaufstellung sowie senkrechter Aufstellung. Bei 45 % Schrägstellung muß die Fahrgasse 3,50 m, bei 60 % Schrägstellung 4,50 m und bei Senkrechtstellung 6,50 m bzw. bei einer Stellplatzbreite von mindestens 2,50 m 5,50 m (in Bayern 6,00 m) breit sein.[77]

Die Breite von Zu- und Abfahrten für Kraftfahrzeuge von bis zu 2,00 m Breite muß mindestens 3,00 m, für breitere Kraftfahrzeuge 3,50 m betragen.[78]

2. Befestigung und Begrünung von Stellplätzen

Die Landesbauordnungen verlangen für notwendige Stellplätze, daß diese in geeigneter Beschaffenheit einzurichten sind. Diese allgemeinen Anforderungen werden in einigen Bundesländern konkretisiert.

In Bayern, Berlin, Hamburg, Hessen, Rheinland-Pfalz und im Saarland enthalten schon die allgemeinen Anforderungen an die Gestaltung der nicht überbauten Grundstücksflächen auch Regelungen, die für die Befestigung von Stellplätzen relevant sind (vgl. die Ausführungen in Teil A in diesem Kapitel). In diesen Ländern sind Stellplätze auf Grund der Anforderungen an die Gestaltung der nicht überbauten Grundstücksflächen - soweit dies mit ihrer Funktion in Einklang zu bringen ist - mit möglichst wasserdurchlässigen Belägen anzulegen.

Die SaarBO enthält darüber hinaus eine spezielle Regelung für Stellplätze. Nach § 42 Abs. 9 S. 2 SaarBO sind die Flächen mit mehr als zehn Stellplätzen "mit standortgerechten Bäumen und Gehölzen zu bepflanzen; auf Bodenversiegelung soll verzichtet werden". Eine

---

[73] Garagenverordnungen: BW: v. 25.7.1973, GBl. S. 325, geänd. durch VO v. 12.2.1982, GBl. S. 67; Bay: v. , BayRS 2132-1-4-I; Bln: v. 12.12.1973, GVBl. S. 125; Brem: v. ; Hbg: v. 3.10.1972, GVBl. S. 195; Hess: v. 18.5.1977, GVBl. I S. 210, zuletzt geänd. durch VO v. 24.11.1983, GVBl. I S. 146; NW: v. 16.3.1973, GV.NW. S. 130, geänd. durch VO v. 21.9.1976, GV.NW. S. 350/SGV.NW. S. 232; RhPf: v. 27.10.1976, GVBl. S. 266; Saar: i.d.F. v. 30.8.1976, SaarAmtsbl. S. 950; SchH: v. 5.6.1975, GVOBl. S. 127, geänd. durch VO v. 19.6.1984, GVOBl. S. 131

[74] §§ 2 Abs. 9 u. 4 Abs. 9 BWGarVO; §§ 2 Abs. 9 u. 4 Abs. 7 BayGarVO; §§ 2 Abs. 9 u. 4 Abs. 8 BlnGarVO; §§ 2 Abs. 9 u. 4 Abs. 8 HbgGarVO; §§ 2 Abs. 9 u. 4 Abs. 8 HessGarVO; §§ 2 Abs. 8 u. 4 Abs. 9 NdsGarVO; §§ 2 Abs. 9 u. 4 Abs. 8 NWGarVO; §§ 2 Abs. 8 u. 4 Abs. 9 RhPfGarVO; §§ 2 Abs. 9 u. 4 Abs. 8 SchHGarVO;

[75] So in Bayern, Hessen, Niedersachsen, Nordrhein-Westfalen, Saarland und Schleswig-Holstein

[76] Vgl. § 4 Abs. 1 der jeweiligen LGarVO

[77] Vgl. § 4 Abs. 2 der jeweiligen LGarVO

[78] Vgl. § 2 Abs. 5 RhPfGarVO sowie § 2 Abs. 3 der übrigen LGarVO

über die Grundanforderung zur Gestaltung von Grundstücksfreiflächen hinausgehende Pflicht wird damit allerdings nicht begründet. In ähnlicher Weise konkretisieren die hessischen Ausführungsvorschriften die allgemeinen Anforderungen in Hinblick auf Stellplatzflächen. Danach sollen bei der Anordnung und Gestaltung der notwendigen Stellplätze, Fahrgassen und Zu- und Abfahrten "die Grundsätze des ökologischen Städtebaus (z.B. möglichst geringer Versiegelungsgrad, Beschattung durch Baumpflanzungen und sonstige Begrünung) beachtet werden".[79]

In Bayern sind Stellplätze gem. Art. 55 Abs. 8 S. 2 BayBO einzugrünen, soweit die örtlichen Verhältnisse dies zulassen. Hierzu gehört nach der einschlägigen Ausführungsvorschrift nicht nur die Pflicht, die zugehörigen Freiflächen als Grünflächen oder gärtnerisch anzulegen, sondern auch eine Befestigung aus Rasenpflaster vorzunehmen, um der Bodenversiegelung entgegenzuwirken [80] und die Versickerungsfähigkeit auf dem Boden zu erhalten.[81] Stellplätze sind danach in einer möglichst wasserdurchlässigen und biologisch aktiven Befestigungsart (z.B. Rasenpflaster) herzustellen.[82]

In Berlin sollen gem. § 48 Abs. 3 S. 4 BlnBO Stellplätze durch Anpflanzen von Bäumen und Sträuchern gärtnerisch gestaltet werden. Eine Pflicht zur flächendeckenden Begrünung, z.B. durch Rasenpflaster, wie dies in Bayern verlangt wird, läßt sich allerdings nur aus der allgemeinen Grundanforderung an die Gestaltung der unbebauten Grundstücksfläche herleiten.

C. Bauordnungsrechtliche Ausnahmen und Befreiungen

Von den dargestellten bauordnungsrechtlichen Vorschriften können unter bestimmten Voraussetzungen Abweichungen zugelassen werden. Soweit sie als "Sollvorschriften" verfaßt oder mit einem entsprechenden Ausnahmevorbehalt versehen sind, können Ausnahmen zugelassen werden, wenn dies mit den öffentlichen Belangen vereinbar ist. Sind die Anforderungen als "Mußvorschrift" verfaßt, besteht die Möglichkeit der Befreiung, wenn Gründe des Wohls der Allgemeinheit die Abweichung erfordern oder die Durchführung der Vorschrift im Einzelfall zu einer unbeabsichtigten Härte führen würde und die Abweichung mit den öffentlichen Belangen vereinbar ist.[83]

Ausnahme und Befreiung sind gebundene Ermessensentscheidungen, d.h. sie eröffnen nur dann die Ausübung behördlichen Ermessens, wenn die jeweils bezeichneten Tatbestandsvoraussetzungen vorliegen.[84] Insoweit besteht die Möglichkeit, die eine Abweichung erlaubende Genehmigung mit einer gem. § 36 Abs. 2 Nr. 4 VwVfG des Bundes und der Län-

---

79 Nr. 1.2 Hess Stellplatzerlaß
80 Nach Art 3 Abs. 1 S. 1 BayBO sind bauliche Anlagen u.a. so zu errichten, daß die natürlichen Lebensgrundlagen nicht gefährdet werden. Hierzu gehört im Interesse des Bodenschutzes auch eine Minimierung der Bodenversiegelung. Vgl. Simon, BayBO, Art 3 Rn. 24
81 Nr. 4.6 IMBek über den Vollzug der Art 62 und 63 BayBO v. 12.2.1978, MABl. S. 181
82 Koch/Molodovsky/Rahm, BayBO, Art 55 Anm. 8.4.3; Metzger, BayBO, Art 55 Erl. 7.5; Simon, BayBO, Art 55 Rn. 56
83 So oder ähnlich § 61 Abs. 1 u. 2 BlnBO; § 93 Abs. 1 u. 2 BremBO; § 66 Abs. 1 u. § 67 HbgBO; § 94 Abs. 1 u. 2 HessBO; §§ 85 Abs. 1 u. 86 Abs. 1 NdsBO; § 68 Abs. 1 u. 3 NWBO; § 67 Abs. 1 u. 3 RhPfBO; § 67 Abs. 1 u. 3 SchHBO; § 64 Abs. 1 SaarBO
84 Vgl. § 40 BVwVfG. Das Ermessen ist unter Beachtung der Zweckbestimmung der Ermessensermächtigung und der anderen gesetzlichen Ermessensgrenzen, insbesondere des Verhältnismäßigkeits- und des Gleichheitsgrundsatzes auszuüben. Sachfremde Gründe sind unbeachtlich. Vgl. auch Grundei, in: Förster/Grundei/Steinhoff/Dageförde/Wilke, BlnBO 1985, § 61 Rn. 21

der zu versehen (vgl. hierzu Kap. 16, Teil C). Insbesondere kommen zum Ausgleich Bepflanzungsauflagen, z.B. für Dächer und Brandwände, in Betracht.

Eine spezielle Regelung für die Anordnung von Ausgleichsmaßnahmen enthält die Berliner Befreiungs- und Ausnahmevorschrift. Nach § 61 Abs. 5 BlnBO sind Ausnahmen und Befreiungen, die sich nachteilig auf Umwelt, Natur und Landschaft oder die Nachbarschaft auswirken können, durch Maßnahmen zur Verbesserung des Wohnumfeldes, insbesondere durch naturbelassene Grünflächen auszugleichen. Anders als § 36 Abs. 2 VwVfG sieht die Regelung die Pflicht zur Anordnung von Ausgleichsmaßnahmen vor.

Der Tatbestand, bei dessen Vorliegen die Vorschrift Anwendung findet, ist allerdings auslegungsbedürftig. Ausnahmen und Befreiungen dürfen nur erteilt werden, wenn sie mit den öffentlichen Belangen vereinbar sind. Zu den danach zu beachtenden öffentlichen Belangen zählen auch die nachteiligen Auswirkungen auf Umwelt, Natur und Landschaft oder die Nachbarschaft. Sie sind schon als entgegenstehende öffentliche Belange zu berücksichtigen und können eine Befreiung oder Ausnahme bereits tatbestandlich ausschließen. Ortloff sieht insoweit den Anwendungsbereich der Vorschrift auf die Fälle beschränkt, in denen die nachteiligen Auswirkungen nicht feststehen.[85] Die Vorschrift verlangt nämlich nicht das Vorliegen einer konkreten Beeinträchtigung. Ausreichend ist die abstrakte Möglichkeit einer nachteiligen Auswirkung.[86] Die nachteiligen Auswirkungen müssen jedoch zumindest wahrscheinlich und von nicht ganz unbedeutendem Gewicht sein, um den tatbestandlichen Voraussetzungen des § 61 Abs. 5 BlnBO zu genügen.[87]

Dabei können sich zusätzliche Restriktionen aus dem Verhältnismäßigkeitsgebot ergeben.[88] Bei nur geringer Wahrscheinlichkeit und/oder nur geringem Gewicht der nachteiligen Auswirkungen werden Ausgleichsmaßnahmen, wenn überhaupt, nur in entsprechend geringem Umfang verlangt werden können.

Hinsichtlich der Art und des Umfangs von Ausgleichsmaßnahmen kann auf die Ausführungen zur Eingriffsregelung verwiesen werden.[89] Verlangt werden kann danach eine Kompensation der nachteiligen Auswirkungen.[90]

---

85 Ortloff, NVwZ 1985, 698 (701 f.)
86 Vgl. Grundei, in: Förster/Grundei/Steinhoff/Dageförde/Wilke, BlnBO 1985, § 61 Rn. 37
87 Ortloff, NVwZ 1985, 698 (702)
88 Vgl. Grundei, in: Förster/Grundei/Steinhoff/Dageförde/Wilke, BlnBO 1985, § 61 Rn. 37
89 Vgl. unten Kap. 18
90 Vgl. Grundei, in: Förster/Grundei/Steinhoff/Dageförde/Wilke, BlnBO 1985, § 61 Rn. 37; OVG Bln., Urt. v. 22.4.1983 - OVG 2 A 6/81 -, E 16, 240 (244)

Kapitel 18

Naturschutzrechtliche Eingriffsregelung

Anforderungen aus dem Bereich des Naturschutz- und Landschaftspflegerechts können sich zum einen aus den dargestellten naturschutzrechtlichen Rechtsverordnungen bzw. Satzungen (insoweit wird auf die in Kapitel 8, 10 u. 11 dargestellten Regelungsinhalte verwiesen) und zum anderen aus der naturschutzrechtlichen Eingriffsregelung ergeben.

Die sogenannte "Eingriffsregelung" ist rahmenrechtlich in § 8 BNatSchG geregelt und durch die Landesgesetzgeber mit zum Teil weitergehendem Regelungsgehalt in die einschlägigen Landesgesetze aufgenommen worden. Der Zweck der bundesrahmenrechtlich in § 8 BNatSchG geregelten Eingriffsregelung ist darauf gerichtet, die Aufgaben des Naturschutzes und der Landschaftspflege entsprechend den programmatischen Vorgaben des § 1 BNatSchG aus der isolierten Verantwortung der Naturschutzbehörden herauszuheben und ihnen zu einer fächerübergreifenden Beachtung zu verhelfen.[1] Die Vorschrift wendet sich deshalb an alle Fachbehörden, die über im Sinne der Eingriffsregelung relevante Vorhaben zu entscheiden oder diese zu überwachen haben.[2] Sie ist im Rahmen der jeweils einschlägigen fachspezifischen Verfahren zwingend zu beachten und führt damit zur Integration des sich aus der Eingriffsregelung ergebenden Instrumentariums in das jeweilige Verfahren.[3] Im Schrifttum wird wie bei der Landschaftsplanung von einem "Huckepack-Verfahren" gesprochen, da die Anforderungen der Eingriffsregelung quasi auf ein anderes Verfahren aufgeladen werden.[4] Der Naturschutz wird damit Aufgabe aller Behörden, die mit Eingriffen in Natur und Landschaft befaßt sind.[5] Einige Landesgesetze weiten den Anwendungsbereich der Eingriffsregelung darüber hinaus auf Fälle aus, die keinem Fachverfahren unterworfen sind.[6]

---

1 Ronellenfitsch, NuR 1986, 284 (285); Gassner, NuR 1984, 81 ff; Uebersohn, NuR 1989, 114
2 Ronellenfitsch, VerwArch 1986, 177 (180)
3 Gaentzsch, NuR 1986, 89 (90)
4 Burmeister, Der Schutz von Natur und Landschaft vor Zerstörung, S. 20 u. 30; Carlsen, NuR 1984, 48 (50); Gaede, in: Institut für Städtebau Berlin der Deutschen Akademie für Städtebau und Landesplanung, Die Stellung der Eingriffsregelung im Naturschutzrecht, S. 51 (54)
5 Ronellenfitsch, NuR 1986, 284 (285); ders., VerwArch 1986, 177 (180); Gassner, NuR 1984, 81 ff
6 Ein Ausgleich kann verlangt werden gem. Art. 6 a Abs. 5 BayNatSchG und § 6 Abs. 1 S. 4 NWLG; eine spezielle Anzeigepflicht besteht gem. § 15 Abs. 2 BlnNatSchG oder kann gem. § 10 Abs. 2 HbgNatSchG durch Rechtsverordnung vorgesehen werden; eine Genehmigungspflicht ist gem. § 6 Abs. 1 HessNatSchG, § 6 Abs. 4 NWLG, § 6 Abs. 1 S. 2 RhPflPflG und § 12 Abs. 1 S. 2 Saar-

Hierfür gelten dann abweichende Verfahrensregelungen und in Bayern auch eine andere Regelung der Rechtsfolgen.

A. Verhältnis bauplanungsrechtlicher und naturschutzrechtlicher Bestimmungen in Hinblick auf die Zulässigkeit von Vorhaben

Die Querschnittsorientierung findet in § 29 S. 4 BauGB ihre umgekehrte Entsprechung. Danach unterliegen die Vorhaben nach § 29 BauGB nicht allein den Anforderungen der §§ 30 ff. BauGB, sondern auch den Bestimmungen des Bauordnungsrechts sowie anderer öffentlich-rechtlicher Vorschriften. Als öffentlich-rechtliche Vorschrift in diesem Sinne kommt auch die naturschutzrechtliche Eingriffsregelung in ihren landesrechtlichen Ausgestaltungen in Betracht. Dennoch wird ihre Anwendung im Anwendungsbereich der §§ 30 und 34 BauGB entgegen der mittlerweile h.M.[7] von Teilen des Schrifttums unter Berufung auf zwei Urteile des BVerwG aus den Jahren 1970 und 1978 in Zweifel gezogen.[8]

Das BVerwG brachte in den genannten Entscheidungen zum Ausdruck, daß §§ 30 und 34 BauGB abschließende bodenrechtliche Regelungen über die Zulässigkeit von Vorhaben im Innenbereich darstellen.[9] In § 29 S. 4 BauGB sind nur solche öffentlich-rechtlichen Vorschriften gemeint, die nicht bodenrechtlicher Art sind.[10] Die Zulässigkeit von Vorhaben könne deshalb durch landschaftsschutzrechtliche Vorschriften nicht mehr in Frage gestellt werden. Dies schließe aber nicht aus, daß Vorschriften des Landschaftsschutzes die konkrete Ausführung von Bauvorhaben beeinflussen können. Insoweit komme ihnen die gleiche Wirkung zu wie den Vorschriften des Bauordnungs- und Baugestaltungsrechts.[11] In der Entscheidung aus dem Jahre 1978 differenziert das BVerwG weiter zwischen funktionellem und optischem Landschaftsschutz und ordnet die Vorschriften des funktionellen Landschaftsschutzes dem Bereich des Bodenrechts i.S.d. Art. 74 Nr. 18 GG zu.[12] Hierbei bezieht sich das BVerwG auf das Gutachten des BVerfG aus dem Jahr 1954 zur Abgrenzung der Kompetenzen auf dem Gebiet des Baurechts.[13]

NatSchG; § 9 Abs. 4 SchHLPflG vorgesehen. Vgl. die tabellarische Übersicht bei Burmeister, Der Schutz von Natur und Landschaft vor Zerstörung, S. 30

7 Vgl. Steineberg, NJW 1981, 550 (552); Grooterhorst, NuR 1985, 222 (223); ders., DVBl 1987, 654 (656); Erbguth, NuR 1986, 137 (139); Kuchler, Naturschutzrechtliche Eingriffsregelung und Bauplanungsrecht, S. 37; Kuchler, DVBl 1989, 973 (977 f.); Gaentzsch, NuR 1990, 1 (6); Ehrlein, VBlBW 1990, 121; Schink, DÖV 1991, 7 (13 f.; Dürr, UPR 1991, 81 (85); Gassner, NVwZ 1991, 26 (30)

8 Söfker, Ernst/Zinkahn/Bielenberg, BauGB, § 1 Rn. 298; Weyreuther, BauR 1981, 1 (3); Ziegler, ZfBR 1979, 140 (144)

9 BVerwG, Urt. v. 24.2.1978 - 4 C 12/76 -, E 55, 272 (278) = DVBl 1978, 610 = NJW 1979, 327 = BauR 1978, 378; Urt. v. 12.6.1970 - 4 C 77/68 -, E 35, 256 (261) = DVBl 1970, 827 = NJW 1970, 1939

10 Vgl. BVerwG, Urt. v. 24.2.1978 - 4 C 12/76 -, E 55, 272 (277 f.); Mainczyk, BauGB, § 29 Rdn. 11; Löhr, in: Battis/Krautzberger/Löhr, BauGB, § 29 Rdn. 30

11 BVerwG, Urt. v. 24.2.1978 - 4 C 12/76 -, E 55, 272 (278) = DVBl 1978, 610 = NJW 1979, 327 = BauR 1978, 378; Urt. v. 12.6.1970 - 4 C 77/68 -, E 35, 256 (261) = DVBl 1970, 827 = NJW 1970, 1939

12 BVerwG, Urt. v. 24.2.1978 - 4 C 12/76 -, E 55, 272 (278) = DVBl 1978, 610 = NJW 1979, 327 = BauR 1978, 378; Vgl. zur Rspr. d. BVerwG auch Kuchler, Naturschutzrechtliche Eingriffsregelung und Bauplaungsrecht, S. 26. ff.

13 BVerfG, Rechtsgutachten v. 16.6.1954 - 1 PBvV 2/52 -, E 3, 407 (424)

Im Rahmen der Novellierung des BNatSchG wird z.T. eine Einschränkung des Anwendungsbereichs auf Eingriffe im Außenbereich vorgeschlagen.[14] Wegen der unzureichenden Regelungsdichte des Bauplanungsrechtes, insbesondere im unbeplanten Innenbereich und im Bereich von Altplänen, stellt die Eingriffsregelung allerdings eine wichtige Ergänzung dar, auf die nicht ohne weiteres verzichtet werden sollte (vgl. die Gegenüberstellung der Anforderungen in Tab. 72). Erst ihre Anwendung stellt sicher, daß auch im besiedelten Bereich den Belangen des Naturschutzes und der Landschaftspflege in der nach der Zielsetzung des BNatSchG geforderten Weise Rechnung getragen wird.[15] Für die Bauleitplanung kann die Eingriffsregelung in Hinblick auf die zu bewältigenden Konflikte mit den Zielen des Naturschutzes und der Landschaftspflege eine Entlastung bringen (vgl. hierzu Kap. 7, Teil C III 5).

I. Rechtsgutachten des BVerfG v. 16.6.1954

Das BVerfG hat grundlegend zur Gesetzgebungskompetenz im Bereich des Bodenrechts in seinem Gutachten vom 16.6.1954 Stellung genommen. Danach gehören zum Bodenrecht alle Vorschriften, die "den Grund und Boden unmittelbar zum Gegenstand rechtlicher Ordnung haben, also die rechtlichen Beziehungen des Menschen zu Grund und Boden regeln".[16] Diese Charakterisierung diente der Abgrenzung zur überörtlichen Raumplanung und zu den anderen in Art. 74 Nr. 18 GG aufgeführten Regelungsbereichen.[17] Festgestellt wurde die Zuordnung des Rechts der städtebaulichen Planung zum Bodenrecht. Die überörtliche Planung gehört demgegenüber nicht zum Bodenrecht, da sie nicht die rechtliche Beziehung des Menschen zu Grund und Boden regelt. Nicht Gegenstand des Gutachtens war das Verhältnis von Bodenrecht zu Naturschutz und Landschaftspflege.[18]

Das Verständnis der Aufgaben von Naturschutz und Landschaftspflege hat sich im übrigen nach der Stellungnahme des BVerfG durch die Einbeziehung des besiedelten Bereichs und des Entwicklungsauftrages erheblich gewandelt.[19] Das BVerfG weist insoweit auf die Dynamik der Bedeutung kompetenzrechtlicher Vorschriften hin.[20] Die kompetenzrechtliche Zuordnung bedarf deshalb einer Neubestimmung.[21] Ausgangspunkte sind dabei nach heute - soweit ersichtlich - einhelliger Auffassung nicht das Objekt und der Modus der Regelung, sondern ihr Zweck und ihre Funktion.[22] Die Zuordnungskriterien erfolgen bei Über-

---

14 Vgl. Referentenentwurf der Bundesregierung zur Änderung des BNatSchG, Stand: 17.1.1990
15 Vgl. Bunzel, UPR 1991, 297 ff.
16 BVerfG Rechtsgutachten v. 16.6.1954 - 1 PBvV 2/52 -, E 3, 407 (425)
17 Vgl. BVerfG Rechtsgutachten v. 16.6.1954 - 1 PBvV 2/52 -, E 3, 407 (424); Kuchler, Naturschutzrechtliche Eingriffsregelung und Bauplanungsrecht, S. 35
18 Kuchler, Naturschutzrechtliche Eingriffsregelung und Bauplanungsrecht, S. 35 f.; Grooterhorst, NuR 1985, 222 (223)
19 Vgl. BT-Drs. 7/3879, S. 18 f. u. 24 sowie Werwigk, NuR 1983, 97 (99); Theodor Maunz, in: Maunz/Dürig/Herzog, Grundgesetz, Art. 75 Rn. 123
20 Vgl. BVerfG, Urt. v. 22.6.1962 - IV C 226, 232/61 -, E 15, 1; VGH BW, Urt. v. 9.5.1985 - 5 S 3205/84 -, ZfBR 1985, 243 (244) = NVwZ 1986, 955 (956); Erbguth, NuR 1986, 137 (139)
21 BVerfG Rechtsgutachten v. 16.6.1954 - 1 PBvV 2/52 -, E 3, 407 (422)
22 Vgl. BVerfG, Urt. v. 22.6.1962 - IV C 226, 232/61 -, E 15, 1; VGH BW, Urt. v. 9.5.1985 - 5 S 3205/84 -, ZfBR 1985, 243 (244) = NVwZ 1986, 955 (956); Steineberg, NJW 1981, 550 (552); Grooterhorst, NuR 1985, 222 (223); ders., DVBl 1987, 654 (656); Pielow, NuR 1986, 60 (65); Erbguth, NuR 1986, 137 (139); Kuchler, DVBl 1989, 973 (977 f.); Kuchler, Naturschutzrechtliche Eingriffsregelung und Bauplanungsrecht, S. 36; Erbguth/Rapsch, NuR 1990, 433 (435 ff.); Erb-

schneidungen nach den Gesichtspunkten des überwiegenden Sachzusammenhangs und des Schwerpunkts der Regelung.[23]

II. Bestimmung der Gesetzgebungskompetenz nach dem Normzweck unter den Gesichtspunkten des überwiegenden Sachzusammenhangs und des Schwerpunkts der Regelung

Die sich aus der allgemeinen Zweckbestimmung in § 1 Abs. 1 BNatSchG ergebende weite, auch den besiedelten Bereich umfassende Funktion des Naturschutzes und der Landschaftspflege gilt gem. § 4 S. 3 BNatSchG unmittelbar kraft bundesrahmenrechtlicher Vorgabe. Der Boden ist dabei einer der zentralen Schutz-, Pflege- und Entwicklungsbereiche. Die Eingriffsregelung, wie sie in § 8 BNatSchG vorgeformt ist und durch die einschlägigen Landesgesetze umgesetzt wurde, knüpft hieran an. Eingriffe sind nach der Legaldefinition des § 8 Abs. 1 BNatSchG Veränderungen der Gestalt oder Nutzung von Grundflächen, die die Leistungsfähigkeit des Naturhaushalts oder das Landschaftsbild erheblich oder nachhaltig beeinträchtigen. In dieser Definition kommen die beiden wesentlichen Funktionen des Naturschutzes und der Landschaftspflege in Hinblick auf den Boden zum Ausdruck. Zum einen geht es um die Leistungsfähigkeit des Bodens für den Naturhaushalt, zum anderen um den optischen Aspekt des Landschaftsbildes. Mit dem BVerwG kann deshalb zwischen optischem und funktionellem Naturschutz unterschieden werden.

Die durch das BNatSchG ausgeweitete Zwecksetzung des Naturschutz- und Landschaftspflegerechts erlaubt jedoch heute nicht mehr, den wesentlichen Bereich des Naturschutzes, der sich nicht mit den ästhetischen Belangen, sondern mit der Funktionsfähigkeit der Natur und Landschaft in einer umfassenden ökologischen Weise beschäftigt, der Gesetzgebungszuständigkeit für den Naturschutz zu entziehen und dem Bodenrecht zuzuordnen. Das neuere Schrifttum weist insoweit auf die Korrekturbedüftigkeit der Rechtsprechung des BVerwG hin.[24] Bei der Funktion des Bodens für die Leistungsfähigkeit des Naturhaushalts geht es genausowenig um die Regelung der rechtlichen Beziehungen des Menschen zu Grund und Boden i.S.d. Gutachtens des BVerfG [25] wie beim optischen Landschaftsschutz. Auch dabei sind die notwendigen Restriktionen der Eigentümerbefugnis allein durch Ziele des Naturschutzes und der Landschaftspflege gerechtfertigt. Soweit Regelungen des Naturschutzrechtes zu einer Beschränkung der baulichen Nutzbarkeit von Grundstücken führen, beruhen diese nicht auf der Wahrnehmung der Gesetzgebungskompetenz im Bereich des Bodenrechts, sondern sind notwendige Folge der Regelungen im Bereich Naturschutz und Landschaftspflege.[26] Hier liegen der überwiegende Sachzusammenhang und der Schwer-

---

    guth/Rapsch, Grünvolumenzahl und Bodenfunktionszahl als mögliche Planungsrichtwerte für Bauleitplanung und Landschaftsplanung, S. 17 ff.; Pfeifer, Bauleitplanung und Landschaftsplanung, S. 45

23 Vgl. Maunz, in: Maunz/Dürig/Herzog, Art. 74 Rn. 204; Erbguth/Rapsch, NuR 1990, 433 (435 ff.); Erbguth/Rapsch, Grünvolumenzahl und Bodenfunktionszahl als mögliche Planungsrichtwerte für Bauleitplanung und Landschaftsplanung, S. 17 ff.

24 Werwigk, NuR 1983, 97 (99); Kuchler, Naturschutzrechtliche Eingriffsregelung und Bauplanungsrecht, S. 36 f.; Kuchler, DVBl 1989, 973 (977 f.); Erbguth, NuR 1986, 137 (139)

25 BVerfG Rechtsgutachten v. 16.6.1954 - 1 PBvV 2/52 -, E 3, 407 (425); Pfeifer, Bauleitplanung und Landschaftsplanung, S. 45

26 Vgl. Erbguth/Rapsch, NuR 1990, 433 (435 ff.); Erbguth/Rapsch, Grünvolumenzahl und Bodenfunktionszahl als mögliche Planungsrichtwerte für Bauleitplanung und Landschaftsplanung, S. 17 ff.

punkt der Regelung.[27] Die naturschutzrechtlichen Vorschriften der Länder berühren deshalb die Gesetzgebungskompetenz des Bundes für das Bodenrecht nicht.[28]

III. Bundeskompetenz kraft Sachzusammenhangs

Die Regelungskompetenz der Länder wird auch nicht unter dem Gesichtspunkt der Bundeskompetenz kraft Sachzusammenhangs eingeengt.[29] Die Bauleitplanung als räumliche Gesamtplanung auf kommunaler Ebene muß die Gesamtheit aller Ansprüche an den Raum, insbesondere die Belange des Naturschutzes und der Landschaftspflege und die sich daraus ableitenden Raumansprüche erfassen. Kraft Sachzusammenhangs enthält das Bauplanungsrecht deshalb Regelungen, die von ihrer Funktion her dem Naturschutzrecht zuzuordnen sind. Die Gesetzgebungskompetenz kraft Sachzusammenhangs besteht jedoch nur für solche Regelungsbereiche, die verständigerweise nicht geregelt werden können, ohne daß gleichzeitig die berührte andere Materie mit geregelt wird.[30] Diese Voraussetzung liegt im Städtebaurecht für die Regelungen über die Bauleitplanung vor, da diese als räumliche Gesamtplanung alle relevanten Belange in dem betroffenen Bereich koordinieren muß. Aber auch hier sieht das BauGB, wie in § 9 Abs. 1 Nr. 20 1. Alt. BauGB zum Ausdruck kommt, nur eine subsidiäre Regelungsbefugnis der Bauleitplanung vor.

Für die Vorschriften über die Zulässigkeit von Vorhaben besteht dieser zwingende Sachzusammenhang nicht. Vielmehr ergibt sich aus § 29 S. 4 BauGB, daß der Bundesgesetzgeber die Zulässigkeit baulicher Vorhaben auch von der Einhaltung anderer, d.h. nicht bodenrechtlicher Vorschriften abhängig machen wollte.

Die Kompetenz kraft Sachzusammenhangs ist im übrigen auf die für den Regelungszusammenhang notwendigen Fragen beschränkt. Aus diesem Grund bleibt die nähere Konkretisierung der Ziele von Naturschutz und Landschaftspflege den Fachgesetzen, d.h. den einschlägigen Landesnaturschutzgesetzen vorbehalten.[31]

B. Eingriffstatbestand

Der Eingriffstatbestand setzt gem. § 8 Abs. 1 BNatSchG eine erhebliche oder nachhaltige Beeinträchtigung der Leistungsfähigkeit des Naturhaushalts oder des Landschaftsbilds voraus. Das BVerwG hat in einer Entscheidung vom 27.9.1990 hierzu ausgeführt, daß es sich insoweit um eine abschließende Regelung handelt, die durch die Landesgesetzgeber weder eingeschränkt noch ausgeweitet werden darf.[32] Die den Ländern in § 8 Abs. 8 BNatSchG ausdrücklich zugestandene Befugnis, in sogenannten Positivlisten solche Vorhaben zu be-

---

27 Vgl. Maunz, in: Maunz/Dürig/Herzog, Art. 74 Rn. 204
28 Vgl. Steineberg, NJW 1981, 550 (552); Grooterhorst, NuR 1985, 222 (223); ders., DVBl 1987, 654 (656); Erbguth, NuR 1986, 137 (139); Kuchler, Naturschutzrechtliche Eingriffsregelung und Bauplanungsrecht, S. 37; Kuchler, DVBl 1989, 973 (977 f.); Gaentzsch, NuR 1990, 1 (6); Ehrlein, VBlBW 1990, 121; Schink, DÖV 1991, 7 (13 f.; Dürr, UPR 1991, 81 (85); Gassner, NVwZ 1991, 26 (30)
29 Vgl. Maunz, in: Maunz/Dürig/Herzog, Art. 70 Rn. 45 ff. auch in Abgrenzung zur Annex-Kompetenz
30 Vgl. BVerfG Rechtsgutachten v. 16.6.1954 - 1 PBvV 2/52 -, E 3, 407 (421); Maunz, in: Maunz/Dürig/Herzog, Art. 70 Rn. 45
31 Vgl. Maunz, in: Maunz/Dürig/Herzog, Art. 75 Rn. 127
32 Vgl. BVerwG, Urt. v. 27.9.1990, - 4 C 44/87 -, DVBl 1991, 209 (211); Kolodziejcok, in: Kolodziejcok/Recken, BNatSchG, § 8 Rn. 2

stimmen, von denen üblicherweise erhebliche oder nachhaltige Auswirkungen i.S.d. Eingriffstatbestands ausgehen, bzw. in Negativlisten solche Vorhaben aufzunehmen, die regelmäßig keine Eingriffsqualität haben, dient lediglich der Vereinfachung und Beschleunigung.[33] Ausdrücklich weist das BVerwG darauf hin, daß die damit ermöglichten landesrechtlichen Positiv- oder Negativlisten lediglich den Charakter einer - im Einzelfall widerlegbaren - Vermutungsregelung haben.[34] Was als Eingriff zu werten ist, bestimmt sich deshalb grundsätzlich unabhängig von den Positiv- bzw. Negativlisten der Länder.

I. Positiv- bzw. Negativlisten der Länder

Als Regelvermutung haben die meisten Länder die Errichtung, überwiegend auch die wesentliche Änderung baulicher Anlagen im Außenbereich (§ 19 Abs. 1 Nr. 3 BauGB) in ihren Positvkatalog aufgenommen.[35] Bauliche Vorhaben im Anwendungsbereich der §§ 30 und 34 BauGB fallen in keinem der Landesgesetze unter den Katalog der gesetzlichen Vermutungsregelung bzw. der Regelbeispiele. Hieraus ist nicht zu schließen, daß Vorhaben innerhalb besiedelter Bereiche den Eingriffstatbestand grundsätzlich nicht erfüllen.[36] Die Positivlisten der Länder stellen keine abschließende Aufzählung möglicher Eingriffe dar.[37] Entscheidend ist i.S.d. BVerwG,[38] ob eine erhebliche (Intensität) und/oder nachhaltige (Dauer) Beeinträchtigung i.S.v. § 8 Abs. 1 BNatSchG im konkreten Einzelfall vorliegt.[39] Dies kann grundsätzlich gleichermaßen im besiedelten wie im unbesiedelten Bereich der Fall sein. Hier kommt es auf die Umstände des Einzelfalls an.[40]

Demgegenüber ist bereits der Tatbestand der baden-württembergischen Regelung in § 10 Abs. 1 BWNatSchG auf den Außenbereich beschränkt. Trotz der dagegen im Schrifttum erhobenen Kritik hat der VGH BW jüngst diese restriktive Umsetzung der bundesrahmenrechtlichen Vorgabe für zulässig gehalten.[41] Das Gericht ist der Ansicht, daß bauliche Maßnahmen im Innenbereich im Regelfall keine erheblichen oder nachhaltigen Auswirkungen auf den Außenbereich haben und deshalb generell gem. § 8 Abs. 8 BNatSchG der Eingriffsregelung entzogen werden können. Zur Begründung wird lapidar darauf verwiesen, daß baulich nicht genutzte Flächen im Innenbereich in der Regel keine besondere Bedeutung für den Naturhaushalt oder das Landschaftsbild haben.[42]

---

33 Vgl. BVerwG, Urt. v. 27.9.1990, - 4 C 44/87 -, DVBl 1991, 209 (210)
34 Vgl. BVerwG, Urt. v. 27.9.1990, - 4 C 44/87 -, DVBl 1991, 209 (210); Breuer, NuR 1980, 89 (92); Ronellenfitsch, NuR 1986, 284 (286); Ehrlein, VBlBW 1990, 121 (122)
35 So oder mit ähnlichem Wortlaut: § 14 Abs. 1 S. 2 Nr. 6 BlnNatSchG; § 11 Abs. 1 S. 2 Nr. 3 BremNatSchG; § 9 Abs. 1 S. 2 Nr. 3 a HbgNatSchG; § 5 Abs. 1 S. 2 Nr. 1 NatSchG Hessen; § 4 Asb. 2 Nr. 4 NWLG; § 4 Abs. 1 S. 2 Nr. 4 RhPfLPflG; § 10 Abs. 2 Nr. 3 SaarNatSchG; § 7 Abs. 1 S. 2 Nr. 8 SchHLPflG. Vgl den Überblick bei Gassner, NVwZ 1991, 26 (28)
36 Blume, NuR 1989, 332 (333)
37 Gaßner/Siederer, Eingriffe in Natur und Landschaft, S. 23; Blume, NuR 1989, 332 (333); Burmeister, Der Schutz von Natur und Landschaft vor Zerstörung, S. 175
38 Vgl. BVerwG, Urt. v. 27.9.1990, - 4 C 44/87 -, DVBl 1991, 209 (211)
39 Vgl. zu den Voraussetzungen: Heiderich, in Künkele/Heiderich, BWNatSchG, § 10 Rn. 5; Breuer, NuR 1980, 92; Kolodziejcok, in: Kolodziejcok/Recken, BNatSchG, § 8 Rn. 11
40 Vgl. Bernatzky/Böhm, Bundesnaturschutzrecht, § 8 Rn. 6; Schmidt-Aßmann, in: HdUR, Band I, Spalte 402
41 Vgl. VGH BW, Urt. v. 8.5.1990, - 5 S 3064/88 -, VBlBW 1991, 19 (21)
42 Vgl. VGH BW, Urt. v. 8.5.1990, - 5 S 3064/88 -, VBlBW 1991, 19 (21)

Die Entscheidung dürfte allerdings im Lichte der später ergangenen Rechtsprechung des BVerwG nicht mehr aufrecht zu erhalten sein. Das BVerwG hat die in § 8 Abs. 8 BNatSchG den Landesgesetzgebern gegebene Regelungsbefugnis restriktiv ausgelegt.[43] Die Landesgesetzgeber sind danach nicht befugt, den Eingriffstatbestand zu modifizieren, indem sie bestimmte Vorhaben generell als Eingriff werten oder aus der Anwendung ausschließen. Ihre Befugnis beschränkt sich auf die Schaffung von Vermutungsregeln, die der Verwaltungsvereinfachung dienen, im Einzelfall aber widerlegbar sind. Nach der Konzeption des BNatSchG sind Schutz-, Pflege- und Entwicklungsmaßnahmen auch auf den Innenbereich auszudehnen.[44] Die besondere Schutzbedürftigkeit der vorhandenen Grünbestände wird sogar in § 2 Abs. 1 Nr. 2 S. 2 BNatSchG hervorgehoben.[45] Dementsprechend enthält auch § 8 Abs. 1 BNatSchG keine Einschränkung auf den Außenbereich. An dieser Wertung muß sich auch der Landesgesetzgeber bei der Schaffung von Negativlisten für die Anwendung der Eingriffsregelung orientieren. Deshalb erscheint eine Einschränkung des Anwendungsbereichs auf den Außenbereich nicht mit dem BNatSchG vereinbar.[46]

Problematisch erscheint aber auch die nordrhein-westfälische Regelung. Gem. § 4 Abs. 3 Nr. 3 NWLG gelten Wohngebäude auf Grund eines Bebauungsplans nicht als Eingriffe.[47] Auch diese Vorschrift entspricht dem geforderten Regel-Ausnahme-Verhältnis nicht, da der Begriff "Wohngebäude" zu allgemein ist.[48] Die negativen Auswirkungen von Einfamilienhäusern sind von denen großer Wohnblocks so erheblich abweichend, daß eine generelle undifferenzierte Freistellung weder geboten noch gerechtfertigt ist.[49] Auch die örtlichen Gegebenheiten können erhebliche Unterschiede aufweisen. Deutlich wird dies bei Bauvorhaben auf der grünen Wiese, für die erstmals durch einen Bebauungsplan Baurechte geschaffen wurden. Auf solchen Flächen werden regelmäßig auch kleinere Vorhaben erhebliche und nachhaltige Beeinträchtigungen des Naturhaushalts und des Landschaftsbilds nach sich ziehen.[50]

Auch die schleswig-holsteinische Regelung dürfte den bundesrahmenrechtlichen Anforderungen nicht genügen. Die dortige Regelung reduziert zwar nicht den Anwendungsbereich der Eingriffsregelung insgesamt, sondern lediglich mit der Ausgleichspflicht und der Möglichkeit der Untersagung wesentlicher Rechtsfolgen auf den Außenbereich.[51] Das BVerwG hat diesbezüglich aber ausdrücklich darauf hingewiesen, daß das BNatSchG nicht dazu ermächtigt, die Ausgleichspflicht zu modifizieren.[52]

---

43 Vgl. BVerwG, Urt. v. 27.9.1990, - 4 C 44/87 -, DVBl 1991, 209 (211)
44 Vgl. die Ausführungen zur Landschaftsplanung oben Kap. 8
45 Blume, NuR 1989, 332 (333); VGH Kassel, NuR 1986, 31 (32)
46 Kuchler, Naturschutzrechtliche Eingriffsregelung und Bauleitplanung, S. 146; Kuchler, VBlBW 1988, 89; Peters/Schenk/Schlabach, Umweltverwaltungsrecht, S. 302; A.A. Heiderich, in Künkele/Heiderich, Naturschutzgesetz für Baden-Württemberg, § 10 Rn. 6
47 Die insoweit auftretenden Regelungsdefizite im Genehmigungsverfahren werden dadurch ausgeglichen werden müssen, daß in Nordrhein-Westfalen regelmäßig Maßnahmen zum Schutz, zur Pflege und zur Entwicklung von Natur und Landschaft gem. § 9 Abs. 1 Nr. 20 1. Alt. BauGB in Hinblick auf das Konfliktbewältigungsgebot festgesetzt werden müssen.
48 Kuchler, Naturschutzrechtliche Eingriffsregelung und Bauleitplanung, S. 153 f.
49 Kuchler, Naturschutzrechtliche Eingriffsregelung und Bauleitplanung, S. 154
50 Vgl. Gaentzsch, NuR 1990, 1 (7)
51 Vgl. § 8 Abs. 5 SchHLPflG
52 Vgl. BVerwG, Urt. v. 27.9.1990, - 4 C 44/87 -, DVBl 1991, 209 (212)

II. Voraussetzungen außerhalb des Anwendungsbereichs der landesgesetzlichen Vermutungsregeln

Soweit Innenbereichsvorhaben oder Vorhaben im Geltungsbereich eines Bebauungsplans weder positiv noch negativ von einer landesrechtlichen Vermutungsregel erfaßt sind, ist das Vorliegen der tatbestandlichen Voraussetzungen nach den Umständen des konkreten Einzelfalls zu bestimmen.

Ein Eingriff i.S.v. § 8 Abs. 1 BNatSchG setzt zunächst eine Veränderung der Gestalt oder der Nutzung der Grundfläche voraus. Die Gestalt der Grundfläche betrifft ihre äußere Erscheinungsform, insbesondere ihre Form, ihre Konturen und ihre stoffliche Zusammensetzung einschließlich der darauf befindlichen Vegetation oder Bebauung.[53] Die Gestalt der Grundfläche wird danach wesentlich davon geprägt, ob und in welcher Weise sie versiegelt ist. Eine bisher unversiegelte Fläche erfährt eine Veränderung, wenn auf ihr ein wasserundurchlässiger und vegetationsausschließender Bodenbelag aufgebracht oder eine Überbauung vorgenommen wird. Im Schrifttum wird u.a. die Errichtung von Bauwerken, Terrassen, Abstellplätzen[54] sowie Verkehrswegen und Stellplätzen[55] als Beispiel für Gestaltveränderungen genannt.

Die Vorschrift verlangt jedoch darüber hinaus eine gewisse Eingriffsintensität und/oder Dauer. Die Gestalt- bzw. Nutzungsänderung muß von nicht nur unerheblichem Gewicht sein. Dabei muß zwischen den Auswirkungen auf den Naturhaushalt und solchen auf das Landschaftsbild auch in Hinblick auf die unterschiedlichen Anforderungen an den Ausgleich differenziert werden.[56]

Soweit es um den Schutz der Leistungsfähigkeit des Naturhaushalts geht, kommt es nicht auf die Beeinträchtigung eines einzelnen Bestandteils der Natur an. Vielmehr muß die Leistungsfähigkeit des Naturhaushalts insgesamt beeinträchtigt sein.[57] Insoweit ist eine querschnittsorientierte, medienübergreifende Erfassung und Bewertung erforderlich. Dabei bereitet insbesondere die abstrakte Bestimmung des erforderlichen Gewichts der Auswirkungen Schwierigkeiten. Insoweit kann auf die Ausführungen zu den Bewertungsproblemen bei der Landschaftsplanung verwiesen werden.[58] Die Beurteilung verlangt eine Bestimmung des gegenwärtigen Zustands und eine Prognose und Bewertung der voraussichtlichen Veränderungen. Die Darstellungen eines Landschaftsplans können dementsprechend bereits wesentliche Vorleistungen für die notwendige Bewertung liefern.[59] Ohne einen Landschaftsplan wird die erforderliche Bewertung demgegenüber schwer fallen.[60]

Burmeister ist allerdings der Ansicht, daß ab einem bestimmten Maß der Bodenversiegelung ein Eingriff in der Regel zu bejahen ist.[61] Als Versiegelungsgrenze bezieht er sich auf seine Befragung von Naturschutzbehörden. Aus den Antworten ergibt sich, daß im Mittel 300 m2

---

53 Kolodziejcok, in: Kolodziejcok/Recken, BNatSchG, § 8 Rn. 3
54 Lorz, Naturschutzrecht, § 8 Anm. 3
55 Bernatzky/Böhm, Bundesnaturschutzrecht, § 8 Rn. 3
56 Vgl. BVerwG, Urt. v. 27.9.1990, - 4 C 44/87 -, DVBl 1991, 209 (212)
57 Vgl. Fickert, BayVBl 1978, 681 (685)
58 Vgl. oben Kap. 8, Tei. C I 2
59 Vgl. oben Kap. 3, Tei. B III 1
60 Vgl. Erbguth, UPR 1984, 409 (413); Gassner, UPR 1988, 321 (322); Bongartz, Umweltvorsorge im Siedlungsbereich - Grünordnungsplanung in Theorie und Praxis, S. 57
61 Burmeister, Der Schutz von Natur und Landschaft vor Zerstörung, S. 66

Bodenfläche je Eingriff in Anspruch genommen wurden.[62] Dieser Ansatz läßt aber außer acht, daß die ökologische Qualität der in Anspruch genommenen Flächen von Fall zu Fall sehr unterschiedlich sein kann. Generelle Aussagen lassen sich in Hinblick auf die unabsehbare Vielzahl unterschiedlicher Fallkonstellationen nicht treffen. Die 300 m2 Grenze kann aber zumindest einen ersten Anhaltspunkt geben.

Dabei kann angenommen werden, daß die Vegetationsbestände im Einzelfall auch auf Baugrundstücken innerhalb von im Zusammenhang bebauten Gebieten sehr wertvoll sein können. Die ökologischen Funktionen können z.B. darin bestehen, daß es sich um die letzte ökologische Nische innerhalb eines Gebietes handelt, deren Bebauung die letzte Rückzugsmöglichkeit für Flora und Fauna beseitigen würde, oder daß die Freihaltung dieser einen Baufläche für die kleinklimatische Situation von großer Bedeutung ist. Auch ist an den Domino-Effekt zu denken, wonach sich bei Inanspruchnahme einer Fläche zwangsläufig der Druck auf die verbleibenden Flächen erhöht.[63] Die möglichen Kollisionen mit bestehenden baurechtlichen Nutzungsrechten sind dann auf der Rechtsfolgenseite zu lösen.

Leichter als die Bewertung der Leistungsfähigkeit des Naturhaushalts dürfte nach der Rechtsprechung des BVerwG die Bewertung von Auswirkungen auf das Landschaftsbild sein. Das Gericht macht das Urteil eines gedachten, für die natürliche Schönheit aufgeschlossenen Durchschnittsbetrachters zum Maßstab.[64] Dabei muß die Bewertung im Lichte der in § 8 Abs. 2 BNatSchG bestimmten Ausgleichsanforderungen orientiert werden. Ausreichend ist danach auch eine landschaftsgerechte Neugestaltung des Landschaftsbildes.[65]

C. Rechtsfolgen der Eingriffe

Die Eingriffsregelung enthält eine dynamische, nach Maßgabe des Verhältnismäßigkeitsprinzips [66] abgestufte Rechtsfolgenregelung.[67] Nach § 8 Abs. 1 bis 3 BNatSchG hat die Behörde den Verursacher zu verpflichten (vgl. hierzu auch Tab. 71),

- vermeidbare Eingriffe zu unterlassen,
- unvermeidbare auszugleichen und
- unvermeidbare, nicht ausgleichbare Eingriffe nur bei entsprechendem Vorrang zuzulassen.

Den Ländern wird gem. § 8 Abs. 9 BNatSchG die Befugnis zugestanden, ergänzend hierzu weitergehende Vorschriften zu erlassen. Hierauf begründet werden folgende Verpflichtungen vorgesehen:

- mögliche Folgen für den Naturhaushalt und das Landschaftsbild durch Ersatzmaßnahmen soweit wie möglich wiedergutzumachen,
- verbleibende irreparable Folgen durch Geldzahlungen auszugleichen.[68]

---

62 Burmeister, Der Schutz von Natur und Landschaft vor Zerstörung, S. 62
63 Vgl. Blume, NuR 1989, 332 (333)
64 Vgl. BVerwG, Urt. v. 27.9.1990, - 4 C 44/87 -, DVBl 1991, 209 (212)
65 Vgl. BVerwG, Urt. v. 27.9.1990, - 4 C 44/87 -, DVBl 1991, 209 (212)
66 Vgl. hierzu Kuchler, Naturschutzrechtliche Eingriffsregelung und Bauplanungsrecht, S. 50 f.
67 Gaentzsch, NuR 1986, 89 (91)
68 Vgl. Gassner, UPR 1988, 321 (323)

Eingriffsregelung - Überblick	
TATBESTAND	- Veränderungen der Gestalt oder Nutzung der Grundfläche - wesentliche oder nachhaltige Beeinträchtigungen des Landschaftsbildes oder - wesentliche oder nachhaltige Beeinträchtigungen der Leistungsfähigkeit des Naturhaushaltes
VERMEIDUNGSPFLICHT	Nicht erforderliche Beeinträchtigungen müssen bei der Ausführung des Vorhabens vermieden werden.
AUSGLEICHSPFLICHT	Unvermeidbare Beeinträchtigungen müssen ausgeglichen werden. Ausgeglichen ist ein Eingriff, wenn nach seiner Beendigung keine erheblichen oder nachhaltigen Beeinträchtigungen des Naturhaushalts zurückbleiben (funktionale Identität) und das Landschaftsbild landschaftsgerecht wiederhergestellt oder neugestaltet ist.
UNTERSAGUNG	Unvermeidbare und nicht im erforderlichen Umfang ausgleichbare Eingriffe können untersagt werden, wenn die Belange des Naturschutzes und der Landschaftspflege nach Abwägung mit allen Belange vorgehen.
ERSATZMAßNAHMEN	Wird der Eingriff nicht untersagt, können nach Maßgabe der Landesgesetze Ersatzmaßnahmen angeordnet werden. Diese dienen entweder der Herstellung der verlorenen Funktion an einem anderen Ort oder der Schaffung einer anderen Funktion am Ort des Eingriffs.
AUSGLEICHSABGABE	Ist die Ersatzmaßnahme nicht möglich, ermöglichen einige Länder, Ausgleichsabgaben zu erheben. Die Höhe wird z.T. durch RVO bestimmt. Sie muß dem Vorhabenträger auch in Hinblick auf das Realisierungsinteresse noch zumutbar sein.

(Tab. 71)

I. Vermeidungs- und Ausgleichspflicht

Das BVerwG hat jüngst zum Umfang der bundesrahmenrechtlich vorgesehenen Rechtsfolgen Stellung genommen.[69] Dabei ging es insbesondere um die Frage, ob die Vermeidungs- und Ausgleichspflicht als zwingender Planungsleitsatz oder lediglich als Optimierungsgebot, das in der Abwägung nach Abs. 3 überwunden werden kann, zu verstehen ist.[70] Das Gericht hat der Pflicht zur Vermeidung vermeidbarer Beeinträchtigungen eine unbeschränkte und nicht abwägungsüberwindbare Wirkung zugesprochen. Demgegenüber beinhalte § 8 Abs. 2 und 3 BNatSchG ein Minimierungsgebot für unvermeidbare und nicht ausgleichbare Beeinträchtigungen. Dieses Gebot könne in der Abwägung überwunden werden.[71]

---

69 BVerwG, Beschl. v. 21.8.1990, - 4 B 104/90 -, UPR 1991, 102 f. und Urt. v. 27.9.1990, - 4 C 44/87 -, DVBl 1991, 209 (213)
70 Vgl. BVerwG, Beschl. v. 21.8.1990, - 4 B 104/90 -, UPR 1991, 102 f.
71 BVerwG, Urt. v. 27.9.1990, - 4 C 44/87 -, DVBl 1991, 209 (213)

Die Vermeidungspflicht verpflichtet deshalb den Betroffenen dazu, unter mehreren Möglichkeiten, ein Vorhaben zu realisieren, diejenige auszuwählen, die die geringste Beeinträchtigung nach sich zieht.[72] Wenn möglich sollen die Auswirkungen der Gestalt- oder Nutzungsveränderung unter der Erheblichkeitsschwelle nach § 8 Abs. 1 BNatSchG, jedenfalls aber so gering wie möglich gehalten werden.[73]

Bei Vorhaben auf Grund von Bebauungsplänen oder innerhalb von im Zusammenhang bebauten Ortsteilen gem. § 34 BauGB kann es nicht um Standortalternativen, sondern nur um die Art der Ausführung gehen. Es stellt sich hier z.B. die Frage, ob auf bestimmte vorhandene Landschaftsbestandteile Rücksicht genommen werden kann.

Wenn der Eingriff nicht vermeidbar ist, ist der Verursacher eines unvermeidbaren Eingriffs gem. § 8 Abs. 2 S. 1, 2. Hs. BNatSchG verpflichtet, unvermeidbare Beeinträchtigungen von Natur und Landschaft innerhalb einer behördlich zu bestimmenden Frist durch Maßnahmen des Naturschutzes und der Landschaftspflege auszugleichen. Der Eingriff ist gem. § 8 Abs. 2 S. 4 BNatSchG nur so weit auszugleichen, bis keine erhebliche und nachhaltige Beeinträchtigung des Naturhaushalts zurückbleibt und das Landschaftsbild landschaftsgerecht wiederhergestellt oder neu gestaltet ist. Eine gleichartige Wiederherstellung des vorherigen Zustands ist weder möglich [74] noch wird sie vom Gesetz verlangt.[75] Bei der Beeinträchtigung des Landschaftsbildes wird ausdrücklich die Neugestaltung als gleichwertiger Ausgleich anerkannt.[76]

Der Ausgleich dient der Kompensation der jeweils festzustellenden konkreten Eingriffsfolgen und soll die verlorenen Naturpotentiale in ihrer funktionellen ökosystemaren Bedeutung ersetzen.[77] Notwendig ist deshalb eine Bilanzierung der vor dem Eingriff vorhandenen Natur- und Landschaftspotentiale mit denen, die nach dem Eingriff verbleiben. Die Bestimmung der erforderlichen Ausgleichmaßnahmen macht aber nicht nur die Erfassung der Natur- und Landschaftenpotiale, sondern auch deren Bewertung notwendig.[78] Insoweit treten auch hier die fachwissenschaftlichen Bewertungsprobleme ökologischer Systeme auf.[79] Soweit ein Landschaftsplan besteht, kann auf die dort getroffenen Aussagen über den Zustand und die Entwicklungsziele zurückgegriffen werden.[80]

Als Ausgleich kommen z.B. die Renaturisierung einer bisher versiegelten Fläche oder die Begrünung von Fassaden und Dächern in Frage. Wird durch das Bauvorhaben der Baumbestand auf dem Grundstück beeinträchtigt, so wäre eine sinnvolle Ausgleichsmaßnahme das

---

72 Schroer, DVBl 1987, 1096 (1097); Breuer, NuR 1980, 89 (90); Gaentzsch, NuR 1986, 89 (91); Kolodziejcok, in: Kolodziejcok/Recken, BNatSchG, § 8 Rn. 2; Heiderich, in: Künkele/Heiderich, BWNatSchG, § 10 Rn. 6
73 Bernatzky/Böhm, BNatSchG, § 8 Rn. 7; Lorz, Naturschutzrecht, § 8 Anm. 4
74 Gaßner/Siederer, Eingriffe in Natur und Landschaft, S. 58 f. unter Hinweis auf Kaule/Schober, Ausgleichbarkeit von Eingriffen in Natur und Landschaft, S. 3
75 OVG Berlin, Urt. v. 22.4.1983 - 2 A 6/81 -, NVwZ 1983, 416 (417); Michael Ronellenfitsch, Rechts- und Verwaltungsaspekte der Naturschutzrechtlichen Eingriffsregelung, NuR 1986, 284 (287)
76 Vgl. hierzu nun BVerwG, Urt. v. 27.9.1990, - 4 C 44/87 -, DVBl 1991, 209 (212)
77 Kuschnerus, DVBl 1986, 75 (80); Kuchler, Naturschutzrechtliche Eingriffsregelung und Bauplanungsrecht, S. 171 ff.
78 Vgl. Kuchler, Naturschutzrechtliche Eingriffsregelung und Bauplanungsrecht, S. 201
79 Vgl. Kuchler, Naturschutzrechtliche Eingriffsregelung und Bauplanungsrecht, S. 199 ff.; Burmeister, Der Schutz von Natur und Landschaft vor Zerstörung, S. 112 ff. mit Hinweisen auf die ökologisch-fachlichen Bestimmungsversuche
80 Vgl. Kuchler, Naturschutzrechtliche Eingriffsregelung und Bauplanungsrecht, S. 199 ff.

Anpflanzen neuer Bäume oder, falls dies möglich ist, das Verpflanzen der bisherigen Bäume auf den nicht überbauten Grundstücksteil. Auch wenn kein Ausgleich bis unter die Erheblichkeitsschwelle möglich ist, kann ein Teilausgleich verlangt werden, der zugleich ein partieller Nichtausgleich ist.[81]

II. Abwägung

Die Eingriffsregelung ist von dem sich schon aus § 1 Abs. 3 BNatSchG ergebenden Abwägungsgebot überlagert. Gem. § 8 Abs. 3 BNatSchG sind unvermeidbare und nicht im erforderlichen Umfang ausgleichbare Eingriffe zu untersagen, wenn bei der Abwägung aller Anforderungen an Natur und Landschaft die Belange des Naturschutzes und der Landschaftspflege vorgehen. Nach der jüngsten Rechtsprechung des BVerwG unterliegt auch die Ausgleichspflicht als Optimierungsgebot der Abwägung.[82]

Grundsätzlich unterliegt die Abwägung der planerischen Gestaltungsfreiheit. Das BVerwG hebt hervor, daß es sich nicht nur um eine nachvollziehende Abwägung handelt. Die zuständige Behörde habe vielmehr einen von den Gerichten nicht voll überprüfbaren planerischen Gestaltungsfreiraum.[83] Die abwägungserhebliche Entscheidung ist allerdings auf die Frage beschränkt, ob ein nicht vermeidbarer und nur unvollständig ausgleichbarer Eingriff zu untersagen oder durch andere Anforderungen an Natur und Landschaft gerechtfertigt ist. Der Wortlaut des § 8 Abs. 3 BNatSchG belegt nach Ansicht des BVerwG insoweit das besondere Gewicht der Belange von Naturschutz und Landschaftspflege.[84]

Die erforderliche Abwägung erfolgt nach den zur Bauleitplanung dargelegten Anforderungen.[85] Die betroffenen Belange sind zu ermitteln, einander gegenüber zu stellen und zu gewichten. Dabei muß nach Maßgabe des Verhältnismäßigkeitsgebots über die Bevorzugung eines Belangs und damit zugleich über die Zurückstellung eines anderen Belangs entschieden werden.[86] Bei der Abwägung sind insbesondere die in Art. 14 Abs. 1 GG geschützten Interessen der privaten Grundstückseigentümer an der baulichen Nutzung ihres Grundeigentums zu beachten.[87]

Einigkeit besteht insoweit, daß auch die Belange des Naturschutzes und der Landschaftspflege die Eigentümerbefugnisse im Rahmen der Sozialpflichtigkeit des Eigentums in zulässiger Weise beschränken können.[88] Der Umfang der Sozialpflichtigkeit bestimmt sich nach Maßgabe der konkreten Umstände des Einzelfalles unter Beachtung des Verhältnismäßig-

---

81 Pielow, NuR 1987, 165 (166); Gaßner/Siederer, Eingriffe in Natur und Landschaft, S. 66
82 BVerwG, Beschl. v. 21.8.1990, - 4 B 104/90 -, UPR 1991, 102 f. und Urt. v. 27.9.1990, - 4 C 44/87 -, DVBl 1991, 209 (213)
83 Vgl. BVerwG, Urt. v. 27.9.1990, - 4 C 44/87 -, DVBl 1991, 209 (213)
84 Vgl. BVerwG, Urt. v. 27.9.1990, - 4 C 44/87 -, DVBl 1991, 209 (213)
85 Vgl. BVerwG, Urt. v. 27.9.1990, - 4 C 44/87 -, DVBl 1991, 209 (213) unter Hinweis auf die zum bauplanungsrechtlichen Abwägungsgebot ergangene Rechtssprechung
86 Vgl. BVerwG, Urt. v. 27.9.1990, - 4 C 44/87 -, DVBl 1991, 209 (213); Kuchler, Naturschutzrechtliche Eingriffsregelung und Bauplanungsrecht, S. 180 ff.; Breuer, NuR 1980, 89 (94 f.); Paetow, NuR 1986, 144 (147); Ronellenfitsch, VwArch 1986, 177 (183)
87 Vgl. Louis, DVBl 1990, 800 (802); Schink, DÖV 1991, 7 (13); Steinberg, NJW 1981, 550 (555); Stenschke, BayVBl 1987, 644 (650)
88 Vgl. BVerwG, Urt. v. 15.2.1990 - 4 C 47/89 -, UPR 1990, 267 (269); Schink, DVBl 1990, 1375 (1382)

keitsprinzips.[89] Je nach Bedeutung der Belange des Naturschutzes und der Landschaftspflege im Einzelfall müssen die Interessen des Grundstückseigentümers vor- oder zurücktreten. Die Grenzen der zulässigen Inhalts- und Schrankenbestimmung sind im Verhältnis zur entschädigungspflichtigen Enteignung zu suchen.[90] Die neuere Rechtsprechung des BVerwG hat die Abgrenzung insoweit nicht leichter gemacht, als daß nunmehr das Kriterium der Entschädigungspflichtigkeit zur Abgrenzung ausscheidet. Das Gericht ist der Ansicht, daß bei entsprechendem Gewicht der verfolgten Belange selbst dann eine zulässige Inhalts- und Schrankenbestimmung möglich ist, wenn eine übermäßige Belastung nur durch einen Billigkeitsausgleich in Geld vermieden werden kann.[91] Die salvatorischen Entschädigungsklauseln der Landesnaturschutzgesetze könnten insoweit vorübergehend als Grundlage für die erforderliche Entschädigung herangezogen werden.[92]

Es kommt danach maßgeblich auf den Willen des Gesetzgebers an, ob er in genereller Weise, möglicherweise verbunden mit einer Billigkeitsentschädigung, die mit dem Grundeigentum verbundenen Rechte modifiziert und damit die Grenzen des geschützten Bestands neu bestimmt oder ob er bei Anerkennung der bestehenden Rechte diese in einem konkreten Fall entzieht.[93] Die Grenzen zulässiger Inhalts- und Schrankenbestimmungen ergeben sich allerdings aus dem innersten Kern der in Art. 14 Abs. 1 GG geschützten Rechtsposition des Eigentümers. Dieser "innerste Kern" besteht in der Gewährleistung der Privatnützigkeit.[94] Die Privatnützigkeit wird geprägt durch die rechtliche Verfügbarkeit und die Nutzungs- und Ertragsfähigkeit.[95] Für Baugrundstücke innerhalb von im Zusammenhang bebauten Ortsteilen oder im Geltungsbereich von Bebauungsplänen liegt die eigentliche substantielle privatnützige Verwendbarkeit in ihrer Bebaubarkeit.[96] Die in dieser Weise spezifizierte Privatnützigkeit darf gem. Art. 14 Abs. 3 GG nur durch oder auf Grund eines Gesetzes, das auch die Höhe der Entschädigung regelt, also im Wege der förmlichen Enteignung entzogen werden.[97]

Die so gezogenen eigentumsrechtlichen Restriktionen sind bei der Abwägung nach § 8 Abs. 3 BNatSchG zu berücksichtigen. Nach Maßgabe der Eingriffsregelung kann danach die Bebaubarkeit eines Grundstücks - wie durch die Vorschriften des Bauordnungsrechts - modifiziert, nicht jedoch entschädigungslos ausgeschlossen werden. Der Entzug eines beste-

---

89 Vgl. BVerwG, Urt. v. 27.9.1990, - 4 C 44/87 -, DVBl 1991, 209 (213); Kuchler, Naturschutzrechtliche Eingriffsregelung und Bauplanungsrecht, S. 180 ff.; Breuer, NuR 1980, 89 (94 f.); Paetow, NuR 1986, 144; Schink, DÖV 1991, 7 (13 f.); Steinberg, NJW 1981, 550 (555 f.)
90 Vgl. Erbguth/Rapsch, Grünvolumenzahl und Bodenfunktionszahl als mögliche Planungsrichtwerte für Bauleitplanung und Landschaftsplanung, S. 43 mit zahlreichen weiteren Nachweisen
91 Vgl. BVerwG, Urt. v. 15.2.1990 - 4 C 47/89 -, UPR 1990, 267 (269)   und hierzu Osterloh, DVBl 1991, 906 (913 f.); Maurer, DVBl 1991, 781 ff.; Kleinlein, DVBl 1991, 365 ff.
92 Vgl. BVerwG, Urt. v. 15.2.1990 - 4 C 47/89 -, UPR 1990, 267 (269)
93 Vgl. Erbguth/Rapsch, Grünvolumenzahl und Bodenfunktionszahl als mögliche Planungsrichtwerte für Bauleitplanung und Landschaftsplanung, S. 57; Schink, DVBl 1990, 1375 (1380)
94 Vgl. Erbguth/Rapsch, Grünvolumenzahl und Bodenfunktionszahl als mögliche Planungsrichtwerte für Bauleitplanung und Landschaftsplanung, S. 44 ff.; Schink, DVBl 1990, 1375 (1380); Papier, in: Maunz/Dürig/Herzog, Art. 14 Rn. 12, 72, 307 u. 449; Badura, in: Benda/Maihofer/Vogel, Handbuch des Verfassungsrechts, S. 653 (661)
95 Vgl. Badura, in: Benda/Maihofer/Vogel, Handbuch des Verfassungsrechts, S. 653 (668); Erbguth/Rapsch, Grünvolumenzahl und Bodenfunktionszahl als mögliche Planungsrichtwerte für Bauleitplanung und Landschaftsplanung, S. 46
96 Vgl. Papier, in: Maunz/Dürig/Herzog, Art. 14 Rn. 66; Erbguth/Rapsch, Grünvolumenzahl und Bodenfunktionszahl als mögliche Planungsrichtwerte für Bauleitplanung und Landschaftsplanung, S. 47
97 Vgl. Schink, DÖV 1991, 7 (13)

henden Baurechts stellt faktisch eine Enteignung dar und ist deshalb nur nach Maßgabe des Art. 14 Abs. 3 S. 2 GG durch oder auf Grund eines Gesetzes, das die Höhe der Entschädigung regelt, zulässig. Die Abwägung kann danach unter Beachtung des Verhältnismäßigkeitsgebots auch zu dem Ergebnis kommen, daß Grundstücke im Innenbereich von so großem Wert für den Naturhaushalt sind, z.B. als unverzichtbarer Baustein in einem vernetzten System von Biotopen, daß eine Zurückstellung der Eigentümerinteressen gegenüber denen der Allgemeinheit erforderlich ist.[98] Die Untersagung des Vorhabens ist dann aber nur zulässig, wenn der Eigentümer für den damit eintretenden Verlust der Privatnützigkeit seines Grundstücks den verfassungsrechtlichen Anforderungen entsprechend entschädigt wird.

Soweit dem Bauvorhaben ein Bebauungsplan zugrunde liegt, muß allerdings auf die dort vorgenommene Abwägung zurückgegriffen werden. Aus den allgemeinen Planungsgrundsätzen des BauGB ergibt sich, daß über die bauliche und sonstige Nutzung im Geltungsbereich des Bebauungsplans unter Einbeziehung aller öffentlichen und privaten Belange ausdrücklich auch der des Natur- und Bodenschutzes bereits abschließend entschieden wurde.[99] Die Abwägung im Rahmen der Bauleitplanung wirkt deshalb als Präjudiz für die Abwägung nach § 8 Abs. 3 BNatSchG.[100] Der Bebauungsplan entscheidet über die grundsätzliche Bebaubarkeit eines Grundstücks.[101] Aus der naturschutzrechtlichen Eingriffsregelung können sich deshalb nur in Ergänzung der Festsetzungen des Bebauungsplans Anforderungen an die konkrete Ausführung ergeben.[102]

Demgegenüber stellt § 34 Abs. 1 BNatSchG wie gezeigt keine abschließende Berücksichtigung der Belange des Naturschutzes sicher.[103] Der Maßstab der Vorschrift genügt den sich aus § 1 Abs. 1 BNatSchG ergebenden Anforderungen nicht. § 34 Abs. 1 BauGB leistet keine Abwägung, die in genereller Weise die Abwägung nach § 8 Abs. 3 BNatSchG präjudiziert. Bei der Abwägung ist dennoch zu berücksichtigen, daß der Gesetzgeber in § 34 Abs. 1 BauGB bereits zum Ausdruck gebracht hat, daß ein Innenbereichsgrundstück, sofern es sich in den vorgefundenen Rahmen einfügt, anders als ein Grundstück im Außenbereich grundsätzlich bebaubar ist.[104] Im Regelfall wird deshalb ein der bereits vorhandenen Bebauung angepaßtes Vorhaben unter Beachtung des Verhältnismäßigkeitsgebots nicht untersagt werden können.[105] Im Einzelfall ist ein Vorrang der Belange des Naturschutzes und der Landschaftspflege jedoch nicht auszuschließen, wenn es um den Erhalt besonders bedeutsamer Landschaftsbestandteile geht.[106] Der Entzug von nach § 34 Abs. 1 BauGB bestehenden Baurechten erfordert dann allerdings eine darauf bezogene Entschädigungsregelung. Die Zulässigkeit hängt insoweit davon ab, ob die einschlägigen Landesgesetze einen auf die Untersagung im Rahmen der Eingriffsregelung bezogenen Enteignungstatbestand

---

98 Im Ergebnis wie hier: Burmeister, Der Schutz von Natur und Landschaft vor Zerstörung, S. 43; Werwigk, NuR 1983, 97 (99), a.A. Gaentzsch, NuR 1986, 89 (94)
99 Vgl unten Kap. 3, Tei. C III
100 Blume, NuR 1989, 332 (334 f.); Gaentzsch, NuR 1986, 89 (94)
101 Söfker, in: Ernst/Zinkahn/Bielenberg, BauGB, § 1 Rn. 298; Schink, Naturschutz- und Landschaftspflege in Nordrhein-Westfalen, S. 213 f., Rn. 347
102 Blume, NuR 1989, 332 (335); Schink, Naturschutz- und Landschaftspflege in Nordrhein-Westfalen, S. 214, Rn. 348
103 Vgl. oben Kap. 16 Teil D
104 Vgl. Schink, Naturschutz- und Landschaftspflege in Nordrhein-Westfalen, S. 217 f., Rn. 354
105 Vgl. Gaentzsch, NuR 1990, 1 (7); in diesem Sinne wohl auch VG Gießen, Urt. v. 25.1.1990 - I/2 91/89 -, UPR 1991, 40 (Lts.)
106 Vgl. Schink, Naturschutz- und Landschaftspflege in Nordrhein-Westfalen, S. 218, Rn. 354

vorsehen. Die in den einschlägigen Landesgesetzen vorgesehenen salvatorischen Entschädigungsklauseln genügen, wie bereits an anderer Stelle ausgeführt, diesen Anforderungen nicht.[107] Die Novellierung der naturschutzrechtlichen Entschädigungsregelung sollte deshalb eine auf die Eingriffsregelung bezogene Entschädigungsregelung vorsehen.

III. Ersatzmaßnahmen

In Ergänzung der in § 8 Abs. 2 und 3 BNatSchG vorgesehenen Rechtsfolgen haben die Länder mit Ausnahme von Hessen [108] für den Fall, daß ein unvermeidbarer und nicht im erforderlichen Umfang ausgleichbarer Eingriff nicht untersagt wird, weitergehende Vorschriften über Ersatzmaßnahmen der Verursacher in Wahrnehmung der Ermächtigung des § 8 Abs. 9 BNatSchG vorgesehen.[109] Die Pflichtigkeit des Verursachers endet danach nicht mit der Feststellung, daß ein Eingriff unvermeidbar und nicht in der gebotenen Weise ausgleichbar ist und dennoch den Belangen des Naturschutzes und der Landschaftspflege vorgeht.[110] Vielmehr soll der Verursacher auch dann zur Kompensation von Eingriffen in Natur und Landschaft verpflichtet werden, wenn ein Ausgleich im funktional-ökosystemaren Sinn nicht stattfinden kann.

Der Begriff "Ersatzmaßnahme" ist bundesrechtlich nicht näher bestimmt. Die Abgrenzung zwischen Ausgleichs- und Ersatzmaßnahmen bereitet insoweit Schwierigkeiten,[111] da beide die Kompensation der nachteiligen Veränderung von Naturhaushalt oder Landschaftsbild bezwecken.[112] Mangels bundesrahmenrechtlicher Definition der Ersatzmaßnahmen ist im Umkehrschluß von dem Begriff des Ausgleichs auszugehen.[113] Ersatzmaßnahmen fehlt deshalb die funktionale Identität der verlorenen Naturpotentiale im räumlichen Zusammenhang des Eingriffs.[114] In Betracht kommen danach folgende Fälle:

- Die Ersatzmaßnahme bezweckt die Gewährleistung der durch das Vorhaben gestörten Funktionen an anderem Ort.
- Die Ersatzmaßnahme bezweckt die Gewährleistung anderer Funktionen im durch den Eingriff betroffenen Raum.
- Die Ersatzmaßnahme bezweckt die Gewährleistung anderer Funktionen außerhalb des durch den Eingriff betroffenen Raumes.[115]

---

107 Vgl. oben Kap. 11
108 § 6 Abs. 3 HessNatSchG sieht die Ersatzmaßnahme als eine durch die Naturschutzbehörde mit den Mitteln aus Ausgleichzahlungen vorzunehmende Maßnahme.
109 Vgl. die tabellarische Übersicht bei Burmeister, Der Schutz von Natur und Landschaft vor Zerstörung, S. 36 f.; sowie Kuchler, Naturschutzrechtliche Eingriffsregelung und Bauplanungsrecht, S. 191 f.
110 Insoweit wurde die Unausgewogenheit der bundesrahmenrechtlichen Regelungen beklagt. Vgl. Pielow, NuR 1980 60 (62); ders., in: DRL, Eingriffe in Natur und Landschaft, S. 432 f.
111 Gassner, NuR 1988, 67 (70); Blume, NuR 1989, 332 (335); Gaßner/Siederer, Eingriffe in Natur und Landschaft, S. 90 ff.; Burmeister, Der Schutz von Natur und Landschaft vor Zerstörung, S. 127
112 Ronellenfitsch, NuR 1986, 284 (288); Gassner, NuR 1988, 67 (70); Burmeister, Der Schutz von Natur und Landschaft vor Zerstörung, S. 104 ff.
113 Zu den unterschiedlichen Ansätzen im Schrifttum: Burmeister, Der Schutz von Natur und Landschaft vor Zerstörung, S. 117 f.; Kuchler, Naturschutzrechtliche Eingriffsregelung und Bauplanungsrecht, S. 188 f.
114 Ronellenfitsch, NuR 1986, 284 (288); Blume, NuR 1989, 332 (335); Gaßner/Siederer, Eingriffe in Natur und Landschaft, S. 92 f.
115 Vgl. Kuchler, Eingriffsregelung und Bauplanungsrecht, S. 189

Der in dieser Weise durch die Ausgleichsregelung nur negativ bestimmte Gegenstand von Ersatzmaßnahmen wird durch die Landesgesetze allerdings in unterschiedlicher Weise eingeschränkt.[116]

In Bayern, Bremen, Hamburg, Niedersachsen, im Saarland und in Schleswig-Holstein muß eine Ersatzmaßnahme zumindest einen räumlichen Bezug zum Eingriffsort aufweisen.[117] Gefordert wird dort die möglichst gleichartige bzw. gleichwertige Wiederherstellung des gestörten Zustands.[118] Demgegenüber wird in Baden-Württemberg, Berlin, Nordrhein-Westfalen und Rheinland-Pfalz die Anforderung an den räumlichen Bezug gelockert,[119] aber z.T. die Wiederherstellung der gestörten Funktion verlangt.[120]

Soweit danach die funktionale Identität des mit der Ersatzmaßnahme an anderem Ort angestrebten Zustands verlangt wird, dürfte die Anordnung von Ersatzmaßnahmen in der Regel an der fehlenden Verfügbarkeit von geeigneten Flächen zur Vornahme der Ersatzmaßnahmen scheitern. Besteht z.B. der Eingriff in der Versiegelung einer bestimmten Fläche, so kommt danach zwar die Entsiegelung einer entsprechend großen Fläche an anderem Ort in Betracht. Doch ist die Maßnahme durch den Verursacher nur dann durchführbar, wenn er über diese Fläche verfügt.[121]

Praktikabler scheint deshalb die andere Variante zu sein, wonach bei Beibehaltung des räumlichen Bezugs die Anforderungen an die funktionale Identität gelockert werden. Dabei erfordert das Ziel der Eingriffskompensation einen möglichst gleichartigen Ersatz. Ist dieser nicht möglich, kann der Ersatz aber auch in anderer gleichwertiger Form erfolgen.[122] Da auf die Bindung an die beeinträchtigte Funktion verzichtet wird, eröffnet sich eine weit gefächerte Palette von möglichen Ersatzmaßnahmen. Insoweit kann auf die Ausführungen zu den möglichen Maßnahmen zur Begrenzung und Verringerung von Bodenversiegelung und zu den Maßnahmen zum Ausgleich von Versiegelungsfolgen verwiesen werden.

Grenzen ergeben sich aus dem Grundsatz der Verhältnismäßigkeit.[123] Die Ersatzmaßnahme muß dem Verursacher technisch und rechtlich möglich sein. Fehlen ihm die Verfügungsbefugnisse über die Fläche, auf der die Ersatzmaßnahme durchgeführt werden soll, besteht ein rechtliches Hindernis. Zudem muß der für die Durchführung der Ersatzmaßnahme erforderliche Aufwand im Verhältnis zu dem Interesse an der Durchführung des Vorhabens noch verhältnismäßig sein. Die Kosten dürfen deshalb nicht so hoch sein, daß der Verursacher zur Aufgabe des Vorhabens gezwungen wird.[124]

---

116 Vgl. Gaßner/Siederer, Eingriffe in Natur und Landschaft, S. 90 f.; Gassner, NuR 1988, 67 (70); vgl. auch die tabellarische Übersicht bei Burmeister, Der Schutz von Natur und Landschaft vor Zerstörung, S. 37
117 Art 6a Abs 3 BayNatSchG; § 11 Abs. 5 u. 6 BremNatSchG i.V.m. EMVO v. 26.5.1986 (GBl. S. 121); § 9 Abs. 6 S. 1 u. 2 HbgNatSchG; § 12 NdsNatSchG; § 11 Abs. 3 SaarNatSchG; § 8 SchHLPflG. § 6 Abs. 3 HessNatSchG unterscheidet nicht zwischen Ausgleichs- und Ersatzmaßnahmen.
118 Vgl. im einzelnen Kuchler, Eingriffsregelung und Bauplanungsrecht, S. 191; Burmeister, Der Schutz von Natur und Landschaft vor Zerstörung, 38 f.
119 Vgl. § 11 Abs. 3 S. 3 u. Abs. 4 BWNatSchG; § 14 Abs. 5 S. 3 u. 4 BlnNatSchG; § 5 Abs. 1 S. 1 u. 2 NWLG; § 5 Abs. 3 RhPflPflG;
120 Vgl. im einzelnen Kuchler, Eingriffsregelung und Bauplanungsrecht, S. 191; Burmeister, Der Schutz von Natur und Landschaft vor Zerstörung, 38 f.
121 Vgl. Pielow, in: DRL, Eingriffe in Natur und Landschaft, S. 432 f.
122 Vgl. Schink, Naturschutz- und Landschaftspflegerecht in NW, S. 195, Rn. 310
123 Vgl. Kuchler, Eingriffsregelung und Bauplanungsrecht, S. 190 f.; Schink, Naturschutz- und Landschaftspflegerecht in NW, S. 197, Rn. 314
124 Vgl. Kuchler, Eingriffsregelung und Bauplanungsrecht, S. 190 f.

IV. Ausgleichsabgaben

Die Landesgesetze sehen als weitere Rechtsfolge in Ausschöpfung der Regelungsbefugnis des § 8 Abs. 9 BNatSchG die Verpflichtung zu Ausgleichszahlungen bei unvermeidbaren, nicht ausgleichbaren und vorrangigen Eingriffen vor. Die Regelungen der einzelnen Bundesländer unterscheiden sich allerdings z.T. grundsätzlich. Grob unterschieden werden kann dabei zwischen "alternativen" und "subsidiären" Ausgleichsabgaben.[125]

Die "alternative Ausgleichsabgabe" ist im Kern eine spezielle Regelung für die Durchführung von Ersatzmaßnahmen seitens der zuständigen Behörde. Ersetzt werden danach die Kosten einer Ersatzvornahme, wenn der Verursacher die Ersatzmaßnahme nicht selbst vornimmt bzw. vornehmen kann.[126] Die so beschriebene "alternative Ausgleichsabgabe" stellt lediglich eine besondere Modalität der rahmenrechtlich ausdrücklich vorgesehenen Ersatzmaßnahme dar. Es soll damit eine möglichst gleichzeitig mit dem Eingriff erfolgende Ersatzmaßnahme ermöglicht werden.[127] Die Durchführung der Ersatzmaßnahme soll unabhängig vom Willen und von den Möglichkeiten des Verursachers durchgeführt werden können.

Alternative Ausgleichsabgaben sehen Bayern, Niedersachsen, Nordrhein-Westfalen und Rheinland-Pfalz vor. Aber auch in diesen Bundesländern bestehen weitere Unterschiede: Die Kosten der Ersatzmaßnahme können vom Verursacher verlangt werden, wenn er zu den Ersatzmaßnahmen nicht imstande ist (Bayern),[128] wenn er nicht selbst für die Ersatzmaßnahmen sorgen kann (Niedersachsen)[129] oder alternativ zu der Anordnung von Ersatzmaßnahmen (Rheinland-Pfalz).[130] In Nordrhein-Westfalen hat der Verursacher ein Wahlrecht zwischen Ersatzmaßnahmen und Zahlung der hierfür erforderlichen Kosten an den Kreis bzw. die kreisfreie Stadt. Wenn die Ersatzmaßnahme nicht innerhalb einer angemessenen Frist durchgeführt wird, endet das Wahlrecht, und der erforderliche Geldbetrag ist zu zahlen (Nordrhein-Westfalen).[131]

Die alternative Ausgleichspflicht setzt danach übereinstimmend voraus, daß eine Ersatzmaßnahme i.S.d. jeweils landesrechtlich bestehenden Anforderungen überhaupt möglich ist. Dies wird insbesondere dann schwierig sein, wenn auf das Kriterium der funktionalen Identität nicht verzichtet wird. In diesem Fall entfällt die Verursacherhaftung völlig, wenn eine in dieser Weise qualifizierte Ersatzmaßnahme unmöglich ist.[132]

In einigen Ländern (Baden-Württemberg, Berlin, Hamburg, Hessen, Saarland, Schleswig-Holstein) soll der Verursacher eines Eingriffs auch dann nicht freigestellt werden, wenn ihm Ersatzmaßnahmen nicht möglich sind. In Bremen besteht nur eine Ermächtigung zum Erlaß einer Rechtsverordnung mit entsprechendem Regelungsgehalt, von der bislang allerdings noch kein Gebrauch gemacht wurde.[133]

---

125 Vgl. Soell, in: Salzwedel, Grundzüge des Umweltrechts, S. 531; Kuchler, Eingriffsregelung und Bauplanungsrecht, S. 192 f.
126 Vgl. Kuchler, Eingriffsregelung und Bauplanungsrecht, S. 193
127 Vgl. Schink, Naturschutz- und Landschaftspflegerecht in NW, S. 198, Rn. 316
128 Art. 6 a Abs. 3 S. 2 BayNatSchG
129 § 12 Abs. 2 NdsNatSchG
130 § 5 Abs. 3 RhPflPflG
131 Vgl. § 5 Abs. 1 S. 5 u. 6 NWLG
132 Vgl. Soell, in: Salzwedel, Grundzüge des Umweltrechts, S. 531; Kuchler, Eingriffsregelung und Bauplanungsrecht, S. 194
133 Vgl. § 11 Abs. 7 u. 8 BremNatSchG

Ist auch eine Ersatzmaßnahme aus rechtlichen oder tatsächlichen Gründen nicht möglich, soll von dem Verursacher als "ultima ratio"[134] und letzte Stufe eine Abgabe verlangt werden können. Insoweit wird von einer "subsidiären" Ausgleichsabgabe gesprochen. Die Höhe der Ausgleichszahlung soll in Baden-Württemberg, Berlin, Hamburg und im Saarland im Verordnungswege bestimmt werden. Entsprechende Verordnungen sind allerdings erst in Baden-Württemberg und Rheinland-Pfalz ergangen. Vorgesehen werden danach Rahmensätze. Bei der Beeinträchtigung des Naturhaushaltes durch Versiegelung kann in Rheinland-Pfalz 1,- bis 2,- DM/m2, in Baden-Württemberg 0,5 bis 1,- DM/m2 verlangt werden. Innerhalb des Rahmens soll sich die Höhe der Ausgleichszahlung nach Dauer und Schwere des Eingriffs sowie nach dem Wert oder Vorteil für den Verursacher und der wirtschaftlichen Zumutbarkeit bemessen.[135] Bei besonders schwerwiegenden Eingriffen (hervorgehoben werden solche in Naturschutzgebieten, Naturdenkmalen, Landschaftsschutzgebieten und besonders wertvollen Biotopen) kann die Ausgleichszahlung bis zum Zweifachen erhöht werden.[136]

Im Schrifttum wird z.T. beklagt, daß die Abgabensätze im Verhältnis zu den für Ersatzmaßnahmen erforderlichen Pflanzungs- und Pflegekosten zu gering seien.[137] Die Höhe der Abgaben orientiert sich nach der Konzeption des BWNatSchG und des RhPfLPflG, aber nicht an den fiktiven Kosten für nicht mögliche Ersatzmaßnahmen, sondern an der Schwere und Dauer des Eingriffs. Die Untersuchung von Burmeister zu den landesrechtlichen Bestrebungen hinsichtlich der Einführung von Verordnungen oder Richtlinien zur Regelung von Abgabensätzen hat gezeigt, daß auch andere Bemessungsmaßstäbe und stärker an den zu erwartenden Kosten von Ersatzmaßnahmen orientierte Abgabensätze erwogen werden.[138] Dabei unterliegen auch die Abgabenregelungen den Anforderungen des Verhältnismäßigkeitsgebots. Zu beachten ist, daß der Eingriff nach Abwägung aller Interessen bereits zugelassen ist. Die Abgabe darf deshalb nicht so hoch sein, daß die Durchführung des Vorhabens wirtschaftlich nicht mehr vertretbar ist und der Verursacher faktisch zur Aufgabe des Vorhabens gezwungen wird.[139]

In Berlin und Hamburg fehlen bislang die nach den einschlägigen Gesetzen erforderliche Rechtsverordnung über die Höhe der Ausgleichsabgabe und das Verfahren zu ihrer Erhebung. Die Rechtsgrundlage ist in diesen Ländern deshalb noch unvollständig.

In Hessen und in Schleswig-Holstein wird die Höhe der Abgabe unmittelbar im Gesetz geregelt. Gem. § 6 Abs. 3 HessNatSchG ist eine Abgabe in Höhe der ersparten Rekultivierungskosten zu leisten bzw. gem. § 8 Abs. 4 SchHLPflG der Geldbetrag, der für die Ersatzmaßnahme erforderlich gewesen wäre. Unter Rekultivierung wird in Hessen die wertgleiche Wiederherstellung der Leistungsfähigkeit des Naturhaushalts und die landschaftsgerechte Wiederherstellung oder Neugestaltung des Landschaftsbildes durch Ausgleichs- und Ersatzmaßnahmen verstanden. Soweit danach die Kosten einer fiktiven Ersatz- bzw. Rekultivierungsmaßnahme ermittelbar sind, dürfte die Abgabenhöhe hinreichend bestimmt sein. Grenzen müssen sich aber auch hier aus dem Maßstab der Verhältnismäßigkeit ergeben.

---

134 Burmeister, Der Schutz von Natur und Landschaft vor Zerstörung, S. 133
135 In Rheinland-Pfalz kann aus Billigkeitsgründen der Rahmen auch bis zu 50 % unterschritten werden.
136 So ausdrücklich § 4 RhPfAAVO, ähnlich § 4 Abs. 1 BWAAVO
137 Vgl. Pielow, DRL, Eingriffe in Natur und Landschaft, S. 432 (433); Burmeister, Der Schutz von Natur und Landschaft vor Zerstörung, S. 148
138 Burmeister, Der Schutz von Natur und Landschaft vor Zerstörung, S. 138 ff.
139 Vgl. Kuchler, Eingriffsregelung und Bauplanungsrecht, S. 190 f.

Die Abgabensätze können deshalb nur dann an den fiktiven Kosten nicht möglicher Ersatzmaßnahmen orientiert werden, wenn die Anordnung der der Abgabenhöhe zugrundeliegenden Ersatzmaßnahmen verhältnismäßig wäre. Dabei ist zu berücksichtigen, daß ein Vorhaben, das bereits die Abwägung nach § 8 Abs. 3 BNatSchG überstanden hat, nicht durch eine übermäßige Belastung wirtschaftlich so uninteressant gemacht werden darf, daß seine Durchführung wirtschaftlich nicht mehr vertrebar ist.

Die Länder sehen, soweit sie Ausgleichsabgaben ermöglichen, eine Zweckbindung für deren Verwendung vor. Sie sind zur Durchführung von Ersatzmaßnahmen oder allgemein für Maßnahmen, die dem Naturschutz und der Landschaftspflege dienen, zu verwenden.[140]

In finanzverfassungsrechtlicher Hinsicht stellen die subsidiären Ausgleichsabgaben eine Sonderabgabe besonderer Art dar.[141] Das BVerwG hat für die baden-württembergische Regelung entschieden, daß diese zwar weder eindeutig Finanzierungsfunktionen noch eindeutig Lenkungsfunktionen i.S.d. Rechtsprechung des BVerfG hat,[142] aber dennoch den verfassungsrechtlichen Anforderung als eine Sonderabgabe sui generis genügt.[143] Das BVerwG ging davon aus, daß der Zweck der baden-württembergischen Ausgleichsabgabe, finanzielle Mittel zur Pflege von Natur und Landschaft zu erzielen, gegenüber der intendierten Wiedergutmachungsfunktion nur untergeordnet ist.

---

140 Vgl. die Übersicht bei Burmeister, Der Schutz von Natur und Landschaft vor Zerstörung, S. 39
141 Vgl. Kuchler, Naturschutzrechtliche Eingriffsregelung und Bauplanungsrecht, S. 195
142 Vgl. die Leitentscheidungen: BVerfG, Urt. v. 10.12.1980 - 2 BvF 3/77 -, E 55, 274 ff. (Berufsausbildung); BVerfG, Urt. v. 26.5.1981 - 1 BvL 56, 57, 58/78 -, E 57, 139 ff. (Schwerbehindertenabgabe); BVerfG, Urt. v. 6.11.1984 - 2 BvL 19, 20/83, 2 BvL 363, 491/83 -, E 67, 256 ff. (Investitionshilfeabgabe); vgl. auch zur Stellplatzablösung: BVerwG, Urt. v. 30.8.1985 - 4 C 10/81 -, NJW 1986, 600 f.
143 Vgl. BVerwG, Urt. v. 4.7.1986 - 4 C 50/83 -, NuR 1986, 294 (295)

Wirkung der naturschutzrechtlichen Eingriffsregelung im Geltungsbereich von Bebauungsplänen und innerhalb von im Zusammenhang bebauten Ortsteilen
- Gegenüberstellung -

Beplanter Innenbereich	
§ 30 BauGB	**Eingriffsregelung**
Mit Aufstellung des Bebauungsplans wurde bereits unter Abwägung aller betroffenen Belangen über die Bebaubarkeit der Grundstücke im Geltungsbereich des Bebauungsplans entschieden. Der Bebauungsplan ist Rechtsgrundlage der späteren Bebauung und ermöglicht damit Eingriffen i.S.d. Naturschutzrechtes. Er muß berücksichtigen, ob und auf welche Weise ein Eingriff i.S.d. naturschutzrechtlichen Eingriffsregelung ausgeglichen werden kann. Gegebenfalls müssen geeignete Flächen für Ausgleichsmaßnahmen festgesetzt werden. Der Bebauungsplan kann bereits Festsetzungen über Maßnahmen zum Schutz, zur Pflege und zur Entwicklung von Natur und Landschaft enthalten.	Vermeidungspflicht: Einwirkungen auf die Art der Ausführung des Vorhabens (z.B. Rücksichtnahme auf den vorhandenen Baumbestand. Ausgleichspflicht: Die Wiederherstellung eines funktional gleichartigen Zustands ist in der Regel nicht vollständig möglich. Im Bebauungsplan sind möglicherweise bereits Flächen oder Maßnahmen für den Eingriffsausgleich vorgesehen. Untersagung: Der Bebauungsplan präjudiziert die im Rahmen der Eingriffsregelung gebotene Abwägung. Die Bebaubarkeit hat deshalb grundsätzlich Vorrang. Ersatzmaßnahmen: Soweit nach Landesrecht Ersatzmaßnahmen am Ort des Eingriffs vorgesehen sind, kommen z.B. Fassaden- und Dachbegrünung, Anlage von Zierteichen, Zisternen zur Sammlung und Weiterverwendung von Niederschlagswasser etc. in Betracht. Soll die Ersatzmaßnahme der Wiederherstellung gleichartiger Funktionen an anderem Ort dienen, kommt z.B. die Entsiegelung und Rekultivierung einer Brachfläche in Betracht. Auch hier kann der Bebauungsplan bereits Festsetzungen mit entsprechendem Zweck enthalten.

Unbeplanter Innenbereich	
§ 34 Abs. 1 BauGB	**Eingriffsregelung**
Innerhalb eines im Zusammenhang bebauten Gebietes besteht eine Bebaubarkeitsvermutung. Dennoch kann auch ein Innenbereichsgrundstück unbebaubar geprägt sein. Die Prägung resultiert aber ausschließlich aus den Faktoren Art und Maß der baulichen Nutzung, Bauweise und überbaute Grundstücksfläche, wie sie in der näheren Umgebung vorzufinden sind. Der Wert der auf dem Grundstück befindlichen Natur- und Landschaftspotentiale bleibt unberücksichtigt.	Hinsichtlich der Vermeidungs- und Ausgleichspflicht kann nicht auf die Festsetzungen eines Bebauungsplans zurückgegriffen werden. Die Vermeidungspflicht kann erfordern, daß auf vorhandene Vegetationsbestände Rücksicht genommen werden muß. Ein Ausgleich ist wegen der Beengtheit von Innenbereichsgrundstücken in der Regel nicht möglich. Regelmäßig wirkt die verfassungsrechtlich geschützte Rechtsposition des Grundstückseigentümer schwerer als die Belange des Naturschutzes. Die Untersagung kommt danach allenfalls in besonders gelagerten Einzelfällen in Betracht, wenn es um den Erhalt besonders seltener und wertvoller Landschaftsbestandteile geht. Wegen des Fehlens hinreichend bestimmter Entschädigungsregelung ist sie derzeit allerdings nicht rechtmäßig. Hinsichtlich der Ersatzmaßnahmen gilt gleiches wie im Geltungsbereich von Bebauungsplänen.

(Tab. 72)

Übersichtstabelle
Versiegelungsrelevante Anforderungen an die Errichtung baulicher Anlagen

Bauordnungsrecht	LBO	- Pflicht zur gärtnerischen Gestaltung und Begrünung der nicht überbauten Grundstücksfläche, LBO - Verbot von Bodenbefestigungen, die die Wasserdurchlässigkeit des Bodens wesentlich beeinträchtigen, wenn die Zweckbestimmung dies nicht erfordert, § 9 Abs. 4 HbgBO, § 11 Abs. 2 SaarBO, § 10 Abs. 1 S. 5 HessBO, § 10 Abs. 3 RhPfBO, § 8 Abs. 2 S. 2 BlnBO u. Art. 3 Abs. 1 S. 1 BayBO - Möglichkeit der Unterschutzstellung von Bäumen im Einzelfall, LBO - Möglichkeit, die Bepflanzung mit Bäumen anzuordnen (im Rahmen des Zumutbaren), z.B. § 9 Abs. 1 S. 2 NWBO - Möglichkeit, die Bepflanzung von Fassaden und Dächern anzuordnen (im Rahmen des Zumutbaren), § 9 Abs. 5 HbgBO u. § 11 Abs. 3 SaarBO, - Eingrünung von Stellplätzen, Art. 55 Abs. 8 S. 2 BayBO - Möglichkeit der Anordnung von Ausgleichsmaßnahmen bei Befreiungs- und Ausnahmeentscheidungen, § 61 Abs. 5 BlnBO u. § 36 LVwVfG u BVwVfG - Nach Möglichkeit soll in Gebieten mit offener Bebauung das unverschmutzte Niederschlagswasser auf dem Grundstück unmittelbar dem Untergrund zugeführt werden § 40 Abs. 2 BlnBO
	Gestaltungssatzungen	- Begrünung von Fassaden, Vorgärten, Stellplätzen etc. (z.B. ein Baum für vier Stellplätze) - Verwendung bestimmter Bodenbeläge (nur aus gestalterischen Gründen), LBO
	Baumschutzsatzung	- Schutz des Baumbestandes Art. 91 Abs. 2 Nr. 3 BayBO u. § 118 Abs 2 Nr. 2 HessBO
	Stellplatzsatzung	- Beschränkung der Zulässigkeit von Stellplätzen in einem Gebiet Verzicht auf die Stellplatznachweispflicht, z.B. § 47 Abs. 4 Nr. 2 u. 3 NWBO
Bauplanungsrecht	Bebauungsplan	- Maßfestsetzungen (GR/GRZ) - Ausschluß der Zulässigkeit von Nebenanlagen und Stellplätzen außerhalb der überbaubaren Grundstücksfläche, § 9 Abs. 1 Nr. 2 BauGB i.V.m. § 23 Abs. 5 BauNVO - Verbot oder Einschränkung der Zulässigkeit von Stellplätzen, § 12 Abs. 4-6 BauNVO - Private Grünflächen, § 9 Abs. 1 Nr. 15 BauGB - Flächen zur Bepflanzung, § 9 Abs. 1 Nr. 25 a BauGB - Schutz von Vegetationsbeständen, § 9 Abs. 1 Nr. 25 b BauGB - Anpflanzung von Bäumen und anderen Pflanzen, § 9 Abs. 1 Nr. 25 a BauGB - Maßnahmen zum Schutz, zur Pflege und zur Entwicklung von Natur und Landschaft (z.B. Sammlung von unverschmutztem Niederschlagswasser in einer Zisterne, Befestigung von Stellplätzen nur mit Rasengittersteinen oder Belägen mit vergleichbarer Wasserdurchlässigkeit etc.), § 9 Abs. 1 Nr. 20 1. Alt BauGB - Flächen für Maßnahmen zum Schutz, zur Pflege und zur Entwicklung von Natur und Landschaft, § 9 Abs. 1 Nr. 20 2. Alt BauGB
	§ 34 Abs. 1 BauGB	- Das Vorhaben muß sich nach Art und Maß der baulichen Nutzung, der Bauweise und der Grundstücksfläche, die überbaut werden soll, in die nähere Umgebung einfügen. Der Wert der vorhandenen Natur- und Landschaftspotentiale findet keine Berücksichtigung.

	Übersichtstabelle (Fortsetzung)	
	Versiegelungsrelevante Anforderungen an die Errichtung baulicher Anlagen	
	§ 35 BauGB	- Bei nicht privilegierten Vorhaben dürfen die Belange des Naturschutzes nicht beeinträchtigt werden. - Bei privilegierten Vorhaben dürfen öffentliche Belange nach Abwägung nicht entgegenstehen.
Naturschutzrecht	BNatSchG/LNatSchG	- Eingriffsregelung: Unnötige Beeinträchtigung von Natur und Landschaft müssen unterlassen werden (Vermeidungspflicht); Anordnung von Ausgleichs- und Ersatzmaßnahmen, ggf. Ausgleichzahlungen - Die Zerstörung, Entfernung und Veränderung von Landschaftsbestandteilen können untersagt werden, §§ 25 Abs. 4 und 24 Abs. 5 BWNatSchG, Art. 12 Abs. 2 u. 3 i.V.m. 9 Abs. 5 BayNatSchG u. § 20 Abs. 5 SchHLPflG
	Grünordnungs- bzw. Landschaftsplan, soweit verbindlich	- Anpflanzungen - Schutz von Vegetationsbeständen und anderen Landschaftsbestandteilen - Sonstige Maßnahmen zum Schutz, zur Pflege und zur Entwicklung von Natur und Landschaft (z.B. Sammlung von Niederschlagswasser in Zisternen, Zierteichen oder Regentonnen, Versickerung von Niederschlagswasser, Verwendung wasserdurchlässiger Bodenbeläge, Dach- und/oder Fassadenbegrünung etc.), § 8 BlnNatSchG, § 7 BremNatSchG, § 6 HbgNatSchG u. §§ 16 ff. NWLG
	Baumschutzsatzungen/-verordnungen	- Schutz des Baumbestandes, § 18 BNatSchG u. LNatSch
	Sonstige naturschutzrechtliche Verordnungen	- Absolute oder relative Veränderungsverbote, §§ 12 - 19 BNatSchG u. LNatSchG
Wasserrecht	WHG/LWG	- Wasserrechtliche Erlaubnis für das Einleiten von Niederschlagswasser in das Grundwasser, §§ 2, 3, 7 a u. 34 WHG - Öffentliche Abwasserbeseitigungspflicht, § 18 a WHG u. LWG - Wasserrechtliche Anforderungen an den Bau von Abwasserbeseitigungsanlagen, LWG
	Wasserschutzverordnung	- Nutzungsbeschränkung zur Sicherstellung der Grundwasserneubildung und/oder zur Vermeidung des schädlichen Abfließens von Niederschlagswasser (z.B. Verbot bzw. Beschränkung von Bodenversiegelung) § 19 Abs. 1 Nr. 2 u. 3 u. Abs. 2 WHG
Kommunalrecht	Kommunalrechtl. Anschlußsatzung	- Verbot oder Einschränkung der dezentralen Versickerung von Niederschlagswasser oder - der Sammlung zur Weiterverwendung bei der Gartenbewässerung. Ausnahme- und Befreiungsmöglichkeiten sind zu beachten, z.B. § 19 NWGO.

(Tab. 73)

Kapitel 19

Befugnisse zur Umsetzung versiegelungsrelevanter Maßnahmen im Einzelfall

Die Überwachung und Umsetzung der materiellen Anforderungen realisieren sich in einem Kontrollverfahren nur dann, wenn ein genehmigungsbedürftiges Vorhaben durchgeführt wird. Soweit der Staat in die tatsächlichen oder rechtlichen Verhältnisse verändernd eingreifen will, bedarf er über die bloße Kontrollbefugnis hinaus einer speziellen Befugnis, bestimmte Maßnahmen gegenüber Dritten verbindlich anzuordnen.

A. Städtebaurechtliche Eingriffsbefugnisse

Das BauGB enthält zur Umsetzung der Festsetzungen eines Bebauungsplans mit der Möglichkeit der Enteignung und den städtebaulichen Geboten Instrumente, die die Realisierung der Planung auch gegen den Willen des Grundstückseigentümers ermöglichen. Weitere Instrumente zur Planverwirklichung sind das Vorkaufsrecht, das Umlegungsverfahren und im weiteren Sinne auch das Erschließungsbeitragsrecht.

I. Städtebauliche Gebote

Die Festsetzungen von Bepflanzungen oder von Flächen und Maßnahmen zum Schutz, zur Pflege und zur Entwicklung von Natur und Landschaft begründen aus sich heraus noch keine Verpflichtung zur planentsprechenden Umsetzung. Soweit sie funktionell mit der Hauptnutzung verknüpft sind, kommt eine Umsetzung als Auflage im Rahmen des Baugenehmigungsverfahrens in Betracht. Festsetzungen, die unabhängig von der Hauptnutzung wirken, müssen demgegenüber durch weitere Vollzugsakte umgesetzt werden. Zu diesem Zweck enthält das BauGB in den §§ 175 - 179 BauGB Eingriffsbefugnisse, von denen im Untersuchungszusammenhang das Pflanzgebot und das Abbruchgebot von Bedeutung sein können.

Das Pflanzgebot kann sowohl für bislang unbebaute als auch für bebaute Grundstücke angeordnet werden, während das Abbruchgebot seinem Wesen nach nur auf bebaute Grundstücke bezogen sein kann. Abbruch- und Pflanzgebot ermöglichen damit planerisch vorgesehene Entsiegelungsmaßnahmen. Sie können sich unter den gesetzlichen Voraussetzungen gegen den Bestandsschutz baulicher Anlagen durchsetzen.[1] Ihre Wirkung geht deshalb weiter als die der bauordnungsrechtlichen Eingriffsbefugnisse.[2]

Im Ansatz sind die städtebaulichen Gebote jedoch nicht auf die einseitige Durchsetzung hoheitlicher Maßnahmen angelegt, sondern sie verfolgen vorrangig das Ziel, die angestrebte städtebauliche Entwicklung in wechselseitiger Kooperation zu erreichen.[3] Die durchzusetzenden Maßnahmen sollen nämlich gem. § 175 Abs. 1 BauGB mit den Betroffenen erörtert werden. Dabei soll auch eine Beratung über die Möglichkeiten der freiwilligen Durchführung und der Finanzierung aus öffentlichen Kassen vorgenommen werden. Der Grundstückseigentümer soll möglichst aus eigenem Entschluß die Umsetzung der Festsetzungen ins Werk setzen.[4] Nur wenn er hierzu nicht bewegt werden kann, kommt die Anordnung eines städtebaulichen Gebots in Betracht.

Gemeinsame Voraussetzung aller städtebaulichen Gebote ist gem. § 175 Abs. 2 BauGB, daß die alsbaldige Durchführung der Maßnahmen aus städtebaulichen Gründen erforderlich ist. Die danach gebotene städtebauliche Erforderlichkeit geht über die Erforderlichkeit eines Bebauungsplans i.S.d. § 1 Abs. 3 BauGB hinaus.[5] Das BVerwG hat in einem ein Baugebot betreffenden Fall vorausgesetzt, daß die tatsächliche Situation im Plangebiet "keinen längeren Aufschub der Verwirklichung der bauplanerischen Festsetzungen duldet und deshalb die Statuierung einer Baupflicht für den Eigentümer unter Überwindung seiner gegen eine sofortige Planverwirklichung sprechenden Belange rechtfertigt."[6]

Die städtebaulichen Gebote verfolgen jedoch ganz unterschiedliche Ziele. Während das Baugebot eine durch den Bebauungsplan in seiner Eigenschaft als Angebotsplanung eröffnete Bauberechtigung zu einer Bebauungspflicht wandelt, wird mit dem Pflanzgebot die bereits im Bebauungsplan konzipierte Pflicht verbindlich konkretisiert. Auch das Abbruchgebot wandelt keine Berechtigung in eine Verpflichtung, sondern dient der Herstellung eines plankonformen Zustands. Die unterschiedliche Zielsetzung der jeweiligen städtebaulichen Gebote erfordert deshalb eine der jeweiligen Zielsetzung entsprechende Begründung.

1. Pflanzgebot (§ 178 BauGB)

Gem. § 178 BauGB kann die Gemeinde den Eigentümer durch Bescheid verpflichten, sein Grundstück innerhalb einer zu bestimmenden angemessenen Frist entsprechend den nach § 9 Abs. 1 Nr. 25 getroffenen Festsetzungen zu bepflanzen. Das Pflanzgebot bezweckt damit die Verwirklichung der Festsetzungen nach § 9 Abs. 1 Nr. 25 a BauGB. Unterschieden werden kann zwischen selbständigen und unselbständigen Pflanzfestsetzungen. Unselbständig sind Pflanzfestsetzungen, wenn sie funktional unmittelbar mit der Festsetzung der

---

1 Vgl. Rothe, Verwirklichung von Bebauungsplänen, S. 187, Rn. 252
2 Vgl. die Ausführung in diesem Kapitel unten Teil B
3 BVerwG, Urt. v. 15.2.1990 - 4 C 41/87 -, ZfBR 1990, 143 (145); Schmidt-Aßmann, NJW 1976, 1913
4 BVerwG, Urt. v. 15.2.1990 - 4 C 41/87 -, ZfBR 1990, 143 (145)
5 Vgl. Krautzberger, in: Battis/Krautzberger/Löhr, BauGB, § 175 Rn. 6; Lemmel, in: Brügelmann, BauGB, § 175 Rn. 6; Köhler, Die Planverwirklichungsgebote als Instrumente des Städtebaurechts, S. 37; Rothe, Verwirklichung von Bebauungsplänen, S. 77, Rn. 47
6 BVerwG, Urt. v. 15.2.1990 - 4 C 41/87 -, ZfBR 1990, 143 (146) unter Hinweis auf BVerwG, Beschl. v. 3.8.1989 - 4 B 70/89 -, ZfBR 1989, 265

Hauptnutzung des Grundstücks verbunden sind.[7] In diesen Fällen tritt die Verpflichtung zur Verwirklichung der Pflanzfestsetzung erst mit der Verwirklichung der Hauptnutzung in Kraft.[8] Beide Festsetzungen sind als Einheit anzusehen. Die Zulässigkeit der Hauptnutzung hängt von der Verwirklichung der Pflanzfestsetzung ab. Deshalb wird die Bauaufsichtsbehörde in der Regel die Pflanzfestsetzungen als Auflage oder Bedingung zum Gegenstand der Baugenehmigung machen.[9] Daneben bleibt aber auch in diesen Fällen die Möglichkeit eines Pflanzgebots bestehen.[10]

Wichtiger ist das Pflanzgebot allerdings in Fällen, in denen kein ein behördliches Kontrollverfahren auslösendes Vorhaben i.S.d. § 29 BauGB vorgesehen ist, weil es dann die einzige Möglichkeit zur Umsetzung von Grünfestsetzungen darstellt. Dies ist z.B. der Fall, wenn die Pflanzfestsetzung der Verbesserung der Wohnumfeldbedingungen bei einer Bestandsüberplanung bezweckt oder der Grundstückseigentümer eines unbebauten Grundstücks keinerlei Bauabsichten hat, die Bepflanzung nach der Konzeption des Bebauungsplans aber unabhängig von der Bebauung des Grundstücks erforderlich ist.

Die Anforderungen an die städtebauliche Begründung eines Pflanzgebots werden im Schrifttum wenig differenziert umschrieben. Einigkeit scheint insoweit zu bestehen, als die Anforderungen in Hinblick auf die geringere Eingriffsintensität weniger streng sind als bei den übrigen städtebaulichen Geboten.[11] Die alsbaldige Erforderlichkeit der Bepflanzung wird nach Krautzberger wegen der Bedeutung von Grün für die städtebauliche Qualität in den Gemeinden in der Regel mit dem Bebauungsplan begründbar sein.[12] Lemmel stellt demgegenüber darauf ab, ob nach der Verkehrsauffassung das Anpflanzen von Bäumen, Sträuchern und sonstigen Bepflanzungen erwartet wird. Ein Jahr nach Abschluß der Bebauung sei in der Regel eine alsbaldige Bepflanzung geboten.[13] Lemmel hat dabei allerdings den Fall einer unselbständigen Pflanzfestsetzung bei einer Neubebauung im Auge. Die Behörde hat hier zunächst abzuwarten, ob der Bauherr in absehbarer Zeit von sich aus die erforderliche Bepflanzung vornimmt. Unterläßt er die festgesetzte Bepflanzung, so ist ein Pflanzgebot gerechtfertigt. Die Gemeinde muß jedoch die unverzügliche Umsetzung ihrer städtebaulichen Konzeption beabsichtigen. Vorsorgliche oder vorzeitige Anordnungen von an sich erforderlichen Maßnahmen sind unzulässig.[14]

Selbständige Pflanzfestsetzungen, die unabhängig von zu realisierenden Bauvorhaben nach der Plankonzeption erforderlich sind, knüpfen an den Bestand an. Die städtebauliche Erforderlichkeit einer alsbaldigen Umsetzung der Festsetzungen nach § 9 Abs. 1 Nr. 25 BauGB ergibt sich deshalb in diesen Fällen häufig schon aus den Gründen der Festsetzung selbst.[15] Die Gemeinde kann von vornherein nicht auf die Umsetzung durch die Grundstückseigentümer im Rahmen eines genehmigungsbedürftigen Vorhabens hoffen. Die Gründe für die

---

7   Bielenberg, in: Ernst/Zinkahn/Bielenberg, BauGB, § 41 Rn. 51.
8   Bielenberg, in: Ernst/Zinkahn/Bielenberg, BauGB, § 41 Rn. 48 u. 55; Köhler, Die Planverwirklichungsgebote als Instrumente des Städtebaurechts, S. 62
9   Bielenberg, in: Ernst/Zinkahn/Bielenberg, BauGB, § 41 Rn. 51
10 Krautzberger, in: Battis/Krautzberger/Löhr, BauGB, § 178 Rn. 2; Bielenberg, in: Bielenberg/Krautzberger/Söfker, BauGB, S. 638, Rn. 456
11 Vgl. Köhler, Die Planverwirklichungsgebote als Instrumente des Städtebaurechts, S. 62; Maincyzk, BauGB, § 178 Rn. 1
12 Krautzberger, in: Battis/Krautzberger/Löhr, BauGB, § 178 Rn. 1
13 Vgl. Lemmel, in: Brügelmann, BauGB, § 178 Rn. 1
14 Vgl. Köhler, Die Planverwirklichungsgebote als Instrumente des Städtebaurechts, S. 75
15 Krautzberger, in: Battis/Krautzberger/Löhr, BauGB, § 178 Rn. 1

Grünfestsetzungen müssen deshalb bereits die Notwendigkeit einer Umsetzung im Wege des Pflanzgebots umfassen. Kann auch bei der nach § 175 Abs. 1 BauGB gebotenen Erörterung und Beratung der Grundstückseigentümer nicht zu einer freiwilligen Realisierung der Planung bewegt werden, ist das Pflanzgebot alsbald erforderlich.

Eine Entschädigungspflicht sieht § 178 BauGB nicht vor. Diese kann sich jedoch unmittelbar aus der Festsetzung nach § 9 Abs. 1 Nr. 25 BauGB gem. § 41 Abs. 2 BauGB ergeben.[16] Eine Entschädigungspflicht besteht danach, wenn und soweit infolge dieser Festsetzungen

- besondere Aufwendungen notwendig sind, die über das bei ordnungsgemäßer Bewirtschaftung erforderliche Maß hinausgehen oder
- eine wesentliche Wertminderung des Grundstücks eintritt.

Aufwendungen, die den Rahmen einer ordnungsgemäßen Bewirtschaftung nicht überschreiten, sind danach grundsätzlich entschädigungslos.[17] Aus diesem Grund wird die schon bauordnungsrechtlich generell vorgeschriebene Bepflanzung der nicht überbauten Grundstücksflächen in der Regel entschädigungslos sein. Die ordnungsgemäße Bewirtschaftung umfaßt auch die Bepfanzung mit Bäumen und Sträuchern.[18] Ob die Bepflanzung von Dächern angeordnet werden kann, ist allerdings umstritten. Das OVG NW ist der Auffassung, daß die nachträglichen Anordnungen von Dachbegrünung (auch von Extensivbegrünung) wohl stets Entschädigungspflichtig seien.[19] Demgegenüber wird im Schrifttum eine differenziertere Einschätzung gegeben.[20] Das Maß der ordnungsgemäßen Bewirtschaftung wird danach jedenfalls dann überschritten, wenn bei einer Dachbegrünung erhebliche konstruktive Aufwendungen erforderlich sind.[21] Wird demgegenüber eine normale extensive Dachbegrünung angeordnet, die keine konstruktiven Änderungen verlangt und keine ins Gewicht fallenden zusätzlichen Kosten verursacht, kann auch eine Dachbegrünung entschädigungslos angeordnet werden.[22] Demgegenüber wird die Bepflanzung von Giebelwänden, insbesondere von fensterlosen Brandwänden wegen der nur geringen Anpflanzkosten regelmäßig keine ins Gewicht fallenden Mehraufwendungen verlangen.[23]

Zusätzliche Einschränkungen ergeben sich bei bestehenden baulichen Anlagen unter dem Gesichtspunkt des Bestandsschutzes.[24] Die Anordnung einer Dachbegrünung wird hier allenfalls dann entschädigungslos in Frage kommen, wenn ohnehin eine turnusgemäße Dacherneuerung durchgeführt werden muß und deshalb keine ins Gewicht fallenden Mehraufwendungen entstehen.

---

16 Vgl. oben Kap. 7 Teil B III 1 b
17 Vgl. Bielenberg, in Ernst/Zinkahn/Bielenberg, BauGB, § 41 Rn. 58
18 Vgl. Stich/Porger/Steinbach/Jakob, Berücksichtigung stadtökologischer Forderungen in der Bauleitplanung, S. 49 f.
19 Vgl. OVG NW, Urt. v. 5.12.1990 - 10 a NE 73/90 -, UPR 1991, 278 f.
20 Hinsichtlich der Fassaden- und Dachbegrünung gilt das zu den entsprechenden Befugnissen der Hamburger und Saarländischen Bauordnung Gesagte entsprechend. vgl. oben Kap. 17 Teil A
21 Vgl. Stich/Porger/Steinbach/Jakob, Berücksichtigung stadtökologischer Forderungen in der Bauleitplanung, S. 78; Alexejew/Haase/Großmann, HbgBO, § 9 Rn. 60
22 Vgl. Stich/Porger/Steinbach/Jakob, Berücksichtigung stadtökologischer Forderungen in der Bauleitplanung, S. 78
23 Vgl. Alexejew/Haase/Großmann, HbgBO, § 9 Rn. 59; Stich/Porger/Steinbach/Jakob, Berücksichtigung stadtökologischer Forderungen in der Bauleitplanung, S. 77
24 Vgl. Stich/Porger/Steinbach/Jakob, Berücksichtigung stadtökologischer Forderungen in der Bauleitplanung, S. 78

Das Pflanzgebot kann nach einhelliger Meinung sowohl durch Zwangsgeld als auch im Wege der Ersatzvornahme entsprechend den planerischen Festsetzungen durchgesetzt werden.[25]

2. Abbruchgebot

Die Begrenzung der Bodenversiegelung durch die Festsetzung der GR oder GRZ und der überbaubaren Grundstücksfläche wirkt ohne weiteren Vollzugsakt lediglich im Rahmen des Vorhabengenehmigungsverfahrens. Maßnahmen zur Entsiegelung im Bestand durch Beseitigung nicht erforderlicher Bodenbefestigungen können aber unter den Voraussetzungen des § 179 BauGB angeordnet werden. Danach kann die Gemeinde den Eigentümer zur Duldung der Beseitigung einer baulichen Anlage im Geltungsbereich eines Bebauungsplans verpflichten, wenn sie

1. den Festsetzungen des Bebauungsplans nicht entspricht und ihnen nicht angepaßt werden kann,
2. Mißstände oder Mängel im Sinne des § 177 Abs. 2 u. 3 S. 1 BauGB aufweist, die auch durch Modernisierung oder Instandsetzung nicht behoben werden können.

Die zweite Alt. scheidet als Grundlage für Entsiegelungsmaßnahmen aus, da nach § 177 Abs. 2 u. 3 S. 1 BauGB im wesentlichen nur Mißstände oder Mängel an der baulichen Anlage selbst erfaßt sind.[26] Die in Abs. 3 S. 1 aufgezählten Mängel sind zwar nur Beispiele. Aus dem Sachzusammenhang der Tatbestände folgt jedoch, daß es um den Zustand der baulichen Anlage selbst geht. Diese soll vorrangig modernisiert bzw. instandgesetzt werden.[27] Bei Entsiegelungsmaßnahmen kommt aber von vornherein keine Instandsetzung oder Modernisierung in Frage.

Demgegenüber wird ein Abbruchgebot für bodenversiegelnde Befestigung auf die Festsetzungen eines Bebauungsplans gestützt werden können. § 179 Abs. 1 S. 1 Nr. 1 BauGB nennt zwei Voraussetzungen. Die bauliche Anlage muß planwidrig sein, und sie darf nicht an die Festsetzungen des Bebauungsplans angepaßt werden können.

Einschränkungen ergeben sich auch hier aus dem in § 175 Abs. 2 BauGB modifizierten Erforderlichkeitsgebot. Die Entsiegelungsmaßnahme muß deshalb alsbald erforderlich sein. Im Schrifttum wird darauf hingewiesen, daß die Beseitigung baulicher Anlagen in der Regel im Zusammenhang weitergehender Entwicklungsplanung steht. Erforderlich sei die alsbaldige Beseitigung der baulichen Anlage dann, wenn sie die angestrebte städtebauliche Entwicklung hemmt.[28] Lemmel verlangt eine "gewisse Dringlichkeit" der Beseitigung.[29] Entsiegelungsmaßnahmen werden in diesem Sinne nur dann erforderlich sein, wenn sie Bestandteil einer für einen bestimmten Bereich festgelegten Konzeption zur Verringerung des Versiegelungsgrads sind. Die Überschreitung der zulässigen GRZ im Bestand reicht demgegenüber

---

25 Krautzberger, in: Battis/Krautzberger/Löhr, BauGB, § 178 Rn. 2
26 Nach § 177 Abs. 3 S. 1 Nr. 2 BauGB kann ein Mangel allerdings auch darin bestehen, daß die äußere Beschaffenheit der baulichen Anlage das Straßen- oder Ortsbild nicht unerheblich beeinträchtigt. Auch hiernach ist aber die äußere Beschaffenheit der baulichen Anlage maßgebend.
27 Vgl. Lemmel, in: Brügelmann, BauGB, § 177 Rn. 5 ff.
28 Vgl. Krautzberger, in: Battis/Krautzberger/Löhr, BauGB, § 179 Rn. 5; Lemmel, in: Brügelmann, BauGB, § 179 Rn. 7; Maincyzk, BauGB, § 179 Rn. 2
29 Lemmel, in: Brügelmann, BauGB, § 179 Rn. 7

allein nicht aus, die Duldung von Entsiegelungsmaßnahmen zu begründen. Es kommt insoweit auf den eigentlichen Zweck der Festsetzung an. Ist diese auf die Verbesserung der Wohnumfeldbedingungen durch eine Verringerung des Versiegelungsgrads und damit von vornherein auf eine Beseitigung der nicht erforderlichen Bodenversiegelung gerichtet, wird diese auch ohne weiteren hinzutretenden Grund alsbald erforderlich sein. Die Gemeinde ist dann auch zu einem sukzessiven Vorgehen, das zunächst nur ein Grundstück herausgreift, berechtigt.[30]

Nach Maßgabe des Verhältnismäßigkeitsgebots sind weitergehende Interessen zu beachten.[31] Insbesondere bleiben die Interessen des Eigentümers an der weitergehenden Beibehaltung des vorhandenen Zustands und die ihn treffenden wirtschaftlichen Belastungen für die Entscheidung über den Erlaß eines Abbruchgebots erheblich.[32] Das Abbruchgebot muß im Verhältnis zu den Interessen des Eigentümers und der sonstigen Nutzungsberechtigten noch verhältnismäßig sein.[33] Die Beseitigung bodenversiegelnder Beläge wird i.d.S. in der Regel verhältnismäßig sein, jedenfalls dann, wenn ihr nicht auf Grund der Nutzung des Grundstücks eine essentielle Bedeutung zukommt. So kann z.B. auch eine ungenügende Belichtung und Belüftung der auf dem Grundstück befindlichen Wohnungen die Freilegung einer im Bebauungsplan als nicht überbaubar ausgewiesenen Fläche rechtfertigen.[34]

Bei der Beurteilung der Verhältnismäßigkeit der Anordnung ist zudem zu beachten, daß die Beseitigungslast nicht den Grundstückseigentümer trifft.[35] Dieser wird nur zur Duldung verpflichtet. Davon unberührt bleibt das Recht des Eigentümers, die bauliche Anlage selbst zu beseitigen (§ 179 Abs. 1 S. 3 BauGB).

Darüber hinaus hat der Gesetzgeber die für die Beurteilung der Verhältnismäßigkeit erhebliche Frage der wirtschaftlichen Beeinträchtigung des Grundstückseigentümers durch eine differenzierte Entschädigungs- und Übernahmeregelung in § 179 Abs. 3 BauGB bereits vorgeklärt. Das Abbruchgebot kann gem. § 179 Abs. 3 S. 1 BauGB Entschädigungsansprüche auslösen, wenn dem Eigentümer, Mieter, Pächter oder sonstigen Nutzungsberechtigten durch die Beseitigung ein Vermögensnachteil entsteht. Art und Höhe der Entschädigung richten sich nach §§ 93 ff. BauGB.[36]

Für die Einhaltung der GRZ kommt es nicht darauf an, welche baulichen Anlagen beseitigt werden. Dies wirft in Hinblick auf die nach § 37 Abs. 1 VwVfG gebotene Bestimmtheit des Abbruchgebots Probleme auf. Die Anordnung muß so gefaßt werden, daß ihr Adressat erkennen kann, was von ihm verlangt wird; sie muß darüber hinaus zwangsweise durchsetzbar sein.[37] Will die Gemeinde die Herstellung der planungsrechtlich zulässigen GR bzw. GRZ erreichen, ist hierfür nicht der Abbruch einer bestimmten, sondern jeder beliebigen Baulichkeit erforderlich. Da der planungsrechtliche Rahmen durch die städtebaulichen Ge-

---

30 Vgl. Battis zur Erforderlichkeit einer Enteignung, in: Battis/Krautzberger/Löhr, BauGB, § 87 Rn. 3
31 Zwar sind die Regelungen des Bebauungsplans typischerweis konkret individuell, sie sind aber eingebunden in ein die konkrtete Grundstückssituation übergreifendes Interessengeflecht und lassen insbesondere die personenbezogenen Interessen bei Rechtssubjektwechseln außer Betracht. Vgl. Battis zur Erforderlichkeit einer Enteignung, in: Battis/Krautzberger/Löhr, BauGB, § 87 Rn. 3
32 Vgl. Köhler, Die Planverwirklichungsgebote als Instrumente des Städtebaurechts, S. 73
33 Vgl. Köhler, Die Planverwirklichungsgebote als Instrumente des Städtebaurechts, S. 72 f.
34 OVG Bremen, Urt. v. 25.2.1986 - 1 BA 83/85 -, NVwZ 1986, 764; Krautzberger, in: Battis/Krautzberger/Löhr, BauGB, § 179 Rn. 5
35 Lemmel, in: Brügelmann, BauGB, § 179 Rn. 15
36 Vgl. Lemmel, in: Brügelmann, BauGB, § 179 Rn. 15
37 BVerwG, Urt. v. 15.2.1990 - 4 C 41/87 -, ZfBR 1990, 143 (144)

bote nicht verengt werden darf,[38] ergeben sich zwangsläufig Grenzen für die Bestimmtheit des Abbruchgebots. Köhler will demgegenüber die Einschränkung des planungsrechtlichen Rahmens durch ein Baugebot zulassen, um den Anforderungen des Bestimmtheitsgebots gerecht werden zu können.[39] Das BVerwG hat sich jedoch für eine Herabsetzung der Anforderungen an die Bestimmtheit der städtebaulichen Gebote entschieden.[40] Das Maß der gebotenen Bestimmtheit ergibt sich danach aus der Konkretheit der umzusetzenden planungsrechtlichen Anforderungen. Die Anforderungen an die Bestimmtheit können ggf. sehr gering sein.[41]

Im Grundsatz genügt den vom BVerwG aufgestellten Anforderungen deshalb auch die sehr unbestimmte Anordnung, das zulässige Maß an Überbauung des Grundstücks durch den Abriß einer beliebigen baulichen Anlage herzustellen. Möglich erscheint auch die Anordnung der Entsiegelung einer versiegelten Fläche unter gleichzeitigem Hinweis, daß dem Abbruchgebot auch durch die Beseitigung einer anderen als der bezeichneten baulichen Anlage genügt werden kann.

II. Enteignung

Gem. § 85 Abs. 1 Nr. 1 BauGB ist eine Enteignung zulässig, um ein Grundstück entsprechend den Festsetzungen des Bebauungsplans zu nutzen oder eine solche Nutzung vorzubereiten. Das Enteignungsziel muß sich unmittelbar aus den Festsetzungen des Bebauungsplans ergeben. Erforderlich wird die Enteignung sein, wenn ein Grundstück als öffentliche Grünfläche oder als Fläche zum Ausgleich von Eingriffen in Natur und Landschaft festgesetzt und dem Grundstück damit die privatnützige Verwendungsmöglichkeit entzogen wird. Grundsätzlich können aber alle nach § 9 Abs. 1 - 4 BauGB zulässigen Festsetzungen durch Enteignung umgesetzt werden.[42]

1. Allgemeinwohlerfordernis

Zulässig sind Enteignungen aber nur aus Gründen des Allgemeinwohls. Das öffentliche Interesse muß über das Interesse am Vollzug der Planung hinausgehen.[43] Die angestrebte Nutzung muß zumindest auch gemeinnützig sein. Bei auch privatnützigen Enteignungen muß sich die Erforderlichkeit ausschließlich aus Gründen des Allgemeinwohls ableiten.[44] Dies ist der Fall, wenn zur Realisierung eines privaten Vorhabens eine Fläche für Ausgleichsmaßnahmen bereitgestellt werden soll. Die Enteignung hat hier privatnützigen, aber auch gemeinwohldienenden Charakter. Die Erfüllung der Ausgleichspflicht liegt jedoch

---

38 Vgl. Ernst/Zinkahn/Bielenberg, BauGB, Vorb. §§ 175-179 Rn. 24
39 Köhler, Die Planverwirklichungsgebote als Instrumente des Städtebaurechts, S. 71
40 BVerwG, Urt. v. 15.2.1990 - 4 C 41/87 -, ZfBR 1990, 143 (144)
41 BVerwG, Urt. v. 15.2.1990 - 4 C 41/87 -, ZfBR 1990, 143 (144)
42 BGH, Urt. v. 28.5.1985 - III ZR 100/83 -, NVwZ 1986, 506 = BRS 45 Nr. 3
43 BGH, Urt. v. 27.1.1977 - III ZR 153/74 -, BGHZ 68, 100 = NJW 1977, 955 = DVBl 1978, 370 = BauR 1977, 191; Urt. v. 19.2.1976 - III ZR 147/73 -, NJW 1976, 1266 = BRS 34 Nr. 67; Kimminich, in: Bonner Kommentar, GG, Art. 14 Rn. 273; Papier, in: Maunz/Dürig/Herzog, GG, Art. 14 Rn. 505; v.Brüneck, NVwZ 1986, 425 (427 ff.)
44 Vgl. BVerfG, Urt. v. 24.3.1987 - 1 BvR 1046/85 -, E 74, 264 (284 ff. = NJW 1987, 1251 (1253); Berkemann, in: Berliner Kommentar, BauGB, § 85 Rn. 33

nicht originär im privaten Interesse, sondern in den durch die einschlägigen Naturschutzgesetze konkretisierten Allgemeinwohlinteressen am Schutz, an der Pflege und an der Entwicklung von Natur und Landschaft.

Die rechtfertigenden Gründe müssen zudem städtebaulicher Art sein. Hierauf hat das BVerfG in der Boxberg-Entscheidung ausdrücklich hingewiesen.[45] Soweit es um die Schaffung gesunder, ausreichend durchgrünter Wohn- und Arbeitsverhältnisse geht, dürfte dies unproblematisch sein.

2. Erforderlichkeitsgebot

§ 87 Abs. 1 BauGB konkretisiert den Grundsatz der Erforderlichkeit, wie er schon in § 1 Abs. 3 BauGB für die Planaufstellung enthalten ist, für die Enteignung. Die Enteignung muß in sachlicher, zeitlicher und räumlicher Hinsicht unumgänglich sein.[46] Sie verlangt deshalb im Verhältnis zur Planerforderlichkeit ein qualifiziertes öffentliches Interesse.[47]

Nicht ausreichend ist die städtebauliche Erforderlichkeit i.S.d. § 1 Abs. 3 BauGB. Das Wohl der Allgemeinheit muß die Verwirklichung des Bebauungsplans gerade zum jetzigen Zeitpunkt verlangen.[48] Es muß mithin ein aktuelles Erfordernis sein. Die Enteignung muß zum jetzigen Zeitpunkt unumgänglich sein. Das ist der Fall, wenn eine Zurückstellung der Enteignung die weitere geordnete städtebauliche Entwicklung behindern würde. Vorratsenteignungen sind unzulässig.[49] Der Bebauungsplan präjudiziert die Gemeinwohlerforderlichkeit der Enteignung deshalb nicht.[50] Im Rahmen der Abwägung sind aber bereits die Möglichkeiten der Umsetzung der vorgesehenen Festsetzungen zu berücksichtigen.[51] Wird aus der Sicht der planaufstellenden Gemeinde die Umsetzung der Planung voraussichtlich nur im Wege der Enteignung möglich sein, müssen die Voraussetzungen der Enteignung, mithin auch die für eine Enteignung sprechenden Gemeinwohlgründe, in die Abwägung einflie-

---

45 Danach "gebietet Art. 14 Abs. 3 S. 2 GG eine so genaue gesetzliche Beschreibung des Enteignungszwecks, daß die Entscheidung über die Zulässigkeit der Enteignung insoweit nicht in die Hand der Enteignungsbehörde gegeben wird." Vgl. BVerfG, Urt. v. 24.3.1987 - 1 BvR 1046/85 -, E 74, 264 (286) = NJW 1987, 1251 (1253)
46 BGH, Urt. v. 27.1.1977 - III ZR 153/74 -, BGHZ 68, 100 = NJW 1977, 955 = DVBl 1978, 370 = BauR 1977, 191; Urt. v. 19.2.1976 - III ZR 147/73 -, NJW 1976, 1266 = BRS 34 Nr. 67; BVerwG, Urt. v. 30.4.1969 - 4 C 6/68 -, NJW 1968 = DVBl 1969, 697
47 Vgl. Battis, in: Battis/Krautzberger/Löhr, BauGB, § 87 Rn.3
48 BGH, Urt. v. 27.1.1977 - III ZR 153/74 -, BGHZ 68, 100 = NJW 1977, 955 = DVBl 1978, 370 = BauR 1977, 191; Berkemann, in: Berliner Kommentar, BauGB, § 85 Rn. 17 f.; Battis, in: Battis/Krautzberger/Löhr, BauGB, § 87 Rn.3; v. Brüneck, NVwZ 1986, 425, (427)
49 Berkemann, in: Berliner Kommentar, BauGB, § 87 Rn. 44
50 BVerfG, Urt. v. 24.3.1987 - 1 BvR 1046/85 -, E 74, 264 (284 ff.) = NJW 1987, 1251 (1253); BGH, Urt. v. 22.9.1966 - III ZR 187/65 -, NJW 1967, 103 = BRS 19 Nr. 87; Urt. v. 15.6.1967 - III ZR 17/66 -, NJW 1967, 2305 = BRS 19 Nr. 47; Urt. v. 19.2.1976 - III ZR 147/73 -, NJW 1976, 1266 = BRS 34 Nr. 67
51 Vgl. BVerwG Urt. v. 18.3.1983 - 4 C 80/79 -, E 67, 74 (76 f.) bei einer straßenrechtlichen Planfeststellung; Berkemann, in: Berliner Kommentar, BauGB, § 85 Rn. 31; v. Brüneck, NVwZ 1986, 425 (426)

ßen.[52] Die Festsetzung erfordert dann das Vorliegen der Enteignungsvoraussetzungen. Andernfalls wäre der Bebauungsplan fehlerhaft.[53]

In sachlicher Hinsicht ist die Enteignung die "ultima ratio" unter den Möglichkeiten zur Planverwirklichung.[54] Das Übermaßgebot gebietet, die Eingriffsintensität so gering wie möglich zu halten. Aus diesem Grund sind alle anderen weniger eingreifenden Möglichkeiten auszuschöpfen, wenn sie zur Erreichung des angestrebten Zwecks ebenfalls geeignet sind. Insbesondere kommt der freihändige Erwerb des Grundstücks als milderes Mittel in Betracht. Nach § 87 Abs. 2 S. 1 BauGB ist deshalb ausdrücklich vorausgesetzt, daß der Antragsteller sich ernsthaft um den freihändigen Erwerb des Grundstücks zu angemessenen Bedingungen, nach Maßgabe von § 100 Abs. 1 BauGB auch unter Angebot eines geeigneten Ersatzgrundstücks, vergeblich bemüht hat. Der Grundsatz der Erforderlichkeit wirkt sich grundsätzlich auch gegenüber den städtebaulichen Geboten aus. Wenn die Enteignung gegenüber den gleichfalls zur Erreichung des angestrebten Ziels geeigneten städtebaulichen Geboten das belastendere Mittel ist, ist die Gemeinde deshalb gehalten, im Wege der städtebaulichen Gebote vorzugehen.[55]

Eine weitere Präzisierung des Grundsatzes der Erforderlichkeit in räumlicher und modaler Hinsicht ergibt sich aus § 92 Abs. 1 BauGB. Nach Satz 1 der Vorschrift ist die Enteignung auf eine Teilfläche des Grundstücks zu beschränken, soweit dies zur Erreichung des Enteignungszieles ausreicht. Nach Satz 2 muß die Enteignung auf die Belastung des Grundstücks mit einem Recht beschränkt bleiben, wenn dies zur Erreichung des Enteignungszwecks ausreicht. Unter den in § 92 Abs. 2 u. 3 BauGB genannten Bedingungen kann der Eigentümer die Vollenteignung verlangen.

Bei Enteignung aus zwingenden städtebaulichen Gründen wird gem. § 88 S. 1 BauGB auf die sonst erforderliche Glaubhaftmachung der Enteignungsvoraussetzungen verzichtet. Zwingende städtebauliche Gründe liegen vor, wenn die Enteignung nach sachlichen, räumlichen und zeitlichen Kriterien unaufschiebbar geboten ist.[56] Auf das Mittel der Glaubhaftmachung kann verzichtet werden, wenn sich bereits aus den die Enteignung i.S.d. § 87 Abs. 1 BauGB rechtfertigenden Gründen ergibt, daß der Enteignungszweck alsbald umgesetzt werden muß. Dies ist der Fall, wenn das Grundstück gleichsam eine Schlüsselstellung für die städtebauliche Entwicklung hat.[57] Zwingende städtebauliche Gründe liegen z.B. vor, wenn ein Großvorhaben durchgeführt wird und die erforderlichen Flächen für Stellplätze, für Freizeit- und Erholungsmöglichkeiten, für Schulen, Kindertagesstätten und andere Infrastruktureinrichtungen, insbesondere aber auch für den Grünflächenbedarf der Wohnbevöl-

---

52 Vgl. Battis, in: Battis/Krautzberger/Löhr, BauGB, § 87 Rn. 3; Schmidt-Aßmann/Frenzel, in: Ernst/Zinkahn/Bielenberg, BBauG, § 87 Rn. 66
53 Frenzel, Das öffentliche Interesse als Voraussetzung der Enteignung, S. 219 ff.; Berkemann, in: Berliner Kommentar, BauGB, § 85 Rn. 19; OVG Lbg., Beschl. v. 15.3.1978 - VI C 3/76 -, BauR 1979, 215
54 BVerfG, Bechl. v. 12.11.1974 - 1 BvR 32/68 -, E 38, 175 (180); Berkemann, in: Berliner Kommentar, BauGB, § 87 Rn. 9, 15, 39 u. 42
55 Battis, in: Battis/Krautzberger/Löhr, BauGB, § 87 Rn. 5; Pohl, in: Brügelmann, BBauG, § 87 Anm. 4; Schmidt-Aßmann/Frenzel, in: Ernst/Zinkahn/Bielenberg, BBauG, § 87 Rn. 56; Berkemann, in: Berliner Kommentar, BauGB, § 87 Rn. 109; a.A. Hoppe, in: Ernst/Hoppe, ÖffBauBoR, Rn. 646
56 Battis, in: Battis/Krautzberger/Löhr, BauGB, § 88 Rn. 2; Berkemann, in: Berliner Kommentar, BauGB, § 87 Rn. 12
57 BGH, Urt. v. 14.3.1968 - III ZR 105/67 - BRS 19 Nr. 55

kerung beschafft werden müssen.[58] Ein zwingendes Erfordernis kann auch dann bestehen, wenn nach Maßgabe der naturschutzrechtlichen Eingriffsregelung auf der zu enteignenden Fläche die negativen Folgen eines Vorhabens ausgeglichen werden müssen.

III. Vorkaufsrecht

Zur Umsetzung von Bebauungsplänen dient auch das Vorkaufsrecht gem. § 24 Abs. 1 Nr. BauGB. Es bietet gegenüber der Enteignung erhebliche Vorteile, da es nicht gegen oder ohne den Willen des Eigentümers diesem sein Eigentum entzieht, sondern eine rechtsgeschäftliche Eigentumsübertragung zu Lasten des Käufers ermöglicht.[59]

Gem. § 24 Abs. 1 Nr. 1 BauGB steht der Gemeinde "ein Vorkaufsrecht zu beim Verkauf von Grundstücken im Geltungsbereich eines Bebauungsplans, soweit es sich um Flächen handelt, für die nach dem Bebauungsplan eine Nutzung für öffentliche Zwecke vorgesehen ist". In Frage kommen insbesondere Gemeinbedarfseinrichtungen wie Schulen, Kindergärten etc., aber auch öffentliche Grünanlagen, Sportplätze und Flächen für Maßnahmen zum Schutz, zur Pflege und zur Entwicklung von Natur und Landschaft.[60]

Nach § 24 Abs. 3 BauGB darf das Vorkaufsrecht nur ausgeübt werden, wenn das Wohl der Allgemeinheit dies rechtfertigt. Die Anforderungen an die Allgemeinwohlerforderlichkeit sind allerdings geringer als bei der Enteignung. Das Vorkaufsrecht darf nicht zur Verfolgung privatwirtschaftlicher Interessen eingesetzt werden.[61] In der Regel reicht die Tatsache, daß das Grundstück zur Erfüllung einer öffentlichen Aufgabe beschafft wird, z.B. auch zur ausreichenden Versorgung mit Grün- und Erholungsflächen im Wohnumfeld.[62] Die Ausübung des Vorkaufsrechts muß zur Planverwirklichung beitragen, d.h. sie muß die Umsetzung der Planung zumindest erleichtern.[63] Nicht erforderlich ist, daß das Grundstück alsbald plangemäß verwendet wird.[64]

Eine Begrenzung des Vorkaufrechts ergibt sich aus dem Verhältnismäßigkeitsgebot. Ist eine Nutzung für öffentliche Zwecke nur für einen Teil des Grundstücks vorgesehen, ist das Vorkaufsrecht darauf zu beschränken.[65] Wenn dies allerdings für den Grundstückseigentümer nachteilig ist, kann er entsprechend § 508 S. 2 BGB die Ausdehnung des Vorkaufs auf das ganze Grundstück verlangen.[66]

---

58 Vgl. Pohl, in: Brügelmann, BBauG, § 88 Anm. 2.b.; Berkemann, in: Berliner Kommentar, BauGB, § 87 Rn. 16
59 Vgl. Materialien zum BauGB, Schriftenreihe des BMBau 1984, Heft Nr. 03.108, S. 135 f.
60 Vgl. Mustererlaß der ARGEBAU Nr. 4.6.2.1, abgedruckt bei Dyong, in: Ernst/Zinkahn/Bielenberg, BauGB, § 24 Rn. 41
61 Dyong, in: Ernst/Zinkahn/Bielenberg, BauGB, § 24 Rn. 15
62 Krautzberger, in: Battis/Krautzberger/Löhr, BauGB § 24 Rn. 19; Dyong, in: Ernst/Zinkahn/Bielenberg, BauGB, § 24 Rn. 15; Lemmel, Berliner Kommentar, BauGB, § 24 Rn. 14; OVG Lbg., Urt. v. 28.2.1980 - 1 A 109/78 -, BauR 1981, 262
63 Rothe, Bauleitplanung und ihre Sicherung, S. 377, Rn. 747
64 Dyong, in: Ernst/Zinkahn/Bielenberg, BauGB, § 24 Rn. 17
65 Vgl. Dyong, in: Ernst/Zinkahn/Bielenberg, BauGB, § 24 Rn. 35. Die Teilungskosten sind dann von der Gemeinde zu tragen.
66 Vgl. Dyong, in: Ernst/Zinkahn/Bielenberg, BauGB, § 24 Rn. 36 mit zahlreichen Beispielen aus der Rechtsprechung

IV. Umlegung

Die festgesetzten Grünflächen können auch im Rahmen des Umlegungsverfahrens bei der Neuordnung von Baugebieten beschafft werden. Sie werden gem. § 55 Abs. 2 Nr. 2 BauGB vor der Verteilung aus der Umlegungsmasse ausgeschieden, wenn sie überwiegend den Bedürfnissen der Bewohner des Gebietes dienen sollen. Nicht ausscheidbar sind nach § 55 Abs. 2 BauGB Flächen zum Schutz, zur Pflege und zur Entwicklung von Natur und Landschaft. Hier scheint eine Regelungslücke zu bestehen, da die mit Ausweisung neuen Baulands nach Maßgabe der naturschutzrechtlichen Anforderungen erforderlichen Ausgleichsflächen nicht in das Umlegungsverfahren einbezogen werden können.

Der Umsetzung von Maßnahmen zur Begrenzung oder Verringerung von Bodenversiegelung und von Ausgleichsmaßnahmen kann im Rahmen des Umlegungsverfahrens aber die Festlegung von Gemeinschaftsanlagen gem. § 61 Abs 1 S. 2 BauGB dienen. Z.B. kann bei einer Neugestaltungsumlegung die Freilegung von Hofräumen zur Verbesserung der Wohnumfeldbedingungen angestrebt werden.[67] Vorgeschlagen wird die Schaffung von Gemeinschaftsanlagen im Rahmen des Umlegungsverfahrens auch zur Bereitstellung von Flächen für den nach der naturschutzrechtlichen Eingriffsregelung erforderlichen Ausgleich bei Neubauvorhaben.[68] Erwogen wird zudem die Begründung einer entsprechenden Baulast für die naturschutzrechtliche Ausgleichspflicht gem. § 61 Abs. 1 S. 3 BauGB.[69] Voraussetzung hierfür ist aber, daß der Bebauungsplan die Zuordnung der Ausgleichsfläche zum ausgleichspflichtigen Grundstück bereits eindeutig regelt.[70]

V. Erschließungsbeitrag

Die Gemeinden können zur Deckung ihres anderweitig nicht gedeckten Aufwands für Erschließungsanlagen gem. § 127 Abs. 1 BauGB einen Erschließungsbeitrag erheben. In § 127 Abs. 2 BauGB sind die erschließungsbeitragsfähigen Anlagen abschließend aufgeführt. Hierzu zählen auch Parkflächen und Grünanlagen. Nicht aufgeführt sind jedoch Flächen und Maßnahmen zum Schutz, zur Pflege und zur Entwicklung von Natur und Landschaft, die, soweit sie aus Gründen des Naturschutzes und der Landschaftspflege erforderlich sind, ebenfalls notwendige Kosten der Erschließung sind. Aus diesem Grunde wäre eine Ergänzung des Katalogs der erschließungsbeitragsfähigen Anlagen und Maßnahmen wünschenswert.[71]

---

67 Vgl. Löhr, in: Battis/Krautzberger/Löhr, BauGB, § 61 Rn. 18
68 Vgl. Gassner, UPR 1988, 321 (324); Gaentzsch, NuR 1990, 1 (7)
69 Vgl. Gaentzsch, NuR 1990, 1 (7)
70 Vgl. Gaentzsch, NuR 1990, 1 (7)
71 Vgl. in diesem Sinne Reiter, in: Kurzfassung der Vorträge zur Fachtagung "Die Auswirkungen der naturschutzrechtlichen Eingriffsregelung ..." an der Universität Kaiserslautern, S. 47 (55); Gegen die Heranziehung des Erschließungsrechts wird allerdings eingewandt, daß dieses nur die Herstellung aber nicht die Unterhaltung und Pflege umfaßt. Vgl. Gassner, UPR 1988, 321 (324)

B. Bauordnungsrechtliche Eingriffsbefugnisse

Die Landesbauordnungen sehen im wesentlichen übereinstimmend die Möglichkeit vor, gegen die rechtswidrige Errichtung baulicher Anlagen im Wege der Baueinstellung [72] oder der Beseitigungsanordnung vorzugehen. Maßgeblich ist dabei grundsätzlich die Rechtslage bei Errichtung der baulichen oder sonstigen Anlage oder Einrichtung oder, falls das Vorhaben nach der damaligen Rechtslage rechtswidrig war, die günstigste Rechtslage unter Einbeziehung aller danach erfolgten Rechtsänderungen.[73]

Die genannten Eingriffsbefugnisse können bei allen Verstößen gegen die materiell-rechtlichen Anforderungen an die Errichtung und Nutzung baulicher Anlagen angewandt werden.[74] Im Untersuchungszusammenhang kann auf diese Weise insbesondere die Einhaltung der

- bauplanungs- und/oder bauordnungsrechtlichen Anforderungen an die Gestaltung der nicht überbauten Grundfläche,
- sonstigen auf Verbesserung der ökologischen Situation gerichteten Festsetzungen,
- zulässigen GR bzw. GRZ,
- festgesetzten Baulinien und Baugrenzen

erzwungen werden.

I. Baueinstellung

Bei der Baueinstellung genügt auch der bloße Verstoß gegen formelle Anforderungen.[75] Bei Fehlen einer Baugenehmigung kann trotz prinzipieller Genehmigungsfähigkeit, also bei bloßer formeller Illegalität die Baueinstellung angeordnet werden.[76] Die Genehmigungsbehörde soll die Möglichkeit erhalten, vor Weiterführung der Bautätigkeit die Genehmigungsfähigkeit des Vorhabens zu prüfen.[77] Die bauaufsichtliche Eingriffsbefugnis besteht aber auch bei genehmigungs- bzw. zustimmungsfreien Vorhaben, dann aber nur bei materieller Illegalität.[78]

Die Einstellungsverfügung obliegt dem pflichtgemäßen Ermessen der Bauaufsichtsbehörde. Es gelten die allgemeinen Regeln der Ermessenslehre, also insbesondere das Gebot sachge-

---

72 So oder ähnlich § 63 BWBO; Art. 81 BayBO; § 69 BlnBO; § 101 BremBO; § 75 HbgBO; § 102 HessBO; § 89 NdsBO; § 77 RhPfBO; §·75 SaarBO; § 75 SchHBO und gem. § 58 Abs. 1 S. 2 NWBO unter Berufung auf die allgemein gefaßte Ermächtigungsvorschrift. Vgl. Böckenförde, in: Gädtke/Böckenförde/Temme, § 58 Rn. 24
73 BVerwG, Urt. v. 28.6.1956 - I C 93/54 -, NJW 1957, 557; Urt. v. 22.1.1971 - IV C 62/66 -, NJW 1971, 1624; VGH BW, Urt. v. 18.3.1976 - III 556/75 -, BRS 30 Nr. 115; Urt. v. 31.7.1985 - 3 S 2176/83 -, VBlBW 1988, 111; Böckenförde, in: Gädtke/Böckenförde/Temme, § 58 Rn. 20; v.Arnim, in: Schlotterbeck/v.Arnim, BWBO, § 64 Rn. 1; Domning/Fuß, SchHBO, § 76 Anm. 7
74 Vgl. Grundei, in: Förster/Grundei/Steinhoff/Dageförde/Wilke, BlnBO 1985, § 69 Rn. 4; Koch/Molodovsky/Rahm, BayBO, Art. 81 Anm. 2.3; Simon, BayBO, Art. 81 Rn. 2
75 Grundei, in: Förster/Grundei/Steinhoff/Dageförde/Wilke, BlnBO 1985, § 69 Rn. 2
76 OVG NW, v. 13.4.1965, BRS 16 Nr. 216; Beschl. v. 6.2.1970 - VII B 935/69 -, BRS 23 Nr. 105; Domning/Fuß, SchHBO, § 75 Anm. 1
77 Koch/Molodovsky/Rahm, BayBO, Art. 81 Anm. 1; Böckenförde, in: Gädtke/Böckenförde/Temme, § 58 Rn. 20; Simon, BayBO, Art. 81 Rn. 1
78 Grundei, in: Förster/Grundei/Steinhoff/Dageförde/Wilke, BlnBO 1985, § 69 Rn. 5

rechter, gleichmäßiger und verhältnismäßiger Ermessensausübung. In der Regel reicht zur sachgerechten Begründung einer Baueinstellung der Hinweis auf das öffentliche Interesse an der Verhinderung unzulässiger Bauarbeiten.[79] Auch ein offensichtlich genehmigungsfähiges Vorhaben kann deshalb bei Fehlen der erforderlichen Baugenehmigung eingestellt werden.[80] Andernfalls würde der rechtswidrig ohne Genehmigung Bauende gegenüber dem rechtstreuen Bauherrn privilegiert. Dies würde einer rechtswidrigen Baupraxis in unverantwortlicher Weise Vorschub leisten.[81]

Aus dem Übermaßverbot ergibt sich, daß die Baueinstellung auf den Teil des Bauvorhabens beschränkt werden muß, der unter Mißachtung der baurechtlichen Anforderungen errichtet wird, soweit es sich um einen selbständigen Teil handelt.[82] Soll im Zusammenhang mit der Errichtung eines genehmigten Gebäudes die Freifläche auf dem Grundstück versiegelt werden, ohne daß die Genehmigung dies umfaßt, so muß die Baueinstellung auf die Versiegelung der Freiflächen beschränkt bleiben.

Die Baueinstellung sollte in der Regel für sofort vollziehbar erklärt werden, da andernfalls von vornherein ihr Zweck gefährdet wäre.[83] Es muß verhindert werden, daß während eines schwebenden Verfahrens unter Berufung auf die aufschiebende Wirkung der Rechtsmittel (§ 80 Abs. 1 VwGO) das rechtswidrige Bauvorhaben fertiggestellt wird.

Vollstreckbar ist die Baueinstellung nicht nur mit den Zwangsmitteln der Verwaltungsvollstreckungsgesetze, sondern auch durch die speziellen bauordnungsrechtlichen Zwangsmittel "Versiegelung der Baustelle" oder "Beschlagnahme der an der Baustelle vorhandenen Baustoffe, Bauteile, Geräte, Maschinen und Bauhilfsmittel".[84] In der Regel wird die Versiegelung das weniger eingreifende, aber ausreichende Zwangsmittel sein.[85] Die Wirkung der Versiegelung der Baustelle wird durch die Strafandrohung des § 136 Abs. 2 StGB verstärkt.

---

79 Rasch, BauR 1989, 1; Simon, BayBO, Art. 81 Rn. 8
80 Grundei, in: Förster/Grundei/Steinhoff/Dageförde/Wilke, BlnBO 1985, § 69 Rn. 2; Simon, BayBO, Art. 81 Rn. 8; a.A. OVG NW, Beschl. v. 4.10.1966, NJW 1967, 594 = BRS 17 Nr. 129; v. 29.3.1974, BRS 28 Nr. 346 = BauR 1974, 266
81 Vgl. Grundei, in: Förster/Grundei/Steinhoff/Dageförde/Wilke, BlnBO 1985, § 69 Rn. 2; Simon, BayBO, Art. 81 Rn. 8
82 Sauter, BWBO, § 63 Rn. 14; Simon, BayBO, Art. 81 Rn. 9
83 Rasch, BauR 1989, 1
84 § 63 Abs. 2 BWBO; Art. 81 Abs. 2 BayBO; § 69 Abs. 2 BlnBO; § 101 Abs. 2 BremBO; § 75 Abs. 2 HbgBO; § 89 Abs. 2 NdsBO; § 77 Abs. 2 RhPfBO; § 76 SaarBO; § 75 Abs. 2 SchHBO; Zwar fehlen in Hessen und Nordrhein-Westfalen entsprechende Vorschriften. Die Rechtssprechung hat die Versiegelung von Baustellen aber unter Bezugnahme auf das NWVwVG bzw. in Hessen durch Anwendung von § 18 Abs. 1 Nr. 1 HessSOG für zulässig gehalten. Vgl. die Nachweise bei Rasch, BauR 1989, 1 (3)
85 In der Regel erfolgt die Versiegelung durch Anschlag eines oder mehrerer Schilder mit dem Hinweis auf die erlassende Behörde, das Datum der Versiegelung und die strafrechtlichen Konsequenzen einer Zuwiderhandlung (§ 136 Abs 2 StGB   erklärt wird. Vgl. Domning/Fuß, SchHBO, § 75 Anm. 5; v.Arnim, in: Schlotterbeck/v.Arnim, BWBO, § 63 Rn. 17; Koch/Molodovsky/Rahm, BayBO, Art. 81 Anm. 6.2

II. Beseitigungsanordnung

Die Beseitigungsanordnung setzt formelle und materielle Illegalität voraus.[86] Die Bauordnungen sehen ganz überwiegend eine entsprechende Regelung ausdrücklich vor.[87] Wo diese fehlt, ist die Beseitigungsanordnung durch die Genreralklausel gedeckt.[88] Anders als das städtebauliche Abbruchgebot ist ihr Zweck darauf beschränkt, die Perpetuierung rechtswidriger Zustände zu verhindern und einen rechtmäßigen Zustand wiederherzustellen.[89] Die Zuständigkeit liegt deshalb auch nicht wie bei § 179 BauGB bei der Gemeinde, sondern bei der Bauaufsichtsbehörde.[90] Maßstab ist auch hier die Rechtslage zum Zeitpunkt der Errichtung der baulichen oder sonstigen Anlage bzw. Einrichtung und hilfsweise die danach günstigste Rechtslage.[91]

Zu beachten ist jedoch, daß die versiegelungsbegrenzenden Vorschriften überwiegend erst in den letzten Jahren eingeführt wurden, so daß sie für die Beurteilung der Rechtmäßigkeit der baulichen Anlagen nur dann maßgeblich sind, wenn diese erst nach ihrem Inkrafttreten errichtet wurden. Dies gilt in besonderer Weise für die zu ermittelnde GRZ bzw. GR, die nur dann nach dem Berechnungsmodus des § 19 BauNVO i.d.F. vom 26.1.1990 zu ermitteln ist, wenn der dem Vorhaben zugrundeliegende Bebauungsplan erst nach diesem Datum ausgelegt wurde, aber auch für die aus ökologischen Gründen novellierten bauordnungsrechtlichen Anforderungen.

Die Beseitigungsanordnung ist eine Ermessensentscheidung. Es gelten die allgemeinen Anforderungen an die Ermessensausübung.[92] Ist die Beseitigung das einzige Mittel zur Herstellung eines baurechtmäßigen Zustands, dann liegt sie im öffentlichen Interesse, weil nur auf diese Weise dem "wilden Bauen" Einhalt geboten werden kann.[93] Die Duldung von Schwarzbauten wird zur Nachahmung rechtswidriger Bautätigkeit herausfordern.[94] Ortloff weist darauf hin, daß dies vor allem auch für die präzise ermittelbaren Maßzahlen gilt.[95]

---

86 Sauter, BWBO, § 64 Rn. 13; Böckenförde, in: Gädtke/Böckenförde/Temme, § 58 Rn. 30; Grundei, in: Förster/Grundei/Steinhoff/Dageförde/Wilke, BlnBO 1985, § 70 Rn. 11
87 § 64 BWBO; Art. 82 BayBO; § 70 BlnBO; § 102 BremBO; § 76 HbgBO; § 89 NdsBO; § 78 RhPfBO; § 77 SaarBO; § 76 SchHBO
88 In Nordrhein-Westfalen besteht mit § 58 Abs. 1 Nr. 2 eine allgemeine Eingriffsermächtigung. (vgl. Böckenförde, in: Gädtke/Böckenförde/Temme, § 58 Rn. 30 ff.)In Hessen ergibt diese sich auf der Grundlage von §§ 83 Abs. 1 i.V.m. 3 Abs. 1 HessBO aus der allgemeinen polizeilichen Eingriffsbefugnis nach dem HessSOG.
89 Grundei, in: Förster/Grundei/Steinhoff/Dageförde/Wilke, BlnBO 1985, § 70 Rn. 1
90 Böckenförde, in: Gädtke/Böckenförde/Temme, § 58 Rn. 33
91 BVerwG, Urt. v. 28.6.1956 - I C 93/54 -, NJW 1957, 557; Urt. v. 22.1.1971 - IV C 62/66 -, NJW 1971, 1624; VGH BW, Urt. v. 18.3.1976 - III 556/75 -, BRS 30 Nr. 115; Urt. v. 31.7.1985 - 3 S 2176/83 -, VBlBW 1988, 111;Böckenförde, in: Gädtke/Böckenförde/Temme, § 58 Rn. 20; v.Arnim, in: Schlotterbeck/v.Arnim, BWBO, § 64 Rn. 1; Domning/Fuß, SchHBO, § 76 Anm. 7; Grundei, in: Förster/Grundei/Steinhoff/Dageförde/Wilke, BlnBO 1985, § 70 Rn. 4-8; Ortloff, in: Finkelnburg/Ortloff, ÖffBauR, Band II, S. 134
92 Vgl. zu den Ermessensregeln den Überblick bei Böckenförde, in: Gädtke/Böckenförde/Temme, § 58 Rn. 13
93 Vgl. Simon, BayBO, Art. 82 Rn. 5; BWVGH, Urt. v. 22.6.1951, VerwRspr. Bd. 4, S. 628; Urt. v. 6.4.1955, DVBl 1955, 742; Ortloff, in: Finkelnburg/Ortloff, ÖffBauR, Band II, S. 139 f.
94 Simon, BayBO, Art. 82 Rn. 8
95 Vgl. Ortloff, in: Finkelnburg/Ortloff, ÖffBauR, Band II, S. 140

Die Behörden werden deshalb in aller Regel gehalten sein, gegen formell und materiell rechtswidrige Bauten einzuschreiten.[96]

Der Grundsatz der Erforderlichkeit gebietet zu prüfen, ob das Vorhaben nicht im Wege der Ausnahme oder Befreiung genehmigt werden kann. Dabei muß auch beachtet werden, ob der rechtmäßige Zustand nicht durch eine Auflage hergestellt und so der Abbruch vermieden werden kann.[97] Genügt der Abbruch eines Teiles der baulichen Anlage, so ist die Beseitigungsanordnung auf diesen zu beschränken.[98]

Überschreitet ein Vorhaben die zulässige GRZ bzw. GR, so stellt sich das Problem der Bestimmtheit der Abbruchanordnung in gleicher Weise wie bei dem Abbruchgebot nach § 179 BauGB. Die Ausführungen hierzu gelten deshalb entsprechend.[99] Verlangt werden kann deshalb nur die Beseitigung einer in das Belieben des Grundstückseigentümers gestellten baulichen Anlage bis zu dem durch die GR bzw. GRZ gebotenen Maß.

Der Beseitigungsanordnung kann eine bislang andere Verwaltungspraxis nicht entgegengehalten werden. Art. 3 GG gewährt nämlich den Anspruch auf Gleichbehandlung nur im Recht. Deshalb kann die Behörde eine als fehlerhaft erkannte Praxis ändern und von da an gegen rechtswidrig errichtete Baulichkeiten streng einschreiten.[100] Die Duldung eines rechtswidrigen Vorhabens über längere Zeit begründet deshalb für sich genommen auch keinen Vertrauenstatbestand, der der Beseitigungsanordnung entgegenstehen könnte.[101] Etwas anderes gilt nur, wenn die Behörde die Duldung durch Verwaltungsakt verbindlich gemacht hat.[102]

Vollstreckt wird die vollziehbare Beseitigungsanordnung auf Grund der VwVG der Länder oder besonderer Vollstreckungsregelungen nach vorheriger Androhung unter Fristsetzung in der Regel durch Ersatzvornahme.[103]

---

96 Simon, BayBO, Art. 82 Rn. 5 unter Bezugnahme auf BVerwG, Urt. v. 6.11.1968 - II C 31/66 -
97 Domning/Fuß, SchHBO, § 76 Anm. 13; v.Arnim, in: Schlotterbeck/v.Arnim, BWBO, § 63 Rn. 10; Böckenförde, in: Gädtke/Böckenförde/Temme, § 58 Rn. 34; Grundei, in: Förster/Grundei/Steinhoff/Dageförde/Wilke, BlnBO 1985, § 70 Rn. 18; VGH Hess., Urt. v. 6.10.1967, BRS 18 Nr. 151
98 VGH BW, Urt. v. 11.3.1971 - III 454/68 -, BRS 24, Nr. 67, Domning/Fuß, SchHBO, § 76 Anm. 11; v.Arnim, in: Schlotterbeck/v.Arnim, BWBO, § 63 Rn. 11; Ortloff, in: Finkelnburg/Ortloff, ÖffBauR, Band II, S. 137 f.
99 Vgl. in diesem Kapitel Teil A II
100 Domning/Fuß, SchHBO, § 76 Anm. 14 unter Hinweis auf OVG Lbg., Urt. v. 25.5.1973 - I OVG A 51/73 -; Simon, BayBO, Art. 82 Rn. 10
101 Böckenförde, in: Gädtke/Böckenförde/Temme, § 58 Rn. 36 unter Hinweis auf OVG NW v. 30.9.1987 - 11 A 2244/86 -; Domning/Fuß, SchHBO, § 76 Anm. 15; v.Arnim, in: Schlotterbeck/v.Arnim, BWBO, § 63 Rn. 14; Sauter, BWBO, § 64 Rn. 43
102 Vgl. Sauter, BWBO, § 64 Rn. 46
103 Vgl. hierzu die detailliert Darstellung von Rasch, BauR 1988, 266 ff.; Grundei, in: Förster/Grundei/Steinhoff/Dageförde/Wilke, BlnBO 1985, § 70 Rn. 34 ff.

C. Naturschutzrechtliche Eingriffsbefugnisse

Nach Maßgabe der einschlägigen Naturschutzgesetze der Länder bestehen Eingriffsbefugnisse mit z.T. sehr unterschiedlicher Reichweite.

I. Duldung von Maßnahmen

Gem. § 10 Abs. 1 BNatSchG können die Länder bestimmen, daß Eigentümer und Nutzungsberechtigte von Grundflächen Maßnahmen des Naturschutzes und der Landschaftspflege auf Grund oder im Rahmen des Gesetzes erlassener Rechtsvorschriften zu dulden haben, soweit dadurch die Nutzung der Grundfläche nicht unzumutbar beeinträchtigt wird. Ausdrücklich wird in § 10 Abs. 2 BNatSchG die Möglichkeit weitergehender Vorschriften eröffnet.

Die Länder haben von dieser Regelungsbefugnis in sehr unterschiedlicher Weise Gebrauch gemacht.[104] Aus der folgenden Tabelle ist die unterschiedliche Regelungsdichte in den einzelnen Bundesländern zu ersehen:

- *Variante 1:* Die Duldungspflicht besteht entsprechend § 10 Abs. 1 BNatSchG für alle Maßnahmen auf Grund der Naturschutzgesetze des Bundes und der Länder und der im Rahmen dieser Gesetze erlassenen Rechtsvorschriften, soweit die zulässige Nutzung nicht unzumutbar beeinträchtigt wird (Bln.).
- *Variante 2:* Die Duldungspflicht besteht wie bei Variante (1), jedoch ohne die Beschränkung auf zumutbare Nutzungsbeschränkungen (Hess., NW, Saar. u. SchH).
- *Variante 3:* Die Duldungspflicht besteht bei Grundstücken innerhalb von Naturschutzgebieten und Naturdenkmalen (BW, Bay., Brem., Hbg., Nds. u.NW).
- *Variante 4:* Die Duldungspflicht besteht bei Grundstücken innerhalb von weiteren Schutzgebieten (BW, Bay., Brem., Hbg. u. Nds).
- *Variante 5:* Die Duldungspflicht besteht bei sonstigen Grundstücken, wenn der Naturhaushalt oder das Landschaftsbild durch den Zustand des Grundstücks beeinträchtigt oder gefährdet ist (Bay., Brem., Hbg. u. RhPf).
- *Variante 6:* Die Duldungspflicht besteht, wenn mit einer nach anderen Vorschriften erforderlichen öffentlich-rechtlichen Gestattung nicht die zum Schutz und zur Pflege der Landschaft einschließlich der Begrünung notwendigen Auflagen verbunden wurden (BW, Bay. u. Bln.).
- *Variante 7:* Der Eigentümer oder Nutzungsberechtigte hat sich an den Kosten im Rahmen seiner finanziellen Leistungsfähigkeit angemessen zu beteiligen, wenn ihm durch zu duldende Maßnahmen wirtschaftliche Vorteile erwachsen (Bln. u. RhPf).
- *Variante 8:* Die Pflicht zur Beteiligung an den Kosten besteht auch, wenn von dem Grundstück allein oder im Zusammenwirken mit anderen erhebliche Gefahren für den Landschaftshaushalt ausgehen (RhPf).

Eine besonders differenziert ausgestaltete Duldungspflicht enthalten §§ 39 und 40 NWLG zur Umsetzung der im Landschaftsplan festgesetzten Maßnahmen. Danach kann ein vertraglich auszugestaltendes besonderes Duldungsverhältnis begründet werden. Auf die

---

104 § 18 BWNatSchG; Art. 5 Abs. 1 BayNatSchG; § 16 BlnNatSchG; § 16 Abs. 1 u. 2 BremNatSchG; § 13 HbgNatSchG; § 37 HessNatSchG; § 16 Abs. 1 u. § 29 Abs. 1 NdsNatSchG; §§ 39, 40 u. 46 NWLG; § 8 RhPfLPflG; § 35 SaarNatSchG; § 43 SchHLPflG

detaillierte Darstellung kann hier verzichtet werden, da das Instrument auf den im wesentlichen nur den Außenbereich erfassenden Landschaftsplan nordrhein-westfälischer Prägung ausgerichtet ist.[105]

Die Anordnung von Duldungspflichten unterliegt den Anforderungen des Verhältnismäßigkeitsgebots. Die zu duldende Maßnahme muß danach geeignet und erforderlich sein und dem Betroffenen unter Berücksichtigung der besonderen Umstände des Einzelfalls auch zumutbar sein. Maßstab sind die in Art. 14 GG geschützten Eigentumsrechte.[106] Geschützt sind danach vor allem die bestehenden Nutzungsrechte an einem Grundstück, und zwar grundsätzlich unabhängig davon, ob sie wahrgenommen werden oder nicht.[107] Die von den meisten Landesgesetzen ausdrücklich vorgesehene Einschränkung, daß die geduldete Maßnahme die zulässige Nutzung des Grundstücks nicht unzumutbar beeinträchtigen darf, ist in diesem Sinne auszulegen.

Soweit auf eine entsprechende Beschränkung auf zumutbare Beeinträchtigungen der zulässigen Nutzungen verzichtet wurde, ergibt diese sich unmittelbar aus Art. 14 GG und dem Verhältnismäßigkeitsgebot. Die Duldungspflichten können im Einzelfall dennoch weiter gehen, wenn die übermäßige Belastung der ausgeübten Nutzung durch einen Billigkeitsausgleich in Geld nach Maßgabe der landesrechtlichen Entschädigungsklauseln ausgeglichen wird.[108] Nach der Rechtsprechung des BVerwG können die salvatorischen Entschädigungsklauseln der LNatSchG "zumindest für eine Übergangszeit" als Grundlage eines Ausgleichsanspruchs im Rahmen der Inhalts- und Schrankenbestimmung im Wege der verfassungskonformen Auslegung herangezogen werden.[109]

Allein Schleswig-Holstein sieht in § 35 Abs. 3 SchHLPflG eine spezielle Regelung für den Schadensausgleich bei der Duldung von Maßnahmen vor. Danach kann der Eigentümer oder Nutzungsberechtigte eine angemessene Entschädigung in Geld verlangen, wenn ihm durch die zu duldende Maßnahme Vermögensnachteile entstehen. Für die Bemessung der Entschädigung wird auf die §§ 93 bis 103 BauGB verwiesen.

Zudem wird zur Wahrung des Verhältnismäßigkeitsgebots die Selbstvornahme zum Teil nach Maßgabe ausdrücklicher Regelungen,[110] im übrigen aber auch ohne eine solche gestattet werden müssen.

II. Pflicht zur Durchführung von Maßnahmen

Gem. § 11 Abs. 1 BNatSchG können im besiedelten Bereich die Eigentümer oder Nutzungsberechtigten, die ein Grundstück nicht ordnungsgemäß instandhalten, zur Pflege des Grundstücks verpflichtet werden, sofern die Belange des Naturschutzes und der Land-

---

105 Vgl. oben Kap. 8, Teil E I
106 Kolodziejcok, in: Kolodziejcok/Recken, BNatSchG, § 10 Rn. 10
107 Vgl. BVerwG, Urt. v. 15.2.1990 - 4 C 47/89 -, UPR 1990, 267 (270)
108 Das BVerfG hat klargestellt, daß entgegen früherer Auffassung kein enteignungsgleicher Eingriff vorliegt, sondern eine rechtmäßige oder rechtswidrige Inhaltsbestimmung, abhängig davon, ob eine Entschädigungsregelung besteht. Vgl. BVerfG E 58, 137 (147 f.)
109 Vgl. BVerwG, Urt. v. 15.2.1990 - 4 C 47/89 -, UPR 1990, 267 (269); Kuchler, Naturschutzrechtliche Eingriffsregelung und Bauplanungsrecht, S. 55 f.; im Ergebnis wohl auch Paetow, VwBlBW 1985, 3 (7)
110 § 18 Abs. 3 S. 2 BWNatSchG; § 16 Abs. 1 S. 3 u. § 29 Abs. 2 S. 2 NdsNatSchG; § 39 S. 2 NWLG; § 43 Abs. 2 SchLPflG

schaftspflege erheblich und nachhaltig beeinträchtigt werden und die Pflege des Grundstücks angemessen und zumutbar ist. Den Ländern wird gem. § 11 Abs. 2 BNatSchG zudem die Befugnis zu weitergehenden Regelungen gewährt. Bei Durchsicht der einschlägigen landesrechtlichen Vorschriften ergeben sich Regelungsvarianten, die der folgenden Tabelle zu entnehmen sind:

- *Variante (1):* Entsprechend § 11 Abs. 1 BNatSchG können die Eigentümer oder Nutzungsberechtigten, die ein Grundstück nicht ordnungsgemäß instandhalten, zur Pflege des Grundstücks verpflichtet werden, sofern die Belange des Naturschutzes und der Landschaftspflege erheblich und nachhaltig beeinträchtigt werden und die Pflege des Grundstücks angemessen und zumutbar ist (§ 17 Abs. 2 BlnNatSchG; § 17 Abs. 1 BremNatSchG; § 14 HbgNatSchG).
- *Variante (2):* Die Pflicht nach Variante (1) besteht nur im besiedelten Bereich (§ 10 RhPflLPflG; In Rheinland-Pfalz kann gem. § 9 RhPflLPflG bei Unterlassen einer ordnungsgemäßen Bewirtschaftung unter bestimmten Umständen die Pflege eines Grundstück auf einen Dritten übertragen werden.).
- *Variante (3):* Die Pflicht nach Variante (1) besteht im Geltungsbereich der §§ 30, 33 und 34 BauGB nur auf unbebauten Grundstücken und auf Grundstücken, auf denen lediglich untergeordnete bauliche Anlagen errichtet sind (§ 19 Abs. 1 BWNatSchG).
- *Variante (4):* Grundstücke sind nach Anordnung der Gemeinde so zu pflegen, daß im besiedelten Bereich das Ortsbild und das örtliche Klima sowie im Außenbereich (§ 19 Abs. 1 Nr. 3 BBauG) der Naturhaushalt und das Landschaftsbild nicht wesentlich beeinträchtigt werden und der Erholungswert für die Bevölkerung erhalten bleibt (§ 9 Abs. 1 HessNatSchG).
- *Variante (5):* Die Durchführung von im Landschaftsplan festgesetzten Schutz-, Pflege- und Entwicklungsmaßnahmen kann dem Grundstückseigentümer oder dem Nutzungsberechtigten aufgegeben werden, soweit der Rahmen des Zumutbaren nicht überschritten wird (§ 38 Abs. 2 u. 3 NWLG; § 17 Abs. 1 BlnNatSchG).
- *Variante (6):* Dem Verursacher können im Landschaftsplan festgesetzte Maßnahmen zum Ausgleich vorhandener Verunstaltungen des Landschaftsbildes aufgegeben werden (§ 38 Abs. 1 NWLG; § 17 Abs. 1 BlnNatSchG).
- *Variante (7):* Dem Verursacher können im Landschaftsplan festgesetzte Maßnahmen zum Schutz gegen Immissionen aufgegeben werden (§ 17 Abs. 1 BlnNatSchG).
- *Variante (8):* Es besteht lediglich eine allgemeine Grundpflicht, Natur und Landschaft nicht mehr als nach den Umständen unvermeidbar zu beeinträchtigen, insbesondere nicht zu verunstalten und zu verunreinigen (Art. 2 Abs. 2 BayNatSchG; § 3 NdsNatSchG; § 4 SaarNatSchG; § 3 SchHLPflG).

Nach den Varianten (1) - (3) dürfen Pflegemaßnahmen nur angeordnet werden, wenn das Grundstück nicht ordnungsgemäß instandgehalten wird. Der Begriff "ordnungsgemäße Instandhaltung" ist nicht an einem an den Zielen von Naturschutz und Landschaftspflege orientierten Maßstab anzusiedeln. Ordnungsgemäß ist vielmehr jede dem bestimmungsmäßigen Zweck des Grundstücks entsprechende Bewirtschaftung.[111] Folge der nicht ordnungsgemäßen Instandhaltung müssen erhebliche und nachhaltige Beeinträchtigungen der Belange des Naturschutzes und der Landschaftspflege sein.[112] Dies gilt auch für Variante (4). Voraussetzung ist mithin eine Beeinträchtigung von nicht nur unwesentlicher Intensität und

---

111 Kolodziejcok, in: Kolodziejcok/Recken, BNatSchG, § 11 Rn. 6
112 Kolodziejcok, in: Kolodziejcok/Recken, BNatSchG, § 11 Rn. 7

Dauer.[113] Wann diese gegeben ist, ist eine Frage des Einzelfalls. Im Vordergrund dürften die Belange des Orts- und Landschaftsbildes stehen. Es muß dabei aber immer um die Abwehr von Beeinträchtigungen gehen. Insoweit stellen die bauordnungsrechtlichen Vorschriften über die Gestaltung der nicht überbauten Grundstücksteile weitergehende Anforderungen.[114]

Die Durchführung von Maßnahmen kann dem Grundstückseigentümer bzw. Nutzungsberechtigten damit in den meisten Ländern nur zur Abwehr von Beeinträchtigung auferlegt werden. Lediglich in Berlin und Nordrhein-Westfalen kann die Durchführung von Maßnahmen über das Ziel der Abwehr von Beeinträchtigung hinaus auch zur Umsetzung der Festsetzungen eines Landschaftsplans angeordnet werden. Die in diesen Ländern vorgesehene verbindliche Landschaftsplanung erhält damit ein den städtebaulichen Geboten des BauGB entsprechendes Instrument. Von Bedeutung ist diese Befugnis immer dann, wenn die landschaftsplanerischen Festsetzungen nicht auch in einen Bebauungsplan aufgenommen wurden und deshalb auf die städtebaulichen Umsetzungsinstrumente nicht zurückgegriffen werden kann, also vor allem im Außenbereich, oder wenn im Anwendungsbereich der §§ 30 und 34 BauGB die bauplanungsrechtlichen Anforderungen lediglich landschaftsplanerisch ergänzt werden sollen.

Die Eingriffsbefugnis unterliegt allerdings den Anforderungen des Verhältnismäßigkeitsgebots. Wie in den anderen Bundesländern dürfen auch Maßnahmen zur Umsetzung von Landschaftsplänen nur im Rahmen des Zumutbaren angeordnet werden. Die Zumutbarkeit wird dabei nicht nur wie bei der Duldung von Maßnahmen in Hinblick auf die Beeinträchtigung der Nutzung des Grundstücks bestimmt. Insoweit gelten die dazu gemachten Ausführungen. Maßgeblich ist daneben auch der für die Durchführung der angeordneten Maßnahme erforderliche Aufwand. Der Pflegeaufwand darf nicht außer Verhältnis zu der durch die Pflegemaßnahme angestrebten Verbesserung stehen.[115] Er darf zudem in Hinblick auf die persönlichen Verhältnisse des Pflegepflichtigen nicht unzumutbar erscheinen.[116]

Eine Konkretisierung der Zumutbarkeitsgrenze enthält § 38 Abs. 2 NWLG. Danach darf das Anpflanzen von Flurgehölzen, Hecken, Baumgruppen und Einzelbäumen nur verlangt werden, wenn der Aufwand hierfür im Einzelfall gering ist. Maßstab wird insoweit vor allem die Höhe der zur Durchführung erforderlichen finanziellen Aufwendungen sein.[117]

Anhaltspunkt kann insoweit § 41 Abs. 2 BauGB sein. Danach ist der Eigentümer zu entschädigen, wenn die Umsetzung einer Pflanzfestsetzung über die Kosten einer ordentlichen Bewirtschaftung des Grundstücks hinausgehende Aufwendungen erfordert oder eine wesentliche Wertminderung des Grundstücks eintritt.[118] Übliche Aufwendungen für die Gartenpflege sind jedem Grundstückseigentümer zumutbar. Pflegemaßnahmen, die im Rahmen der gewöhnlichen Gartenpflege miterledigt werden können, sind deshalb in der Regel zumutbar.[119] Auch ist die Begrünung von Brandwänden in Hinblick auf die nur geringen

---

113 Vgl. oben Kap. 18, Teil B zu den entsprechenden Termini bei der naturschutzrechtlichen Eingriffsregelung
114 Vgl. Kap. 17 Teil A
115 Vgl. Eberhardt/Gaßner/Janssen/Siederer, Naturschutz und Landschaftsplanung in Berlin, S. 78; Kolodziejcok, in: Kolodziejcok/Recken, BNatSchG, § 11 Rn. 8
116 Kolodziejcok, in: Kolodziejcok/Recken, BNatSchG, § 11 Rn. 9
117 Vgl. Eberhardt/Gaßner/Janssen/Siederer, Naturschutz und Landschaftsplanung in Berlin, S. 79
118 Vgl. Eberhardt/Gaßner/Janssen/Siederer, Naturschutz und Landschaftsplanung in Berlin, S. 79 f.
119 Vgl. die Ausführungen in diesem Kapitel Teil A I mit den entsprechenden Nachweisen aus dem Schrifttum

Pflanzkosten in der Regel noch im Rahmen des üblichen Pflegeaufwands durchzuführen.[120] Demgegenüber ist die Begrünung von Dächern in der Regel nicht mehr ohne weitergehende finanzielle Aufwendungen möglich.[121]

III. Pflicht zur Wiederherstellung

In Bayern, Berlin und Hessen kann die Wiederherstellung des ursprünglichen Zustands verlangt werden, wenn ein Eingriff unter Verstoß gegen öffentlich-rechtliche Vorschriften erfolgt ist.[122] Die Eingriffsbefugnis entspricht insoweit der bauordnungsrechtlichen Beseitigungsanordnung.[123] Wenn der ursprüngliche Zustand nicht wiederhergestellt werden kann, können Ausgleichs- und Ersatzmaßnahmen verlangt werden.

IV. Untersagung

Unabhängig von den Festsetzungen eines Landschaftsplans können in Bayern, Baden-Württemberg und Schleswig-Holstein die Zerstörung, Entfernung und Veränderung von Landschaftsbestandteilen, insbesondere Grünbeständen im Wege der Einzelanordnung untersagt werden.[124] Einzelanordnungen kommen dann in Betracht, wenn die Ausweisung eines geschützten Landschaftsbestandteils im Wege einer Verordnung nicht erforderlich ist,[125] z. B. wenn die zu schützenden Landschaftsbestandteile in der Hand eines oder sehr weniger Eigentümer sind.

V. Enteignung nach dem Naturschutzrecht

Mit Ausnahme von Baden-Württemberg und dem Saarland sehen alle Bundesländer die Möglichkeit einer Enteignung in ihren Naturschutz- bzw. Landschaftspflegegesetzen vor. Der Enteignungszweck wird allerdings z.T. abweichend bestimmt.

In den Ländern mit einer verbindlichen örtlichen Landschaftsplanung (Berlin, Bremen, Hamburg und Nordrhein-Westfalen) ist die Enteignung zulässig, um ein Grundstück entsprechend den Darstellungen bzw. Festsetzungen des Landschaftsplans zu nutzen oder eine solche Nutzung vorzubereiten.[126] In den übrigen Ländern mit Ausnahme von Baden-Württemberg und dem Saarland ist die Enteignung zulässig, wenn dies zum Wohl der Allge-

---

120 Vgl. Alexejew/Haase/Großmann, HbgBO, § 9 Rn. 59; Stich/Porger/Steinbach/Jakob, Berücksichtigung stadtökologischer Forderungen in der Bauleitplanung, S. 77
121 Vgl. Stich/Porger/Steinbach/Jakob, Berücksichtigung stadtökologischer Forderungen in der Bauleitplanung, S. 78; Alexejew/Haase/Großmann, HbgBO, § 9 Rn. 60
122 Art. 6 a Abs. 4 BayNatSchG; § 14 Abs. 8 BlnNatSchG; § 8 Abs. 1 HessNatSchG
123 Vgl. Simon, BayBO, Art. 82 Rn. 3
124 §§ 25 Abs. 4 i.V.m. § 24 Abs. 5 BWNatSchG; Art. 12 Abs. 2 u. 3 i.V.m. 9 Abs. 5 BayNatSchG; § 20 Abs. 5 SchHLPflG
125 So ausdrücklich § 20 Abs. 5 SchHLPflG
126 § 46 S. 1 BlnNatSchG; § 37 S. 1 BremNatSchG; § 38 Abs. 1 Nr. 3 HbgNatSchG; § 42 NWLG. In Hamburg können zudem Grundstücke in Naturschutzgebieten, Grundstücke, auf denen sich ein Naturdenkmal befindet und Grundstücke, die an oberirdische Gewässer angrenzen enteignet werden.

meinheit aus Gründen des Naturschutzes oder der Landschaftspflege erforderlich, in Bayern zwingend erforderlich ist.[127]

Hinsichtlich der weiteren materiellen und formellen Voraussetzungen der Enteignung verweisen die naturschutzrechtlichen Enteignungsvorschriften auf die Landesenteignungsgesetze. Z.T. formulieren die Naturschutz- bzw. Landschaftspflegegesetze aber auch Anforderungen an die Zulässigkeit von Enteignungen. Die differenzierteste, an § 87 BauGB orientierte Regelung enthält § 38 Abs. 2 HbgNatSchG. Danach ist die Enteignung "nur zulässig, wenn sie aus Gründen des Naturschutzes oder der Landschaftspflege ... erforderlich ist und der Enteignungszweck auf andere zumutbare Weise nicht erreicht werden kann, insbesondere ein freihändiger Erwerb zu angemessenen Bedingungen nicht möglich ist."

VI. Naturschutzrechtliches Vorkaufsrecht

Zur Verwirklichung im einzelnen bestimmter und landesrechtlich z.T. divergierender Zwecke sehen die Länder mit Ausnahme von Nordrhein-Westfalen und Rheinland-Pfalz ein Vorkaufsrecht insbesondere auch zugunsten der Gemeinden und Landkreise vor.[128]

Ein Vorkaufsrecht ist vorgesehen für Grundstücke,

- auf denen sich oberirdische Gewässer befinden oder die daran angrenzen (Baden-Württemberg, Bayern, Bremen, Niedersachsen, Saarland und Schleswig-Holstein),
- die ganz oder teilweise in Naturschutzgebieten liegen (überall),
- die ganz oder teilweise in flächenhaften Naturdenkmalen liegen (Baden-Württemberg),
- die ganz oder teilweise in Landschaftsschutzgebieten liegen (Berlin, Bremen),
- die ganz oder teilweise in Nationalparks liegen (Baden-Württemberg, Bayern, Bremen, Hessen, Niedersachsen, Saarland und Schleswig-Holstein),
- auf denen sich Naturdenkmale befinden (überall),
- die ganz oder teilweise in geschützten Landschaftsbestandteilen liegen (Bayern, Berlin, Bremen, Hessen) oder
- die im Geltungsbereich eines Landschaftsplans liegen (Berlin),
- die im Landschaftsplan genau bezeichnet sind (Hamburg).

Im Saarland kann darüber hinaus im Landschaftsrahmenplan für bestimmte Gebiete ein Vorkaufsrecht vorgesehen werden.

Die weiteren Voraussetzungen des Vorkaufsrechts entsprechen im wesentlichen denen von § 24 BauGB.[129] Das Vorkaufsrecht darf nur ausgeübt werden, wenn die Belange des Naturschutzes und der Landschaftspflege oder das Bedürfnis der Allgemeinheit nach Naturgenuß und Erholung in freier Natur dies rechtfertigen[130] bzw. erfordern.[131]

---

127 So oder ähnlich Art. 35 BayNatSchG; § 38 Abs. 1 HessNatSchG; § 49 Abs. 1 NdsNatSchG; § 39 Abs. 1 RhPflPflG; § 47 S. SchHLPflG
128 § 46 Abs. 1 BWNatSchG; Art. 34 Abs. 1 BayNatSchG; § 45 Abs. 1 BlnNatSchG; § 36 Abs. 1 BremNatSchG; § 37 HbgNatSchG; § 40 Abs. 1 HessNatSchG; § 46 Abs. 1 NdsNatSchG; § 36 Abs. 1 SaarNatSchG; § 44 Abs. 1 SchHLPflG
129 Vgl. in diesem Kapitel oben Teil A III
130 So oder ähnlich Art. 34 Abs. 2 BayNatSchG; § 45 Abs. 2 BlnNatSchG; § 36 Abs. 2 BremNatSchG; § 37 Abs. 2 HbgNatSchG; § 40 Abs. 2 HessNatSchG; § 46 Abs. 2 NdsNatSchG; § 36 Abs. 2 SaarNatSchG; § 44 Abs. 2 SchHLPflG
131 § 46 Abs. 2 BWNatSchG

Übersichtstabelle
Umsetzungsinstrumente außerhalb eines behördlichen Kontrollverfahrens

Bauplanungsrecht	Städtebauliche Gebote	Zweck: Umsetzung der Festsetzungen des Bebauungsplans. Die Umsetzung muß dringend geboten sein. Vor Anordnung eines Gebotes muß versucht werden, den Eigentümer des Grundstücks zur freiwilligen Umsetzung zu bewegen. Pflanzgebot: Das Anpflanzen entsprechend den Festsetzungen nach § 9 Abs. 1 Nr. 25 BauGB kann verlangt werden. Entschädigungen sind zu zahlen, wenn der Aufwand das übliche Maß ordnungsgemäßer Bewirtschaftung überschreitet oder eine wesentliche Wertminderung des Grundstücks eintritt, §§ 178 u. 41 Abs. 2 BauGB. Abbruchgebot: Angeordnet werden kann die Duldung der Beseitigung baulicher Anlagen, z.B. nicht erforderliche Versiegelungen. Ggf. entsteht ein Entschädigungsanspruch, § 179 BauGB.
	Enteignung	Zweck: Beschaffung von Flächen für i.d.R. öffentliche Nutzungen (z.B. öffentliche Grünflächen, Flächen zum Schutz, zur Pflege und zur Entwicklung von Natur und Landschaft) zur Umsetzung der Festsetzungen des Bebauungsplans. Die Enteignung verlangt ein dringendes Allgemeinwohlerfordernis, §§ 85 ff. BauGB.
	Vorkaufsrecht	Zweck: Beschaffung von Flächen für öffentliche Nutzungen (z.B. öffentliche Grünflächen, Flächen zum Schutz, zur Pflege und zur Entwicklung von Natur und Landschaft) zur Umsetzung der Festsetzungen des Bebauungsplans, §§ 24 ff. BauGB.
	Umlegungsverfahren	Ausscheidung von Grünanlagen, nicht jedoch von dem Ausgleich von Eingriffen in Natur und Landschaft dienenden Flächen, § 55 Abs. 2 BauGB. Möglich ist auch die Bereitstellung von Flächen für Gemeinschaftsanlagen, die dem Ausgleich von Eingriffen dienen, § 61 Abs.1 BauGB.
Bauordnungsrecht	Baueinstellung, Abrißverfügung	Die Eingriffsbefugnisse des Bauordnungsrecht (Baueinstellung u. Abrißgebot) dienen allein der Beseitigung oder Verhinderung eines rechtswidrigen Vorhabens und der Wiederherstellung eines rechtmäßigen Zustands.
Naturschutzrecht	Duldungspflichten	Angeordnet werden kann die Duldung von Maßnahmen, die Umsetzung von Schutzmaßnahmen innerhalb von Schutzgebieten dienen. In Berlin und Bremen kann auch die Duldung von Maßnahmen angeordnet werden, die im Landschafts- bzw. Grünordnungsplan festgesetzt wurden. Unzumutbare Nutzungsbeschränkungen sind nicht zulässig. Ggf. kann ein Billigkeitsausgleich in Geld erforderlich sein.
	Anordnung vom Maßnahmen	Die Durchführung von in Landschafts- bzw. Grünordnungsplänen festgesetzten Maßnahmen kann lediglich in Berlin und in Nordrhein-Westfalen verlangt werden. Grenzen der Zulässigkeit ergeben sich aus der Zumutbarkeit. Ggf. wird Billigkeitsausgleich in Geld erforderlich.
	Enteignung	Zweck: Umsetzung der Festsetzungen der verbindlichen Landschafts- bzw. Grünordnungspläne. In Baden-Württemberg und im Saarland fehlt eine Enteignugnsermächtigung.
	Vorkaufsrecht	Zweck: In Berlin und Hamburg auch zur Umsetzung von Landschafts- bzw. Grünordnungsplänen. Im übrigen nach den Erfordernissen von Schutzverordnungen.

(Tab. 74)

Kapitel 20

Erhebung von Bußgeldern

Komplettiert wird das Instrumentarium der hoheitlichen Verwaltung durch die Befugnisse, gesetzwidriges Verhalten, sofern es eine Ordnungswidrigkeit bzw. eine Straftat darstellt, zu ahnden und mit nachteiligen Sanktionen zu belegen. BauGB, die Landesbauordnungen und die NatSchG der Länder enthalten Ordnungswidrigkeitsvorschriften, die für bestimmte Gesetzesverstöße die Verhängung von Bußgeldern vorsehen.

A. Allgemeine Voraussetzungen

Grundlage der Ahndung von Ordnungswidrigkeiten nach den verschiedenen Fachgesetzen ist das OWiG i.d.F. v. 19.2.1987 (BGBl I, S. 602), geändert durch Gesetz v. 17.5.1988 (BGBl I, S. 606).[1] Gem. § 47 Abs. 1 OWiG obliegt die Verfolgung von Ordnungswidrigkeiten dem pflichtgemäßen Ermessen der zuständigen Behörde. Es gilt das Opportunitätsprinzip.[2] Die zuständige Behörde wird danach i.d.R. gehalten sein, ein Bußgeld festzusetzen, wenn ein öffentliches Interesse an der Ahndung besteht.[3] Eine Pflicht hierzu besteht jedoch nicht. Es kann auch auf andere Weise, z.B. mit den Mitteln des Verwaltungszwangs, auf die Einhaltung des Rechts hingewirkt werden.[4]

Zuständig ist gem. § 36 OWiG die durch das Gesetz ausdrücklich bestimmte Behörde und, falls eine ausdrückliche Bestimmung fehlt, die fachlich zuständige oberste Landesbehörde, die ihre Zuständigkeit delegieren kann. Die Zuständigkeit liegt regelmäßig bei den nach den Fachgesetzen zuständigen Ordnungsbehörden.

Bei nur geringen Verstößen kann gem. § 56 Abs. 1 S. 1 OWiG die Festsetzung eines Verwarnungsgeldes zwischen 5 und 75 DM ausreichen.[5] Neben der Bedeutung des Gesetzesverstoßes kommt es auch auf den Grad der Vorwerfbarkeit an.[6] Bei Verstößen gegen Bau-

---

1 Vgl. Kalb, in: Ernst/Zinkahn/Bielenberg, BauGB, § 213 Rn. 19; Battis, in: Battis/Krautzberger/Löhr, BauGB, § 213 Rn. 2
2 Vgl. Göhler, OWiG, § 47 Rn. 1 u. 6; Rebmann, in: Rebmann/Roth/Hermann, OWiG, § 47 Rn. 1 f.
3 Simon, BayBO, Art. 89 Rn. 5
4 Rebmann, in: Rebmann/Roth/Hermann, OWiG, § 47 Rn. 7
5 Simon, BayBO, Art. 89 Rn. 9
6 Vgl. Göhler, OWiG, § 56 Rn. 6

rechtsvorschriften ist der durch den Gesetzesverstoß erzielte materielle Vorteil in der Regel so groß, daß eine Verwarnung dem Interesse an der Ahndung der Ordnungswidrigkeit nicht genügen wird.[7]

Die Ahndung einer Ordnungswidrigkeit setzt gem. § 10 OWiG vorsätzliches Handeln voraus. Nur soweit dies ausdrücklich geregelt ist, reicht Fahrlässigkeit aus. Dies ist in den Ordnungswidrigkeitstatbeständen der Bauordnungen und der Naturschutz- bzw. Landschaftspflegegesetze der Fall. Ordnungswidrigkeiten nach dem BauGB können nur bei Vorsatz geahndet werden.

B. Bauplanungsrechtliche Ordnungswidrigkeiten

Gem. § 213 Abs. 1 Nr. 3 BauGB handelt ordnungswidrig, wer einer Festsetzung nach § 9 Abs. 1 Nr. 25 b BauGB zuwiderhandelt, soweit er die der Bindung oder Unterhaltung unterfallenden Pflanzen bzw. Gewässer zerstört, wesentlich beeinträchtigt oder beseitigt.

Geschützt sind danach alle Pflanzen, die nach § 9 Abs. 1 Nr. 25 b BauGB festgesetzt wurden. Der Schutz ist deshalb nicht auf die von Menschenhand angepflanzten Pflanzen beschränkt.[8] Zwar verwendet § 9 Abs. 1 Nr. 25 b BauGB den Begriff "sonstige Bepflanzungen". Hieraus kann jedoch nicht geschlossen werden, daß nur Anpflanzungen geschützt werden sollen.[9] Die Vorschrift soll die planungsrechtliche Sicherung von Grünbeständen ermöglichen.[10] Dabei kommt es in keiner Weise darauf an, ob diese angepflanzt wurden oder sich durch Samenflug an dieser Stelle ergeben haben. Die Art der zu erhaltenden Bepflanzung ergibt sich aus dem Bestand.[11] Die Vorschrift ist in diesem Sinne aus teleologischen Gründen auf alle Pflanzen anzuwenden.

Ordnungswidrig ist nur die Beseitigung, Zerstörung oder wesentliche Beeinträchtigung. Ungeahndet sollen danach nur unwesentliche Beeinträchtigungen bleiben. Der Begriff "Zerstören" meint die Beseitigung der Sachsubstanz und ist deshalb im wesentlichen mit dem Begriff "Beseitigen" identisch.[12] Eine wesentliche Beeinträchtigung wird immer dann gegeben sein, wenn das Wachstum der Bäume, Sträucher oder sonstigen Pflanzen durch äußere Einwirkung nachhaltig gestört ist.[13] Als Beispiel wird im Schrifttum das halbseitige Absterben eines Baumes infolge einer Wurzelbeschädigung genannt.[14] Eine wesentliche Beeinträchtigung wird jedoch auch dann gegeben sein, wenn der Boden im Wurzelbereich in größerem Umfang versiegelt wird und demzufolge der Baum keine ausreichende Wasser- und Nährstoffversorgung hat.

---

7 Simon, BayBO, Art. 89 Rn. 5
8 Kalb, in: Ernst/Zinkahn/Bielenberg, BauGB, § 213 Rn. 9; a.A. Fislake, in: Berliner Kommentar, BauGB, § 213 Rn. 8
9 Gaentzsch, in: Berliner Kommentar, BauGB, § 9 Rn. 61; a.A. Fislake, in: Berliner Kommentar, BauGB, § 213 Rn. 8
10 Löhr, in: Battis/Krautzberger/Löhr, BauGB, § 9 Rn. 94
11 Gierke, in: Brügelmann, BauGB, § 9 Rn. 415
12 Kalb, in: Ernst/Zinkahn/Bielenberg, BauGB, § 213 Rn. 12; Fislake, in: Berliner Kommentar, BauGB, § 213 Rn. 9
13 Fislake, in: Berliner Kommentar, BauGB, § 213 Rn. 10
14 Kalb, in: Ernst/Zinkahn/Bielenberg, BauGB, § 213 Rn. 13; Fislake, in: Berliner Kommentar, BauGB, § 213 Rn. 10

C. Bauordnungsrechtliche Ordnungswidrigkeiten

Von den bauordnungsrechtlich als Ordnungswidrigkeiten sanktionierten Gesetzesverstößen sind insbesondere folgende für die Steuerung der Bodenversiegelung von Bedeutung:

- Errichtung, Herstellung oder Änderung baulicher oder sonstiger Anlagen und Einrichtungen ohne eine erforderliche Genehmigung bzw. Zustimmung oder abweichend von dieser,[15]
- Zuwiderhandlungen gegen Satzungen und Rechtsverordnungen, soweit diese auf den jeweiligen Bußgeldtatbestand der Bauordnungen verweisen.[16]

Die Ordnungswidrigkeiten sind überwiegend mit einem Bußgeld von bis zu 100000 DM bedroht.[17] In Niedersachsen und Rheinland-Pfalz wird differenziert.[18] Dort ist der Verstoß gegen örtliche Bauvorschriften nur mit 10.000 DM bedroht. In Niedersachsen ist das maximale Bußgeld 50.000 DM. Die Höhe des Bußgeldes hat sich an der Schwere der Gesetzesverletzung sowie an der Schuld des Bußgeldpflichtigen zu orientieren. Simon verlangt aus generalpräventiven Erwägungen die Verhängung von hohen Bußgeldern.[19] Die illegale Bautätigkeit könne nur bei konsequenter Verwendung der Sanktionsbefugnisse eingedämmt werden.[20]

D. Naturschutzrechtliche Ordnungswidrigkeiten

Auch die naturschutzrechtlichen Gesetze der Länder enthalten durchweg Ordnungswidrigkeitstatbestände.[21] Überwiegend werden danach unter anderem folgende Tatbestände mit Bußgeld bedroht:

- die Vornahme von Eingriffen ohne oder entgegen einer erforderlichen behördlichen Bewilligung,[22]
- die Vornahme von Eingriffen ohne Anzeige, falls eine solche nach dem einschlägigen Landesgesetz erforderlich ist,[23]

---

15 § 74 Abs. 1 Nr. 5 BWBO; Art. 89 Abs. 1 Nr. 6 BayBO; § 75 Abs. 1 Nr. 3 BlnBO; § 108 Abs. 1 Nr. 3 BremBO; § 80 Abs. 1 Nr. 7 HbgBO; § 113 Abs. 1 Nr. 13 HessBO; § 91 Abs. 1 Nr. 1 NdsBO; § 79 Abs. 1 Nr. 7 NWBO; § 87 Abs. 1 u. 2 RhPfBO; § 85 Abs. 1 Nr. 3 SaarBO; § 80 Abs. 1 Nr. 2 SchHBO,

16 § 74 Abs. 1 Nr. 2 BWBO; Art. 89 Abs. 1 Nr. 10 BayBO; § 75 Abs. 1 Nr. 1 BlnBO; § 108 Abs. 1 Nr. 1 BremBO; § 80 Abs. 1 Nr. 15 HbgBO; § 113 Abs. 1 Nr. 20 HessBO; § 91 Abs. 3 NdsBO; § 79 Abs. 1 Nr. 14 NWBO; § 87 Abs. 4 Nr. 14 RhPfBO; § 85 Abs. 1 Nr. 1 SaarBO; § 80 Abs. 1 Nr. 1 SchHBO,

17 § 74 Abs. 3 BWBO; Art. 89 Abs. 1, 1. Hs. BayBO; § 75 Abs. 2 BlnBO; § 108 Abs. 3 BremBO; § 80 Abs. 3 HbgBO; § 113 Abs. 3 HessBO; § 79 Abs. 3 NWBO; § 87 Abs. 1 S. 3 RhPfBO; § 85 Abs. 3 SaarBO; § 80 Abs. 3 SchHBO

18 § 91 Abs. 5 NdsBO; § 87 Abs. 4 S. 2 RhPfBO

19 Vgl. Simon, BayBO, Art. 89 Rn. 5

20 Simon, BayBO, Art. 89 Rn. 5

21 § 64 BWNatSchG; Art. 52 BayNatSchG; § 49 BlnNatSchG; § 49 BremNatSchG; § 49 HbgNatSchG; § 43 HessNatSchG; § 64 NdsNatSchG; § 70 NWLG; § 40 RhPfLPflG; § 38 SaarNatSchG; § 64 SchHLPflG

22 Art. 52 Abs. 1 Nr. 2 BayNatSchG; § 49 Abs. 1 Nr. 1 BlnNatSchG; § 49 Abs. 1 Nr. 2 HbgNatSchG; § 43 Abs. 2 Nr. 1 HessNatSchG; § 40 Abs. 1 Nr. 1 RhPfLPflG; § 38 Abs. 1 Nr. 6 SaarNatSchG; § 40 Abs. 1 Nr. 1 SchHLPflG

23 § 49 Abs. 1 Nr. 2 BlnNatSchG; § 49 Abs. 1 Nr. 3 HbgNatSchG; § 64 Abs. 1 Nr. 1 SchHLPflG

- die Vornahme oder Fortsetzung von Eingriffen entgegen einer behördlichen Untersagung,[24]
- Zuwiderhandlungen gegen sonstige vollziehbare Anordnungen, z.T. mit der Einschränkung, daß in der Anordnung auf die Bußgeldvorschrift hingewiesen wird,[25]
- Zuwiderhandlungen gegen Rechtsverordnungen.[26]

Die maximale Bußgeldandrohung beträgt überwiegend 100.000 DM, in Bayern 50.000 DM und in Bremen 40.000 DM. Für bestimmte Tatbestände ist die Bußgeldandrohung in den meisten Ländern herabgesetzt.[27]

---

24 Art. 52 Abs. 1 Nr. 1 BayNatSchG; § 49 Abs. 1 Nr. 1 BlnNatSchG; § 49 Abs. 1 Nr. 2 u. 3 BremNatSchG; § 49 Abs. 1 Nr. 4 u. 5 HbgNatSchG; § 43 Abs. 2 Nr. 2 HessNatSchG; § 64 Abs. 1 Nr. 2 NdsNatSchG; § 40 Abs. 1 Nr. 2 RhPfLPflG; § 38 Abs. 1 Nr. 5 u. 7 SaarNatSchG; § 64 Abs. 2 Nr. 1 SchHLPflG

25 § 64 Abs. 1 Nr. 5 BWNatSchG; § 49 Abs. 1 Nr. 1 BlnNatSchG; § 43 Abs. 1 Nr. 17 HessNatSchG; § 64 Abs. 1 Nr. 2 NdsNatSchG; § 70 Abs. 1 Nr. 2 NWLG; § 40 Abs. 1 Nr. 2 RhPfLPflG; § 38 Abs. 1 Nr. 1 SaarNatSchG; § 64 Abs. 2 Nr. 1 SchHLPflG.

26 § 64 Abs. 1 Nr. 2 BWNatSchG; Art. 52 Abs. 1 Nr. 3 BayNatSchG; § 49 Abs. 1 Nr. 18 BlnNatSchG; § 49 Abs. 1 Nr. 1 HbgNatSchG; § 43 Abs. 1 Nr. 16 HessNatSchG; § 64 Abs. 1 Nr. 1 NdsNatSchG; § 70 Abs. 1 Nr. 2 NWLG; § 40 Abs. 1 Nr. 8 RhPfLPflG; § 38 Abs. 1 Nr. 9 SaarNatSchG; § 64 Abs. 1 Nr. 3 u. Abs. 2 Nr. 2 SchHLPflG

27 § 64 Abs. 1 BWNatSchG; Art. 52 Abs. 1-3 BayNatSchG; § 49 Abs. 2 BlnNatSchG; § 50 BremNatSchG; § 50 HbgNatSchG; § 43 Abs. 3 HessNatSchG; § 65 Abs. 1 NdsNatSchG; § 71 NWLG; § 40 Abs. 2 RhPfLPflG; § 38 Abs. 2 SaarNatSchG; § 67 Abs. 1 SchHLPflG

Teil III

Ausblick

Kapitel 21

Gesetzgeberische Möglichkeiten zur Verbesserung der Durchsetzungschancen ökologischer Belange

Mit der Bebauungsplanung steht den Kommunen ein Instrument zur Verfügung, mit dem in sehr differenzierter Weise auf das Problem der Bodenversiegelung reagiert werden kann. Festgesetzt werden können nicht nur Bepflanzungen, sondern nach Maßgabe der naturschutzrechtlichen Vorschriften der Länder auch Maßnahmen zum Schutz, zur Pflege und zur Entwicklung von Natur und Landschaft. Die Palette möglicher Festsetzungen zur ökologisch wirksamen Gestaltung des Raums ist damit nahezu umfassend. Ergänzt wird sie noch durch die z.T. auch verbindlich ausgestaltete Landschaftsplanung und die weiteren dargestellten naturschutz-, bauordnungs- und wasserrechtlichen Regelungsbefugnisse.

Dennoch bestehen in der Praxis erhebliche Schwierigkeiten bei der Umsetzung dieser Regelungsmöglichkeiten. Im Schrifttum findet sich die - soweit ersichtlich - übereinstimmende Einschätzung, daß die Belange von Naturschutz und Landschaftspflege nur unzureichend in die Abwägung eingestellt werden und sich in der Abwägung in aller Regel nicht durchsetzen.[1] Ihre Durchsetzungsfähigkeit ist letztlich ein Abwägungsproblem.[2] Die Absicht des Gesetzgebers, die Belange von Naturschutz und Landschaftspflege zu stärken, scheint am Problem der Überwindbarkeit im Rahmen der Abwägung zu scheitern.[3] Die Belange von Natur und Landschaft müssen sich in der Konkurrenz mit anderen Nutzungsansprüchen an den Raum behaupten können.

Der Spielraum des Gesetzgebers, die Gleichberechtigung der ökologischen Belange sicherzustellen, ist eingeschränkt. Die Abwägung selbst wird letztlich determiniert durch die kommunalpolitischen Prioritäten, die in aller Regel durch tatsächliche oder vermeindliche ökonomische oder sozialpolitische Zwänge dominiert werden. Ein genereller Vorrang zugunsten ökologischer Belange ist hier ein ungeeignetes Mittel zur Beseitigung des bezeichneten Dilemmas in der Abwägung. Erst die Abwägung im Einzelfall ermöglicht einen Interessenausgleich. Eine Steigerung des materiellen Gewichts der Belange von Naturschutz und

---

1 Vgl. Erbguth, NuR 1986, 137 (138); Bongartz, Umweltvorsorge im Siedlungsbereich - Grünordnungsplanung in Theorie und Praxis, S. 72 f. u. 115; Pfeifer, Landschaftsplanung und Bauleitplanung, S. 68 f.; Bosselmann, DVBl 1988, 724 (728)
2 Vgl. Erbguth, NuR 1986, 137 (138)
3 Vgl. Finke/Passlick/Peters/Spindler, Umweltgüteplanung, S. 143 f.; Bosselmann, DVBl 1988, 724 (728)

Landschaftspflege über die Rechtslage de lege lata hinaus ist deshalb nicht gerechtfertigt. Die Novellierungsbemühungen müssen sich darauf beschränken, durch Verfahrensregelungen die bessere Einbindung in den Abwägungsprozeß sicherzustellen.[4] Wichtige Kriterien sind die Transparenz und die Nachvollziehbarkeit des Abwägungsprozesses.[5]

Ein Ansatz hierzu ist die kommunale UVP zur Bauleitplanung.[6] Die Untersuchung hat gezeigt, daß diese schon de lege lata aus dem Gebot einer gerechten Abwägung aller Belange abzuleiten ist.[7] Der Gesetzgeber des BauGB hat aber auf die Ausgestaltung eines eigenen UVP-Verfahrens verzichtet. Ausdrücklich vorgesehen ist eine UVP zum Bebauungsplan gem. § 17 UVPG nur dann, wenn durch diesen Vorhaben ermöglicht werden, die gem. der Anlage zu diesem Gesetz einer UVP bedürfen.[8]

Ein instrumenteller Ansatz zur Etablierung einer UVP zur Bauleitplanung wird in einer funktionell an die Bauleitplanung angelehnten Landschaftsplanung gesehen. Die Untersuchung hat gezeigt, daß die landesrechtlich ausgeformte Landschaftsplanung dieser Funktion in sehr unterschiedlicher Weise nachkommt. Die von der Bundesregierung in der 12. Legislaturperiode beabsichtigte Novellierung des BNatSchG soll auch die Vorschriften über die Landschaftsplanung umfassen. Auf wichtige Aspekte soll im folgenden eingegangen werden (Teil A).

Die Durchsetzungschancen ökologischer Belange leiden zudem darunter, daß einheitliche Bewertungsmethoden, Bewertungsparameter und Bewertungsmaßstäbe fehlen. Aus diesem Grunde wird die Einführung ökologischer Typen und Standards gefordert. Auf die bisher vorliegenden Ansätze soll ebenfalls eingegangen werden (Teil B). Schließlich soll noch ein Überblick über weitere ungenutzte Regelungsmöglichkeiten gegeben werden (Teil C).

A. Landschaftsplanung - de lege ferenda

Im Schrifttum wird die Effektivität des Instruments "Landschaftsplan" in der bisherigen Ausgestaltung ganz überwiegend in Frage gestellt.[9] Es habe sich bislang noch nicht einmal eine allgemein gültige Vorstellung über den Inhalt, geschweige denn über die Bewertung des Instruments herausgebildet.[10] Dabei besteht Einigkeit, daß die Gründe hierfür nicht allein in der unzureichenden bundes- und landesrechtlichen Ausgestaltung der Landschaftsplanung, sondern auch in den im Kapitel 5 angesprochenen administrativen und politischen Restrik-

---

4 Vgl. Finke/Passlick/Peters/Spindler, Umweltgüteplanung, S. 144
5 Vgl. Bongartz, Umweltvorsorge im Siedlungsbereich - Grünordnungsplanung in Theorie und Praxis, S. 72; Pfeifer, Landschaftsplanung und Bauleitplanung, S. 68 ff.
6 Vgl. Finke/Passlick/Peters/Spindler, Umweltgüteplanung, S. 161; Bosselmann, DVBl 1988, 724 (729)
7 Vgl. Stich, UPR 1989, 166 (166 f.); Krautzberger, UPR 1989, 161 (163 f.); Söfker, UPR 1989, 170 (171); Erbguth, UPR 1987, 409 (411)
8 Vgl. Krautzberger, UPR 1989, 161 (163 f.); Söfker, UPR 1989, 170 (171 f.)
9 Hübler, UPR 1989, 121 (126); SRU, Gutachten 1987, S. 131 ff. u. 139 ff.; Gaßner, UPR 1988, 321; Stich, ZfBR 1989, 9 (11); Salzwedel, in: Jahrbuch f. Naturschutz und Landschaftspflege, Band 39, S. 10 ff.; Pfeifer, Landschaftsplanung und Bauleitplanung, S. 2 ff.
10 Vgl. Stich, Stadtbauwelt 1985, 76 (87); SRU, Gutachten 1987, S. 131 ff. u. 139 ff.; Salzwedel, in: Jahrbuch f. Naturschutz und Landschaftspflege, Band 39, S. 10 ff.

tionen zu suchen sind.[11] Eine systematische Evaluierung der Landschaftsplanung hat bislang allerdings noch nicht stattgefunden.[12]

Die angestrebte Novellierung soll eine differenziertere und in ihren inhaltlichen Anforderungen und in der Ausgestaltung zur räumlichen Gesamtplanung konkretere Regelung bringen. Damit wird der Tatsache Rechnung getragen, daß erst die Offenheit der bundesrahmenrechtlichen Vorgaben die beklagte extrem uneinheitliche landesrechtliche Ausgestaltung ermöglicht hat.[13] Der Grad der rahmenrechtlichen Regelungsbefugnis ist dabei erheblich. Das BVerwG hat erst jüngst hierzu Stellung genommen: "Der Bund kann von einer ihm zustehenden Befugnis zur Rahmengesetzgebung auch in einer Weise Gebrauch machen, daß er Regelungen trifft, die zwar nicht aufgrund eines eigenen Gesetzgebungsbefehls unmittelbar - und damit als Bundesrecht - gelten, sondern noch vom Landesgesetzgeber umzusetzen sind, um den Bürger zu berechtigen und zu verpflichten, die aber dennoch eine bestimmte Frage inhaltlich voll regeln und dem Landesgesetzgeber keinen oder allenfalls nur geringen und genau bezeichneten Spielraum für abweichende Bestimmung lassen."[14] Danach besteht die Möglichkeit, den Spielraum der Landesgesetzgeber in starkem Maße einzuschränken und eine weitgehend bundeseinheitliche Ausgestaltung der Landschaftsplanung sicherzustellen. Die Novellierung wird jedoch beachten müssen, daß die unterschiedlichen Verfahren in den Ländern mittlerweile - wenn auch mit unterschiedlichem Erfolg - eingeführt sind und eine durchgängige Umstellung auf ein einheitliches Verfahren erneut administrativen Aufwand und Zeitverlust für die Implementation mit sich bringen wird.[15]

I. Landschaftsplanung als Fachbeitrag zur Bauleitplanung

Aus der Sicht der Bauleitplanung soll die Landschaftsplanung einen Beitrag zu der erforderlichen UVP für den Teilbereich Naturschutz und Landschaftspflege leisten.[16] Vor dem Hintergrund der vorhandenen und geplanten Nutzung kann der derzeitige und voraussichtliche Zustand des Naturhaushalts erfaßt und in einer Risiko- und Wirkungsanalyse bewertet werden. Die Landschaftsplanung antizipiert die möglichen Umweltbeeinträchtigungen und übersetzt diese in ein ökologisch-gestalterisches Nutzungskonzept.[17] Die Landschaftsplanung kann auf diese Weise die ökologischen Belange für die Bauleitplanung verbindlich konkretisieren und bewerten.[18] Sie dient insoweit als Grundlage der Bauleitplanung.[19]

---

11 Vgl. Hübler, UPR 1989, 121 (126); ders., Garten und Landschaft, 2/1988, 47
12 Bisher kann nur auf Erfahrungen von Planern und Praktikerberichte zurückgegriffen werden. Vgl. Hübler, DÖV 1991, 85, (92 f.); Pfeifer, Landschaftsplanung und Bauleitplanung, S. 4 mit entsprechenden Hinweisen. Vgl. auch zu den Problemen der Evaluierung Scholich/Winkelbrandt, in: ARL, Band 180, S. 25 ff.
13 Vgl. BMU, Naturschutzprogramm 1987, zitiert nach Eildienst LKT - Nr. 4/88, S. 57 (58)
14 Vgl. BVerwG, Urt. v. 27.9.1990 - 4 C 44/87 -, DVBl 1991, 209 (211)
15 Vgl. Pfeifer, Landschaftsplanung und Bauleitplanung, S. 59 u. 66
16 Vgl. Stich, UPR 1989, 166 (167 f.); ders., ZfBR 1989, 9 (11); Bongartz, Umweltvorsorge im Siedlungsbereich - Grünordnungsplanung in Theorie und Praxis, S. 72 f.; Gassner, UPR 1988, 321; Söfker, UPR 1989, 170 (173)
17 Vgl. Bongartz, Umweltvorsorge im Siedlungsbereich - Grünordnungsplanung in Theorie und Praxis, S. 72
18 Vgl. Blume spricht insoweit von einer Vorausbefestigung. Vgl. NuR 1989, 332 (333)
19 Vgl Deixler, NuR 1985, 228 (230); Hofherr, UPR 1987, 88 (92); Louis/Klatt, NuR 1987, 347 (349); Gassner, UPR 1988, 321 (322)

Sinnvoll erscheint deshalb eine formelle und materielle Anbindung an das Verfahren der Bauleitplanung. Beispiele hierfür bieten die Ansätze einer unmittelbaren Integration der Landschaftsplanung in Bayern und in Rheinland-Pfalz. Das rheinland-pfälzische und das baden-württembergische Modell verzichten vollständig auf eine eigenständige, von dem Erfordernis einer Bauleitplanung losgelöste Landschaftsplanung. Die Koppelung an die städtebauliche Erforderlichkeit zur Aufstellung eines Bauleitplans i.S.d. § 1 Abs. 3 BauGB ist deshalb nicht sachgerecht. Ein Landschaftsplan oder Grünordnungsplan soll primär der Verwirklichung der Ziele von Naturschutz und Landschaftspflege dienen, die mit den städtebaulichen Erfordernissen nicht identisch sind.

Im Schrifttum wird zudem darauf hingewiesen, daß die unmittelbare Anbindung an die Bauleitplanung zu einer frühzeitigen und nicht mehr nachvollziehbaren Vermischung der landschaftspflegerischen Konzeption mit den von der Bauleitplanung favorisierten Belangen führen kann.[20] Es besteht die Gefahr, daß die Landschaftsplanung auf diese Weise unmerklich durch den Wahrnehmungs- und Thematisierungsfilter der Bauleitplanung dominiert wird.[21] Der Landschafts- bzw. Grünordnungsplan muß auch deshalb als eigenständiger Beitrag mit Bestandsaufnahme, Bewertung und Konzeption in allen seinen Teilen erkennbar sein.[22] Das Gewicht der ökologischen Belange muß auf diese Weise transparent gemacht werden, damit es für die Aufsichtsbehörde und ggf. für die Gerichte nachvollziehbar ist.[23] Andernfalls besteht die Gefahr, daß die Landschaftsplanung bereits im Vorfeld durch die Einflußnahme seitens der Bauleitplanung für die Öffentlichkeit nicht erkennbar auf den gewünschten Kurs gebracht wird. Entscheidend ist deshalb, daß die Aufstellung des Landschaftsplans bzw. Grünordnungsplans der Verwertung durch die Bauleitplanung vorausgeht.[24]

Die Landschaftsplanung hat noch weitere Funktionen zu erfüllen als die des Fachbeitrags zur Bauleitplanung.[25] Landschaftsplanung muß danach

- Fachplanung für Biotop- und Artenschutz,
- Fachplanung für freiraumbezogene Erholung,
- Fachbeitrag für die räumlichen Gesamtplanungen, d.h. auf örtlicher Ebene für die Bauleitplanung,
- Fachbeitrag für andere raumbedeutsame Planungen und andere raumbedeutsame Entscheidungen

---

20 Pfeifer spricht insoweit von einer unzulässigen Bereinigung von Zielkonflikten unter Ausschluß der Öffentlichkeit. Vgl. Pfeifer, Landschaftsplanung und Bauleitplanung, S. 69
21 Vgl. Bongartz, Umweltvorsorge im Siedlungsbereich - Grünordnungsplanung in Theorie und Praxis, S. 115
22 Bongartz weist darauf hin, daß in Bayern und Baden-Württemberg keine Möglichkeit besteht, die nicht in die Bauleitpläne integrierbaren Inhalte darzustellen. Vgl. Bongartz, Umweltvorsorge im Siedlungsbereich - Grünordnungsplanung in Theorie und Praxis, S. 116; ähnlich Olschowy, in: DRL, Heft 45, 12/1984, 443; Pfeifer, Landschaftsplanung und Bauleitplanung, S. 69
23 Vgl hierzu Bongartz, Umweltvorsorge im Siedlungsbereich - Grünordnungsplanung in Theorie und Praxis, S. 115; Pfeifer, Landschaftsplanung und Bauleitplanung, S. 68 f.
24 Vgl. insoweit Pfeifer, der feststellt, daß die Zweiphasigkeit des Erarbeitungs- und Aufstellungsverfahrens von größerer Bedeutung ist, als das Vorhandensein oder Fehlen eines Transformationsaktes. vgl. Landschaftsplanung und Bauleitplanung, S. 76 unter Hinweis auf Scharmer, ARL, Band 180, S. 195 (201)
25 Vgl. oben Kap. 8, Teil A

sein.[26] Das Anforderungsprofil an die örtliche Landschaftsplanung muß sich an allen genannten Funktionen orientieren. Eine einseitige Ausrichtung auf eine Funktion unter Verzicht auf andere Funktionen muß ausscheiden.[27] Auch aus diesem Grund ist eine formale und/oder inhaltliche Beschränkung der Landschaftsplanung auf ihre Funktion als Fachbeitrag zur Bauleitplanung nicht sachgerecht.[28]

Die Funktionenvielfalt verlangt ein eigenständiges Planwerk, das sowohl als Fachplan für Naturschutz, Landschaftspflege und freiraumbezogene Erholung als auch als Fachbeitrag für die Verwertung in der Bauleitplanung und bei anderen raumbedeutsamen Entscheidungen geeignet ist.

Um den unterschiedlichen Zielsetzungen der örtlichen Landschaftsplanung entsprechen zu können, erscheint deshalb eine Ergänzung des bestehenden Instrumentariums sinnvoll. Die Landschaftsplanung zur Bauleitplanung sollte m.E. als spezieller Fall der Landschaftsplanung gesondert geregelt werden. Dabei kann der bereits im Rahmen der Eingriffsregelung eingeführte landschaftspflegerische Begleitplan als Vorbild dienen.

Der Bebauungsplan ist zwar, wie gezeigt, selbst noch kein Eingriff i.S.d. Eingriffsregelung. Aus diesem Grund sollte darauf verzichtet werden, bereits verbindliche Regelungen über die vorzunehmenden Ausgleichs- und Ersatzmaßnahmen vorzuschreiben. Der landschaftspflegerische Begleitplan zum Flächennutzungs- und Bebauungsplan könnte vielmehr entsprechend der Funktion der Bauleitpläne die ökologischen Belange erfassen und koordinieren und darüber hinaus Hinweise für die bei der Umsetzung erforderlichen Ausgleichs- und Ersatzmaßnahmen enthalten. Dabei sollte nicht nur die landschaftspflegerische Konzeption dargestellt werden. Zur Schaffung der gewünschten Transparenz und Nachvollziehbarkeit muß auch der Grundlagenteil dokumentiert werden.

Daneben müssen eigenständige Landschafts- und Grünordnungspläne aufgestellt werden, soweit dies aus Gründen des Naturschutzes und der Landschaftspflege erforderlich ist. Die Pläne könnten dann auch als Grundlage für den landschaftspflegerischen Beitrag zur Bauleitplanung dienen.

II. Zweistufigkeit der Landschaftsplanung auf örtlicher Ebene

In Anlehnung an die Bauleitplanung wird - soweit ersichtlich - übereinstimmend eine zweistufige örtliche Landschaftsplanung für erforderlich gehalten. Der Landschaftsplan soll dabei wie der Flächennutzungsplan das gesamte Gemeindegebiet erfassen. Ihm kommt insoweit die Funktion zu, die ökologischen Anforderungen an den Raum zu koordinieren. Nur die damit angestrebte flächendeckende Landschaftsplanung kann die notwendige Vernetzung von Biosphären und Erholungsräumen ermöglichen. Daneben erfüllt der Landschaftsplan, wie das dargestellte Beispiel des Berliner Landschaftsprogramms gezeigt hat, auch eine Programmfunktion. Schwerpunktgebiete für bestimmte Maßnahmen (z.B. Entsiegelung) können

---

26 Vgl. Bongartz, Umweltvorsorge im Siedlungsbereich - Grünordnungsplanung in Theorie und Praxis, S. 92; Buchwald, in: Buchwald/Engelhardt, Handbuch f. Planung, Gestaltung und Schutz der Umwelt, S. 25 (28); Pfeifer, Landschaftsplanung und Bauleitplanung, S. 11 ff.; Schmidt-Aßmann, DÖV 1990, 169 (171)
27 Vgl. Gerschauer, DVBl 1979, 601 (606)
28 Vgl. Bongartz, Umweltvorsorge im Siedlungsbereich - Grünordnungsplanung in Theorie und Praxis, S. 114 f.

festgelegt werden, die dann auf kleinerem Maßstab konkretisiert und umgesetzt werden müssen. Materiell könnte dies durch ein Entwicklungsgebot entsprechend § 8 Abs. 2 S. 1 BauGB geregelt werden.

Hieraus ergibt sich die Funktion des Grünordnungsplans. Dieser sollte als Instrument zur Konkretisierung und Umsetzung der programmatischen Vorgaben des Landschaftsplans ausgestaltet werden. Als Umsetzungsinstrument muß er allerdings verbindliche Regelungen im Sinne von Verboten und Geboten treffen können.[29] Die Verbindlichkeit kann entweder durch Integration in den Bebauungsplan oder durch selbständigen Rechtssetzungsakt erfolgen. Um unnötige Doppelregelungen zu vermeiden, sollte die Festsetzung im Rahmen der Bauleitplanung Vorrang haben. Wenn kein Bebauungsplan aufgestellt wird, muß aber ebenfalls die Möglichkeit bestehen, verbindliche landschaftspflegerische Regelungen festzusetzen.[30] Insoweit kann die Berliner und Hamburger Regelung als Beispiel gelten. Auch das BayNatSchG sieht in Art. 3 Abs. 5 die Möglichkeit eines selbständigen verbindlichen Grünordnungsplans vor, wenn ein Bebauungsplan nicht aufgestellt wird. Auf diese Weise können z.B. in Gebieten mit großem Defizit an Vegetation Maßnahmen zur Entsiegelung, Hof-, Fassaden- und Dachbegrünung festgesetzt werden, ohne daß ein Bebauungsplan aufgestellt werden muß.

III. Probleme der Verbindlichkeit von Grünordnungsplänen

Die Verbindlichkeit von Grünordnungsplänen wirft in mehrfacher Hinsicht Probleme auf. Als verbindliche Regelungen begründen Grünordnungspläne Rechte und Pflichten des Eigentümers oder der sonstigen Nutzungsberechtigten eines Grundstücks. Wie dargestellt kann die Eigentümerbefugnis zwar auch aus Gründen des Naturschutzes und der Landschaftspflege eingeschränkt werden. Soweit in ausgeübte Nutzungsrechte eingegriffen wird, ist allerdings eine Entschädigung erforderlich. Das Bauplanungsrecht hat mit dem Planungsschadensrecht eine ausgewogene Regelung entwickelt. Entsprechende Regelungen fehlen bislang im Naturschutzrecht. Die salvatorischen Entschädigungsklauseln genügen den verfassungsrechtlichen Anforderungen nicht. Es bietet sich deshalb an, bei einem isolierten Grünordnungsplan das Planungsschadensrecht des BauGB entsprechend anzuwenden.

Ein weiteres Problem besteht dann, wenn ein Landschafts- bzw. Grünordnungsplan für ein Gebiet aufgestellt werden soll, für das bereits ein Bebauungsplan aufgestellt wurde. Dies kann z.B. erforderlich sein, wenn für das Gebiet ein alter Bebauungsplan gilt, der die Belange von Naturschutz und Landschaftspflege nicht den Anforderungen des BNatSchG und des BauGB entsprechend berücksichtigt, aber eine umfassende Neuplanung nicht erforderlich ist, da die Festsetzungen des Bebauungsplans nicht geändert, sondern lediglich ergänzt werden sollen. Ein selbständiger Landschafts- bzw. Grünordnungsplan kann aber auch im unbeplanten Innenbereich erforderlich sein, wenn sich die Entwicklung der baulichen Nutzung bisher sinnvoll nach § 34 BauGB vollzogen hat und lediglich eine landschaftspflegerische Planung erforderlich ist.

Soweit keine spezielle Kollisionsregelung getroffen wurde, gilt der Grundsatz, daß die spätere Regelung der älteren vorgeht. Materiell bewirkt der Grünordnungsplan eine Ergänzung des bereits festgesetzten Bebauungsplans. Gem. § 2 Abs. 4 BauGB gelten hierfür aber die

---

29 Vgl. Gerschauer, DVBl 1979, 601 (607)
30 Vgl. Hofherr, UPR 1987, 88 (92)

Vorschriften über die Aufstellung des Bebauungsplans. Hierzu gehört insbesondere das Gebot der umfassenden, alle privaten und öffentlichen Belange berücksichtigenden Abwägung. Die Landschaftsplanung kann diese Koordination aller raumrelevanten Aspekte nicht leisten. Sie schafft allenfalls eine Teilkoordination. Sie beansprucht von ihrer Funktion auch nicht die verbindliche Regelung aller Anforderungen an den Raum.

Dennoch kann kein Zweifel bestehen, daß gerade in Gebieten, die vor Inkrafttreten des BNatSchG beplant wurden, die Belange von Naturschutz und Landschaftspflege noch nicht in dem nach heutigem Recht erforderlichen Umfang Berücksichtigung gefunden haben und aus diesem Grund eine Ergänzung aus Gründen des Naturschutzes und der Landschaftspflege erforderlich sein kann. Insoweit handelt es sich dann auch nicht um eine Veränderung der damaligen Abwägung, sondern um ihre Ergänzung um ökologische Belange. Eine umfassende Neuabwägung aller Belange ist hier nicht erforderlich. Eine Reduzierung der Abwägung auf die für die Landschaftsplanung erheblichen Belange scheint deshalb gerechtfertigt. Gleichzeitig ergibt sich hieraus für den Landschafts- bzw. Grünordnungsplan aber eine Begrenzung seiner Regelungsbefugnisse. Die Festsetzungen des Bebauungsplans dürfen nicht geändert, sondern nur ergänzt werden. Allenfalls könnte der Gedanke des § 13 BauGB herangezogen werden, der ein vereinfachtes Planungsverfahren vorsieht, wenn die Grundzüge der Planung nicht beeinträchtigt werden.

Im umgekehrten Fall, wenn ein Bebauungsplan in einem Gebiet aufgestellt werden soll, für das bereits ein Grünordnungsplan festgesetzt wurde, ist die nur eingeschränkte Abwägung des Grünordnungsplans ebenfalls zu berücksichtigen. Da erst die Bauleitplanung eine umfassende, alle Anforderungen an den Raum koordinierende Abwägung sicherstellt, kommt eine Bindung an die Festsetzungen des Grünordnungsplans nicht in Betracht. Grundsätzlich sind die Festsetzungen des Grünordnungsplans deshalb in der Abwägung überwindbar.[31] Eine Bindung besteht nur insoweit, als sie eine sachgerechte Bewertung der ökologischen Belange darstellen. Das Gewicht gegenüber anderen entgegengesetzten Belangen wird demgegenüber erst im Rahmen der Bauleitplanung ermittelt.

Ein drittes Problem ist das der Vollzugsinstrumente. Soweit der Grünordnungsplan Maßnahmen festsetzt, bedürfen diese der Umsetzung. Diese kann als Auflage zu Bauvorhaben im Rahmen von Genehmigungsverfahren erfolgen. Das BauGB kennt darüber hinaus städtebauliche Gebote, die der Umsetzung von Festsetzungen dienen. Entsprechende Eingriffsbefugnisse zur Umsetzung von Festsetzungen der Landschaftsplanung sind nur in Nordrhein-Westfalen und in Berlin ansatzweise vorhanden. Da der Grünordnungsplan die Rechtswirkung eines Bebauungsplans haben soll, wäre es sinnvoll, die städtebaulichen Gebote auch zur Umsetzung seiner Festsetzungen zuzulassen. Zur Ergänzung sollten darüber hinaus nach dem Vorbild des bauplanungsrechtlichen Pflanzgebots naturschutzrechtliche Gebote geschaffen werden, mit denen die Umsetzung von Maßnahmen zum Schutz, zur Pflege und zur Entwicklung von Natur und Landschaft durchgesetzt werden kann.

B. Einführung ökologischer Typisierungen und ökologischer Standards

Bereits unter Hinweis auf eine Grenzziehung für die verdichtende Bestandsentwicklung wurde auf die Notwendigkeit normativ gesetzter Standards i.S.v. Obergrenzen für ökologi-

---

31 Vgl. Bongartz, Umweltvorsorge im Siedlungsbereich - Grünordnungsplanung in Theorie und Praxis, S. 55

sche Belastungen der bebauten Gebiete hingewiesen.[32] Bei der Untersuchung des rechtlichen Instrumentariums bestätigte sich diese Notwendigkeit insbesondere für die Landschaftsplanung und darüber vermittelt auch für die Bauleitplanung.[33] Schwierigkeiten bestehen hier zum einen bei der Bewertung der vorhandenen ökologischen Potentiale, da sich hierfür weder einheitliche Verfahren noch einheitliche Bewertungsmaßstäbe durchgesetzt haben, und zum anderen bei der Bestimmung vollziehbarer Umweltqualitätsziele,[34] wobei sich insbesondere die Zuordnung solcher Ziele in das System des Baurechts als schwierig erweist. Das Fehlen standardisierter Bewertungsverfahren und -maßstäbe wirkte sich ebenfalls bei der Anwendung der Eingriffsregelung nachteilig aus. Hier geht es insbesondere um die Bewertung der Eingriffsintensität und der davon abzuleitenden Ausgleichs- und Ersatzmaßnahmen, ggf. auch die Bestimmung der Höhe von Ausgleichszahlungen.

Im Schrifttum wird unter Hinweis auf die Regelungen der Baunutzungsverordnung über Art und Maß der baulichen Nutzung die Notwendigkeit der Schaffung einer in entsprechender Weise typisierenden Handlungsanleitung für die Landschaftsplanung und die nicht die bauliche Nutzung betreffenden Darstellungen und Festsetzungen der Bauleitplanung gefordert.[35] Im Rahmen der letzten Novellierung der Baunutzungsverordnung wurde aus diesem Grunde die Ausweitung der Baunutzungsverordnung zu einer Bodennutzungsverordnung, die auch Regelungen über die sonstigen (d.h. nicht baulichen) Nutzungen enthalten sollte, geprüft, jedoch unter Hinweis auf den noch nicht ausreichenden fachwissenschaftlichen Erkenntnisstand fallengelassen.[36]

Die Forderung nach einer Typisierung ökologischer Sachverhalte oder nach ökologischen Standards durch einen normativen Akt ist jedoch nicht unumstritten. Insbesondere aus den originär mit Schutz, Pflege und Entwicklung von Natur und Landschaft befaßten Berufsgruppen wird deren Einführung z.T. sogar als schädlich betrachtet. Zur Begründung wird auf den immanenten Widerspruch zwischen Typisierung und Ökologie hingewiesen.[37] Jede Typisierung bringt eine Vereinfachung komplexer Sachverhalte mit sich und führt damit zwangsläufig zu einem Verlust an Differenziertheit.[38] Die Vereinfachung und Reduzierung komplexer Sachverhalte auf bestimmte kausale Denkmuster widerspricht dem holistischen Verständnis, dem die Ökologie verpflichtet ist.[39] Die Verteidigung dogmatischer Positionen ist hier aber kontraproduktiv. Mit der Einführung einer ökologischen Typologie soll nämlich nicht der holistische Denkansatz aufgegeben werden. Es geht vielmehr darum, ökologische Inhalte und Ziele so zu gestalten, daß sie in den vorhandenen administrativen, politischen und legislativen Strukturen verstanden und umgesetzt werden können. Dabei muß allerdings darauf acht gegeben werden, daß die ökologischen Ansätze nicht konterkaviert werden.

---

32 Vgl. oben Kap. 4, Teil C
33 Vgl. oben Kap. 8, Teil C II
34 Stich, ZfBR 1989, 9 (13); ders., NuR 1988, 221 (224 f.); Boetticher/Fisch, Das Gartenamt 1988, 26
35 Gaßner/Siederer, Die Umweltrelevanz der Baunutzungsverordnung, S. 177 ff.; Stich, ZfBR 1989, 9 (13); ders., NuR 1988, 221 224 f.; Boetticher/Fisch, Das Gartenamt 1988, 26
36 Materialien zur Baunutzungsverordnung, hrsg. v. Bundesminister für Raumordnung, Bauwesen und Städtebau, S. 55
37 Gaßner/Siederer, Die Umweltrelevanz der Baunutzungsverordnung, S. 259 f.
38 Vgl. Feldhaus, UPR 1982, 137 (140)
39 Vgl. hierzu Capra, Wendezeit, S. 38 ff., der darlegt, daß die Überbetonung der wissenschaftlichen Methode und des rationalen analytischen Denkens zutiefst antiökologisch ist. "Rationales Denken verläuft linear, während das ökologische Bewußtsein aus der intuitiven Erkenntnis nicht linearer Systeme entsteht.

Ein minimaler Grünflächenanteil ist nach der neuesten Fassung der BauNVO vom 23. Januar 1990 herleitbar. Die Obergrenze für die GRZ nach § 17 Abs. 1 BauNVO wirkt im Umkehrschluß als Mindeststandard unversiegelter Flächen bezogen auf Baugrundstücke, wobei allerdings ausdrücklich abweichende Regelungen zugelassen sind. Die vorgeschlagenen ökologischen Standards müssen sich an der Regelung der BauNVO orientieren. Ihre Funktion muß über die bloße Freihaltung von Flächen von jeglicher Versiegelung hinausgehen.

Die Grünausstattung der Grundstücke wird zudem bestimmt durch die Art der Bepflanzung der nicht überbauten Grundstücksfläche. Regelungen hierzu finden sich in den Landesbauordnungen. Eine Ergänzung der GRZ-Festsetzung beinhaltet vor allem die in einigen Bundesländern vorgeschriebene Verwendung von wasserdurchlässigen Bodenbelägen, soweit sie mit der zulässigen Nutzung vereinbar sind. Durchweg ist die Begrünung oder gärtnerische Gestaltung der nicht überbauten Fläche vorgeschrieben. Daneben kann überwiegend auch das Anpflanzen von Bäumen und Sträuchern, im Saarland und in Hamburg sogar die Bepflanzung von Fassaden und Dächern verlangt werden (vgl. zu den Regelungsvarianten Kap. 17, Teil A). Auch vor diesem Hintergrund muß der Regelungsbedarf für ökologische Standards hinterfragt werden.

I. Ökologische Gebietstypen

Die Funktion einer Gebietstypologie erschließt sich aus einer vergleichenden Betrachtung der Funktion der Gebietstypen der BauNVO. Die Baugebietstypen der BauNVO standardisieren die Zuordnung bestimmter Nutzung auf einer abstrakten generellen Ebene. Dabei erfolgt die Zuordnung vor allem nach funktionalen Gesichtspunkten und aus Gründen des Immissionsschutzes. Das BVerwG hat hierin eine sachverständige Konkretisierung der allgemeinen Abwägungsgrundsätze gesehen.[40] Die Funktion der Gebietstypologie der BauNVO erschöpft sich jedoch nicht in dieser wertenden Aussage. Vielmehr sind an diese Wertungen Rechtsfolgen geknüpft. Die Träger der Bauleitplanung sind bei der Festsetzung der Art der Nutzung an die Gebietstypologie der BauNVO gebunden. Zweck dieses Typenzwangs ist die Vereinheitlichung der Terminologie und der Zuordnungskriterien im Interesse einer größeren Rechtssicherheit, einer gleichmäßigeren Verwaltungspraxis und letztlich einer Vereinfachung des Abwägungsvorgangs. Das Mittel ist, um dies nochmals zusammenzufassen, die Schaffung abstrakter Tatbestände für eine Vielzahl von Sachverhalten mit daran anknüpfenden Rechtsfolgen für den konkreten Einzelfall in einer generellen Regel.

Im Schrifttum wird darauf hingewiesen, daß bereits im geltenden Recht Ansätze einer ökologischen Typologie i.s.v. Flächentypen mit bestimmten ökologischen Qualitäten vorhanden sind.[41] Daneben stehen weitere Bemühungen, Flächentypen nach ihren ökologischen Qualitäten differenziert darzustellen. Die einzelnen Ansätze sind von Gaßner/Siederer dar-

---

40 Vgl. BVerwG, Urt. v. 16.3.1984 - 4 C 650/80 -, BauR 1984, 612
41 So finden sich z.B. im Katalog des § 9 Abs. 1 BauGB verschiedene Typen wie die Grünflächen nach Nr. 15 mit den dort genannten Unterarten, die land- und forstwirtschaftlichen Flächen sowie die Wasserflächen. Im Naturschutzrecht findet sich bei den verschiedenen Schutzgebietstypen eine Typologie. Vgl. Stich, NuR 1988, 221 (223 f.); ders., ZfBR 1989, 9 (13); Gaßner/Siederer, Die Umweltrelevanz der Baunutzungsverordnung, S. 241 f.

gestellt worden, auf deren Untersuchung hier verwiesen werden muß.[42] Gaßner/Siederer weisen nach, daß alle untersuchten Ansätze nicht als normierte Typisierung entsprechend den Gebietstypen der BauNVO aufgenommen werden können. Die Gründe hierfür liegen in einer gegenüber den Typen der BauNVO reduzierteren Aussagekraft und Funktion der nach ökologischen Gesichtspunkten vorgenommenen Typisierung.

Die Schaffung ökologischer Gebietstypen ist aber auch in Hinblick auf das Verhältnis zu den Gebietstypen der BauNVO problematisch. Sollen die ökologischen Gebietstypen die städtebaulichen der BauNVO überlagern, so dürfte sich zwangsläufig eine unzureichende Berücksichtigung der nutzungsbedingten Anforderungen einstellen. Der einzig gangbare Weg scheint deshalb eine Neubestimmung der Baugebietstypen der BauNVO unter Einbeziehung ökologischer Zuordnungskriterien zu sein. Entsprechende Vorschläge anläßlich der letzten Novellierung der BauNVO wurden allerdings verworfen und dies wohl zu Recht, da eine vergleichende Analyse nutzungsbedingter und ökologischer Anforderungen noch in den Anfängen steckt. Die Zuordnung bestimmter ökologischer Standards zu den vorhandenen Gebietstypen erscheint demgegenüber der eher gangbare Weg, da sie an das bestehende Nutzungsgefüge der BauNVO anknüpfen können.

Das bedeutet aber nicht, daß im Vorfeld einer generellen Einführung ökologischer Gebietstypen auf Landes- oder Bundesebene der Weg der Typisierung nicht sehr hilfreich im Rahmen von konkreten Planungsaufgaben sein kann. Die Typisierung bestimmter Sachverhalte unter einem Sammelbegriff ist jedenfalls bei der Bestandsaufnahme eine übliche Verfahrensweise. Aber auch in konzeptioneller Hinsicht können mittels Typisierung komplexe Planungsaufgaben strukturiert werden. Ein für die Steuerung der Bodenversiegelung interessantes Beispiel stellt die Typisierung des Berliner Landschaftsprogramms dar.[43] Unter dem Titel "Freiraumversorgung der Wohnquartiere" wird zwischen vier Gebietstypen unterschieden, für die abgestufte programmatische Vorgaben in Hinblick auf Entsiegelungsbedarf getroffen werden, und insoweit eine wichtige Vorgabe für die Umsetzung in der verbindlichen Bauleitplanung geleistet.

Eine generalisierende Regelung solcher programmatischen Vorgaben über einen konkreten Planungsraum hinaus ist bislang, soweit ersichtlich, nicht gelungen. Insoweit sind die vorhandenen Ansätze nicht mehr als der Versuch, komplexe Planungsaufgaben im konkreten Einzelfall zu strukturieren. Zum jetzigen Zeitpunkt kommt deshalb eine generalisierende Regelung nicht in Betracht. Dies sollte die Gemeinden dennoch nicht davon abhalten, programmatische Vorgaben in Bezug auf bestimmte Siedlungsstrukturtypen zu treffen.

---

42 Eine Analyse der vorhandenen Ansätze findet sich bei Gaßner/Siederer, Die Umweltrelevanz der Baunutzungsverordnung, S. 241 ff.. Diskutiert werden insbesondere die Typisierung nach Freiflächentypen (vgl. BDA/BDLA/FLL/SRL - Arbeitsgruppe BauGB, Neues Städtebaurecht, S. 35), nach Gebietstypen für Arten- und Biotopschutz (vgl. Pahl, Offene Probleme bei der Umsetzung umweltschonenden Städtebaus, in: BfLR, Stadt und Umwelt, S. 37), nach Hoftypen (vgl. Schaumann, Das Gartenamt 1986, 466 (477)), nach Brachflächentypen (Dieterich, IzR 1986, 141 (142)) und nach Wohngebietstypen (Gaßner/Siederer, Die Umweltrelevanz der Baunutzungsverordnung, S. 257 unter Hinweis auf den Entwurf zum berliner Landschaftsprogramm 1988).

43 Vgl. Landschaftsprogramm Berlin 1988, Erläuterungsbericht S. 137 ff.

II. Ökologische Standards

1. Anforderungen an ökologische Standards

Standards sind im deutschen Recht nicht unbekannt. Insbesondere das Umweltrecht kennt zahlreiche Standards. Ihre Funktion besteht in der Regel in der Konkretisierung unbestimmter Rechtsbegriffe, z.B. im Anlagengenehmigungsrecht. Als Vorsorgestandards können sie aber auch in der Planung Anwendung finden. Wegen der großen Komplexität der betroffenen Sachverhalte kommt den Umweltstandards beim Vollzug des Umweltrechts eine entscheidende Rolle zu. Die Einheitlichkeit des Vollzugs, die Dauer der Genehmigungs- bzw. Planungsverfahren, die Vorhersehbarkeit der Entscheidung und die Rechtssicherheit werden wesentlich durch das Vorhandensein und die Qualität von Umweltstandards bestimmt.[44]

Die Vollzugserleichterung verlangt dabei eine Reduktion der Komplexität auf einen für den Normanwender praktikablen Maßstab.[45] Dies verlangt zum einen eine zahlenmäßige Fixierung mittels zu bestimmender Bewertungsparameter und zum anderen eine Generalisierung auf eine überschaubare Anzahl möglicher Falltypen.[46]

Ökologische Standards können zur Vereinheitlichung von Bewertungsverfahren und -maßstäben oder als Vorsorgestandards für die Planung eingeführt werden. Standards für die Planung bauen notwendig auf bestimmten Bewertungsverfahren und -maßstäben auf. Dennoch ist es sinnvoll, hier zu differenzieren, denn schon die Vereinheitlichung der Bewertung ökologischer Sachverhalte, d.h. der insoweit bescheidenere Ansatz, würde die Verständlichkeit und Nachvollziehbarkeit der Bewertungen insbesondere für die Träger der Bauleitplanung erheblich erleichtern und damit die Durchsetzungschancen ökologischer Belange in der Abwägung erhöhen. Sie würde zudem größere Rechtssicherheit bei der Anwendung der naturschutzrechtlichen Eingriffsregelung schaffen.

Demgegenüber geht der Anspruch von Standards für die Planung weiter. Diese knüpfen an das Vorbild der Maßregelungen in der BauNVO an.[47] Durch die Vereinheitlichung der verwendeten Maßfaktoren und die Beschränkung auf eine überschaubare Anzahl unterschiedlicher Maßfaktoren wird deren Verständlichkeit erhöht, und Mißverständnisse werden vermieden. Als Verhältniszahlen erlauben die Maßfaktoren in einer generalisierenden Weise differenzierte Aussagen für eine Vielzahl von Grundstücken. Die an die Maßfaktoren gekoppelten Maßobergrenzen sind ein Mindeststandard zur Sicherung von gesunden Wohn- und Arbeitsverhältnissen für den Regelfall. Die BauNVO wirkt insoweit als sachverständige Konkretisierung der allgemeinen Planungsgrundsätze.[48] Wer sich an ihre Vorgaben hält, bewegt sich auf der sicheren Seite.[49]

Dementsprechend ist von ökologischen Standards für die Planung zu erwarten, daß sie die vorzunehmende Abwägung im Sinne einer sachverständigen Konkretisierung der allgemeinen Planungsgrundsätze strukturieren. Dem Wesen der Abwägung entsprechend können sich diese sachverständigen Vorgaben nicht auf die Berücksichtigung ökologischer Bewertungskriterien beschränken, sondern müssen das gesamte Spektrum der berührten Belange

---

44 Vgl. Feldhaus, UPR 1982, 137 (139); Sendler, UPR 1981, 1 (11)
45 Vgl. Luhmann, Politische Planung, S. 58; Feldhaus, UPR 1982, 137 (139)
46 Vgl. Feldhaus, UPR 1982, 137 (139); Jarass, NJW 1987, 1225
47 Vgl. Gaßner/Siederer, Die Umweltrelevanz der Baunutzungsverordnung, S. 278 f
48 Vgl. BVerwG, Urt. v. 16.3.1984 - 4 C 650/80 -, BauR 1984, 612
49 Stich, UPR 1987, 221 (223)

mit berücksichtigen, insbesondere die nutzungsbedingten Anforderungen an den Raum. Eine Orientierung ökologischer Standards an der städtebaurechtlichen Gebietstypologie erscheint deshalb naheliegend.

Die sachverständige Konkretisierung drückt sich in einem Wert, dem ökologischen Standard, aus. Die Einhaltung der Standards soll dem Planer die Sicherheit geben, für alle Abwägungsfälle ein gerechtes, den Planungsgrundsätzen entsprechendes Abwägungsergebnis bereitzuhalten. Alle in Betracht kommenden Abwägungsfälle müssen deshalb bei der Aufstellung von Standards berücksichtigt werden. Die Standards müssen auf eine Weise generalisierend gefaßt werden, die es ermöglicht, die verschiedensten Sachverhalte zu lösen. Sie müssen gleichzeitig so bestimmt sein, daß sich für jeden Sachverhalt eine bestimmte Rechtsfolge ableitet. Wegen der durch die grundgesetzliche Eigentumsordnung bedingten Zuordnung von Rechten und Pflichten auf Grundstückseinheiten ist auch für die ökologischen Standards eine entsprechende Zuordnung anzustreben.

Die Einführung ökologischer Standards führt, jedenfalls wenn sie als verbindliche Grenzwerte gefaßt sind, zwangsläufig zu einer Reduzierung des planerischen Gestaltungsfreiraums. Insoweit entspricht sie den Maßobergrenzen der BauNVO. Die Grenzwerte verhindern Abweichungen durch Über- bzw. Unterschreiten und damit auch die Möglichkeit, im Einzelfall bessere Ergebnisse zu erzielen. Aus diesem Grunde und in Ermangelung praktischer Erfahrungen scheint eine eher vorsichtige Einführung als Orientierungswert unter Zulassung von Abweichungen angebracht.[50] Orientierungswerte sind in gleicher Weise geeignet, eine Abwägungsanleitung für den Planer zu bieten, belassen ihm aber zugleich die Möglichkeit, zu abweichenden Ergebnissen zu kommen.

2. Ansätze in der Praxis

Die methodischen Ansätze der Fachwissenschaften zur ökologischen Bewertung von Raumeinheiten sind vielfältig. Relativ überschaubar sind die Bewertungsansätze im besiedelten Bereich. Diese knüpfen ganz überwiegend an die Größe der unversiegelten Fläche unter Hinzuziehung anderer biotisch aktiver Flächen (z.B. begrünte Dächer) an. Hiervon abgeleitet werden verschiedene Bewertungsparameter:

- klimatisch-ökologisch-hygienischer Wert (= KÖH-Wert)[51],
- Biotopflächenfaktor (BFF),[52]
- Bodenfunktionszahl (BFZ),
- Grünvolumenzahl (GVZ).[53]

---

50 Das Spannungsfeld zwischen generalisierendem Bewertungsmaßstab und konkretem Einzelfall kann so vor Überdehnung bewahrt werden. Vgl. Feldhaus, UPR 1982, 137 (141) unter Hinweis auf die VDI-Richtlinie 2058
51 Vgl. Schulz, IzR 1982, 847 ff.
52 Boetticher/Fisch, Das Gartenamt 1988, 26 ff.
53 Großmann/Pohl/Schulze, Werte für die Landschafts und Bauleitplanung, Gutachten i.A. des Senats der Freien und Hansestadt Hamburg, 1983

a) Bodenfunktionszahl und Biotopflächenfaktor

BFF und BFZ sind ausschließlich flächenbezogen. Nach Maßgabe bestimmter Berechnungsmodi werden auch ganz oder teilversiegelte Flächen berücksichtigt, soweit sie noch in eingeschränktem Umfang biotische Funktionen erfüllen. Methodisch gehen BFF und BFZ von nach ihren biotischen Potentialen differenzierten Flächentypen aus. Die Differenzierung drückt sich in genau tabellarisch festgelegten Gewichtungsfaktoren aus.[54]

Auf dieser Grundlage vollzieht sich die Ermittlung von BFF und BFZ in vier Stufen:

1. Ermittlung der Fläche des jeweiligen Flächentyps,
2. Multiplizierung mit dem zugeordneten Gewichtungsfaktor für die Flächentypen,
3. Addition der daraus gebildeten Produkte,
4. Division der Summe durch die Gesamtfläche des Grundstücks.

Die Berechnung ist damit methodisch mit der Berechnung von GRZ und GFZ vergleichbar. Mit der GRZ besteht die Gemeinsamkeit in der Verwendung unterschiedlicher Gewichtungsfaktoren, mit der GFZ besteht die Gemeinsamkeit in der geschoßweise zu ermittelnden und zu addierenden Fläche. BFF und BFZ greifen mithin auf bekannte Methoden zurück. Eine Überforderung der Planungspraxis ist deshalb nicht zu befürchten.

BFZ und BFF unterscheiden sich nach Art und Anzahl der Flächentypen und den ihnen zugeordneten Gewichtungsfaktoren. Die BFZ typisiert nach der Bodenbelagsart. Der Gewichtungsfaktor wird Bodenkennwert (BKW) genannt (vgl. Tab. 75).[55]

Bewertungsfaktoren für die Bodenfunktionszahl	
Bodenkennwert	Flächentypen
1,0	Natürlich anstehender Boden einschließlich natürlicher Gewässer ohne direkte künstliche Beeinträchtigung. Variationen in der Vegetation, wie z.B. Felder, Wiesen, Wälder, Rasen etc., bleiben beim BKW unberücksichtigt.
0,9	Künstlich geschaffene Wasser- und Feuchtgebietsflächen mit dauerndem Wasserstand und standortgerechter Vegetation mit künstlichem Unterbau (Folie, Beton)
0,6	Wassergebundene Decke (Schotterrasen, Kiesflächen, Grand- und Tenneflächen), Rasengittersteine auf natürlich anstehendem Boden (nicht auf Dachflächen).
0,4	Mosaik- und Kleinpflaster mit großen Fugen
0,3	Mittel- und Großpflaster mit offenen Fugen und einem Sand-/Kiesunterbau
0,2	Verbundpflaster, Kunststein und Plattenbeläge(Kantenlänge der einzelnen Komponenten über 16 cm) oder verdichtete, unbegrünte, halbjährig wasserführende Wasserbecken auf Dächern und/oder auf offenem Boden oder Vegetationsflächen auf Dächern über oder unter Oberkante Gelände
0,1	Asphaltdecken, Pflaster und Plattenbeläge mit Fugenverguß oder gebundenem Unterbau
0,0	Dachflächen von Gebäudeteilen unter und über Geländeoberkante

(Tab. 75)

Der BFF kommt unter Berücksichtigung der Evaporationsleistung, der Staubbindungskapazität, der Versickerungsfähigkeit und Speicherung von Niederschlagswasser, der Erhaltung

---

54 Großmann/Pohl/Schulze, Werte für die Landschafts und Bauleitplanung, Gutachten i.A. des Senats der Freien und Hansestadt Hamburg, S. 25 f.; Boetticher/Fisch, Das Gartenamt 1988, 27
55 Großmann/Pohl/Schulze, Werte für die Landschafts und Bauleitplanung, Gutachten i.A. des Senats der Freien und Hansestadt Hamburg, S. 25 f.

und Entwicklung der natürlichen Bodenfunktionen hinsichtlich Filterung, Pufferung und Transformation von Schadstoffen und der Verfügbarkeit als Lebensraum für Pflanzen und Tiere zu folgender Bewertung verschiedener Flächentypen (vgl. Tab. 76).[56]

Bewertungsfaktoren für den Biotopflächenfaktor	
Anrechnungs- faktor	Flächentypen
0,0	Versiegelte Flächen (Flächen ohne luft- und wasserdurchlässige Beläge, ohne Pflanzenbewuchs): Bsp.: Beton, Asphalt, Terazzo, Keramik, Platten/Pflasterungen mit gebundenem Unterbau oder Verguß, wasserundurchlässige Kunststoffbeläge
0,3	Teilversiegelte Flächen (Flächen mit luft- und wasserdurchlässigen Belägen, die in gewissem Umfang Versickerung, aber in der Regel keinen Pflanzenbewuchs zulassen): Bsp.: Klinker, Großstein-, Kleinstein-, Mosaik- und Holzpflaster, Betonverbundsteine und Platten mit Fuge auf Sand-/Schotterunterbau, Sandflächen, Schotter, wassergebundene Decken, offener stark verdichteter Boden, durchlässige Kunststoffbeläge, Rasengittersteine und Rasenklinker (auf intensiv genutzten Flächen - z.B. Stellplätzen, Zufahrten)
0,5	Halboffene Flächen (Flächen mit luft- und wasserdurchlässigen Belägen, die neben Versickerung auch Pflanzenbewuchs zulassen); Bsp.: Rasenschotter, Holzpflaster mit hohem Fugenanteil, Pflaster mit Rasenfugen, Rasengitter und Rasenklinker (auf Flächen mit geringer Nutzungsintensität - z.B. Feuerwehrzufahrten)
0,5	Vegetationsflächen ohne Anschluß an anstehenden Boden; Bsp.: auf Kellerdecken/Tiefgaragen (unter 80 cm Bodenauftrag), Hochbeete
0,7	Vegetationsflächen ohne Anschluß an anstehenden Boden; Bsp.: auf Tiefgaragen (ab 80 cm Bodenauftrag)
1,0	Vegetationsflächen mit Anschluß an anstehenden Boden
0,2	Regenwasserversickerung; jeder Quadratmeter Dachfläche, dessen Oberflächenwasser einer Vegetationsfläche zugeführt wird, die der Regenwasserversickerung dient
0,5	Vertikalbegrünung fensterloser Außenwände und Mauern
0,7	Dachbegrünung

(Tab. 76)

BFF und BFZ knüpfen mithin nicht nur an unterschiedliche Typen an, sondern gehen auch von z.T. deutlich abweichenden Bewertungsfaktoren aus. Die BFZ legt erkennbar vor allem Wert auf einen unmittelbaren Anschluß an den natürlichen Boden. Während ein begrüntes Dach nur den Kennwert von 0,2 erhält, wird einer wassergebundenen Decke auf natürlichem Boden unabhängig von den damit verbundenen Vegetationsbedingungen ein Kennwert von 0,6 zugewiesen. Der Wert der Fläche ergibt sich danach vor allem aus der Funktion des Bodens zum Austausch von Wasser und Luft.

Demgegenüber knüpft die BFF an weitere biotische Potentiale an. Hierzu gehört neben der Fähigkeit zur Versickerung von Niederschlagswasser auch die Funktion als Lebensgrundlage und Lebensraum von Organismen, insbesondere von Vegetation.[57] Die Bedeutung einer Fläche als Standort für Vegetation wird deshalb erheblich höher gewichtet. Aus diesem

---

56 Vgl. Becker/Gieseke/Mohren/Richard (Büro (Landschaft, Planen & Bauen), Der Biotopflächenfaktor als ökologischer Kennwert, S. 24 ff., die den von Boetticher/Fisch (in: Das Gartenamt 1988, 27) veröffentlichten Katalog von Flächenbewertungen auf der Grundlage neuerer Anwendungsfälle erheblich modifiziert haben.
57 Großmann/Pohl/Schulze, Werte für die Landschafts und Bauleitplanung, Gutachten i.A. des Senats der Freien und Hansestadt Hamburg, S. 24; Boetticher/Fisch, Das Gartenamt 1988, 26 f.

Grunde werden z.B. auch vertikale Flächen mitgerechnet, wenn sie begrünt sind. Sie erhalten einen Bewertungsfaktor von 0,5, Dachbegrünung sogar 0,7.

Unabhängig von der Überprüfung der Gewichtung einzelner Aspekte, die an dieser Stelle nicht geleistet werden kann, muß sich die Leistungsfähigkeit der ökologischen Standards aus ihrer Funktion insbesondere im Verhältnis zu der GRZ-Regelung der BauNVO und zu den bauordnungsrechtlichen Anforderungen an die Gestaltung der nicht überbauten Grundstücksflächen ableiten lassen.

Die BFZ wird bisher lediglich als Bewertungsgröße diskutiert. Orientierungswerte für bestimmte Fallkonstellationen, die einer generellen Regelung zugängig wären, sind aus fachlicher Sicht bisher nicht angeboten worden. Gaßner/Siederer haben lediglich den Versuch vorgenommen, entsprechende Standards aus einer Umkehrung der zulässigen GRZ abzuleiten.[58] Die damit verbundene Zielsetzung, auch die nicht auf die GRZ anzurechnenden Nebenanlagen, Stellplätze und Garagen, einschließlich der Tiefgaragen erfassen zu können, ist seit der Neuregelung der BauNVO hinfällig. Die GRZ-Festsetzung bewirkt die Freihaltung eines bestimmten Anteils der Grundstücksfläche von jeglicher Versiegelung. Die Differenzierung zwischen verschiedenen Belagsarten ist deshalb nur dann sinnvoll, wenn sie an die nach der GRZ zulässige Versiegelung differenziertere Anforderungen stellt. Für diesen Regelungsgegenstand erscheinen allerdings die Regelungsansätze in einigen Bauordnungen vielversprechender zu sein als die Einführung komplizierter Berechnungsmodi.

Entsprechende Einwendungen lassen sich auch gegen den insoweit gleich angelegten BFF erheben. Der BFF wurde aber nicht als Ergänzung zu den Anforderungen der GRZ entwickelt, sondern als Sanierungswert für bereits hoch verdichtete Gebiete, in denen der sich aus der GRZ-Neuregelung ergebende zulässige GRZ-Wert bereits erheblich überschritten ist und zur Sanierung der vorhandenen ökologischen Defizite differenziertere Lösungen als die Freihaltung eines Grundstücksfreiflächenanteils von jeglicher Versiegelung erforderlich sind. Für diese Zielsetzung sind BFF-Zielgrößen entwickelt worden, die zwischen den der BauNVO entlehnten Gebietstypen in Abhängigkeit von der vorhandenen GRZ differenzieren. Der BFF ist jeweils als Mindestwert gedacht. Als Beispiel sollen an dieser Stelle die in Tabelle 77 abgedruckten BFF-Werte für Wohnbaugrundstücke des Bestands angeführt werden.[59]

	Wohnbaugrundstücke im Bestand	BFF
1.	Grundstücke mit einer GRZ von bis zu 0,37	0,60
2.	Grundstücke mit einer GRZ von 0,38 bis zu 0,49	0,45
3.	Grundstücke mit einer GRZ von 0,5 und darüber	0,30
4.	Grundstücke in Kerngebieten, auf denen einzelne Geschosse der Bebauung gewerblich genutzt werden	0,30
5.	Grundstücke außerhalb von Kerngebieten, auf denen einzelne Geschosse der Bebauung gewerblich genutzt werden, sind den Nr. 1 - 3 zuzuordnen.	

(Tab. 77)

Überzeugend ist der methodische Ansatz der BFF. Auf Grund differenzierter Untersuchung der Nutzungs- und Bebauungsstruktur sowie der vorhandenen ökologischen Potentiale wurden Strukturtypen gebildet, die in generalisierender Weise Aussagen über den vorhan-

---

58 Vgl. Gaßner/Siederer, Die Umweltrelevanz der Baunutzungsverordnung, S. 278 ff.
59 Vgl. Becker/Gieseke/Mohren/Richard (Büro Landschaft, Planen & Bauen), Der Biotopflächenfaktor als ökologischer Kennwert, S. 54

denen BFF, aber auch über die Potentiale für eine Verbesserung des BFF ermöglichten. Anknüpfungspunkt für BFF-Zielgrößen war nicht die maximal realisierbare BFF, sondern ein herabgesetzter Wert als Ergebnis einer Abwägung unter Einbeziehung verschiedener Belange, insbesondere dem Interesse an der Beibehaltung bestehender Strukturen sowie der Zumutbarkeit der erforderlichen Maßnahmen.[60] Die Antizipierung von Abwägungskonstellationen ist - wie gezeigt - ein notwendiger Schritt auf dem Weg zu ökologischen Standards, die den Maßfaktoren der BauNVO entsprechen. Der von Becker/Gieseke/Mohren/Richard eingeschlagene methodische Weg ist deshalb zu begrüßen. Die von ihnen vorgeschlagene Bewertung ist allerdings auch im Vergleich zu anderen Bewertungsmethoden zu überprüfen. Dies gilt insbesondere auch für ihre Übertragbarkeit auf andere Siedlungstypen. Die analytische Grundlage der Bewertung bezieht sich, soweit ersichtlich, bislang ausschließlich auf die hochverdichtete Blockrandbebauung in Berlin.

Auch in Hinblick auf die Umsetzung ist der BFF auf die Berliner Rechtslage zugeschnitten, die mit dem selbständigen und verbindlichen Landschaftsplan ein geeignetes Instrument enthält, verbindliche Regelungen für den Bestand vorzusehen. Der Vollzug kann zum einen im Rahmen des Zumutbaren gem. § 17 Abs. 1 BlnNatSch durch Einzelanordnung gegenüber den Grundstückseigentümern oder sonstigen Nutzungsberechtigten oder als Auflage im Zusammenhang mit genehmigungspflichtigen baulichen Veränderungen auf den betroffenen Grundstücken erfolgen. Durch eine entsprechende Berücksichtigung der Zumutbarkeit bei der antizipierten Abwägung kann die Zumutbarkeit der Maßnahme jedoch im Einzelfall nicht unterstellt werden. Die Voraussetzungen für die Einzelanordnungen sind deshalb für jeden Fall gesondert zu prüfen. Kommt auf den Betroffenen eine Belastung zu, die den üblichen Pflegeaufwand erheblich übersteigt, wird die Grenze des Zumutbaren überschritten sein.

b) Grünvolumenzahl und klimatisch-ökologisch-hygienischer Wert

Der KÖH-Wert geht im Ansatz zwar wie der BFF und die BFZ von einer Flächenbilanzierung aus, differenziert hier aber noch zwischen verschiedenen Vegetationstypen (Rasen/Wiesen/Grünland, Sräucher/Hecken/kleinere Bäume und größere Bäume, Baumreihen und Gruppen) und führt somit qualitative Elemente in die Bewertung ein. Durch Zuordnung bestimmter abstrakter Bewertungsfaktoren (vgl. Abb. 5 u. 6) wird ein Grünmassenwert und aus diesem ein sogenannter Gunstwert abgeleitet. Dieser wird in Verhältnis zu einem sogenannten Ungunstwert gesetzt, der aus der versiegelten Freifläche abgeleitet wird, indem die überbaute Fläche mit der Höhe des Gebäudes und die sonstige versiegelte Fläche mit dem Faktor 2,5 multipliziert werden (vgl. Abb.).

---

60 Vgl. Becker/Gieseke/Mohren/Richard (Büro Landschaft, Planen & Bauen), Der Biotopflächenfaktor als ökologischer Kennwert, S. 28 ff.

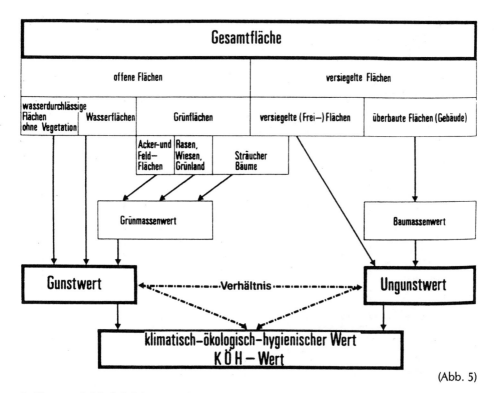

(Abb. 5)

Quelle: nach Schulz IzR 1982, 847 (851)

Für die Einführung als ökologischer Standard erscheint der KÖH-Wert aus verschiedenen Gründen wenig geeignet. Zum einen bestehen schon erhebliche Bedenken hinsichtlich der Gewichtungsfaktoren. Ausgespart werden die Kriterien "Grundwasseranreicherung" und "natürliche Bodenfunktionen" (Filtervermögen, etc.).[61] Städtebaulich-funktionale Kriterien bleiben ebenfalls außer Betracht. Schwerwiegender dürfte allerdings sein, daß der KÖH-Wert nicht das Verhältnis zur Grundstücksfläche ausdrückt. Es handelt sich vielmehr um eine Relation zwischen zwei abstrakten Berechnungseinheiten (Gunst- und Ungunstwert), die sich nicht aus eingeführten städtebaulichen Maßfaktoren ableiten lassen.[62] Dieser Mangel steht einer Einführung in das System der städtebaulichen Planung im Wege.

---

61 Vgl. Schulz, IzR 1982, 847 (843). Bewertet werden Temperaturminderung, Einstrahlungsminderung, Erhöhung der relativen Luftfeuchte, Windberuhigung, Luftzirkulationsbildung, Gas- und Staubfilterung, Lärmminderung, Kaltluftproduktion und Frischluftzufuhr.
62 Korrelationen mögen sich allerdings belegen lassen. Es fehlt jedoch die methodische Anbindung an die städtebaurechtlichen Faktoren.

Wertungsschlüssel: Erfüllungsgrad	null	gering-mäßig	mittel	stark	optimal
Bewertungsziffer	0	1	2	3	4

Gewichtung	2x	1x	2x	1x	1x	1x	1x	2x	1x			
Wohlfahrtsfunktionen / Gunstflächen	Temperaturminderung	Einstrahlungsminderung	Erhöhung der relativen Luftfeuchte	Windberuhigung	Luftzirkulationsbildung	Gas- und Staubfilterung	Lärmminderung	Kaltluftproduktion	Frischluftzufuhr	M	:9	relative Bewertungsziffer (gerundet)
offene, wasserdurchlässige Flächen ohne Vegetation	1/2	0	1/2	0	0	0	1	2/4	2	11	1,22	1
Wasserflächen	4/8	0	4/8	0	4	0	1	3/6	2	29	3,22	3
Acker- und Feldflächen, Grabeland	1/2	0	2/4	0	1	1	1	4/8	4	21	2,33	2
Rasen, Wiesen, Grünland	1/2	0	2/4	0	1	1	1	4/8	4	21	2,33	2
Kletterpflanzen (an Fassaden oder Mauern)	2/4	3	2/4	0	2	1	1	1/2	1	19	2,11	2
Büsche, Hecken, kleinere Bäume	3/6	3	3/6	2	3	2	2	1/2	2	29	3,22	3
größere Bäume, Baumreihen und -gruppen	4/8	4	4/8	4	4	3	3	1/2	3	40	4,44	4

Modifikationen des Bewertungsschlüssels:
Ein Zusatzpunkt bei: 1. Flächenhaft auftretender ökologischer (sozialer, ästhetischer) Vielfalt
2. Flächen von besonderer klimatischer Bedeutung (Ventilationsbahnen)
Punkteabzug bei: Beeinträchtigung des Gesundheits- und Vitalitätszustandes der Vegetationsformationen entsprechend dem Schädigungsgrad

(Abb. 6)

Quelle: Abb. bei Schulz IzR 1982, 847 (853)

Anders ist dies bei der GVZ, die wie BFF und BFZ das Verhältnis zu der jeweiligen Grundstücksfläche beschreibt und insoweit die Systematik der Maßfaktoren der BauNVO aufgreift. Die GVZ beschreibt nicht die biotisch aktive Fläche, sondern Anforderungen an die Begrünung durch Erfassen der sogenannten "Phytonmasse" in quantitativer Hinsicht. Dies ist der Versuch, generalisierend bestimmte qualitative Elemente der Grünbestände auf den Grundstücken im quantitativen Parameter "Grünvolumen" zu erfassen. Die GVZ stellt die sich aus dem vorhandenen Grünvolumen und der Grundstücksfläche ergebende Verhältniszahl dar. Zur Erfassung des Grünvolumens werden zudem methodische Vereinfachungen vorgeschlagen.[63]

Der Regelungsgehalt der GVZ ermöglicht zwar, weitergehend als BFF und BFZ, Anforderungen an die Gestaltung der Grundstücksfreifläche, ggf. ergänzt durch die Begrünung der Baukörper, in qualitativer Hinsicht zu stellen und kann auf diese Weise den Regelungsgehalt der GRZ ergänzen. In der Anwendung löst die GVZ allerdings erhebliche Schwierigkeiten aus.[64] Diese resultieren insbesondere aus den regional z.T. deutlich divergierenden Wachstumsbedingungen [65] und aus der zwischen verschiedenen Vegetationstypen differenzierenden und deshalb im Verhältnis zu den Maßfaktoren der BauNVO methodisch sehr

---

63 Vgl. im einzelnen Großmann/Pohl/Schulze, Werte für die Landschafts und Bauleitplanung, Gutachten i.A. des Senats der Freien und Hansestadt Hamburg, S. 75 ff.
64 Vgl. Gaßner/Siederer, Die Umweltrelevanz der Baunutzungsverordnung, S. 292 ff.
65 Wüst, IzR 1981, 453 (454)

aufwendigen, im übrigen fachwissenschaftlich nicht zwingend nachgewiesenen Bewertung.[66] Bestimmte Bewertungskriterien, wie z.B. die Seltenheit der Art, die Größe der Popupluation und die Vernetzung, werden genauso außer Betracht gelassen wie städtebaulich funktionale Gesichtspunkte. Es wird zwar darauf hingewiesen, daß die Normierung bestimmter Standards keinen zwingend wissenschaftlichen Nachweis verlangt. Sie muß jedoch das Ergebnis einer alle erheblichen Belange berücksichtigenden Abwägung sein. Hier scheinen bei der GVZ methodisch noch einige Defizite zu liegen.

Zudem ist, soweit ersichtlich, bislang kein Versuch unternommen worden, generalisierend Richtwerte für die GVZ bezogen auf bestimmte Gebietstypen einzuführen. Generelle Standards würden methodisch eine vergleichende, nach bestimmten Gebietstypen gegliederte Analyse verlangen, die so breit angelegt sein muß, daß die daraus abgeleiteten Standards für alle in Frage kommmenden Sachverhalte zu einer sachgerechten Lösung führen. Diesbezüglich besteht noch erheblicher Forschungsbedarf.

Letztlich bestehen auch in Hinblick auf die Vollziehbarkeit der GVZ Bedenken. Die Kontrolle entsprechender planerischer Anforderungen erscheint wegen der Dauer der Wachstumszeit auch in Hinblick auf die Unterschiede zwischen einzelnen Arten (schnell oder langsam wachsende Bäume) und der unterschiedlichen Wachstumsbedingungen (Bodenbeschaffenheit, Niederschlagshäufigkeit, Grundwasserstand, Immissionsbelastungen) praktisch äußerst schwierig.[67] Das angestrebte Grünvolumen wird bei manchen Bäumen erst nach mehreren Jahren erreicht, während andere schnellwachsende Arten schneller zu dem geforderten Ergebnis führen.[68] Dies würde zwangsläufig Einfluß auf die Anpflanzungspraxis haben und die Population der städtischen Vegetation weiter verändern.

Die dargestellten Bedenken schließen nicht aus, daß mit der GVZ im konkreten Einzelfall unter Berücksichtigung der konkreten Wachstumsvoraussetzungen vernünftige Zielgrößen dargestellt werden können. Die Verwendung als generelles Parameter für die Landschaftsplanung kann demgegenüber nicht empfohlen werden.

3. Ergebnis

Ökologische Standards als Zielgrößen für die ökologisch wirksame Ausstattung bebauter Bereiche erscheinen nur dann sinnvoll, wenn sie über die bloße Freihaltung bestimmter Flächen hinaus und insoweit ergänzend zur GRZ weitere Zwecke verfolgen. Hierin liegen die Schwächen der rein flächenbewertenden Standards BFF und BFZ. Die BFF ist deshalb lediglich als Sanierungswert für hochverdichtete Gebiete geeignet, da sie die hier nicht erreichbare GRZ durch eine flexible Anrechnungsmethode sinnvoll ergänzt.

Die BFF überzeugt auch in methodischer Hinsicht, da sie unter Berücksichtigung verschiedenster Belange abgewogene Zielgrößen normiert, die auf Grundstückseinheiten konkretisierbar sind. Ob die Zielgrößen auch auf andere Siedlungsformen übertragbar und insoweit generalisierbar sind, muß allerdings noch geklärt werden. Die anderen hier dargestellten Bewertungsparameter standardisieren bislang lediglich Bewertungsverfahren und -maß-

---

66 BDA/BDLA/FLL/SRL, Stellungnahmen der Arbeitsgruppe BauGB, Neues Städtebaurecht, S. 42
67 Die Überwachung würde eine erhebliche Ausweitung des bauaufsichtlichen Verfahrens erfordern, die angesichts des bereits heute bestehenden Vollzugsdefizits bei realistischer Betrachtung kaum erwartet werden kann.
68 Gaßner/Siederer, Die Umweltrelevanz der Baunutzungsverordnung, S. 295

stäbe. Bis zur Einführung von Zielgrößen besteht hier noch erheblicher Untersuchungsbedarf.

Bei Neubebauung könnte die GVZ ergänzende Anforderungen an die Grünausstattung der Grundstücke quantifizieren. Gegen eine generelle Einführung bestehen allerdings erhebliche Bedenken. Die alleinige Orientierung an Grünmassenwerten könnte durch einen Verlust an Vielfalt der Vegatationspopulation teuer erkauft werden. Vollzugsprobleme sind zudem noch ungeklärt.

Unabhängig von der Einführung von Zielstandards muß die Vereinheitlichung der Bewertungsverfahren und Bewertungsparameter angestrebt werden, da diese die Verständlichkeit und Nachvollziehbarkeit erhöht und die Durchsetzungschancen ökologischer Belange in der Abwägung verbessert. Hierfür ist eine vergleichende Untersuchung, z.B. in Planspielen, zu empfehlen.

C. Weitere Regelungsmöglichkeiten und Regelungsbedarfe im Überblick

Weitere Harmonisierungs- und Novellierungsmöglichkeiten sind im Rahmen der Untersuchung bereits jeweils in Bezug auf den einschlägigen Regelungszusammenhang herausgestellt worden. An dieser Stelle soll deshalb lediglich abschließend noch ein Überblick gegeben werden. Dabei wird darauf verzichtet, die jeweilige Begründung der angeregten Regelung nochmals zu wiederholen. Bei den landesrechtlichen Regelungen orientieren sich die Vorschläge an der jeweils weitestgehenden Regelung eines Bundeslandes. Im übrigen ergeben sich die Anregungen z.T. aus immanenten Schwächen eines Instruments, z.T. aber auch aus den Anforderungen an die Ausgestaltung des Verhältnisses der Instrumente zueinander.

Aus der Untersuchung der bauordnungsrechtlichen Vorschriften ergeben sich folgende Regelungsvorschläge:

- Befestigungen, die die Wasserdurchlässigkeit des Bodens wesentlich beschränken, sind nur zulässig, soweit ihre Zweckbestimmung dies erfordert und zu erhaltende Bäume und Hecken bzw. Bäume und Gehölze nicht gefährdet werden. Als Vorbild können die Regelungen in Hamburg und im Saarland dienen.
- Die Begrünung von baulichen Anlagen (z.B. Fassaden- oder Dachbegrünung) kann verlangt werden, wenn gestalterische Elemente des Bauwerks nicht verdeckt werden. Als Vorbild können die Regelungen in Hamburg und im Saarland dienen.
- In Ergänzung der allgemeinen Anforderungen sind bauliche Anlagen so zu errichten, daß die natürlichen Lebensgrundlagen nicht gefährdet werden. Als Vorbild können die Regelungen in Bayern und im Saarland dienen.
- Auf den Nachweis notwendiger Stellplätze soll generell an Arbeitsstätten, Bildungs- und Versorgungseinrichtungen verzichtet werden, wenn eine ausreichend gute Anbindung an das öffentliche Verkehrsnetz sichergestellt ist. Einen Ansatz in dieser Richtung enthält die neue BlnBO.
- Die Regelungen über die Stellplatznachweispflicht sollten entsprechend der bayerischen Regelung die Eingrünung der Stellplatzflächen vorschreiben.
- Entsprechend der Berliner Regelung sollte die Einführung einer Ausgleichspflicht als Voraussetzung für Ausnahmen und Befreiungen verlangt werden, wenn diese sich

nachteilig auf Umwelt, Natur und Landschaft oder die Nachbarschaft auswirken können.

Im Bereich des Naturschutzrechtes konnten folgende Regelungsmöglichkeiten ausgemacht werden:

- Die Befugnis zum Erlaß von Baumschutzregelungen sollte zur Verbesserung der kommunalen Grünplanung an die Kommunen delegiert werden.
- Die in den Ländern z.T zu weit gefaßten Negativlisten zur Eingriffsregelung müssen in Anbetracht der jüngsten Rechtsprechung des BVerwG überprüft werden. Eine generelle Beschränkung auf den Außenbereich ist unzulässig.
- Für die Landschaftsplanung sollten einheitliche Verfahrens- und Bewertungsregeln eingeführt werden.
- Soweit die örtliche Landschaftsplanung verbindliche Regelungen schafft, scheint die Schaffung von Eingriffsbefugnissen zu ihrer Umsetzung erforderlich. Ansätze hierzu gibt es in Berlin und Nordrhein-Westfalen. Weitergehende Eingriffsbefugnisse könnten z.B. durch die Schaffung eines Gebots zur Umsetzung von Maßnahmen zum Schutz, zur Pflege und zur Entwicklung von Natur und Landschaft nach dem Vorbild des bauplanungsrechtlichen Pflanzgebots geschaffen werden.
- Die salvatorischen Entschädigungsregeln stellen nach der Rechtsprechung keine zulässige Entschädigungsregelung für eine Enteignung i.S.v. Art. 14 Abs. 3 S. 2 GG dar. Hier müssen die Landesgesetzgeber differenzierte und hinreichend bestimmte Planungsschadensregelungen schaffen. Vorbild könnte insoweit das Planungsschadensrecht des BauGB sein. Auf diese Weise könnte das Planungsschadensrecht insgesamt harmonisiert werden.

Aus der Untersuchung der wasserrechtlichen Vorschriften ergeben sich insbesondere folgende Anregungen:

- Die wasserrechtliche Leitnorm in § 1 a WHG stellt in der jetzigen Fassung noch nicht auf den Aspekt der Grundwasserneubildung und der Vermeidung von Hochwasserspitzen ab. Die Leitnorm könnte im WHG und/oder in den LWG entsprechend der baden-württembergischen Regelung ergänzt werden.
- Die Abwasserbeseitigungspflicht sollte entsprechend der nordrhein-westfälischen oder der niedersächsischen Regelung modifiziert werden. Unverschmutztes Niederschlagswasser sollte danach von der Abwasserbeseitigungspflicht ausgenommen werden, wenn es im Rahmen des Gemeingebrauchs oder auf Grund einer wasserrechtlichen Erlaubnis in ein Gewässer eingeleitet werden kann.
- In Betracht kommt auch eine engere Fassung des Begriffs "Abwasser" im Rahmen der landesrechtlichen Legaldefinitionen. Unverschmutztes Niederschlagswasser, das im Rahmen einer wasserrechtlichen Erlaubnis oder des Gemeingebrauchs in ein Gewässer eingeleitet werden kann, kann dabei ausgenommen werden.
- Aus Harmonisierungsgründen bietet sich auch bei der Entschädigungsregelung zu Wasserschutzgebietsverordnungen eine Orientierung an das Planungsschadensrecht des BauGB an.

Fazit

Die Untersuchung hat gezeigt, daß dem Thema "Bodenversiegelung" im Zusammenhang mit einer an ökologischen Kriterien orientierten und gesunde Wohn- und Arbeitsumfelder anstrebenden Siedlungspolitk große Bedeutung zukommt. In den Städten gibt es bereits zahlreiche Ansätze, die unmittelbar, überwiegend aber nur mittelbar eine Verringerung oder Begrenzung der Bodenversiegelung bezwecken. Neben der Begrenzung und Verringerung von Bodenversiegelungen sind aber auch Maßnahmen von Bedeutung, die der Abmilderung von Versiegelungsfolgen dienen. Hierzu zählen insbesondere Maßnahmen zur dezentralen Sammlung und Versickerung des unverschmutzten, auf versiegelten Flächen anfallenden Niederschlagswassers und Maßnahmen zur Begrünung von Dächern und Fassaden.

An dieser Stelle muß nochmals darauf hingewiesen werden, daß die kommunalen Handlungsmöglichkeiten nicht allein durch das rechtliche Instrumentarium und die rechtlichen Restriktionen bestimmt werden. Soweit die angestrebte Maßnahme über die bloße Konservierung des bestehenden Zustands hinausgeht und z.B. eine bislang nicht erforderliche Versiegelung beseitigt und die Fläche bepflanzt werden soll, wird die Frage der Kostenlast und der Finanzierbarkeit zu einem wesentlichen Entscheidungsfaktor. Zudem wird eine ökologisch ausgerichtete Siedlungspolitik tendenziell durch vermeintliche oder tatsächliche wirtschafts- und sozialpolitische Zwänge und das tradierte Ressort-Prinzp im Verwaltungsaufbau behindert. Andererseits werden Handlungsmöglichkeiten erst durch die Ermächtigung der Gesetze eröffnet. Die Hervorhebung bestimmter Belange und die Regelung von Verfahrensfragen bewirken zudem eine verstärkte Beachtlichkeit im Rahmen der kommunalpolitischen Entscheidungsmechanismen.

Die Untersuchung der den kommunalen Handungsrahmen zur Begrenzung und Verminderung der Bodenversiegelung und zum Ausgleich von Versiegelungsfolgen bestimmenden rechtlichen Vorgaben hat ein verzweigtes und differenziertes Instrumentarium vorgefunden. Abschließend sollen an dieser Stelle nochmals wesentliche Ergebnisse der Untersuchung herausgehoben werden.

I.

Die kommunale Bauleitplanung als räumliche Gesamtplanung auf örtlicher Ebene koordiniert alle Nutzungsansprüche an den Raum im Gemeindegebiet. Ihr Zweck ist gerichtet auf die Ordnung und Entwicklung der baulichen und sonstigen Nutzung der Grundstücke im Gemeindegebiet. Ihr kommt damit eine zentrale Funktion auch zur Begrenzung und Verringerung der Bodenversiegelung im Gemeindegebiet zu. Während der Flächennutzungsplan programmhaft und vorbereitend bestimmte räumliche Schwerpunkte und Grundlinien festlegt, dient der Bebauungsplan der verbindlichen Umsetzung und damit der unmittelbaren Gestaltung der Nutzungsrechte an den Grundstücken im Gemeindegebiet. Er ist zudem Rechtsgrundlage für die der Umsetzung des Plans dienenden Eingriffsakte.

II.

Die Analyse der Festsetzungsmöglichkeit hat gezeigt, daß die Bebauuungsplanung nicht nur die Begrenzung der baulichen Nutzung und der damit verbundenden Versiegelung ermöglicht. Die Novellierung der BauNVO brachte mit dem neuen § 19 Abs. 4 BauNVO zudem eine Vorschrift, die gezielt eine Begrenzung der Bodenversiegelung auf den Grundstücken bezweckt. Dies hat vor allem Auswirkungen auf die Zulässigkeit von Stellplätzen, Garagen, Zufahrten und sonstigen bodenversiegelnden Anlagen auf den Grundstücksfreiflächen.

Der Festsetzungskatalog des § 9 Abs. 1 BauGB eröffnet zudem die Möglichkeit, Flächen und Maßnahmen festzusetzen, die aktiv auf eine ökologisch wirksame Gestaltung des Raums hinzielen. Festgesetzt werden können insbesondere Flächen für Maßnahmen zum Schutz, zur Pflege und zur Entwicklung von Natur und Landschaft und auf Grund der entsprechenden landesrechtlichen Vorschriften auch die Maßnahmen selbst. Insoweit bedarf es allerdings der Mitwirkung der örtlichen Landschaftsplanung. Ergänzt wird der Katalog möglicher Festsetzungen auch durch die Landesbauordnungen, wonach Regelungen über die Gestaltung von Bodenbefestigungen und nicht überbauten Grundstücksflächen auch im Rahmen der Bebauungsplanung getroffen werden können. Die sich danach ergebenden Festsetzungsmöglichkeiten sind nahezu umfassend. Einschränkungen ergeben sich nur insoweit, als die Zwecksetzung den nach dem BauGB intendierten Zwecksetzungen entsprechen muß.

III.

Die unzureichenden Durchsetzungschancen ökologischer Zielsetzungen in der Bauleitplanung resultieren mithin nicht aus einem Mangel an Regelungsmöglichkeiten, sondern aus dem durch den Gesetzgeber nur in begrenztem Umfang steuerbaren Abwägungsvorgang. Die Schwierigkeiten bestehen dabei zum einen in der Zusammenstellung des für der Gewichtung der Belange des Naturschutzes und der Landschaftspflege erforderlichen Daten und ihrer Bewertung und zum anderen darin, daß die kommunalpolitischen Prioritätensetzung häufig wirtschafts- und sozialpolitische Themen favorisiert.

Hinsichtlich der Erfassung und Bewertung der Belange von Naturschutz und Landschaftspflege ist im Rahmen der Bauleitplanung eine UVP (Umweltverträglichkeitsprüfung) durchzuführen. Der Gesetzgeber hat allerdings das Verfahren der bei der Bauleitplanung durchzuführenden UVP nicht geregelt. Die Bauleitplanung selbst kann dies kaum leisten. Sie ist insoweit auf andere Fachplanungen, insbesondere auf die örtliche Landschaftsplanung angewiesen. Die in den meisten Ländern noch unbefriedigende Implementation der örtlichen Landschaftsplanung wirkt sich insoweit als ein wesentliches Hindernis aus.

IV.

Das eigentliche Dilemma der Abwägung besteht allerdings darin, daß letztlich alle Belange, auch solche, deren Bedeutung vom Gesetzgeber hervorgehoben wird, abwägungsüberwindbar sind. Dies gilt auch für die mit dem BauGB in das Bauplanungsrecht eingeführte Bodenschutzklausel. Zwar wird dem Belang Bodenschutz in der Abwägung ein relativer Vorrang eingeräumt. Der planaufstellenden Gemeinde steht es jedoch frei, den Belang Bodenschutz im konkreten Einzelfall zurückzustellen, wenn dafür nur gewichtige Gründe angeführt werden können. Die eigentliche Bedeutung der Bodenschutzklausel ist deshalb darin zu sehen, daß die Gemeinde ausdrücklich gezwungen ist, sich in der Abwägung mit dem Thema "sparsamer und schonender Umgang mit Grund und Boden" auseinanderzusetzen. Ähnliche Wirkung kommt auch der naturschutzrechtlichen Eingriffsregelung und den naturschutz- und wasserrechtlichen Leitnormen zu. Aus dem Wasserrecht ist in diesem Sinne die baden-württembergische Leitnorm vorbildlich, die dazu auffordert, bei der Planung und Ausführung von Baumaßnahmen und anderen Veränderungen der Erdoberfläche die Belange der Grundwasserneubildung und des Hochwasserschutzes zu berücksichtigen. Von Bedeutung sind aber auch alle informellen Fachplanungen und -programme, wie z.B. Entsiegelungs- oder Bodenschutzprogramme. Auch sie können die Abwägung vorstrukturieren, da sie die Verwaltung im Innenverhältnis binden können.

V.

Einen besonderen Stellenwert für die Abwägung hat die BauNVO. Sie konkretisiert die Abwägungsgrundsätze in einer generellen Weise und strukturiert das Ergebnis der planerischen Abwägung bei der Aufstellung von Bebauungsplänen insoweit vor. Dies gilt auch für den § 19 Abs. 4 BauNVO, der eine Obergrenze für die Versiegelung der Baugrundstücke vorsieht. Zwar eröffnet die Regelung auch die Möglichkeit abweichender Festsetzungen im Bebauungsplan. Für den Regelfall stellt die Obergrenze jedoch ein gerechtes Abwägungsergebnis dar, an dem die Gemeinden sich ohne weiteren Begründungsaufwand orientieren können. § 19 Abs. 4 BauNVO wird sich deshalb vor allem dort als wichtiges Instrument des Bodenschutzes erweisen, wo bislang die Belange des Bodenschutzes auf Grund anderer kommunalpolitischer Prioritäten kaum eine Chance hatten, sich in der Abwägung mit wirtschafts- und sozialpolitischen Belangen zu behaupten. Umgekehrt kann sich die Vorschrift aber erschwerend für den Nachweis der Erforderlichkeit auswirken, wenn die Gemeinde bereits weitergehende Anforderungen an die Begrenzung der Bodenversiegelung verfolgt.

VI.

Anforderungen an die Abwägung ergeben sich auch aus der naturschutzrechtlichen Eingriffsregelung. Die Eingriffsregelung ist zwar nicht unmittelbar im Rahmen der Bauleitplanung anwendbar. Da sie die Nutzungsrechte für spätere Eingriffe eröffnet bzw. konkretisiert, sind in der Abwägung allerdings die sich aus der Eingriffsregelung ergebenden Anforderungen an den Ausgleich und den Ersatz von Eingriffsfolgen zu berücksichtigen und die danach erforderlichen Flächen vorzuhalten. Auch die dafür erforderliche Erfassung und Bewertung der Potentiale des Naturhaushaltes und des Landschaftsbildes leiden unter der unzureichenden Implementation der örtlichen Landschaftsplanung.

VII.

Die Landschaftsplanung ist mithin von zentraler Bedeutung für die Erfassung und Bewertung von Natur und Landschaft bei allen raumwirksamen Entscheidungen. Sie kann als UVP-Teilleistung für den Bereich des Naturschutzes und der Landschaftspflege im Rahmen der raumwirksamen Fachplanungen, der Bauleitplanung und der naturschutzrechtlichen Eingriffsregelung herangezogen werden.

VIII.

Die Landschaftsplanung weist nach Maßgabe der einschlägigen Landesgesetze erhebliche Unterschiede auf. Die Doppelfunktion als sektorale Fachplanung für Naturschutz, Landschaftspflege und freiraumbezogene Erholung sowie als Fachbeitrag zur Bauleitplanung und zu anderen räumlichen Planungen und Entscheidungen ist nach keinem der eingeführten Modelle optimal gelöst. Bei der ausschließlichen Anbindung der örtlichen Landschaftsplanung an die Bauleitplanung wird auf die Funktion der sektoralen Fachplanung verzichtet. Zudem besteht die Gefahr, daß die Belange des Naturschutzes und der Landschaftspflege dabei von vornherein durch die das Verfahren dominierende Bauleitplanung überlagert und nicht nachvollziehbar beeinflußt werden. Aus diesem Grund scheint eine selbständige möglichst flächendeckende Landschaftsplanung unverzichtbar.

IX.

Auf der anderen Seite kann allein die formale Anbindung an die Bauleitplanung die aus der Sicht der Bauleitplanung erforderliche Berücksichtigung der Belange von Natur und Landschaft sicherstellen. Aus diesem Grund wird de lege ferenda vorgeschlagen, neben der als Fachplanung konzipierten zweistufigen örtlichen Landschaftsplanung einen landschaftspflegerischen Begleitplan zum Bebauungsplan einzuführen. Dieses neue Instrument könnte gewährleisten, daß im Rahmen des Bebauungsplanverfahrens die vom Gesetzgeber konzipierte Umweltverträglichkeitsprüfung durchgeführt wird und daß die Auswirkungen der geplanten Vorhaben entsprechend den Anforderungen der naturschutzrechtlichen Eingriffsregelung berücksichtigt und ggf. Flächen und/oder Maßnahmen für den Ausgleich oder Ersatz vorgesehen werden.

X.

Der Grünordnungsplan sollte wie in den Stadtstaaten und z.T. in Bayern mit der gleichen Verbindlichkeit ausgestattet werden wie der Bebauungsplan, um auch dort verbindliche Regelungen für Maßnahmen zum Schutz, zur Pflege und zur Entwicklung von Natur und Landschaft zu ermöglichen, wo die Aufstellung oder Änderung eines Bebauungsplans nicht erforderlich ist.

XI.

Die anderen untersuchten Rechtssetzungsbefugnisse ergänzen die Bebauungsplanung. Dies gilt insbesondere für die Baumschutzregelungen, die z.T. nach den Landesbauordnungen und durchweg auf Grund naturschutzrechtlicher Ermächtigung getroffen werden können. Ihre Wirkung ist in zweifacher Weise weiter, als die der entsprechenden Baumschutzfestsetzungen im Bebauungsplan. Zum einen eröffnen sie einen Genehmigungsvorbehalt für das Fällen von betroffenen Bäumen und ermöglichen damit die Kontrolle der Einhaltung der Vorschrift. Zum anderen ermöglichen sie die Unterschutzstellung bezogen auf ganze Gemeindegebiete oder die bebauten Bereiche von Gemeindegebieten. Hinsichtlich des Kontrollvorbehalts wäre wünschenswert, daß die Landesgesetzgeber den Gemeinden die Möglichkeit eröffnen, Baumschutzregelungen auch im Bebaungsplan zu treffen. Vorbild hierfür sind die bauordnungsrechtlichen Gestaltungsvorschriften. Dies würde allerdings voraussetzen, daß die Befugnis zum Erlaß von Baumschutzregelungen grundsätzlich an die Gemeinden gegeben wird. Dies ist bislang nur in wenigen Ländern der Fall.

XII.

Die Ermächtigungsvorschriften zum Erlaß von Baumschutzregelungen werfen aber auch insoweit Probleme auf, als sie nur z.T. Regelungen über Ersatzmaßnahmen und Ausgleichszahlungen enthalten. Wo diese Regelungen fehlen, läßt sich die Zulässigkeit entsprechender Baumschutzregelungen nur mit großer Mühe und keinesfalls unanfechtbar begründen. Die Landesgesetzgeber sind hier gefordert, den Gemeinden bzw. den zuständigen Naturschutzbehörden klare Rechtsgrundlagen an die Hand zu geben.

XIII.

Das Naturschutzrecht eröffnet mit den Regelungen des Flächen- und Objektschutzes weitere Rechtssetzungsbefugnisse, die allerdings nicht in die Kompetenz der Gemeinden gestellt sind. Die Schutzverordnungen können sich insoweit auf die städtebauliche Entwicklung auswirken, als sie innerhalb ihres Geltungsbereichs absolute oder relative Veränderungsverbote begründen. Sie können danach grundsätzlich bestehende, auch bauliche Nutzungsrechte beschränken. Der Zweck der Schutzverordnung muß aber i.S.d. jeweiligen explizit geregelten Zweckbestimmung der Ermächtigungsvorschrift qualifiziert sein. Die Begrenzung der Bodenversiegelung ist deshalb hier nur Nebeneffekt.

XIV.

§ 19 Abs. 1 Nr. 2 und 3 WHG eröffnet die Möglichkeit, bestimmte Gebiete als Wasserschutzgebiete festzusetzen, um das Grundwasser anzureichern bzw. das schädliche Abfließen von Niederschlagswasser zu verhüten. Der Schutzzweck der Verordnungen wendet sich demgemäß originär gegen alle Vorkehrungen, die die natürliche Versickerung von Niederschlagswasser verhindern und/oder eine vermehrte und beschleunigte Ableitung von Niederschlagswasser bewirken, also insbesondere gegen Bodenversiegelung. In der Schutzgebietsausweisung können demgemäß Beschränkungen der baulichen Nutzung von

Grundstücken, insbesondere eine Begrenzung der zulässigen Bodenversiegelung vorgesehen werden.

XV.

Die Verordnungen nach dem Naturschutz und Landschaftspflegerecht sowie nach dem Wasserrecht können mit den Regelungen eines Bauleitplans kollidieren. Die Möglichkeit der Kollision ist vom Gesetzgeber gesehen worden. Nach § 7 BauGB sind die zuständigen Fachbehörden nur dann an die Darstellungen eines Flächennutzungsplans gebunden, wenn sie diesem nicht widersprochen haben und auch kein Grund für einen nachträglichen Widerspruch besteht. Erfordern die Gründe des Naturschutzes und der Landschaftspflege oder die des Wasserrechts eine Unterschutzstellung und ist demgemäß ein Widerspruch gegen die Darstellung einer Baufläche berechtigt, können die Verordnungen auch bauplanungsrechtlich bestehende Bebauungsmöglichkeiten einschränken bzw. aufheben.

XVI.

Ob die Beschränkung bestehender Nutzungsbefugnisse zulässig ist, ist letztlich eine Frage der im Rahmen der Abwägung zu berücksichtigenden Verhältnismäßigkeit. Wird allerdings dem betroffenen Grundstückseigentümer eine durch Art. 14 Abs. 1 S. 1 GG geschützte Rechtsposition genommen, ist der Eingriff nur zulässig, wenn eine angemessene Entschädigung vorgesehen ist. Die Reichweite des sich aus Art. 14 Abs. 1 S. 1 GG abzuleitenden Schutzes bestehender und nur gegen Entschädigung zu entziehender Bebauungsmöglichkeiten wird durch das Planungsschadensrecht des BauGB konkretisiert. Von besonderer Bedeutung ist insoweit die auf sieben Jahre beschränkte Plangewährleistungspflicht. Die in dieser Weise konkretisierte eigentumsrechtlich geschützte Position kann auch als Maßstab für die Entschädigungspflicht bei wasser- oder naturschutzrechtlichen Verordnungen herangezogen werden.

XVII.

Die salvatorischen Entschädigungsregelungen der Naturschutzgesetze der Länder sind durchweg zu unbestimmt. Sie genügen den verfassungsrechtlichen Anforderungen an die Regelung von Enteignungsentschädigungen nicht. Die Landesnaturschutzgesetze bedürfen deshalb diesbezüglich einer Korrektur. Dabei bietet sich eine Anlehnung an die Regelungen des Planungsschadensrechts nach dem BauGB an. Die entschädigungspflichtigen Eingriffe müssen hinreichend konkret bezeichnet werden. Notwendig ist aus diesem Grund nicht nur die Einbeziehung von Nutzungbeschränkungen in Folge von Schutzgebietsausweisungen. Auch die im Einzelfall enteignend wirkende Untersagung im Rahmen der Eingriffsregelung sollte mit einer Entschädigungsregelung verbunden werden.

XVIII.

Einen ganz anderen Regelungsbereich als die räumlichen Planungen und Unterschutzstellungen erfaßt die gemeinderechtlich eröffnete Möglichkeit, im Rahmen einer Anschlußsatzung den Anschluß eines Grundstücks an das öffentliche Entwässerungsnetz vorzuschreiben. Die Regelungen der Kanalanschlußsatzungen können einer im Rahmen der Bebauungsplanung verfolgten dezentralen Versickerung von Niederschlagswasser im Wege stehen. Aus dem Verhältnismäßigkeitsgebot ergibt sich die Notwendigkeit einer Differenzierung zwischen Schmutzwasser und Niederschlagswasser. Die Kanalanschlußsatzung muß zumindest im Wege der Ausnahme oder Befreiung die wasserrechtlich zulässige Versickerung oder Sammlung von unverschmutztem Niederschlagswasser ermöglichen. Darüber hinaus erlaubt das Kommunalabgabenrecht bei der Staffelung der Entwässerungstarife im Rahmen des Anschlußzwangs, Anreize für eine dezentrale Verwendung von unverschmutztem Niederschlagswasser und für die Schaffung von begrünten Dachflächen vorzusehen.

XIX.

Die Umsetzung der materiellen Anforderungen wird im Rahmen von Kontrollverfahren überwacht. Von besonderer Bedeutung ist insoweit das bauaufsichtliche Verfahren. Weitere Umsetzungsinstrumente sind dann erforderlich, wenn die vorgesehene Maßnahme nicht an ein genehmigungspflichtiges Vorhaben geknüpft werden kann. Dies ist insbesondere in Bestandsgebieten der Fall. Hier muß auf spezielle Eingriffsermächtigungen zurückgegriffen werden. Das Umsetzungsinstrumentarium wird ergänzt durch eine Reihe von Sanktionsbefugnissen.

XX.

Die Änderung von § 19 Abs. 4 BauNVO macht eine Überprüfung der landesrechtlichen Vorschriften über die Freistellung von der Baugenehmigungspflicht erforderlich. Freigestellt werden dürfen nur solche Vorhaben, die zu keiner oder allenfalls nur zu geringfügiger Versiegelung des Bodens führen. Möglich wäre in diesen Fällen allerdings eine Beschränkung der bauaufsichtlichen Überprüfung auf die Einhaltung der planungsrechtlichen Vorschriften.

XXI.

Die bauplanungsrechtlichen Anforderungen ergeben sich aus den Festsetzungen der Bebauungspläne oder nach den §§ 34 oder 35 BauGB. § 34 BauGB ermöglicht keine umfassende Berücksichtigung der Belange von Naturschutz und Landschaftspflege. Zwar kann ein Grundstück auch nicht bebaubar geprägt sein. Die Prägung ergibt sich aber ausschließlich aus den in § 34 Abs. 1 BauGB genannten Faktoren. Das Vorhandensein oder Fehlen wertvoller Biotope ist für die Beurteilung im Rahmen des § 34 BauGB ohne Bedeutung.

XXII.

Bei Befreiungs- oder Ausnahmeentscheidung können die Bauaufsichtsbehörden im Rahmen des hier bestehenden Ermessens Auflagen anordnen. Als Auflage können insbesondere Bepflanzungen, z.B. an Fassaden und auf Dächern, vorgesehen werden.

XXIII.

Die Landesbauordnungen sehen z.T. sehr differenzierte Anforderungen an die Gestaltung der nicht überbauten Grundstücksflächen vor. Nach der im Kern übereinstimmenden Grundpflicht sind die nicht überbauten Flächen der bebauten, z.T. auch der unbebauten Grundstücke gärtnerisch oder als Grünfläche anzulegen bzw. zu bepflanzen und zu unterhalten, soweit diese Flächen nicht für eine andere zulässige Nutzung benötigt werden. In einigen Ländern werden zudem Anforderungen hinsichtlich der Wasserdurchlässigkeit der Bodenbefestigungen gestellt. Befestigungen, die die Wasserdurchlässigkeit des Bodens wesentlich beschränken, sind dort nur zulässig, soweit ihre Zweckbestimmung dies erfordert. Die Regelungen knüpfen damit unmittelbar an die negativen Auswirkungen der Bodenversiegelung auf den Wasserhaushalt an. Zudem können in einigen Ländern weitere Anforderungen an die Begrünung der Grundstücksfreifläche, z.T. auch von Bauteilen im Einzelfall vorgeschrieben werden. Im Einzelfall kann z.T. auch die Beseitigung bestimmter Bäume verboten werden.

XXIV.

Die Anforderungen an die Gestaltung der Grundstücksfreifläche gelten unabhangig davon, ob entsprechende oder weitergehende Pflanzfestsetzungen im Bebauungsplan festgesetzt wurden.

XXV.

Die Verfügbarkeit der Grundstücksfreiflächen wird durch den auf den Grundstücken nachzuweisenden Stellplatzbedarf erheblich eingeschränkt. Die Bewätigung des Flächenbedarfs für den ruhenden Verkehr stellt daher eine Schlüsselfrage der Nutzungs- und Gestaltungsmöglichkeiten des Freiraums dar. Die überkommene Verkehrspolitik mit dem Vorrang des individuellen PKW-Verkehrs war bestrebt, den ruhenden Verkehr aus dem öffentlichen Straßenraum weitgehend auf die Grundstücksflächen zu verlagern, um Platz für den fließenden Verkehr zu schaffen. Die Regelungen der Landesbauordnung über den Nachweis von erforderlichen Stellplätzen auf den Grundstücken und die kaum eingeschränkte Zulässigkeit von Stellplätzen in allen Baugebieten nach Maßgabe des § 12 Abs. 1 bis 3 BauNVO sind Ausdruck dieser überholten verkehrspolitischen Zielsetzung.

Einen Ansatz zu einer Umorientierung bietet die neugefaßte Stellplatzregelung der BlnBO. Danach gilt die Verpflichtung zur Herstellung von Stellplätzen nicht für Anlagen, die öffentlichen Zwecken dienen und der Allgemeinheit zur Verfügung stehen, wenn sie überwiegend unter Einsatz öffentlicher Mittel errichtet werden und sichergestellt ist, daß die verkehrsmäßigen Belange der Benutzer der Anlagen anderweitig berücksichtigt sind. Die Freistellung von der Stellplatznachweispflicht wird man aber bei einer guten Erreichbarkeit mit öffentlichen Verkehrsmitteln auch auf Arbeitsstätten und zentrale Versorgungsstandorte ausdehnen können.

XXVI.

Die Stellplätze sind in einigen Ländern - wenn möglich - mit wasserdurchlässigen Bodenbelägen zu befestigen und einzugrünen.

XXVII.

Weitere Anforderungen an alle flächenverbrauchenden Vorhaben stellt die naturschutzrechtliche Eingriffsregelung. Danach trifft den Verursacher von Eingriffen mit nicht nur unerheblichen oder nur vorübergehenden Auswirkungen auf den Naturhaushalt und das Landschaftsbild eine abgestufte Rechtsfolgenregelung. Als Eingriffe gelten nach der derzeitigen Regelung allerdings nur Veränderungen der Gestalt oder der Nutzung der Grundfläche. Der Verbrauch von natürlich anstehendem Boden ist in diesem Sinne ein Eingriff.

Das Vorhaben muß so vorgenommen werden, daß nachteilige Auswirkungen i.S.d. Eingriffsregelung möglichst vermieden werden. Ist dies nicht möglich, so trifft den Verursacher die Pflicht, die nachteilige Veränderung durch Ausgleichsmaßnahmen zu kompensieren. Während Auswirkungen auf den Naturhaushalt durch die Wiederherstellung der ökosystemaren Funktion ausgeglichen werden müssen, kann der Ausgleich bei nachteiligen Auswirkungen auf das Landschaftsbild auch in einer Neugestaltung bestehen. Der Eingriff ist ausgeglichen, wenn keine erheblichen und/oder nachhaltigen Auswirkungen mehr bestehen.

Ist ein Eingriff weder vermeidbar noch im erforderlichen Umfang ausgleichbar, kann das Vorhaben nach Abwägung aller Anforderungen und Belange, insbesondere auch der eigentumsrechtlichen geschützten Position des Grundstückseigentümers untersagt werden, wenn die Belange des Naturschutzes im Range vorgehen. Die insoweit bundesrechtlich vorgegebene Rechtsfolgenregelung wird durch die Landesgesetze ergänzt. Kann ein Vorhaben nach Abwägung aller Belange nicht untersagt werden, so können dem Verursacher Ersatzmaßnahmen auferlegt und ggf. Ausgleichsabgaben abverlangt werden. Grenzen der Belastbarkeit des Verursachers ergeben sich allerdings aus dem Verhältnismäßigkeitsgebot.

XXVIII.

Die naturschutzrechtliche Eingriffsregelung ergänzt die bodenrechtlichen Anforderungen an die Zulässigkeit von Vorhaben nach §§ 30-35 BauGB. Die Untersagung eines Vorhabens nach Maßgabe des § 8 Abs. 3 BNatSchG und der einschlägigen Landesgesetze kollidiert allerdings mit den nach dem Bauplanungsrecht bestehenden Baurechten, die sich nach Maßgabe des Planungsrechts zu einer eigentumsrechtlich geschützten Anspruchsposition verfestigt haben. Die Kollision ist am Maßstab des Verhältnismäßigkeitsprinzips im Rahmen der gebotenen Abwägung zu lösen.

Wird eine planungsrechtlich geschützte Anspruchsposition beschränkt, verlangt Art. 14 Abs. 3 GG die Entschädigung des betroffenen Grundstückseigentümers nach Maßgabe einer speziellen Entschädigungsregelung, die den Entschädigungstatbestand und die Höhe der Entschädigung bestimmt. Die salvatorischen Entschädigungsklauseln der Naturschutz- bzw. Landschaftspflegegesetze der Länder genügen diesen Anforderungen nicht. Die Länder sind deshalb gehalten, ausreichend bestimmte Entschädigungsvorschriften zu schaffen. Dabei sollte im Interesse einer Harmonisierung des Planungsschadensrechts eine Orientierung an den Entschädigungsregelungen des BauGB angestrebt werden.

XXIX.

Im Geltungsbereich eines Bebauungsplans ist die nach dem Naturschutzrecht gebotene Abwägung bereits durch die bauplanungsrechtliche Abwägung präjudiziert. Ein danach bestehendes Baurecht kann deshalb auch nicht nach Maßgabe der naturschutzrechtlichen Eingriffsregelung suspendiert werden.

XXX.

Innerhalb von im Zusammenhang bebauten und nicht beplanten Ortsteilen kann demgegenüber trotz genereller Baulandqualität in besonders gelagerten Einzelfällen das Interesse des Naturschutzes und der Landschaftspflege vorgehen und die Untersagung der Bebauung eines Grundstücks möglich sein. Dies gilt aber nur unter der Voraussetzung, daß eine den verfassungsrechtlichen Anforderungen genügende Entschädigungsregelung als Rechtsgrundlage für die dann erforderliche Entschädigung besteht.

XXXI.

Besondere materiell- und verfahrensrechtliche Anforderungen bestehen für die Versickerung und das Sammeln von Niederschlagswasser nach dem WHG und den einschlägigen LWG. Das Versickern von Niederschlagswasser über eine Versickerungsanlage erfüllt den Tatbestand des Einleitens in ein Gewässer und bedarf deshalb einer wasserrechtlichen Erlaubnis. Demgegenüber ist eine Erlaubnis nicht erforderlich, wenn das Niederschlagswasser in einen Zierteich, eine Zisterne oder eine Regenwassertonne geleitet, dort gesammelt und ggf. zur Gartenbewässerung weiterverwendet wird.

XXXII.

Der dezentralen Beseitigung von Niederschlagswasser steht aber grundsätzlich die nach § 18 a WHG angeordnete Pflicht zur öffentlichen Abwasserbeseitigung entgegen. Das Abwasser ist danach dem Abwasserbeseitigungspflichtigen, im Regelfall der Gemeinde oder dem Abwasserzweckverband, zu überlassen. Lediglich in Nordrhein-Westfalen und in Rheinland-Pfalz ist das auf versiegelten Flächen anfallende und unverschmutzte Niederschlagswasser unter der Voraussetzung ausgenommen, daß das Wohl der Allgemeinheit nicht beeinträchtigt wird. In Nordrhein-Westfalen gilt dies nur für zu Wohnzwecken genutzte Gebiete. In den übrigen Ländern wird grundsätzlich auch das Niederschlagswasser von der öffentlichen Abwasserbeseitigungspflicht erfaßt. Aus Gründen der Grundwasserneubildung und der Verminderung von Hochwasserspitzen sollte dort eine differenziertere Regelung der Abwasserbeseitigung nach dem nordrhein-westfälischen oder rheinland-pfälzischen Vorbild geschaffen werden.

XXXIII.

Möglich ist auch eine engere Fassung des Abwasserbegriffs. Die Zwecksetzung des WHG erlaubt eine enge Auslegung des Begriffs "Abwasser", wonach das unverschmutzte und im Rahmen des Gemeingebrauchs oder einer wasserrechtlichen Erlaubnis dezentral am Ort des Anfalls versickernde Niederschlagswasser kein Abwasser im wasserrechtlichen Sinne ist. Die landesrechtlichen Legaldefinitionen könnten entsprechend enger gefaßt werden.

XXXIV.

Straßenbauvorhaben unterliegen keiner besonderen Genehmigungspflicht. Für Bundesstraßen und Bundesautobahnen sowie für überörtliche Straßen (hier mit landesrechtlich unterschiedlichen Einschränkungen) ist allerdings ein Planfeststellungsverfahren vorgesehen. Daneben ist die Straßenplanung auch im Rahmen der Bauleitplanung möglich.

XXXV.

Anforderungen an den Straßenbau ergeben sich im wesentlichen aus den einschlägigen technischen Regelwerken, insbesondere der Forschungsgesellschaft für das Straßen- und Verkehrswesen. Die neu gefaßten Regelwerke erlauben sowohl in quantitativer als auch in qualitativer Hinsicht einen an dem Ziel "sparsamer und schonender Umgang mit Grund und Boden" orientierten Straßenbau.

XXXVI.

Von besonderer Bedeutung für planfestzustellende Straßenbauvorhaben ist die naturschutzrechtliche Eingriffsregelung. Ausdrücklich schreiben § 8 Abs. 4 BNatSchG und die entsprechenden landesrechtlichen Vorschriften vor, daß in dem Plan selbst oder in einem gesondert aufzustellenden landschaftspflegerischen Begleitplan die erforderlichen Ausgleichsmaßnahmen in Text und Karte darzustellen sind.

XXXVII.

Zur Umsetzung der Festsetzungen eines Bebauungsplans sieht das BauGB in den §§ 175 - 179 BauGB verschiedene städtebauliche Gebote vor, von denen im Untersuchungszusammenhang das Pflanzgebot und das Abbruchgebot von Bedeutung sind. Das Pflanzgebot dient der Umsetzung der gem. § § 9 Abs. 1 Nr. 25 a BauGB festgesetzten Pflanzungen. Mit dem Abbruchgebot kann z.B die Duldung der Beseitigung einer überflüssigen Versiegelung verlangt werden, um damit die mit einem Bebauungsplan bezweckte Reduzierung des Versiegelungsgrads zu erreichen. Die Anforderungen der städtebaulichen Befugnisse sind insbesondere nach Maßgabe des Verhältnismäßigkeitsgebots ausgestaltet. Eine übermäßige Belastung ist nur gegen Entschädigung zulässig. Darüber hinaus sind städtebauliche Gebote nur dann zulässig, wenn die Umsetzung des Bebauungsplans "dringlich" geboten ist.

XXXVIII.

Weitere Instrumente zur Umsetzung der Festsetzungen eines Bebauungsplans sind die Enteignung, das Vorkaufsrecht und die Umlegung. Im Rahmen der Umlegung können die für den Ausgleich der Eingriffe in Natur und Landschaft erforderlichen Flächen nicht vor der Verteilung ausgeschieden werden. In Betracht kommt aber die Festlegung von Gemeinschaftsanlagen für den Ausgleich der nachteiligen Auswirkungen auf den Naturhaushalt und das Landschaftsbild gem. § 61 Abs. 1 S. 3 BauGB.

XXXIX.

Die Erforderlichkeit von Flächen für den Ausgleich von Eingriffen bei der Baureifmachung hat bislang keinen Eingang in das Erschließungsbeitragsrecht gefunden. Die Flächen und Maßnahmen zum Schutz, zur Pflege und zur Entwicklung von Natur und Landschaft sind nicht erschliessungsbeitragsfähig.

XL.

Die Eingriffsbefugnisse des Bauordnungsrechts sind allein auf die Beseitigung und das Verbot baurechtswidriger Bauvorhaben gerichtet.

XLI.

Auch das Naturschutz- und Landschaftspflegerecht kennt Eingriffsbefugnisse. Die in allen Bundesländern vorgesehene Duldungspflicht für Maßnahmen des Naturschutzes und der Landschaftspflege dient im wesentlichen der Umsetzung von in Schutzgebietsverordnungen und Landschafts- bzw. Grünordnungsplänen verbindlich festgelegten Maßnahmen. Grenzen ergeben sich aus dem Verhältnismäßigkeitsgebot.

XLII.

Die Durchführung von verbindlichen landschaftsplanerischen Regelungen kann nur in Berlin und Nordrhein-Westfalen angeordnet werden. Zulässig ist dort die Durchführung von im Landschafts- bzw. Grünordnungsplan verbindlich festgesetzten Schutz-, Pflege- und Entwicklungsmaßnahmen, soweit der Rahmen des Zumutbaren nicht überschritten wird. Diese Eingriffsbefugnis ist eine notwendige Ergänzung der selbständigen örtlichen Landschaftsplanung. Soll die örtliche Landschaftsplanung mit der gleichen Verbindlichkeit ausgestattet sein wie die Bauleitplanung, muß auch ein entsprechendes Instrumentarium zu ihrer Umsetzung bereitgestellt werden. Zu erwägen ist insoweit, ein Gebot zur Umsetzung von Maßnahmen zum Schutz, zur Pflege und zur Entwicklung von Natur und Landschaft nach dem Vorbild des bauplanungsrechtlichen Pflanzgebots zu schaffen.

XLIII.

Die Durchsetzung der rechtlichen Anforderungen wird letztlich durch die in allen einschlägigen Gesetzen vorgesehenen Sanktionsbefugnisse ergänzt.

Thematischer Wegweiser durch die Instrumente

Begrenzung der Bodenversiegelung auf den Baugrundstücken:

- Festsetzungen im Bebauungsplan .... Kap. 7
- Festsetzungen im Landschafts- bzw. Grünordnungsplan, soweit diese verbindlich sind .... Kap. 8
- Bauverbote oder Baubeschränkungen im Rahmen einer naturschutzrechtlichen Schutzverordnung .... Kap. 10 u. 11
- als Bauverbote oder Baubeschränkungen im Rahmen einer wasserrechtlichen Schutzverordnung .... Kap. 12

Regelungen über die Zulässigkeit von Stellplätzen auf Baugrundstücken:

- bauordnungsrechtliche Stellplatznachweispflicht .... Kap. 17
- die Begrünung und die Bodenbefestigung auf Stellplätzen als bauordnungsrechtliche Bestimmungen und als Festsetzung im Bebauungsplan und soweit verbindlich in Landschafts- bzw. Grünordnungsplänen .... Kap. 7, 8 u. 17
- der vollständige oder teilweise Verzicht auf den Stellplatznachweis als bauordnungsrechtliche Satzungs- bzw. Verordnungsbefugnis .... Kap. 17
- der vollständige oder teilweise Ausschluß der Zulässigkeit von Stellplätzen als bauordnungsrechtliche Satzungs- bzw. Verordnungsbefugnis oder als Festsetzung im Bebauungsplan .... Kap. 7 u. 17
- Anordnung von Gemeinschaftsanlagen zum Nachweis der notwendigen Stellplätze als Festsetzung im Bebauungsplan .... Kap. 7
- Anordnung, daß die notwendigen Stellplätze in Geschossen oder Tiefgaragen unterzubringen sind, als Festsetzung im Bebauungsplan .... Kap. 7
- Anreize für die Unterbringung notwendiger Stellplätze in Geschossen oder Tiefgaragen als Festsetzung im Bebauungsplan .... Kap. 7

Anpflanzungen von Bäumen, Sträuchern und anderen Pflanzen sowie flächenhafte Begrünung auch an Fassaden und auf Dächern:

- allgemein als Festsetzungen im Bebauungsplan und, soweit verbindlich, im Landschafts- bzw. Grünordnungsplan ....Kap. 7 u. 8
- flächenhafte Begrünung als Festsetzung im Bebauungsplan oder, soweit verbindlich, im Landschafts- bzw. Grünordnungsplan und im Rahmen der bauordnungsrechtlichen Anforderungen an die Gestaltung der nicht überbauten Grundstücksfläche .... Kap. 7, 8 u. 17
- Pflanzgebote für einzelne Sträucher und Bäume als städtebauliches Gebot in Umsetzung der Festsetzungen des Babauungsplans, als naturschutzrechtliche Anordnung in Umsetzung der Festsetzungen eines verbindlichen Landschafts- bzw. Grünordnungsplans und im Rahmen der allgemeinen Anforderungen an die Gestaltung der nicht überbauten Grundstücksfläche .... Kap. 17 u. 19
- Anpflanzungen aller Art als Ausgleichs- oder Ersatzmaßnahme im Rahmen der naturschutzrechtlichen Eingriffsregelung..........................Kap. 18

Baumschutz und Schutz anderer Vegetation:

- im Rahmen der allgemeinen bauordnungsrechtlichen Anforderungen an die Gestaltung der nicht überbauten Grundstücksfläche.............................Kap. 17
- individuell-konkret gebietsbezogen als Festsetzung im Bebauungsplan und, soweit verbindlich, im Landschafts- bzw. Grünordnungsplan ....Kap. 7 u. 8
- gemeindebezogen bzw. gebietsübergreifend als naturschutzrechtliche Baumschutzsatzung bzw. -verordnung, in Bayern und Hessen auch als bauordnungsrechtliche Satzung.. Kap. 9 u. 10
- einzelfallbezogen im Rahmen der Vermeidungspflicht gem. der naturschutzrechtlichen Eingriffsregelung ....Kap. 18

Verwendung bestimmter Belagsarten:

- nach Maßgabe der allgemeinen bauordnungsrechtlichen Anforderungen an die Gestaltung der nicht überbauten Grundstücksflächen..Kap. 17
- als Festsetzung im Bebauungsplan, soweit verbindlich, im Landschafts- bzw. Grünordnungsplan ....Kap. 7 u. 8
- im Rahmen der naturschutzrechtlichen Eingriffsregelung als mögliche Ausgleichs- und Ersatzmaßnahme..................................Kap. 18
- ggf. als Nutzungsbeschränkung im Rahmen einer Wasserschutzverordnung ....Kap. 12

Sammlung und Versickerung von Niederschlagswasser:

- wasserrechtlicher Erlaubnisvorbehalt..Kap. 13
- nach Maßgabe der wasserrechtlichen Abwasserbeseitigungspflicht ....Kap. 13
- nach Maßgabe der kommunalrechtlichen Kanalanschlußsatzung....................Kap. 13
- Wasserflächen, von Flächen für Zisternen und für Versickerungsanlagen als Festsetzungen im Bebauungsplan...Kap. 7 u. 8
- Sammlung und Versickerung von Niederschlagswasser in bestimmten Anlagen als Festsetzungen im Bebauungsplan und, soweit verbindlich, im Landschafts- bzw. Grünordnungsplan ....Kap. 7 u. 8
- im Rahmen der naturschutzrechtlichen Eingriffsregelung als mögliche Ausgleichs- und Ersatzmaßnahme...Kap. 18

Maßnahmen im Straßenraum und auf öffentlichen Parkplatzflächen:

- Festlegung des Straßenquerschnitts als Festsetzung im Bebauungsplan oder im Planfeststellungsbeschluß nach Maßgabe der einschlägigen technischen Regeln .... Kap. 7 u. 14
- Festlegung der Belagsart ggf. als Festsetzung im Bebauungsplan und, soweit verbindlich, im Landschafts- bzw. Grünordnungsplan nach Maßgabe der einschlägigen technischen Regeln................................. Kap. 7, 8 u. 14
- Anpflanzungen im Straßenraum als Festsetzungen im Bebauungsplan und, soweit verbindlich, im Landschafts- bzw. Grünordnungsplan sowie als Ausgleichs- oder Ersatzmaßnahme im Rahmen der naturschutzrechtlichen Eingriffsregelung ggf. auf der Grundlage eines landschaftspflegerischen Begleitplans... Kap. 7, 8, 16 u. 14

Literatur

Adam, Klaus: Das Ökosystem Stadt - Strukturen und Belastungen, in: Ökologie und Stadtplanung, hrsg. v. Klaus Adam, Tomas Grohé, Köln 1984

Adam, Klaus: Stadtökologie in Stichworten, Würzburg 1988

Albrecht, Rainer; Bartfelder, Friedrich: Ökologische Bewertung von Maßnahmen der Stadtinnenentwicklung, in: Schriftenreihe "Forschung" des Bundesministers für Raumordnung, Bauwesen und Städtebau, Heft Nr. 458, Bonn 1988

Alexejew, Igor; Haase, Ehrenfried; Großmann, Peter: Hamburgisches Bauordnungsrecht, Loseblatt-Kommentar, Stand April 1989, Kiel 1973/1989

Andritzky, Michael; Spitzer, Klaus: (Hrsg.) Grün in der Stadt, Hamburg 1981

Arbeitsgemeinschaft Umweltbewertung Essen (AUBE): Ökologische Planung Ruhrgebiet, Stand und Ziel, Essen 1984

ARL: Handwörterbuch der Raumforschung und Raumordnung, 3 Bände, 2. Aufl., Hannover 1970

ARL: Integration der Landschaftsplanung in die Raumplanung, Forschungs- und Sitzungsberichte 180, Hannover 1988

ARL: Grundriß der Stadtplanung, Hannover 1983

Arminius: Poninska, Adelheid Gräfin v., Die Großstädte in ihrer Wohnungsnoth und die Grundlagen einer durchgreifenden Abhilfe, Leipzig 1874

Arnold, O.: Rückhaltebecken als Bestandteil des Hochwasserschutzes - Konzept des Regierungspräsidiums Stuttgart, in: Deutscher Verband für Wasserwirtschaft und Kulturbau (DVWK), Schriftenreihe Nr. 78, Wasser - unser Nutzen, unsere Sorge, Hamburg/Berlin 1986, S. 247 ff.

Baestlein, Angelika; Bölting, Horst: Innerstädtische Grün- und Freiflächenplanung, in: Hucke, Jochen (Hrsg.), Kommunale Umweltpolitik, Stadtforschung aktuell, Band 5, Basel/Bosten/Stuttgart 1983

Baestlein, Angelika; Losch, Siegfried: Überbaute Böden, Landschaftsverbrauch, in: Rosenkranz, Dietrich; Einsele, Gerhard; Harreß, Heinz-Michael (Hrsg.); Bodenschutz - Ergänzbares Handbuch der Maßnahmen und Empfehlungen für Schutz, Pflege und Sanierung von Böden, Landschaft und Grundwasser, Berlin 1988, Abschnitt 4785

Baestlein, Angelika: Stadtökologie und Stadterneuerung - eine Standortbestimmung, in: IzR 1986, S. 1 ff.

Bartelheimer, Doris; Copak, Ilse: Landschaftsplanung als Instrument der Umweltpolitik. Anspruch und Wirklichkeit am Beispiel der Landschaftsplanung in Nordrhein-Westfalen, Taunusstein 1989

Bartholomäi, Eberhard: Baumschutzsatzungen und Baumschutzverordnungen - eine Zwischenbilanz, UPR 1988, S. 241 ff.

Battermann, Gerhard: Gewässerhaushalt eines Stadtgebietes, in: Zeitschrift der Deutschen Geologischen Gesellschaft 1975 (126), S: 253 ff.

Battis, Ulrich: Öffentliches Baurecht und Raumordnungsrecht, 2. Aufl., Stuttgart 1987

Battis, Ulrich; Krautzberger, Michael; Löhr, Rolf-Peter: Baugesetzbuch - BauGB -, 3. Aufl., München 1991

Battis, Ulrich: Neuerungen des Baugesetzbuchs für Landwirtschaft und Umweltschutz, NuR 1988, 57 - 63

Bauer, Erwin; Salewski, Siegbert: Recht der Landschaft und des Naturschutzes in Nordrhein-Westfalen, 2. Aufl., Köln 1987

Becker, Carlo W.; Gieseke, Undine; Mohren, Beatrix; Richard: Der Biotopflächenfaktor als ökologischer Kennwert - Grundlagen zur Ermittlung von Zielgrößen -, i.A. der Senatsverwaltung für Umweltschutz, Abt. III, Berlin 1991 (unveröffentlicht)

Beckröge, Andreas: Entsiegelung tut not, in: Neue Landschaft 1989, S. 30 ff.

Benda, Ernst; Maihofer, Werner; Vogel, Hans-Jochen: Handbuch des Verfassungsrechts der Bundesrepublik Deutschland, Berlin/NewYork 1988

Berlekamp, Lutz-Rainer: Bodenversiegelung als Faktor der Grundwasserneubildung. Untersuchung am Beispiel der Stadt Hamburg, in: Landschaft + Stadt 1987, S. 129 ff.

Berlekamp, Lutz-Rainer;Pranzas, Norbert: Probleme der Bodenversiegelung in Ballungsräumen. Dargestellt am Beispiel der Freien und Hansestadt Hamburg. Studie im Auftrag der Umweltbehörde - Amt für Landschaftsplanung - Landschaftsprogramm, Hamburg 1989

Berlenkamp, Lutz-Rainer;Pranzas, Norbert: Methoden zur Erfassung der Bodenversiegelung von städtischen Wohngebieten - Ein Beitrag zum Hamburger Landschaftsprogramm, in: Natur und Landschaft 61 Jg. 1986, S. 92 - 95

Berlenkamp, Lutz-Rainer: Bodenversiegelung und ihr Einfluß auf die Grundwasserneubildung in Hamburg, (Diplomarbeit), Hamburg, 1986

Berlenkamp, Lutz-Rainer;Pranzas, Norbert; Reuter, S.: Gutachten über die hydrologischen und ökologischen Auswirkungen der Bodenversiegelung sowie die Möglichkeit der Niederschlagsversickerung und Flächenentsiegelung in Bremen, 1987 (unveröffentlicht)

Berliner Kommentar: Schlichter, Otto; Stich, Rudolf (Hrsg.): Berliner Kommentar zum Baugesetzbuch, Köln/Berlin/Bonn/München 1988

Berliner Wasserwerke (Hrsg.): Entwicklung von Methoden zur Aufrechterhaltung der natürlichen Versickerung von Wasser, Forschungsprojekt, F+E-Vorhaben 02 WT 931, Berlin 1983

Bernatzky, Aloys: Bäume in der Stadt, in: Garten und Landschaft 1974, S. 543 ff.

Bernatzky, Aloys; Böhm, Otto: Bundesnaturschutzrecht. Kommentar zum Gesetz über Naturschutz und Landschaftspflege (Bundesnaturschutzgesetz - BNatSchG) mit Ausführungsvorschriften der Länder, Stand Mai 1988, Wiesbaden 1977/1988

Bernatzky, Aloys: Grünplanung in Baugebieten, Wiesbaden-Dotzheim, 1972

BfLR: Forschungen zur Raumentwicklung Nr. 14, Boden - das dritte Umweltmedium, Bonn 1985

BfLR: Stadt und Umwelt, Umweltstrategien im Städtebau, Schriftenreihe: Seminare, Symposien, Arbeitspapiere, Heft 19, Bonn 1985

BfLR: IzR, Heft 8/9 1988 - Bodenversiegelung im Siedlungsbereich, Bonn 1988

Bickel, Christian: Der Eingriffstatbestand in § 8 Bundesnaturschutzgesetz, DÖV 1989, S. 937 ff.

Bickel, Christian: Hessisches Naturschutzgesetz, Köln u.a. 1981

Bickel, Christian: Kommentar zum Hessischen Wassergesetz, Baden-Baden 1987

Bielenberg, Walter: Geschoßflächenzahl und Grundflächenzahl im differenzierten Städtebau, in: BBauBl 1964, S. 80

Bielenberg, Walter; Koopmann, Klaus-Dieter; Krautzberger, Michael: Städtebauförderungsrecht, Kommentar und Handbuch, Stand 6/1990, München 1990

Bielenberg, Walter; Söfker, Wilhelm: Überlegungen zur Novellierung der Baunutzungsverordnung, in: DVBl 1988, S. 987 ff.

Bielenberg, Walter; Krautzberger, Michael; Söfker, Wilhelm: Baugesetzbuch - Leitfaden. Vergleichende Gegenüberstellung des BauGB mit dem alten Recht (Synopse), Ausführliche Kommentierung des neuen Rechts, 3. Aufl., München/Münster 1990

Bierhals, Erich: Die falschen Argumente? Naturschutz-Argumente und Naturbeziehung, Landschaft + Stadt 1984, S.117 ff.

Bierhals, Erich: Ökologische Raumgliederung für die Landschaftsplanung, in: Buchwald/Engelhardt, Handbuch für Planung, Gestaltung und Schutz der Umwelt, Band 3, S. 80 ff.

Birnbachler, Diter: Ökologie und Ethik, Stuttgart 1986

Bischof, Wolfgang: Stadtentwässerung, 7. Aufl., Stuttgart 1979

Bitterberg, Siegfried; Gosch, Erwin: Kommunalabgabengesetz Schleswig-Holstein, Kommentar, 2. Aufl., Wiesbaden Stand 8/1987

Blau, E.: Ein Beitrag zur Versickerung des von den Dachflächen abflie?en-den Niederschlags, in: Korrespondenz Abwasser, 1981 (28), S. 716 ff.

Blau, René v.; Höh, Peter; Hufschmid, Peter; Werner, Alfred: Ermittlung der Grundwasserneubildung aus Niederschlägen, in: Gas-Wasser-Abwasser 63, 1983, Heft 1, S. 45 - 54

Blume, Eckehart: Rechtsfragen bei der Umsetzung von Landschaftsplänen, NuR 1989, 332

Blumenberg, Hildegard: Neuere Entwicklungen zu Struktur und Inhalt des Abwägungsgebotes, DVBl 1989, 86 ff.

Boecker, Reinhard: Bodenversiegelung - Verlust vegetationsbedeckter Flächen in Ballungsräumen am Beispiel von Berlin (West), in: Landschaft und Stadt, 1985, S. 57 - 61

Boeddinghaus, Gerhard: Bodenrechtlich relevante Merkmale im unbeplanten Innenbereich, in: ZfBR 1991, S. 9 ff.

Boeddinghaus, Gerhard: Bodenschutz in der Bauleitplanung - blockiert durch eine vorweggenommene Abwägung in der Baunutzungsverordnung, in: UPR 1990, S. 204 ff.

Boeddinghaus, Gerhard: Das Einfügungsgebot des § 34 Abs. 1 BBauG als Mittel zur Wahrung einer vorgegebenen städtebaulichen Ordnung, BauR 1986, S. 506 ff.

Boeddinghaus, Gerhard; Dieckmann, Jochen: Verordnung über die bauliche Nutzung der Grundstücke - Baunutzungsverordnung, Kommentar, Essen 1990

Boeddinghaus, Gerhard; Franzen, Eberhardt; Rhode, Jörn-Ronald: Baunutzungsverordnung, Kommentar, Essen 1977

Böse, Helmut; Bernd Schürmeyer: Die Freiräume als Straße oder die Straße als Freiraum?, in: Das Gartenamt 1984, S. 537 ff.

Boeticher, Martina; Fisch, Rose: Zur Einführung des Biotopflächenfaktors (BFF) in die Landschafts- und Bauleitplanung, in: Das Gartenamt, 1988, 26 ff.

Bogner, Walter; Steenbock, Reiner: Kommunalabgabengesetz Rheinland-Pfalz, 3. Lieferung, Stand 11/88, Mainz 1980/1988

Bohny, Hans-Michael;Borgmann, Rüdiger; Kellner, Karl-Heinz; Kühne, Rainer; Müller, Herbert; Vierling, Wolfgang; Weigl, Peter: Lärmschutz in der Praxis, München/Wien 1986

Boisserée, Klaus: Örtliche Umweltstandards?, UPR 1983, 368 ff.

Bongartz, Michael: Umweltvorsorge im Siedlungsbereich - Grünordnungsplanung in Theorie und Praxis, Dortmund 1988

Bonner Kommentar: Kommentar zum Bonner Grundgesetz, Hrsg: Dolzer Rudolf (Gesamthrsg.); Vogel, Klaus (Mithrsg. f. Abschnitt X (Finanzwesen)), Stand 11/1990, Heidelberg 1950/1990

Book, Angelika: Bodenschutz durch räumliche Planung, Münster 1986

Borchard, Klaus: Tendenzen der Flächenhaushaltspolitik und Möglichkeiten der Beeinflussung auf der Ebene der kommunalen und regionalen Planung, in: Flächenhaushaltspolitik. Ein Beitrag zum Bodenschutz, Veröffentlichung der ARL, Forschungs- und Sitzungsbericht Band 173, S. 11

Borchard, Klaus: Orientierungswerte für städtebauliche Planung, München 1974

Bork, Gundolf; Köster, Wolf: Landesbauordnung Nordrhein-Westfalen, Kommentar, Köln 1985

Bosselmann, Axel: Umweltverträglichkeitsprüfung (UVP) durch verlagerte Konfliktbewältigung?, DVBl 1988, S. 724 ff.

Brandt, Edmund; Sander, Robert: Berücksichtigung von Umweltschutzbelangen im geplanten Baugesetzbuch, UBA, 1985

Brandt, Jürgen: Planungsfibel, technische und gesetzliche Grundlagen für den Städtebau, 2. Aufl. München 1972

Braun, Johann: Die Bemessung der Abwassergebühren im Mischsystem, in: BB 1975, S. 304 ff.

Braun, Ralf-Rainer: Umweltverträglichkeitsprüfung - UVP in der Bauleitplanung. Ein praxisorientierter Verfahrensansatz zur integrierten Umweltplanung, Köln 1987

Brechtel, H.M.; Hoyningen-Huene, J.v.: Einfluß der Verdunstung verschiedener Vegetationsdecken auf den Gebietswasserhaushalt, in: DVWK, Schriftenreihe Nr. 40, Gewässerpflege - Bodenschutz - Landschaftsschutz, Hamburg/Berlin 1979, S. 172 ff.

Breitling, Peter: Fragen zur Geschichte der städtischen Grünflächenpolitik, in: ARL, Städtisches Grün in Geschichte und Gegenwart, S. 25 ff.

Breuer, Rüdiger: Entschädigungsrechtliche Konsequenzen von Eingriffen in die Baufreiheit, in: DÖV 1978, S. 189 ff.

Breuer, Rüdiger: Die Bedeutung des § 8 BNatSchG für die Planfeststellungen und qualifizierten Genehmigungen nach anderen Fachgesetzen, in: NuR 1980, S. 89 ff.

Breuer, Rüdiger: Öffentliches und privates Wasserrecht, 2. Aufl., München 1987

Breuer, Rüdiger: Die hoheitliche raumgestaltende Planung, Bonn 1968

Bröll, Helmut; Dölker, Wolfgang: Das neue Baugesetzbuch. Eine praxisbezogene Darstellung des öffentlichen Baurechts. Amtliche Texte, Erläuterungen, Praxishinweise, Rechtsprechung zu BauGB, BauNVO, PlanZV und WertV, Stand 10/90, Kissing 1986/1990

Brügelmann, Hermann; Grauvogel, Gustav; Dürr, Hansjochen: Baugesetzbuch, Kohlhammer Kommentar, Stuttgart u.a., Stand Mai 1989

Brümmer, Gerhard W.: Funktion der Böden in der Ökosphäre und Überlegungen zum Bodenschutz, in: BfLR, Forschungen zur Raumentwicklung, Heft 14, Boden - das dritte Umweltmedium, Bonn 1985, S. 1 ff.

Brüneck, Alexander v.: Das Wohl der Allgemeinheit als Voraussetzung der Enteignung. Zugleich eine Auseinandersetzung mit dem Boxberg-Urteil des BVerwG, NVwZ 1985, 739, in: NVwZ 1986, S. 425 ff.

Buchwald, Konrad; Engelhardt, Wolfgang (Hrsg.): Handbuch für Planung, Gestaltung und Schutz der Umwelt, Band I: Die Umwelt des Menschen, München/Bern/Wien 1978; Band II: Die Belastung der Umwelt, München/Bern/Wien 1978; Band III, Die Bewertung und Planung der Umwelt, München/Wien/Zürich 1980; Band IV Umweltpolitik, München/Wien/Zürich 1980

Buchwald, Konrad: Landschaftsplanung als ökologisch-gestalterische Planung - Ziele, Ablauf, Integration, in: Buchwald/Engelhardt, Handbuch für Planung, Gestaltung und Schutz der Umwelt, Band 3, S. 26 ff.

Buck, H.: Ökologische Gesichtspunkte zum Hochwasserschutz. Schwerpunkt: Rückhaltebecken, in: Deutscher Verband für Wasserwirtschaft und Kulturbau (DVWK), Schriftenreihe Nr. 78, Wasser - unser Nutzen, unsere Sorge, Hamburg/Berlin 1986, S. 253 ff.

Buck, W.: Wirtschaftlichkeit und Gesamtbewertung von Maßnahmen zur Hochwasserrückhaltung, in: Deutscher Verband für Wasserwirtschaft und Kulturbau (DVWK), Schriftenreihe Nr. 78, Wasser - unser Nutzen, unsere Sorge, Hamburg/Berlin 1986; S. 261 ff.

Bückmann, Walter (Hrsg.): Umweltpolitik und Umweltplanung, Band 1, Aktuelle Fragen der Umsetzung der Bodenschutzkonzeption. Dokumentation des Kolloquiums Bodenschutz der TU Berlin. Institute für Stadt- und Regionalplanung sowie Landschafts- und Freiraumplanung im Juni 1987, Frankfurt a.M./Bern/NewYork/Paris 1988

Bückmann, Walter: Kolloquium Bodenschutz der Technischen Universität Berlin, UPR 1987, S. 374

Bückmann, Walter; Gerner, Ingrid; Haas, Peter; Klencke, Sabine; Müller, Ursula: Informationsgrundlagen für den Bodenschutz, Vorüberlegungen zu einem kommunalen, regionalen oder nationalen Bodenschutzinformationssystem, Frankfurt a.M./Bern/NewYork/Paris 1987

Budde, Reinhold; Stock, Peter: Ökologische, insbesondere klimatologische Aspekte in der Stadtentwicklung und Bauleitplanung - Beispiel Ruhrgebiet, in: Ökologie und Stadtplanung, hrsg. v. Klaus Adam, Tomas Grohé, Köln 1984

Bulling, Manfred; Finkenbeiner, Otto: Wassergesetz für Baden-Württemberg, Kommentar, 2. Aufl., Stand 3/1982, Stuttgart/Berlin/Köln/Mainz 1981/1982

BDLA: Zur Landschaftsplanung, Forderungen und Positionen des Bund Deutscher Landschafts-Architekten e.V. BDLA, Das Gartenamt 1988, S. 286 ff.

BMBau: Wohnumfeld am Haus, Planungsbeispiele zur Verbesserung vom Umfeld und Gemeinschaftsanlagen bei Mehrfamilienhäusern, bearb. v. Gerhard Achterberg u.a., Bonn/BadGodesberg 1985

BMBau: Baulandbericht 1983, Schriftenreihe Forschung 03.100, Bonn-Bad Godesberg 1983

BMBau: Baulandbericht 1986, Schriftenreihe Forschung 03.116, Bonn-Bad Godesberg 1986

BMBau: Fallstudie zum Baulandpotential für städtischen Lückenwohnungsbau, Schriftenreihe Forschung 03.089, Bonn-Bad Godesberg 1981

Bundesminister für Umwelt, Naturschutz und Reaktorsicherheit: Was Sie schon immer über Lärmschutz wissen wollten, 2. Aufl., Berlin 1986

Bunse, Benno: Der Flächennutzungsplan als Instrument der Landesplanung, in: DVBl 1984, S. 420 ff.

Burmeister, Joachim H.: Der Schutz von Natur und Landschaft vor Zerstörung. Eine juristische und rechtstatsächliche Untersuchung. Umweltrechtliche Studien Band 2, Hrsg.: Battis, Ullrich/Rehbinder, Eckard, Düsseldorf 1988

Capra, Fritjof: Wendezeit, Bausteine für ein neues Weltbild, 15. Aufl. Bern/München/Wien 1987

Carlsen, Claus: Das neue Landschaftspflegegesetz, in: Die Gemeinde 1983, S. 149 ff., 181 ff., 213 ff.

Carlsen, Claus: Der Landschaftsplan im Naturschutzrecht der Länder, in: NuR 1985, S. 226

Carlsen, Claus: Die Umweltverträglichkeitsprüfung (UVP) in: Naturschutz und Landschaftspflege, in: NuR 1984, S. 48

Castro, Dietmar: Umsetzung ökologischer Konzepte im Rahmen der Bauleitplanung, in: Grüne Wende im Städtebau, Hrsg.: Rehberg, Karlsruhe, 1985, S. 49 ff.

Cholewa, Werner; David, Joachim; Dyong, Hartmut; v.d.Heide, Hans-Jürgen: Das neue Baugesetzbuch mit Synopse, Erläuterung und Baunutzungsverordnung, München 1987

Czychowski, Manfred: Die Einleitung von Straßenoberflächenwasser in ein Gewässer, in: ZfW 1972, S. 286 ff.

Dahmen, Alois: Der Wahrscheinlichkeitsmaßstab bei der Abwassergebühr. Unter besonderer Berücksichtigung der Rechtsprechung des OVG Münster, in: Der Städtetag (StT) 1971, S. 172 ff.

Dahmen, Alois: Die Bemessung der Abwassergebühren im Mischsystem, in: BB 1975, S. 1087 ff.

Dahmen, Aloys: Kommentar zum Kommunalabgabengesetz für das Land Nordrhein-Westfalen, 3. Aufl., Herne/Berlin 1981

Deixler, Wolfgang: Besonderheit des Integrierten Landschaftsplanes nach Art. 3 BayNatSchG und Bundesrecht (BNatSchG, BBauG), NuR 1985, S. 228 ff.

Deutsche Bauzeitung: Produkte. Auf dem Platz, in: db 1989, Heft 6, S. 129 ff.

DIFU: Räumliche Entwicklungsplanung, Teil 2, Auswertung, Heft 3, Wanderungen und Wohnungsmarkt, bearb. v. Wulf Eichstaedt, Berlin 1980

Dieckmann, Jochen: Baugesetzbuch (BauGB). Ein Kommentar zum neuen Recht, 1. Aufl., München 1987

Dierhaus, Hans-Joachim (Hrsg.): Kommunalabgabenrecht, Kommentar, Stand 9/90, Herne/Berlin 1989

Dieterich, Hartmut: Brachflächen als Entwicklungsressourcen, in: IZR 1986, S. 141 ff.

Dieterich, Hartmut; Hoffmann, Klaus; Junius, Hatwig: Baulandpotentiale und städtischer Lücken-Wohnungsbau, Hrsg. v. Bundesminister für Raumordnung, Bauwesen und Städtebau, Schriftenreihe Städtebauliche Forschung, Heft Nr. 03.089, Wermelskirchen 1981

Diemer, Herbert: Naturschutz als kommunale Aufgabe, Köln 1982

Dolde, Klaus-Peter: Naturschutz und Planung, in: Der Städtetag 1981, S. 466

Domning, Heinz; Fuß, Leopold: Bauordnungsrecht Schleswig-Holstein, Loseblatt-Kommentar, 2. Aufl., Stand Oktober 1988, Kiel 1984/1988

Drews, Bill; Wacke, Gerhard; Vogel, Klaus; Martens, Wolfgang: Gefahrenabwehr, Allgemeines Polizeirecht des Bundes und der Länder, 9. Aufl., bearb. v. Klaus Vogel und Wolfgang Martens, Köln/Berlin/Bonn/München 1986

DRL: Eingriffe in Natur und Landschaft, Schriftenreihe Heft 55 - 1988, Meckenheim 1988

Drum, Manfred: Hinterhöfe - Gartenhöfe in gründerzeitlicher Blockbebauung, in: IzR 1981, S. 485

Drum, Manfred; Ludwig, Karl: Stadtoase. Grüne Höfe hinterm Haus, Köln 1985

Dürr, Hansjochen: Das Verhältnis des Naturschutzrechts zum Baurecht und Fachplanungsrecht in der Rechtsprechung der Verwaltungsgerichte, in: UPR 1991, S. 81 ff.

Dyck, Siegfried: Ein einfaches Verfahren zur Ermittlung von Hochwasserscheiteldurchflüssen unter Berücksichtigung der Bebauung des Einzugsgebiets, in: WWt 1979, S. 376 - 382 ff.

Eberhardt, Karl; Gaßner, Hartmut; Janssen, Markus; Siederer, Wolfgang: Naturschutz und Landschaftsplanung in Berlin. Erläuterung zum Berliner Naturschutzgesetz. Schriftenreihe des Fachbereichs Landschaftsentwicklung der TU Berlin, Landschaftsentwicklung und Umweltforschung, Nr. 38, Berlin 1986

Ebersbach, Harry: Rechtliche Aspekte des Landverbrauchs am ökologisch falschen Platz, Hrsg.: UBA, Berlin 1985

Ehrlein, Matthias: Die naturschutzrechtliche Eingriffsregelung, in: VBlBW 1990, S. 121 ff.

Eichler, Horst: Planungsfaktor Hitzestress. Studie zu material- und baukörperbedingten Überhitzungsphänomenen am Beispiel des Bundesdemonstrationsvorhabens Heidelberg-Emmertsgrund, in: Klimatologische Untersuchungen im Rhein-Neckar-Raum, hrsg. v. Fritz Fezer und Richard Seitz, Heidelberger geographische Arbeiten, 1977 (47), S. 182 ff.

Einem, S.; Häckel, H.: Wetter und Klimakunde, Stuttgart 1979

Emonds, Gerhard; Kolodziejcok, Karl-Günther: Grundzüge des neuen Bundesnaturschutzgesetzes, in: NuL 1977 (52), S. 35 ff.

Engelhardt, Dieter; Brenner, Walter: Das Naturschutzrecht in Bayern, Kommentar zum Bayerischen Naturschutzgesetz, München 1989

Engelhardt, Hanns: Entschädigungsfragen bei Naturschutzmaßnahmen, in: NuR 1991, S. 101 ff.

Engelhardt, Wolfgang: Ökologie im Bau- und Planungswesen, Stuttgart 1983

Erbguth, Wilfried; Püchel, Gerald: Die Luftreinhaltepläne im Abwägungsvorgang der Bauleit- und Landesplanung, in: NVwZ 1982, S. 649 ff.

Erbguth, Wilfried; Püchel, Gerald: Materiellrechtliche Bedeutung des Umweltschutzes in der Fachplanung, in: NuR 1984, S. 209 ff.

Erbguth, Wilfried; Rapsch, Arnulf: Gesetzgebungskompetenzen und Bodenschutz - am Beispiel der Grünvolumen- und Bodenfunktionszahl, in: NuR 1990, S. 433 ff.

Erbguth, Wilfried; Rapsch, Arnulf: Grünvolumenzahl und Bodenfunktionszahl als mögliche Planungsrichtwerte in der Landschafts- und Bauleitplanung, Rechtsgutachten i.A. der Freien und Hansestadt Hambug - Umwelbehörde, Hamburg 1990

Erbguth, Wilfried: Rechtsfragen des Bodenschutzes, in: UPR 1984, 241 ff.

Erbguth, Wilfried: Weiterentwicklungsbedarf im Bodenschutzrecht?, NuR 1986, 137 ff.

Erbguth, Wilfried: Zum Einsatzbereich der Landschaftsplanung: Baugesetzbuch, Umweltverträglichkeitsprüfung, UPR 1987, S. 409 ff.

Erichsen, Hans-Uwe: Kommunalrecht des Landes Nordrhein-Westfalen, Siegburg 1988

Erichsen, Hans-Uwe; Martens, Wolfgang: Allgemeines Verwaltungsrecht, 8. Aufl., Berlin/NewYork 1988

Eriksen, Wolfgang: Die Stadt als urbanes Ökosystem, Paderborn/München, 1983

Ermer, Klaus: Verbindliche Landschaftsplanung. Berliner Beispiel einer Rechtsverordnung, in: Das Gartenamt 1991, S. 21 ff.

Ernst, Werner; Hoppe, Werner: Das öffentliche Bau- und Bodenrecht, Raumplanungsrecht, 2. Aufl., München 1981

Ernst, Werner; Zinkahn, Willy; Bielenberg, Walter: Baugesetzbuch, Kommentar, Loseblatt, München, Stand 1990

Ernst, Wolfgang: Extensive Flachdachbegrünung als Alternative zum herkömmlichen Kiesdach; in: BBauBl 1984, S. 777 ff.

Ernst, Wolfgang; Koch, Klaus-Michael; Lohsträter, Jochen: Extensive Dachbegrünung eine sichere und dauerhafte Flachdachlösung, in: BBauBl 1986, S. 97 ff.

Ernst, Wolfgang; Weigerding, Jochen: Oberflächenentwässerung. Gewässerentlastung durch ökologisch/ökonomische Planung, in: Bundesbaublatt 1985, S. 722 ff.

Ernst, Wolfgang; Weigerding, Jochen: Ökologische und ökonomische Vorteile einer extensiven Flachdachbegrünung aus entwässerungstechnischer Sicht, in: Das Gartenamt 1986, S. 348 ff.

Erwe, Helmut: Ausnahmen und Befreiungen im öffentlichen Baurecht, Wiesbaden/Berlin 1987

Faiß, Konrad: Das Kommunalabgabenrecht in Baden-Württemberg, Zusammenstellung aller einschlägigen Vorschriften mit Erläuterung zum Kommunalabgabengesetz, Stand 12/1990, Stuttgart 1964/1990

Feldhaus Gerhard: Entwicklung und Rechtsnatur von Umweltstandards, in: UPR 1982, S. 137 ff.

Feldhaus, Gerhard: Konturen eines modernen Umweltschutzrechts, in: DÖV 1974, S. 613 ff.

Feldmann, Peter v.; Groth, Klaus-Martin: Das neue Baugesetzbuch - ein Gesetz für die Praxis?, in: DVBl 1986, S. 652 ff.

Fickert, Hans Carl: Der Verkehrswegebau im Lichte des neuen Naturschutz- und Landschaftspflegerechts - Ein Bietrag zur verfassungsrechtlich gebotenen Abwägung in der Gesetzgebung und beim Gesetzesvollzug -, in: BayVBl 1978, 681

Fickert, Hans Carl; Fieseler, Herbert: Baunutzungsverordnung Kommentar unter besonderer Berücksichtigung des Umweltschutzes mit ergänzenden Rechts- und Verwaltungsvorschriften, 6. Aufl., Köln 1990

Fiebig, Karl-Heinz; Hinzen, Ajo; Krause, Udo; Strauch, Volker: Umweltverbesserung in den Städten, Heft 3: Naturschutz, Landschaftspflege und Bodenschutz. Ein Wegweiser durch Literatur und Beispiele aus der Praxis, Berlin 1985

Fiebig, Karl-Heinz; Krause, Udo; Martinsen, Rainer: Umweltverbesserung in den Städten, Heft 4: Organisation des kommunalen Umweltschutzes. Ein Wegweiser durch Beispiele aus der Praxis, Berlin 1986

Finke, Lothar: Ökologische Potentiale als Elemente der Flächenhaushaltspolitik, in: Flächenhaushaltspolitik. Ein Beitrag zum Bodenschutz, Veröffentlichung der ARL, Forschungs- und Sitzungsbericht, Band 173, S. 203

Finke, Lothar: Umweltgüteplanung im Rahmen der Stadt und Stadtentwicklungsplanung - Akademie für Raumforschung und Landesplanung, Arbeitsmaterial Nr. 51, Hannover 1981

Finkelnburg, Klaus; Ortloff, Karsten-Michael: Öffentliches Baurecht, zwei Bände, Nördlingen 1990

FGSV: Empfehlungen für die Anlage von Erschließungsstraßen - EAE 85, 1985

Förster, Hans; Grundei, Albrecht H.; Steinhoff, Dietrich; Dageförde, Hans-Jürgen; Wike, Dieter: Bauordnung für Berlin 1985, 4. Aufl. Braunschweig/Wiesbaden 1986

Franke, E. (Hrsg.): Stadtklima, Ergebnisse und Aspekte für die Stadt-planung, Stuttgart 1977

Frenzel, Michael: Das öffentliche Interesse als Voraussetzung der Enteignung (Dissertation), Bochum 1978

Funke, Friedrich: Die Lenkbarkeit von Abwägungsvorgang und Abwägungsergebnis zugunsten des Umweltschutzes, in: DVBl 1987, S. 511 ff.

Gädtke, Horst; Böckenförde, Dieter; Temme; Heinz-Georg: Landesbauordnung Nordrhein-Westfalen, Kommentar, 8. Aufl., Düsseldorf 1989

Gaede, K.: Die Stellung der Eingriffsregelung im Naturschutzrecht und ihr Bezug zum Fachplanungs- und Baurecht und zur Umweltverträglichkeitsprüfung, in: Eingriffe in Natur und Landschaft durch Fachplanungen und private Vorhaben; Dokumentation zum 183. Kurs des Instituts für Städtebau

Gaentzsch, Günter: Baugesetzbuch - BauGB, mit Synopse zu BBauG, StBauFG, Einführung, Übersichten und Erläuterungen zum neuen Recht, Köln 1987

Gaentzsch, Günter: Bauleitplanung und Baugenehmigungspraxis unter den Anforderungen des Naturschutzes und der Umweltverträglichkeit, in: NuR 1990, S. 1 ff.

Gaentzsch, Günter: Die naturschutzrechtliche Eingriffsregelung, in: NuR 1986, S. 89 ff.

Gälzer, Ralph: Erholungsgebiete der Großstadt, in: Akademie für Städtebau und Landesplanung, Landesgruppe Niedersachsen/Bremen, Grünflächen in der Stadtregion, Essen 1965

Gälzer, Ralph: Freiflächen, in: ARL; Grundriß der Stadtplanung, Kap. 3.4, S. 209 ff.

Gälzer, Ralph: Gedanken zur Gestaltqualität städtischer Grünräume, in: Institut für örtliche Raumplanung an der Technischen Universität Wien (Hrsg.); Festschrift für Friedrich Moser, Gestalteter Lebensraum, S. 75 ff.

Gälzer, Ralph: Methodik und Ablauf der Landschaftsplanung in der Stadtentwicklungs- und Bauleitplanung, in: Buchwald/Engelhardt, Handbuch für Planung, Gestaltung und Schutz der Umwelt, Band 3, S. 60 ff.

Gässler, Willi: Ist die Berechnung der gemeindlichen Abwassergebühren nach der benötigten Frischwassermenge zulässig?, in: BB 1965, S. 221 ff.

Ganser, Karl: Grün- und Freiraumgestaltung in Stadtstraßen, in: Internationale Föderation der Landschaftsarchitekten, Stadt - Natur - Zukunft, Materialien zum XXI Weltkongreß München 1983, Bonn/Hamburg 1983, S. 131 ff.

Gassner, Erich: Zum Zusammenwirken von Naturschutz und Baurecht, in: NVwZ 1991, S. 26 ff.

Gassner, Erich: Eingriffe in Natur und Landschaft - ihre Regelung und ihr Ausgleich, in: NuR 1984, S. 81

Gassner, Erich: Naturschutz im neuen Baugesetzbuch, in: UPR 1987, S. 249 ff.

Gassner, Erich: Zum Recht des Landschaftsbildes - eine systematische Untersuchung zum Ausgleich von Eingriffen, in: NuR 1989, S. 61 ff.

Gassner, Erich: Zur Fortentwicklung des naturschutzrechtlichen Planungsrechts. Überlegungen zur Novellierung des Rechts der Landschaftsplanung und der Eingriffsregelung, in: UPR 1988, S. 321 ff.

Gassner, Erich: Zur Ökologisierung des Bauplanungsrechts - Zugleich eine Besprechung zweier neuerschienener Kommentare zum BauGB -, in: NuR 1989, S. 120 ff.

Gassner, Erich: Zur Verwirklichung des Integritätsinteresses in der naturschutzrechtlichen Eingriffsregelung, in: NuR 1988, S. 67 ff.

Gaßner, Hartmut; Siederer, Wolfgang: Die Umweltrelevanz der Baunutzungsverordnung - Bestandsaufnahme und Novellierungsvorschläge - Überlegungen zur Entwicklung einer Bodennutzungsverordnung -, hrsg. v. Bundesumweltamt, Berlin 1988

Gaßner, Hartmut; Siederer, Wolfgang: Eingriffe in Natur und Landschaft. Erläuterung zum Berliner Naturschutzgesetz. Schriftenreihe des Fachbereichs Landschaftsentwicklung der TU Berlin, Landschaftsentwicklung und Umweltforschung, Nr. 50, Berlin 1987

Gehrke, A.: Klimaanalyse der Stadt Duisburg, hrsg. v. KVR, Abt. Kartographie und Luftbildwesen, Essen 1982

Gelzer, Konrad: Bauplanungsrecht. Bundesbaugesetz, Baunutzungsverordnung, Städtebauförderungsgesetz, 4. Aufl., Köln 1984

Gern, Alfons: Die Entwicklung des Kommunalabgabenrechts 1987, in: NVwZ 1988, S. 1088 ff.

Gerschlauer, Christoph: Landschaftsplanung der Gemeinde und Bauleitplanung, in: DVBl 1979, S. 601

Gertis, Karl; Wolfscher, U.: Veränderungen des thermischen Mikroklimas durch Bebauung, Stuttgart 1976

Gienandt, Klaus: Die Auswirkungen der Neufassung des rheinland-pfälzischen Landespflegegesetzes auf die Regionalplanung und die kommunale Bauleitplanung, in: NuR 1989, S. 252 ff.

Gierke, Hans-Georg: Anmerkung zum Urteil des OVG Berlin vom 29.8.1983, in: DVBl 1984, S. 149 ff.

Gieseke, Paul; Wiedemann, Werner; Czychowski, Manfred: Wasserhaushaltsgesetz, Kommentar, 5. Aufl., München 1989

Gieseke, Undine; Holtmann, Karsten; Hucke, Jochen; Lynar, Wilfried v.; Müller, Hubert: Städtebauliche Lösungsansätze zur Verminderung der Bodenversiegelung als Beitrag zum Bodenschutz - weitere Mitarbeiter: Arbeitsgruppe für Regionalplanung: Axel Reinecke, Robert Sander, IfS Institut für Stadtforschung und Strukturpolitik GmbH Berlin, BMBau Schriftenreihe "Forschung", Heft Nr. 456, Regensburg 1988

Gleichmann, Peter; Soziologie großstädtischer Grünnutzung, in: Akademie für Städtebau und Landesplanung, Landesgruppe Niedersachsen/Bremen, Grünflächen in der Stadtregion, Essen 1965

Göb, Rüdiger; Schuster, Franz (Hrsg.): Reform der Baunutzungsverordnung. Ergebnis der Umfrage sowie Bericht über die Expertenbefragung am 3. und 4. Dezember 1987 in Skt. Augustin zum Thema "Ist die Baunutzungsverordnung novellierungsbedürftig? , Köln 1988

Göhler, Erich: Gesetz über Ordnungswidrigkeiten, Kurz-Kommentar, 9. Aufl., München 1990

Gollwer, Arthur; Schneider, Wilhelm: Belastungen des Grundwassers mit organischen Stoffen im Gebiet von Straßen, in: GWF - Wasser/Abwasser (123) 1982, S. 329 ff.

Golwer, Arthur: Qualitätsaspekte der Versickerung, in: Mitt. Inst. f. Wasserwirtschaft, Hydrologie und landwirtschtl. Wasserbau d. Universität Hannover 1985, Nr. 57, S. 173 ff.

Grabrecht, Dietrich; Matthes, Ulrike: Entscheidungshilfen für die Freiraumplanung - Planungshandbuch, hrsg. v. Institut für Landes- und Stadtentwicklungsforschung des Landes Nordrhein-Westfalen, Schriftenreihe Stadtentwicklung - Städtebau Band 2.026, Dortmund 1980

Grabrecht, Dietrich; Matthes, Ulrike: Öffentliche Grün- und Freiflächen in der Stadt. Verhaltenswissenschaftliche Befunde, hrsg. v. Institut für Landes- und Stadtentwicklungsforschung des Landes Nordrhein-Westfalen, Schriftenreihe Stadtentwicklung - Städtebau Band 2.025, Dortmund 1980

Grebe, Reinhardt: Naturnahe Biotope in der Stadt, in: IzR 1981, S. 511 ff.

Grebe, Reinhardt; Tomásek, Wolfgang: Gemeinde und Landschaft. Landschaftsplanung, Freiraumplanung und Naturschutz in der Gemeinde, 2. Aufl., Köln 1980

Groh, Bernd- Martin: Konfliktbewältigung in der Bauleitplanung - Umweltschutz durch Bebauungsplan und Anlagengenehmigungsrecht, Düsseldorf 1988

Grohé, Tomas; Ranft, Fred (Hrsg.): Ökologie und Stadterneuerung. Anforderungen, Handlungsmöglichkeiten und praktische Erfahrungen, Köln 1988

Grohé, Tomas: Ökologische Stadterneuerung - Ansätze einer qualitativen Stadtentwicklung, in: Grohé/Ranft, Ökologie und Stadterneuerung, S. 1 ff.

Grohé, Tomas: Stadtökologie, Stadtgrün und integrierte Planung, in: IzR, 1982, S. 791 ff.

Grohé, Tomas: Ökologisierung des Alltagsgeschäftes. Grundlagen und Praxis einer umweltgerechten Stadterneuerung, in: Politische Ökologie 1989 (Heft 2), S. 28

Grohé, Tomas: Stadtökologie, Stadtgrün und integrierte Planung, in: Internationale Föderation der Landschaftsarchitekten, Stadt - Natur - Zukunft, Materialien zum XXI Weltkongreß München 1983, Bonn/Hamburg 1983, S. 51 ff.

Gröning, Gert: Tendenzen im Kleingartenwesen, Stuttgart 1974

Gröning, Gert: Überlegungen zu Wohnräumen im Freien und der Ersatzformen, in: Stadt und Landschaft, 1972, S. 11

Grooterhorst, Johannes: Welche Möglichkeiten bieten Bau- und Planungsrecht zur Umsetzung umweltrelevanter Maßnahmen im Innenbereich, in: DVBl 1987, S. 654 ff.

Grooterhorst, Johannes: Die Aufstellung von Bebauungsplänen zur Verwirklichung flächenfreihaltender Ziele der Raumordnung und Landesplanung, in: DVBl 1985, S. 703 ff.

Grooterhorst, Johannes: Die Aufstellung von Bebauungsplänen zur Verwirklichung freiraumschützender Ziele der Raum- und Landesplanung, in: NuR 1985, S. 222 f.

Großmann, Max: Beitrag zur Erforschung des Bedarfs einer Großstadt an öffentlichen Garten- und Parkanlagen, nach Untersuchungen im Berliner Gebiet (Dissertation), Berlin 1958

Grub, Hermann: Erholungsraum Stadt. Innerstädtische Erholungslandschaft am Beispiel der Stadt München, Stuttgart 1979

Güttler, Helmut: Bodenpolitische und bodenrechtliche Instrumente zur Begrenzung der Flächeninanspruchnahme, in: Flächenhaushaltspolitik. Ein Beitrag zum Bodenschutz, Veröffentlichung der ARL, Forschungs- und Sitzungsbericht, Band 173, S. 347

Güttler, Reinhold: Grundzüge der ökologischen Stadterneuerung, in: RaumPlanung 1986, S. 200 ff.

Habel, Wolfgang: Wassergesetz für Baden-Württemberg, Kommentar, Stuttgart/München/Hannover 1982

Haber, Wolfgang: Fragestellung und Grundbegriffe der Ökologie, in: Buchwald/Engelhardt, Handbuch für Planung, Gestaltung und Schutz der Umwelt, Band 1, S. 74 ff.

Hahn, Eckart (Hrsg.): Siedlungsökologie - ökologische Aspekte einer neuen Stadt- und Siedlungspolitik, 2. Aufl., Karlsruhe 1988

Hahn, Eckart: Vom Stiefkind zum Regierungsprogramm. Erfahrungen beim ökologischen Stadtumbau in Berlin (West), in: Politische Ökologie 1989 (Heft 2), S. 34

Hahn-Herse, Gerhard; Kiemstedt, Hans; Wirz, Stefan: Landschaftsplanung zum Flächennutzungsplan - Vorschläge zur Weiterentwicklung der örtlichen Landschaftsplanung in Baden-Württemberg, in: Landschaft + Stadt 1984, S. 83 ff.

Hahn-Herse, Gerhard: Zur Kritik an der querschnittsorientierten Landschaftsplanung, NuL 1984, S. 491 ff.

Handwörterbuch des Umweltrechts (HdUR): hrsg. v. Kimmich, Otto; Lersner v., Heinrich; Strom, Peter-Christoph; zwei Bände, Berlin 1986

Hardacker, Eckhard: Qualitative Wasserwirtschaft in hochversiegelten Gebieten - ein Beitrag zur ökologischen Stadterneuerung, in: Ökologie und Stadterneuerung. Anforderungen, Handlungsmöglichkeiten und praktische Erfahrungen, hrsg. v. Tomas Grohé und Fred Ranft, S. 119 ff.

Hatopp, Wilhelm: Niedersächsisches Kommunalabgabengesetz, Bearb: Rosenzweig, Klaus; Engstler, Horst; Stand 8/90, Wiesbaden 1973/1990

Häußermann, Hartmut; Siebel, Walter: Ökologische Stadtkultur, in: Neue Urbanität, Hrsg.: Häußermann, Hartmut; Siebel, Walter, Frankfurt a.M. 1987, S. 228 - 237

Häußermann, Hartmut; Siebel, Walter: Urbanität oder Ökologie?, in: Arch+, Heft 94, 1988, S. 40 ff.

Heinrich, Hans-Jürgen: Entwässerungsgebühren im Lichte der neueren Rechtsprechung, in: Der Städtetag (StT) 1976, S. 93 ff.

Heintz, Detlef: Baunutzungsverordnung 1990 - Auswirkungen der geänderten Maßvorschriften, in: BauR 1990, S.166

Heinz, Harald: Entwerfen im Städtebau; Daten - Richtwerte - Rechtsgrundlagen - Planungsablauf, Wiesbaden/Berlin 1983

Heinze, Christian: Das planungsrechtliche Abwägungsgebot: in: NVwZ 1986, S. 87 ff.

Heise, Gerd; Riegel, Reinhard: Musterentwurf eines einheitlichen Polizeigesetzes, 2. Aufl.. Stuttgart/München/Hannover 1978

Heisig, Martin: Entsiegelung und Begrünung in Straßen und Höfen, Dachbegrünung. Entsiegelung bei der flächenhaften Verkehrsberuhigung, in: BfLR - IfS, Bodenschutz - Räumliche Planung und Kommunale Strategien, Heft 21, Bonn 1986, S. 238 - 239

Heisig, Martin: Entsiegelung und Vegetation bei der flächenhaften Verkehrsberuhigung, in: Das Gartenamt 1984, S. 15 ff.

Heisig, Martin: Ökologische Effekte der Flächenhaften Verkehrsberuhigung - Entsiegelung, Vegetation, Kleinklima, in: Tagungsband des 3. Kolloquiums zum Forschungsvorhaben "Flächenhafte Verkehrsberuhigung", Umweltbundesamt, Berlin 1985

Heisig, Martin: Ökologische Effekte der Flächenhaften Verkehrsberuhigung. Erfahrungen aus dem 6-Städte-Modellprogramm, in: IzR 1986, S. 85 ff.

Henkel, Michael J.: Altlasten in der Bauleitplanung, in: UPR 1988, S. 367 ff.

Hennebo, Dieter: Stadtgrün und Funktionsvorstellungen im 19. und am Beginn des 20. Jahrhunderts, in: ARL, Städtisches Grün in Geschichte und Gegenwart, S. 41 ff.

Henseler, Paul: Das Recht der Abwasserbeseitigung, Köln/Berlin/Bonn/ München 1983

Henseler, Paul: Die Abwasserbeseitigungspflicht - ein verkapptes Bauverbot? Zugleich Anmerkung zum Urteil des OVG Nordrhein-Westfalen vom 9. Juni 1981, in: BauR 1982, S. 1 ff.

Herlyn, Ulfert; Wolff, B.: Analyse des individuellen Nutzwertes und der Wohngewohnheiten bei unterschiedlichen Bauformen, Forschungsbericht im Auftrag des BMBau, Bonn 1982

Heuer, Hans; Brombacher, Jürgen: Steuerungsinstrumente der Stadtrandwanderung. Ergebnisse einer Umfrage, Berlin 1983

Heyn, Erich: Wasser, - ein Problem unserer Zeit. Wasser, Wasserwirtschaft, Gewässerschutz, Frankfurt/Berlin/München 1981

Himmel, Joachim: Kommentar zum Landeswassergesetz Rheinland-Pfalz und zum Wasserhaushaltsgesetz, Stand 11/1990, Neuwied 1988/1990

Hinsen, Wilhelm: Die Erhebung von Kanalbenutzungsgebühren in Nordrhein-Westfalen, in: KStZ 1986, S. 181 ff.

Hinzen, Ajo; Bock, Detlef; Castro, Dietmar; Grezella, Gerd; Heikenfeld, Mechthild; Mühlen; Erika: Umweltqualität und Wohnstandorte, Ratgeber für die Bebauungsplanung, hrsg. v. UBA, Wiesbaden/Berlin 1984

Hoffjan, Theodor: Die Berücksichtigung der Umweltbelange in der Bauleitplanung - Ergebnisse aus einer Umfrage bei allen Städten mit über 100.000 Einwohnern in der Bundesrepublik Deutschland, in: Der Städtetag 1988, S. 137 -141

Hoffjan, Theodor: Instrumentelle Ansätze zur Begrenzung des Versiegelungsgrades in Bebauungsplänen. Beispiele aus der Stadt Düsseldorf, in: IzR, Heft 8/9 1988, S. 579 ff.

Hofherr, Erich: Bauleitplanung und Landschaftsplanung, in: UPR 1987, S. 88

Holtmann, K.; Krause-Dickow, R.; Lynar, Willy v.: Bodenschutz in der räumlichen Planung - dargestellt am Beispiel der Landschafts- und Bauleitplanung in Berlin (West), Landschaftsentwicklung und Umweltforschung Nr. 49, Berlin 1987

Hoppe, Werner: Bauplanungsrechtliche Grundsätze bei der Kollision und zur Ausbalancierung von Belangen, in: Jura 1979, S. 133 ff.

Hoope, Werner; Erbguth, Wilfried: Geltendes Recht der Landschaftsplanung in Bund und Ländern, in: Deutscher Rat für Landespflege. Landschaftsplanung Heft 45 (1984) der Schriftenreihe des Rates für Landespflege, S. 446 - 469

Hoope, Werner; Schlarmann, Hans: Die Landschaftsplanung in Nordrhein-Westfalen, in: NuR 1981, S. 17 ff.

Hoppe, Werner; Beckmann, Martin: Umweltrecht, München 1989

Hoppenberg, Michael: Das Baugesetzbuch, in: NJW 1987, S. 748 ff.

Horbert, Manfred; Kirchgeorg, Annette: Staddtklima und innerstädtische Freiräume, in: Stadtbauwelt 1980, S. 270

Horbert, Manfred; Kirchgeorg, Annette; Stülpnagel, A.: Ergebnisse stadtklimatischer Untersuchungen als Beitrag zur Freiraumplanung, in: Umweltbundesamt Text 18/83, Berlin 1983

Hübler, Karl-Hermann; et al.: Zur Regionalisierung umweltpolitischer Ziele, Beispiel Boden. Forschungsbericht, Berlin 1983

Hübler, Karl-Hermann: Ein Plädoyer gegen "Opas Landschaftsplanung", in: Garten und Landschaft, 1988 (Heft 2), S. 47 ff.

Hübler, Karl-Hermann: Forderungen an ein "neues" Bundesnaturschutzgesetz, in: UPR 1989, S. 121 ff.

Hübler, Karl-Hermann: Bodenschutz als Gegenstand der Umweltplanung, Schriftenreihe des Fachbereichs Landschaftsentwicklung der TU Berlin Nr. 27, Berlin 1985

Hübler, Karl-Hermann: Bodenschutz, eine neue Aufgabe der öffentlichen Verwaltung, in: DÖV 1985, S. 505 - 512

Hübler, Karl-Hermann: Perspektiven für die Naturschutzpolitik in der 12. Legislaturperiode des Deutschen Bundestages, in: DÖV 1991, S. 85 ff.

Hucke, Jochen; Lynar, Wilfried v.: Ergebnisse des Forschungsprojektes " Städtebauliche Lösungsansätze zur Verminderung der Bodenversiegelung als Beitrag zum Bodenschutz, in: Bundesforschungsanstalt für Landeskunde und Raumordnung, IzR, Heft 8/9 1988, S. 499 - 504

Hufen, Friedhelm; Leiß, Dieter: Ausgewählte Probleme beim Erlaß von Baumschutzverordnungen, in: BayVBl 1987, S. 289 ff.

Jacoby, Christian: Kommunale Umweltverträglichkeitsprüfung (UVP), Grundlagen und Stand der Einführung. Kommunales UVP-Konzept für die Mittelstadt Völklingen im Stadtverband Saarbrücken. Universität Kaiserslautern, Regional- und Landesplanung, Werkstattberichte Nr. 14, Kaiserslautern 1988

Jäde, Henning: Anmerkungen zum Urt. des BayVGH v. 30.101984 - Nr. 1 N 81 A.2353 -, in: BayVBl 1986, S. 246 f.

Jäde, Henning: Das Einfügungsgebot beim Maß der baulichen Nutzung und der Teilungsgenehmigung, in: BauR 1985, S. 639 ff.

Jäger, Helmut: Entwicklung, Stellung und Bewertung städtischen Grüns, in: ARL, Städtisches Grün in Geschichte und Gegenwart, S. 1 ff.

Jarass, Hans D.: Der rechtliche Stellenwert technischer und wissenschaftlicher Standards - Probleme und Lösungen am Beispiel der Umweltstandards, in: NJW, 1987, S. 1225 ff.

Jentschke, Robert; Lange, Eckhard: Arbeitsgemeinschaft Umweltplanung, Voruntersuchung für ein Entsiegelungsprogramm auf öffentlichen Flächen - Grundlagen zur Ergreifung von Maßnahmen für den innerstädtischen Bereich von Berlin, Forschungsvorhaben im Rahmen des Bodenschutzprogramms Berlin (West), i.A. des Senators für Stadtentwicklung und Umweltschutz, in Arbeit, Anlageband: Durchsetzungsfähigkeit von

Entsiegelungsmaßnahmen auf öffentlichen Flächen, bearbeitet von Gaßner, H. u. Siederer, W. (unveröffentlicht)

Jentschke, Robert; Lange, Eckhard: Arbeitsgemeinschaft Umweltplanung, Bodenentsiegelung - Konzept zur Umsetzung von Entwicklungszielen und Maßnahmen des Landschaftsprogramms, im Auftrag des Senators für Stadtentwicklung und Umweltschutz Berlin, Berlin 1987 (unveröffentlicht)

Jentschke, Robert; Lange, Eckhard: Arbeitsgemeinschaft Umweltplanung, Fortschreibung und Übernahme der Versiegelungskarte in das ökologische Planungsinstrument Berlin, Im Auftrag des Senators für Umweltschutz und Stadtentwicklung Berlin, Berlin 1989 (unveröffentlicht)

Kaule, Giselher; Schober, Michael: Ausgleichbarkeit von Eingriffen in Natur und Landschaft, Schriftenreihe des Bundesministers für Ernährung, Landwirtschaft und Forsten, Reihe A, Heft 314, 1985

Kennedy, Magret: Ökostadt - Mit der Natur die Stadt planen, 2 Bände, Frankfurt a.M. 1984

Kibele, Karlheinz: Die Wassergesetz-Novelle von 1988, in: VBlBW 1988, S. 321 ff.

Kirchgeorg, Annette: Klimatische und lufthygienische Aspekte zur Planung innerstädtischer Freiräume, dargestellt am Beispiel Tiergarten (Diplomarbeit), TU Berlin 1978

Kirchner, Manfred: Versiegelung von Parkplätzen, in: Garten + Landschaft 1986, S. 46 ff.

Klaffke, Kasper: Befragung zur Einordnung der Grünflächenämter in die Organisation des kommunalen Umweltschutzes, Das Gartenamt 1988, S. 131 ff.

Klaffke, Kasper: Landschaftsplanung als Beitrag zur Stadtentwicklungsplanung, Das Gartenamt 1988, S. 554 ff.

Klenke, Reiner: Abwasserbeseitigung durch Untergrundverrieselung als Möglichkeit der Erschließung von Bauvorhaben, NuR 1986, S. 115 ff.

Kloepfer, Michael: Umweltrecht, München 1989

Kloepfer, Michael; Meßerschmidt, Klaus: Innere Harmonisierung des Umweltrechts, Berlin 1986

Knemeyer, Franz-Ludwig: Polizei- und Ordnungsrecht, 3. Aufl., München 1989

Knopp, Günther; Manner, Reinhardt: Das Wasserrecht in Bayern, Kommentar und Vorschriftensammlung zum Bundes- und Landesrecht, begr. v. Friedrich Fitzsche, Stand 8/1990, Stuttgart/München/Hannover 1966/1990

Koch, Hans-Joachim: Abwägungsvorgang und Abwägungsergebnis als Gegenstand gerichtlicher Plankontrolle, in: DVBl. 1989, S. 399 - 404

Koch, Hans-Joachim: Das Abwägungsgebot im Planungsrecht, in: DVBl 1983, S. 1125

Koch, Hans; Molodovsky, Paul; Rahm, Wolfdietrich: Bayerische Bauordnung, Loseblatt-Kommentar mit Durchführungsvorschriften im Anhang, 7. - 9. Aufl., Stand Februar 1990, München 1987/1989

Kodal, Kurt; Krämer, Helmut: Straßenrecht, 4. Aufl., München 1985

Köhler, Helmut: Der wasserrechtliche Beauftragte, in: ZfW 1976, S. 323 ff.

Köhler, Horst: Die Planverwirklichungsgebote als Instrumente des Städtebaurechts, Göttingen 1985

Kolodziejcok, Karl-Günther; Recken, Josef: Naturschutz und Landschaftspflege und einschlägige Regelungen des Jagd- und Forstrechts. Ergänzbarer Kommentar mit vollständiger Sammlung der Bundesgesetze nebst Durchführungsverordnung und Verwaltungsvorschriften der internationalen Übereinkommen sowie des EG-Rechts, Stand November 1989, Berlin 1977/1989

Kopp, Ferdinand O.: Verwaltungsverfahrensgesetz, 4. Aufl., München 1986

Kraft, Ingo: Immissionsschutz in der Bauleitplanung. Ein Beitrag zur Harmonisierung der beiden Rechtbereiche sowie zur Kritik der Typisierungslehre, Berlin 1988

Krautzberger, Michael: Umweltverträglichkeitsprüfung in der Stadt- und Dorfplanung - stadtökologische Aufgaben aus der Sicht des Bundes, in: UPR 1989, S. 161

Kröner, Herbert: Rechtsprechung des Bundesgerichtshofs zum Planungsschadensrecht, insbesondere zu Entschädigungs- und Schadensersatzproblemen bei fehlerhaften Bebauungsplänen, in: ZfBR 1984, S. 117 ff.

Krohn, Günter; Löwisch, Gottfried: Eigentumsgarantie, Enteignung, Entschädigung. Handbuch für die Praxis, 3. Aufl., Köln 1984

Kuchler, Ferdinand: Das Verhältnis von Bebauungsplanung und Naturschutzrecht, in: DVBl 1989, S. 973

Kuchler, Ferdinand: Ist die Beschränkung der naturschutzrechtlichen Eingriffsregelung auf den Außenbereich nach dem baden-württembergischen Naturschutzrecht mit dem Bundesnaturschutzgesetz vereinbar?, in: VBlBW 1988, S. 89 ff.

Kuchler, Ferdinand: Naturschutzrechtliche Eingriffsregelung und Bauplaungsrecht. Das Verhältnis der naturschutzrechtlichen Eingriffsregelung zu den Vorschriften des Baugesetzbuchs über die Zulässigkeit von Vorhaben und die Bauleitplanung, Freiburg 1989

Kühn, Rudolf: Die Straßenbäume, Hannover/Berlin/Sarstedt 1961

Künkele, Siegfried; Heiderich, Eberhart: Naturschutzgesetz für Baden-Württemberg. Kommentar und Vorschriftensammlung zum gesamten Naturschutzrecht, Stand Dezember 1985, Stuttgart

Kunz, Wolfgang: Schutz, Pflege und Erhaltung des Baumbestandes durch Baumschutzregelungen, in: DÖV 1987, S. 16 ff.

Kunz, Wolfgang: Schutz, Pflege und Erhaltung des Baumbestandes, in: DVBl 1979, S. 613 ff.

Künzeln, M.; Ökotop Autorenkollektiv: Ökologische Stadterneuerung. Die Wiederbelebung der Altbaugebiete, Karlsruhe 1985

Kuschnerus, Ulrich: Der landschaftspflegerische Begleitplan nach § 8 Abs. 4 Bundesnaturschutzgesetz, in: DVBl 1986, S. 75 ff.

Kuttler, Wilhelm: Stadtlima, Struktur und Möglichkeit einer Verbesserung, in: Geographische Rundschrift 1985, S. 226 (231)

Laage, Gerhart: Das Stadthaus, - mehr als eine Bauform, Stuttgart 1979

Lange, G; Scheufle, G. Die Versickerung von Straßenabflüssen, in: Wasser und Boden 1982, S. 24 ff.

Langsdorff, Fritz v.: Flächen befestigen, ohne zu versiegeln, in: BBauBl 1989, S. 453 ff.

Läsker-Bauer, Ulrike; Meyfahrt, Rainer; v.Reuß, Jürgen; Schnetter, Christoph; Wimmel, Hella: Analyse von Planungs- und Entscheidungsprozessen der Freiraumplanung in Innenstädten, hrsg. v. Bundesminister für Raumordnung, Bauwesen und Städtebau, Schriftenreihe Städtebauliche Forschung, Heft Nr. 03.114, Mönchengladbach 1985

Laukhuf, Heide; Becker, Jutta: Entsiegelung von Flächen, Hrsg.: Niedersächsischer Sozialminister, Hannover 1986

Leder, Walter: Baunutzungsverordnung, Planzeichenverordnung, Kommentar, 4. Aufl., Köln 1990

Lendholt, Werner: Die Bedeutung städtischer Freiräume, in: Städtisches Grün in Geschichte und Gegenwart. Veröffentlichung der Akademie für Raumforschung und Landesplanung, Forschungs- und Sitzungsberichte Band 101, Hannover 1975

Lendholt, Werner: Über die Problematik städtebaulicher Richtwerte für Grün- und Freiflächen, in: Akademie für Städtebau und Landesplanung, Landesgruppe Niedersachsen/Bremen, Grünflächen in der Stadtregion, Essen 1965

Lersner, Heinrich Frh.v.: Das dritte Umweltmedium. Der Schutz des Bodens als umweltpolitische Aufgabe, in: NuR 1982, S. 201

Lieseke, Hans-Joachim: Durchwurzelungsschutz und Schutz vor mechanischen Beschädigungen bei Dachbegrünung, in: Das Gartenamt 1985, S. 326 ff.

Löhr, Rolf-Peter: Die kommunale Flächennutzungsplanung. Eine Untersuchung zu Organisation und Verfahren der vorbereitenden Bauleitplanung nach dem Bundebaugesetz, Siegburg 1977

Löhr, Rolf-Peter: Das neue Baugesetzbuch - Bauleitplanung, in: NVwZ 1987, S. 361 ff.

Lorz, Albert: Naturschutzrecht: mit Artenschutz, internationalen Übereinkommen, EG-Recht, Bundes- und Landesrecht sowie fortgeltendes Reichsrecht, München 1985

Losch, Siegfried; Nake, Reinhard: Bodenversiegelung im Siedlungsbereich - Ergebnisse eines Expertengesprächs, in: IzR, Heft 8/9, 1988, S. 593 ff.

Losch, Siegfried: Flächeninanspruchnahme - Entwicklung, Ursachen und Strategien zu ihrer Vermeidung, in: BfLR - IfS, Bodenschutz - Räumliche Planung und Kommunale Strategien, Heft 21, Bonn, 1986, S. 33 - 49

Losch, Siegfried: Sparsamer und schonender Umgang mit Grund und Boden in der Stadtplanung, in: IzR 1988, S. 485 ff.

Lötsch, Bernd: Ökosystem Stadt, in: Wildenmann, Stadt, Kultur, Natur, S. 252 ff

Lötsch, Bernd: Stadtklima und Grün, in: Grün in der Stadt, hrsg. v. Michael Andritzky und Klaus Spitzer, S. 134 ff.

Lötsch, Bernd: Ökologische Überlegungen für Gebiete hoher baulicher Dichte, in: Internationale Föderation der Landschaftsarchitekten, Stadt - Natur - Zukunft, Materialien zum XXI Weltkongreß München 1983, Bonn/Hamburg 1983, S. 93 ff.

Lötsch, Bernd: Ökologische Überlegungen für Gebiete hoher baulicher Dichte, in: IzR 1981, S. 415 ff.

Lötsch, Bernd: Stadtökologie als Politik. Ursachen und Ausweg aus der Unwirtlichkeit unserer Städte, in: Politische Ökologie 1989 (Heft 2), S. 12

Louis, Hans Walter: Die Abwägung von Natur- und Landschaftsschutz in Bebauungsplänen, in: UPR 1990, S. 208 ff.

Louis, Hans Walter: Wirksamkeitsvoraussetzungen und Regelungsinhalte von naturschutzrechtlichen Verordnungen, in: DVBl 1990, S. 800 ff.

Louis, Hans Walter: Artenschutz durch Ausweisung von Naturdenkmalen, Landschaftsschutzgebieten und besonders geschützten Landschaftsbestandteilen, in: NuR 1990, S. 105 ff.

Louis, Hans-Walter; Klatt, Günter: Anforderungen des Naturschutzrechts an die Bauleitplanung und deren Vollzugsakte, in: NuR 1987, S. 347 ff.

Ludwig, Karl: Wohnhöfe - Hofräume. Gestaltung, Nutzung, Bepflanzung, München 1987

Lütke-Daldrup, Engelbert: Bestandsorientierter Städtebau. Möglichkeiten, Auswirkungen und Grenzen der Innenentwicklung, Dortmund 1989

Luhmann, Niklas: Politische Planung, Opladen 1971

Lynar, Wilfried v.; Schneider, Uta; Brahms Ernst: Bodenschutz in Stadt- und Industrielandschaften. Arbeitsgrundlage und Handlungsempfehlungen für den kommunalen Bodenschutz, hrsg. v. Hübler, Karl-Hermann, Taunusstein 1989

Maas, Inge: Vom Volksgarten zum Volkspark - Aus der Geschichte des demokratischen Satdtgrüns, in: Grün in der Stadt, hrsg. v. Michael Andritzky und Klaus Spitzer, S. 18 ff.

Machtemes, Aloys: Schallschutz im Städtebau, Beispielsammlung, hrsg. v. Institut für Landes- und Stadtentwicklungsforschung des Landes Nordrhein-Westfalen (ILS) im Auftrag des Innenministers NW, Schriftenreihe Band 2.002, Dortmund 1974

Mäcke, Paul; Ziegler, Hartmut: Bepflanzung von Stellplatzanlagen, hrsg. v. Institut für Landes- und Stadtentwicklungsforschung des Landes Nordrhein-Westfalen, ILS-Schriften 4, Dortmund 1987

Mahler, Gerd; Stock, Peter: Oberflächentemperaturverhalten städtischer Flächen, in: Bauwelt 1977, S. 1218 - 1221

Mainczyk, Lorenz: Baugesetzbuch, Stuttgart/München/Hannover 1987

Maunz, Theodor; Dürig, Günter; Herzog, Roman: Grundgesetz, Kommentar, Stand 1990, München

Maurer, Hartmut: Allgemeines Verwaltungsrecht, 7. Aufl., München 1990

Meyfahrt, Rainer: Entsiegelungsmaßnahmen auf Gemeinbedarfsflächen, in: IzR, Heft 8/9, 1988, S. 573 ff.

Mies, Michael: Hydrologische Aspekte der Siedlungsentwicklung, Das Gartenamt 1989, S. 15 ff.

Mies, Michael: Rückwirkung der Bodenversiegelung auf das Stadtklima, in: IzR, Heft 8/9, 1988, S. 529 ff.

Milchert, Jürgen: Entwicklungstrends verschiedener Städtischer Grünflächentypen, in: Das Gartenamt 1986, S. 61 ff.

Möller, Hans-Werner: Zielkonflikte und Instrumente des Regierungs- und Verwaltungshandelns im Umweltschutz, in: VwRdsch 1989, S. 194 ff.

Muchow, Hans-Heinrich; Muchow, Martha: Der Lebensraum des Großstadtkindes, 2. Aufl., Frankfurt a.M. 1980

Müller, Fritz-Heinz: Das Baurecht in Hessen, Eine Loseblatt-Gesetzessammlung des gesamten in Hessen geltenden Baurechts mit Kommentar zur hessischen Bauordnung, zum Baugesetzbuch und zur Baunutzungsverordnung, vier Bände, Stand Februar 1990, Stuttgart, München, Hannover

Müller, Jürgen: Baumschutzregelungen in der neueren Rechtsprechung, VwRdsch. 1987, S. 301 ff.

Müller, Walter: Umweltschutz und kommunale Bauleitplanung - Die rechtliche Bindung der Bauleitplanung im Umweltschutz nach dem BBauG sowie den Raum- und Fachplanungsgesetzen, Düsseldorf, 1975

Münch, Ingo v.: Besonderes Verwaltungsrecht, 8. Aufl., Berlin/NewYork 1988

Mürb, Robert: Mietergärten, Baulücken; von Handwerksbetrieben mitgenutzte Höfe, in: IzR 1981, S. 499

Nacke, Hans-Hermann: Bericht über die 10. umweltrechtliche Fachtagung der Gesellschaft für Umweltrecht in Berlin, in: DVBl 1988, S. 21 ff.

Nellessen, Karl-Wilhelm: Die Eingriffsregelung des nordrhein-westfälischen Landschaftsgesetzes und ihre praktische Anwendung, in: NWVBl. 1989, S. 82 ff.

Nieß-Mache, Charlotte: Versickerung von Regenwasser, in: Städte- und Gemeinderat 1986, S 421 ff.

Nohl, Werner: Motive zum Besuch städtischer Freiräume, Arbeitspapier 1 des Lehrstuhls für Landschaftsarchitektur, TU München, Freising, 1977

Nohl, Werner: Städtischer Freiraum und Reproduktion der Arbeitskraft, IMU - Institut München, Studien 2, München 1984

Ohlwein, Klaus: Dachbegrünung - ökologisch und funktionsgerecht, Wiesbaden/Berlin 1984

Olschowy, Gerhard: Landschaftsplanung, in: DRL, Schriftenreihe, Heft 34, 4/1980, S. 305 ff.

Olschowy, Gerhard: Landschaftsplanung - Erfahrungen mit dem neuen Naturschutzrecht, in: NuL 1984, S. 15 ff.

Ortloff, Karsten-Michael: Die Entwicklung des Bauordnungsrechts im Jahre 1981, in: NVwZ 1983, S. 10 ff.

Ortloff, Karsten-Michael: Ökologische Standards und Umweltverträglichkeitsprüfung nach der Berliner Bauordnung von 1985, in: NVwZ 1985, S. 698 ff.

Otto, Franz: Rechtliche Probleme bei der Anwendung von Baumschutzregelungen, in: NVwZ 1986, S. 900 ff.

Otto, Franz: Die Anwendung von Baumschutzregelungen in der Praxis, in: MDR 1989, S. 583 ff.

Paetow, Stefan: Die gerichtliche Überbrüfbarkeit von Entscheidungen über die Zulässigkeit von Eingriffen in Natur und Landschaft, in: NuR 1986, S. 144 ff.

Paetow, Stefan: Naturschutzrecht und Eigentumsgarantie, in: VBlBW 1985, S. 3 ff.

Pagenkopf, Hans: Kommunalrecht, Band 2, Köln/Berlin/Bonn/München 1975

Pahl, Jürgen: Offene Probleme bei der Umsetzung umweltschonenden Städtebaus, in: BfLR, Stadt und Umwelt, S. 27 ff.

Paluska, Antonin: Urbane Bodenversiegelung und ihre Auswirkungen auf die Grundwasserneubildung. Ein Beitrag zum Landschaftsprogramm aus dem Hamburger Raum, in: BfLR; Forschungen zur Raumentwicklung Nr. 14, Boden - das dritte Umweltmedium, Bonn 1985, S. 105 -121

Papier, Hans-Jürgen: Entwicklung der Rechtsprechung zur Eigentumsgarantie des Art. 14 GG, in: NWVBl 1990, S. 397 ff.

Paul, Andreas: Regenwasser wohin?, in: Das Gartenamt 1986, S. 85 ff.

Peine, Franz-Joseph: Das neue Baugesetzbuch, in: JZ 1987, S. 322 ff.

Peters, Heinz- Joachim: Das planungsrechtlicher Instrumentarium des Wasserrechts - Chance für dezentrale Lösungen im Gewässerschutz,in: UPR 1988, S. 325 ff.

Peters, Heinz-Joachim: Grundwasserschutz durch neuartige Wasserschutzgebiete, in: DVBl 1987, S. 990 ff.

Peters, Hans-Joachim; Schink, Karlheinz; Schlabach, Erhard: Umweltverwaltungsrecht. Grundlagen und praxisorientierte Fallbearbeitung, Heidelberg 1990

Pfeifer, Marten: Der Grundsatz der Konfliktbewältigung in der Bauleitplanung - Das Verhältnis der Bauleitplanung zu nachfolgenden Genehmigungsverfahren, Beiträge zum Siedlungs und Wohnungswesen und zur Raumplanung, Münster 1989

Pfeifer, Marten: Landschaftsplanung und Bauleitplanung, Münster 1989

Pfeifer, Marten: Regeln und Prinzipien im Bauplanungsrecht - Überlegungen zu einem inneren System der Abwägungslehre am Beispiel des Grundsatzes der Konfliktbewältigung, in: DVBl. 1989, S. 337 ff.

Pfeifer, Marten; Wagner, Jörg: Landschaftsplanung - Gesamtplanung - Fachplanung. Überlegungen zur Novellierung der Vorschriften über die Landschaftsplanung im Bundesnaturschutzgesetz, in: DVBl 1989, S. 789 ff.

Pielow, Ludger: Ist die Eingriffsregelung nach § 8 BNatSchG ein Papiertiger? Anmerkungen zu M. Ronellenfitsch: "Rechts- und Verwaltungsaspekte der Naturschutzrechtlichen Eingriffsregelung", in: NuR 1986, S. 284 ff.

Pielow, Ludger: Zur Frage der Verbindlichkeit von Landschaftsplänen mit Hilfe der Bauleitplanung, in: NuR 1986, S. 60 ff.

Pietsch, Jürgen: Versiegelung des Bodens in der Stadt und ihre Auswirkungen, in: BfLR, Forschungen zur Raumentwicklung Nr. 14, Boden - das dritte Umweltmedium, Bonn 1985, S. 121 - 129

Planungsgruppe 504: Begrünung der Stellflächen in München, Gutachten im Auftrag des Umweltreferates der Landeshauptstadt München, München 1983 (unveröffentlicht)

Potthoff, Hellmut: Ökologisch-kleinklimatische Messungen in Bonn unter besonderer Berücksichtigung der Wirkung von Vegetation (Dissertation), Bonn 1984

Pranzas, Norbert: Bodenversiegelung. Das Hamburger Straßennetz unter ökologischen Aspekten - Ein Beitrg zum Hamburger Landschaftsprogramm (Diplomarbeit), Hamburg 1986

Prinz, Dieter: Städtebau, Band 1: Städtebauliches Entwerfen, 3. Aufl., Stuttgart 1987

Prinz, Dieter: Städtebau, Band 2: Städtebauliches Gestalten, 3. Aufl., Stuttgart 1988

Proksch, Roland: Das Bauordnungsrecht in der Bundesrepublik Deutschland, Entwicklung, Stand und Regelungsprobleme, Berlin 1981

Rasch, Ernst: Die Versiegelung - ein Instrument der Bauaufsicht, in: BauR 1989, S. 1 ff.

Rasch, Ernst: Die zwangsweise Durchsetzung von baurechtlichen Beseitigungsanordnungen, in: BauR 1988, S. 266 ff.

Rasch, Ernst; Schaetzell, Johannes: Hessische Bauordnung, Loseblatt-Kommentar, Stand November 1988, Wiesbaden 1978/1988

SRU: Rat der Sachverständigen für Umweltfragen: Umweltgutachten 1987; Stuttgart/Mainz 1987

Rauball, Johannes; Rauball, Reinhard; Rauball, Werner; Pappermann, Ernst; Roters, Wolfgang: Gemeindeordnung für Nordrhein-Westfalen, Kommentar, 3. Aufl., München 1981

Rebmann, Kurt; Roth, Werner; Hermann, Siegfried: Gesetz über Ordnungswidrigkeiten, Kommentar, Loseblatt, 2. Aufl., Stand Januar 1990, Stuttgart/Berlin/Köln 1968/1990

Rehberg, Siegfried (Hrsg.): Grüne Wende im Städtebau. Wege zum ökologischen Planen und Bauen, Karlsruhe 1985 (TU Städtebau; STA 35 / 8 Bs 3552)

Reiß-Schmidt, Stefan: Entsiegelungsmaßnahmen auf gewerblichen Flächen, in: IzR, Heft 8/9, 1988, S. 557 ff.

Reiter, Arnold: Naturschutz und Landschaftspflege in der Gemeinde - Fachliche und rechtliche Konsequenzen für das Zusammenspiel zwischen Landschaftsplanung, kommunaler Entwicklungsplanung, Bauleitplanung, naturschutzrechtlicher Eingriffsregelung und baurechtlicher Genehmigung, in: Kurzfassung der Vorträge zur Fachtagung "Die Auswirkungen der naturschutzrechtlichen Eingriffsregelung auf die Bauleitplanung, die Planfeststellungen sowie die bau- und immissionsschutzrechtlichen Genehmigungen - Rechts- und Fachprobleme" am 1/2. okt. 1990, Universität Kaiserslautern, FB A/RU/BI

Reutter, Ulrike; Reutter, Oskar; Entsiegelung von Verkehrsflächen, RaumPlanung 45, 1989, S. 101

Richter, Gerhard: Handbuch Stadtgrün, München/Wien/Zürich 1981

Rist, Hansjörg: Baunutzungsverordnung 1990, Kurzkommentierung, Stuttgart/Berlin/Köln, 1990

Ronellenfitsch, Michael: Eingriffe in Natur und Landschaft bei der wasserwirschtschaftlichen Planfeststellung, in: VwArch 1986, S. 177

Ronellenfitsch, Michael: Rechts- und Verwaltungsaspekte der Naturschutzrechtlichen Eingriffsregelung, in: NuR 1986, S. 284 ff.

Rosenkranz, Dietrich; Einsele, Gerhard; Harreß, Heinz-Michael: (Hrsg.) Bodenschutz - Ergänzbares Handbuch der Maßnahmen und Empfehlungen für Schutz, Pflege und Sanierung von Böden, Landschaft und Grundwasser, Berlin 1988

Rosenzweig, Klaus: Das Rechtsinstitut "Geschützter Landschaftsbestandteil", in: NuR 1987, S. 313 ff.

Rothe, Karl-Heinz: Bauleitplanung und ihre Sicherung nach dem BauGB, Wiesbaden/Berlin 1987

Rothe, Karl-Heinz: Verwirklichung von Bebauungsplänen mit oder ohne Gebotsanordnung und die Erhaltung baulicher Anlagen. Anordnung von Baumaßnahmen, Pflanz-, Nutzungs- und Abbruchgebot, Wiesbaden/Berlin 1986

Rüttgers, Jürgen: Rechte und Pflichten im Zusammenhang mit der Abwasserbeseitigungspflicht nach § 53 LWG NW, ZfW 1987, S. 1 ff.

Salzwedel, Jürgen: 10 Jahre Bundesnaturschutzgesetz. Rückblick und Ausblick, in: Jahrbuch für Natur und Landschaft, Band 39, 1987, S. 10 ff.

Salzwedel, Jürgen (Hrsg.): Grundzüge des Umweltplanungsrechts, Berlin 1982

Sample Institut: Der Stadtplatz - Repräsentativbefragung, in: Schriftenreihe Freizeit - Freiflächen - Planung der Freien und Hansestadt Hamburg 1974, Heft 5, Hamburg 1974

Sander, Eberhard: Rechtsfragen im Verhältnis von Wasserrecht und Naturschutzrecht, in: NuR 1986, S. 317 ff.

Sauter, Helmut: Landesbauordnung von Baden-Württemberg, Loseblatt-Kommentar, bearb. v. Klaus Imig, Adolf Kiess und Volker Hornung, 2. Aufl., Stand Dezember 1988, Stuttgart/Berlin/Köln 1966/1988

Schäfer, Rudolf; Scharmer, Eckart; Schmidt-Eichstaedt, Gerd: Planspiel zum Baugesetzbuch. Methoden und Ergebnisse des Praxistests - Text des Regierungsentwurfs, Berlin 1986

Scharmer, Eckart; Schmidt-Eichstaedt, Gerd: Praxistest zur Baunutzungsverordnung, in: DIFU-Materialien 1/89

Scharmer, Eckart: Rechtlicher Rahmen für die Realisierung der Landschaftsplanung, in: ARL, Integration der Landschaftsplanung in die Raumplanung, Forschungs- und Sitzungsberichte 180, S. 195 ff.

Scharmer, Eckart; Hinzen, Ajo: Umweltschutz im Baugenehmigungsverfahren, Berlin 1990

Schaumann, Martin: Grünordnungsplan in Berlin-Kreuzberg (SO 36), in: Das Gartenamt 1986, S. 466 ff. und 622 ff.

Scheffer, Fritz, Schachtschabel, Paul: Lehrbuch der Bodenkunde, 11. Aufl., Stuttgart 1984

Scheier, Michael: Referat zur Anwendung von Abfall- und Wasserrecht auf Sickerwasser aus Halden, Kippen und Deponien anläßlich des 207. Kolloquiums des Instituts für das Recht der Wasserwirtschaft an der Universität Bonn am 13.3.1981, in: ZfW 1981, S. 142 ff.

Schimanek, Dieter: Die Funktion der Flächennutzungsplanung, in: DVBl 1979, S. 616 ff.

Schink, Alexander: Baumschutzsatzungen und - verordnungen, in: DÖV 1991, S. 7 ff.

Schink, Alexander: Naturschutz- und Landschaftspflegerecht in Nordrhein-Westfalen, Köln 1989

Schink, Alexander: Umweltschutz - Eigentum - Enteignung - Salvatorische Entschädigungsklauseln. Zur Entscheidung des Bundesverwaltungsgericht vom 15. Februar 1990, in: DVBl 1990, S. 1375 ff.

Schiwy, Peter: Baugesetzbuch. Sammlung des gesamten Bau- und Städtebauförderungsrechts des Bundes und der Länder nebst Rechtsvorschriften der angrenzenden Rechtsgebiete mit Kommentar, Stand August 1989, Percha am Starnberger See 1989

Schlarmann, Hans: Das Verhältnis der privilegierten Fachplanung zur kommunalen Bauleitplanung, Münster 1980

Schlez, Georg: Baunutzungsverordnung, Kommentar, 2. Aufl., Wiesbaden/Berlin 1990

Schlichter, Otto: Bebauungsplan und Baunutzungsverordnung - Gedanken zur Typisierung, zum Bestandsschutz und zur Befreiung -, in: ZfBR 1979, S. 53 ff.

Schlichter, Otto; Friedrich, Klaus: Bauplanungsrechtliche Steuerung der Ansiedlung von Gewerbebetrieben. Analyse zur Bewältigung der durch Vergnügungsstätten und großflächige Einzelhandelsunternehmen verursachten städtebaulichen Probleme, in: Wi-Verw 1988, S. 199 ff.

Schlotterbeck, Karl-Heinz; Arnim, Achim v.: Landesbauordnung für Baden-Württemberg, 3. Aufl., Stuttgart/München/Hannover, 1988

Schmalz, Joachim: Das Stadtklima. Ein Faktor der Bauwerks- und Stadtplanung, unter besonderer Berücksichtigung der Berliner Verhältnisse mit Beispielen aus Planungsgebieten der IBA 1987, Karlsruhe 1984

Schmidt, Günther: Innerörtliche Grünbestände als städtebauliche Elemente, in: BayVBl 1977, S. 484 ff.

Schmidt, Günther: Innerörtliche Grünbestände als Umweltfaktoren, in: BayVBl 1977, S. 257 ff.

Schmidt, Rolf D.: Das Klima im Städtebau, in: BfLR, Referatsleiter zur Raumentwicklung, Sonderheft 2, Bonn 1982

Schmidt-Aßmann, Eberhard: Struktur und Gestaltungselemente eines Umweltplanungsrechts, in: DÖV 1990, S. 169 ff.

Schmidt-Aßmann, Eberhard: Die Novelle zum Bundesbaugesetz, in: NJW 1976, S. 1913 ff.

Schmidt-Aßmann, Eberhard: Der Umweltschutz im Spannungsfeld zwischen Staat und Selbstverwaltung, in: NVwZ 1987, S. 265 ff.

Schmidt-Aßmann, Eberhard: Grundfragen des Städtebaurechts, Göttingen 1972

Schmidt-Aßmann, Eberhard: Grundwasserschutz als Aufgabe wasserrechtlicher und regionalplanerischer Gebietsausweisungen, in: DÖV 1986, S. 985

Schmidt-Aßmann, Eberhard: Planung unter dem Grundgesetz, in: DÖV 1974, S. 541 ff.

Schmidt-Aßmann, Eberhard: Struktur und Gestaltungselemente eines Umweltplanungsrechts, in: DÖV 1990, S. 169 ff.

Schmidt-Aßmann, Eberhard: Umweltschutz in der Raumplanung, DÖV in: 1979, S. 1 ff.

Schmidt-Aßmann, Eberhard: Vorüberlegungen zu einem neuen Städtebaurecht, in: DVBl 1984, S. 582 ff.

Schmidt-Aßmann, Eberhard: Die kommunale Rechtsetzung im Gefüge administrativer Handlungsformen und Rechtsquellen. Aufgaben, Verfahren, Rechtsschutz, München 1981

Schmidt-Eichstaedt, Gerd: Die Befreiung im Spannungsfeld zwischen Bauleitplanung und Einzelfallentscheidung - Ist eine Begrenzung der Befreiung nach § 31 Abs. 2 BauGB auf den "atypischen Sonderfall" gerechtfertigt?, in: DVBl 1989, S. 1 ff.

Schmidt-Jotzig, Edzard: Kommunalrecht, Stuttgart/Berlin/Köln/Mainz 1982

Scholich, Dietmar; Winkelbrandt, Arndt: Zum Stand der Diskussion über Erfolgskontrollen in der Landschafts- und Raumplanung, in: ARL, Integration der Landschaftsplanung in die Raumplanung, Forschungs- und Sitzungsberichte 180, S. 25 ff.

Schott, Peter: Überlegungen zum Entwurf eines Bodenschutzgesetzes des Bundesverbandes Bürgerinitiativen Umweltschutz, in: IzR 1985, S. 27 ff.

Schramm, Werner: Wohnsiedlungsentwicklung und Bodennutzung - Zum Zusammenhang von Bevölkerungsentwicklung, Wohnungsnachfrage, Nutzung des Wohnungsbestandes und Umfang des Wohnungsneubaus als Grundlage für die Koordinierung von Wohnungs- und Siedlungspolitik, in: Flächenhaushaltspolitik. Ein Beitrag zum Bodenschutz, Veröffentlichung der ARL, Forschungs- und Sitzungsbericht, Band 173, S. 31

Schreiber, Ludwig: Lärmschutz im Städtebau, Schalltechnische Grundlagen städtebaulicher Schutzmaßnahmen, Wiesbaden/Berlin 1970

Schremmer, Herbert: Bemessung nicht abgeleiteter Wassermengen bei der Abwassergebührenberechnung nach dem Wasserverbrauchsmaßstab, in: KStZ 1975, S. 201 ff.

Schrödter, Hans: Bundesbaugesetz, Kommentar, 4. Aufl., München 1980

Schroer, Jochen: Umweltverträglichkeitsprüfung im Bauplanungsrecht, in: DVBl 1987, S. 1096 ff.

Schroer, Jochen: Umweltverträglichkeitsprüfung im Bauleitplanungsrecht. Zur Umsetzung der EG-Richtlinie 85/337/EWG, Münster 1987

Schulte, Hans: Die Tragweite der naturschutzrechtlichen Eingriffsregelung für das Grundeigentum, in: VerwArch 1986, S. 372 ff.

Schulte, Wolfgang: Auswirkungen von Verdichtung und Versiegelung des Bodens auf die Pflanzenwelt als Teil des städtischen Ökosystems, in: IzR, Heft 8/9, 1988, S. 505 ff.

Schulz, Achim: Der KÖH-Wert. Modell einer komplexen, planungsrelevanten Zustandserfassung, in: IzR 1982, S. 847 ff.

Schulze, H.-D., Pohl, W., Grossmann, M: Werte für die Landschafts- und Bauleitplanung - Grünvolumenzahl und Bodenfunktionszahl, Schriftenreihe der Behörde für Bezirksangelegenheiten, Naturschutz und Umweltgestaltung, Heft 9/1984, Hamburg 1984

Selmer, Peter: Umweltschutz im Bebauungsplan. Rechtliche Probleme am Beispiel der Verwendungsbeschränkung gemäß § 9 I Nr. 23 BauGB, in: BB 1988, Beilage 15

Senator für Stadtentwicklung und Umweltschutz: Landschaftsprogramm - Artenschutzprogramm, Begründung und Erläuterung, Berlin 1987

Sendler, Horst: Das Schlagwort von der Konfliktbewältigung im Planungsrecht, in: WiVerw 1985, S. 211 ff.

Sendler, Horst: Ist das Umweltrecht normierbar? in: UPR 1981, S. 1 ff.

Siebert, Anneliese: Entwicklung einer Grünflächenordnung und Grünflächenpolitik für die moderne Stadt, in: ARL, Städtisches Grün in Geschichte und Gegenwart, S. 49 ff.

Sieder, Frank; Zeitler, Herbert; Dahmen, Heinz: Wasserhaushaltsgesetz, Stand 1/1988, München 1988

Sieder, Frank; Zeitler, Herbert; Dahmen, Heinz: Bayerisches Wassergesetz, Kommentar, Stand 2/1988, München

Siegmann, Wolfgang: Das Kleingartenwesen - Erscheinungsbild, Bedarf und Funktion (Dissertation), Hannover 1962

Sieker, Friedhelm: Maßnahmen zur Regenwasserversickerung und ihre Auswirkungen auf die technische Infrastruktur, in: IzR, Heft 8/9, 1988, S. 543 ff.

Sieker, Friedhelm: Versickerung von Niederschlagswasser in Siedlungsgebieten - wassserwirtschaftliche Auswirkungen, in: Wasser und Boden 1986, S. 222

Simon, Alfons: Bayerische Bauordnung, Loseblatt-Kommentar in zwei Bänden, 9. Aufl., Stand 1989, München

Söfker, Wilhelm: Baugesetzbuch und Umweltschutz, in: UPR 1987, S. 201

Söfker, Wilhelm: Die Auswirkungen des beabsichtigten UVP-Gesetzes und der bevorstehenden umweltbezogenen Änderungen der Baunutzungsverordnung auf die Bauleitplanung, in: UPR 1989, S. 170 ff.

Söntgen, Martin: Auswirkungen von Verdichtungen und Versiegelungen des Bodens auf die Tierwelt, in: IzR, Heft 8/9, 1988, S. 517 ff.

Sperber, Heinz; Meyer, Hans Heinrich: Vorstellung eines Schemas zur Erfassung und Bewertung der Ver- und Entsiegelungsintensität in Siedlungsbereichen, in: Das Gartenamt 1989, S. 294 ff.

Spitthöver, Maria: Anmerkungen zur Richtwertproblematik in der Freiraumplanung, in: Das Gartenamt 1984, S. 27 ff.

Steckeweh, Carl: Freiraumplanung - Förderungsrichtlinien und Finanzierung, in: IzR 1981, S. 529 ff.

Steinberg, Rudolf: Baumschutzsatzungen und Verordnungen, in: NJW 1981, S. 550 ff.

Steinebach, Gerhard: Kommunale Bauleitplanung und Umweltverträglichkeitsprüfung unter besonderer Berücksichtigung von Geräuschen und Luftverunreinigungen, in: UPR 1990, S. 125

Steinebach, Gerhard: Aktuelle Fach- und Rechtsprobleme der Landschafts- und Grünordnungspläne und ihr Verhältnis zur kommunalen Bauleitplanung, in: UPR 1986, S. 214

Stelkens, Paul; Bonk, Heinz J.; Leonhardt, Klaus: Verwaltungsverfahrensgesetz, Kommentar, 2. Aufl., München 1983

Stenschke, York Christian: Das Inschutznahmeverfahren im Naturschutzrecht, in: BayVBl 1987, S. 44 ff.

Stich, Rudolf: Notwendigkeit und Inhalt der Umweltverträglichkeit für die kommunale Bauleitplanung, in: UPR 1989, S. 166 ff.

Stich, Rudolf: Probleme der Umsetzung der EG-Richtlinie 1985 über die Umweltverträglichkeitsprüfung in das Planungs-, Bau- und Umweltschutzrecht des Bundes und der Länder, in: UPR 1990, S. 121 ff.

Stich, Rudolf: Instrumentelle Ansätze zur Verminderung der Bodenversiegelung im geltenden Bundes- und Landesbaurecht und Möglichkeiten ihrer Weiterentwicklung, in: Informationen zur Raumentwicklung, Heft 8/9, 1988, S. 579 ff.

Stich, Rudolf: Notwendigkeit der Entwicklung der Baunutzungsverordnung zur Bodennutzungsverordnung, in: NuR 1988, S. 221

Stich, Rudolf: Rechtsprobleme des Verhältnisses der kommunalen Bauleitplanung zur örtlichen Landschaftsplanung, in: ZfBR 1986, S. 61 ff. u. 111 ff.

Stich, Rudolf: Schutz und Entwicklung der natürlichen Lebensgrundlagen als wichtige naue Aufgabe der gemeindlichen Bauleitplanung, in: ZfBR 1989, S. 9 ff.

Stich, Rudolf: Sicherung einer menschenwürdigen Umwelt durch städtebauliche Planung, in: ZfBR 1978, S. 58 ff.

Stich, Rudolf: Zur Notwendigkeit einer Harmonisierung von Planungsrecht, Bauordnungsrecht und Umweltschutz, in: Stadtbauwelt 1985, S. 76/470 ff.

Stich, Rudolf; Porger, Karl-Wilhelm; Steinebach, Gerhard: Örtliche Landschaftsplanung und kommunale Bauleitplanung. Rechts- und Fachgrundlagen - Planungs- und Verwaltungspraxis - Regelungsvorschläge, Berlin 1986

Stich, Rudolf; Porger, Karl-Wilhelm; Steinbach, Gerhard; Jacobs, Christian: Berücksichtigung stadtökologischer Forderungen in der Bauleitplanung nach dem BauGB, Ergebnisbericht. Forschungsprojekt des BMBau - AZ RS II 1-67 41 02-87.05/2, Kaiserslautern 1990, Veröffentlichung vorgesehen für Aug. 1992 unter dem Titel "Stadtökologie im Bebauungsplan" im Bauverlag.

Stock, Jürgen: Schwerpunkte der neuen Baunutzungsverordnung, in: ZfBR 1990, S. 123 ff.

Stock, Peter, Beckröge, Andreas: Klimaanalyse Stadt Essen, Hrsg.: KVR, Essen 1985

Storm, Peter-Christoph: Bodenschutzrecht, in: AgrarR 1983, S. 233 ff.

Storm, Peter-Christoph: Bodenschutzrecht, in: DVBl 1985, S. 317 f.

Sukopp, Herbert: Ökologische Charakteristik von Großstädten, in: ARL, Grundriss der Stadtplanung, S. 51 ff.

Tesdorph, Jürgen C. Landschaftsverbrauch. Begriffsbestimmung, Ursachenanalyse und Vorschläge zur Eindämmung, Berlin/Vilseck 1984

Thiel, Fritz; Rößler, Hans-Günter; Schumacher, Wilhelm: Baurecht in Nordrhein-Westfalen, Loseblatt-Kommentar, Stand Juni 1989, Köln/Berlin/München 1986/1989

Thiem, Hans: Kommunalabgabengesetz Schleswig-Holstein; 6. Lieferung, Kiel 1971/1982

Thurn, Peter: Schutz natürlicher Gewässerfunktionen durch räumliche Planung, Münster 1986

Thyes, Horst: Oberflächen, in: db 1989, Heft 6, S. 68 ff.

Topp, Hartmut H.: Ansätze zur Flächeneinsparung im Verkehr, in: Raumforschung und Raumordnung, 1988 (Heft 3), S. 113 ff.

Topp, Hartmut H.: Fachstrategien zur Verminderung des Verkehrslärms durch "aktiven" Lärmschutz an den Straßen und passiven Lärmschutz an der Bebauung, Kurzfassung des Vortrags zur wissenschaftlichen Fachtagung "Die Bedeutung des Verkehrslärmschutzes für die Bauleitplanung und das Baugenehmigungsverfahren - Rechts- und Fachprobleme" am 2. und 3. Oktober 1989 an der Universität Kaiserslautern, Fachbereich A/RU/BI, Tagungsmaterial

Trieb, Michael: Stadtgestaltung. Theorie und Praxis, Düsseldorf 1974

UBA/DIFU: Arbeitshefte Nr. 6, Kommunaler Umweltschutz, insb. Abschnitt G - Bodenschutz, Berlin 1987/1988

Uebersohn, Gerhard: Die Implementation der naturschutzrechtlichen Eingriffs-regelung, NuR in: 1989, S. 114 ff.

Verworn, H.-R.: Untersuchung über die Auswirkungen der Urbanisierung auf den Hochwasserabfluß, in: DVWK-Schriften 53, Hamburg/Berlin, 1982

Wagenfeld, Horst: Kinderspiel im innerstädtischen Raum, in: IzR 1981, S. 505

Wagner, Martin: Das sanitäre Grün. Ein Beitrag zur Flächentheorie (Dissertation), Berlin 1915

Wassmann, Manfred: Entsiegelung im Rahmen der Verkehrsberuhigung, Praktikumsbericht (UBA), 1986 (unveröffentlicht)

Wassmann, Manfred: Entsiegelung von innerstädtischen Verkehrsflächen, Diplomarbeit am Institut für Grünplanung und Gartenarchitektur der Universität Hannover, Hannover 1987

Wassmann, Manfred; Lüdtke, Ulrich: Möglichkeiten und Planung der Flächenentsiegelung am Beispiel innerstädtischer Verkehrsflächen, Natur und Landschaft 1988, S. 431 ff.

Weischert, R. Einführung in die allgemeine Klimatologie, 4. Aufl., Stuttgart 1988

Wendt, Rudolf: Zur Verfassungsmäßigkeit der Übertragung der planungsrechtlichen Reduktionsklausel des Bundesbaugesetzes auf die klassische Enteignung, in: DVBl 1978, S. 356 ff.

Werwigk, Ulrich: Landschaftsschutzrecht im unbeplanten Innenbereich eines im Zusammenhang bebauten Ortsteils im Sinne des § 34 Abs. 1 BBauG, in: NuR 1983, S. 97 ff.

Weyreuther, Felix: "... und wenn sonstige öffentliche Belange nicht entgegenstehen" (§ 34 Abs. 1 BauGB), in: BauR 1981, S. 1 ff.

Weyreuther, Felix: Das bauplanungsrechtliche Gebot der Rücksichtnahme und seine Bedeutung für den Nachbarschutz, in: BauR 1975, S. 1 ff.

Weyreuther, Felix: Die Situationsgebundenheit des Grundeigentums. Naturschutz-Eigentumsschutz-Bestandsschutz, Köln/Berlin/Bonn/München 1983

Weyreuther, Felix: Umweltschutz und öffentliche Planung, in: UPR 1981, S. 33 ff.

Wildenmann, Rudolf (Hrsg.): Stadt, Kultur, Natur. Chancen zukünftiger Lebensgestaltung, Baden-Baden 1989

Wirth, Walter: Ökologische Grenzen der Versiegelung - Artenverdrängung auf unversiegelten Flächen, in: IzR, Heft 8/9, 1988, S. 523 ff.

Wolf, Folkwin: Instrumente und Entscheidungsprozesse einer zielbezogenen Siedlungsflächenpolitik, in: Flächenhaushaltspolitik. Ein Beitrag zum Bodenschutz, Veröffentlichung der ARL, Forschungs- und Sitzungsbericht Band 173, S. 367

Wolf, Klaus: Die Frankfurter Grünflächen, in: Akademie für Raumforschung und Landesplanung, Städtisches Grün in Geschichte und Gegenwart, S. 147 ff

Wolff, Hans-J.; Bochoff, Otto; Stober, Rolf: Verwaltungsrecht, Band II, 5. Aufl., München 1987

Wüst, Hanns-Stephan: Zum Verhältnis Phytomasse - Baumasse, in: IzR 1981, S. 453 ff.

Wüsthoff, Alexander; Kumpf, Walter: Handbuch des Wasserrechts. Neues Recht des Bundes und der Länder. Loseblatt-Textsammlung und Kommentar. hrsg. v. H. Freiherr v. Lersner und Horst Roth, Stand 3/1991, Berlin 1958/1991

Wuttig, Hans: Gemeindliches Satzungsrecht in Praxis und Rechtsprechung, Loseblatt, Stand 9/1990, München 1990

Ziegler, Jürgen: Der Gebrauch allgemeiner städtebaulicher Kriterien im Bundesbaugesetz, in: ZfBR 1979, S. 140 ff.

Zimmermann, Dieter: Zur Aufgaben- und Organisationsstruktur des kommunalen Umweltschutzes, in: VwRdsch 1987, S. 55 ff.

Zimmermann, Dieter: Zur Implementierung des kommunalen Umweltschutzes, in: Raumforschung und Raumordnung 1989 (47), S. 225 ff.

Zinn, Hermann: Sozialisation von Kindern unter beengten Wohn- und Arbeitsverhältnissen, in: IzR 1981, S. 435